스프링 애플리케이션 개발에 유용한
161가지 문제 해결 기법

스프링5
레시피 4판

1
1~9장

독자의 편의를 고려해 분책할 수 있게 제본했습니다. 1권은 9장까지, 2권은 10장부터 끝까지 담고 있습니다.

 스프링 5 레시피(4판)
1권 1-9장

스프링 애플리케이션 개발에 유용한 161가지 문제 해결 기법

초판 1쇄 발행 2018년 09월 01일
초판 2쇄 발행 2019년 06월 10일

지은이 마틴 데니엄, 다니엘 루비오, 조시 롱 / **옮긴이** 이일웅 / **펴낸이** 김태헌
펴낸곳 한빛미디어(주) / **주소** 서울시 서대문구 연희로2길 62 한빛미디어(주) IT출판사업부
전화 02-325-5544 / **팩스** 02-336-7124
등록 1999년 6월 24일 제25100-2017-000058호 / **ISBN** 979-11-6224-103-5 93000

총괄 전태호 / **책임편집** 이상복 / **기획 · 편집** 최현우
디자인 표지 최연희 내지 이아란 조판 이경숙
영업 김형진, 김진불, 조유미 / **마케팅** 송경석 / **제작** 박성우, 김정우

이 책에 대한 의견이나 오탈자 및 잘못된 내용에 대한 수정 정보는 한빛미디어(주)의 홈페이지나 아래 이메일로
알려주십시오. 잘못된 책은 구입하신 서점에서 교환해드립니다. 책값은 뒤표지에 표시되어 있습니다.

한빛미디어 홈페이지 www.hanbit.co.kr / 이메일 ask@hanbit.co.kr

지금 하지 않으면 할 수 없는 일이 있습니다.
책으로 펴내고 싶은 아이디어나 원고를 메일(**writer@hanbit.co.kr**)로 보내주세요.
한빛미디어(주)는 여러분의 소중한 경험과 지식을 기다리고 있습니다.

스프링 애플리케이션 개발에 유용한
161가지 문제 해결 기법

스프링 5
레시피 4판

마틴 데니엄, 다니엘 루비오, 조시 롱 지음
이일웅 옮김

HB 한빛미디어
Hanbit Media, Inc.

지은이 소개

마틴 데니엄 Marten Deinum marten@deinum.biz

스프링 프레임워크 오픈소스 프로젝트의 서미터이자 콘스펙트(Conspect) 사의 자바/소프트웨어 컨설턴트입니다. 주로 자바 언어 기반의 다양한 기업용 소프트웨어 프로젝트에서 개발자, 아키텍트 역할을 수행했습니다. 오픈소스의 영원한 팬이자 스프링 프레임워크 애드버킷(advocate)인 그는 소프트웨어 엔지니어, 개발 리더, 코치, 자바/스프링 트레이너 등 다양한 경력을 쌓아왔습니다.

다니엘 루비오 Daniel Rubio

10년 남짓 엔터프라이즈, 웹 기반 소프트웨어 분야에서 활동했고 현재 매시업소프트닷컴(MashupSoft.com) 사를 창업해 기술 리더로 일하고 있습니다. 에이프레스 출판사에서 여러 권의 책을 낸 저자입니다. 자바, 스프링, 파이썬, 장고, 자바스크립트/CSS, HTML이 전문 분야입니다.

조시 롱 Josh Long

피보탈(Pivotal) 사의 스프링 개발자 애드버킷(Spring Developer Advocate) 일원으로, 자바 챔피언이자, 『클라우드 네이티브 자바 Cloud Native Java』(책만, 2018) 등 5권의 책과 필 웹과 저작한 〈Building Microservices with Spring Boot 〉 등 학습 동영상 3개의 저자입니다. 스프링 부트, 스프링 인티그레이션, 스프링 클라우드, 액티비티, 바딘 등 오픈소스 기고자로도 왕성하게 활동하고 있습니다.

기술 감수자 소개

마시모 나르도네 Massimo Nardone

보안, 웹/모바일 개발, 클라우드 컴퓨팅, IT 아키텍처 분야에서 23년 이상 경력을 지닌 전문가입니다. 주된 관심사는 보안과 안드로이드입니다.

현재 카르텔 오위이(Cargotec Oyj) 사의 CISO(Chief Information Security Officer)(수석 정보 보안 담당관)으로 근무 중이며 ISACA 핀란드 이사회 위원으로도 활동 중입니다. 프로젝트 관리자, 소프트웨어 엔지니어, 리서치 엔지니어, 수석 보안 아키텍트, 정보 보안 관리자, PCI/SCADA 감리자, 수석 IT 보안/클라우드/SCADA 아키텍트 등 오랜 경력만큼 직함도 다양합니다. 헬싱키 공과대학교(Helsinki University of Technology)(알토 대학교(Aalto University)) 부설 네트워킹 연구소에서 초빙 강사 및 지도 교수를 역임했습니다.

이탈리아 살레르노 대학교에서 컴퓨터 과학 석사 학위를 받았습니다. 취득한 국제 특허만 4개(PKI, SIP, SAML, 프록시 분야)입니다. 이 책 말고도 여러 출판사에서 40권이 넘는 IT 도서를 기술 감수했으며 『Pro Android Games(프로 안드로이드 게임)』(에이프레스, 2015)을 공저했습니다.

옮긴이 소개

이일웅 leeilwoong@gmail.com

13여 년 동안 자바/스칼라 개발자, 애플리케이션 아키텍트로 활동하며 엔터프라이즈 프로젝트 현장을 누벼온 야전형 정보 기술자이자 한 여인과 두 딸의 사랑을 한 몸에 받고 사는 행복한 딸바보입니다. 2014년 이후로 십수 권의 IT 전문서를 번역하며 동료, 후배 개발자들과 지식과 경험을 나누는 일에도 힘쓰고 있습니다. 시간이 나면 피아노를 연주합니다.

이 책에 대하여

스프링 프레임워크는 지금도 성장하고 있습니다. 모든 건 늘 선택의 문제였죠. 자바 EE는 더 나은 해결책과 대안에 탐닉한 나머지 몇 가지 기술에만 치중했습니다. 스프링 프레임워크가 처음 등장한 당시에도 자바 EE가 최선의 아키텍처를 제시했다고 보는 사람은 거의 없었습니다. 자바 EE를 쉽고 간편하게 쓸 수 있게 만든 스프링은 자연스레 엄청난 지지층을 확보하며 화려하게 데뷔했죠. 이후로 새 버전을 낼 때마다 스프링은 여러 가지 해결책을 더 간단하게 쓸 수 있는, 그러면서도 강력한 신기능을 선보여왔습니다.

스프링 프레임워크는 2.0 버전부터 여러 플랫폼을 대상으로 하기 시작했고 항상 그랬듯이 기존 플랫폼 위에서 서비스를 제공하지만 그 기반 플랫폼과는 느슨하게 분리해놓았습니다. 지금도 자바 EE는 스프링의 주요 기준점이지만 그렇다고 유일한 잣대는 아닙니다. 스프링은 다양한 클라우드 환경에서도 잘 작동합니다. 애플리케이션 통합, 배치 처리, 메시징 등 수많은 기능을 지원하는 프레임워크들이 스프링 상위에 다시 구축됐지요. 스프링 5는 주요 업데이트 버전으로, 대상 자바 버전이 8로 상향 조정되었고 더욱 다양한 애너테이션 기반의 구성 클래스 및 JUnit 5 지원 기능 등이 추가됐습니다. 또한 리액티브reactive (반응형) 프로그래밍을 지원하는 스프링 웹플럭스Spring WebFlux가 처음 탑재됐습니다.

이 책은 스프링 5에 새로 탑재된 기능 및 다양한 구성 옵션 등 업데이트된 프레임워크 전반을 다룹니다.

이 책의 대상 독자

이 책은 아키텍처를 단순화하고 자바 EE 플랫폼 영역 밖의 문제를 해결하려는 자바 개발자를 대상으로 합니다. 이미 스프링 프로젝트를 경험한 독자는 미처 알지 못했던 새로운 기술을 더 깊이 있게 배울 수 있고 스프링이 처음인 독자는 바로 이 책으로 입문할 수 있습니다.

우리는 독자 여러분이 자바와 IDE에 어느 정도 익숙하다고 가정합니다. 자바 기술을 클라이언트 애플리케이션 개발에 사용할 수도 있지만 자바 커뮤니티의 절대 다수는 엔터프라이즈 영역에 있고 또 이 분야의 기술이야말로 효용 가치가 가장 높은 게 사실입니다. 따라서 서블릿 API 같은 기초적인 엔터프라이즈 프로그래밍 개념은 이미 여러분이 익숙하다고 보겠습니다.

이 책의 구성

1장. 스프링 개발 툴

스프링 프레임워크를 지원하는 툴과 사용법을 배웁니다.

2장. 스프링 코어

스프링이 무엇이고, 어떻게 설정하는지, 어떻게 사용하는지 전반적으로 살펴봅니다.

3장. 스프링 MVC

웹 기반 애플리케이션 개발 프레임워크인 스프링 MVC를 배웁니다.

4장. 스프링 REST

스프링에서 REST형RESTful 웹 서비스를 구현합니다.

5장. 스프링 MVC : 비동기 처리

스프링 MVC에서 요청을 비동기 방식으로 처리합니다.

6장. 스프링 소셜

스프링 소셜로 소셜 네트워크를 손쉽게 연계합니다.

7장. 스프링 시큐리티

스프링 시큐리티를 개괄하고 애플리케이션 보안을 강화하는 방법을 알아봅니다.

8장. 스프링 모바일

스프링 모바일로 애플리케이션에서 모바일 장치를 감지하고 사용합니다.

9장. 데이터 액세스

스프링에서 JDBC, 하이버네이트, JPA 등의 API로 데이터 저장소와 통신합니다.

10장. 스프링 트랜잭션 관리

스프링의 철저한 트랜잭션 관리 장치 이면에 숨겨진 주요 개념을 공부합니다.

11장. 스프링 배치

스프링 배치 프레임워크를 사용해 전통적으로 메인프레임 영역이었던 솔루션을 모델링합니다.

12장. 스프링 NoSQL

다양한 NoSQL 기술과 하둡을 응용한 빅 데이터에 이르기까지, 스프링 데이터의 갖가지 포트폴리오 프로젝트를 하나씩 소개합니다.

13장. 스프링 자바 엔터프라이즈 서비스와 원격 기술

JMX 지원, 스케줄링, 이메일 지원, RPC 제반 기능, 스프링 웹 서비스 프로젝트를 다룹니다.

14장. 스프링 메시징

스프링에서 JMS 및 RabbitMQ를 활용해 메시지 지향 미들웨어를 사용하는 방법과 스프링 추상화로 단순화하는 방법을 배웁니다.

15장. 스프링 인티그레이션

스프링 인티그레이션 프레임워크로 서로 다른 종류의 서비스와 데이터를 연계하는 기술을 설명합니다.

16장. 스프링 테스트

스프링 프레임워크로 단위 테스트를 수행합니다.

17장. 그레일즈

관례 기반의 그루비 코드를 조합해서 생산성을 높이는 그레일즈 프레임워크를 알아봅니다.

부록 A. 클라우드에 배포하기

피보탈 사의 클라우드파운드리 솔루션을 이용해 자바 (웹) 애플리케이션을 클라우드 환경에 배포합니다.

부록 B. 캐싱

스프링 캐싱 추상화를 구성하고 애플리케이션에 투명한 캐시 기능을 부여합니다.

부록 C. 예제 소스 실습 안내

예제로 실습하는 방법을 안내합니다.

선행 조건

자바는 플랫폼에 자유로운 언어라서 어떤 운영체제를 써도 상관없지만 플랫폼에 특정한 경로를 사용하는 예제 코드가 더러 있으니 여러분이 사용하는 운영체제에 맞게 적당히 형식을 바꾸세요.

예제 코드를 실습하려면 JDK 1.8 버전 이상을 설치해야 합니다. 이클립스 또는 인텔리제이 IDEA 등의 자바 IDE가 있으면 실습을 편하게 진행할 수 있습니다. 이클립스에 익숙한 독자는 스프링 프레임워크에 특화된 STS^{SpringSource Tool Suite} (스프링소스 툴 모음)를 설치하여 사용하는 게 좋습니다. 그리고 이 책의 예제 코드는 모두 그레이들 기반으로 작성되어 있습니다.

이 책의 실습 환경

이 책은 다음과 같은 실습 환경을 사용합니다. 버전에 따라 결과가 달라질 수 있으니 가급적 같은 환경이나 호환 환경을 사용하여 실습을 진행하시기 바랍니다.

- JDK 1.8 버전 이상
- 메이븐 3.5.2 버전
- 스프링 프레임워크 5 버전
- 그레이들 3.5 버전

예제 코드 내려받기

이 책의 원서 예제 코드는 장별로 정리되어 있고 장마다 하나 이상의 독립적인 하위 코드로 구성되어 있습니다. 에이프레스에 최신 소스 코드가 (아마도) 있겠지만, 역자가 이 책을 번역하면서 발견한 오류를 수정한 버전은 한빛미디어 홈페이지와 역자의 깃허브에서 내려받을 수 있습니다.

- **이일웅 역자 깃허브** https://github.com/nililee/spring-5-recipes
- **한빛미디어** https://www.hanbit.co.kr/src/10103
- **에이프레스** http://www.apress.com/9781484227893

역자 일러두기

스프링은 지금도 계속 진화하는 프레임워크고 그 방대한 하위 프로젝트와 응용 기술을 책 한 권에 모두 담을 수는 없습니다. 그런 점에서 실무에서 자주 쓰이는 주요 스프링 기술을 간략한 레시피 형태로, 최대한 간결한 예제 코드로 설명한 이 책은 저와 같은 실무자에게 더 없이 유용한 참고서였습니다. 저도 스프링을 잘 몰랐던 시절, 이 책의 3판 도서를 읽으며 많은 도움을 받았었고, 아직도 현역 스프링 프레임워크 서미터로 활동 중인 조시 롱 같은 전문가가 저술한 책인 만큼 스프링에 관심있는 모든 분들께 자신있게 일독을 권합니다.

제 느낌과 감상으로 역자 서문을 한두 페이지를 채우는 것보다는 지금 이 책을 펼쳐들고 경건한 마음으로 스프링을 학습하려는 독자 여러분께 실질적으로 도움이 될 만한 말씀을 드리고자 합니다. 저 역시 꾸준히 스프링을 연구하고 배워가는 기술자의 한 사람이지만 이 책을 고통스럽게(?) 번역한 역자로서, 그리고 이 책을 먼저 읽고 실습한 선험자로서 몇 가지 유용한 가이드를 드리니 가벼운 마음으로 훑어보시기 바랍니다.

번역 원칙

이 책은 세 사람의 저자가 조금씩 다른 스타일로, 자신의 전문 분야를 집필하여 조합한 책입니다. 'Spring 5 Recipes' 원서를 직접 읽어보신 분들은 공감하시겠지만 저는 800여 쪽에 달하는 적잖은 분량의 원고를 검토하면서 일종의 원문 및 코드 정규화normalization의 필요성을 뼈저리게 느꼈습니다. 어디까지나 한글판 역서를 읽는 독자 여러분의 즐거움(?)을 망치지 않고 저자의 집필 의도를 함부로 바꾸거나 훼손하지 않는 한도에서 다음과 같은 번역 원칙을 적용했음을 밝혀둡니다.

- 늘 빠듯한 일정에 쫓기며 근무하는 국내 개발자(역자도 그중 한 사람입니다)의 일반적인 상황을 감안해 원서의 장황한 문장을 최대한 간결하게 줄였습니다. 문맥상 굳이 필요하지 않은 내용을 열거하거나 주제와는 거리가 먼 기술을 언급하는 경우는 과감히 삭제하여 각 레시피가 추구하는 주제에 집중할 수 있게 했습니다.

- 예제 코드 중 중요한 부분, 본문에도 설명이 이어지고 다른 코드에 비해 상대적으로 눈여겨 볼 가치가 있는 코드는 굵게 표시합니다(예 : 클래스/인터페이스의 상속 관계, 스프링 빈의 메서드 인수와 반환형, 다른 빈을 주입하는 세터 메서드 등). 단, 굵게 표시하지 않은 코드라 하여 가벼이 넘기라는 의미는 아니며 이전 예제 코드에서 달라진 부분만을 표시한 것은 아니니 꼼꼼이 잘 뜯어보시기 바랍니다.

- 자바 애너테이션annotation이 '@' 기호로 시작한다는 사실을 모르는 독자는 없다는 전제하에 '애너테이션'이라는 반복적인 표현은 생략합니다(예 : 클래스 레벨에 @RequestParam 애너테이션을 붙인다). 또 '@애너테이션을 붙인(적용한) 메서드/클래스'는 '@애너테이션 메서드/클래스'라고 표현해도 이해하는 데 지장이 없으므로 가급적 간결하게 표기합니다(예 : @Test를 붙인 메서드 → @Test 메서드).

- 메서드명은 인수 개수 및 종류에 상관없이 모두 괄호로 감싸 표기하고 가급적 뒤에 '메서드' 표현을 명시합니다(예 : setName( ) 메서드). 원문은 괄호 표기를 한 것과 하지 않은 것이 뒤섞여 있는데요, 사실 예제 코드를 보면 메서드인지 아닌지 분간할 수 있지만 가독성 측면에서 이와 같이 통일하여 표기합니다.

— 예제 코드 중 본문의 내용과 직접적인 관련이 없는 package, import 문은 생략했습니다. 전체 소스 코드는 여러분의 개발 툴에서 직접 실습을 하면서 확인하시기 바랍니다. 또 주석을 제외한 각종 문자열값 등은 원서 코드를 유지합니다. 코드에 포함된 문자열을 한글로 번역하면 가독성은 조금 나아지는 효과가 있지만 영어 알파벳의 대/소문자 변환 문제라든지 저자가 캡처한 그림과 코드가 일치하지 않는 문제 등이 있어 외려 더 헷갈릴 수 있기 때문입니다.

— 예제 코드 중 들여쓰기나 줄넘김 등이 부자연스러운 부분은 역자가 표준 자바 코딩 관례에 따라 다듬었습니다. 특히, 원서에서 거의 전부 누락된 @Override는 컴파일 오류를 일으키지는 않지만 클래스 상속 및 인터페이스 구현 관계를 원활하게 파악하는 차원에서 역자가 일괄 삽입했습니다.

— 이 책에 등장하는 각종 전문 기술 용어는, 이미 관례로 널리 사용하는 한글 용어가 존재하지 않는 한, 특히 그 용어 자체가 코드에 등장하는 경우 음차로 옮겼습니다. 쉬운 예로 handler는 우리말로 '처리기', '처리자' 정도로 옮길 수 있으나, 이미 스프링 MVC에 구현된 클래스 중에는 HttpRequestHandler, AnnotationMethodHandlerAdapter 같이 원어가 포함된 경우가 많아 우리말로 옮긴 용어와 1:1로 매핑되지 않는 문제점이 있습니다. 따라서 본 역서에서는 이와 비슷한 경우 '핸들러'로 음차하여 표기함을 원칙으로 합니다.

추천 학습 로드맵

이 책을 어디부터 읽기 시작해 어떤 용도로, 어떻게 활용할지는 독자 여러분의 스프링 이해도와 실무 경험에 따라 달라집니다. 하지만 이 책을 읽는 독자 여러분이 대부분 스프링을 들어보기는 했으나 아직 익숙하지는 않고 스프링 개발 경험도 그리 많지 않은 웹 개발자라고 보고 대략 다음 다섯 단계로 분류하여 학습 로드맵을 추천합니다.

단계	관련 장	학습 목표
1단계	1장. 스프링 개발 툴 2장. 스프링 코어	스프링의 기본 개념을 이해하고 개발 환경을 설정합니다. 2 ~ 5단계 학습을 진행하는 데 필요한 선수 지식을 습득합니다.
2단계	3장. 스프링 MVC 4장. 스프링 REST 9장. 데이터 액세스 16장. 스프링 테스트	스프링 프레임워크에서 가장 활용도가 높고 중요한 웹 애플리케이션 개발 분야를 선정하여 학습합니다(웹 개발 프로젝트를 스프링 프레임워크로 처음 시작하는 분들께 추천합니다).
3단계	5장. 스프링 MVC 비동기 처리 7장. 스프링 시큐리티 10장. 스프링 트랜잭션 관리	기본 다음으로 중요한 보안, 트랜잭션, 비동기 처리 분야를 빠르게 학습하여 자신의 등급을 향상시킵니다 (2단계 내용을 어느 정도 숙지한 분이라면 여기부터 시작하는 게 좋습니다).
4단계	11장. 스프링 배치 12장. 스프링과 NoSQL 13장. 스프링 자바 엔터프라이즈 　　　서비스와 원격 기술 14장. 스프링 메시징 15장. 스프링 인티그레이션	실제 프로젝트 현장에서 의외로 많이 쓰이는 데이터 연계 처리, 메시징, 원격 호출, NoSQL 저장소 활용 등 각종 스프링 고급 기능을 학습해서 애플리케이션 아키텍트급의 개발자로 발전합니다(1 ~ 3단계에 해당하는 스프링의 전반적인 지식과 실무 경험을 겸비한 분들이 도전할 만한 코스입니다).
5단계	6장. 스프링 소셜 8장. 스프링 모바일 17장. 그레일즈 부록	당장은 몰라도 스프링을 사용하는 데 전혀 지장은 없는 선택적인 분야로, 연관된 프로젝트를 수행하는 경우에 참고하여 기술을 이해합니다.

예제 실습 방법

독자 여러분의 개발 숙련도와 이해 정도에 따라 몇 가지 실습 방안을 제안합니다.

1. 자바, 스프링 개발 경험이 풍부하며 깃^{git}과 그레이들 같은 빌드 툴 사용이 편한 숙련자

우선 이 책의 공식 깃허브^{GitHub}(https://github.com/Apress/spring-5-recipes)를 자신의 깃허브 계정으로 포크^{fork}합니다. 그리고 직접 build.gradle 파일에 의존체를 추가하면서 컴파일해보고 메인 클래스를 실행합니다. 실습을 진행하면서 원문 예제 소스에 문제가 있거나 더 바람직한 구현 방안은 없는지 고민하며 저자의 소스를 자신의 스타일로 다듬어갑니다.

2. 자바, 스프링은 어느 정도 이해하나 그레이들 사용법이 익숙지 않고 빠른 실습을 원하는 독자

역자가 1번 과정을 거쳐 형성한 개인 깃허브(https://github.com/nililee/spring-5-recipes)에서 소스를 내려받습니다. 의존체는 이미 추가되어 있어 STS에서 필요한 프로젝트만 임포트하면 곧바로 실행해서 결과를 확인할 수 있습니다. 자세한 내용은 부록 C '예제 소스 실습 안내'를 참고하세요.

3. 자바, 스프링을 비롯한 제반 기술을 처음부터 차근차근 길들이며 학습하려는 독자

실무 활용보다는 스프링의 실전적인 이론을 하나하나 자신의 산지식으로 만들어가는 기쁨을 누리려면 역시 책에 있는 내용을 IDE에서 직접 코딩하며 실습하는 정공법이 가장 좋습니다. 여러 툴 사용법까지 익히려면 다소 많은 학습 시간이 소요되겠지만 때로는 스스로 A부터 Z까지 전부 다 해보는 것이 가장 빠른 길일 수도 있습니다.

CONTENTS

CHAPTER **1 스프링 개발 툴**

CHAPTER **2 스프링 코어**

CONTENTS

CHAPTER 3 스프링 MVC

CHAPTER 4 스프링 REST

CHAPTER 5 스프링 MVC : 비동기 처리

CONTENTS

CONTENTS

CONTENTS

CHAPTER 16 스프링 테스트

CHAPTER 17 그레일즈

CONTENTS

스프링 개발 툴

이 장은 스프링 애플리케이션 개발에 가장 널리 쓰이는 툴의 설정 및 사용법을 다룹니다. 아무 것도 없는 컴컴한 화면에서 명령어를 입력하는 툴부터 IDE^{Integrated Development Environments} (통합 개발 환경) 같은 정교한 시각적 툴에 이르기까지 스프링 개발 툴은 다양합니다.

여러분이 이미 사용 중인 개발 툴이 있든, 개발을 처음 하는 초심자이든 간에, 다음 장부터 이어질 스프링 애플리케이션 개발 실습에 필요한 다양한 툴의 설정 및 사용 방법을 잘 따라하며 익히기 바랍니다.

스프링 애플리케이션을 처음 시작하는 데 필요한 툴과 해당 레시피를 정리하면 다음과 같습니다.

- STS(Spring Tool Suite) : [레시피 1-1]
- 인텔리제이 IDE(IntelliJ IDE) : [레시피 1-2], 메이븐 CLI[1]는 [레시피 1-3]과 [레시피 1-4], 그레이들 CLI[2]는 [레시피 1-5]와 [레시피 1-6]
- 텍스트 편집기 : 메이븐 CLI는 [레시피 1-3]과 [레시피 1-4], 그레이들 CLI는 [레시피 1-5]와 [레시피 1-6]

세 가지 툴을 모두 설치할 필요는 없지만 한번씩 사용하면 여러분에게 가장 맞는 개발 툴을 골라쓰는 데 도움이 될 겁니다.

----

1 주석_ Maven command-line interface, 메이븐 명령줄
2 주석_ Gradle command-line interface, 그레이들 명령줄

레시피 1-1 STS로 스프링 애플리케이션 빌드하기

과제

STS를 사용해서 스프링 애플리케이션을 빌드하세요.

해결책

PC에 STS 설치 후, 프로그램을 열고 대시보드^{Dashboard}(계기판) 링크를 클릭합니다. Create 테이블 안쪽 대시보드 창에서 'Spring project^{스프링 프로젝트}' 링크를 클릭해서 스프링 애플리케이션을 생성합니다. 메이븐 기반의 기존 스프링 애플리케이션을 가져오려면 File 메뉴에서 Import 옵션을 선택하고 Maven 아이콘을 클릭, 'Existing Maven projects^{기존 메이븐 프로젝트}'를 선택한 다음, PC에서 메이븐 프로젝트 위치를 찾아 지정합니다.

STS에 그레이들을 설치하려면, 대시보드 창 맨 밑에 있는 Extensions^{확장} 탭을 클릭, Gradle Support 체크 박스를 선택합니다. 그레이들 확장 플러그인 설치가 끝나면 STS를 재실행합니다. 그레이들 기반의 기존 스프링 애플리케이션을 가져오려면 File 메뉴에서 Import 옵션을 선택하고 Gradle 아이콘을 클릭, 그레이들 프로젝트를 선택한 다음, PC에서 그레이들 프로젝트 위치를 찾아 지정합니다. 그리고 Build Model 버튼을 클릭, 마지막에 Finish 버튼을 눌러 프로젝트를 시작합니다.

풀이

STS는 스프링 프레임워크 제작사이자 피보탈 자회사 스프링소스^{SpringSource} 사의 작품으로, 스프링 애플리케이션 개발에 특화한 가장 완벽한 툴로 공인된 IDE입니다. 이클립스^{Eclipse} 엔진으로 구동되므로 오픈소스인 이클립스 IDE와 겉모양은 비슷합니다.

http://spring.io/tools/sts에서 무료로 내려받을 수 있고 윈도우(32/64비트), macOS(코코아, 64비트), 리눅스(GTK 32/64비트) 등 주요 운영체제^{OS}는 모두 지원하며 필요 시 최신 안정 배포판 또는 마일스톤^{milestone}/개발 버전을 따로 내려받을 수 있습니다. 여러분이 사용 중인 OS에 맞는 배포판을 다운로드받으세요.

PC에 자바 SDK가 설치돼 있는지 확인하고 STS 설치 마법사를 따라가면 5 ~ 10분 내로 설치가 끝납니다. 설치가 끝나면 유저 홈 디렉터리 밑에 STS_〈버전〉 폴더가 생기는데요, 원하면 다른 폴더로 옮길 수도 있습니다. STS를 시작하는 실행 파일은 이 폴더에 있습니다.

처음 STS를 시작하면 모든 프로젝트 정보를 담을 작업공간workspace 위치를 묻습니다. STS 설치 디렉터리 밑의 기본 디렉터리로 해도 좋고 여러분이 원하는 아무 디렉터리나 지정해도 좋습니다. 여기까지 끝나면 [그림 1–1] 화면이 보입니다.

그림 1-1 STS 시작 화면

STS 대시보드의 Get Started!시작하세요! 박스 가운데 컬럼을 보면 Create Spring Starter Project스프링 스타터 프로젝트 생성라는 링크가 있습니다. 이 링크를 클릭해 일단 빈 스프링 애플리케이션 프로젝트를 생성합시다. 애플리케이션명을 비롯해 여러 가지 정보를 요구하지만 기본값으로 두고 넘어가세요.

무에서 유를 창조하는 것보다는 아무래도 기존에 만들어진 스프링 애플리케이션을 가져와 개발하는 일이 더 많겠죠. 이럴 경우에 보통 애플리케이션 원 개발자는 다른 사람이 개발을 매끄럽게 진행할 수 있게끔 예제 소스와 빌드 스크립트를 함께 배포합니다.

자바 세상의 빌드 스크립트로는 대부분 메이븐 pom.xml이나, 이보다 나중에 나온 그레이들 build.gradle 중 하나를 씁니다. 이 책의 예제 코드 및 애플리케이션은 딱 하나만 메이븐을 쓰고 나머지는 모두 그레이들로 빌드 스크립트를 작성했습니다.

자바 애플리케이션을 개발하다 보면 손이 많이 가는 (JAR 또는 구성 파일 복사, 컴파일에 필요한 클래스패스 설정, JAR 의존체^{dependency, 디펜던시} 다운로드 등) 자잘한 작업이 많습니다. 바로 이런 일을 자바 빌드 툴이 대신 처리합니다.

빌드 파일만 있으면 누구라도 애플리케이션 빌드 시 원 개발자가 의도한 작업을 그대로 재현할 수 있기 때문에 자바 빌드 툴은 여전히 매우 중요합니다. 앤트^{Ant} build.xml 파일, 메이븐 pom.xml 파일, 아이비 ivy.xml 파일, 그레이들 build.gradle 파일만 있으면 빌드 툴에 무관하게 다른 유저, 다른 시스템에서도 일관되게 빌드됩니다.

최근에는 빌드 파일별로 액션, 의존체 등 실질적으로 애플리케이션 빌드에 필요한 어떤 작업도 고유한 구문으로 지정하는 등 과거에 비해 기능이 강력해진 자바 빌드 툴도 나왔습니다. 하지만 툴은 어디까지나 툴일 뿐, 목적 달성을 돕는 도구라는 사실을 잊지 마세요. 어떤 툴을 사용해 빌드 프로세스를 원활하게 할지는 애플리케이션 개발자의 몫입니다. 구닥다리 앤트나 최신 그레이들 등 어떤 빌드 파일로 배포했더라도 지레 겁먹을 필요는 없습니다. 최종 유저는 그저 원 개발자의 의도에 맞게 애플리케이션을 구성할 빌드 툴을 내려받아 설치하면 되니까요.

아직 스프링 애플리케이션 상당수가 메이븐을 쓰고 있지만 최근 애플리케이션은 점점 그레이들을 많이 쓰는 추세이므로, 두 프로젝트 모두 STS로 임포트하는 과정을 설명하겠습니다.

메이븐 프로젝트 임포트, 빌드하기

예제 소스를 내려받아 로컬 디렉터리에 압축을 푼 다음, File 메뉴를 클릭하고, Import 옵션을 선택하면 팝업 창이 뜹니다. 여기서 Maven 아이콘을 클릭, Existing Maven Projects^{기존 메이븐 프로젝트} 옵션으로 넘어갑니다(그림 1-2).

그림 1-2 기존 메이븐 프로젝트 임포트

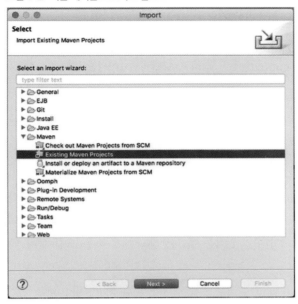

Next 버튼을 누르세요. 다음 화면에서 Browse 버튼을 누른 다음, 예제 소스의 ch01/
springintro_mvn 디렉터리를 지정합니다(그림 1-3).

그림 1-3 메이븐 프로젝트 선택

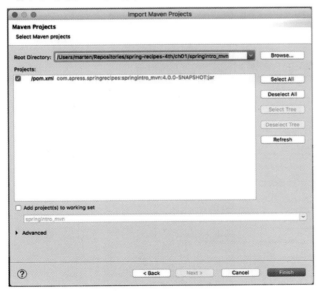

[그림 1-3]의 Import Maven Projects 창에서 pom.xml com.apress.springrecipes... 줄이 보이면 메이븐 프로젝트로 정상 임포트된 겁니다. 프로젝트 체크 박스를 선택하고 Finish 버튼을 클릭하면 프로젝트가 임포트됩니다. STS 프로젝트는 모두 좌측 Package Explorer^{패키지 탐}색기 창에 표시됩니다. 방금 전 임포트한 springintro_mvn 프로젝트가 보이나요?

프로젝트 전체 구조(자바 클래스, 의존체, 구성 파일 등)는 패키지 탐색기에서 프로젝트 아이콘을 클릭하면 펼쳐집니다. 이 중 아무 파일이나 더블 클릭하면 가운데 창 대시보드 옆에 있는 별도 탭에서 파일이 열립니다. 파일을 열고 찬찬히 내용을 살펴보며 편집할 수 있습니다.

패키지 탐색기에서 프로젝트 아이콘을 선택하면 마우스 우측 버튼을 누르면 컨텍스트 메뉴가 펼쳐지고 프로젝트 명령어가 여럿 보입니다. 그중 'Run as' → 'Maven build' 옵션을 선택하세요. 프로젝트 빌드를 설정/편집하는 팝업 창이 뜨면 맨 밑의 Run 버튼을 클릭합니다. 그러면 STS 가운데 아랫쪽에 콘솔 창이 보이고 여기에 각종 메이븐 빌드 메시지나 (도중 실패 시) 에러 메시지가 죽 표시됩니다.

첫 빌드에 성공하셨군요, 축하드립니다! 한번 돌려볼까요? 패키지 탐색기에서 프로젝트 아이콘을 선택하고 F5 키를 눌러 프로젝트 디렉터리를 갱신한 후, 프로젝트 트리를 펼칩니다. 밑부분에 target 디렉터리가 새로 생겼군요. 빌드된 애플리케이션 파일은 모두 여기로 들어갑니다. target 디렉터리 아이콘을 눌러 펼친 다음, springintro_mvn-4.0.0-SNAPSHOT.jar 파일을 선택하세요(그림 1-4).

그림 1-4 STS에서 실행 가능 파일을 선택

파일을 선택한 상태에서 마우스 우측 버튼을 클릭하면 프로젝트 명령어가 여럿 포함된 컨텍스트 메뉴가 나타납니다. 'Run as' → 'Run configurations' 옵션을 선택하면, 실행 설정을 편집하는 팝업 창이 뜰 겁니다. 좌측에 'Java application'을 선택하고 'Main class' 박스에 이 프로젝트의 메인 클래스 com.apress.springrecipes.hello.Main을 입력하세요(그림 1-5).

그림 1-5 STS에서 메인 실행 클래스 지정

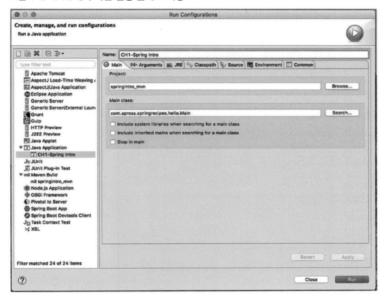

하단의 Run 버튼을 클릭하면, STS 가운데 콘솔 창이 펼쳐지고 여기에 로깅 메시지와 함께 애플리케이션 소스에 포함된 인사말이 표시됩니다.

자, 이렇게 STS에서 스프링 애플리케이션을 만들고 실행까지 해보았는데요, 다음 절에서는 비교적 최신 빌드 툴인 그레이들을 이용해 스프링 애플리케이션을 임포트하고 빌드하는 방법을 살펴보겠습니다.

그레이들 프로젝트 임포트 및 빌드하기

그레이들은 비교적 요즘 나온 툴이지만 조만간 메이븐을 대체할 전망입니다. 실제로 요즘은 스프링 프레임워크처럼 대규모 자바 프로젝트를 진행할 때 그레이들을 많이 씁니다. 기능이 강력하기 때문이죠. 추세가 이러하니 여러분도 STS에서 그레이들을 사용하는 방법을 알아두어야 합니다.

STS에서 그레이들을 쓰려면 우선 Buildship 확장 플러그인을 설치합니다. 이클립스 Help 메뉴의 Marketplace에서 Gradle을 키워드로 검색하세요(그림 1-6).

그림 1-6 STS에 Buildship 설치

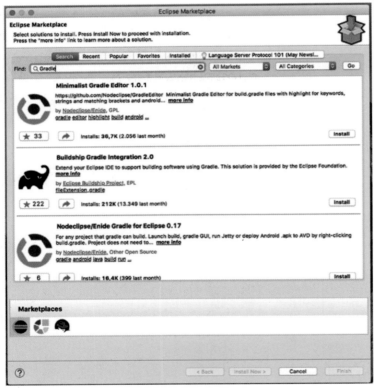

목록에서 BuildShip Gradle Integration 2.0을 찾아 우측 아래 Install 버튼을 클릭해 설치합니다. 이용 약관을 확인한 다음 Finish 버튼을 클릭하세요. 그레이들 확장 플러그인 설치가 끝나면 '변경된 내용을 반영하려면 STS를 다시 시작하라'고 안내합니다. STS를 재시작하세요.

이 책 예제 소스 대부분은 그레이들 빌드를 전제로 작성됐기 때문에 STS에 임포트하는 방법을 잘 알아두세요. 예제 소스를 내려받아 로컬 디렉터리에 압축을 푼 다음, File 메뉴를 클릭하고 Import 옵션을 선택하면 팝업 창이 뜹니다. 여기서 Gradle 아이콘을 클릭하고 Existing Gradle Projects(기존 그레이들 프로젝트) 옵션으로 넘어갑니다(그림 1-2).

그림 1-7 그레이들 프로젝트 임포트

Next 버튼을 누르세요. 다음 화면에서 Browse 버튼을 누르고 예제 소스의 ch01/springintro 디렉터리를 지정합니다. Finish 버튼을 눌러 임포트하면 패키지 탐색기 좌측에 springintro 프로젝트가 보일 겁니다. 프로젝트 아이콘을 클릭해 전체 구조(예 : 자바 클래스, 의존체, 구성 파일 등)를 둘러보세요.

IDE 우측 모서리 부근의 Gradle Tasks 탭에서 springintro 프로젝트를 찾아 Build 메뉴를 열고 Build를 선택하세요. 이 상태에서 마우스 우측 버튼을 클릭하고 Run Gradle Tasks를 실행합니다. 애플리케이션 빌드를 마쳤으니 실행해봅시다.

프로젝트 아이콘을 다시 선택하고 F5 키를 눌러 프로젝트 디렉터리를 갱신하세요. 프로젝트 트리를 펼쳐보면 중간 즈음에 있는 libs 디렉터리에 빌드된 애플리케이션 파일이 들어 있습니다. libs 디렉터리 아이콘을 클릭해서 펼치고 springintro.jar 파일을 선택합니다.

파일을 선택한 상태에서 Run 메뉴의 'Run configurations'로 들어가면 실행을 편집/구성하는 팝업 창이 뜹니다. 좌측 영역에 'Java application' 옵션이 선택되어 있는지 확인하고 'Main class' 박스에 이 프로젝트의 메인 클래스인 com.apress.springrecipes.hello.Main을 입력한 다음, 우측 아래 Run 버튼을 클릭하세요. STS 가운데 아래에 콘솔 창이 나타나고 여기에 로깅 메시지와 애플리케이션에 넣은 인사말이 출력될 겁니다.

레시피 1-2 인텔리제이로 스프링 애플리케이션 빌드하기

과제

인텔리제이를 사용해서 스프링 애플리케이션을 빌드하세요.

해결책

인텔리제이 Quick Start 창에서 Create New Project 링크를 클릭해 스프링 애플리케이션을 새로 만듭니다. 다음 창에서 프로젝트명을 입력하고 런타임 JDK, Java Module 옵션을 차례로 선택하세요. 다음 창에서 필요한 스프링 의존체의 체크 박스를 선택해서 내려받습니다.

메이븐으로 빌드하는 스프링 애플리케이션을 열어보려면 일단 명령줄에서 메이븐을 설치해야 합니다 ([레시피 1-4] 참고). File 메뉴에서 Import Project를 선택하고 PC에 있는 메이븐 스프링 애플리케이션을 선택합니다. 다음 화면에서 Import project from external model外部모델에서 프로젝트 임포트하기' 라디오 버튼을 선택하고 그 아래 메이븐을 선택합니다.

그레이들로 빌드하는 스프링 애플리케이션을 열어보려면 일단 명령줄에서 그레이들을 설치해야 합니다([레시피 1-5] 참고). File 메뉴에서 Import Project를 선택하고 PC에 있는 그레이들 스프링 애플리케이션을 선택합니다. 다음 화면에서 Import project from external model 라디오 버튼을 선택하고 그 아래 그레이들을 선택합니다.

풀이

인텔리제이는 상용 IDE 중 가장 유명한 툴입니다. 이클립스처럼 재단에서 만든 IDE나, 스프링 프레임워크 같은 기업의 주력 소프트웨어를 지원하려고 만든 STS와는 달리, 인텔리제이는 상용 개발 툴만 만들어 판매하는 젯브레인 사의 제품입니다. 이때문에 인텔리제이는 대기업 전문 개발자들이 주로 많이 씁니다.

지금부터 여러분이 인텔리제이 얼티밋 에디션Ultimate edition을 설치해서 스프링 애플리케이션 제작에 활용한다는 가정하에 설명하겠습니다.

> **WARNING_** 얼티밋 에디션은 30일 동안 쓸 수 있고 커뮤니티 에디션(Community edition)은 무료로 내려받을 수 있습니다. 커뮤니티 에디션도 일반 애플리케이션 개발할 때에는 그럭저럭 쓸 만하지만 스프링 애플리케이션 지원 기능이 빠져 있습니다. 이 레시피는 인텔리제이 얼티밋 에디션을 기준으로 합니다.

스프링 애플리케이션 생성하기

자, 스프링 애플리케이션 개발을 시작해볼까요? 인텔리제이 Quick Start 창에서 Create New Project 링크를 클릭하고 New Project 창에서 스프링 옵션을 선택한 뒤 필요한 라이브러리를 체크합니다(그림 1-8).

그림 1-8 스프링 프로젝트 생성

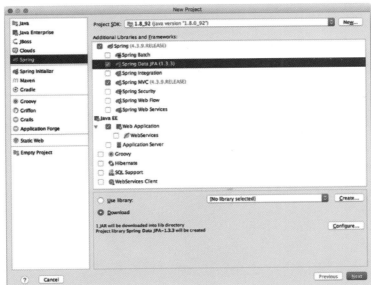

Next 버튼을 클릭하고 다음 창에서 프로젝트명을 입력하고 Finish를 누릅니다.

메이븐 프로젝트 임포트 및 빌드하기

무에서 유를 창조하는 것보다는 아무래도 기존에 만들어진 스프링 애플리케이션을 가져와 개발하는 일이 더 많겠죠. 이런 경우, 보통 애플리케이션 원 개발자는 다른 사람이 개발을 매끄럽게 진행할 수 있게끔 예제 소스와 빌드 스크립트를 함께 배포합니다.

자바 세상의 빌드 스크립트는 대부분 메이븐 pom.xml이나, 더 나중에 나온 그레이들 build.gradle 중 하나를 씁니다. 이 책의 예제 코드 및 애플리케이션은 딱 하나만 메이븐을 쓰고 나머지는 모두 그레이들로 빌드 스크립트를 작성했습니다.

예제 소스를 내려받아 로컬 디렉터리에 압축을 푼 다음, File 메뉴를 클릭하고 Import 옵션을 선택하면 팝업 창이 뜹니다(그림 1-9).

그림 1-9 임포트할 파일/디렉터리 지정

예제 소스가 있는 디렉터리를 찾아 ch01/springintro_mvn을 선택하세요. 다음 화면에서 Import project from external model 라디오 버튼을 선택하고 그 아래 메이븐을 선택합니다(그림 1-10).

그림 1-10 프로젝트 유형 선택

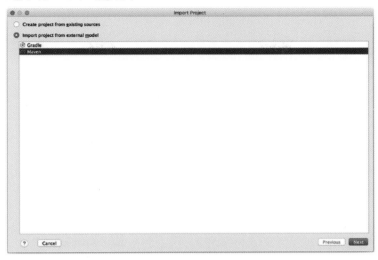

그다음은 pom.xml에 변경 사항을 자동 임포트하거나 의존체의 예제 소스를 내려받는 등 메이븐 프로젝트를 세부 설정하는 창이 나옵니다. 설정을 끝내고 Next를 클릭하세요(그림 1-11).

그림 1-11 메이븐 프로젝트 세부 설정

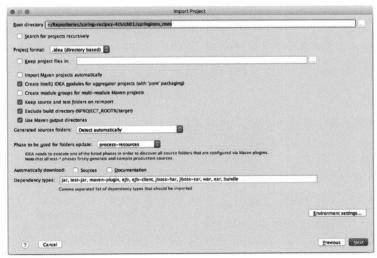

프로젝트 체크 박스를 선택 후 Next 버튼을 클릭하고 프로젝트를 임포트합니다(그림 1-12).

그림 1-12 메이븐 프로젝트 선택

다음은 프로젝트 SDK 버전을 지정합니다. 프로젝트명과 위치를 최종 확인 후 Finish 버튼을 누르세요. 인텔리제이 프로젝트는 모두 Project 창 좌측에 표시됩니다. 방금 전 임포트한 springintro_mvn 프로젝트가 보이나요?

프로젝트 아이콘을 클릭하면 프로젝트 전체 구조(자바 클래스, 의존체, 구성 파일 등)가 펼쳐집니다. 이 중 아무 파일이나 더블 클릭하면 가운데 창의 별도 탭에서 파일이 열립니다. 여기서 내용을 보고 수정/삭제할 수 있죠.

인텔리제이에서 메이븐을 쓰려면 먼저 명령줄에서 메이븐을 설치해야 합니다. [레시피 1-3]을 참고해서 설치하세요.

File 메뉴에서 Settings 옵션을 선택하세요. 팝업 창이 뜨고 인텔리제이 설정 화면이 나옵니다. Maven 옵션을 클릭하고 Maven home directory를 보면 PC에 설치된 메이븐 디렉터리가 보입니다. Apply 버튼을 누르고 OK 버튼을 클릭하세요(그림 1-13).

그림 1-13 메이븐 설정 창

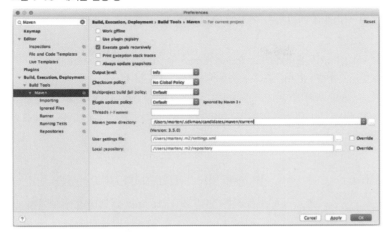

다음으로 인텔리제이 우측의 수직 탭 Maven Projects를 클릭하면 Maven Projects 패널이 표시됩니다(그림 1-14).

그림 1-14 메이븐 프로젝트 패널

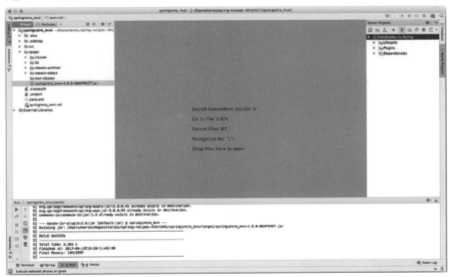

Maven Projects 패널에서 프로젝트의 Introduction to Spring 줄을 선택, 마우스 우측 버튼을 클릭하면 여러 가지 프로젝트 명령어가 포함된 컨텍스트 메뉴가 표시됩니다. 그중 Run

Maven Build를 선택하면 인텔리제이 가운데 밑부분에 Run 창이 등장합니다. 각종 메이븐 빌드 메시지나 (도중 실패 시) 에러 메시지는 여기에 표시됩니다.

> **WARNING_** 만약 'No valid Maven installation found. Either set the home directory in the configuration dialog or set the M2_HOME environment variable on your system (메이븐이 올바르게 설치되지 않았습니다. 설정 대화창에서 홈 디렉터리를 지정하거나 여러분의 시스템에서 M2_HOME 환경 변숫값을 설정하세요)'라는 에러 메시지가 뜨면 인텔리제이가 메이븐을 제대로 찾지 못한 겁니다. 메이븐 설치/설정 과정을 다시 한번 확인하세요.

그림 1-15 애플리케이션 실행

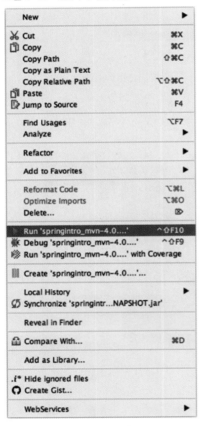

이리하여 빌드가 끝났습니다. 수고하셨습니다! 한번 돌려볼까요? 혹시 target 디렉터리가 보이지 않으면 Ctrl + Alt + Y 단축키로 프로젝트를 동기화합니다. target 디렉터리를 펼치고 springintro_ mvn-4.0.0-SNAPSHOT.jar 파일을 선택한 상태에서 마우스 우측 버튼을 클릭하세요. 그리고 Run합니다(그림 1-15).

인텔리제이 가운데 밑부분에 Run 창이 표시되고 여기에 로깅 메시지와 함께 애플리케이션에 넣은 인사말이 보입니다.

그레이들 프로젝트 임포트 및 빌드하기

이번엔 그레이들로 빌드하는 애플리케이션입니다. 먼저 [레시피 1-4]를 따라 명령줄에서 그레이들을 설치하세요. 설치가 끝나면 인텔리제이와 그레이들이 연동됩니다.

File 메뉴에서 Import Project를 선택, 팝업 창(그림 1-9)이 뜨면 디렉터리 트리에서 예제 소스 ch01/springintro 디렉터리를 찾아 build.gradle 파일을 선택합니다.

Open 버튼을 클릭하고 다음 화면에서 'Import project from external model' 라디오 버튼을 선택하고 그 아래 그레이들을 선택합니다. 그다음 화면에서 'Gradle home' 박스에 PC에 설치된 그레이들 홈 디렉터리를 지정하세요(그림 1-16).

그림 1-16 그레이들 홈 디렉터리 지정

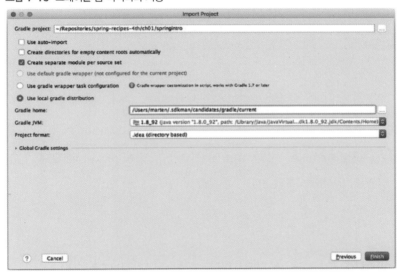

Finish 버튼을 눌러 임포트를 완료한 다음, Project 창에서 build.gradle 파일을 선택하고 마우스 우측 버튼을 클릭해 Run Build 합니다.

이리하여 빌드가 끝났습니다. 한번 돌려볼까요? Project 창을 보면 build/libs 디렉터리에 springintro-all.jar 파일이 생성되어 있을 겁니다(그림 1-17).

그림 1-17 애플리케이션 선택 및 실행

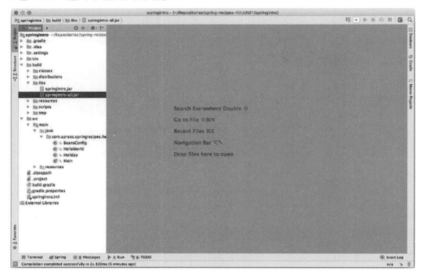

> **NOTE_** build.gradle 파일은 내부적으로 JAR 파일을 만들어내도록 설정돼 있습니다. 전체 클래스 파일과
> 실행에 필요한 의존체가 모두 이 한 파일에 담기지요.

springintro-all.jar 파일에서 마우스 우측 버튼 클릭 후 Run 하면 가운데 밑부분에 Run
창이 뜨면서 로깅 메시지와 인사말이 보입니다.

레시피 1-3 메이븐 CLI로 스프링 애플리케이션 빌드하기

과제

메이븐 CLI에서 스프링 애플리케이션을 빌드하세요.

해결책

http://maven.apache.org/download.cgi에서 메이븐을 내려받습니다. 환경 변수 JAVA_
HOME값이 자바 SDK가 설치된 디렉터리를 정확히 가리키고 있는지 확인하고 환경 변수 PATH

에 메이븐 bin 디렉터리를 추가합니다.

풀이

메이븐은 단독형standalone CLI 툴로 쓸 수 있어서 다양한 개발 환경에서 활용 가능합니다. 이를테면 자바 애플리케이션 빌드 시 되풀이되는 작업(예 : 파일 복사, 원스텝 컴파일)을 자동화하려면 emacs, vi 등의 텍스트 편집기로 메이븐 같은 빌드 툴을 설정할 수 있어야 합니다.

메이븐은 무료로 내려받을 수 있고(http://maven.apache.org/download.cgi) 예제 소스와 바이너리 버전 모두 구할 수 있습니다. 자바 툴은 플랫폼에 자유롭기 때문에 부가적인 컴파일 단계를 건너뛰려면 바이너리 버전을 내려받는 게 좋습니다. 이 책을 쓰는 현재, 메이븐 최신 버전은 3.5.2입니다.

내려받은 압축 파일을 풀고 환경 변수 JAVA_HOME, PATH 값을 지정하면 설치가 끝납니다. 설치하기 전에 메이븐 런타임 구동에 필요한 자바 SDK가 PC에 제대로 설치되어 있는지 확인하세요.

압축 파일은 다음 명령으로 해제합니다.

```
$ tar -xzvf apache-maven-3.5.0-bin.tar.gz
```

JAVA_HOME 변숫값을 추가합니다.

```
$ export JAVA_HOME=/usr/lib/jvm/java-8-openjdk/
```

메이븐 실행 파일 경로를 PATH에 덧붙입니다.

```
$ export PATH=$PATH:/home/www/apache-maven-3.5.0/bin/
```

> **TIP_** 이런 식으로 JAVA_HOME, PATH 값을 선언하면 셸을 열 때마다 같은 절차를 반복해야 하겠죠? 유닉스 계열 시스템에서는 유저 홈 디렉터리의 ~/.bashrc 파일을 열고 export 몇 줄을 추가하면 그런 수고를 덜 수 있습니다. 윈도우 유저는 '내 컴퓨터' 아이콘을 열고 '속성'을 선택하고, 팝업 창을 열고 '고급 시스템 설정 → 고급' 탭으로 이동, 'Environment variables(환경 변수)' 버튼을 눌러 환경 변수를 설정하면 환경 변숫값이 영구 고정됩니다.

메이븐 실행은 mvn 명령어로 합니다. 지금까지 설명한 대로 환경 변숫값을 제대로 설정했다면 PC의 어느 디렉터리에서도 mvn 명령으로 메이븐을 시동할 수 있습니다. 자세한 메이븐 실행 방법은 이 레시피 주제를 벗어나지만 메이븐으로 예제 소스의 스프링 애플리케이션을 빌드하는 절차는 안내하겠습니다.

예제 소스를 내려받아 로컬 디렉터리에 압축 해제 후 ch01/springintro_mvn 디렉터리로 이동하세요. 여기서 mvn 명령으로 메이븐을 띄우고 springintro_mvn 애플리케이션을 빌드하면 콘솔 창에 결과가 출력됩니다(그림 1–18).

그림 1-18 메이븐 빌드 결과

빌드가 끝났습니다. 수고하셨어요! 메이븐이 생성한 ch01/springintro_mvn/target 디렉터리를 보면 springintro_mvn-4.0.0-SNAPSHOT.jar 파일이 있습니다. java -jar springintro_mvn-1-0.SNAPSHOT.jar 명령을 실행하면 로깅 메시지와 함께 애플리케이션에 넣은 인사말이 보입니다.

레시피 1-4 메이븐 래퍼로 스프링 애플리케이션 빌드하기

과제

명령줄에서 메이븐 래퍼로 스프링 애플리케이션을 빌드하세요.

해결책

명령줄에서 mvnw 스크립트를 실행합니다.

풀이

메이븐(레시피 1-3)은 단독형 CLI 툴이지만 많은 (오픈 소스) 프로젝트가 메이븐 래퍼를 사용해 메이븐에 접근합니다. 메이븐 래퍼를 이용하면 애플리케이션 자체로 자급 자족이 가능한 장점이 있습니다. 메이븐이 설치되어 있지 않은 다른 개발자 PC에서도 메이븐 래퍼가 알아서 메이븐을 내려받아 프로젝트를 빌드해주니 아주 간편하지요.

메이븐 래퍼를 쓰는 프로젝트는 명령줄에서 간단히 ./mvnw package 명령을 실행하면 메이븐을 자동으로 내려받고 빌드까지 수행됩니다. 메이븐 런타임에 필요한 자바 SDK만 설치되어 있으면 됩니다.

예제 소스 ch01/springintro_mvnw에서 ./mvnw로 메이븐 래퍼를 실행하면 자동 빌드됩니다([그림 1-19] 결과 참고).

그림 1-19 메이븐 래퍼로 빌드한 결과

로그 첫 부분을 보면 실제로 메이븐을 내려받아 프로젝트를 빌드했습니다.

레시피 1-5 그레이들 CLI로 스프링 애플리케이션 빌드하기

과제

명령줄에서 그레이들 래퍼로 스프링 애플리케이션을 빌드하세요.

해결책

http://www.gradle.org/downloads에서 그레이들을 내려받습니다. 환경 변수 JAVA_HOME값이 자바 SDK가 설치된 디렉터리를 가리키고 있는지 확인하고 환경 변수 PATH에 그레이들 bin 디렉터리를 추가합니다.

풀이

그레이들은 단독형 CLI 툴로 쓸 수 있기 때문에 다양한 개발 환경에서 활용 가능합니다. 이를테면 자바 애플리케이션 빌드 시 되풀이되는 작업(예 : 파일 복사, 컴파일)을 자동화하려면 emacs, vi 등의 텍스트 편집기로 그레이들 같은 빌드 툴을 설정할 수 있어야 합니다.

그레이들은 무료로 내려받을 수 있고(http://www.gradle.org/downloads) 예제 소스와 바이너리 버전 모두 구할 수 있습니다. 자바 툴은 플랫폼에 자유롭기 때문에 부가적인 컴파일 단계를 건너뛰려면 바이너리 버전을 내려받는 게 좋습니다. 이 책을 쓰는 현재, 그레이들 최신 버전은 3.5입니다.

내려받은 압축 파일을 풀고 환경 변수 JAVA_HOME, PATH 값을 지정하면 설치가 끝납니다. 설치하기 전에 메이븐 런타임 구동에 필요한 자바 SDK가 PC에 제대로 설치되어 있는지 확인하세요.

압축 파일은 unzip 명령으로 해제합니다.

```
$ unzip gradle-3.5-bin.zip
```

JAVA_HOME 변숫값을 추가하고,

```
$ export JAVA_HOME=/usr/lib/jvm/java-8-openjdk/
```

그레이들 실행 파일 경로를 PATH에 덧붙입니다.

```
$ export PATH=$PATH:/home/www/gradle-3.5/bin/
```

> **TIP_** 이런 식으로 JAVA_HOME, PATH 값을 선언하면 셸을 열 때마다 같은 절차를 반복해야 합니다. 유닉스 계열 시스템에서는 ~/.bashrc 파일을 열고 export 몇 줄 추가하면 그런 수고를 덜 수 있습니다. 윈도우 유저는 '내 컴퓨터' 아이콘을 열고 '속성'을 선택하고, 팝업 창을 열고 '고급 시스템 설정 → 고급' 탭으로 이동합니다. 'Environment variables(환경 변수)' 버튼을 눌러 환경 변수를 설정하면 환경 변숫값이 영구 고정됩니다.

그레이들 실행은 gradle 명령어로 합니다. 지금까지 설명한 대로 환경 변숫값을 제대로 설정했다면 PC의 어느 디렉터리에서도 gradle 명령으로 메이븐을 시동할 수 있습니다. 자세한 그레이들 실행 방법은 이 레시피 주제를 벗어나지만 그레이들로 예제 소스의 스프링 애플리케이션을 빌드하는 절차를 안내하겠습니다.

예제 소스를 내려받아 로컬 디렉터리에 압축 해제 후 ch01/springintro 디렉터리로 이동하세요. 여기서 gradle 명령으로 그레이들을 띄우고 springintro 애플리케이션을 빌드하면 콘솔 창에 결과가 출력됩니다(그림 1-20).

그림 1-20 그레이들 빌드 결과

빌드가 끝났습니다, 수고하셨어요! 그레이들이 생성한 ch01/springintro/target 디렉터리에 springintro-all.jar 파일이 생겼습니다. java -jar springintro-all.jar 명령을 실행하면 로깅 메시지와 함께 애플리케이션에 넣은 인사말이 보입니다.

레시피 1-6 그레이들 래퍼로 스프링 애플리케이션 빌드하기

과제

명령줄에서 그레이들 래퍼로 스프링 애플리케이션을 빌드하세요.

해결책

명령줄에서 gradlew 스크립트를 실행합니다.

풀이

그레이들(레시피 1-5)은 단독형 CLI 툴이지만 많은 (오픈 소스) 프로젝트가 그레이들 래퍼를 이용해 그레이들에 접근합니다. 그레이들 래퍼를 이용하면 애플리케이션 자체로 자급자족이 가능한 장점이 있습니다. 그레이들이 설치되어 있지 않은 다른 개발자 PC에서도 그레이들 래퍼가 알아서 메이븐을 내려받아 프로젝트를 빌드해주니 아주 간편하지요.

그레이들 래퍼를 쓰는 프로젝트는 CLI에서 간단히 ./gradlew build를 실행하면 그레이들을 자동으로 내려받고 빌드합니다. 그레이들 런타임에 필요한 자바 SDK만 설치되어 있으면 됩니다.

예제 소스 ch01/Recipe_1_6에서 ./gradlew로 그레이들 래퍼를 실행하면 자동 빌드됩니다 ([그림 1-21] 결과 참고).

그림 1-21 그레이들 래퍼로 빌드한 결과

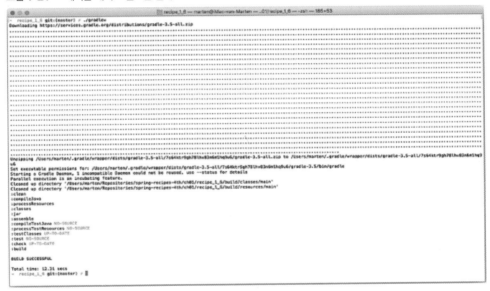

> **TIP_** 이 책의 예제 소스는 그레이들 또는 그레이들 래퍼 어느 쪽으로도 빌드할 수 있지만 그레이들 래퍼를 쓰면 동일한 버전으로 실습을 할 수 있기 때문에 그레이들 래퍼를 권장합니다.

마치며

많이 쓰이는 개발 툴을 설정하고 스프링 애플리케이션을 작성해보았습니다. 네 가지 유형의 툴을 이용해 스프링 애플리케이션을 빌드하고, 실행하는 방법을 배웠습니다. 스프링 프레임워크 제작자가 배포한 'STS'와 젯브레인 인텔리제이는 통합 개발 환경 형식의 툴이고 메이븐과 그 이후에 등장해 점점 인기를 얻고 있는 그레이들은 명령줄 기반의 빌드 툴입니다.

CHAPTER 2

스프링 코어

이 장의 주제는 스프링의 주요 기능입니다. IoC^{Inversion of Control}(제어의 역전)은 스프링 프레임워크의 심장부라고 할 수 있습니다. IoC 컨테이너는 POJO^{Plain Old Java Object}(오래된 방식의 단순 자바 객체)를 구성하고 관리합니다. 스프링 프레임워크의 가장 중요한 의의가 이 POJO로 자바 애플리케이션을 개발하는 것이므로 스프링의 주요 기능은 대부분 IoC 컨테이너 안에서 POJO를 구성 및 관리하는 일과 연관돼 있습니다.

웹 애플리케이션, 엔터프라이즈 연계 또는 다른 어떤 종류의 프로젝트에 스프링 프레임워크를 활용하더라도 첫 단추는 POJO와 IoC 컨테이너를 다루는 기술입니다. 이 장의 레시피는 대부분 이 책 전반에 걸쳐 쓰이는 기능이자, 여러분이 앞으로 스프링 개발을 하며 거의 매일 맞닥뜨리게 될 문제입니다.

> **NOTE_** 이 책과 스프링 문서에는 '빈(bean)'과 'POJO 인스턴스'는 모두 자바 클래스로 생성한 객체 인스턴스를 가리키며 이 책과 스프링 공식 문서에서 같은 의미로 혼용합니다. 더불어 '컴포넌트(component)'와 'POJO 클래스'는 객체 인스턴스를 생성하는 데 필요한 실제 자바 클래스를 가리키며 역시 이 책과 스프링 공식 문서에서 같은 의미로 쓰입니다.

> **TIP_** 이 책의 예제 소스에 수록된 애플리케이션들은 (그레이들 래퍼를 활용해) 그레이들로 빌드하도록 작성했습니다(그레이들 설치 방법은 1장에서 설명했습니다). 그레이들은 알아서 필요한 자바 클래스 및 의존체를 로드하고 실행 가능 JAR 파일을 생성합니다. 같은 레시피에서 다른 방법으로 접근할 경우는 프로젝트명 뒤에 로마 숫자를 붙여 구분합니다(예 : Recipe_2_1_i, Recipe_2_1_ii, Recipe_2_1_iii).

애플리케이션을 빌드하려면 해당 레시피 디렉터리(예 : Ch2/Recipe_2_1_i/)로 가서 ./gradlew build를 실행하세요. 컴파일이 끝나면 build/libs 디렉터리가 생기고 여기에 실행 가능 JAR 파일이 생성됩니다. 명령줄에서 이 JAR 파일을 실행하면 됩니다(예 : java -jar Recipe_2_1_i-4.0.0.jar).

레시피 2-1 자바로 POJO 구성하기

과제

스프링 IoC 컨테이너[1]에서 애너테이션을 붙여 POJO를 관리하세요.

해결책

먼저 POJO 클래스를 설계합니다. @Configuration, @Bean을 붙인 자바 구성 클래스를 만들거나, @Component, @Repository, @Service, @Controller 등을 붙인 자바 컴포넌트를 구성합니다. IoC 컨테이너는 이렇게 애너테이션을 붙인 자바 클래스를 스캐닝^{scanning}(탐색)하여 애플리케이션의 일부인 것처럼 POJO 인스턴스/빈을 구성합니다.

풀이

다목적 시퀀스^{sequence number}(순차 번호) 생성기 애플리케이션을 개발하려고 합니다. 시퀀스 유형별로 접두어^{prefix}, 접미어^{suffix}, 초깃값은 따로 있어서 생성기 인스턴스를 여럿 만들어야 합니다. 빈을 생성하는 POJO 클래스를 자바 구성으로 작성합시다.

다음은 시퀀스 생성기 요건에 따라 prefix, suffix, initial 세 프로퍼티를 지닌 SequenceGenerator 클래스입니다. 생성기별 시퀀스 숫자값은 private 필드인 counter에 담습니다. 생성기 인스턴스에서 getSequence() 메서드를 호출하면 그때마다 prefix와 suffix가 조합된 마지막 시퀀스가 채번됩니다.

---

1 역주_ 이후부터 'IoC 컨테이너'라고 줄입니다.

```
package com.apress.springrecipes.sequence;
...

public class SequenceGenerator {

    private String prefix;
    private String suffix;
    private int initial;
    private final AtomicInteger counter = new AtomicInteger();

    public SequenceGenerator() {
    }

    public void setPrefix(String prefix) {
        this.prefix = prefix;
    }

    public void setSuffix(String suffix) {
        this.suffix = suffix;
    }

    public void setInitial(int initial) {
        this.initial = initial;
    }

    public String getSequence() {
        StringBuilder builder = new StringBuilder();
        builder.append(prefix)
            .append(initial)
            .append(counter.getAndIncrement())
            .append(suffix);
        return builder.toString();
    }
}
```

구성 클래스에서 @Configuration과 @Bean을 붙여 자바 POJO 생성하기

자바 구성 클래스에 초깃값을 지정하면 IoC 컨테이너에서 POJO 인스턴스를 정의할 수 있습니다.

```
package com.apress.springrecipes.sequence.config;
...

@Configuration
public class SequenceGeneratorConfiguration {

    @Bean
    public SequenceGenerator sequenceGenerator() {
        SequenceGenerator seqgen = new SequenceGenerator();
        seqgen.setPrefix("30");
        seqgen.setSuffix("A");
        seqgen.setInitial("100000");
        return seqgen;
    }
}
```

SequenceGeneratorConfiguration 클래스에 붙인 @Configuration은 이 클래스가 구성 클래스임을 스프링에 알립니다. 스프링은 @Configuration이 달린 클래스를 보면 일단 그 안에서 빈 인스턴스 정의부^{definition}, 즉 @Bean을 붙인 (빈 인스턴스를 생성해 반환하는) 자바 메서드를 찾습니다.

구성 클래스의 메서드에 @Bean을 붙이면 그 메서드와 동일한 이름의 빈이 생성됩니다. 빈 이름을 따로 명시하려면 @Bean의 name 속성에 적습니다(예: @Bean(name="mys1")는 mys1라는 이름의 빈을 만듭니다).

> **NOTE_** 이렇게 빈 이름을 지정하면 빈을 생성할 때 메서드명은 무시됩니다.

IoC 컨테이너를 초기화하여 애너테이션 스캐닝하기

애너테이션을 붙인 자바 클래스를 스캐닝하려면 우선 IoC 컨테이너를 인스턴스화^{instantiation} (인스턴스를 만듦)해야 합니다. 그래야 스프링이 @Configuration, @Bean을 발견하고 나중에 IoC 컨테이너에서 빈 인스턴스를 가져올 수 있겠죠.

스프링은 기본 구현체인 빈 팩토리^{bean factory}와 이와 호환되는 고급 구현체인 애플리케이션 컨텍스트^{application context}, 두 가지 IoC 컨테이너를 제공합니다. 구성 파일은 두 컨테이너 모두 동일합니다.

애플리케이션 컨텍스트는 기본 기능에 충실하면서도 빈 팩토리보다 (스프링을 애플릿이나 모바일 기기에서 실행하는 등) 발전된 기능을 지니고 있으므로 리소스에 제약을 받는 상황이 아니라면 가급적 애플리케이션 컨텍스트를 사용하는 게 좋습니다. BeanFactory와 ApplicationContext는 각각 빈 팩토리와 애플리케이션 컨텍스트에 접근하는 인터페이스입니다. ApplicationContext는 BeanFactory의 하위 인터페이스여서 호환성이 보장됩니다.

ApplicationContext는 인터페이스인 까닭에 사용하려면 구현체가 필요합니다. 스프링은 애플리케이션 컨텍스트 구현체를 몇 가지 마련해놓았는데요, 그중 가장 최근 작품이면서 유연한 AnnotationConfigApplicationContext를 권장합니다. 자바 구성 클래스는 다음과 같이 로드합니다.

```
ApplicationContext context = new AnnotationConfigApplicationContext(SequenceGeneratorCo
nfiguration.class);
```

애플리케이션 컨텍스트를 인스턴스화한 이후에 객체 레퍼런스(여기선 context)는 POJO 인스턴스 또는 빈에 액세스하는 창구 노릇을 합니다.

IoC 컨테이너에서 POJO 인스턴스/빈 가져오기

구성 클래스에 선언된 빈을 빈 팩토리 또는 애플리케이션 컨텍스트에서 가져오려면 유일한 빈 이름을 getBean() 메서드의 인수로 호출합니다. getBean() 메서드는 java.lang.Object 형을 반환하므로 실제 타입type, 형에 맞게 캐스팅해야 합니다.

```
SequenceGenerator generator = (SequenceGenerator) context.getBean("sequenceGenerator");
```

캐스팅을 안 하려면 getBean() 메서드의 두 번째 인수에 빈 클래스명을 지정합니다.

```
SequenceGenerator generator = context.getBean("sequenceGenerator", SequenceGenerator.class);
```

빈이 하나뿐이라면 빈의 이름을 생략할 수 있습니다.

```
SequenceGenerator generator = context.getBean(SequenceGenerator.class);
```

이런 식으로 POJO 인스턴스/빈을 스프링 외부에서 생성자를 이용해 여느 객체처럼 사용할 수 있습니다.

다음은 시퀀스 생성기를 실행하는 Main 클래스입니다.

```java
public class Main {

    public static void main(String[] args) {
        ApplicationContext context =
            new AnnotationConfigApplicationContext(SequenceGeneratorConfiguration.class);

        SequenceGenerator generator = context.getBean(SequenceGenerator.class);

        System.out.println(generator.getSequence());
        System.out.println(generator.getSequence());
    }
}
```

클래스패스에 준비물(SequenceGenerator 객체 및 스프링 JAR 의존체)이 빠짐없이 담겨 있다면 콘솔 창에 로깅 메시지와 함께 다음 결과가 출력될 겁니다.

```
30100000A
30100001A
```

POJO 클래스에 @Component를 붙여 DAO 빈 생성하기

지금까지는 자바 구성 클래스에서 값을 하드코딩해 스프링 빈을 인스턴스화했습니다. 간단한 스프링 예제로 안성맞춤이죠.

하지만 실제로 POJO는 대부분 DB나 유저 입력을 활용해 인스턴스로 만듭니다. 이 절에서는 더 현실적인 시나리오로 넘어가, Domain 클래스 및 DAO^{Data Access Object}(데이터 액세스 객체)를 이용해 POJO를 생성하겠습니다. 실습에 필요한 테스트 데이터는 DAO 클래스에 하드코딩할 예정이라 손수 DB를 구성할 일은 없지만 앞으로 살펴볼 진짜 애플리케이션과 후속 레시피의 기초 역할을 하므로 반드시 이런 애플리케이션 구조에 익숙해져야 합니다.

앞 절의 시퀀스 생성기에 도메인 클래스, DAO 패턴을 적용하려면 클래스 구조를 조금 바꿔야 합니다. 먼저, id, prefix, suffix 세 프로퍼티를 지닌 Sequence 도메인 클래스를 만듭니다.

```java
public class Sequence {

    private final String id;
    private final String prefix;
    private final String suffix;

    public Sequence(String id, String prefix, String suffix) {
        this.id = id;
        this.prefix = prefix;
        this.suffix = suffix;
    }

    public String getId() {
        return id;
    }

    public String getPrefix() {
        return prefix;
    }

    public String getSuffix() {
        return suffix;
    }

}
```

다음은 DB 데이터 액세스를 처리하는 DAO 인터페이스입니다. getSequence() 메서드는 주어진 ID로 DB 테이블을 찾아 POJO나 Sequence 객체를 로드하고 getNextValue() 메서드는 다음 시퀀스값을 얻습니다.

```java
public interface SequenceDao {
    public Sequence getSequence(String sequenceId);
    public int getNextValue(String sequenceId);
}
```

실제로는 데이터 액세스 로직을 DAO 인터페이스에 구현하겠지만 예제 편의상 시퀀스 인스턴스 및 값을 Map에 하드코딩하겠습니다.

```java
@Component("sequenceDao")
public class SequenceDaoImpl implements SequenceDao {

    private final Map<String, Sequence> sequences = new HashMap<>();
    private final Map<String, AtomicInteger> values = new HashMap<>();

    public SequenceDaoImpl() {
        sequences.put("IT", new Sequence("IT", "30", "A"));
        values.put("IT", new AtomicInteger(10000));
    }

    @Override
    public Sequence getSequence(String sequenceId) {
        return sequences.get(sequenceId);
    }

    @Override
    public int getNextValue(String sequenceId) {
        AtomicInteger value = values.get(sequenceId);
        return value.getAndIncrement();
    }
}
```

SequenceDaoImpl 클래스에 @Component("sequenceDao")를 붙이면 스프링은 이 클래스를 이용해 POJO를 생성합니다. @Component에 넣은 값(sequenceDao)은 빈 인스턴스 ID로 설정하며, 값이 없으면 소문자로 시작하는 비 규격[nonqualified] 클래스명을 빈 이름으로 기본 할당합니다. 그래서 SequenceDaoImpl 클래스로 생성한 빈 이름은 sequenceDaoImpl입니다.

getSequence() 메서드는 sequenceID에 해당하는 현재 시퀀스값을, getNextValue() 메서드는 그다음 시퀀스값을 채번하여 반환합니다.

@Component는 스프링이 발견할 수 있게 POJO에 붙이는 범용 애너테이션입니다. 스프링에는 퍼시스턴스[persistence](영속화), 서비스[service], 프레젠테이션[presentation](표현), 세 레이어[layer](계층)가 있는데요, @Repository, @Service, @Controller는 각각 이 세 레이어를 가리키는 애너테이션입니다.

POJO의 쓰임새가 명확하지 않을 땐 그냥 @Component를 붙여도 되지만 특정 용도에 맞는 부가 혜택을 누리려면 구체적으로 명시하는 편이 좋습니다(예 : @Repository는 발생한 예외를 DataAccessException으로 감싸 던지므로 디버깅 시 유리합니다).

애너테이션을 스캐닝하는 필터로 IoC 컨테이너 초기화하기

기본적으로 스프링은 @Configuration, @Bean, @Component, @Repository, @Service, @Controller가 달린 클래스를 모두 감지합니다. 이때 하나 이상의 포함/제외 필터를 적용해서 스캐닝 과정을 커스터마이징customizing (맞춤)할 수 있습니다. 자바 패키지만 수십, 수백 개에 달할 때 아주 유용한 기법이지요. 특정 애너테이션을 붙인 POJO를 스프링 애플리케이션 컨텍스트에(서) 넣거나 빼는 겁니다.

> **WARNING**_ 모든 패키지를 일일이 스캐닝하면 시동 과정이 쓸데없이 느려질 수 있습니다.

스프링이 지원하는 필터 표현식은 네 종류입니다. annotation, assignable은 각각 필터 대상 애너테이션 타입 및 클래스/인터페이스를 지정하며 regex, aspectj는 각각 정규표현식과 AspectJ 포인트컷 표현식으로 클래스를 매치하는 용도로 쓰입니다. use-default-filters 속성으로 기본 필터를 해제할 수도 있습니다.

예를 들어 다음과 같이 선언하면 com.apress.springrecipes.sequence 패키지에 속한 클래스 중 이름에 Dao나 Service가 포함된 것들은 모두 넣고 @Controller를 붙인 클래스를 뺍니다.

```
@ComponentScan(
    includeFilters = {
        @ComponentScan.Filter(
            type = FilterType.REGEX,
            pattern = {"com.apress.springrecipes.sequence.*Dao",
                       "com.apress.springrecipes.sequence.*Service"})
    },
    excludeFilters = {
        @ComponentScan.Filter(
            type = FilterType.ANNOTATION,
            classes = {org.springframework.stereotype.Controller.class})
    }
)
```

이름에 Dao나 Service가 포함된 클래스를 감지하려면 includeFilters를 적용하면 됩니다. 그러면 애너테이션이 달려 있지 않은 클래스도 스프링이 자동 감지합니다.

IoC 컨테이너에서 POJO 인스턴스/빈 가져오기

앞서 작성한 컴포넌트를 Main 클래스에서 테스트해볼까요?

```java
public class Main {

    public static void main(String[] args) {

        ApplicationContext context =
            new AnnotationConfigApplicationContext("com.apress.springrecipes.sequence");

        SequenceDao sequenceDao = context.getBean(SequenceDao.class);

        System.out.println(sequenceDao.getNextValue("IT"));
        System.out.println(sequenceDao.getNextValue("IT"));
    }
}
```

레시피 2-2 생성자 호출해서 POJO 생성하기

과제

IoC 컨테이너에서 생성자를 호출해서 POJO 인스턴스/빈을 생성하세요. 생성자를 호출하는 건 스프링에서 빈을 생성하는 가장 일반적이면서 직접적인 방법입니다. 자바 new 연산자로 객체를 생성하는 것과 같습니다.

해결책

POJO 클래스에 생성자를 하나 이상 정의합니다. 자바 구성 클래스에서 IoC 컨테이너가 사용할 POJO 인스턴스값을 생성자로 설정한 다음, IoC 컨테이너를 인스턴스화해서 애너테이션을 붙인 자바 클래스를 스캐닝하도록 합니다. 그러면 POJO 인스턴스/빈을 마치 애플리케이션 일부처럼 액세스할 수 있습니다.

풀이

온라인 쇼핑몰 애플리케이션을 개발하려고 합니다. 먼저 name, price 같은 프로퍼티를 지닌 POJO 클래스 Product를 작성합니다. 쇼핑몰은 다양한 상품을 취급하므로 Product는 추상 클래스로 만들어 여러 하위 클래스가 상속하는 구조가 좋겠습니다.

```java
package com.apress.springrecipes.shop;

public abstract class Product {

    private String name;
    private double price;

    public Product() {}

    public Product(String name, double price) {
        this.name = name;
        this.price = price;
    }

    // 게터 및 세터
    ...

    public String toString() {
        return name + " " + price;
    }
}
```

생성자 있는 POJO 클래스 작성하기

Battery, Disc는 Product의 하위 클래스입니다. 각자 고유한 프로퍼티가 있겠죠.

```java
public class Battery extends Product {

    private boolean rechargeable;
```

```
    public Battery() {
        super();
    }

    public Battery(String name, double price) {
        super(name, price);
    }

    // 게터 및 세터
    ...
}
```

```
public class Disc extends Product {

    private int capacity;

    public Disc() {
        super();
    }

    public Disc(String name, double price) {
        super(name, price);
    }

    // 게터 및 세터
    ...
}
```

자바 구성 클래스 작성하기

IoC 컨테이너에 POJO 인스턴스를 정의하려면 자바 구성 클래스를 작성해 값을 초기화합니다. 생성자로 POJO 인스턴스/빈을 생성하는 자바 구성 클래스를 작성합니다.

```
package com.apress.springrecipes.shop.config;
...

@Configuration
```

```
public class ShopConfiguration {

    @Bean
    public Product aaa() {
        Battery p1 = new Battery("AAA", 2.5);
        p1.setRechargeable(true);
        return p1;
    }

    @Bean
    public Product cdrw() {
        Disc p2 = new Disc("CD-RW", 1.5);
        p2.setCapacity(700);
        return p2;
    }
}
```

IoC 컨테이너에서 상품을 제대로 가져오는지 Main 클래스에서 확인합시다.

```
public class Main {

    public static void main(String[] args) throws Exception {

        ApplicationContext context =
            new AnnotationConfigApplicationContext(ShopConfiguration.class);

        Product aaa = context.getBean("aaa", Product.class);
        Product cdrw = context.getBean("cdrw", Product.class);

        System.out.println(aaa);
        System.out.println(cdrw);
    }
}
```

레시피 2-3 POJO 레퍼런스와 자동 연결을 이용해 다른 POJO 와 상호 작용하기

과제

애플리케이션을 구성하는 POJO/빈 인스턴스들은 서로 함께 움직여 임무를 완수합니다. 애너테이션을 붙여 POJO 레퍼런스와 자동 연결하세요.

해결책

자바 구성 클래스에 정의된 POJO/빈 인스턴스들 사이의 참조 관계는 표준 자바 코드로도 맺어줄 수 있습니다. 필드, 세터 메서드, 생성자, 또는 다른 아무 메서드에 @Autowired를 붙이면 POJO 레퍼런스를 자동 연결해 쓸 수 있습니다.

풀이

생성자, 필드, 프로퍼티로 자동 연결하는 방법을 차례로 소개하고 마지막에 자동 연결 관련 이슈의 해결 방법을 제시합니다.

자바 구성 클래스에서 POJO 참조하기

([레시피 2-1], [레시피 2-2]에서 설명했듯이) 자바 구성 클래스에 POJO 인스턴스를 정의하면, 모든 게 자바 코드로 있으니 얼마든지 POJO를 참조할 수 있습니다. 다음 코드처럼 다른 빈 프로퍼티를 참조하면 됩니다.

```
@Configuration
public class SequenceConfiguration {

    @Bean
    public DatePrefixGenerator datePrefixGenerator() {
        DatePrefixGenerator dpg = new DatePrefixGenerator();
        dpg.setPattern("yyyyMMdd");
        return dpg;
    }
}
```

```
    @Bean
    public SequenceGenerator sequenceGenerator() {
        SequenceGenerator sequence = new SequenceGenerator();
        sequence.setInitial(100000);
        sequence.setSuffix("A");
        sequence.setPrefixGenerator(datePrefixGenerator());
        return sequence;
    }
}
```

SequenceGenerator 클래스의 prefixGenerator 프로퍼티를 DatePrefixGenerator 빈 인스턴스로 설정했군요.

첫 번째 메서드는 DatePrefixGenerator 빈을 생성합니다. 이 빈은 관례상 메서드명과 동일한 datePrefixGenerator로 가져올 수 있지만 빈 인스턴스화 코드 자체가 표준 자바 메서드로 구현되어 있으므로 그냥 자바 메서드를 호출하듯 불러 써도 됩니다. 그래서 두 번째 메서드에서 세터로 prefixGenerator 프로퍼티를 설정할 때 단순히 datePrefixGenerator() 메서드를 호출해도 DatePrefixGenerator 빈을 가져올 수 있습니다.

POJO 필드에 @Autowired를 붙여 자동 연결하기

이번엔 [레시피 2-1]에서 보았던 DAO SequenceDaoImpl 클래스의 SequenceDao 필드를 자동 연결합시다.

서비스 객체를 생성하는 서비스 클래스는 실제로 자주 쓰이는 베스트 프랙티스^{best practice}(모범 사례)로, DAO를 직접 호출하는 대신 일종의 퍼사드^{façade, 관문}를 두는 겁니다. 서비스 객체는 내부적으로 DAO와 연동하며 시퀀스 생성 요청을 처리합니다.

```
@Component
public class SequenceService {

    @Autowired
    private SequenceDao sequenceDao;

    public void setSequenceDao(SequenceDao sequenceDao) {
        this.sequenceDao = sequenceDao;
    }
```

```
    public String generate(String sequenceId) {
        Sequence sequence = sequenceDao.getSequence(sequenceId);
        int value = sequenceDao.getNextValue(sequenceId);
        return sequence.getPrefix() + value + sequence.getSuffix();
    }
}
```

SequenceService 클래스는 @Component를 붙였기 때문에 스프링 빈으로 등록됩니다. 별도 이름을 지정하지 않았으므로 빈 이름은 클래스명 그대로 sequenceService입니다.

그리고 sequenceDao 프로퍼티에 @Autowired가 있기 때문에 sequenceDao 빈(즉, SequenceDaoImpl 클래스)이 이 프로퍼티에 자동 연결됩니다.

배열형 프로퍼티에 @Autowired를 붙이면 스프링은 매치된 빈을 모두 찾아 자동 연결합니다. 예를 들어 PrefixGenerator[] 프로퍼티에 @Autowired를 적용하면 PrefixGenerator와 타입 호환되는 빈을 한 번에 모두 찾아 자동 연결할 수 있습니다.

```
public class SequenceGenerator {

    @Autowired
    private PrefixGenerator[] prefixGenerators;
    ...
}
```

IoC 컨테이너에 선언된 PrefixGenerator와 타입 호환되는 빈이 여럿 있어도 prefixGenerators 배열에 자동으로 추가됩니다.

타입-안전한type-safe 컬렉션에 @Autowired를 붙이면 스프링은 이 컬렉션과 타입 호환되는 빈을 모두 찾아 자동 연결합니다.

```
public class SequenceGenerator {

    @Autowired
    private List<PrefixGenerator> prefixGenerators;
    ...
}
```

다음 코드처럼 타입-안전한 java.util.Map에 @Autowired를 붙이면 스프링은 타입 호환되는 빈을 모두 찾아 빈 이름이 키인 맵에 추가합니다.

```java
public class SequenceGenerator {

    @Autowired
    private Map<String, PrefixGenerator> prefixGenerators;
    ...
}
```

@Autowired로 POJO 메서드와 생성자를 자동 연결하기, 자동 연결을 선택적으로 적용하기

@Autowired는 POJO 세터 메서드에도 직접 적용할 수 있습니다. 그래서 다음과 같이 prefixGenerator 프로퍼티의 세터 메서드에 @Autowired를 붙이면 prefixGenerator와 타입 호환되는 빈이 연결됩니다.

```java
public class SequenceGenerator {
    ...
    @Autowired
    public void setPrefixGenerator(PrefixGenerator prefixGenerator) {
        this.prefixGenerator = prefixGenerator;
    }
}
```

스프링은 기본적으로 @Autowired를 붙인 필수 프로퍼티에 해당하는 빈을 찾지 못하면 예외를 던집니다. 따라서 선택적인 프로퍼티는 @Autowired의 required 속성값을 false로 지정해 스프링이 빈을 못 찾더라도 그냥 지나치게 합니다.

```java
public class SequenceGenerator {
    ...
    @Autowired(required = false)
    public void setPrefixGenerator(PrefixGenerator prefixGenerator) {
        this.prefixGenerator = prefixGenerator;
    }
}
```

@Autowired는 메서드 인수의 이름과 개수에 상관없이 적용할 수 있습니다. 스프링은 각 메서드 인수형과 호환되는 빈을 찾아 연결합니다.

```java
public class SequenceGenerator {
    ...
    @Autowired
    public void myOwnCustomInjectionName(PrefixGenerator prefixGenerator) {
        this.prefixGenerator = prefixGenerator;
    }
}
```

생성자에도 @Autowired를 붙여 자동 연결할 수 있습니다. 스프링은 생성자 인수가 몇 개든 각 인수형과 호환되는 빈을 연결합니다.

```java
@Service
public class SequenceService {

    private final SequenceDao sequenceDao;

    @Autowired
    public SequenceService(SequenceDao sequenceDao) {
        this.sequenceDao = sequenceDao;
    }

    public String generate(String sequenceId) {
        Sequence sequence = sequenceDao.getSequence(sequenceId);
        int value = sequenceDao.getNextValue(sequenceId);
        return sequence.getPrefix() + value + sequence.getSuffix();
    }
}
```

> **TIP_** 스프링 4.3 버전부터 생성자가 하나뿐인 클래스의 생성자는 자동 연결하는 것이 기본이므로 굳이 @Autowired를 붙이지 않아도 됩니다.

애너테이션으로 모호한 자동 연결 명시하기

타입을 기준으로 자동 연결하면 IoC 컨테이너에 호환 타입이 여럿 존재하거나 프로퍼티가 (배열, 리스트, 맵 등의) 그룹형이 아닐 경우 제대로 연결되지 않습니다. 타입이 같은 빈이 여럿이라면 @Primary, @Qualifier로 해결할 수 있습니다.

@Primary로 모호한 자동 연결 명시하기

스프링에서는 @Primary를 붙여 후보^{candidate} 빈을 명시합니다. 여러 빈이 자동 연결 대상일 때 특정한 빈에 우선권을 부여하는 거죠.

```
@Component
@Primary
public class DatePrefixGenerator implements PrefixGenerator {

    @Override
    public String getPrefix() {
        DateFormat formatter = new SimpleDateFormat("yyyyMMdd");
        return formatter.format(new Date());
    }
}
```

PrefixGenerator 인터페이스 구현체인 DatePrefixGenerator 클래스에 @Primary를 붙여놓았기 때문에 PrefixGenerator형의 빈 인스턴스가 여럿이더라도 스프링은 @Primary를 붙인 클래스의 빈 인스턴스를 자동 연결합니다.

@Qualifier로 모호한 자동 연결 명시하기

@Qualifier에 이름을 주어 후보 빈을 명시할 수도 있습니다.

```
public class SequenceGenerator {

    @Autowired
    @Qualifier("datePrefixGenerator")
    private PrefixGenerator prefixGenerator;
    ...
}
```

이렇게 하면 스프링은 IoC 컨테이너에서 이름이 datePrefixGenerator인 빈을 찾아 prefixGenerator 프로퍼티에 연결합니다.

@Qualifier는 메서드 인수를 연결하는 쓰임새도 있습니다.

```
public class SequenceGenerator {
    ...
    @Autowired
    public void myOwnCustomInjectionName(
        @Qualifier("datePrefixGenerator") PrefixGenerator prefixGenerator) {
        this.prefixGenerator = prefixGenerator;
    }
}
```

다음 레시피 주제인 JSR-250의 @Resource를 세터 메서드, 생성자, 필드에 붙이면 빈 프로퍼티를 이름으로 자동 연결할 수 있습니다.

여러 곳에 분산된 POJO 참조 문제 해결하기

애플리케이션 규모가 커질수록 모든 POJO 설정을 하나의 자바 구성 클래스에 담아두기 어렵기 때문에 보통 POJO 기능에 따라 여러 자바 구성 클래스로 나누어 관리합니다. 그런데 자바 구성 클래스가 여럿 공존하면 상이한 클래스에 정의된 POJO를 자동 연결하거나 참조하는 일이 생각보다 그리 간단하지 않습니다.

한 가지 방법은 자바 구성 클래스가 위치한 경로마다 애플리케이션 컨텍스트를 초기화하는 겁니다. 각 자바 구성 클래스에 선언된 POJO를 컨텍스트와 레퍼런스로 읽으면 POJO 간 자동 연결이 가능합니다.

```
AnnotationConfigApplicationContext context = new AnnotationConfigApplicationContext(Prefix
Configuration.class, SequenceGeneratorConfiguration.class);
```

@Import로 구성 파일을 나누어 임포트하는 방법도 있습니다.

```
@Configuration
@Import(PrefixConfiguration.class)
public class SequenceConfiguration {

    @Value("#{datePrefixGenerator}")
    private PrefixGenerator prefixGenerator;

    @Bean
    public SequenceGenerator sequenceGenerator() {
        SequenceGenerator sequence = new SequenceGenerator();
        sequence.setInitial(100000);
        sequence.setSuffix("A");
        sequence.setPrefixGenerator(prefixGenerator);
        return sequence;
    }
}
```

sequenceGenerator 빈에서는 반드시 prefixGenerator 빈을 설정해야 하는데, 이 구성 클래스에는 없고 대신 다른 자바 구성 클래스 PrefixConfiguration에 정의되어 있습니다. @Import(PrefixConfiguration.class)를 붙이면 PrefixConfiguration 클래스에 정의한 POJO를 모두 현재 구성 클래스의 스코프로 가져올 수 있습니다. 그런 다음 @Value와 SpEL을 써서 PrefixConfiguration 클래스에 선언된 datePrefixGenerator 빈을 prefixGenerator 필드에 주입하는 거죠. 이로써 sequenceGenerator 빈에서 prefixGenerator 빈을 갖다 쓸 수 있습니다.

레시피 2-4 @Resource와 @Inject를 붙여 POJO 자동 연결하기

과제

스프링 전용 @Autowired 대신, 자바 표준 애너테이션 @Resource, @Inject로 POJO를 자동 연결하여 참조하세요.

해결책

@Resource는 JSR-250(Common Annotations for the Java Platform)에 규정된 애너테이션으로, 이름으로 POJO 레퍼런스를 찾아 연결합니다. JSR-330(표준 주입 애너테이션Standard Annotations for Injection)에 규정된 @Inject는 타입으로 POJO 레퍼런스를 찾아 연결합니다.

풀이

앞 레시피에서 등장한 @Autowired는 스프링 프레임워크, 구체적으로는 org.springframework.beans.factory.annotation 패키지에 속해 있어서 스프링에서만 쓸 수 있지요.

스프링이 @Autowired를 처음 선보인 지 얼마 지나지 않아 자바 진영에서도 동일한 기능의 애너테이션을 여럿 표준화했습니다. javax.annotation.Resource와 javax.inject.Inject도 바로 그런 노력의 산물입니다.

@Resource로 POJO 자동 연결하기

타입으로 POJO를 찾아 자동 연결하는 기능은 @Resource나 @Autowired나 마찬가지입니다. 예를 들어 다음 코드에서 prefixGenerator 프로퍼티에 @Resource를 붙이면 PrefixGenerator형 POJO가 자동 연결됩니다.

```
public class SequenceGenerator {

    @Resource
    private PrefixGenerator prefixGenerator;

    ...
}
```

하지만 타입이 같은 POJO가 여럿일 때 @Autowired를 쓰면 가리키는 대상이 모호해집니다. 결국 @Qualifier를 써서 이름으로 다시 POJO를 찾아야 하는 불편함이 따르지요. @Resource는 기능상 @Autowired와 @Qualifier를 합한 것과 같으므로 대상이 명확합니다.

@Inject로 POJO 자동 연결하기

@Resource와 @Autowired처럼 @Inject도 일단 타입으로 POJO를 찾습니다. 가령, 다음 코드에서 prefixGenerator 프로퍼티에 @Inject를 붙이면 PrefixGenerator형 POJO가 자동 연결됩니다.

```
public class SequenceGenerator {

    @Inject
    private PrefixGenerator prefixGenerator;
    ...
}
```

그러나 @Resource, @Autowired의 경우처럼 타입이 같은 POJO가 여럿일 때엔 다른 방법을 구사해야 합니다. @Inject를 이용해 이름으로 자동 연결을 하려면 먼저 POJO 주입 클래스와 주입 지점을 구별하기 위해 커스텀 애너테이션^{custom annotation} (사용자가 맞춤 제작한 애너테이션)을 작성해야 합니다.

```
@Qualifier
@Target({ElementType.TYPE, ElementType.FIELD, ElementType.PARAMETER})
@Documented
@Retention(RetentionPolicy.RUNTIME)
public @interface DatePrefixAnnotation {
}
```

이 커스텀 애너테이션에 붙인 @Qualifier는 스프링에서 쓰는 @Qualifier와는 전혀 다른, @Inject와 동일 패키지(javax.inject)에 속한 애너테이션입니다.

커스텀 애너테이션을 작성한 다음, 빈 인스턴스를 생성하는 POJO 주입 클래스, 즉 DatePrefixGenerator에 붙입니다.

```
@DatePrefixAnnotation
public class DatePrefixGenerator implements PrefixGenerator {
    ...
}
```

이제 커스텀 애너테이션을 POJO 속성 또는 주입 지점에 붙이면 더 이상 모호해질 일은 없습니다.

```
public class SequenceGenerator {

    @Inject @DataPrefixAnnotation
    private PrefixGenerator prefixGenerator;
    ...
}
```

[레시피 2-3], [레시피 2-4]에서 이야기했듯이 @Autowired, @Resource, @Inject 셋 중 어느 걸 쓰더라도 결과는 같습니다. @Autowired는 스프링에, @Resource와 @Inject는 자바 표준(JSR)에 근거한 해법이라는 차이점만 있습니다. 이름을 기준으로 하면 아무래도 가장 구문이 단순한 @Resource가 낫고, 타입을 기준으로 하면 셋 중 아무거나 골라 간편하게 쓸 수 있습니다.

레시피 2-5 @Scope를 붙여 POJO 스코프 지정하기

과제

@Component 같은 애너테이션을 POJO 인스턴스에 붙이는 건 빈 생성에 관한 템플릿을 정의하는 것이지, 실제 빈 인스턴스를 정의하는 게 아닙니다. getBean() 메서드로 빈을 요청하거나 다른 빈에서 참조할 때 스프링은 빈 스코프에 따라 어느 빈 인스턴스를 반환할지 결정해야 합니다. 이때 기본 스코프 이외의 다른 빈 스코프를 지정할 경우가 있습니다.

해결책

@Scope는 빈^{bean} 스코프를 지정하는 애너테이션입니다. 스프링은 IoC 컨테이너에 선언한 빈마다 정확히 인스턴스 하나를 생성하고 이렇게 만들어진 인스턴스는 전체 컨테이너 스코프에 공유됩니다. getBean() 메서드를 호출하거나 빈을 참조하면 이러한 유일무이한 인스턴스가 반환되는 거죠. 이 스코프가 바로 모든 빈의 기본 스코프인 singleton입니다. 전체 스프링 빈 스

코프는 [표 2-1]에 정리했습니다.

표 2-1 스프링의 빈 스코프

스코프	설명
singleton	IoC 컨테이너당 빈 인스턴스 하나를 생성합니다.
prototype	요청할 때마다 빈 인스턴스를 새로 만듭니다.
request	HTTP 요청당 하나의 빈 인스턴스를 생성합니다. 웹 애플리케이션 컨텍스트에만 해당됩니다.
session	HTTP 세션당 빈 인스턴스 하나를 생성합니다. 웹 애플리케이션 컨텍스트에만 해당됩니다.
globalSession	전역 HTTP 세션당 빈 인스턴스 하나를 생성합니다. 포털 애플리케이션 컨텍스트에만 해당됩니다.

풀이

쇼핑몰 애플리케이션의 카트를 예로 들어 빈 스코프 개념을 설명하겠습니다. 먼저 카트를 나타내는 ShoppingCart 클래스를 작성합니다.

```java
@Component
public class ShoppingCart {

    private List<Product> items = new ArrayList<>();

    public void addItem(Product item) {
        items.add(item);
    }

    public List<Product> getItems() {
        return items;
    }
}
```

상품 빈은 나중에 카트에 추가할 수 있게 자바 구성 파일에 선언합니다.

```java
@Configuration
@ComponentScan("com.apress.springrecipes.shop")
public class ShopConfiguration {
```

```
@Bean
public Product aaa() {
    Battery p1 = new Battery();
    p1.setName("AAA");
    p1.setPrice(2.5);
    p1.setRechargeable(true);
    return p1;
}

@Bean
public Product cdrw() {
    Disc p2 = new Disc("CD-RW", 1.5);
    p2.setCapacity(700);
    return p2;
}

@Bean
public Product dvdrw() {
    Disc p2 = new Disc("DVD-RW", 3.0);
    p2.setCapacity(700);
    return p2;
}
```

그럼 Main 클래스에서 카트에 상품을 넣어가며 테스트해봅시다. 두 고객이 동시에 쇼핑몰에 접속했다고 해볼까요? 1번 고객이 getBean() 메서드로 카트를 가져와 상품 2개를 담고 그다음 2번 고객 역시 같은 방법으로 카트를 가져와 다른 상품을 넣습니다.

```
public class Main {

    public static void main(String[] args) throws Exception {
        ApplicationContext context =
            new AnnotationConfigApplicationContext(ShopConfiguration.class);

        Product aaa = context.getBean("aaa", Product.class);
        Product cdrw = context.getBean("cdrw", Product.class);
        Product dvdrw = context.getBean("dvdrw", Product.class);
```

```
        ShoppingCart cart1 = context.getBean("shoppingCart", ShoppingCart.class);
        cart1.addItem(aaa);
        cart1.addItem(cdrw);
        System.out.println("Shopping cart 1 contains " + cart1.getItems());

        ShoppingCart cart2 = context.getBean("shoppingCart", ShoppingCart.class);
        cart2.addItem(dvdrw);
        System.out.println("Shopping cart 2 contains " + cart2.getItems());
    }
}
```

현재 빈 구성에서는 두 고객이 동일한 카트 인스턴스를 공유합니다.

```
Shopping cart 1 contains [AAA 2.5, CD-RW 1.5]
Shopping cart 2 contains [AAA 2.5, CD-RW 1.5, DVD-RW 3.0]
```

스프링 기본 스코프가 singleton이라서 IoC 컨테이너당 카트 인스턴스가 한 개만 생성되었으니까요.

getBean() 메서드 호출 시 쇼핑몰 방문 고객마다 상이한 카트 인스턴스를 가져와야 맞겠죠? shoppingCart 빈 스코프를 prototype으로 설정하면 스프링은 getBean() 메서드를 호출할 때마다 빈 인스턴스를 새로 만듭니다.

```
@Component
@Scope("prototype")
public class ShoppingCart { ... }
```

Main 클래스를 다시 실행하면 이제 두 고객은 각자의 카트를 소유하게 됩니다.

```
Shopping cart 1 contains [AAA 2.5, CD-RW 1.5]
Shopping cart 2 contains [DVD-RW 3.0]
```

레시피 2-6 외부 리소스(텍스트, XML, 프로퍼티, 이미지 파일)의 데이터 사용하기

과제

여러 곳(예 : 파일시스템, 클래스패스, URL)에 있는 외부 리소스(예 : 텍스트, XML, 프로퍼티, 이미지 파일)를 각자 알맞은 API로 읽어들여야 할 때가 있습니다.

해결책

스프링이 제공하는 @PropertySource를 이용하면 빈 프로퍼티 구성용 .properties 파일(키-값 쌍)을 읽어들일 수 있습니다. 또 Resource라는 단일 인터페이스를 사용해 어떤 유형의 외부 리소스라도 경로만 지정하면 가져올 수 있는 리소스 로드 메커니즘이 마련되어 있습니다. @Value로 접두어를 달리 하여 상이한 위치에 존재하는 리소스를 불러올 수도 있습니다. 이를테면 파일시스템 리소스는 file, 클래스패스에 있는 리소스는 classpath 접두어로 붙이는 식이죠. 리소스 경로는 URL로도 지정할 수 있습니다.

풀이

@PropertySource와 PropertySourcesPlaceholderConfigurer 클래스를 이용하면 빈 프로퍼티 구성 전용 프로퍼티 파일의 내용(즉, 키-값 쌍)을 읽을 수 있습니다. 스프링 Resource 인터페이스에 @Value를 곁들이면 어느 파일이라도 읽어들일 수 있습니다.

프로퍼티 파일 데이터를 이용해 POJO 초깃값 설정하기

프로퍼티 파일에 나열된 값을 읽어 빈 프로퍼티를 설정할 때가 있습니다. 키-값 형태로 이루어진 DB 설정 프로퍼티나 각종 애플리케이션 설정값이 대부분이겠죠. 가령 discounts.properties 파일에 다음과 같이 키-값이 들어 있다고 합시다.

```
specialcustomer.discount=0.1
summer.discount=0.15
endofyear.discount=0.2
```

```
@Configuration
@PropertySource("classpath:discounts.properties")
@ComponentScan("com.apress.springrecipes.shop")
public class ShopConfiguration {

    @Value("${endofyear.discount:0}")
    private double specialEndofyearDiscountField;

    @Bean
    public static PropertySourcesPlaceholderConfigurer
        propertySourcesPlaceholderConfigurer() {
        return new PropertySourcesPlaceholderConfigurer();
    }

    @Bean
    public Product dvdrw() {
        Disc p2 = new Disc("DVD-RW", 3.0, specialEndofyearDiscountField);
        p2.setCapacity(700);
        return p2;
    }
}
```

값이 classpath:discounts.properties인 @PropertySource를 자바 구성 클래스에 붙였군요. 스프링은 자바 클래스패스(접두어는 classpath:)에서 discounts.properties 파일을 찾습니다.

@PropertySource를 붙여 프로퍼티 파일을 로드하려면 PropertySourcesPlaceholderConfigurer 빈을 @Bean으로 선언해야 합니다. 스프링은 discounts.properties 파일을 자동으로 연결하므로 이 파일에 나열된 프로퍼티를 빈 프로퍼티로 활용할 수 있습니다.

이제 discounts.properties 파일에서 가져온 프로퍼티값을 담을 자바 변수를 정의합시다. @Value에 자리끼움placeholder(치환자, 플레이스홀더) 표현식을 넣어 프로퍼티값을 자바 변수에 할당합니다.

@Value("${key:default_value}") 구문으로 선언하면 읽어들인 애플리케이션 프로퍼티를 전부 뒤져 주어진 키를 찾습니다. 매치되는 키가 있으면 그 값을 빈 프로퍼티값으로 할당하고 키를 찾지 못하면 기본값(default_value)을 할당합니다.

할인율을 읽어와 자바 변숫값으로 할당했으니 이 값을 각 상품 빈 인스턴스의 discount 프로퍼티값으로 설정할 수 있습니다.

프로퍼티 파일 데이터를 빈 프로퍼티 구성 외의 다른 용도로 쓰려면 뒤이어 설명할 스프링의 Resource 메커니즘을 이용합니다.

POJO에서 외부 리소스 파일 데이터를 가져와 사용하기

애플리케이션 시동 시 클래스패스에 위치한 banner.txt라는 텍스트 파일 안에 넣은 문구를 배너로 보여주려고 합니다.

```
*************************
*  Welcome to My Shop!  *
*************************
```

다음 BannerLoader는 배너를 읽어 콘솔에 출력하는 POJO 클래스입니다.

```java
public class BannerLoader {

    private Resource banner;

    public void setBanner(Resource banner) {
        this.banner = banner;
    }

    @PostConstruct
    public void showBanner() throws IOException {
        Files.lines(Paths.get(banner.getURI()), Charset.forName("UTF-8"))
            .forEachOrdered(System.out::println);
    }
}
```

banner 필드는 스프링 Resource형으로 선언했고 그 값은 빈 인스턴스 생성 시 세터 주입을 사용해 채워질 겁니다. showBanner() 메서드는 Files 클래스의 lines(), forEachOrdered() 메서드를 이용해서 배너 파일의 내용을 차례대로 읽어 콘솔에 한 줄씩 출력합니다.

애플리케이션 시동 시 배너를 보여주기 위해 showBanner() 메서드에 @PostConstruct 를 붙여 스프링에게 빈을 생성한 후 이 메서드를 자동 실행하라고 지시합니다. 그래서 showBanner()는 먼저 실행되는 메서드 중 하나가 되고 애플리케이션 시동 직후 정말로 배너가 출력됩니다.

자, 이제 BannerLoader를 인스턴스화하고 banner 필드를 주입할 자바 구성 클래스를 작성합니다.

```
@Configuration
@PropertySource("classpath:discounts.properties")
@ComponentScan("com.apress.springrecipes.shop")
public class ShopConfiguration {

    @Value("classpath:banner.txt")
    private Resource banner;

    @Bean
    public static PropertySourcesPlaceholderConfigurer
        propertySourcesPlaceholderConfigurer() {
        return new PropertySourcesPlaceholderConfigurer();
    }

    @Bean
    public BannerLoader bannerLoader() {
        BannerLoader bl = new BannerLoader();
        bl.setBanner(banner);
        return bl;
    }
}
```

@Value("classpath:banner.txt") 덕분에 스프링은 클래스패스에서 banner.txt 파일을 찾아 banner 프로퍼티에 주입하고 미리 등록된 프로퍼티 편집기 ResourceEditor를 이용해 배너 파일을 빈에 주입하기 전 Resource 객체로 변환합니다.

일단 banner 프로퍼티값이 주입되면 세터 주입을 거쳐 BannerLoader 빈에 할당됩니다.

배너 파일은 자바 클래스패스에 있으므로 리소스 경로는 접두어 classpath:로 시작합니다. 예제에서는 파일시스템의 상대 경로로 리소스 위치를 명시했지만 절대 경로를 써도 됩니다.

```
file:c:/shop/banner.txt
```

자바 클래스패스에 위치한 리소스는 접두어 classpath:를 씁니다. 경로를 지정하지 않으면 클래스패스 루트에서 읽습니다.

```
classpath:banner.txt
```

특정 패키지에 위치한 리소스는 클래스패스 루트부터 절대 경로를 명시하면 됩니다.

```
classpath:com/apress/springrecipes/shop/banner.txt
```

시스템 경로, 클래스패스뿐만 아니라 URL로 위치를 특정할 수도 있습니다.

```
http://springrecipes.apress.com/shop/banner.txt
```

showBanner() 메서드에 붙인 @PostConstruct로 인해 IoC 컨테이너 구성 시점에 배너가 출력됩니다. 애플리케이션 컨텍스트를 괜시리 만지작거리거나 어떤 빈을 호출해서 배너를 출력하게 만들 필요는 없지만 외부 리소스에 액세스해서 애플리케이션 컨텍스트와 연동시켜야 하는 경우도 있습니다. 예컨대 애플리케이션이 종료될 때 discounts.properties 파일에 나열된 할인율을 출력한다고 합시다. 스프링 Resource 메커니즘을 활용하여 프로퍼티 파일 내용을 가져오면 됩니다.

백문이 불여일견이니 애플리케이션이 종료되면 할인율을 출력하도록 Main 클래스 코드를 고쳐 봅시다.

```
public class Main {
```

```
public static void main(String[] args) throws Exception {
    ...
    Resource resource = new ClassPathResource("discounts.properties");
    Properties props = PropertiesLoaderUtils.loadProperties(resource);

    System.out.println("And don't forget our discounts!");
    System.out.println(props);
    }
}
```

스프링 ClassPathResource 클래스로 discounts.properties 파일 데이터를 가져와
Resource 객체로 캐스팅한 다음, 다시 PropertiesLoaderUtils 유틸 클래스를 이용해
Properties 객체로 바꿉니다. 그리고 마지막 줄에서 Properties 객체 내용을 콘솔 창에 출력
합니다.

(discounts.properties 등의) 정보 파일은 자바 클래스패스에 있는 리소스라서 ClassPath
Resource로 액세스할 수 있지만 외부 파일시스템에 있는 리소스는 FileSystemResource로 가
져옵니다.

```
Resource resource = new FileSystemResource("c:/shop/banner.txt");
```

URL로 외부 리소스를 액세스하려면 스프링 UrlResource를 이용합니다.

```
Resource resource = new UrlResource("http://www.apress.com/");
```

레시피 2-7 프로퍼티 파일에서 로케일마다 다른 다국어 메시지를 해석하기

과제

애너테이션을 이용해 다국어를 지원하는 애플리케이션을 작성하세요.

해결책

MessageSource 인터페이스에는 리소스 번들resource bundle 메시지를 처리하는 메서드가 몇 가지 정의되어 있습니다. ResourceBundleMessageSource는 가장 많이 쓰이는 MessageSource 구현체로, 로케일별로 분리된 리소스 번들 메시지를 해석합니다. ResourceBundleMessage Source POJO를 구현하고 자바 구성 파일에서 @Bean을 붙여 선언하면 애플리케이션에서 필요한 i18n 데이터를 가져다 쓸 수 있습니다.

풀이

미국(로케일)의 영어(언어)에 해당하는 messages_en_US.properties 리소스 번들을 예로 들겠습니다. 리소스 번들은 클래스패스 루트에서 읽으므로 이 경로에 파일이 있는지 확인하고 다음과 같이 키-값을 기재합니다.

```
alert.checkout=A shopping cart has been checked out.
alert.inventory.checkout=A shopping cart with {0} has been checked out at {1}.
```

리소스 번들 메시지를 구분 처리하려면 ReloadableResourceBundleMessageSource 빈 인스턴스를 자바 구성 파일에 정의합니다.

```
@Configuration
public class ShopConfiguration {

    @Bean
    public ReloadableResourceBundleMessageSource messageSource() {
        ReloadableResourceBundleMessageSource messageSource =
            new ReloadableResourceBundleMessageSource();
        messageSource.setBasenames("classpath:messages");
        messageSource.setCacheSeconds(1);
        return messageSource;
    }
}
```

빈 인스턴스는 반드시 messageSource라고 명명해야 애플리케이션 컨텍스트가 알아서 감지합니다.

빈 정의부에서 setBasenames() 메서드에 가변 문자열 인수를 넘겨 ResourceBundle MessageSource 번들 위치를 지정합니다. 예제에서는 그냥 기본 관례에 따라 자바 클래스패스에서 이름이 messages로 시작하는 파일들을 찾도록 설정하고 ("classpath:messages") 캐시 주기는 1초로 설정(setCacheSeconds(1))해서 쓸모없는 메시지를 다시 읽지 않게 했습니다. 캐시를 갱신할 때엔 실제로 프로퍼티 파일을 읽기 전 최종 수정 타임스태프[timestamp] 이후의 변경 사항이 있는지 살펴보고 없으면 다시 읽지 않습니다.

이렇게 MessageSource를 정의하고 영어가 주 언어인 미국 로케일에서 텍스트 메시지를 찾으면 messages_en_US.properties 리소스 번들 파일이 제일 먼저 잡힙니다. 만일 이런 이름을 가진 파일이 클래스패스에 없거나 해당 메시지를 찾지 못하면 언어(영어)에 맞는 messages_en.properties 파일을 잡고 이 파일마저 없으면 전체 로케일의 기본 파일 messages.properties를 선택합니다. 리소스 번들 로딩에 대해 더 자세한 내용이 궁금한 독자는 java.util.ResourceBundle 클래스의 자바 문서[Javadoc]를 참고하세요.

이제 애플리케이션 컨텍스트를 구성해서 getMessage() 메서드로 메시지를 해석할 수 있습니다. 이 메서드의 첫 번째 인수는 메시지 키, 세 번째 인수는 대상 로케일입니다.

```java
public class Main {

    public static void main(String[] args) throws Exception {

        ApplicationContext context =
            new AnnotationConfigApplicationContext(ShopConfiguration.class);

        String alert = context.getMessage("alert.checkout", null, Locale.US);
        String alert_inventory = context.getMessage("alert.inventory.checkout",
            new Object[] {"[DVD-RW 3.0]", new Date()}, Locale.US);

        System.out.println("The I18N message for alert.checkout is: " + alert);
        System.out.println("The I18N message for alert.inventory.checkout is: " +
        alert_inventory);
    }
}
```

getMessage() 메서드의 두 번째 인수는 메시지 매개변수 배열입니다. alert 변수의 할당문에는 null을, alert_inventory 변수의 할당문에는 각각의 메시지 매개변수 자리에 끼워넣을 값을 객체 배열 형태로 넘깁니다.

Main 클래스는 애플리케이션 컨텍스트를 직접 가져올 수 있으므로 텍스트 메시지를 해석할 수 있지만 텍스트 메시지를 해석하는 빈에는 MessageSource 구현체를 넣어야 합니다. 쇼핑몰 애플리케이션에 구현한 Cashier 클래스를 봅시다.

```java
@Component
public class Cashier {

    @Autowired
    private MessageSource messageSource;

    public void setMessageSource(MessageSource messageSource) {
        this.messageSource = messageSource;
    }

    public void checkout(ShoppingCart cart) throws IOException {
        String alert = messageSource.getMessage("alert.inventory.checkout",
            new Object[] { cart.getItems(), new Date() }, Locale.US);
        System.out.println(alert);
    }
}
```

messageSource 필드는 스프링 MessageSource형이고 @Autowired를 붙였으니 스프링이 빈 인스턴스를 생성할 때 자동 연결합니다. 이로써 checkout() 메서드에서 messageSource를 액세스할 수 있고 getMessage() 메서드로 다국어가 적용된 텍스트 메시지를 가져다 쓸 수 있습니다.

레시피 2-8
애너테이션을 이용해 POJO 초기화/폐기 커스터마이징하기

과제

어떤 POJO는 사용하기 전에 특정한 초기화 작업을 거쳐야 합니다. 예를 들면 파일을 열거나, 네트워크/

DB에 접속하거나, 메모리를 할당하는 등 선행 작업이 필요한 경우죠. 대개 이런 POJO는 그 생명을 다하는 순간에도 폐기 작업을 해주어야 합니다. IoC 컨테이너에서 빈을 초기화 및 폐기하는 로직을 커스터마이징하세요.

해결책

자바 구성 클래스의 @Bean 정의부에서 initMethod, destroyMethod 속성을 설정하면 스프링은 이들을 각각 초기화, 폐기 콜백 메서드로 인지합니다. POJO 메서드에 각각 @PostConstruct 및 @PreDestroy를 붙여도 마찬가지입니다. 또 스프링에서는 @Lazy를 붙여 이른바 **느긋한 초기화**lazy initialization (주어진 시점까지 빈 생성을 미루는 기법)를 할 수 있고 @DependsOn으로 빈을 생성하기 전에 다른 빈을 먼저 생성하도록 강제할 수 있습니다.

풀이

POJO 초기화/폐기 메서드는 @Bean으로 정의합니다. 쇼핑몰 애플리케이션에서 체크아웃 기능을 구현하려고 합니다. 다음은 카트에 담긴 상품 및 체크아웃 시각을 텍스트 파일로 기록하는 기능을 Cashier 클래스에 추가한 코드입니다.

```java
public class Cashier {

    private String fileName;
    private String path;
    private BufferedWriter writer;

    public void setFileName(String fileName) {
        this.fileName = fileName;
    }

    public void setPath(String path) {
        this.path = path;
    }

    public void openFile() throws IOException {

        File targetDir = new File(path);
        if (!targetDir.exists()) {
```

```
            targetDir.mkdir();
        }

        File checkoutFile = new File(path, fileName + ".txt");
        if (!checkoutFile.exists()) {
            checkoutFile.createNewFile();
        }

        writer = new BufferedWriter(new OutputStreamWriter(
                new FileOutputStream(checkoutFile, true)));
    }

    public void checkout(ShoppingCart cart) throws IOException {
        writer.write(new Date() + "\t" + cart.getItems() + "\r\n");
        writer.flush();
    }

    public void closeFile() throws IOException {
        writer.close();
    }
}
```

openFile() 메서드는 우선 데이터를 써넣을 대상 디렉터리와 파일이 있는지 확인한 뒤, 주어진 시스템 경로에 있는 텍스트 파일을 열어 writer 필드에 할당합니다. 이후 checkout() 메서드를 호출할 때마다 날짜와 카트 항목을 이 텍스트 파일에 덧붙입니다. 기록을 마치면 closeFile() 메서드는 파일을 닫고 시스템 리소스를 반납합니다.

Cashier 빈 생성 이전에 openFile() 메서드를, 폐기 직전에 closeFile() 메서드를 각각 실행하도록 자바 구성 클래스에 빈 정의부를 설정합시다.

```
@Configuration
public class ShopConfiguration {

    @Bean(initMethod = "openFile", destroyMethod = "closeFile")
    public Cashier cashier() {
        String path = System.getProperty("java.io.tmpdir") + "/cashier";
        Cashier c1 = new Cashier();
        c1.setFileName("checkout");
        c1.setPath(path);
        return c1;
```

```
    }
}
```

@Bean의 initMethod, destroyMethod 속성에 각각 초기화, 폐기 작업을 수행할 메서드를 지정합니다. 이로써 Cashier 인스턴스를 생성하기 전에 openFile() 메서드를 먼저 트리거^{trigger}(작동시킴)하여 데이터를 써넣을 대상 디렉터리 및 파일 존재 여부를 체크하고 해당 파일을 엽니다. 그리고 빈을 폐기할 때 closeFile() 메서드를 자동 실행해서 파일 레퍼런스를 닫고 시스템 리소스를 반납합니다.

@PostConstruct와 @PreDestroy로 POJO 초기화/폐기 메서드 지정하기

자바 구성 클래스 외부에 (@Component를 붙여) POJO 클래스를 정의할 경우에는 @PostConstruct와 @PreDestroy를 해당 클래스에 직접 붙여 초기화/폐기 메서드를 지정합니다.

```java
@Component
public class Cashier {

    @Value("checkout")
    private String fileName;

    @Value("c:/Windows/Temp/cashier")
    private String path;

    private BufferedWriter writer;

    public void setFileName(String fileName) {
        this.fileName = fileName;
    }

    public void setPath(String path) {
        this.path = path;
    }

    @PostConstruct
    public void openFile() throws IOException {
        File targetDir = new File(path);
        if (!targetDir.exists()) {
            targetDir.mkdir();
```

```
    }

    File checkoutFile = new File(path, fileName + ".txt");
    if(!checkoutFile.exists()) {
        checkoutFile.createNewFile();
    }

    writer = new BufferedWriter(new OutputStreamWriter(
            new FileOutputStream(checkoutFile, true)));
    }

    public void checkout(ShoppingCart cart) throws IOException {
        writer.write(new Date() + "\t" +cart.getItems() + "\r\n");
        writer.flush();
    }

    @PreDestroy
    public void closeFile() throws IOException {
        writer.close();
    }
}
```

앞 레시피처럼 클래스 레벨에 @Component를 붙였기 때문에 스프링의 관리 대상이 되며, fileName, path 두 필드에 @Value를 붙여 프로퍼티값을 할당하는 개념은 이미 앞서 설명했습니다. 스프링은 openFile() 메서드에 @PostConstruct가 달려있기 때문에 빈 생성 이후에 이 메서드를 실행하고, closeFile() 메서드에 @PreDestroy가 달려있기 때문에 빈 폐기 이전에 이 메서드를 실행합니다.

@Lazy로 느긋하게 POJO 초기화하기

기본적으로 스프링은 모든 POJO를 조급하게 초기화^{eager initialization}합니다. 다시 말해 애플리케이션 시동과 동시에 POJO를 초기화하지요. 하지만 환경에 따라 빈을 처음으로 요청하기 전까지 초기화 과정을 미루는 게 더 나을 때도 있습니다. 이렇게 나중에 초기화하는 개념을 **느긋한 초기화**라고 합니다.

느긋하게 초기화하면 시동 시점에 리소스를 집중 소모하지 않아도 되므로 전체 시스템 리소스를 절약할 수 있습니다. 게다가 (네트워크 접속, 파일 처리 등) 무거운 작업을 처리하는 POJO

는 외려 느긋한 초기화가 더 어울립니다. 빈에 @Lazy를 붙이면 느긋한 초기화가 적용됩니다.

```
@Component
@Scope("prototype")
@Lazy
public class ShoppingCart {

    private List<Product> items = new ArrayList<>();

    public void addItem(Product item) {
        items.add(item);
    }

    public List<Product> getItems() {
        return items;
    }
}
```

@Lazy 덕분에 애플리케이션이 요구하거나 다른 POJO가 참조하기 전까진 초기화되지 않습니다.

@DependsOn으로 초기화 순서 정하기

POJO가 늘어나면 그에 따라 POJO 초기화 횟수도 증가하죠. 그런데 여러 자바 구성 클래스에 분산 선언된 많은 POJO가 서로를 참조하다 보면 경합 조건^{race condition}이 일어나기 쉽습니다. B, F라는 빈의 로직이 C라는 빈에서 필요하다고 합시다. 아직 스프링이 B, F 빈을 초기화하지 않았는데 C 빈이 먼저 초기화되면 원인불명의 에러를 접하게 될 겁니다. @DependsOn 애너테이션은 어떤 POJO가 다른 POJO보다 먼저 초기화되도록 강제하며 설사 그 과정에서 에러가 나도 헤아리기 쉬운 메시지를 돌려줍니다. 또 @DependsOn은 빈을 초기화하는 순서를 보장합니다.

```
@Configuration
public class SequenceConfiguration {

    @Bean
    @DependsOn("datePrefixGenerator")
```

```
    public SequenceGenerator sequenceGenerator() {
        SequenceGenerator sequence= new SequenceGenerator();
        sequence.setInitial(100000);
        sequence.setSuffix("A");
        return sequence;
    }
}
```

@DependsOn("datePrefixGenerator")를 붙였기 때문에 datePrefixGenerator 빈은 sequenceGenerator 빈보다 반드시 먼저 생성됩니다. @DependsOn 속성값으로는 { }로 둘러싼 CSV 리스트 형태로 의존하는 빈을 여러 개 지정할 수 있습니다(예 : @DependsOn({"datePrefixGenerator,numberPrefixGenerator,randomPrefixGenerator"}).

레시피 2-9 후처리기를 만들어 POJO 검증/수정하기

과제

모든 빈 인스턴스, 또는 특정 타입의 인스턴스를 생성할 때 해당 빈 프로퍼티를 어떤 기준에 따라 검증/수정하세요.

해결책

빈 후처리기^{bean post-processor}를 이용하면 초기화 콜백 메서드(@Bean의 initMethod 속성에 지정한 메서드나 @PostConstruct를 붙인 메서드) 전후에 원하는 로직을 빈에 적용할 수 있습니다. 빈 후처리기의 가장 주요한 특징은 IoC 컨테이너 내부의 (어떤 빈 인스턴스 하나만이 아니라) 모든 빈 인스턴스를 대상으로 한다는 점입니다. 보통 빈 후처리기는 빈 프로퍼티가 올바른지 체크하거나 어떤 기준에 따라 빈 프로퍼티를 변경 또는 전체 빈 인스턴스를 상대로 어떤 작업을 수행하는 용도로 쓰입니다.

@Required는 스프링에 내장된 후처리기 RequiredAnnotationBeanPostProcessor가 지원하는 애너테이션입니다. RequiredAnnotationBeanPostProcessor 후처리기는 @Required를 붙인 모든 빈 프로퍼티가 설정되었는지 확인합니다.

풀이

빈이 잘 생성되었는지 하나하나 검사해야 하는 경우가 있죠. 애플리케이션을 디버깅하거나 빈마다 프로퍼티값이 올바른지 확인하는 등 쓰임새는 다양합니다. 빈 후처리기를 이용하면 기존 POJO 코드를 전혀 건드릴 필요가 없으므로 아주 이상적입니다.

모든 빈 인스턴스를 처리하는 후처리기 생성하기

빈 후처리기는 BeanPostProcessor 인터페이스를 구현한 객체입니다. 이 인터페이스를 구현한 빈을 발견하면 스프링은 자신이 관장하는 모든 빈 인스턴스에 postProcessBeforeInitialization(), postProcessAfterInitialization() 두 메서드를 적용합니다. 따라서 빈 상태를 조사, 수정, 확인하는 등 어떤 로직도 이 메서드에 넣을 수 있습니다.

```java
@Component
public class AuditCheckBeanPostProcessor implements BeanPostProcessor {

    @Override
    public Object postProcessBeforeInitialization(Object bean, String beanName)
        throws BeansException {
            System.out.println("In AuditCheckBeanPostProcessor.postProcessBeforeInitialization,
            " + "processing bean type: " + bean.getClass());
        return bean;
    }

    @Override
    public Object postProcessAfterInitialization(Object bean, String beanName)
        throws BeansException {
        return bean;
    }
}
```

postProcessBeforeInitialization(), postProcessAfterInitialization() 메서드는 하는 일이 없어도 반드시 원본 빈 인스턴스를 반환해야 합니다.

클래스 레벨에 @Component를 붙이면 애플리케이션 컨텍스트에 빈 후처리기로 등록됩니다. 애플리케이션 컨텍스트는 BeanPostProcessor 구현 빈을 감지해 컨테이너 안에 있는 다른 빈 인스턴스에 일괄 적용합니다.

주어진 빈 인스턴스만 처리하는 후처리기 생성하기

IoC 컨테이너는 자신이 생성한 빈 인스턴스를 모두 하나씩 빈 후처리기에 넘깁니다. 만일 특정 타입의 빈만 후처리기를 적용하려면 인스턴스 타입을 체크하는 필터를 이용해 원하는 빈에만 후처리 로직을 적용할 수 있습니다.

예를 들어 Product형 빈 인스턴스에만 빈 후처리기를 적용해볼까요?

```java
@Component
public class ProductCheckBeanPostProcessor implements BeanPostProcessor {

    @Override
    public Object postProcessBeforeInitialization(Object bean, String beanName)
        throws BeansException {
        if (bean instanceof Product) {
            String productName = ((Product) bean).getName();
                System.out.println("In ProductCheckBeanPostProcessor.
                postProcessBeforeInitialization, processing Product: " + productName);
        }
        return bean;
    }

    @Override
    public Object postProcessAfterInitialization(Object bean, String beanName)
        throws BeansException {
        if (bean instanceof Product) {
            String productName = ((Product) bean).getName();
                System.out.println("In ProductCheckBeanPostProcessor.
                postProcessAfterInitialization, processing Product: " + productName);
        }
        return bean;
    }
}
```

postProcessBeforeInitialization(), postProcessAfterInitialization() 메서드는 처리할 빈 인스턴스를 반드시 반환해야 합니다. 바꿔 말하면, 원본 빈 인스턴스를 다른 인스턴스로 바꿔치기할 수도 있다는 뜻입니다.

@Required로 프로퍼티 검사하기

특정 빈 프로퍼티가 설정되었는지 체크하고 싶은 경우에는 커스텀 후처리기를 작성하고 해당 프로퍼티에 @Required를 붙입니다. 스프링 빈 후처리기 RequiredAnnotationBeanPostProcessor는 @Required를 붙인 프로퍼티값이 설정됐는지 살핍니다. 그러나 프로퍼티값의 설정 여부만 체크할 뿐 그 값이 null인지, 아니면 다른 값인지는 신경 쓰지 않습니다.

예를 들어 prefixGenerator, suffix는 시퀀스 생성기의 필수 프로퍼티이므로 다음 코드처럼 해당 세터 메서드에 @Required를 붙입니다.

```
public class SequenceGenerator {

    private PrefixGenerator prefixGenerator;
    private String suffix;
    ...
    @Required
    public void setPrefixGenerator(PrefixGenerator prefixGenerator) {
        this.prefixGenerator = prefixGenerator;
    }

    @Required
    public void setSuffix(String suffix) {
        this.suffix = suffix;
    }
    ...
}
```

@Required를 붙인 프로퍼티는 스프링이 감지해서 값의 존재 여부를 조사하고 프로퍼티값이 없으면 BeanInitializationException 예외를 던집니다.

레시피 2-10 팩토리(정적 메서드, 인스턴스 메서드, 스프링 FactoryBean)로 POJO 생성하기

과제

정적/인스턴스 팩토리 메서드를 써서 IoC 컨테이너에 POJO 인스턴스를 생성하세요. 객체 생성 로직을 정적 메서드나 다른 객체 인스턴스 메서드 내부로 캡슐화하자는 겁니다. 객체가 필요한 클라이언트는 생성 로직은 알 필요 없이 메서드를 호출해 쓰면 그만이지요.

스프링 팩토리 빈을 이용해서 IoC 컨테이너에 POJO 인스턴스를 만드세요. IoC 컨테이너 안에서 팩토리 빈은 다른 빈을 찍어내는 공장(팩토리) 역할을 하며 개념은 팩토리 메서드와 비슷하지만 빈 생성 도중 IoC 컨테이너가 식별할 수 있는 스프링 전용 빈입니다.

해결책

자바 구성 클래스의 @Bean 메서드는 (일반 자바 구문으로) 정적 팩토리를 호출하거나 인스턴스 팩토리 메서드를 호출해서 POJO를 생성할 수 있습니다.

스프링은 FactoryBean 인터페이스를 상속한 간편한 템플릿 클래스 AbstractFactoryBean을 제공합니다.

풀이

스프링에서 팩토리 메서드를 정의, 활용하는 다양한 방법을 살펴보겠습니다. 먼저, 팩토리 메서드 사용법을 배운 다음, 인스턴스 팩토리 메서드와 스프링의 팩토리 빈까지 다룹니다.

정적 팩토리 메서드로 POJO 생성하기

다음 ProductCreator 클래스에서 정적 팩토리 메서드 createProduct는 productId에 해당하는 상품 객체를 생성합니다. 주어진 productId에 따라 인스턴스화할 실제 상품 클래스를 내부 로직으로 결정하는 거죠. 들어맞는 케이스가 없으면 IllegalArgumentException 예외를 던집니다.

```
public class ProductCreator {

    public static Product createProduct(String productId) {
        if ("aaa".equals(productId)) {
            return new Battery("AAA", 2.5);
        } else if ("cdrw".equals(productId)) {
            return new Disc("CD-RW", 1.5);
        } else if ("dvdrw".equals(productId)) {
            return new Disc("DVD-RW", 3.0);
        }
        throw new IllegalArgumentException("Unknown product");
    }
}
```

자바 구성 클래스 @Bean 메서드에서는 일반 자바 구문으로 정적 팩토리 메서드를 호출해 POJO를 생성합니다.

```
@Configuration
public class ShopConfiguration {

    @Bean
    public Product aaa() {
        return ProductCreator.createProduct("aaa");
    }

    @Bean
    public Product cdrw() {
        return ProductCreator.createProduct("cdrw");
    }

    @Bean
    public Product dvdrw() {
        return ProductCreator.createProduct("dvdrw");
    }
}
```

인스턴스 팩토리 메서드로 POJO 생성하기

다음 클래스처럼 맵을 구성해서 상품 정보를 담아두는 방법도 있습니다. 인스턴스 팩토리 메서드 createProduct()는 productId에 해당하는 상품을 맵에서 찾습니다. 역시 들어맞는 케이스가 없으면 IllegalArgumentException 예외를 던집니다.

```java
public class ProductCreator {

    private Map<String, Product> products;

    public void setProducts(Map<String, Product> products) {
        this.products = products;
    }

    public Product createProduct(String productId) {
        Product product = products.get(productId);
        if (product != null) {
            return product;
        }
        throw new IllegalArgumentException("Unknown product");
    }
}
```

ProductCreator에서 상품을 생성하려면 먼저 @Bean을 선언하여 팩토리값을 인스턴스화하고 이 팩토리의 퍼사드 역할을 하는 두 번째 빈을 선언합니다. 마지막으로, 팩토리를 호출하고 createProduct() 메서드를 호출해서 다른 빈들을 인스턴스화합니다.

```java
@Configuration
public class ShopConfiguration {

    @Bean
    public ProductCreator productCreatorFactory() {
        ProductCreator factory = new ProductCreator();
        Map<String, Product> products = new HashMap<>();
        products.put("aaa", new Battery("AAA", 2.5));
        products.put("cdrw", new Disc("CD-RW", 1.5));
        products.put("dvdrw", new Disc("DVD-RW", 3.0));
        factory.setProducts(products);
        return factory;
```

```
    }

    @Bean
    public Product aaa() {
        return productCreatorFactory().createProduct("aaa");
    }

    @Bean
    public Product cdrw() {
        return productCreatorFactory().createProduct("cdrw");
    }

    @Bean
    public Product dvdrw() {
        return productCreatorFactory().createProduct("dvdrw");
    }
}
```

스프링 팩토리 빈으로 POJO 생성하기

여러분이 직접 팩토리 빈을 구현할 일은 별로 없겠지만 예제를 보면서 내부 작동 원리를 이해하는 건 여러모로 유익합니다. 할인가가 적용된 상품을 생성하는 팩토리 빈을 작성해봅시다. 이 빈은 product, discount 두 프로퍼티값을 받아 주어진 상품에 할인가를 계산하여 적용하고 상품 빈을 새로 만들어 반환합니다.

```
public class DiscountFactoryBean extends AbstractFactoryBean<Product> {

    private Product product;
    private double discount;

    public void setProduct(Product product) {
        this.product = product;
    }

    public void setDiscount(double discount) {
        this.discount = discount;
    }

    @Override
```

```
   public Class<?> getObjectType() {
      return product.getClass();
   }

   @Override
   protected Product createInstance() throws Exception {
      product.setPrice(product.getPrice() * (1 - discount));
      return product;
   }
}
```

팩토리 빈은 제네릭 클래스 AbstractFactoryBean<T>를 상속하고, createInstance() 메서
드를 오버라이드^{override}(재정의)해 대상 빈 인스턴스를 생성합니다. 또 자동 연결 기능이 작동하
도록 getObjectType() 메서드로 대상 빈 타입을 반환합니다.

이제 상품 인스턴스를 생성하는 팩토리 빈에 @Bean을 붙여 DiscountFactoryBean을 적용합시
다.

```
@Configuration
@ComponentScan("com.apress.springrecipes.shop")
public class ShopConfiguration {

   @Bean
   public Battery aaa() {
      Battery aaa = new Battery("AAA", 2.5);
      return aaa;
   }

   @Bean
   public Disc cdrw() {
      Disc aaa = new Disc("CD-RW", 1.5);
      return aaa;
   }

   @Bean
   public Disc dvdrw() {
      Disc aaa = new Disc("DVD-RW", 3.0);
      return aaa;
   }
```

```
@Bean
public DiscountFactoryBean discountFactoryBeanAAA() {
    DiscountFactoryBean factory = new DiscountFactoryBean();
    factory.setProduct(aaa());
    factory.setDiscount(0.2);
    return factory;
}

@Bean
public DiscountFactoryBean discountFactoryBeanCDRW() {
    DiscountFactoryBean factory = new DiscountFactoryBean();
    factory.setProduct(cdrw());
    factory.setDiscount(0.1);
    return factory;
}

@Bean
public DiscountFactoryBean discountFactoryBeanDVDRW() {
    DiscountFactoryBean factory = new DiscountFactoryBean();
    factory.setProduct(dvdrw());
    factory.setDiscount(0.1);
    return factory;
}
}
```

레시피 2-11 스프링 환경 및 프로파일마다 다른 POJO 로드하기

과제

동일한 POJO 인스턴스/빈을 여러 애플리케이션 시나리오(예 : 개발, 테스트, 운영)별로 초깃값을 달리하여 구성하세요.

해결책

자바 구성 클래스를 여러 개 만들고 각 클래스마다 POJO 인스턴스/빈을 묶습니다. 이렇게 묶은 의도를 잘 표현할 수 있게 프로파일을 명명하고 자바 구성 클래스에 @Profile을 붙입니다.

그리고 애플리케이션 컨텍스트 환경을 가져와 프로파일을 설정하여 해당 POJO들을 가져오면 됩니다.

풀이

POJO 초깃값은 애플리케이션 시나리오마다 달라질 수 있습니다. 가장 흔한 예로, 애플리케이션 제작 단계가 개발 → 테스트 → 운영으로 넘어가는 걸 생각하면 쉽겠죠. 당연히 시나리오마다 환경이 다르기 때문에 (예 : DB 유저명/패스워드, 파일 경로처럼) 프로퍼티값을 달리 해야 할 빈이 있습니다.

자바 구성 클래스를 여러 개 두고 각각 상이한 POJO를 구성한 다음(예 : ShopConfiguration Global, ShopConfigurationStr, and ShopConfigurationSumWin), 애플리케이션 컨텍스트 가 시나리오에 맞는 구성 클래스 파일을 읽어들여 실행하게 만들면 됩니다.

@Profile로 자바 구성 클래스를 프로파일별로 작성하기

앞 레시피의 쇼핑몰 예제에서 나왔던 자바 구성 클래스에 @Profile을 붙여 여러 가지 버전으로 나눕시다.

```
@Configuration
@Profile("global")
@ComponentScan("com.apress.springrecipes.shop")
public class ShopConfigurationGlobal {

    @Bean(initMethod = "openFile", destroyMethod = "closeFile")
    public Cashier cashier() {
        final String path = System.getProperty("java.io.tmpdir") + "cashier";
        Cashier c1 = new Cashier();
        c1.setFileName("checkout");
        c1.setPath(path);
        return c1;
    }
}
```

```java
@Configuration
@Profile({"summer", "winter"})
public class ShopConfigurationSumWin {

    @Bean
    public Product aaa() {
        Battery p1 = new Battery();
        p1.setName("AAA");
        p1.setPrice(2.0);
        p1.setRechargeable(true);
        return p1;
    }

    @Bean
    public Product cdrw() {
        Disc p2 = new Disc("CD-RW", 1.0);
        p2.setCapacity(700);
        return p2;
    }

    @Bean
    public Product dvdrw() {
        Disc p2 = new Disc("DVD-RW", 2.5);
        p2.setCapacity(700);
        return p2;
    }
}
```

@Profile은 클래스 레벨로 붙였기 때문에 자바 구성 클래스에 속한 모든 @Bean 인스턴스는 해당 프로파일에 편입됩니다. 프로파일명은 @Profile 속성값으로 "" 안에 적되, 이름이 여러 개면 CSV 형식으로 {}로 감싸 적어넣습니다(예 : {"summer","winter"}).

프로파일을 환경에 로드하기

프로파일에 속한 빈을 애플리케이션에 로드하려면 일단 프로파일을 활성화^{activate}합니다(켭니다). 프로파일 여러 개를 한 번에 로드하는 것도 가능하며 자바 런타임 플래그나 WAR 파일 초기화 매개변수^{parameter}를 지정해 프로그램 방식으로^{programmatically} (프로그램을 직접 코딩하여) 프로파일을 로드할 수도 있습니다.

프로그램 방식으로 (애플리케이션 컨텍스트를 사용해) 프로파일을 로드하려면 먼저 컨텍스트 환경을 가져와 setActiveProfiles() 메서드를 호출합니다.

```
AnnotationConfigApplicationContext context = new AnnotationConfigApplicationContext();
context.getEnvironment().setActiveProfiles("global", "winter");
context.scan("com.apress.springrecipes.shop");
context.refresh();
```

자바 런타임 플래그로 로드할 프로파일을 명시하는 방법도 있습니다. 가령 global, winter 프로파일에 속한 빈을 로드하려면 다음 플래그를 추가합니다.

```
-Dspring.profiles.active=global,winter
```

기본 프로파일 지정하기

어떤 프로파일도 애플리케이션에 로드되지 않는 불상사를 막기 위해 기본 프로파일을 지정합니다. 기본 프로파일은 스프링이 활성 프로파일active profile을 하나도 찾지 못할 경우 적용되며 프로그램, 자바 런타임 플래그, 웹 애플리케이션 초기화 매개변수를 사용해 지정합니다.

프로그램 방식으로 지정하려면 setActiveProfiles() 대신 setDefaultProfiles() 메서드를 씁니다. 나머지 두 방식으로 지정할 때에는 spring.profiles.active를 spring.profiles.default로 대신합니다.

레시피 2-12 POJO에게 IoC 컨테이너 리소스 알려주기

과제

컴포넌트가 IoC 컨테이너와 직접적인 의존 관계를 가지도록 설계하는 방법은 바람직하지 않지만 때로는 빈에서 컨테이너의 리소스를 인지해야 하는 경우도 있습니다.

해결책

빈이 IoC 컨테이너 리소스를 인지하게 하려면 Aware(인지) 인터페이스를 구현합니다. 스프링은 이 인터페이스를 구현한 빈을 감지해 대상 리소스를 세터 메서드로 주입합니다.

표 2-2 자주 쓰는 스프링 Aware 인터페이스

Aware 인터페이스	대상 리소스 타입
BeanNameAware	IoC 컨테이너에 구성한 인스턴스의 빈 이름
BeanFactoryAware	현재 빈 팩토리. 컨테이너 서비스를 호출하는 데 쓰입니다.
ApplicationContextAware	현재 애플리케이션 컨텍스트. 컨테이너 서비스를 호출하는 데 쓰입니다.
MessageSourceAware	메시지 소스. 텍스트 메시지를 해석하는 데 쓰입니다.
ApplicationEvent PublisherAware	애플리케이션 이벤트 발행기publisher(퍼블리셔). 애플리케이션 이벤트를 발행하는 데 쓰입니다.
ResourceLoaderAware	리소스 로더. 외부 리소스를 로드하는 데 쓰입니다.
EnvironmentAware	ApplicationContext 인터페이스에 묶인 org.springframework. core.env.Environment 인스턴스

> **NOTE_** ApplicationContext는 MessageSource, ApplicationEventPublisher, ResourceLoader를 모두 상속한 인터페이스라서 애플리케이션 컨텍스트만 인지하면 나머지 서비스도 액세스할 수 있습니다. 그러나 요건을 충족하는 최소한의 범위 내에서 **Aware** 인터페이스를 선택하는 게 바람직합니다.

Aware 인터페이스의 세터 메서드는 스프링이 빈 프로퍼티를 설정한 이후, 초기화 콜백 메서드를 호출하기 이전에 호출합니다. 차례대로 순서를 정리하면 이렇습니다.

1 생성자나 팩토리 메서드를 호출해 빈 인스턴스를 생성합니다.
2 빈 프로퍼티에 값, 빈 레퍼런스를 설정합니다.
3 Aware 인터페이스에 정의한 세터 메서드를 호출합니다.
4 빈 인스턴스를 각 빈 후처리기에 있는 postProcessBeforeInitialization() 메서드로 넘겨 초기화 콜백 메서드를 호출합니다.
5 빈 인스턴스를 각 빈 후처리기 postProcessAfterInitialization() 메서드로 넘깁니다. 이제 빈을 사용할 준비가 끝났습니다.
6 컨테이너가 종료되면 폐기 콜백 메서드를 호출합니다.

Aware 인터페이스를 구현한 클래스는 스프링과 엮이게 되므로 IoC 컨테이너 외부에서는 제대로 작동하지 않는다는 점을 꼭 기억하세요. 이렇게 스프링에 종속된 인터페이스를 정말 구현할 필요가 있는지 잘 따져보기 바랍니다.

> **NOTE_** 스프링 최신 버전에서는 사실 `Aware` 인터페이스를 꼭 구현할 필요가 없습니다. 이를테면 `@Autowired`만 붙여도 얼마든지 `ApplicationContext`를 가져올 수 있으니까요. 물론 프레임워크나 라이브러리를 개발할 때에는 `Aware` 인터페이스를 구현하는 게 더 나을 수도 있습니다.

풀이

쇼핑몰 애플리케이션에서 Cashier 클래스의 POJO 인스턴스가 자신의 빈 이름을 인지하려면 이 클래스가 BeanNameAware 인터페이스를 구현하도록 수정합니다. 이 인터페이스를 구현하기만 해도 스프링은 빈 이름을 POJO 인스턴스에 자동으로 주입하며 이렇게 가져온 빈 이름을 세터 메서드(setBeanName)에서 처리하면 됩니다.

```
public class Cashier implements BeanNameAware {
    ...
    private String fileName;

    @Override
    public void setBeanName(String beanName) {
        this.fileName = beanName;
    }
}
```

빈 이름이 주입되면 그 값을 이용해 빈 이름이 필수인, 다른 연관된 작업을 할 수 있습니다. 예를 들어 Cashier 클래스에서 체크아웃 데이터를 기록할 파일명에 해당하는 fileName 프로퍼티는 앞서 빈 이름으로 설정했기 때문에 더 이상 setFileName() 메서드를 호출할 필요가 없습니다.

```
@Bean(initMethod = "openFile", destroyMethod = "closeFile")
public Cashier cashier() {
    final String path = System.getProperty("java.io.tmpdir") + "cashier";
    Cashier cashier = new Cashier();
```

```
    cashier.setPath(path);
    return cashier;
}
```

레시피 2-13 애너테이션을 활용해 애스펙트 지향 프로그래밍하기

과제

스프링에서 애너테이션을 이용해 AOP^Aspect-Oriented Programming(애스펙트 지향 프로그래밍)하세요.

해결책

애스펙트^aspect를 정의하려면 일단 자바 클래스에 @Aspect를 붙이고 메서드별로 적절한 애너테이션을 붙여 어드바이스^advice로 만듭니다. 어드바이스 애너테이션은 @Before, @After, @AfterReturning, @AfterThrowing, @Around 5개 중 하나를 쓸 수 있습니다.

IoC 컨테이너에서 애스펙트 애너테이션 기능을 활성화하려면 구성 클래스 중 하나에 @EnableAspectJAutoProxy를 붙입니다. 기본적으로 스프링은 인터페이스 기반의 JDK 동적 프록시^dynamic proxy(다이나믹 프록시)를 생성하여 AOP를 적용합니다. 인터페이스를 사용할 수 없거나 애플리케이션 설계상 사용하지 않을 경우엔 CGLIB² 으로 프록시를 만들 수 있습니다. @EnableAspectJAutoProxy에서 proxyTargetClass 속성을 true로 설정하면 동적 프록시 대신 CGLIB을 사용합니다.

풀이

스프링에서는 AspectJ와 동일한 애너테이션으로 애너테이션 기반의 AOP를 구현합니다. 포인트컷을 파싱, 매치하는 AspectJ 라이브러리를 그대로 빌려왔지요. 하지만 AOP 런타임 자체는 순수 스프링 AOP이기 때문에 AspectJ 컴파일러나 위버^weaver와는 아무런 의존 관계가 없습니다.

----

2 역주_ 보통 '씨즐립'으로 발음합니다.

다음 두 계산기 인터페이스를 예로 들어 설명하겠습니다.

```
package com.apress.springrecipes.calculator;

public interface ArithmeticCalculator {
    public double add(double a, double b);
    public double sub(double a, double b);
    public double mul(double a, double b);
    public double div(double a, double b);
}
```

```
package com.apress.springrecipes.calculator;

public interface UnitCalculator {
    public double kilogramToPound(double kilogram);
    public double kilometerToMile(double kilometer);
}
```

두 인터페이스를 구현한 POJO 클래스를 하나씩 작성하고 어느 메서드가 실행됐는지 쉽게 분간할 수 있게 println문으로 출력합니다.

```
@Component("arithmeticCalculator")
public class ArithmeticCalculatorImpl implements ArithmeticCalculator {

    @Override
    public double add(double a, double b) {
        double result = a + b;
        System.out.println(a + " + " + b + " = " + result);
        return result;
    }

    @Override
    public double sub(double a, double b) {
        double result = a - b;
        System.out.println(a + " - " + b + " = " + result);
        return result;
    }
```

```
    @Override
    public double mul(double a, double b) {
        double result = a * b;
        System.out.println(a + " * " + b + " = " + result);
        return result;
    }

    @Override
    public double div(double a, double b) {
        if (b == 0) {
            throw new IllegalArgumentException("Division by zero");
        }
        double result = a / b;
        System.out.println(a + " / " + b + " = " + result);
        return result;
    }
}
```

```
@Component("unitCalculator")
public class UnitCalculatorImpl implements UnitCalculator {

    @Override
    public double kilogramToPound(double kilogram) {
        double pound = kilogram * 2.2;
        System.out.println(kilogram + " kilogram = " + pound + " pound");
        return pound;
    }

    @Override
    public double kilometerToMile(double kilometer) {
        double mile = kilometer * 0.62;
        System.out.println(kilometer + " kilometer = " + mile + " mile");
        return mile;
    }
}
```

각 구현체 모두 @Component를 붙여 빈 인스턴스를 생성합니다.

애스펙트, 어드바이스, 포인트컷 선언하기

애스펙트는 여러 타입과 객체에 공통 관심사(예 : 로깅, 트랜잭션 관리)를 모듈화한 자바 클래스로, @Aspect를 붙여 표시합니다. AOP에서 말하는 애스펙트란 어디에서(포인트컷) 무엇을 할 것인지(어드바이스)를 합쳐 놓은 개념입니다. **어드바이스**는 @Advice를 붙인 단순 자바 메서드로, AspectJ는 @Before, @After, @AfterReturning, @AfterThrowing, @Around 다섯 개 어드바이스 애너테이션을 지원합니다. **포인트컷**pointcut은 어드바이스에 적용할 타입 및 객체를 찾는 표현식입니다.

@Before 어드바이스

Before 어드바이스는 특정 프로그램 실행 지점 이전의 공통 관심사를 처리하는 메서드로, @Before를 붙이고 포인트컷 표현식을 애너테이션값으로 지정합니다.

```
@Aspect
@Component
public class CalculatorLoggingAspect {

    private Log log = LogFactory.getLog(this.getClass());

    @Before("execution(* ArithmeticCalculator.add(..))")
    public void logBefore() {
        log.info("The method add() begins");
    }
}
```

이 포인트컷 표현식은 ArithmeticCalculator 인터페이스의 add() 메서드 실행을 가리킵니다. 앞부분의 와일드카드(*)는 모든 수정자modifier(public, protected, private), 모든 반환형을 매치함을 의미합니다. 인수 목록 부분에 쓴 두 점(..)은 인수 개수는 몇 개라도 좋다는 뜻입니다.

애스펙트 로직(메시지를 콘솔에 출력)을 실행하려면 다음과 같이 logback.xml 파일을 적절히 설정합니다.

```xml
<?xml version="1.0" encoding="UTF-8"?>
<configuration>

    <appender name="STDOUT" class="ch.qos.logback.core.ConsoleAppender">
        <layout class="ch.qos.logback.classic.PatternLayout">
            <Pattern>%d [%15.15t] %-5p %30.30c - %m%n</Pattern>
        </layout>
    </appender>

    <root level="INFO">
        <appender-ref ref="STDOUT" />
    </root>

</configuration>
```

NOTE_ @Aspect만 붙여서는 스프링이 클래스패스에서 자동 감지하지 않기 때문에 해당 POJO마다 개별적으로 @Component를 붙여야 합니다.

그리고 다음 자바 구성 클래스에 @EnableAspectJAutoProxy를 붙여 POJO 계산기 구현체, 애스펙트를 스프링이 스캐닝하게 합니다.

```java
@Configuration
@EnableAspectJAutoProxy
@ComponentScan
public class CalculatorConfiguration {
}
```

애스펙트가 잘 작동하는지 Main 클래스에서 테스트해볼까요?

```java
public class Main {

    public static void main(String[] args) {

        ApplicationContext context =
            new AnnotationConfigApplicationContext(CalculatorConfiguration.class);
```

```
        ArithmeticCalculator arithmeticCalculator =
            context.getBean("arithmeticCalculator", ArithmeticCalculator.class);
        arithmeticCalculator.add(1, 2);
        arithmeticCalculator.sub(4, 3);
        arithmeticCalculator.mul(2, 3);
        arithmeticCalculator.div(4, 2);

        UnitCalculator unitCalculator = context.getBean("unitCalculator",
            UnitCalculator.class);
        unitCalculator.kilogramToPound(10);
        unitCalculator.kilometerToMile(5);
    }
}
```

포인트컷으로 매치한 실행 지점을 **조인포인트**joinpoint라고 합니다. 포인트컷은 여러 조인포인트를 매치하기 위해 지정한 표현식이고 이렇게 매치된 조인포인트에서 해야 할 일이 바로 어드바이스입니다.

어드바이스가 현재 조인포인트의 세부details(세부적인 내용)에 액세스하려면 JoinPoint형 인수를 어드바이스 메서드에 선언해야 합니다. 그러면 메서드명, 인수값 등 자세한 조인포인트 정보를 조회할 수 있지요. 클래스명, 메서드명에 와일드카드를 써서 모든 메서드에 예외없이 포인트컷을 적용해봅시다.

```
@Aspect
@Component
public class CalculatorLoggingAspect {
    ...
    @Before("execution(* *.*(..))")
    public void logBefore(JoinPoint joinPoint) {
        log.info("The method " + joinPoint.getSignature().getName()
            + "() begins with " + Arrays.toString(joinPoint.getArgs()));
    }
}
```

@After 어드바이스

After 어드바이스는 조인포인트가 끝나면 실행되는 메서드로, @After를 붙여 표시합니다.

조인포인트가 정상 실행되든, 도중에 예외가 발생하든 상관없이 실행됩니다. 다음은 계산기 메서드가 끝날 때마다 로그를 남기는 After 어드바이스입니다.

```java
@Aspect
public class CalculatorLoggingAspect {
    ...
    @After("execution(* *.*(..))")
    public void logAfter(JoinPoint joinPoint) {
        log.info("The method " + joinPoint.getSignature().getName()
            + "() ends");
    }
}
```

@AfterReturning 어드바이스

After 어드바이스는 조인포인트 실행의 성공 여부와 상관없이 작동합니다. logAfter() 메서드에서 조인포인트가 값을 반환할 경우에만 로깅하고 싶다면, 다음과 같이 After Returing 어드바이스로 대체하면 됩니다.

```java
@Aspect
public class CalculatorLoggingAspect {
    ...
    @AfterReturning("execution(* *.*(..))")
    public void logAfterReturning(JoinPoint joinPoint) {
        log.info("The method {}() ends with {}",
            joinPoint.getSignature().getName(), result);
    }
}
```

After Returning 어드바이스로 조인포인트가 반환한 결괏값을 가져오려면 @AfterReturning의 returning 속성으로 지정한 변수명을 어드바이스 메서드의 인수로 지정합니다. 스프링 AOP는 런타임에 조인포인트의 반환값을 이 인수에 넣어 전달합니다. 이때 포인트컷 표현식은 pointcut 속성으로 따로 지정해야 합니다.

```
@Aspect
public class CalculatorLoggingAspect {

    ...

    @AfterReturning(
        pointcut = "execution(* *.*(..))",
        returning = "result")
    public void logAfterReturning(JoinPoint joinPoint, Object result) {
        log.info("The method " + joinPoint.getSignature().getName()
            + "() ends with " + result);
    }
}
```

@AfterThrowing 어드바이스

After Throwing 어드바이스는 조인포인트 실행 도중 예외가 날 경우에만 실행됩니다.

```
@Aspect
public class CalculatorLoggingAspect {

    ...

    @AfterThrowing("execution(* *.*(..))")
    public void logAfterThrowing(JoinPoint joinPoint) {
        log.error("An exception has been thrown in {}()",
            joinPoint.getSignature().getName());
    }
}
```

작동 원리는 @AfterReturning과 같습니다. 발생한 예외는 @AfterThrowing의 throwing 속성에 담아 전달할 수 있습니다. 여러분도 알다시피 자바 언어에서 Throwable은 모든 에러/예외 클래스의 상위 타입이므로 다음과 같이 어드바이스를 적용하면 조인포인트에서 발생한 에러/예외를 모조리 가져옵니다.

```
@Aspect
public class CalculatorLoggingAspect {

    ...

    @AfterThrowing(
        pointcut = "execution(* *.*(..))",
```

```
        throwing = "e")
    public void logAfterThrowing(JoinPoint joinPoint, Throwable e) {
        log.error("An exception {} has been thrown in {}()", e,
            joinPoint.getSignature().getName());
    }
}
```

특정한 예외만 관심있다면 그 타입을 인수에 선언합니다. 주어진 타입과 호환되는(즉, 해당 타입 및 그 하위 타입 전부) 예외가 났을 경우에만 어드바이스가 실행되겠죠.

```
@Aspect
public class CalculatorLoggingAspect {
    ...
    @AfterThrowing(
        pointcut = "execution(* *.*(..))",
        throwing = "e")
    public void logAfterThrowing(JoinPoint joinPoint, IllegalArgumentException e) {
        log.error("Illegal argument {} in {}()", Arrays.toString(joinPoint.getArgs()),
            joinPoint.getSignature().getName());
    }
}
```

@Around 어드바이스

마지막 Around는 가장 강력한 어드바이스입니다. 이 어드바이스는 조인포인트를 완전히 장악하기 때문에 앞서 살펴본 어드바이스 모두 Around 어드바이스로 조합할 수 있습니다. 심지어 원본 조인포인트를 언제 실행할지, 실행 자체를 할지 말지, 계속 실행할지 여부까지도 제어할 수 있습니다.

다음은 Before, After Returning, After Throwing 어드바이스를 Around 어드바이스로 조합한 코드입니다. Around 어드바이스의 조인포인트 인수형은 ProceedingJoinPoint로 고정돼 있습니다. JoinPoint 하위 인터페이스인 ProceedingJoinPoint를 이용하면 원본 조인포인트를 언제 진행할지 그 시점을 제어할 수 있습니다.

```
@Aspect
@Component
public class CalculatorLoggingAspect {

    private Logger log = LoggerFactory.getLogger(this.getClass());

    @Around("execution(* *.*(..))")
    public Object logAround(ProceedingJoinPoint joinPoint) throws Throwable {

        log.info("The method {}() begins with {}", joinPoint.getSignature().getName(),
            Arrays.toString(joinPoint.getArgs()));

        try {
            Object result = joinPoint.proceed();
            log.info("The method {}() ends with ", joinPoint.getSignature().getName(),
                result);
            return result;
        } catch (IllegalArgumentException e) {
            log.error("Illegal argument {} in {}()", Arrays.toString(joinPoint.getArgs()),
                joinPoint.getSignature().getName());
            throw e;
        }
    }
}
```

Around는 매우 강력하고 유연한 어드바이스라서 원본 인숫값을 바꾸거나 최종 반환값을 변경하는 일도 가능하지만 간혹 원본 조인포인트를 진행하는 호출을 잊어버리기 쉬우므로 사용시 주의하기 바랍니다.

> **TIP_** 최소한의 요건을 충족하면서도 가장 기능이 약한 어드바이스를 쓰는 게 바람직합니다.

레시피 2-14 조인포인트 정보 가져오기

과제

AOP에서 어드바이스는 여러 조인포인트, 즉 프로그램 실행 지점 곳곳에 적용됩니다. 어드바이스가 정확하게 작동하려면 조인포인트에 관한 세부 정보가 필요한 경우가 많습니다.

해결책

어드바이스 메서드의 시그니처^{signature}(서명부)에 org.aspectj.lang.JoinPoint형 인수를 선언하면 여기서 조인포인트 정보를 얻을 수 있습니다.

풀이

다음 logJoinPoint 어드바이스에서 조인포인트 정보를 액세스한다고 합시다. 필요한 정보는 조인포인트 유형(스프링 AOP의 메서드 실행만 해당), 메서드 시그니처(선언 타입 및 메서드명), 인수값, 대상 객체와 프록시 객체입니다.

```
@Aspect
@Component
public class CalculatorLoggingAspect {

    private Logger log = LoggerFactory.getLogger(this.getClass());

    @Before("execution(* *.*(..))")
    public void logJoinPoint(JoinPoint joinPoint) {

        log.info("Join point kind : {}", joinPoint.getKind());
        log.info("Signature declaring type : {}",
            joinPoint.getSignature().getDeclaringTypeName());
        log.info("Signature name : {}", joinPoint.getSignature().getName());
        log.info("Arguments : {}", Arrays.toString(joinPoint.getArgs()));
        log.info("Target class : {}", joinPoint.getTarget().getClass().getName());
        log.info("This class : {}", joinPoint.getThis().getClass().getName());
    }
}
```

프록시로 감싼 원본 빈은 **대상 객체**target object(타깃 객체)라고 하며 프록시 객체는 this로 참조합니다. 대상 객체와 프록시 객체는 각각 조인포인트에서 getTarget(), getThis() 메서드로 가져올 수 있습니다. 실행 결과를 보면 분명히 두 객체가 다릅니다.

```
Join point kind : method-execution
Signature declaring type : com.apress.springrecipes.calculator.ArithmeticCalculator
Signature name : add
Arguments : [1.0, 2.0]
Target class : com.apress.springrecipes.calculator.ArithmeticCalculatorImpl
This class : com.sun.proxy.$Proxy6
```

레시피 2-15 @Order로 애스펙트 우선순위 설정하기

과제

같은 조인포인트에 애스펙트를 여러 개 적용할 경우, 애스펙트 간 우선순위를 정하세요.

해결책

애스펙트 간 우선순위는 Ordered 인터페이스를 구현하거나 @Order 애너테이션을 붙여 지정합니다.

풀이

다음과 같이 계산기 인수를 검증하는 애스펙트를 하나 더 만들었습니다. Before 어드바이스는 딱 하나 있습니다.

```
@Aspect
@Component
public class CalculatorValidationAspect {

    @Before("execution(* *.*(double, double))")
    public void validateBefore(JoinPoint joinPoint) {
```

```
        for (Object arg : joinPoint.getArgs()) {
            validate((Double) arg);
        }
    }

    private void validate(double a) {
        if (a < 0) {
            throw new IllegalArgumentException("Positive numbers only");
        }
    }
}
```

로깅 애스펙트(CalculatorLoggingAspect)와 검증 애스펙트(CalculatorValidation
Aspect)를 둘 다 쓰자면 어느 쪽을 먼저 적용해야 할지 알 수가 없죠. 어느 한 애스펙트가 다른
것보다 먼저 실행되게 하려면 우선순위를 부여해야 합니다. 두 애스펙트 모두 Ordered 인터페
이스를 구현하거나 @Order 애너테이션을 활용하면 됩니다.

Ordered 인터페이스를 구현할 경우, getOrder() 메서드가 반환하는 값이 작을수록 우선순위
가 높다는 사실을 기억하세요. 검증 애스펙트를 로깅 애스펙트보다 먼저 적용하려면 더 작은
값을 반환하게 작성합니다.

```
@Aspect
@Component
public class CalculatorValidationAspect implements Ordered {
    ...
    public int getOrder() {
        return 0;
    }
}

@Aspect
@Component
public class CalculatorLoggingAspect implements Ordered {
    ...
    public int getOrder() {
        return 1;
    }
}
```

@Order에 우선순윗값을 넣으면 더 깔끔하게 구현할 수 있습니다.

```
@Aspect
@Component
@Order(0)
public class CalculatorValidationAspect { ... }
```

```
@Aspect
@Component
@Order(1)
public class CalculatorLoggingAspect { ... }
```

레시피 2-16 애스펙트 포인트컷 재사용하기

과제

포인트컷 표현식을 여러 번 되풀이해서 쓸 경우엔 어드바이스 애너테이션에 직접 써넣는 것보다 재사용할 방법이 필요합니다.

해결책

@Pointcut을 이용하면 포인트컷만 따로 정의해 여러 어드바이스에서 재사용할 수 있습니다.

풀이

애스펙트에서 포인트컷은 @Pointcut을 붙인 단순 메서드로 선언할 수 있습니다. 포인트컷과 애플리케이션 로직이 뒤섞이는 건 바람직하지 않으니 메서드 바디^{body, 본문}는 보통 비워두고 포인트컷의 가시성^{visibility}은 (public, protected, private 같은) 메서드의 수정자^{modifier}로 조정합니다. 이렇게 선언한 포인트컷은 다른 어드바이스가 메서드명으로 참조합니다.

```
@Aspect
@Component
public class CalculatorLoggingAspect {
    ...
    @Pointcut("execution(* *.*(..))")
    private void loggingOperation() {}
    @Before("loggingOperation()")
    public void logBefore(JoinPoint joinPoint) {
        ...
    }

    @AfterReturning(
        pointcut = "loggingOperation()",
        returning = "result")
    public void logAfterReturning(JoinPoint joinPoint, Object result) {
        ...
    }

    @AfterThrowing(
        pointcut = "loggingOperation()",
        throwing = "e")
    public void logAfterThrowing(JoinPoint joinPoint, IllegalArgumentException e) {
        ...
    }

    @Around("loggingOperation()")
    public Object logAround(ProceedingJoinPoint joinPoint) throws Throwable {
        ...
    }
}
```

여러 애스펙트가 포인트컷을 공유하는 경우라면 공통 클래스 한 곳에 포인트컷을 모아두는 편
이 좋습니다. 이때 당연히 포인트컷 메서드는 public으로 선언합니다.

```
@Aspect
public class CalculatorPointcuts {

    @Pointcut("execution(* *.*(..))")
    public void loggingOperation() {}
}
```

포인트컷을 참조할 때는 클래스명도 함께 적습니다. 참조할 포인트컷이 현재 애스펙트와는 다른 패키지에 있으면 패키지명까지 기재합니다.

```java
@Aspect
public class CalculatorLoggingAspect {
    ...
    @Before("CalculatorPointcuts.loggingOperation()")
    public void logBefore(JoinPoint joinPoint) {
        ...
    }

    @AfterReturning(
        pointcut = "CalculatorPointcuts.loggingOperation()",
        returning = "result")
    public void logAfterReturning(JoinPoint joinPoint, Object result) {
        ...
    }

    @AfterThrowing(
        pointcut = "CalculatorPointcuts.loggingOperation()",
        throwing = "e")
    public void logAfterThrowing(JoinPoint joinPoint, IllegalArgumentException e) {
        ...
    }

    @Around("CalculatorPointcuts.loggingOperation()")
    public Object logAround(ProceedingJoinPoint joinPoint) throws Throwable {
        ...
    }
}
```

레시피 2-17 AspectJ 포인트컷 표현식 작성하기

과제

공통 관심사는 프로그램이 실행되는 지점, 즉 여러 조인포인트에 걸쳐 분포합니다. 조인포인트는 정말 천차만별이므로 뭔가 더 강력한 표현식 언어로 매치할 방법이 필요합니다.

해결책

AspectJ는 다양한 종류의 조인포인트를 매치할 수 있는 강력한 표현식 언어를 제공합니다. 하지만 스프링 AOP가 지원하는 조인포인트 대상은 IoC 컨테이너 안에 선언된 빈에 국한됩니다(이 레시피도 스프링 AOP의 포인트컷 언어만 다루며 AspectJ 포인트컷 언어를 자세히 알고 싶다면 공식 웹 사이트(www.eclipse.org/aspectj/)를 방문해 프로그래밍 가이드를 참고하세요). 스프링 AOP에서는 AspectJ 포인트컷 언어를 활용해 포인트컷을 정의하며 런타임에 AspectJ 라이브러리를 이용해 포인트컷 표현식을 해석합니다. 스프링 AOP에서 AspectJ 포인트컷 표현식을 작성할 경우 스프링 AOP가 IoC 컨테이너 안에 있는 빈에만 조인포인트를 지원한다는 점을 반드시 기억하세요. 이 스코프를 벗어나 포인트컷 표현식을 쓰면 IllegalArgumentException 예외가 발생합니다.

풀이

스프링에 구현된 포인트컷 표현식 패턴을 알아보겠습니다. 메시지 시그니처 패턴, 타입 패턴에 따라 포인트컷을 작성하는 방법과 메서드 인수의 사용법을 잇달아 설명합니다.

메서드 시그니처 패턴

포인트컷 표현식의 가장 일반적인 모습은 시그니처를 기준으로 여러 메서드를 매치하는 겁니다. 예를 들어 다음 포인트컷 표현식은 ArithmeticCalculator 인터페이스에 선언한 메서드를 전부 매치합니다. 앞쪽의 와일드카드는 수정자(public, protected, private)와 반환형에 상관없이, 뒷쪽 두 점은(..) 인수 개수에 상관없이 매치하겠다는 뜻입니다.

```
execution(* com.apress.springrecipes.calculator.ArithmeticCalculator.*(..))
```

대상 클래스나 인터페이스가 애스펙트와 같은 패키지에 있으면 패키지명은 안 써도 됩니다.

```
execution(* ArithmeticCalculator.*(..))
```

다음은 ArithmeticCalculator 인터페이스에 선언된 모든 public 메서드를 매치하는 포인트컷 표현식입니다.

```
execution(public * ArithmeticCalculator.*(..))
```

메서드 반환형을 특정할 수도 있습니다. 다음 표현식은 double형을 반환하는 메서드만 매치합니다.

```
execution(public double ArithmeticCalculator.*(..))
```

인수 목록도 제약을 둘 수 있습니다. 다음 포인트컷은 첫 번째 인수가 double형인 메서드만 매치하며 두 점(..)으로 두 번째 이후 인수는 몇 개라도 상관없음을 밝힙니다.

```
execution(public double ArithmeticCalculator.*(double, ..))
```

아니면, 인수형과 개수가 정확히 매치되게 할 수도 있습니다.

```
execution(public double ArithmeticCalculator.*(double, double))
```

AspectJ에 탑재된 포인트컷 언어는 갖가지 조인포인트를 매치할 만큼 강력하지만 간혹 매치하고 싶은 메서드 사이에 이렇다 할 공통 특성(예 : 수정자, 반환형, 메서드명 패턴, 인수)이 없는 경우도 있습니다. 이럴 때에는 메서드/타입 레벨에 다음과 같은 커스텀 애너테이션을 만들어 붙이면 됩니다.

```
@Target({ElementType.METHOD, ElementType.TYPE})
@Retention(RetentionPolicy.RUNTIME)
@Documented
public @interface LoggingRequired {
}
```

로깅이 필요한 메서드에 커스텀 애너테이션 @LoggingRequired를 붙이는 거죠. 클래스 레벨에 붙이면 모든 메서드에 적용됩니다. 단, 애너테이션은 상속되지 않으므로 인터페이스가 아닌, 구현 클래스에만 붙여야 합니다.

```
@LoggingRequired
public class ArithmeticCalculatorImpl implements ArithmeticCalculator {

    public double add(double a, double b) {
        ...
    }

    public double sub(double a, double b) {
        ...
    }

    ...
}
```

그런 다음, @LoggingRequired를 붙인 클래스/메서드를 스캐닝하도록 @Pointcut의 annotation 안에 포인트컷 표현식을 넣습니다.

```
@Aspect
public class CalculatorPointcuts {

    @Pointcut("annotation(com.apress.springrecipes.calculator.LoggingRequired)")
    public void loggingOperation() {}
}
```

타입 시그니처 패턴

특정한 타입 내부의 모든 조인포인트를 매치하는 포인트컷 표현식도 있습니다. 스프링 AOP에 적용하면 그 타입 안에 구현된 메서드를 실행할 때만 어드바이스가 적용되도록 포인트컷 적용 범위를 좁힐 수 있습니다. 이를테면 다음 포인트컷은 com.apress.springrecipes.calculator 패키지의 전체 메서드 실행 조인포인트를 매치합니다.

```
within(com.apress.springrecipes.calculator.*)
```

하위 패키지도 함께 매치하려면 와일드카드 앞에 점 하나를 더 씁니다.

```
within(com.apress.springrecipes.calculator..*)
```

어느 한 클래스 내부에 구현된 메서드 실행 조인포인트를 매치하려면 다음과 같이 씁니다.

```
within(com.apress.springrecipes.calculator.ArithmeticCalculatorImpl)
```

해당 클래스의 패키지가 애스펙트와 같으면 패키지명은 안 써도 됩니다.

```
within(ArithmeticCalculatorImpl)
```

ArithmeticCalculator 인터페이스를 구현한 모든 클래스의 메서드 실행 조인포인트를 매치하려면 맨 뒤에 플러스(+) 기호를 덧붙입니다.

```
within(ArithmeticCalculator+)
```

앞서 말했듯이 @LoggingRequired 같은 커스텀 애너테이션은 클래스 또는 메서드 레벨에 적용 가능합니다.

```
@LoggingRequired
public class ArithmeticCalculatorImpl implements ArithmeticCalculator {
    ...
}
```

다음은 @Pointcut에 within 키워드를 써서 @LoggingRequired를 붙인 모든 클래스/메서드의 조인포인트를 매치하는 포인트컷입니다.

```
@Pointcut("within(com.apress.springrecipes.calculator.LoggingRequired)")
public void loggingOperation() {}
```

포인트컷 표현식 조합하기

AspectJ 포인트컷 표현식은 &&(and), ‖(or), !(not) 등의 연산자로 조합할 수 있습니다. 예를 들어 다음 포인트컷은 ArithmeticCalculator 또는 UnitCalculator 인터페이스를 구현한 클래스의 조인포인트를 매치합니다.

```
within(ArithmeticCalculator+) ‖ within(UnitCalculator+)
```

포인트컷 표현식이나 다른 포인트컷을 가리키는 레퍼런스 모두 이런 연산자로 묶을 수 있습니다.

```java
@Aspect
public class CalculatorPointcuts {

    @Pointcut("within(ArithmeticCalculator+)")
    public void arithmeticOperation() {}

    @Pointcut("within(UnitCalculator+)")
    public void unitOperation() {}

    @Pointcut("arithmeticOperation() ‖ unitOperation()")
    public void loggingOperation() {}
}
```

포인트컷 매개변수 선언하기

조인포인트 정보는 (어드바이스 메서드에서 org.aspectj.lang.JoinPoint형 인수를 사용해) 리플렉션으로 액세스할 수 있다고 했습니다. 이외에도 몇 가지 특수한 포인트컷 표현식을 쓰면 선언적인 방법declarative way으로 조인포인트 정보를 얻을 수도 있습니다. 가령, 표현식 target()과 args()로 각각 현재 조인포인트의 대상 객체 및 인수값을 포착하면 포인트컷 매개변수로 빼낼 수 있습니다. 이렇게 도출한 매개변수는 자신과 이름이 똑같은 어드바이스 메서드의 인수로 전달합니다.

```java
@Aspect
public class CalculatorLoggingAspect {
    ...
    @Before("execution(* *.*(..)) && target(target) && args(a,b)")
    public void logParameter(Object target, double a, double b) {
        log.info("Target class : " + target.getClass().getName());
        log.info("Arguments : " + a + ", " + b);
```

```
        }
    }
```

독립적인 포인트컷을 선언해 쓸 경우에는 포인트컷 메서드의 인수 목록에도 함께 넣습니다.

```
@Aspect
public class CalculatorPointcuts {
    ...
    @Pointcut("execution(* *.*(..)) && target(target) && args(a,b)")
    public void parameterPointcut(Object target, double a, double b) {}
}
```

이렇게 매개변수화한parameterized 포인트컷을 참조하는 모든 어드바이스는 같은 이름의 메서드
인수를 선언해서 포인트컷 매개변수를 참조할 수 있습니다.

```
@Aspect
public class CalculatorLoggingAspect {
    ...
    @Before("CalculatorPointcuts.parameterPointcut(target, a, b)")
    public void logParameter(Object target, double a, double b) {
        log.info("Target class : " + target.getClass().getName());
        log.info("Arguments : " + a + ", " + b);
    }
}
```

레시피 2-18 인트로덕션을 이용해 POJO에 기능 더하기

과제

어떤 공통 로직을 공유하는 클래스가 여러 개 있을 경우, 보통 OOP에서는 같은 베이스 클래스base class를
(상속의 형태로 하위 클래스를 파생시킬 의도로 만든 최상위 클래스) 상속하거나 같은 인터페이스를 구현
하는 형태로 애플리케이션을 개발합니다. AOP 관점에서는 충분히 모듈화 가능한 공통 관심사인데, 자바

는 언어 구조상 클래스를 오직 한 개만 상속할 수 있기 때문에 동시에 여러 구현 클래스로부터 기능을 물려받아 쓰는 일은 불가능합니다.

해결책

인트로덕션introduction (끌어들임)은 AOP 어드바이스의 특별한 타입입니다. 객체가 어떤 인터페이스의 구현 클래스를 공급받아 동적으로 인터페이스를 구현하는 기술이지요. 마치 객체가 런타임에 구현 클래스를 상속하는 것처럼 보입니다. 게다가 여러 구현 클래스를 지닌 여러 인터페이스를 동시에 인트로듀스introduce할 (끌어들일) 수 있어서 사실상 다중 상속multiple inheritance도 가능합니다.

풀이

다음 MaxCalculator, MinCalculator 두 인터페이스에 각각 max(), min() 메서드를 정의합니다.

```
public interface MaxCalculator {
    public double max(double a, double b);
}
```

```
public interface MinCalculator {
    public double min(double a, double b);
}
```

두 인터페이스의 구현 클래스에 println문을 넣어 메서드 실행 시점을 파악해봅시다.

```
public class MaxCalculatorImpl implements MaxCalculator {

    public double max(double a, double b) {
        double result = (a >= b) ? a : b;
        System.out.println("max(" + a + ", " + b + ") = " + result);
        return result;
    }
}
```

```
public class MinCalculatorImpl implements MinCalculator {

    public double min(double a, double b) {
        double result = (a <= b) ? a : b;
        System.out.println("min(" + a + ", " + b + ") = " + result);
        return result;
    }
}
```

자, 만일 ArithmeticCalculatorImpl 클래스에서 max()와 min()을 둘 다 계산하려면 어떻게
해야 할까요? 자바는 단일 상속만 가능하므로 MaxCalculatorImpl, MinCalculatorImpl 클래
스를 동시에 상속할 수 없습니다. 구현 코드를 복사하든지, 아니면 실제 구현 클래스에게 처리
를 맡기든지 해서 두 클래스 중 한쪽은(예 : MaxCalculatorImpl)은 상속하고 다른 쪽은 인터
페이스(예 : MinCalculator)를 구현하는 방법뿐이겠죠. 어느 쪽이든 메서드 선언은 반복될 수
밖에 없습니다.

바로 이럴 때 인트로덕션을 쓰면 ArithmeticCalculatorImpl에서 MaxCalculator 및
MinCalculator 인터페이스를 둘 다 동적으로 구현한 것처럼 구현 클래스 MaxCalculatorImpl
과 MinCalculatorImpl을 이용할 수 있습니다. 한 마디로 MaxCalculatorImpl과
MinCalculatorImpl을 다중 상속한 것처럼 쓰는 거죠. 인트로덕션이 참으로 기발한 이유는
ArithmeticCalculatorImpl 클래스를 고쳐 새 메서드를 들여올 필요가 없다는 점입니다. 다시
말해 소스 코드 하나 없이도 기존 클래스에 메서드를 가져다 쓸 수 있지요.

> **TIP_** 스프링 AOP에서 대체 인트로덕션이 어떻게 움직이는지 궁금할 겁니다. 그 비결은 바로 동적 프록
> 시입니다. 앞서 배운 내용을 복습하면 동적 프록시에 여러 인터페이스를 지정해서 구현할 수 있었습니다.
> 인트로덕션은 동적 프록시에 인터페이스(예 : MaxCalculator)를 추가하는 식으로 작동합니다. 이 인터
> 페이스에 선언된 메서드를 프록시 객체에서 호출하면 프록시는 백엔드(back-end, 뒷단) 구현 클래스(예 :
> MaxCalculatorImpl)에 처리를 위임합니다.

인트로덕션 역시 어드바이스처럼 애스펙트 안에서 필드에 @DeclareParents를 붙여 선언합니
다. 애스펙트를 새로 만들거나 용도가 비슷한 기존 애스펙트를 재사용할 수도 있습니다.

```
@Aspect
@Component
public class CalculatorIntroduction {

    @DeclareParents(
        value = "com.apress.springrecipes.calculator.ArithmeticCalculatorImpl",
        defaultImpl = MaxCalculatorImpl.class)
    public MaxCalculator maxCalculator;

    @DeclareParents(
        value = "com.apress.springrecipes.calculator.ArithmeticCalculatorImpl",
        defaultImpl = MinCalculatorImpl.class)
    public MinCalculator minCalculator;
}
```

인트로덕션 대상 클래스는 @DeclareParents의 value 속성으로 지정하며 이 애너테이션을 붙인 필드형에 따라 들여올 인터페이스가 결정됩니다. 이 새 인터페이스에서 사용할 구현 클래스는 defaultImpl 속성에 명시합니다.

이렇게 설정한 두 인트로덕션을 사용해 ArithmeticCalculatorImpl 클래스로 두 인터페이스를 동적으로 들여올 수 있습니다. @DeclareParents의 value 속성값에 AspectJ의 타입 매치 표현식을 넣으면 여러 클래스로 인터페이스를 들여올 수 있습니다.

MaxCalculator와 MinCalculator 두 인터페이스를 ArithmeticCalculatorImpl에 들여왔으면, 해당 인터페이스로 캐스팅 후 max(), min() 계산을 수행하면 됩니다.

```
public class Main {

    public static void main(String[] args) {
        ...
        ArithmeticCalculator arithmeticCalculator =
            (ArithmeticCalculator) context.getBean("arithmeticCalculator");
        ...
        MaxCalculator maxCalculator = (MaxCalculator) arithmeticCalculator;
        maxCalculator.max(1, 2);

        MinCalculator minCalculator = (MinCalculator) arithmeticCalculator;
        minCalculator.min(1, 2);
    }
}
```

레시피 2-19 AOP를 이용해 POJO에 상태 추가하기

과제

기존 객체에 새로운 상태를 추가해서 호출 횟수, 최종 수정 일자 등 사용 내역을 파악하고 싶은 경우가 있습니다. 모든 객체가 동일한 베이스 클래스를 상속하는 건 해결책이 될 수 없겠죠. 레이어 구조가 다른 여러 클래스에 상태를 추가하기란 더 더욱 어렵습니다.

해결책

상태 필드가 위치한 구현 클래스의 인터페이스를 기존 객체에 들여온 다음, 특정 조건에 따라 상태값을 바꾸는 어드바이스를 작성합니다.

풀이

각 Calculator 객체의 호출 횟수를 기록하려고 합니다. 원본 클래스에는 호출 횟수를 담을 카운터^{counter}(계수기) 필드가 없기 때문에 스프링 AOP 인트로덕션을 적용해야 합니다. 우선, 카운터 인터페이스를 작성합니다.

```
public interface Counter {
    public void increase();
    public int getCount();
}
```

그리고 간단한 구현 클래스를 만듭니다. 호출 횟수는 count 필드에 저장합니다.

```
public class CounterImpl implements Counter {

    private int count;

    @Override
    public void increase() {
        count++;
    }
}
```

```
    @Override
    public int getCount() {
        return count;
    }
}
```

Counter 인터페이스를 CounterImpl로 구현한 모든 Calculator 객체에 들여오기 위해 다음
과 같이 타입 매치 표현식을 이용해 인트로덕션을 적용합니다.

```
@Aspect
@Component
public class CalculatorIntroduction {
    ...
    @DeclareParents(
        value = "com.apress.springrecipes.calculator.*CalculatorImpl",
        defaultImpl = CounterImpl.class)
    public Counter counter;
}
```

이로써 CounterImpl을 각 Calculator 객체에 들여옵니다. 하지만 아직 이 상태로는 호출 횟
수를 기록하기는 이릅니다. 계산기 메서드를 한번씩 호출할 때마다 counter 값을 하나씩 증가
시키려면 다음 코드처럼 After 어드바이스를 적용합니다. 그리고 Counter 인터페이스를 구현
한 객체는 프록시가 유일하므로 반드시 target이 아닌, this 객체를 가져와 사용해야 합니다.

```
@Aspect
@Component
public class CalculatorIntroduction {
    ...
    @After("execution(* com.apress.springrecipes.calculator.*Calculator.*(..))"
        + " && this(counter)")
    public void increaseCount(Counter counter) {
        counter.increase();
    }
}
```

Main 클래스에서 각 Calculator 객체를 Counter형으로 캐스팅해서 호출 횟수를 출력해봅시다.

```
public class Main {

    public static void main(String[] args) {
        ...
        ArithmeticCalculator arithmeticCalculator =
            (ArithmeticCalculator) context.getBean("arithmeticCalculator");
        ...

        UnitCalculator unitCalculator =
            (UnitCalculator) context.getBean("unitCalculator");
        ...

        Counter arithmeticCounter = (Counter) arithmeticCalculator;
        System.out.println(arithmeticCounter.getCount());

        Counter unitCounter = (Counter) unitCalculator;
        System.out.println(unitCounter.getCount());
    }
}
```

레시피 2-20 AspectJ 애스펙트를 로드 타임 위빙하기

과제

스프링 AOP 프레임워크는 제한된 타입의 AspectJ 포인트컷만 지원하며 IoC 컨테이너에 선언한 빈에 한하여 애스펙트를 적용할 수 있습니다. 따라서 포인트컷 타입을 추가하거나, IoC 컨테이너 외부 객체에 애스펙트를 적용하려면 스프링 애플리케이션에서 AspectJ 프레임워크를 직접 끌어쓰는 수밖에 없습니다.

해결책

위빙weaving (엮어넣기)은 애스펙트를 대상 객체에 적용하는 과정입니다. 스프링 AOP는 런타임에 동적 프록시를 활용해 위빙을 하는 반면, AspectJ 프레임워크는 **컴파일 타임**compile-time (**컴파일 시점에 하는) 위빙, 로드 타임**load-time (**로드하는 시점에 하는) 위빙** 모두 지원합니다.

AspectJ에서 컴파일 타임 위빙은 **ajc**라는 전용 컴파일러가 담당합니다. 컴파일 타임 위빙은 애스펙트를 자바 소스 파일에 엮고weave 위빙된 바이너리 클래스 파일을 결과물로 내놓습니다. 이미 컴파일된 클래스 파일이나 JAR 파일 안에도 애스펙트를 욱여넣을 수 있습니다. 이를 **포스트 컴파일 타임(컴파일 이후에 하는) 위빙**post-compile-time weaving이라고 합니다. 컴파일 시점 위빙, 포스트 컴파일 타임 위빙 모두 클래스를 IoC 컨테이너에 선언하기 이전에 수행할 수 있으며 스프링은 위빙 과정에 전혀 관여하지 않습니다. 자세한 내용은 AspectJ 문서를 참고하세요.

AspectJ 로드 타임 위빙(줄여서 LTW)은 JVM이 클래스 로더class loader를 이용해 대상 클래스를 로드하는 시점에 일어납니다. 바이트코드에 코드를 넣어 클래스를 위빙하려면 특수한 클래스 로더가 필요한데요, AspectJ, 스프링 둘 다 클래스 로더에 위빙 기능을 부여한 로드 타임 위버weaver를 제공합니다. 로드 타임 위버는 간단한 설정으로 바로 사용할 수 있습니다.

풀이

스프링 애플리케이션에서 로드 타임 위빙이 어떻게 처리되는지 복소수complex number 계산기 예제를 살펴보겠습니다. 우선, 복소수를 나타내는 Complex 클래스를 작성합니다. 복소수를 (a + bi) 형식의 문자열로 변환해서 표시하도록 toString() 메서드를 오버라이드합니다.

```java
public class Complex {

    private int real;
    private int imaginary;

    public Complex(int real, int imaginary) {
        this.real = real;
        this.imaginary = imaginary;
    }

    // 게터 및 세터
    ...

    public String toString() {
        return "(" + real + " + " + imaginary + "i)";
    }
}
```

다음은 복소수 계산기 인터페이스입니다. 예제 편의상 덧셈과 뺄셈 기능만 넣습니다.

```java
public interface ComplexCalculator {
    public Complex add(Complex a, Complex b);
    public Complex sub(Complex a, Complex b);
}
```

인터페이스 구현 코드는 어렵지 않습니다. 호출할 때마다 새로운 복소수 객체를 반환하게끔 구현합니다.

```java
@Component("complexCalculator")
public class ComplexCalculatorImpl implements ComplexCalculator {

    @Override
    public Complex add(Complex a, Complex b) {
        Complex result = new Complex(a.getReal() + b.getReal(),
            a.getImaginary() + b.getImaginary());
        System.out.println(a + " + " + b + " = " + result);
        return result;
    }

    @Override
    public Complex sub(Complex a, Complex b) {
        Complex result = new Complex(a.getReal() - b.getReal(),
            a.getImaginary() - b.getImaginary());
        System.out.println(a + " - " + b + " = " + result);
        return result;
    }
}
```

Main 클래스에서 복소수 계산기를 테스트해봅시다.

```java
public class Main {
    public static void main(String[] args) {

        ApplicationContext context =
            new AnnotationConfigApplicationContext(CalculatorConfiguration.class);
```

```
        ComplexCalculator complexCalculator =
            context.getBean("complexCalculator", ComplexCalculator.class);

        complexCalculator.add(new Complex(1, 2), new Complex(2, 3));
        complexCalculator.sub(new Complex(5, 8), new Complex(2, 3));
    }
}
```

별 탈 없이 잘 작동하지만 성능을 조금이라도 높이려면 복소수 객체를 캐시하는 편이 좋습니다. 캐싱은 전형적인 공통 관심사이므로 애스펙트로 모듈화하기에 안성맞춤입니다.

```
@Aspect
public class ComplexCachingAspect {

    private final Map<String, Complex> cache = new ConcurrentHashMap<>();

    @Around("call(public Complex.new(int, int)) && args(a,b)")
    public Object cacheAround(ProceedingJoinPoint joinPoint, int a, int b)
        throws Throwable {
        String key = a + "," + b;
        Complex complex = cache.get(key);
        if (complex == null) {
            System.out.println("Cache MISS for (" + key + ")");
            complex = (Complex) joinPoint.proceed();
            cache.put(key, complex);
        }
        else {
            System.out.println("Cache HIT for (" + key + ")");
        }
        return complex;
    }
}
```

애스펙트 코드를 보면 실수와 허수를 조합한 키를 이용해서 복소수 객체를 맵에 캐시합니다. 생성자를 호출해서 복소수 객체를 생성할 때 이미 캐시된 값이 있는지 살펴보는 거죠. AspectJ 포인트컷 표현식의 call 안에 Complex(int,int)로 생성자를 호출하는 조인포인트에서 실행합니다.

반환값을 변경하려면 Around 어드바이스를 씁니다. 같은 값의 복소수 객체가 캐시에 있으면 호출부[caller](호출한 코드)에 즉시 돌려줍니다. 캐시에 없을 경우엔 그냥 생성자를 호출해서 복소수 객체를 새로 만들고 호출부에 반환한 다음, 맵에 캐시해서 다음에 같은 값을 재사용합니다.

Call 포인트컷은 스프링 AOP가 지원하지 않으므로 스프링이 이 애너테이션을 스캐닝할 때 지원하지 않는 포인트컷 호출을 의미하는 "unsupported pointcut primitive call." 에러가 납니다.

이처럼 스프링 AOP에서 지원되지 않는 포인트컷을 쓴 애스펙트를 적용하려면 AspectJ 프레임워크를 직접 써야 합니다. AspectJ 프레임워크는 클래스패스 루트의 META-INF 디렉터리에 있는 aop.xml 파일에 구성합니다.

```
<!DOCTYPE aspectj PUBLIC "-//AspectJ//DTD//EN"
    "http://www.eclipse.org/aspectj/dtd/aspectj.dtd">

<aspectj>
    <weaver>
        <include within="com.apress.springrecipes.calculator.*" />
    </weaver>

    <aspects>
        <aspect
            name="com.apress.springrecipes.calculator.ComplexCachingAspect" />
    </aspects>
</aspectj>
```

AspectJ 구성 파일에는 애스펙트를 위빙해 넣을 대상 클래스를 지정합니다. 예제에서는 ComplexCachingAspect 애스펙트를 com.apress.springrecipes.calculator 패키지의 모든 클래스 안으로 위빙하게끔 설정했습니다.

마지막으로 로드 타임 시점 위빙을 작동시키려면 다음 절에서 설명할 두 가지 방법 중 하나로 애플리케이션을 실행해야 합니다.

AspectJ 위버로 로드 타임에 위빙하기

AspectJ에서는 로드 타임 위빙용 에이전트[agent]를 씁니다. 애플리케이션 실행 명령어에 VM 인수를 추가하면 클래스가 JVM에 로드되는 시점에 위빙을 합니다.

```
java -javaagent:lib/aspectjweaver-1.9.0.jar -jar Recipe_2_19_ii-4.0.0.jar
```

이렇게 애플리케이션을 실행하면 다음과 같이 캐시 상태가 출력됩니다. AspectJ 에이전트는
Complex(int,int) 생성자를 호출할 때마다 어드바이스를 적용합니다.

```
Cache MISS for (1,2)
Cache MISS for (2,3)
Cache MISS for (3,5)
(1 + 2i) + (2 + 3i) = (3 + 5i)
Cache MISS for (5,8)
Cache HIT for (2,3)
Cache HIT for (3,5)
(5 + 8i) - (2 + 3i) = (3 + 5i)
```

스프링 로드 타임 위버로 로드 타임에 위빙하기

스프링은 여러 런타임 환경용 로드 타임 위버를 제공합니다. 스프링 애플리케이션에 로드 타임
위버를 적용하려면 구성 클래스에 @EnableLoadTimeWeaving을 붙입니다.

스프링은 자신의 런타임 환경에 가장 알맞은 로드 타임 위버를 감지합니다. 자바 EE 애플리케
이션 서버는 스프링 로드 타임 위버 메커니즘을 지원하는 클래스 로더를 이미 내장한 경우가
많아서 시동 명령어에 자바 에이전트를 지정하지 않아도 됩니다.

물론 단순 자바 애플리케이션에서 스프링으로 로드 타임 위빙을 하려면 위빙 에이전트가 반드
시 필요하므로 시동 명령어의 VM 인수에 스프링 에이전트를 지정합니다.

```
java -javaagent:lib/spring-instrument-5.0.0.jar -jar Recipe_2_19_iii-4.0.0.jar
```

그런데 막상 애플리케이션을 실행하면 캐시 상태가 이렇게 출력됩니다.

```
Cache MISS for (3,5)
(1 + 2i) + (2 + 3i) = (3 + 5i)
```

```
Cache HIT for (3,5)
(5 + 8i) - (2 + 3i) = (3 + 5i)
```

IoC 컨테이너에 선언한 빈이 Complex(int,int) 생성자를 호출할 경우에만 스프링 에이전트가 어드바이스를 적용하기 때문입니다. 복소수 객체를 생성한 건 Main 클래스이므로 스프링 에이전트가 생성자를 호출해도 어드바이스가 적용되지 않은 겁니다.

레시피 2-21 스프링에서 AspectJ 애스펙트 구성하기

과제

AspectJ 프레임워크가 사용하는 애스펙트는 이 프레임워크가 자체적으로 인스턴스화하기 때문에 원하는 대로 구성하려면 AspectJ 프레임워크에서 일단 인스턴스를 가져와야 합니다.

해결책

모든 AspectJ 애스펙트에는 Aspects라는 팩토리 클래스가 있고 이 클래스의 정적 팩토리 메서드 aspectOf()를 호출하면 현재 애스펙트 인스턴스를 액세스할 수 있습니다. IoC 컨테이너에서는 Aspects.aspectOf(ComplexCachingAspect.class)를 호출해서 빈을 선언합니다.

풀이

ComplexCachingAspect의 캐시 맵을 세터 메서드로 미리 구성합시다.

```
@Aspect
public class ComplexCachingAspect {

    private Map<String, Complex> cache = new ConcurrentHashMap<>();

    public void setCache(Map<String, Complex> cache) {
        this.cache.clear();
        this.cache.putAll(cache);
```

```
    }

    @Around("call(public Complex.new(int, int)) && args(a,b)")
    public Object cacheAround(ProceedingJoinPoint joinPoint, int a, int b)
        throws Throwable {
        String key = a + "," + b;
        Complex complex = cache.get(key);
        if (complex == null) {
            System.out.println("Cache MISS for (" + key + ")");
            complex = (Complex) joinPoint.proceed();
            cache.put(key, complex);
        } else {
            System.out.println("Cache HIT for (" + key + ")");
        }
        return complex;
    }
}
```

@Bean 메서드를 만들어 애스펙트를 구성하고 앞서 언급한 팩토리 메서드 Aspects. aspectOf()를 호출해서 애스펙트 인스턴스를 가져옵니다. 이제 이 애스펙트 인스턴스를 구성하면 됩니다.

```
@Configuration
@ComponentScan
public class CalculatorConfiguration {

    @Bean
    public ComplexCachingAspect complexCachingAspect() {

        Map<String, Complex> cache = new HashMap<>();
        cache.put("2,3", new Complex(2,3));
        cache.put("3,5", new Complex(3,5));

        ComplexCachingAspect complexCachingAspect =
            Aspects.aspectOf(ComplexCachingAspect.class);
        complexCachingAspect.setCache(cache);
        return complexCachingAspect;
    }
}
```

AspectJ 위버로 애플리케이션을 실행해봅시다.

```
java -javaagent:lib/aspectjweaver-1.9.0.jar -jar Recipe_2_20-4.0.0.jar
```

레시피 2-22 AOP를 이용해 POJO를 도메인 객체에 주입하기

과제

스프링의 의존체 주입 능력 덕분에 IoC 컨테이너에 선언된 빈들은 서로 연결할 수 있지만 컨테이너 밖에서 만든 객체는 스프링 빈과 연결할 방법이 마땅찮습니다. 프로그램 코드를 수동으로 작성해 연결할 수밖에 없지요.

해결책

IoC 컨테이너 외부서 생성된 객체는 대부분 도메인 객체^{domain object}로, new 연산자 또는 DB 쿼리 결과로 생깁니다. 이렇게 스프링 밖에서 만든 도메인 객체 안에 스프링 빈을 주입하려면 AOP의 도움이 절실합니다. 사실 스프링 빈을 주입하는 것도 공통 관심사 중 하나입니다. 도메인 객체는 '스프링이 만든^{Made in Spring}' 객체가 아니어서 스프링 AOP로는 주입할 수 없습니다. 따라서 이런 용도에 알맞게 스프링이 제공하는 AspectJ 애스펙트를 AspectJ 프레임워크에서 가져다 쓰면 됩니다.

풀이

복소수 값의 형식을 전역 포매터^{global formatter}(전역 형식기)로 맞추려고 합니다. 이 포매터는 형식 패턴을 인수로 받고 표준 애너테이션 @Component, @Value로 POJO를 인스턴스화합니다.

```java
@Component
public class ComplexFormatter {

    @Value("(a + bi)")
    private String pattern;
```

```
    public void setPattern(String pattern) {
        this.pattern = pattern;
    }

    public String format(Complex complex) {
        return pattern.replaceAll("a", Integer.toString(complex.getReal()))
                .replaceAll("b", Integer.toString(complex.getImaginary()));
    }
}
```

ComplexFormatter는 Complex 클래스의 toString() 메서드에서 복소수를 문자열로 바꿀 때
사용합니다. ComplexFormatter를 전달받아야 하므로 세터 메서드를 추가합니다.

```
public class Complex {

    private int real;
    private int imaginary;
    ...
    private ComplexFormatter formatter;

    public void setFormatter(ComplexFormatter formatter) {
        this.formatter = formatter;
    }

    public String toString() {
        return formatter.format(this);
    }
}
```

그러나 여기서 Complex 객체는 IoC 컨테이너가 생성한 인스턴스가 아니므로 평범
한 기법으론 의존체 주입을 할 수 없습니다. 스프링 애스펙트 라이브러리에 포함된
AnnotationBeanConfigurerAspect를 이용하면 IoC 컨테이너가 생성하지 않은 객체에도 의
존체를 주입할 수 있습니다.

먼저 Complex형 객체를 구성할 수 있게 해당 클래스에 @Configurable를 붙입니다.

```
@Configurable
@Component
@Scope("prototype")
public class Complex {
    ...
    @Autowired
    public void setFormatter(ComplexFormatter formatter) {
        this.formatter = formatter;
    }
}
```

@Configurable 아래에 표준 애너테이션 @Component, @Scope, @Autowired를 나열하면 표준 스프링 빈처럼 사용할 수 있지만 여기서 사실상 핵심은 @Configurable이기 때문에 스프링은 @EnableSpringConfigured라는 편의성 애너테이션을 지원합니다.

```
@Configuration
@EnableSpringConfigured
@ComponentScan
public class CalculatorConfiguration {}
```

@Configurable을 붙인 클래스를 인스턴스화하면 애스펙트는 이 클래스와 동일한 타입의 프로토타입 스코프 빈을 찾습니다. 그런 다음, 빈 정의부 내용에 따라 새 인스턴스를 구성합니다. 빈 정의부에 프로퍼티가 선언돼 있으면 새 인스턴스도 애스펙트가 설정한 것과 동일한 프로퍼티를 갖게 됩니다.

애플리케이션을 실행하면 AspectJ 에이전트를 이용해 로드 타임에 애스펙트를 클래스 안으로 위빙합니다.

```
java -javaagent:lib/aspectjweaver-1.9.0.jar -jar Recipe_2_21-4.0.0.jar
```

레시피 2-23 스프링 TaskExecutor로 동시성 적용하기

과제

스레드thread 기반의 동시성concurrent 프로그램을 스프링으로 개발하고 싶은데, 이렇다 할 표준 가이드가 없어서 어떻게 접근해야 좋을지 모르겠습니다.

해결책

스프링 TaskExecutor(작업 실행기) 추상체가 정답입니다. TaskExecutor는 기본 자바의 Executor, CommonJ의 WorkManager 등 다양한 구현체를 제공하며 필요하면 커스텀 구현체를 만들어 쓸 수도 있습니다.

스프링은 이들 구현체를 모두 자바 Executor 인터페이스로 단일화했습니다.

풀이

자바 SE가 제공하는 표준 스레드를 이용해 개발하다 보면 자칫 지겹고 난해한 늪에 빠지기 쉽습니다. 동시성은 서버 사이드server-side (서버 측) 컴포넌트의 아주 중요한 요건이지만 엔터프라이즈 자바 세계에는 딱히 표준이라 할 만한 것이 없습니다. 스레드를 명시적으로 생성하거나 조작하는 행위를 금지하는 내용이 일부 자바 EE 명세에 포함되어 있을 따름입니다.

자바 기술자들은 오래 전부터 스레드 및 동시성을 다루기 위해 여러 가지 궁리를 했습니다. 우선 초기 JDK 1.0 시절부터 표준 java.lang.Thread가 있었고 작업을 주기적으로 실행시킬 수 있는 java.util.TimerTask가 1.3 버전에 등장했습니다. 이어서 자바 5부터는 java.util.concurrent 패키지를 선보였고 이와 동시에 java.util.concurrent.Executor를 중심으로 스레드 풀thread pool을 생성하는 체계가 완전히 개편되었습니다.

Executor API는 의외로 간단합니다.

```
package java.util.concurrent;

public interface Executor {
    void execute(Runnable command);
}
```

스레드 관리 기능이 강화된 ExecutorService 이하 인터페이스는 shutdown() 처럼 스레드에 이벤트를 일으키는 메서드를 제공합니다. 자바 5부터 여러 구현 클래스가 추가됐는데요, 대부분 java.util.concurrent 패키지의 정적 팩토리 메서드를 사용해 쓸 수 있습니다. 지금부터 자바 SE 클래스를 응용한 예제를 몇 가지 살펴보겠습니다.

ExecutorService 클래스에는 Future<T>형 객체를 반환하는 submit() 메서드가 있습니다. Future<T> 인스턴스는 대개 비동기 실행 스레드의 진행 상황을 추적하는 용도로 쓰입니다. Future.isDone(), Future.isCancelled() 메서드는 각각 어떤 잡이 완료되었는지, 취소되었는지 확인합니다. run() 메서드가 반환형 없는 Runnable 인스턴스 내부에서 ExecutorService와 submit()을 사용할 경우, 반환된 Future의 get() 메서드를 호출하면 null 또는 전송 시 지정한 값(다음 코드는 Boolean.TRUE)이 반환됩니다.

```
Runnable task = new Runnable() {
    public void run() {
        try{
            Thread.sleep(1000 * 60) ;
            System.out.println("Done sleeping for a minute, returning! ");
        } catch (Exception ex) { /* ... */ }
    }
};

ExecutorService executorService = Executors.newCachedThreadPool() ;

if(executorService.submit(task, Boolean.TRUE).get().equals(Boolean.TRUE))
    System.out.println("Job has finished!");
```

이 정도 배경 지식만 있으면 다양한 구현체마다 독특한 기능을 응용할 수 있습니다. 다음은 Runnable을 응용해 시간 경과를 나타낸 클래스입니다.

```
package com.apress.springrecipes.spring3.executors;
...

public class DemonstrationRunnable implements Runnable {

    @Override
    public void run() {
        try {
```

```
            Thread.sleep(1000);
        } catch (InterruptedException e) {
            e.printStackTrace();
        }
        System.out.println(Thread.currentThread().getName());
        System.out.printf("Hello at %s \n", new Date());
    }
}
```

DemonstrationRunnable 인스턴스를 자바 Executors와 스프링 TaskExecutor에서 사용해봅
시다.

```
public class ExecutorsDemo {

    public static void main(String[] args) throws Throwable {
        Runnable task = new DemonstrationRunnable();

        ExecutorService cachedThreadPoolExecutorService =
            Executors.newCachedThreadPool();
        if (cachedThreadPoolExecutorService.submit(task).get() == null)
            System.out.printf("The cachedThreadPoolExecutorService "
                + "has succeeded at %s \n", new Date());

        ExecutorService fixedThreadPool = Executors.newFixedThreadPool(100);
        if (fixedThreadPool.submit(task).get() == null)
            System.out.printf("fixedThreadPool has " +
                "has succeeded at %s \n",
                new Date());

        ExecutorService singleThreadExecutorService =
            Executors.newSingleThreadExecutor();
        if (singleThreadExecutorService.submit(task).get() == null)
            System.out.printf("singleThreadExecutorService has "
                + "has succeeded at %s \n", new Date());

        ExecutorService es = Executors.newCachedThreadPool();
        if (es.submit(task, Boolean.TRUE).get().equals(Boolean.TRUE))
            System.out.println("Job has finished!");

        ScheduledExecutorService scheduledThreadExecutorService =
            Executors.newScheduledThreadPool(10);
```

```
    if (scheduledThreadExecutorService.schedule(
        task, 30, TimeUnit.SECONDS).get() == null)
        System.out.printf("scheduledThreadExecutorService has "
            + "has succeeded at %s \n", new Date());

    scheduledThreadExecutorService.scheduleAtFixedRate(task, 0, 5,
        TimeUnit.SECONDS);
    }
}
```

ExecutorService 하위 인터페이스에서 Callable<T>를 인수로 받는 submit() 메서드를 호출하면 Callable의 call() 메서드가 반환한 값을 그대로 다시 반환합니다.

```
package java.util.concurrent;

public interface Callable<V> {
    V call() throws Exception;
}
```

자바 EE에서는 스레드를 다루는 설계 자체가 금기시되어 이런 부류의 문제들을 다른 방식으로 접근하여 해결해왔습니다.

쿼츠Quartz(잡 스케줄링 프레임워크)는 스레드/동시성에 관한 자바의 부족한 부분을 채우고자 처음으로 고안된 솔루션입니다. JCA 1.5(J2EE 커넥터 아키텍처Connector Architecture)는 기본적인 연계 용도의 게이트웨이를 제공하고 특수한 동시성을 지원하는 명세입니다. JCA 컴포넌트는 수신된 메시지를 알림받고 동시적으로 반응합니다. JCA 1.5는 물론 스프링 인티그레이션Spring Integration 같은 프레임워크 수준에는 한참 못 미치지만 이와 유사한 기본적인 ESBEnterprise Service Bus, 엔터프라이즈 서비스 버스라는 연계 기능을 제공합니다.

하지만 이러한 동시성 요건을 애플리케이션 서버 업체들이 놓칠 리가 없었고 서로 주도권을 확보하려는 치열한 경쟁이 이어졌죠. 예컨대 2003년에 IBM, BEA 양사는 의기투합해 타이머와 작업관리자Timer and WorkManager API를 발표했는데요, 나중에 JSR-237로 바뀌더니 결국 JSR-236(관리되는 환경managed environment에서의 동시성 구현 방안)으로 병합됐습니다. JSR-235(서비스 데이터 객체Service Data Object, SDO 명세)도 비슷한 해결책이지요. 근래에는 CommonJ API라는 오픈 소스 구현체까지 솔루션 무대에 선보였습니다.

그런데 문제는 자바 SE와는 달리 관리되는 환경에서 컴포넌트에 동시성을 부여하고 스레드를 제어할 수 있는, 뭔가 간단하면서 이식성 좋은 표준 방법이 없다는 점입니다.

이에 스프링은 자바 5의 java.util.concurrent.Executor를 상속한 org.springframeworks. core.task.TaskExecutor 인터페이스라는 통합 솔루션을 제공합니다.

사실 TaskExecutor 인터페이스는 스프링 프레임워크 내부에서 두루 쓰입니다(스레드를 지원하는) 스프링 퀴츠 연계 및 메시지 주도message-driven POJO 컨테이너 지원 기능 등에도 TaskExecutor가 쓰일 정도로 응용 범위가 넓습니다.

```
package org.springframework.core.task;
...

public interface TaskExecutor extends Executor {
    void execute(Runnable task);
}
```

이미 코어 JDK에서 지원되는 기능을 그대로 반영한 솔루션도 여럿 있고 CommonJ WorkManager처럼 다른 프레임워크와의 연계 기능에 특화된 솔루션도 있습니다. 이러한 연계는 대상 프레임워크에 있음 직한 클래스 형태를 취하지만 다른 여느 TaskExecutor 추상화와 같은 방식으로 다룰 수도 있습니다.

기존 자바 SE의 Executor나 ExecutorService를 TaskExecutor에서도 사용할 수 있게 지원하는 경우도 있지만 스프링 관점에서 어차피 TaskExecutor의 베이스 클래스는 Executor이므로 별로 중요치 않습니다. 이런 식으로 스프링 TaskExecutor는 자바 SE 및 EE를 기반으로 한 여러 솔루션 간의 가교 역할을 합니다.

그럼 앞서 정의한 DemonstrationRunnable를 TaskExecutor에 넣어 응용한 예제를 살펴보겠습니다. 클라이언트에 해당하는 다음 코드는 단순 POJO로서 여러 TaskExecutor 인스턴스를 자동 연결합니다. 이들의 임무는 오로지 Runnable을 전송하는 일입니다.

```
@Component
public class SpringExecutorsDemo {
```

```java
    @Autowired
    private SimpleAsyncTaskExecutor asyncTaskExecutor;

    @Autowired
    private SyncTaskExecutor syncTaskExecutor;

    @Autowired
    private TaskExecutorAdapter taskExecutorAdapter;

    @Autowired
    private ThreadPoolTaskExecutor threadPoolTaskExecutor;

    @Autowired
    private DemonstrationRunnable task;

    @PostConstruct
    public void submitJobs() {
        syncTaskExecutor.execute(task);
        taskExecutorAdapter.submit(task);
        asyncTaskExecutor.submit(task);

        for (int i = 0; i < 500; i++) {
            threadPoolTaskExecutor.submit(task);
        }
    }

    public static void main(String[] args) {

        new AnnotationConfigApplicationContext(ExecutorsConfiguration.class)
            .registerShutdownHook();
    }
}
```

다음 애플리케이션 컨텍스트를 잘 보면 다양한 TaskExecutor 구현체를 생성하는 방법을 알수 있습니다. 대부분 직접 수동으로 만들어도 될 정도로 단순하며 딱 한 경우에만 팩토리 빈에위임해서 실행을 자동 트리거합니다.

```java
@Configuration
@ComponentScan
public class ExecutorsConfiguration {
```

```java
@Bean
public TaskExecutorAdapter taskExecutorAdapter() {
    return new TaskExecutorAdapter(Executors.newCachedThreadPool());
}


@Bean
public SimpleAsyncTaskExecutor simpleAsyncTaskExecutor() {
    return new SimpleAsyncTaskExecutor();
}


@Bean
public SyncTaskExecutor syncTaskExecutor() {
    return new SyncTaskExecutor();
}


@Bean
public ScheduledExecutorFactoryBean scheduledExecutorFactoryBean(ScheduledExecutorTask
    scheduledExecutorTask) {
    ScheduledExecutorFactoryBean scheduledExecutorFactoryBean =
        new ScheduledExecutorFactoryBean();
    scheduledExecutorFactoryBean.setScheduledExecutorTasks(scheduledExecutorTask);
    return scheduledExecutorFactoryBean;
}


@Bean
public ScheduledExecutorTask scheduledExecutorTask(Runnable runnable) {
    ScheduledExecutorTask scheduledExecutorTask = new ScheduledExecutorTask();
    scheduledExecutorTask.setPeriod(1000);
    scheduledExecutorTask.setRunnable(runnable);
    return scheduledExecutorTask;
}


@Bean
public ThreadPoolTaskExecutor threadPoolTaskExecutor() {
    ThreadPoolTaskExecutor taskExecutor = new ThreadPoolTaskExecutor();
    taskExecutor.setCorePoolSize(50);
    taskExecutor.setMaxPoolSize(100);
    taskExecutor.setAllowCoreThreadTimeOut(true);
    taskExecutor.setWaitForTasksToCompleteOnShutdown(true);
    return taskExecutor;
}
}
```

TaskExecutor 인터페이스의 다양한 구현체들이 한데 모여 있군요. 첫 번째 빈 TaskExecutor Adapter 인스턴스는 java.util.concurrence.Executors 인스턴스를 감싼 단순 래퍼라서 스프링 TaskExecutor 인터페이스와 같은 방식으로 다룰 수 있습니다. 예제에서는 스프링을 이용해 Executor 인스턴스를 구성하고 TaskExecutorAdapter의 생성자 인수로 전달합니다.

SimpleAsyncTaskExecutor는 전송한 잡마다 Thread를 새로 만들어 제공하며 스레드를 풀링하거나 재사용하지 않습니다. 전송한 각 잡은 스레드에서 비동기로 실행됩니다.

SyncTaskExecutor는 가장 단순한 TaskExecutor 구현체로, 동기적으로 Thread를 띄워 잡을 실행한 다음, join() 메서드로 바로 연결합니다. 사실상 스레딩은 완전히 건너뛰고 호출 스레드에서 run() 메서드를 수동 실행한 것이나 다를 바 없습니다.

ScheduledExecutorFactoryBean은 ScheduledExecutorTask 빈으로 정의된 잡을 자동 트리거합니다. ScheduledExecutorTask 인스턴스 목록을 지정해서 여러 잡을 동시 실행할 수도 있습니다. ScheduledExecutorTask 인스턴스에는 작업 실행 간 공백 시간을 인수로 넣을 수 있습니다.

마지막 ThreadPoolTaskExecutor는 java.util.concurrent.ThreadPoolExecutor를 기반으로 모든 기능이 완비된 스레드 풀 구현체입니다.

IBM 웹스피어^WebSphere 같은 애플리케이션 서버에서 사용 가능한 CommonJ WorkManager/TimerManager 지원 기능을 이용해 애플리케이션을 개발할 경우에는 org.springframework.scheduling.commonj.WorkManagerTaskExecutor를 씁니다. WorkManagerTaskExecutor는 웹스피어 내부에서 CommonJ WorkManager 레퍼런스에 할 일을 넘깁니다. 보통 개발자는 해당 리소스를 바라보는 JNDI 레퍼런스를 지정하지요.

JEE 7부터는 javax.enterprise.concurrent 패키지에 ManagedExecutorService가 추가됐습니다. JEE 7 호환 서버는 반드시 이 ManagedExecutorService 인스턴스를 제공하도록 규정되어 있습니다. 이런 메커니즘을 스프링 TaskExecutor 지원 기능과 병용하려면 (명세에 따르면) DefaultManagedTaskExecutor를 구성해 기본 ManagedExecutorService를 감지하게 하거나 개발자가 명시하면 됩니다.

TaskExecutor 지원 기능은 애플리케이션 서버에서 하나로 통합된 인터페이스를 사용해 서비스를 스케줄링하는 강력한 수단입니다. (좀 무거운 감은 있지만) 모든 애플리케이션 서버(예 : 톰캣^{Tomcat}, 제티^{Jetty} 등)에 배포 가능한 더 확실한 솔루션이 필요하면 스프링 퀴츠를 고려하세요.

레시피 2-24 POJO끼리 애플리케이션 이벤트 주고받기

과제

POJO들이 서로 통신할 때에는 대부분 송신기(sender)가 수신기(receiver)를 찾아 그 메서드를 호출합니다. 이처럼 송신기가 반드시 수신기를 인지해야 하는 구조는 단순하고 직접적인 통신이 가능하지만 양측 POJO가 서로 단단히 결합할 수밖에 없습니다.

IoC 컨테이너에서는 POJO가 구현체가 아닌, 인터페이스를 사용해 소통하므로 이러한 결합도를 낮출 수 있습니다. 그러나 한 송신기가 한 수신기와 통신할 때에만 효율적일 뿐, 여러 수신기와 통신할 경우에는 일일이 하나씩 수신기를 호출해야 하겠죠.

해결책

스프링 애플리케이션 컨텍스트는 빈 간의 이벤트 기반 통신을 지원합니다. 이벤트 기반 통신 모델에서는 실제로 수신기가 여럿 존재할 가능성이 있기 때문에 송신기는 누가 수신할지 모른 채 이벤트를 발행합니다. 수신기 역시 누가 이벤트를 발행했는지 알 필요 없고 여러 송신기가 발행한 여러 이벤트를 리스닝할 수도 있습니다. 이런 식으로 송신기와 수신기를 느슨하게 엮는 겁니다.

예전에는 이벤트를 리스닝하려면 ApplicationListener 인터페이스를 구현하고 알림받고 싶은 이벤트형을 (ApplicationListener<CheckoutEvent>처럼) 타입 매개변수로 지정하여 빈을 구현했습니다. 이런 유형의 리스너^{listener}는 ApplicationListener 인터페이스에 타입 시그니처로 명시된 ApplicationEvent를 상속한 이벤트만 리스닝할 수 있습니다[3].

이벤트를 발행하려면 빈에서 ApplicationEventPublisher를 가져와야 하고 이벤트를 전송하려면 이벤트에서 publishEvent() 메서드를 호출해야 합니다. ApplicationEventPublisher

---

3 역주_ 스프링 API에 Interface ApplicationListener<E extends ApplicationEvent>로 명시되어 있습니다

에 액세스하려면 해당 클래스가 ApplicationEventPublisherAware 인터페이스를 구현하든
지, ApplicationEventPublisher형 필드에 @Autowired를 붙여야 합니다.

풀이

커스텀 ApplicationEvent를 만들어 발행한 다음, 이 이벤트를 받고 어떤 일을 하는 컴포넌트
를 작성해보겠습니다.

ApplicationEvent로 이벤트 정의하기

이벤트 기반 통신을 하려면 제일 먼저 이벤트 자체를 정의해야 합니다. 쇼핑 카트
(ShoppingCart)를 체크아웃하면 Casher 빈이 체크아웃 시각이 기록된 CheckoutEvent를 발
행한다고 합시다.

```java
public class CheckoutEvent extends ApplicationEvent {

    private final ShoppingCart cart;
    private final Date time;

    public CheckoutEvent(ShoppingCart cart, Date time) {
        super(cart);
        this.cart = cart;
        this.time = time;
    }

    public ShoppingCart getCart() {
        return cart;
    }

    public Date getTime() {
        return this.time;
    }
}
```

이벤트 발행하기

이벤트를 인스턴스화한 다음 애플리케이션 이벤트 발행기에서 publishEvent() 메서드를 호출하면 이벤트가 발행됩니다. 이벤트 발행기는 다음과 같이 ApplicationEventPublisherAware 인터페이스 구현 클래스에서 가져오면 됩니다.

```java
public class Cashier implements ApplicationEventPublisherAware {
    ...
    private ApplicationEventPublisher applicationEventPublisher;

    @Override
    public void setApplicationEventPublisher(
        ApplicationEventPublisher applicationEventPublisher) {
        this.applicationEventPublisher = applicationEventPublisher;
    }

    public void checkout(ShoppingCart cart) throws IOException {
        ...
        CheckoutEvent event = new CheckoutEvent(this, new Date());
        applicationEventPublisher.publishEvent(event);
    }
}
```

또는 필드 프로퍼티에 자동 연결해서 참조합니다.

```java
public class Cashier {
    ...
    @Autowired
    private ApplicationEventPublisher applicationEventPublisher;

    public void checkout(ShoppingCart cart) throws IOException {
        ...
        CheckoutEvent event = new CheckoutEvent(cart, new Date());
        applicationEventPublisher.publishEvent(event);
    }
}
```

이벤트 리스닝하기

ApplicationListener 인터페이스를 구현한 애플리케이션 컨텍스트에 정의된 빈은 타입 매개 변수에 매치되는 이벤트를 모두 알림받습니다(이런 식으로 ApplicationContextEvent 같은 특정 그룹의 이벤트들을 리스닝합니다).

```
@Component
public class CheckoutListener implements ApplicationListener<CheckoutEvent> {

    @Override
    public void onApplicationEvent(CheckoutEvent event) {
        // 체크아웃 시각으로 할 일을 여기에 구현합니다.
        System.out.println("Checkout event [" + event.getTime() + "]");
    }
}
```

스프링 4.2부터는 ApplicationListener 인터페이스 없이 @EventListener를 붙여도 이벤트 리스너로 만들 수 있습니다.

```
@Component
public class CheckoutListener {

    @EventListener
    public void onApplicationEvent(CheckoutEvent event) {
        // 체크아웃 시각으로 할 일을 여기에 구현합니다.
        System.out.println("Checkout event [" + event.getTime() + "]");
    }
}
```

자, 이제 애플리케이션 컨텍스트에 전체 이벤트를 리스닝할 리스너를 등록할 차례입니다. 등록 절차는 아주 간단합니다. 이 리스너의 빈 인스턴스를 선언하거나 컴포넌트 스캐닝으로 감지하면 됩니다. 애플리케이션 컨텍스트는 ApplicationListener 인터페이스를 구현한 빈과 @EventListener를 붙인 메서드가 위치한 빈을 인지하여 이들이 관심있는 이벤트를 각각 통지합니다.

ApplicationEvent를 상속할 필요가 없다는 점도 @EventListener의 또 다른 장점입니다. 이런 식으로 이벤트를 스프링 프레임워크에 종속된 클래스가 아닌 평범한 POJO로 되살릴 수 있습니다.

```
public class CheckoutEvent {

    private final ShoppingCart cart;
    private final Date time;

    public CheckoutEvent(ShoppingCart cart, Date time) {
        this.cart=cart;
        this.time = time;
    }

    public ShoppingCart getCart() {
        return cart;
    }

    public Date getTime() {
        return this.time;
    }
}
```

> **NOTE_** 덧붙여 애플리케이션 컨텍스트 자신도 ContextClosedEvent, ContextRefreshedEvent, RequestHandledEvent 같은 컨테이너 이벤트를 발행한다는 사실을 기억하세요. 어떤 빈이건 이런 이벤트를 알림받고 싶으면 ApplicationListener 인터페이스를 구현하면 됩니다.

마치며

이 장의 주제는 스프링의 주요 기능입니다. 자바 구성 클래스에서 @Configuration, @Bean을 붙이면 POJO를 생성할 수 있고 이렇게 만든 POJO는 스프링에서 @Component를 이용해 관리합니다. @Repository, @Service, @Controller는 @Component보다 더 특화된 기능을 제공합니다.

POJO 간에 서로 어떻게 참조하는지 배웠습니다. @Autowired를 붙이면 타입이나 이름으로 POJO를 자동으로 엮을 수 있습니다. 스프링 전용 @Autowired 대신 표준 애너테이션 @Resource, @Inject를 붙여도 자동 연결된 POJO를 참조할 수 있습니다.

스프링 POJO의 스코프는 @Scope로 설정합니다. 스프링에서 외부 리소스를 어떻게 읽어들이는지, 이렇게 읽은 데이터를 @PropertySource, @Value로 구성/생성한 POJO에서 어떻게 사용하는지 설명했습니다.

@Bean의 initmethod, destroyMethod 속성, 또는 @PostConstruct, @PreDestroy를 이용해 POJO를 초기화, 폐기하는 방법을 커스터마이징할 수 있습니다. @PreDestroy로 초기화를 지연시키고 @DependsOn으로 초기화 의존 관계를 정의하는 방법도 알았습니다.

POJO 값을 검증 및 수정하는 스프링 후처리기를 활용하는 방법과 스프링 환경 및 프로파일을 이용해 여러 가지 POJO 세트를 로드하는 방법을 배웠습니다. @Required, @Profile 사용법도 익혔습니다.

스프링 관점에서 애스팩트 지향 프로그래밍이란 무엇인지와 애스팩트, 포인트컷, 어드바이스를 생성하는 방법을 공부했습니다. @Aspect를 비롯해 @Before, @After, @AfterReturning, @AfterThrowing, @Around 같은 다양한 애너테이션이 등장했지요.

AOP 조인포인트 정보를 어떻게 가져와 다른 프로그램의 실행 포인트에 어떻게 적용하는지 알았습니다. @Order로 애스팩트 간 우선순위를 지정하는 방법과 애스팩트 포인트컷 정의부를 재활용하는 방법까지 설명했습니다.

AspectJ 포인트컷 표현식을 작성하는 방법과 AOP 인트로덕션이라는 개념을 응용해 여러 구현 클래스로부터 동시에 로직을 상속받는 방법을 배웠습니다. AOP를 이용해 상태를 POJO에 어떻게 들여오는지, 로드 타임 위빙은 어떻게 적용하는지 다양한 기법을 살펴보았습니다.

아울러 스프링에서 AspectJ를 구성하는 방법, POJO를 도메인 객체에 주입하는 방법, 스프링 TaskExecutor로 동시성을 다스리는 방법, 그리고 스프링에서 이벤트를 생성, 발행, 리스닝하는 방법을 차례로 다루었습니다.

CHAPTER 3

스프링 MVC

스프링 프레임워크의 주요 모듈인 MVC는 강력한 IoC 컨테이너를 기반으로 하며, 간단한 설정만으로도 컨테이너 기능을 폭넓게 활용할 수 있게 합니다.

MVC^Model-View-Controller (모델–뷰–컨트롤러)는 아주 일반적인 UI 디자인 패턴입니다. MVC 패턴을 적용하면 애플리케이션에서 모델, 뷰, 컨트롤러의 역할을 각각 분담하고 UI에서 비즈니스 로직을 떼어낼 수 있습니다. 모델은 뷰에서 보여줄 애플리케이션 데이터를 담고 뷰는 일체의 비즈니스 로직 없이 데이터를 보이는 일에만 전념합니다. 컨트롤러는 유저의 요청을 받아 백엔드 서비스를 호출하여 업무 처리를 수행하고, 이 처리가 다 끝나면 백엔드 서비스는 뷰에서 표시할 데이터를 반환합니다. 그러면 컨트롤러가 이 데이터를 취합해서 뷰에 표시할 모델을 준비합니다. MVC 패턴의 핵심은 UI와 비즈니스 로직을 분리해서 서로 영향을 미치지 않고 독립적으로 수정할 수 있게 한다는 사상입니다.

스프링 MVC 애플리케이션에서 도메인 객체 모델은 보통 서비스 레이어에서 처리되고 퍼시스턴스 레이어에서 저장됩니다. 뷰는 대부분 JSTL^Java Standard Tag Library (자바 표준 태그 라이브러리)로 작성된 JSP 템플릿 형태지만 PDF나 엑셀 파일, REST형 웹 서비스, 플렉스^Flex 인터페이스 등의 뷰도 정의할 수 있습니다.

이 장을 정독하면 여러분도 스프링 MVC로 자바 웹 애플리케이션을 개발할 수 있습니다. 스프링 MVC에서 많이 쓰이는 컨트롤러, 뷰 타입을 이해하고 스프링 3.0 이후 컨트롤러를 생성하는, 사실상의 표준으로 굳어진 애너테이션을 쓰는 방법도 배웁니다. 아울러 다음 장 이후로 죽 살펴볼 고급 주제의 기초에 해당하는 스프링 MVC의 기본 원리도 이해하게 됩니다.

레시피 3-1 간단한 스프링 MVC 웹 애플리케이션 개발하기

과제

간단한 웹 애플리케이션을 스프링 MVC로 개발하면서 프레임워크의 기본 개념과 구성 방법을 살펴보겠습니다.

해결책

프론트 컨트롤러front controller는 스프링 MVC의 중심 컴포넌트입니다. 아주 단순한 스프링 MVC 애플리케이션이라면 자바 웹 배포 서술자web deployment descriptor(web.xml 파일이나 ServletContainerInitializer)에 프론트 컨트롤러의 서블릿만 구성하면 됩니다. 보통 디스패처 서블릿dispatcher servlet이라고 일컫는 스프링 MVC 컨트롤러는 코어 자바 EE 디자인 패턴 중 하나인 프론트 컨트롤러 패턴을 구현한 것으로, MVC 프레임워크에서 모든 웹 요청은 반드시 디스패처 서블릿을 거쳐 처리됩니다.

스프링 MVC 애플리케이션에 들어온 웹 요청은 제일 먼저 컨트롤러가 접수하고 스프링 웹 애플리케이션 컨텍스트 또는 컨트롤러 자체에 붙인 애너테이션을 이용해 (요청 처리에 필요한) 여러 컴포넌트를 조직합니다. [그림 3-1]은 스프링 MVC에서 요청을 처리하는 흐름입니다.

그림 3-1 스프링 MVC의 요청 처리 흐름

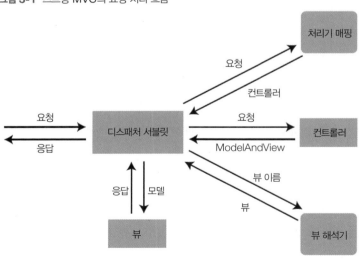

스프링 컨트롤러 클래스에는 @Controller 또는 @RestController를 붙입니다. @Controller를 붙인 클래스(컨트롤러 클래스)에 요청이 들어오면 스프링은 적합한 핸들러 메서드handler method(처리기 메서드)를 찾습니다. 컨트롤러에는 요청을 처리할 메서드를 하나 이상 매핑하는데요, 해당 메서드에 @RequestMapping을 붙이면 핸들러 메서드로 임명됩니다.

핸들러 메서드의 시그니처는 여느 자바 클래스처럼 정해진 규격은 없습니다. 메서드명을 임의로 정해도 되고 인수도 다양하게 정의할 수 있으며 애플리케이션 로직에 따라 어떤 값(예: String이나 void)이라도 반환할 수 있습니다. 앞으로 공부하면서 @RequestMapping을 붙인 핸들러 메서드 인수가 정말 다양하다는 사실을 실감하게 될 겁니다. 이해를 돕고자 올바른 인수형을 몇 가지 정리하겠습니다.

- HttpServletRequest 또는 HttpServletResponse
- 임의형(arbitrary type) 요청 매개변수(@RequestParam을 붙입니다)
- 임의형 모델 속성(@ModelAttribute를 붙입니다)
- 요청 내에 포함된 쿠키값(@CookieValue를 붙입니다)
- 핸들러 메서드가 모델에 속성을 추가하기 위해 사용하는 Map 또는 ModelMap
- 핸들러 메서드가 객체 바인딩/유효성을 검증한 결과를 가져올 때 필요한 Errors 또는 BindingResult
- 핸들러 메서드가 세션 처리를 완료했음을 알릴 때 사용하는 SessionStatus

컨트롤러는 우선 적절한 핸들러 메서드를 선택하고 이 메서드에 요청 객체를 전달해서 처리 로직을 실행합니다. 대개 컨트롤러는 백엔드 서비스에 요청 처리를 위임하는 게 보통이고 핸들러 메서드는 다양한 타입(예: HttpServletRequest, Map, Errors, SessionStatus)의 인숫값에 어떤 정보를 더하거나 삭제하여 스프링 MVC의 흐름을 이어가는 형태로 구성합니다.

핸들러 메서드는 요청 처리 후, 제어권을 뷰로 넘깁니다. 제어권을 넘길 뷰는 핸들러 메서드의 반환값으로 지정하는데요, (user.jsp나 report.pdf 같은) 직접적인 뷰 구현체보다 (user나 report처럼) 파일 확장자가 없는 논리 뷰logical view로 나타내는 편이 유연해서 좋습니다.

핸들러 메서드는 논리 뷰 이름에 해당하는 String형 값을 반환하는 경우가 대부분입니다. 반환값을 void로 선언하면 핸들러 메서드나 컨트롤러명에 따라 기본적인 논리 뷰가 자동 결정됩니다.

뷰는 핸들러 메서드의 인숫값을 얼마든지 가져올 수 있기 때문에 핸들러 메서드가 (String 또는 void형) 논리 뷰 이름을 반환할 경우에도 컨트롤러 → 뷰로 정보를 전달하는 데 아무런 영향도 없습니다. 예를 들어 Map과 SessionStatus형 객체를 인수로 받은 핸들러 메서드가 이들 내용을 수정해도 이 메서드가 반환하는 뷰에서 똑같이 수정된 객체를 바라볼 수 있습니다.

컨트롤러 클래스는 뷰를 받고 뷰 리졸버^{view resolver}(뷰 해석기)를 이용해 논리 뷰 이름을 (user.jsp나 report.pdf 같은) 실제 뷰 구현체로 해석합니다. ViewResolver 인터페이스를 구현한 뷰 리졸버는 웹 애플리케이션 컨텍스트에 빈으로 구성하며 논리 뷰 이름을 받아 (HTML, JSP, PDF 등의) 실제 뷰 구현체를 돌려줍니다.

컨트롤러 클래스가 논리 뷰 이름을 뷰 구현체로 해석하면 각 뷰의 로직에 따라 핸들러 메서드가 전달한 (HttpServletRequest, Map, Errors, SessionStatus 같은) 객체를 렌더링^{rendering} (실제로 화면에 표시할 코드를 생성)합니다. 뷰의 임무는 어디까지나 핸들러 메서드에 추가된 객체를 유저에게 정확히 보여주는 일입니다.

풀이

스포츠 센터의 코트 예약 시스템을 스프링 MVC로 개발합니다. 유저는 인터넷으로 이 웹 애플리케이션에 접속해 온라인 예약을 합니다. 먼저 domain 하위 패키지에 도메인 클래스를 작성합니다.

```java
public class Reservation {

    private String courtName;
    private Date date;
    private int hour;
    private Player player;
    private SportType sportType;

    // 생성자, 게터 및 세터
    ...
}
```

```java
public class Player {

    private String name;
    private String phone;
```

```
    // 생성자, 게터 및 세터
    ...
}
```

```
public class SportType {

    private int id;
    private String name;

    // 생성자, 게터 및 세터
    ...
}
```

그리고 프레젠테이션 레이어에서 예약 서비스를 제공하는 서비스 인터페이스를 service 하위
패키지에 정의합니다.

```
package com.apress.springrecipes.court.service;
...

public interface ReservationService {
    public List<Reservation> query(String courtName);
}
```

실제 애플리케이션이라면 이 인터페이스 구현 클래스에 DB 연동 코드가 들어가겠지만 예제
편의상 테스트 예약 레코드 몇 개를 하드코딩해서 리스트 형태로 담겠습니다.

```
@Service
public class ReservationServiceImpl implements ReservationService {

    public static final SportType TENNIS = new SportType(1, "Tennis");
    public static final SportType SOCCER = new SportType(2, "Soccer");

    private final List<Reservation> reservations = new ArrayList<>();

    public ReservationServiceImpl() {
```

```
        reservations.add(new Reservation("Tennis #1", LocalDate.of(2008, 1, 14), 16,
            new Player("Roger", "N/A"), TENNIS));
        reservations.add(new Reservation("Tennis #2", LocalDate.of(2008, 1, 14), 20,
            new Player("James", "N/A"), TENNIS));
    }

    @Override
    public List<Reservation> query(String courtName) {

        return this.reservations.stream()
            .filter(reservation -> Objects.equals(reservation.getCourtName(), courtName))
            .collect(Collectors.toList());
    }
}
```

스프링 MVC 애플리케이션 설정하기

이제 스프링 MVC 애플리케이션 틀을 구성합시다. 스프링 MVC를 이용해 웹 개발을 한다고 해도 스프링 MVC 필수 라이브러리와 구성 파일이 한두 가지 추가되는 점을 제외하면 일반 자바 웹 개발과 거의 비슷합니다.

자바 EE 명세에는 웹 아카이브(WAR^{Web ARchieve} 파일)를 구성하는 자바 웹 애플리케이션의 디렉터리 구조가 명시되어 있습니다. 가령, 웹 배포 서술자(web.xml)는 WEB-INF 루트에 두거나, 하나 이상의 ServletContainerInitializer 구현 클래스로 구성해야 하고 웹 애플리케이션에 필요한 클래스와 각종 JAR 파일은 각각 WEB-INF/classes와 WEB-INF/lib에 넣어두어야 합니다.

> **NOTE_** 스프링 MVC를 이용해 웹 애플리케이션을 개발하려면 표준 스프링 의존체(1장 참고)와 더불어 스프링 웹, 스프링 MVC 의존체를 클래스패스에 추가해야 합니다. 메이븐 프로젝트는 pom.xml 파일에 다음 코드를 추가합니다.

```xml
<dependency>
    <groupId>org.springframework</groupId>
    <artifactId>spring-webmvc</artifactId>
    <version>${spring.version}</version>
</dependency>
```

> 그레이들 프로젝트는 build.gradle 파일에 다음 코드를 추가합니다.
>
> ```
> dependencies {
>     compile "org.springframework:spring-webmvc:$springVersion"
> }
> ```

CSS 파일과 이미지 파일은 WEB-INF 디렉터리 밖에 두어 유저가 URL로 직접 접근할 수 있게 합니다. 스프링 MVC에서 JSP 파일은 일종의 템플릿 역할을 합니다. JSP는 프레임워크가 동적 콘텐트를 생성하려고 읽는 파일이므로 WEB-INF 디렉터리 안에 두고 유저의 직접 접근을 차단 합니다. 하지만 어떤 애플리케이션 서버는 WEB-INF 내부에 파일을 두면 웹 애플리케이션이 내부적으로 읽을 수 없는 까닭에 WEB-INF 밖에 두어야 하는 경우도 있습니다.

구성 파일 작성하기

웹 배포 서술자(web.xml 또는 ServletContainerInitializer)는 자바 웹 애플리케이션의 필수 구성 파일입니다. 이 파일에 애플리케이션 서블릿을 정의하고 웹 요청 매핑 정보를 기술 합니다. 스프링 MVC의 최전방 컨트롤러에 해당하는 DispatcherServlet 인스턴스는 필요 시 여러 개 정의할 수도 있지만 보통 하나만 둡니다.

대규모 애플리케이션에서 DispatcherServlet 인스턴스를 여럿 두면 인스턴스마다 특정 URL 을 전담하도록 설계할 수 있어 코드를 관리하기가 쉬워집니다. 또 개발 팀원 간에 서로 방해하 지 않고 각자 애플리케이션 로직에 집중할 수 있습니다.

```
package com.apress.springrecipes.court.web;
...

public class CourtServletContainerInitializer implements ServletContainerInitializer {

    @Override
    public void onStartup(Set<Class<?>> c, ServletContext ctx) throws ServletException {
        AnnotationConfigWebApplicationContext applicationContext =
            new AnnotationConfigWebApplicationContext();
        applicationContext.register(CourtConfiguration.class);

        DispatcherServlet dispatcherServlet = new DispatcherServlet(applicationContext);
```

```
    ServletRegistration.Dynamic courtRegistration =
        ctx.addServlet("court", dispatcherServlet);
    courtRegistration.setLoadOnStartup(1);
    courtRegistration.addMapping("/");
  }
}
```

CourtServletContainerInitializer 클래스에서 정의한 DispatcherServlet은 스프링 MVC의 핵심 서블릿 클래스로, 웹 요청을 받아 적절한 핸들러에 송부합니다. 이 서블릿 이름은 court라고 짓고 슬래시(/)가 포함된 모든 URL을 매핑합니다(슬래시는 루트 디렉터리입니다). URL 패턴은 좀 더 잘게 나누어 지정할 수도 있습니다. 대규모 애플리케이션이라면 이런 서블 릿을 여럿 만들어 URL 패턴별로 위임하는 게 더 바람직하지만 예제 편의상 애플리케이션 URL 을 전부 court 서블릿에 넘긴다고 합시다.

CourtServletContainerInitializer를 스프링이 감지하려면 javax.servlet. ServletContainerInitializer라는 파일에 다음과 같이 패키지까지 포함된 전체 명칭을 적 고 META-INF/services 디렉터리에 추가합니다. 서블릿 컨테이너는 이 파일을 로드해 애플리 케이션을 시동할 때 씁니다.

```
com.apress.springrecipes.court.web.CourtServletContainerInitializer
```

그리고 @Configuration을 붙인 CourtConfiguration 클래스를 추가합니다.

```
package com.apress.springrecipes.court.config;
...

@Configuration
@ComponentScan("com.apress.springrecipes.court")
public class CourtConfiguration {
}
```

@ComponentScan으로 com.apress.springrecipes.court 패키지(및 그 하위 패키지)를 스 캐닝하여 감지한 빈들(ReservationServiceImpl 및 곧이어 작성할 @Controller 클래스)을

등록하도록 지시합니다.

스프링 MVC 컨트롤러 작성하기

애너테이션을 붙인 컨트롤러 클래스는 @Controller만 붙어 있을 뿐 특정 인터페이스를 구현
하거나 특정 베이스 클래스를 상속한 클래스가 아닌, 그냥 평범한 자바 클래스입니다. 컨트롤
러에는 하나 이상의 작업을 수행할 하나 이상의 핸들러 메서드를 정의하고 핸들러 메서드에는
어떤 정해진 틀 없이 다양한 인수를 선언할 수 있습니다.

@RequestMapping은 클래스/메서드 레벨에 부착 가능한 애너테이션입니다. 먼저 컨트롤러 클
래스에는 URL 패턴을, 핸들러 메서드에는 HTTP 메서드를 매핑하는 전략을 봅시다.

```
@Controller
@RequestMapping("/welcome")
public class WelcomeController {

    @RequestMapping(method = RequestMethod.GET)
    public String welcome(Model model) {

        Date today = new Date();
        model.addAttribute("today", today);
        return "welcome";
    }
}
```

WelcomeController 클래스는 java.util.Date 객체를 생성해 오늘 날짜를 설정하고 입력받
은 Model 객체에 추가해서 뷰에서 화면에 표시하게 합니다.

com.apress.springrecipes.court 패키지에 대한 애너테이션 스캐닝 기능은 이미 켜져 있는
상태라서 배포 시 컨트롤러 클래스에 붙인 애너테이션은 자동 감지됩니다.

@Controller는 스프링 MVC 컨트롤러 클래스임을 선언하는 애너테이션입니다.
@RequestMapping은 프로퍼티를 지정할 수 있고 클래스/메서드 레벨에 붙일 수 있습니다. 이
클래스에 등장한 첫 번째 값("/welcome")은 이 컨트롤러를 깨어나게 할 URL입니다. URL이
/welcome인 요청은 모두 WelcomeController 클래스로 처리하겠다는 의사 표현이지요.

컨트롤러 클래스가 요청을 맡게 되면 일단 기본 HTTP GET 핸들러로 선언한 메서드로 넘깁니다. 어떤 URL로 처음 요청할 때에는 당연히 HTTP GET 방식일 테니까요. 그러므로 컨트롤러가 /welcome URL 호출을 접수하면 곧바로 기본 HTTP GET 핸들러 메서드에 처리를 위임합니다.

컨트롤러 클래스에서 기본 HTTP GET 핸들러 메서드는 @RequestMapping(method = RequestMethod.GET)을 붙인 welcome() 메서드입니다. 기본 HTTP GET 핸들러 메서드가 없으면 ServletException 예외가 발생하므로 스프링 MVC 컨트롤러라면 최소한 URL 경로와 기본 HTTP GET 핸들러 메서드 정도는 갖추고 있어야 합니다.

URL 경로 및 기본 HTTP GET 핸들러 메서드를 모두 선언한 @RequestMapping은 메서드 레벨에도 붙일 수 있습니다.

```
@Controller
public class WelcomeController {

    @RequestMapping(value = "/welcome", method=RequestMethod.GET)
    public String welcome(Model model) { ... }
}
```

사실 좀 전에 봤던 선언과 같습니다. value 속성은 핸들러 메서드의 매핑 URL을, method 속성은 이 메서드가 컨트롤러의 기본 HTTP GET 메서드임을 각각 나타냅니다. 이외에도 @GetMapping, @PostMapping 등 편의성 애너테이션을 활용하면 코드를 더 간결하게 작성할 수 있습니다. 그래서 다음 코드도 같은 의미입니다.

```
@Controller
public class WelcomeController {

    @GetMapping("/welcome")
    public String welcome(Model model) { ... }
}
```

@GetMapping은 클래스 코드를 줄이고 가독성을 높이는 애너테이션입니다.

지금까지 컨트롤러를 살펴보면서 스프링 MVC의 기본 원칙을 짐작했을 겁니다. 컨트롤러에서

비즈니스 로직은 백엔드 서비스를 호출해 처리하는 경우가 많습니다. 다음은 주어진 코트의 예약 내역을 조회하는 컨트롤러 코드입니다.

```java
@Controller
@RequestMapping("/reservationQuery")
public class ReservationQueryController {

    private final ReservationService reservationService;

    public ReservationQueryController(ReservationService reservationService) {
        this.reservationService = reservationService;
    }

    @GetMapping
    public void setupForm() {}

    @PostMapping
    public String sumbitForm(@RequestParam("courtName") String courtName, Model model) {
        List<Reservation> reservations = java.util.Collections.emptyList();
        if (courtName != null) {
            reservations = reservationService.query(courtName);
        }
        model.addAttribute("reservations", reservations);
        return "reservationQuery";
    }
}
```

setupForm() 메서드에 @GetMapping을 붙였으므로 컨트롤러는 이 메서드를 기본 HTTP GET 핸들러 메서드로 호출합니다.

그런데 앞서 예시한 코드와 달리, setupForm() 메서드는 입력 매개변수도 없고 본문 코드가 전무한데다 반환값조차 없습니다. 이는 두 가지를 의미합니다. 첫째, 입력 매개변수와 본문 코드가 없는 건 컨트롤러에서 데이터는 하나도 추가되지 않으니 (JSP 같은) 구현체 템플릿에서 하드코딩된 데이터를 뷰에서 보여주겠다는 겁니다. 둘째, 반환값이 없는 건 기본 뷰 이름이 요청 URL에 따라 결정된다는 뜻입니다. 가령, 요청 URL이 /reservationQuery면 reservationQuery라는 이름의 뷰가 반환되는 셈이지요.

그 밑의 sumbitForm() 메서드엔 @PostMapping을 붙였습니다. 언뜻 보기에 클래스 레벨에

만 /reservationQuery라는 URL이 선언된 컨트롤러 클래스에 핸들러 메서드가 두 개나 있
는 장면이 헷갈릴 수도 있지만 사실 내용은 아주 간단합니다. /reservationQuery URL을
setupForm() 메서드는 HTTP GET 방식으로, sumbitForm() 메서드는 HTTP POST 방식
으로 요청할 때 각각 호출하겠다는 거죠.

여러분도 알다시피 HTTP 요청은 대부분 GET 방식이고 POST 방식은 보통 유저가 HTML
폼을 전송할 때에 쓰입니다. 따라서 애플리케이션 뷰 관점에서는 HTML 폼 초기 로드 시 호출
(HTTP GET)하는 메서드와 HTML 폼 전송 시 호출(HTTP POST)하는 메서드를 각각 두는
편이 좀 더 명확합니다.

HTTP POST 기본 핸들러 메서드는 두 입력 매개변수를 받습니다. 첫째, @Request
Param("courtName") String courtName은 요청 매개변수 courtName을 추출해 쓰겠다는 선
언입니다. /reservationQuery?courtName=<코트명> URL로 POST 요청을 하면 <코트명>를
courtName이라는 변수로 받겠죠. 둘째, Model은 나중에 반환 뷰에 넘길 데이터를 담아 둘 객
체입니다.

sumbitForm() 메서드는 courtName 변숫값을 reservationService에 넘겨 예약 내역을 쿼리
합니다. 그 결과는 Model 객체에 할당되고 나중에 반환 뷰가 화면에 표시되겠죠.

이 메서드는 제일 마지막에 reservationQuery 뷰를 반환합니다. 기본 HTTP GET 핸들러처
럼 값을 반환하지 않아도(즉, void를 반환해도) 요청 URL로부터 reservationQuery가 기본
뷰로 할당되므로 결과는 똑같습니다.

이제 스프링 MVC 컨트롤러가 어떻게 움직이는지 대략 감 잡으셨죠? 다음 주제는 컨트롤러 핸
들러 메서드가 결과를 넘겨주는 뷰입니다.

JSP 뷰 작성하기

스프링 MVC에는 JSP, HTML, PDF, 엑셀 워크시트Excel Worksheets(XLS), XML, JSON, 아톰Atom,
RSS 피드, JasperReports(재스퍼리포트) 및 각종 서드파티third-party 뷰 구현체 등 여러 가지 표
현 기술별로 다양한 뷰가 준비되어 있습니다.

스프링 MVC 애플리케이션의 뷰는 JSTL이 가미된 JSP 템플릿이 대부분입니다. web.xml
파일에 정의된 DispatcherServlet은 핸들러가 전달한 논리적인 뷰 이름을 실제로 렌더

링할 뷰 구현체로 해석합니다. 이를테면 CourtConfiguration 클래스에서 다음과 같이
InternalResourceViewResolver 빈을 구성하면 웹 애플리케이션 컨텍스트가 논리 뷰 이름을
/WEB-INF/jsp/ 디렉터리에 있는 실제 JSP 파일로 해석합니다.

```
@Bean
public InternalResourceViewResolver internalResourceViewResolver() {

    InternalResourceViewResolver viewResolver = new InternalResourceViewResolver();
    viewResolver.setPrefix("/WEB-INF/jsp/");
    viewResolver.setSuffix(".jsp");
    return viewResolver;
}
```

즉, 컨트롤러가 reservationQuery라는 논리 뷰 이름을 넘기면 /WEB-INF/jsp/
reservationQuery.jsp라는 뷰 구현체로 처리가 위임됩니다. 그럼 welcome 컨트롤러용 JSP
템플릿(welcome.jsp)을 다음과 같이 작성하고 /WEB-INF/jsp/ 디렉터리에 옮겨봅시다.

```
<%@ taglib prefix="fmt" uri="http://java.sun.com/jsp/jstl/fmt" %>

<html>
<head>
    <title>Welcome</title>
</head>

<body>
<h2>Welcome to Court Reservation System</h2>
Today is <fmt:formatDate value="${today}" pattern="yyyy-MM-dd" />.
</body>
</html>
```

JSTL fmt 태그 라이브러리를 이용해서 모델 속성 today를 yyyy-MM-dd 형식으로 맞추었습니
다. 태그 라이브러리는 JSP 템플릿 최상단에 반드시 선언해야 합니다.

다음은 예약 쿼리 컨트롤러용 JSP 템플릿입니다. 파일명은 논리 뷰 이름을 그대로 사용해
reservationQuery.jsp라고 명명합니다.

```
<%@ taglib prefix="c" uri="http://java.sun.com/jsp/jstl/core" %>
<%@ taglib prefix="fmt" uri="http://java.sun.com/jsp/jstl/fmt" %>

<html>
<head>
<title>Reservation Query</title>
</head>

<body>
<form method="post">
    Court Name
    <input type="text" name="courtName" value="${courtName}" />
    <input type="submit" value="Query" />
</form>

<table border="1">
    <tr>
        <th>Court Name</th>
        <th>Date</th>
        <th>Hour</th>
        <th>Player</th>
    </tr>
    <c:forEach items="${reservations}" var="reservation">
    <tr>
        <td>${reservation.courtName}</td>
        <td><fmt:formatDate value="${reservation.date}" pattern="yyyy-MM-dd" /></td>
        <td>${reservation.hour}</td>
        <td>${reservation.player.name}</td>
    </tr>
    </c:forEach>
</table>
</body>
</html>
```

유저가 코트 이름을 입력하는 폼이 하나 있고 <c:forEach> 태그를 써서 reservations 객체를 순회하며 HTML <table> 엘리먼트를 생성합니다.

웹 애플리케이션 배포하기

웹 애플리케이션을 배포할 자바 EE 애플리케이션 서버는 테스트/디버깅용 웹 컨테이너가 있는 서버를 설치하는 게 좋습니다. 구성/배포 편의상 필자는 아파치 톰캣 8.5.x 웹 컨테이너를 사용하겠습니다.

톰캣 웹 컨테이너는 배포 디렉터리는 webapps이고 기본 리스닝 포트는 8080번입니다. 또 배포되는 애플리케이션 컨텍스트명은 WAR 파일명과 같습니다. 예컨대 코트 예약 애플리케이션을 court.war 파일로 패키징하면 welcome 및 reservationQuery 컨트롤러는 다음 URL로 접속합니다.

- http://localhost:8080/court/welcome
- http://localhost:8080/court/reservationQuery

> **TIP_** 도커 컨테이너를 만들어 애플리케이션을 배포하는 방법도 있습니다. `../gradlew buildDocker` 명령으로 톰캣 및 애플리케이션이 내장된 도커 컨테이너를 생성한 뒤, `docker run -p 8080:8080 spring-recipes-4th/court-web`하여 실행합니다.

WebApplicationInitializer로 애플리케이션 시동하기

앞 절에서 배포한 애플리케이션을 시동하려면 CourtServletContainerInitializer를 작성하면서 META-INF/services/javax.servlet.ServletContainerInitializer 파일도 함께 만들어야 한다고 했습니다.

이런 일은 여러분이 직접 해도 되지만 스프링 SpringServletContainerInitializer를 빌려 쓰면 아주 간편합니다. ServletContainerInitializer 인터페이스를 구현한 SpringServletContainerInitializer는 클래스패스에서 WebApplicationInitializer 인터페이스 구현체를 찾습니다. WebApplicationInitializer 인터페이스 구현체는 이미 스프링에 몇 가지 준비되어 있기 때문에 편하게 골라 쓸 수 있습니다. AbstractAnnotationConfigDispatcherServletInitializer도 그중 하나입니다.

```
public class CourtWebApplicationInitializer
    extends AbstractAnnotationConfigDispatcherServletInitializer {

    @Override
    protected Class<?>[] getRootConfigClasses() {
        return null;
```

```
    }

    @Override
    protected Class<?>[] getServletConfigClasses() {
        return new Class[] {CourtConfiguration.class};
    }

    @Override
    protected String[] getServletMappings() {
        return new String[] { "/"};
    }
}
```

이렇게 CourtWebApplicationInitializer를 수정하면 DispatcherServlet은 이미 생성된 것이나 다름없습니다. 덕분에 여러분은 getServletMappings() 메서드에서 매핑을 설정하고 getServletConfigClasses() 메서드에서 로드할 구성 클래스를 지정하는 일만 신경 쓰면 됩니다. 서블릿 다음의 ContextLoaderListener 컴포넌트 역시 선택적으로 구성할 수 있습니다. ServletContextListener 인터페이스 구현체인 ContextLoaderListener는 ApplicationContext를 생성하고 ApplicationContext가 바로 DispatcherServlet에서 상위 ApplicationContext로 사용됩니다. 여러 서블릿이 같은 빈(예 : 서비스, 데이터 소스 등)에 접근할 때 제법 편리한 메커니즘이지요.

레시피 3-2 @RequestMapping에서 요청 매핑하기

과제

DispatcherServlet은 웹 요청을 받는 즉시 @Controller가 달린 적합한 컨트롤러 클래스에 처리를 위임합니다. 그 과정은 컨트롤러 클래스의 핸들러 메서드에 선언된 다양한 @RequestMapping 설정 내용에 좌우되지요. @RequestMapping으로 요청을 매핑하는 전략을 정의하세요.

해결책

스프링 MVC 애플리케이션에서 웹 요청은 컨트롤러 클래스에 선언된 하나 이상의 @Request Mapping에 따라 담당 핸들러로 매핑됩니다.

핸들러는 컨텍스트 경로(웹 애플리케이션 컨텍스트의 배포 경로)에 대한 상대 경로 및 서블릿 경로(DispatcherServlet 매핑 경로)에 맞게 연결됩니다. 예를 들어 http:// localhost:8080/court/welcome URL로 요청이 들어오면, 컨텍스트 경로는 /court, 서블 릿 경로는 없으니(CourtWebApplicationInitializer에서 서블릿 경로는 /로 선언했습니다) /welcome에 맞는 핸들러를 찾습니다.

풀이

메서드 레벨에서 요청을 매핑하는 방법을 배운 다음, 클래스/메서드 레벨을 조합시킨 형태로 매핑하는 방법을 살펴보겠습니다. HTTP 메서드를 이용해 요청을 매핑하는 내용은 끝부분에 이어집니다.

메서드에 따라 요청 매핑하기

@RequestMapping을 가장 쉽게 사용하는 방법은 핸들러 메서드에 직접 붙여 URL 패턴을 기재 하는 겁니다. DispatcherServlet은 이 애너테이션에 기재한 요청 URL과 가장 잘 맞는 핸들 러에 처리를 위임합니다.

```
@Controller
public class MemberController {

    private MemberService memberService;

    public MemberController(MemberService memberService) {
        this.memberService = memberService;
    }

    @RequestMapping("/member/add")
    public String addMember(Model model) {
        model.addAttribute("member", new Member());
        model.addAttribute("guests", memberService.list());
```

```
        return "memberList";
    }

    @RequestMapping(value = {"/member/remove", "/member/delete"}, method =
        RequestMethod.GET)
    public String removeMember(@RequestParam("memberName")String memberName) {
        memberService.remove(memberName);
        return "redirect:";
    }
}
```

굵게 표시한 코드를 보면 @RequestMapping으로 핸들러 메서드를 특정 URL에 어떻게 매핑하는지 이해할 수 있을 겁니다. removeMember() 메서드처럼 URL을 여럿 할당하면, /member/remove, /member/delete 둘 다 이 메서드에 걸립니다. 별다른 설정이 없으면 수신된 요청은 기본적으로 모두 HTTP GET 방식으로 간주합니다.

클래스에 따라 요청 매핑하기

@RequestMapping은 컨트롤러 클래스 자체에도 붙일 수 있습니다. [레시피 4-1]에서 ReservationQueryController를 얘기할 때 언급하겠지만, 클래스 레벨에 @RequestMapping을 붙이면 그 클래스에 속한 전체 메서드에 @RequestMapping을 일일이 붙이지 않아도 됩니다. 또 메서드마다 나름의 @RequestMapping으로 URL을 좀 더 세세한 단위까지 적용할 수 있습니다. URL을 폭넓게 매치하려면 @RequestMapping에 와일드카드^{wildcard}(*)를 사용합니다.

다음 예제 코드를 보면 URL 와일드카드를 @RequestMapping에서 어떻게 쓰는지, 핸들러 메서드에서 URL을 세세하게 매치하려면 어떻게 설정해야 하는지 알 수 있습니다.

```
@Controller
@RequestMapping("/member/*")
public class MemberController {

    private final MemberService memberService;

    public MemberController(MemberService memberService) {
        this.memberService = memberService;
    }
```

```java
@RequestMapping("add")
public String addMember(Model model) {
    model.addAttribute("member", new Member());
    model.addAttribute("guests", memberService.list());
    return "memberList";
}


@RequestMapping(value={"remove","delete"}, method=RequestMethod.GET)
public String removeMember(@RequestParam("memberName") String memberName) {
    memberService.remove(memberName);
    return "redirect:";
}


@RequestMapping("display/{member}")
public String displayMember(@PathVariable("member") String member, Model model) {
    model.addAttribute("member", memberService.find(member).orElse(null));
    return "member";
}


@RequestMapping
public void memberList() {}

    public void memberLogic(String memberName) {}
}
```

클래스 레벨의 @RequestMapping에 와일드카드가 포함된 URL(/member/*)이 있으므로 /member/로 시작하는 URL은 모두 이 컨트롤러의 핸들러 메서드 중 하나로 연결됩니다.

HTTP GET /member/add 요청하면 addMember() 메서드가, HTTP GET /member/remove 또는 /member/delete 요청하면 removeMember() 메서드가 각각 호출되겠죠.

displayMember() 메서드의 @RequestMapping 설정에 쓴 {경로변수} 형태의 독특한 표기법은 URL 안에 포함된 값을 핸들러 메서드의 입력 매개변숫값으로 전달하겠다는 의미입니다. 그래서 핸들러 메서드의 시그니처에도 @PathVariable("user") String user라고 선언되어 있습니다. 요청 URL이 member/display/jdoe이면 핸들러 메서드의 member 변숫값은 jdoe로 설정되겠죠. 핸들러에서 요청 객체를 수고스럽게 들춰볼 필요가 없으니 꽤 쓸 만한 기능이고 특히 REST형 웹 서비스를 설계할 때 유용한 기법입니다.

memberList() 메서드에도 @RequestMapping이 있지만 여기엔 아무 URL 값도 없군요. 클래스 레벨에 이미 /member/*라는 와일드카드를 쓴 URL이 있으므로 다른 메서드에 걸리지 않은 모든 요청이 들어오면 이 메서드가 실행됩니다. /member/abcdefg나 /member/randomroute 등 어떤 URL도 이 메서드를 피해갈 수 없습니다. 반환값은 void라서 핸들러 메서드는 자신의 이름과 같은 뷰(즉, memberList)로 제어권을 넘깁니다.

memberLogic() 메서드는 @RequestMapping이 달려 있지 않은, (스프링 MVC와 전혀 무관한) 이 클래스 내부에서만 사용되는 유틸리티입니다.

HTTP 요청 메서드에 따라 요청 매핑하기

기본적으로 @RequestMapping은 모든 HTTP 요청 메서드request method를 처리할 수 있지만 GET, POST 메서드를 한 메서드가 받아 처리할 일은 거의 없겠죠? HTTP 메서드별로 요청을 따로 처리하려면 @RequestMapping에 HTTP 요청 메서드를 명시합니다.

```
@RequestMapping(value= "processUser", method =  RequestMethod.POST)
public String submitForm(@ModelAttribute("member") Member member, BindingResult result,
    Model model) {
}
```

핸들러 메서드의 HTTP 요청 메서드를 어느 선까지 지정할지는 컨트롤러와 연동하는 방식과 대상에 따라 다릅니다. 거의 대부분은 웹 브라우저가 보낸 HTTP GET/POST 요청을 처리하겠지만 다른 기기나 애플리케이션(예 : REST형 웹 서비스)에서는 독특한 요청 메서드를 지원해야 할 경우도 있습니다. HTTP 요청 메서드는 HEAD, GET, POST, PUT, DELETE, PATCH, TRACE, OPTIONS, CONNECT까지 모두 여덟 가지입니다. 그러나 이런 HTTP 요청 메서드는 웹 서버나 요청하는 클라이언트 측에서도 모두 지원이 가능해야 하기 때문에 MVC 컨트롤러 영역 밖의 문제입니다. HTTP 요청의 대다수가 GET/POST인 사실을 감안하면 그 밖의 HTTP 요청 메서드를 지원할 일은 드문 편입니다.

스프링 MVC는 가장 널리 쓰이는 요청 메서드를 위해 전용 애너테이션을 지원합니다(표 3-1)[1].

---

1 역주_ 스프링 4.3부터 추가된 기능으로 4.2 이전 버전에서는 @RequestMapping을 써야 합니다

표 3-1 요청 메서드별 전용 애너테이션

요청 메서드	애너테이션
POST	@PostMapping
GET	@GetMapping
DELETE	@DeleteMapping
PUT	@PutMapping

이들 편의성 애너테이션은 모두 @RequestMapping을 특정한 것들로, 핸들러 메서드를 조금 더 간결하게 코딩하게 해줍니다.

```
@PostMapping("processUser")
public String submitForm(@ModelAttribute("member") Member member,
                   BindingResult result, Model model) {

}
```

지금까지 @RequestMapping에 지정한 URL을 다시 잘 보면 .html나 .jsp 같은 파일 확장자는 보이지 않는데요, 이는 MVC 설계 사상이 충실히 반영된 좋은 모양새입니다.

컨트롤러는 HTML, JSP 같은 특정 뷰 구현 기술에 얽매이지 않아야 합니다. 컨트롤러에서 논리 뷰를 반환할 때 URL에 확장자를 넣지 않은 것도 이때문입니다.

동일한 콘텐트를 (XML, JSON, PDF, XLS (엑셀) 등) 여러 가지 형식으로 서비스하던 시절엔 전적으로 뷰 리졸버가 요청과 함께 딸려 온 확장자를 보고 해당 뷰 구현체로 넘겨 화면에 표시 했었습니다.

이번 레시피에서는 매 요청 URL에 .jsp 같은 파일 확장자를 넣지 않고도 논리 뷰를 JSP 파일에 매핑하기 위해 MVC 구성 클래스에 리졸버를 설정하는 방법을 간략히 살펴보았습니다.

레시피 3-3 핸들러 인터셉터로 요청 가로채기

과제

서블릿 명세에 정의된 서블릿 필터를 쓰면 웹 요청을 서블릿이 처리하기 전후에 각각 전처리^{pre-handle}와 후처리^{post-handle}를 할 수 있습니다. 스프링 웹 애플리케이션 컨텍스트의 필터와 유사한 함수를 구성해서 컨테이너의 기능을 십분 활용해보세요.

아울러 스프링 MVC 핸들러로 웹 요청을 넘기기 전후에 전처리와 후처리한 다음, 핸들러가 반환한 모델을 뷰로 전달하기 직전에 모델 속성을 조작해보세요.

해결책

스프링 MVC에서 웹 요청은 핸들러 인터셉터로 가로채 전처리/후처리를 할 수 있습니다. 핸들러 인터셉터는 스프링 웹 애플리케이션 컨텍스트에 구성하기 때문에 컨테이너의 기능을 자유롭게 활용할 수 있고 그 내부에 선언된 모든 빈을 참조할 수 있습니다. 핸들러 인터셉터는 특정 요청 URL에만 적용되도록 매핑할 수 있습니다.

핸들러 인터셉터는 예외 없이 `HandlerInterceptor` 인터페이스를 구현해야 하며 `preHandle()`, `postHandle()`, `afterCompletion()` 세 콜백 메서드를 구현합니다. `preHandle()`과 `postHandle()` 메서드는 핸들러가 요청을 처리하기 직전과 직후에 각각 호출됩니다. `postHandle()`는 핸들러가 반환한 `ModelAndView` 객체에 접근할 수 있기 때문에 그 안에 들어있는 모델 속성을 꺼내 조작할 수 있습니다. `afterCompletion()` 메서드는 요청 처리가 모두 끝난(즉, 뷰 렌더링까지 완료된) 이후 호출됩니다.

풀이

핸들러 메서드에서 웹 요청을 처리하는 데 걸린 시간을 측정해서 뷰로 보여줍시다. 다음 코드처럼 커스텀 핸들러 인터셉터를 작성하면 됩니다.

```
public class MeasurementInterceptor implements HandlerInterceptor {

    @Override
```

```java
    public boolean preHandle(HttpServletRequest request,
        HttpServletResponse response, Object handler) throws Exception {
        long startTime = System.currentTimeMillis();
        request.setAttribute("startTime", startTime);
        return true;
    }

    @Override
    public void postHandle(HttpServletRequest request,
        HttpServletResponse response, Object handler,
        ModelAndView modelAndView) throws Exception {
        long startTime = (Long) request.getAttribute("startTime");
        request.removeAttribute("startTime");

        long endTime = System.currentTimeMillis();
        modelAndView.addObject("handlingTime", endTime - startTime);
    }

    @Override
    public void afterCompletion(HttpServletRequest request,
        HttpServletResponse response, Object handler, Exception ex)
        throws Exception {
    }
}
```

preHandle() 메서드는 요청 처리를 시작한 시각을 재서 요청 속성에 보관합니다. DispatcherServlet은 preHandle() 메서드가 반드시 true를 반환해야 요청 처리를 계속 진행하며 그 외에는 이 메서드 선에서 요청 처리가 끝났다고 보고 유저에게 곧장 응답 객체를 반환합니다. postHandle() 메서드는 요청 속성에 보관된 시작 시각을 읽어들여 현재 시각과 비교해서 계산된 소요 시간을 모델에 추가한 뒤 뷰에 넘깁니다. afterCompletion() 메서드는 딱히 할 일이 없으므로 그냥 비워둡니다.

자바 언어에서 인터페이스를 구현할 때에는 원하지 않는 메서드까지 모조리 구현해야 하는 규칙이 있습니다[2]. 그래서 인터페이스를 구현하는 대신 인터셉터 어댑터adapter (조정기) 클래스를 상속받아 쓰는 게 더 낫습니다. 인터셉터 어댑터는 인터페이스에 선언된 메서드를 모두 기본 구현한 클래스라서 필요한 메서드만 오버라이드해 쓰면 됩니다.

....

2 역주_ 자바 8부터는 인터페이스 메서드에 default 키워드를 붙여 구현 코드를 직접 작성할 수 있습니다. 이렇게 처리한 메서드는 구현 클래스에서 오버라이드하지 않아도 됩니다.

```
public class MeasurementInterceptor extends HandlerInterceptorAdapter {

    @Override
    public boolean preHandle(HttpServletRequest request,
        HttpServletResponse response, Object handler) throws Exception {
        ...
    }

    @Override
    public void postHandle(HttpServletRequest request,
        HttpServletResponse response, Object handler,
        ModelAndView modelAndView) throws Exception {
        ...
    }
}
```

MeasurementInterceptor 인터셉터는 다음과 같이 WebMvcConfigurer 인터페이스를 구현한 구성 클래스 InterceptorConfiguration에서 addInterceptors() 메서드를 오버라이드해 추가할 수 있습니다. addInterceptors() 메서드는 인수로 받은 InterceptorRegistry에 접근하여 인터셉터를 추가합니다.

```
@Configuration
public class InterceptorConfiguration implements WebMvcConfigurer {

    @Override
    public void addInterceptors(InterceptorRegistry registry) {
        registry.addInterceptor(measurementInterceptor());
    }

    @Bean
    public MeasurementInterceptor measurementInterceptor() {
        return new MeasurementInterceptor();
    }
    ...
}
```

인터셉터가 잘 작동하는지 welcome.jsp에서 경과 시간을 확인합시다. WelcomeController 는 하는 일이 없는 컨트롤러라서 시간이 0밀리초로 나올 수 있기 때문에 일부러 sleep문으로 처리 시간을 늘렸습니다.

```jsp
<%@ taglib prefix="fmt" uri="http://java.sun.com/jsp/jstl/fmt" %>

<html>
<head>
<title>Welcome</title>
</head>

<body>
...
<hr />
Handling time : ${handlingTime} ms
</body>
</html>
```

HandlerInterceptor는 기본적으로 모든 @Controller에 적용되지만 원하는 컨트롤러만 선택적으로 적용할 수도 있습니다. 네임스페이스namespace (이름공간) 및 자바 구성 클래스를 이용하면 인터셉터를 특정 URL에 매핑할 수 있지요. 결국 구성하기 나름입니다. 다음 자바 구성 클래스를 봅시다.

```java
@Configuration
public class InterceptorConfiguration implements WebMvcConfigurer {

    @Override
    public void addInterceptors(InterceptorRegistry registry) {
        registry.addInterceptor(measurementInterceptor());
        registry.addInterceptor(summaryReportInterceptor())
                .addPathPatterns("/reservationSummary*");
    }

    @Bean
    public MeasurementInterceptor measurementInterceptor() {
        return new MeasurementInterceptor();
    }

    @Bean
    public ExtensionInterceptor summaryReportInterceptor() {
        return new ExtensionInterceptor();
```

```
    }
}
```

인터셉터 빈 summaryReportInterceptor를 추가했군요. 이 빈은 HandlerInterceptorAdapter 클래스를 상속했다는 점에서 measurementInterceptor와 비슷하지만 /reservationSummary URL에 매핑된 컨트롤러에만 인터셉터 로직이 적용되는 점이 다릅니다. 인터셉터를 등록할 때 매핑 URL을 지정하면 되는데요, 기본적으로 앤트 스타일의 표현식으로 작성하며 addPathPatterns() 메서드 인수로 전달합니다. 역으로 제외할 URL이 있으면 같은 표현식을 excludePathPatterns() 메서드 인수에 지정합니다.

레시피 3-4 유저 로케일 해석하기

과제

다국어를 지원하는 웹 애플리케이션에서 각 유저마다 선호하는 로케일을 식별하고 그에 알맞은 콘텐트를 화면에 표시하세요.

해결책

스프링 MVC 애플리케이션에서 유저 로케일은 LocaleResolver 인터페이스를 구현한 로케일 리졸버가 식별합니다. 로케일을 해석하는 기준에 따라 여러 LocaleResolver 구현체가 스프링 MVC에 준비되어 있습니다. 직접 이 인터페이스를 구현해서 커스텀 로케일 리졸버를 만들어 써도 됩니다.

로케일 리졸버는 웹 애플리케이션 컨텍스트에 LocaleResolver형 빈으로 등록합니다. DispatcherServlet이 자동 감지하려면 로케일 리졸버 빈을 localeResolver라고 명명합니다. 참고로 로케일 리졸버는 DispatcherServlet당 하나만 등록할 수 있습니다.

풀이

스프링 MVC가 제공하는 다양한 LocaleResolver를 살펴보고 인터셉터로 유저 로케일을 어떻게 변경하는지 알아보겠습니다.

HTTP 요청 헤더에 따라 로케일 해석하기

AcceptHeaderLocaleResolver는 스프링의 기본 로케일 리졸버로서 accept-language 요청 헤더값에 따라 로케일을 해석합니다. 유저 웹 브라우저는 자신을 실행한 운영체제의 로케일 설정으로 이 헤더를 설정합니다. 유저 운영체제의 로케일 설정을 바꿀 수는 없으므로 로케일 리졸버로 유저 로케일을 변경하는 것 역시 불가능합니다.

세션 속성에 따라 로케일 해석하기

SessionLocaleResolver는 유저 세션에 사전 정의된 속성에 따라 로케일을 해석합니다. 세션 속성이 없으면 accept-language 헤더로 기본 로케일을 결정합니다.

```
@Bean
public LocaleResolver localeResolver() {
    SessionLocaleResolver localeResolver = new SessionLocaleResolver();
    localeResolver.setDefaultLocale(new Locale("en"));
    return localeResolver;
}
```

로케일 관련 세션 속성이 없을 경우 setDefaultLocale() 메서드로 대체 프로퍼티 defaultLocale을 설정할 수 있습니다. 이 LocaleResolver는 로케일이 저장된 세션 속성을 변경함으로써 유저 로케일을 변경합니다.

쿠키에 따라 로케일 해석하기

CookieLocaleResolver는 유저 브라우저의 쿠키값에 따라 로케일을 해석합니다. 해당 쿠키가 없으면 accept-language 헤더로 기본 로케일을 결정합니다.

```
@Bean
public LocaleResolver localeResolver() {
    return new CookieLocaleResolver();
}
```

쿠키 설정은 cookieName, cookieMaxAge 프로퍼티로 커스터마이징할 수 있습니다. cookieMaxAge는 쿠키를 유지할 시간(초)이며 -1은 브라우저 종료와 동시에 쿠키를 삭제하라는 뜻입니다.

```
@Bean
public LocaleResolver localeResolver() {
    CookieLocaleResolver cookieLocaleResolver = new CookieLocaleResolver();
    cookieLocaleResolver.setCookieName("language");
    cookieLocaleResolver.setCookieMaxAge(3600);
    cookieLocaleResolver.setDefaultLocale(new Locale("en"));
    return cookieLocaleResolver;
}
```

관련 쿠키가 존재하지 않으면 setDefaultLocale() 메서드로 대체 프로퍼티 defaultLocale을 설정할 수 있습니다. 이 LocaleResolver는 로케일이 저장된 쿠키값을 변경함으로써 유저 로케일을 변경합니다.

유저 로케일 변경하기

LocaleResolver.setLocale() 호출로 유저 로케일을 명시적으로 변경할 수도 있지만 LocaleChangeInterceptor를 핸들러 매핑에 적용할 수도 있습니다. 이 인터셉터의 주특기는 현재 HTTP 요청에 특정한 매개변수가 존재하는지 감지하는 일입니다. 특정한 매개변수의 이름은 이 인터셉터의 paramName 프로퍼티값으로 지정하며 그 값으로 유저 로케일을 변경합니다.

```
@Configuration
public class I18NConfiguration implements WebMvcConfigurer {

    @Override
```

```
public void addInterceptors(InterceptorRegistry registry) {
    registry.addInterceptor(measurementInterceptor());
    registry.addInterceptor(localeChangeInterceptor());
    registry.addInterceptor(summaryReportInterceptor())
            .addPathPatterns("/reservationSummary*");
}

@Bean
public LocaleChangeInterceptor localeChangeInterceptor() {
    LocaleChangeInterceptor localeChangeInterceptor = new LocaleChangeInterceptor();
    localeChangeInterceptor.setParamName("language");
    return localeChangeInterceptor;
}

@Bean
public CookieLocaleResolver localeResolver() {
    CookieLocaleResolver cookieLocaleResolver = new CookieLocaleResolver();
    cookieLocaleResolver.setCookieName("language");
    cookieLocaleResolver.setCookieMaxAge(3600);
    cookieLocaleResolver.setDefaultLocale(new Locale("en"));
    return cookieLocaleResolver;
}
...
}
```

이렇게 구성하면 요청 URL의 language 매개변수를 이용해 유저 로케일을 바꿀 수 있습니다. 예를 들어 영어-미국(en_US), 독일어(de) 로케일로 바꾸려면 다음 URL로 접속합니다.

- http://localhost:8080/court/welcome?**language=en_US**
- http://localhost:8080/court/welcome?**language=de**

welcome.jsp에서 HTTP 응답 객체의 로케일을 출력해서 로케일 인터셉터가 잘 작동하는지 확인합시다.

```
<%@ taglib prefix="fmt" uri="http://java.sun.com/jsp/jstl/fmt" %>

<html>
<head>
<title>Welcome</title>
</head>
```

```
<body>
...
<br />
Locale : ${pageContext.response.locale}
</body>
</html>
```

레시피 3-5 로케일별 텍스트 메시지 외부화하기

과제

다국어를 지원하는 웹 애플리케이션은 유저가 원하는 로케일로 웹 페이지를 보여주어야 합니다. 하지만 각 로케일별로 버전이 다른 페이지를 일일이 개발할 수는 없는 노릇이죠.

해결책

로케일마다 페이지를 따로 두는 삽질을 안 하려면 로케일 관련 텍스트 메시지를 외부화해서 웹 페이지를 로케일에 독립적으로 개발해야 합니다. 스프링은 MessageSource 인터페이스를 구현한 메시지 소스로 텍스트 메시지를 해석할 수 있습니다. JSP 파일에서 스프링 태그 라이브러리 <spring:message> 태그를 사용하면 원하는 코드에 맞게 해석된 메시지가 화면에 출력됩니다.

풀이

우선, 웹 애플리케이션 컨텍스트에 메시지 소스를 MessageSource형 빈으로 등록합니다. 이 빈을 messageSource라고 명명하면 DispatcherServlet이 자동 감지하며 DispatcherServlet당 하나의 메시지 소스만 등록할 수 있습니다. ResourceBundleMessageSource 구현체는 로케일마다 따로 배치한 리소스 번들을 이용해 메시지를 해석합니다. 다음과 같이 WebConfiguration에 ResourceBundleMessageSource 구현체를 등록하면 basename이 messages인 리소스 번들을 로드합니다.

```java
@Bean
public MessageSource messageSource() {
    ResourceBundleMessageSource messageSource = new ResourceBundleMessageSource();
    messageSource.setBasename("messages");
    return messageSource;
}
```

각각 기본 로케일과 독일 로케일 메시지를 담아둘 리소스 번들 messages.properties, messages_de.properties 파일을 작성해서 클래스패스 루트에 둡니다.

```properties
welcome.title=Welcome
welcome.message=Welcome to Court Reservation System

welcome.title=Willkommen
welcome.message=Willkommen zum Spielplatz-Reservierungssystem
```

이제 welcome.jsp 파일에서 〈spring:message〉 태그를 쓰면 주어진 코드에 해당하는 메시지를 해석하여 보여줄 수 있습니다. 이 태그는 현재 유저 로케일을 기준으로 메시지를 자동 해석합니다. 스프링 태그 라이브러리에 포함된 태그라서 꼭 JSP 파일 최상단에 선언해야 합니다.

```jsp
<%@ taglib prefix="spring" uri="http://www.springframework.org/tags" %>

<html>
<head>
<title><spring:message code="welcome.title" text="Welcome" /></title>
</head>

<body>
<h2><spring:message code="welcome.message"
    text="Welcome to Court Reservation System" /></h2>
...
</body>
</html>
```

〈spring:message〉에서 해당 코드에 맞는 메시지를 해석할 수 없을 경우 표시할 기본 텍스트는 text 속성에 설정합니다.

레시피 3-6 이름으로 뷰 해석하기

과제

핸들러가 요청 처리를 마치고 논리 뷰 이름을 반환하면 `DispatcherServlet`은 화면에서 데이터를 표시하도록 뷰 템플릿에 제어권을 넘깁니다. `DispatcherServlet`이 논리 뷰 이름에 따라서 뷰를 해석하는 전략을 구사하세요.

해결책

스프링 MVC에서 뷰는 웹 애플리케이션 컨텍스트에 하나 이상 선언된 뷰 리졸버 빈을 해석합니다. 뷰 리졸버 빈은 `DispatcherServlet`이 자동 감지할 수 있도록 `ViewResolver` 인터페이스를 구현해야 합니다. 스프링 MVC에는 다양한 전략에 맞게 뷰를 해석할 수 있는 `ViewResolver` 구현체가 몇 가지 실려 있습니다.

풀이

여러 가지 뷰 해석 전략을 하나씩 살펴보겠습니다. 먼저 XML 파일 또는 리소스 번들을 기준으로 뷰를 해석한 뒤 접두어/접미어를 붙여 실제 이름을 얻는 방법부터 알아보고 여러 `ViewResolver`를 동시에 사용하는 기법도 설명하겠습니다.

템플릿명과 위치에 따라 뷰 해석하기

뷰를 해석하는 기본 전략은 템플릿의 이름과 위치에 뷰를 직접 매핑하는 겁니다. 뷰 리졸버 `InternalResourceViewResolver`는 prefix/suffix를 이용해 뷰 이름을 특정 애플리케이션 디렉터리에 대응시킵니다. `InternalResourceViewResolver`를 등록하려면 웹 애플리케이션 컨텍스트에 이 타입의 빈을 선언합니다.

```
@Bean
public InternalResourceViewResolver viewResolver() {
    InternalResourceViewResolver viewResolver = new InternalResourceViewResolver();
    viewResolver.setPrefix("/WEB-INF/jsp/");
    viewResolver.setSuffix(".jsp");
```

```
    return viewResolver;
}
```

예를 들어 welcome 및 reservationQuery라는 뷰 이름은 InternalResourceViewResolver가
이렇게 해석합니다.

```
welcome —> /WEB-INF/jsp/welcome.jsp
reservationQuery —> /WEB-INF/jsp/reservationQuery.jsp
```

해석된 뷰 타입은 viewClass 프로퍼티로 지정할 수 있습니다. InternalResourceView
Resolver는 클래스패스에 JSTL 라이브러리(jstl.jar)가 있으면 기본적으로 JstlView형 뷰
객체로 해석하기 때문에 JSTL 태그가 포함된 JSP 템플릿 형태의 뷰는 viewClass를 생략해도
됩니다.

InternalResourceViewResolver는 간단해서 좋지만 RequestDispatcher가 포워딩^{forwarding}
할(보낼) 수 있는 내부적인 리소스 뷰(즉, 내부 JSP 파일 또는 서블릿)만 해석할 수 있습니다.
스프링 MVC에서 다른 뷰 타입까지 지원하려면 다른 해석 전략을 구사해야 합니다.

XML 구성 파일에 따라 뷰 해석하기

뷰를 스프링 빈으로 선언하고 해당 빈 이름으로 해석하는 전략입니다. 웹 애플리케이션 컨텍
스트와 같은 구성 파일에 뷰 빈을 선언해도 되지만 아무래도 별도 파일로 빼는 게 좋습니다.
XmlViewResolver는 기본적으로 /WEB-INF/views.xml 파일에서 뷰 빈을 읽는데요, location
프로퍼티로 위치를 달리할 수도 있습니다.

```
@Configuration
public class ViewResolverConfiguration implements WebMvcConfigurer, ResourceLoaderAware {

    private ResourceLoader resourceLoader;

    @Bean
    public ViewResolver viewResolver() {
        XmlViewResolver viewResolver = new XmlViewResolver();
        viewResolver.setLocation(resourceLoader.getResource("/WEB-INF/court-views.xml"));
```

```
        return viewResolver;
    }

    @Override
    public void setResourceLoader(ResourceLoader resourceLoader) {
        this.resourceLoader = resourceLoader;
    }
}
```

ResourceLoaderAware 인터페이스의 구현 클래스는 location 프로퍼티가 Resource형 인수를 받으므로 리소스를 로드해야 합니다. XML 구성 파일에서는 스프링이 String을 Resource로 자동 변환하지만 자바로 구성하면 몇 가지 작업이 더 필요합니다. court-views.xml 구성 파일에 클래스명과 프로퍼티를 설정하여 각 뷰를 일반 스프링 빈으로 선언합니다. 어떤 타입도 (RedirectView나 커스텀 뷰 타입도) 이런 식으로 뷰를 선언할 수 있습니다.

```xml
<beans xmlns="http://www.springframework.org/schema/beans"
    xmlns:xsi="http://www.w3.org/2001/XMLSchema-instance"
    xsi:schemaLocation="http://www.springframework.org/schema/beans
        http://www.springframework.org/schema/beans/spring-beans.xsd">

    <bean id="welcome"
        class="org.springframework.web.servlet.view.JstlView">
        <property name="url" value="/WEB-INF/jsp/welcome.jsp" />
    </bean>

    <bean id="reservationQuery"
        class="org.springframework.web.servlet.view.JstlView">
        <property name="url" value="/WEB-INF/jsp/reservationQuery.jsp" />
    </bean>

    <bean id="welcomeRedirect"
        class="org.springframework.web.servlet.view.RedirectView">
        <property name="url" value="welcome" />
    </bean>

</beans>
```

리소스 번들에 따라 뷰 해석하기

XML 구성 파일 말고 리소스 번들에 뷰 빈을 선언하는 방법도 있습니다. ResourceBundleView
Resolver는 클래스패스 루트에 있는 리소스 번들에서 뷰 빈을 읽어들이는데요, 리소스 번들의
장점을 십분 활용해 로케일별로 리소스 번들을 따로따로 로드할 수 있습니다.

```java
@Bean
public ResourceBundleViewResolver viewResolver() {
    ResourceBundleViewResolver viewResolver = new ResourceBundleViewResolver();
    viewResolver.setBasename("court-views");
    return viewResolver;
}
```

ResourceBundleViewResolver의 베이스 이름을 court-views라고 지정하면 리소스 번들은
court-views.properties 파일이 됩니다. 이 리소스 번들에 뷰 빈을 프로퍼티 형식으로 선언
하며 XML 파일에 빈 선언을 할 때와 내용은 별 차이 없습니다.

```properties
welcome.(class)=org.springframework.web.servlet.view.JstlView
welcome.url=/WEB-INF/jsp/welcome.jsp
reservationQuery.(class)=org.springframework.web.servlet.view.JstlView
reservationQuery.url=/WEB-INF/jsp/reservationQuery.jsp
welcomeRedirect.(class)=org.springframework.web.servlet.view.RedirectView
welcomeRedirect.url=welcome
```

여러 리졸버를 이용해 뷰 해석하기

웹 애플리케이션 뷰가 여러 개면 한 가지 뷰 해석 전략만으로는 역부족입니다. 내부 JSP 뷰는
대부분 InternalResourceViewResolver가 해석한다 해도 ResourceBundleViewResolver로
해석해야 할 뷰도 있겠죠. 이럴 때에는 두 가지 뷰 해석 전략을 함께 적용합니다.

```java
@Bean
public ResourceBundleViewResolver viewResolver() {
    ResourceBundleViewResolver viewResolver = new ResourceBundleViewResolver();
    viewResolver.setOrder(0);
    viewResolver.setBasename("court-views");
    return viewResolver;
```

```
    }

    @Bean
    public InternalResourceViewResolver internalResourceViewResolver() {
        InternalResourceViewResolver viewResolver = new InternalResourceViewResolver();
        viewResolver.setOrder(1);
        viewResolver.setPrefix("/WEB-INF/jsp/");
        viewResolver.setSuffix(".jsp");
        return viewResolver;
    }
```

둘 이상의 전략이 등장할 때에는 적용 순서가 중요한데요, 뷰 리졸버 빈의 order 프로퍼
티값으로 우선순위(값이 작을수록 우선순위가 높습니다)를 지정합니다. 뷰의 존재 여부
와 상관없이 InternalResourceViewResolver는 항상 뷰를 해석하므로 우선순위를 가
장 낮게 할당해야 합니다. 안 그러면 다른 리졸버는 뷰를 해석할 기회조차 없겠죠. 이제
InternalResourceViewResolver로 해석할 수 없는 (RedirectView 같은) 뷰만 court-
views.properties 리소스 번들 파일에 기재하면 됩니다.

```
welcomeRedirect.(class)=org.springframework.web.servlet.view.RedirectView welcomeRedirect.
url=welcome
```

리다이렉트 접두어 붙이기

InternalResourceViewResolver가 웹 애플리케이션 컨텍스트에 구성되어 있을 경우 뷰 이
름에 redirect: 접두어를 붙이면 리다이렉트 뷰로 해석할 수 있습니다. 접두어 다음에 나오는
뷰 이름을 리다이렉트 URL로 처리하는 거죠. 가령 뷰 이름이 redirect:welcome이면 상대 경
로 welcome으로 리다이렉트됩니다. 물론 절대 경로 URL을 뷰 이름으로 지정해도 됩니다.

레시피 3-7 뷰와 콘텐트 협상 활용하기

과제

컨트롤러에서 (welcome.html 또는 welcome.pdf 아닌 welcome처럼) 확장자가 없는 URL을 매핑하려고 합니다. 어떤 요청이 들어와도 올바른 콘텐트 타입을 반환하는 전략을 수립하세요.

해결책

클라이언트가 보낸 웹 요청에는 처리 프레임워크(즉, 스프링 MVC)가 클라이언트에게 다시 반환할 콘텐트 및 타입을 정확히 파악하는 데 필요한 프로퍼티가 여럿 포함돼 있습니다. 그 중 중요한 두 가지 단서는 요청 URL의 일부인 확장자와 HTTP Accept 헤더입니다. 예컨대 /reservationSummary.xml URL로 요청이 접수되면 컨트롤러는 확장자(.xml)를 보고 XML 뷰를 표현하는 논리 뷰로 넘길 겁니다. 그런데 확장자가 빠진 /reservationSummary로 요청이 오면 어떻게 판단을 해야 할까요? URL만 봐서는 XML 뷰로 넘길지, HTML 뷰로 넘길지, 아니면 전혀 다른 타입의 뷰로 넘길지 분간하기 어렵지요. 바로 이런 상황에서 HTTP Accept 헤더를 들춰보면 적절한 뷰 타입을 결정할 수 있습니다.

컨트롤러가 직접 HTTP Accept 헤더를 조사하는 방식은 프로세스가 지저분해질 수 있으므로 스프링 MVC가 지원하는 ContentNegotiatingViewResolver로 헤더를 살펴보고 URL 파일 확장자 또는 HTTP Accept 헤더값에 따라 뷰를 결정하여 넘기는 게 좋습니다.

풀이

스프링 MVC 콘텐트 협상^{content negotiation} 기능은 ContentNegotiatingViewResolver 클래스에 기반한 ([레시피 3-6]에서 설명했던 것과 비슷한) 리졸버 형태로 구성합니다. 작동 원리를 살펴보기 전에 구성 방법 및 다른 리졸버와의 연동 방법을 먼저 알아보겠습니다.

```
@Configuration
public class ViewResolverConfiguration implements WebMvcConfigurer {

    @Override
    public void configureContentNegotiation(ContentNegotiationConfigurer configurer) {
```

```
    Map<String, MediaType> mediatypes = new HashMap<>();
    mediatypes.put("html", MediaType.TEXT_HTML);
    mediatypes.put("pdf", MediaType.valueOf("application/pdf"));
    mediatypes.put("xls", MediaType.valueOf("application/vnd.ms-excel"));
    mediatypes.put("xml", MediaType.APPLICATION_XML);
    mediatypes.put("json", MediaType.APPLICATION_JSON);
    configurer.mediaTypes(mediatypes);
}

@Bean
public ContentNegotiatingViewResolver contentNegotiatingViewResolver
    (ContentNegotiationManager contentNegotiationManager) {
    ContentNegotiatingViewResolver viewResolver = new ContentNegotiatingViewResolver();
    viewResolver.setContentNegotiationManager(contentNegotiationManager);
    return viewResolver;
}
}
```

먼저 콘텐트 협상을 구성합시다. ContentNegotiationManager는 configureContent
Negotiation 메서드를 오버라이드할 때 기본 추가됩니다[3].

콘텐트 협상 기능이 제대로 작동하려면 ContentNegotiatingViewResolver의 우선순위를 가
장 높게 설정해야 합니다. 이 리졸버는 스스로 뷰를 해석하지 않고 (자신이 자동 감지한) 다른
리졸버에게 그 작업을 넘기기 때문이죠. 뷰를 해석하지 않는 뷰 리졸버라니, 조금 헷갈릴 수 있
는데요, 예를 하나 들어보겠습니다.

자, 어떤 컨트롤러가 /reservationSummary.xml 요청을 받았고 핸들러 메서드는 처리를 마치
고 reservation이라는 논리 뷰로 제어권을 넘긴다고 합시다. 바로 이 시점에 스프링 MVC 리
졸버가 개입하는데요, ContentNegotiatingViewResolver가 우선순위가 가장 높아 1번 타자
가 됩니다.

ContentNegotiatingViewResolver가 미디어 타입을 결정하는 과정은 이렇습니다. 요청 경로
에 포함된 확장자(예 : .html, .xml, .pdf)를 ContentNegotiatingManager 빈 구성 시 지정한
mediaTypes 맵을 이용해 기본 미디어 타입(예 : text/html)과 견줍니다. ① 요청 경로에 확장자
는 있지만 기본 미디어 타입과 매치되는 확장자가 없으면, JAF[JavaBeans Activation Framework] (자바 액티

---

3 역주_ 내부적으로는 ContentNegotiationConfigurer의 ContentNegotiationManagerFactoryBean 팩토리 빈이
ContentNegotiationManager 객체를 생성합니다.

베이션 프레임워크)[4]의 FileTypeMap을 이용해 이 확장자의 미디어 타입을 결정합니다. ② 요청 경로에 확장자가 없으면 HTTP Accept 헤더를 활용합니다. 그래서 /reservationSummary.xml 요청은 ①에서 미디어 타입이 application/xml로 확정되고, /reservationSummary 요청은 Accept 헤더값까지 확인되어야 합니다.

Accept 헤더에 지정된 값(예 : Accept: text/html, Accept: application/pdf)을 보면 요청 URL에 확장자가 없어도 클라이언트가 기대하는 미디어 타입을 추론하는 데 도움이 됩니다.

우여곡절 끝에 ContentNegotiatingViewResolver는 미디어 타입을 알아냈고 reservation 이라는 논리 뷰를 얻었습니다. 이 정보를 바탕으로 (지정한 우선순위에 따라 차례대로) 나머지 리졸버를 순회하면서 논리 뷰에 가장 적합한 뷰를 결정하는 겁니다.

이와 같은 프로세스 덕분에 ContentNegotiatingViewResolver는 이름이 같은 논리 뷰가 여럿 있어도 제각기 지원하는 미디어 타입(예 : HTML, PDF, XLS)과 가장 부합하는 뷰를 해석할 수 있습니다. 어떤 미디어 타입(예 : pdfReservation, xlsReservation, htmlReservation)을 생성할 때 필요한 논리 뷰를 일일이 하드코딩하지 않고도 뷰 하나(reservation)만 있으면 ContentNegotiatingViewResolver가 가장 적합한 뷰를 알아서 찾아주기 때문에 컨트롤러 설계를 간소화할 수 있지요.

예상되는 콘텐트 협상 결과를 몇 가지 더 나열하면 이렇습니다.

- 미디어 타입이 application/pdf로 결정됩니다. 우선순위가 가장 높은(order 값이 제일 작은) 리졸버가 reservation 논리 뷰에 매핑되어 있지만 이 뷰가 application/pdf 타입을 지원하지 않을 경우 매치는 실패하고 나머지 리졸버를 계속 스캐닝합니다.
- 미디어 타입이 application/pdf로 결정됩니다. 우선순위가 가장 높은(order 값이 제일 작은) 리졸버가 reservation 논리 뷰에 매핑되어 있고 이 뷰가 application/pdf 타입을 지원하면 매치가 성공합니다.
- 미디어 타입이 text/html로 결정됩니다. reservation 논리 뷰는 네 리졸버에 매핑되어 있지만 그중 우선 순위가 가장 높은 두 리졸버는 text/html을 지원하지 않습니다. 따라서 나머지 두 리졸버 중 text/html을 지원하는 뷰에 매핑된 리졸버가 매치됩니다.

애플리케이션에 구성된 리졸버 모두 위와 같은 과정으로 뷰를 자동 스캐닝합니다. 뷰를 찾지 못해도 ContentNegotiatingViewResolver 외부 구성에 의존해서 찾고 싶지 않을 경우엔 기본 뷰와 리졸버를 ContentNegotiatingViewResolver 빈에 구성하면 됩니다.

---

4 역주_ http://www.oracle.com/technetwork/articles/java/index-135046.html 참고

ContentNegotiatingViewResolver를 이용해 컨트롤러에서 애플리케이션 뷰를 결정하는 문제는 [레시피 3-11]에서 다룹니다.

레시피 3-8 뷰에 예외 매핑하기

과제

서버에서 예기치 않은 예외가 발생하면 대개 보기 흉한 예외 스택 트레이스stack trace가 화면에 뿌려집니다. 일반 유저는 이걸 봐도 어찌할 도리가 없으니 불친절한 사이트라고 욕을 먹겠죠. 설상가상으로 내부 메서드 호출 구조를 고스란히 들키는 꼴이라 잠재적인 보안 위험도 따릅니다. HTTP 에러나 클래스 예외가 발생해도 친절한 JSP 안내 페이지를 보이도록 web.xml 파일을 설정하면 되긴 하나, 스프링 MVC는 클래스 예외 처리용 뷰를 빈틈없이 관리하는 기능까지 지원합니다.

해결책

스프링 MVC 애플리케이션에서 컨텍스트 레벨에 예외 리졸버 빈을 하나 이상 등록하면 붙잡히지 않은 예외를 해석할 수 있습니다. HandlerExceptionResolver 인터페이스를 구현한 예외 리졸버 빈은 DispatcherServlet이 자동으로 감지합니다. 스프링 MVC에 내장된 단순 예외 리졸버를 이용하면 예외 카테고리별로 뷰를 하나씩 매핑할 수 있습니다.

풀이

코트 예약 서비스에서 예약이 불가한 경우 다음 예외를 던지려고 합니다.

```java
public class ReservationNotAvailableException extends RuntimeException {

    private String courtName;
    private Date date;
    private int hour;

    // 생성자 및 게터
    ...
}
```

붙잡히지 않은 예외는 HandlerExceptionResolver 인터페이스를 구현한 커스텀 예외 리졸버로 해석할 수 있습니다. 보통 예외 카테고리별로 각각의 에러 페이지를 매핑합니다. 스프링 MVC에 탑재된 예외 리졸버 SimpleMappingExceptionResolver를 이용하면 웹 애플리케이션 컨텍스트에서 발생한 예외를 매핑할 수 있습니다. 구성 클래스에 예외 리졸버를 등록합시다.

```java
@Configuration
public class ExceptionHandlerConfiguration implements WebMvcConfigurer {

    @Override
    Public void configureHandlerExceptionResolvers(List<HandlerExceptionResolver>
        exceptionResolvers) {
        exceptionResolvers.add(handlerExceptionResolver());
    }

    @Bean
    public HandlerExceptionResolver handlerExceptionResolver() {
        Properties exceptionMapping = new Properties();
        exceptionMapping.setProperty(
        ReservationNotAvailableException.class.getName(), "reservationNotAvailable");

        SimpleMappingExceptionResolver exceptionResolver =
            new SimpleMappingExceptionResolver();
        exceptionResolver.setExceptionMappings(exceptionMapping);
        exceptionResolver.setDefaultErrorView("error");
        return exceptionResolver;
    }
}
```

ReservationNotAvailableException 예외 클래스를 reservationNotAvailable 논리 뷰에 매핑했군요. exceptionMappings 프로퍼티에 java.lang.Exception 방향으로 점점 일반화한 예외 클래스를 지정하면 예외 클래스를 몇 개라도 추가할 수 있습니다. 이와 같이 발생한 예외 클래스형에 따른 뷰를 유저에게 보여주는 겁니다.

defaultErrorView 프로퍼티는 exceptionMapping에 매핑되지 않은 예외가 발생하면 표시할 기본 뷰 이름입니다. 예제는 error라고 설정했습니다.

이렇게 알맞은 뷰를 연관짓고 웹 애플리케이션 컨텍스트에 InternalResourceViewResolver를 구성한 상태에서 예약이 불가능하여 ReservationNotAvailableException 예외가 발생하면 다음 reservationNotAvailable.jsp 화면이 표시됩니다.

```
<%@ taglib prefix="fmt" uri="http://java.sun.com/jsp/jstl/fmt" %>
<html>
<head>
<title>Reservation Not Available</title>
</head>
<body>
Your reservation for ${exception.courtName} is not available on <fmt:formatDate
value="${exception.date}" pattern="yyyy-MM-dd" /> at ${exception.hour}:00.
</body>
```

에러 페이지에서 좀 더 자세한 오류 내용을 유저에게 보여주려면 ${exception} 변수를 사용해 예외 인스턴스에 접근합니다.

그 밖의 알려지지 않은 예외는 다음 코드처럼 기본 에러 페이지를 하나 만들어 보여주는 편이 좋습니다. defaultErrorView 프로퍼티로 기본 뷰를 지정하거나 exceptionMappings 프로퍼티에 java.lang.Exception 키를 마지막 항목으로 페이지를 매핑하면 됩니다.

```
<html>
<head>
<title>Error</title>
</head>
<body>
An error has occurred. Please contact our administrator for details.
</body>
</html>
```

@ExceptionHandler로 예외 매핑하기

HandlerExceptionResolver를 구성하지 않고 메서드에 @ExceptionHandler를 붙여서 예외 핸들러를 매핑하는 방법도 있습니다. 작동 원리는 @RequestMapping과 비슷합니다.

```
@Controller
@RequestMapping("/reservationForm")
@SessionAttributes("reservation")
```

```
public class ReservationFormController {

    @ExceptionHandler(ReservationNotAvailableException.class)
    public String handle(ReservationNotAvailableException ex) {
        return "reservationNotAvailable";
    }


    @ExceptionHandler
    public String handleDefault(Exception e) {
        return "error";
    }
    ...
}
```

두 메서드에 @ExceptionHandler를 붙였습니다. handle()은 ReservationNotAvailable Exception 예외 처리 전용 메서드고 handleDefault()는 일반(모두 붙잡아 처리하는) 예외 처리 메서드입니다. 이제 더 이상 ExceptionHandlerConfiguration 구성 클래스에서 HandlerExceptionResolver를 정의할 필요가 없습니다.

@ExceptionHandler 메서드는 (@RequestMapping 메서드처럼) 여러 타입을 반환할 수 있습니다. 예제에서는 단순히 렌더링할 뷰 이름을 반환했지만 ModelAndView, View 등의 객체도 반환할 수 있습니다.

@ExceptionHandler 메서드는 매우 강력하고 유연하지만 자신을 둘러 싼 컨트롤러 안에서만 작동하기 때문에 (WelcomeController 같은) 다른 컨트롤러에서 예외가 발생하면 호출되지 않는 문제점이 있습니다. 따라서 범용적인 예외 처리 메서드는 별도 클래스로 빼내어 클래스 레벨에 @ControllerAdvice를 붙입니다.

```
@ControllerAdvice
public class ExceptionHandlingAdvice {

    @ExceptionHandler(ReservationNotAvailableException.class)
    public String handle(ReservationNotAvailableException ex) {
        return "reservationNotAvailable";
    }

    @ExceptionHandler
    public String handleDefault(Exception e) {
```

```
        return "error";
    }
}
```

이렇게 고치면 애플리케이션 컨텍스트에 존재하는 모든 컨트롤러에 적용됩니다. 그래서 이름도 @ControllerAdvice입니다[5].

레시피 3-9 컨트롤러에서 폼 처리하기

과제

폼은 웹 애플리케이션의 단골 손님입니다. 유저에게 폼을 보여주고 유저가 전송한 폼을 처리하는 건 폼 컨트롤러의 임무입니다. 폼 처리는 의외로 복잡다기해질 수 있습니다.

해결책

유저가 폼과 상호 작용할 때 컨트롤러는 대략 두 가지 일을 반드시 수행합니다. 첫째, 처음 폼을 HTTP GET 요청하면 컨트롤러는 폼 뷰를 렌더링하여 화면에 표시합니다. 둘째, 유저가 HTTP POST를 요청하여 폼을 전송하면 폼 데이터를 검증[validation](밸리데이션) 후 업무 요건에 맞게 처리합니다. 이후 폼 처리에 성공하면 유저에게 성공 뷰[success view]를 보이고 폼 처리에 실패하면 원래 폼에 에러 메시지를 표시합니다.

풀이

유저가 폼에 예약 신청 정보를 기재하고 코트 예약을 하려고 합니다. 컨트롤러가 처리하는 데이터에 관한 이해를 돕는 컨트롤러 뷰(즉, 폼) 이야기를 먼저 하겠습니다.

---

5 역주_ 모든 컨트롤러에 어드바이스를 적용한다는 의미입니다.

폼 뷰 작성하기

다음 코드는 reservationForm.jsp 폼 뷰입니다. 스프링의 폼 태그 라이브러리를 쓰면 폼 데이터 바인딩과 에러 메시지 표시를 비롯해 에러 발생 시 유저가 처음에 입력했던 값을 다시 보여주는 등의 작업을 간편하게 처리할 수 있습니다.

```
<%@ taglib prefix="form" uri="http://www.springframework.org/tags/form"%>

<html>
<head>
<title>Reservation Form</title>
<style>
.error {
    color: #ff0000;
    font-weight: bold;
}
</style>
</head>

<body>
<form:form method="post" modelAttribute="reservation">
<form:errors path="*" cssClass="error" />
<table>
    <tr>
        <td>Court Name</td>
        <td><form:input path="courtName" /></td>
        <td><form:errors path="courtName" cssClass="error" /></td>
    </tr>
    <tr>
        <td>Date</td>
        <td><form:input path="date" /></td>
        <td><form:errors path="date" cssClass="error" /></td>
    </tr>
    <tr>
        <td>Hour</td>
        <td><form:input path="hour" /></td>
        <td><form:errors path="hour" cssClass="error" /></td>
    </tr>
    <tr>
        <td colspan="3"><input type="submit" /></td>
    </tr>
</table>
```

```
</form:form>
</body>
</html>
```

스프링 `<form:form>` 태그에는 두 가지 속성이 있습니다. method="post"는 폼 전송 시 POST 요청을 하겠다는, modelAttribute="reservation"은 폼 데이터를 reservation이라는 모델에 바인딩하겠다는 의미입니다. 전자는 HTML 폼을 전송할 때 많이 보았던 터라 눈에 익겠지만 후자는 컨트롤러가 폼을 어떻게 처리하는지 알고 나서야 분명히 이해될 겁니다.

`<form:form>` 태그는 유저에게 전송되기 이전에 표준 HTML 코드로 렌더링된다는 사실을 기억하세요. modelAttribute="reservation"은 브라우저가 쓰는 코드가 아니라, HTML 폼을 실제로 생성하는 데 필요한 편의 기능입니다.

`<form:errors>` 태그는 전송된 폼이 컨트롤러가 정한 규칙을 위반했을 때 에러 메시지를 표시할 폼 위치를 지정합니다. path="*"의 와일드카드는 모든 에러를 표시한다는 뜻이고 cssClass="error"는 에러 표시에 사용할 CSS 클래스입니다.

그 밑으로 여러 `<form:input>` 태그들이 `<form:errors>` 태그와 한 벌씩 나열되어 있습니다. 폼 필드명(예 : courtName, date, hour)은 path 속성에 적습니다.

`<form:form>` 태그는 modelAttribute 속성값에 해당하는 모델과 폼을 바인딩하며 `<form:input>`, `<form:error>` 태그는 모두 `<form:form>` 태그 안에 두어야 합니다.

끝으로 표준 HTML 태그 `<input type="submit" />`로 폼 데이터를 서버로 전송하는 Submit 버튼을 하단에 그린 뒤, `</form:form>` 태그로 폼을 닫습니다. 다음 reservationSuccess.jsp는 폼 데이터 처리 성공 시 유저에게 예약이 완료됐음을 알리는 성공 뷰입니다.

```
<html>
<head>
<title>Reservation Success</title>
</head>

<body>
Your reservation has been made successfully.
</body>
</html>
```

폼의 값이 올바르지 않으면 에러가 날 수도 있습니다. 예를 들어 시간 필드에 알파벳 문자가 섞여 있거나, 날짜 형식이 이상하게 전송되면 컨트롤러는 마땅히 처리를 중단하고 각 에러마다 에러 코드 목록을 만들어 폼 뷰로 되돌려야 합니다. 에러 메시지는 해당 <form:errors>에 표시되겠죠.

date 필드 입력값이 올바르지 않을 경우 컨트롤러는 다음 에러 코드를 생성합니다.

```
typeMismatch.command.date
typeMismatch.date
typeMismatch.java.time.LocalDate
typeMismatch
```

ResourceBundleMessageSource가 정의되어 있다면 원하는 로케일의 리소스 번들 파일에 에러 메시지를 적습니다.

```
typeMismatch.date=Invalid date format
typeMismatch.hour=Invalid hour format
```

폼 데이터를 처리 중 오류가 발견되면 해당 에러 코드 및 메시지가 유저에게 반환될 겁니다.

이제 전송된 폼 데이터(예약)를 처리하는 로직을 살펴봅시다.

폼 처리 서비스 작성하기

유저가 폼에 기재한 예약 데이터는 컨트롤러가 아니라 컨트롤러가 호출하는 서비스가 처리합니다. 먼저 서비스 인터페이스 ReservationService에 make() 메서드를 다음과 같이 정의합니다.

```
public interface ReservationService {
    ...
    void make(Reservation reservation) throws ReservationNotAvailableException;
}
```

그런 다음 Reservation 객체를 예약 목록에 저장하는 make() 메서드를 구현합니다. 예약이 중복되면 ReservationNotAvailableException 예외가 발생하도록 하겠습니다.

```
public class ReservationServiceImpl implements ReservationService {
    ...
    @Override
    public void make(Reservation reservation) throws ReservationNotAvailableException {
        long cnt = reservations.stream()
            .filter(made -> Objects.equals(made.getCourtName(),
                reservation.getCourtName()))
            .filter(made -> Objects.equals(made.getDate(), reservation.getDate()))
            .filter(made -> made.getHour() == reservation.getHour())
            .count();

        if (cnt > 0) {
            throw new ReservationNotAvailableException(reservation
                .getCourtName(), reservation.getDate(), reservation
                .getHour());
        } else {
            reservations.add(reservation);
        }
    }
}
```

폼 뷰와 예약 서비스 클래스, 이 두 엘리먼트가 컨트롤러와 어떻게 상호 작용하는지 서서히 그림이 그려지기 시작하죠? 다음은 코트 예약 폼을 처리하는 컨트롤러입니다.

폼 컨트롤러 작성하기

사실 폼을 처리하는 컨트롤러는 앞서 배운 것과 꼭 같은 애너테이션을 사용합니다. 코드부터 봅시다.

```
@Controller
@RequestMapping("/reservationForm")
@SessionAttributes("reservation")
public class ReservationFormController {

    private final ReservationService reservationService;

    @Autowired
    public ReservationFormController(ReservationService reservationService) {
        this.reservationService = reservationService;
```

```
    }

    @RequestMapping(method = RequestMethod.GET)
    public String setupForm(Model model) {
        Reservation reservation = new Reservation();
        model.addAttribute("reservation", reservation);
        return "reservationForm";
    }

    @RequestMapping(method = RequestMethod.POST)
    public String submitForm(
        @ModelAttribute("reservation") Reservation reservation,
        BindingResult result, SessionStatus status) {
            reservationService.make(reservation);
            return "redirect:reservationSuccess";
    }
}
```

컨트롤러는 표준 애너테이션 @Controller로 시작하며 다음 URL로 액세스할 수 있게 @RequestMapping을 설정합니다.

• http://localhost:8080/court/reservationForm

브라우저에서 위 URL로 접속하면 브라우저는 웹 애플리케이션에 HTTP GET 요청을 하고 @RequestMapping 설정 내용에 따라 이를 setupForm() 메서드가 받아 처리할 겁니다.

setupForm() 메서드는 Model 객체를 입력 매개변수로 받고 이 객체는 모델 데이터를 담아 뷰 (즉, 폼)에 보낼 때에도 쓰입니다. 핸들러 메서드는 비어 있는empty (내용 없이 껍데기만 있는) Reservation 객체를 하나 만들어 컨트롤러의 Model 객체 속성으로 추가합니다. 컨트롤러가 reservationForm 뷰로 실행 흐름을 넘기면 reservationForm.jsp(즉, 폼)로 해석되겠죠.

submitForm() 메서드에서 가장 눈여겨 봐야 할 대목은 비어 있는 Reservation 객체를 추가하는 부분입니다. reservationForm.jsp 폼에서 <form:form> 태그에 modelAttribute="reservation" 속성을 선언했죠? 따라서 뷰를 렌더링할 때 이 폼은 핸들러 메서드가 Model 객체 속으로 reservation이라는 이름의 객체를 넣었다고 간주합니다. 그리고 각 <form:input> 태그에 지정한 path 속성값이 Reservation 객체의 필드명과 정확히 일치합니다. 처음 폼을 로드할 때엔 당연히 Reservation 객체는 텅 빈 상태겠죠.

컨트롤러 클래스에 붙인 @SessionAttributes("reservation")도 짚고 넘어가야 할 애너테이션입니다. 폼에 에러가 날지도 모르는 상황에서 유저가 전에 입력한 유효한 데이터를 또 다시 입력하게 만들면 여간 불편하지 않겠죠? 그래서 @SessionAttributes로 reservation 필드를 유저 세션에 보관했다가 폼을 여러 차례 재전송해도 동일한 레퍼런스를 참조해 필요한 데이터를 가져오려는 겁니다. 이때문에 Reservation 객체를 딱 하나만 생성해서 전체 컨트롤러에서 참조 가능한 reservation 필드에 할당했습니다. HTTP GET 핸들러 메서드가 비어 있는 Reservation 객체를 최초에 한 번 생성한 이후론 유저 세션에 저장되기 때문에 이후 모든 액션은 동일한 객체를 참조할 수 있습니다.

이제 폼을 전송하는 부분에 주목합시다. 유저가 폼 필드를 모두 입력하고 폼을 전송하면 서버에 HTTP POST 요청을 하게 되고 @RequestMapping(method = RequestMethod.POST)를 붙인 submitForm() 메서드가 호출됩니다. 이 메서드에는 세 입력 매개변수가 선언되어 있습니다. 첫째, @ModelAttribute("reservation") Reservation reservation은 reservation 객체를 참고한다고 선언한 겁니다. 둘째, BindingResult 객체에는 유저가 전송한 데이터가 담깁니다. 셋째, SessionStatus 객체는 처리가 다 끝나면 완료 표시한 후, HttpSession에서 Reservation 객체를 삭제하는 용도로 쓰입니다.

아직은 핸들러 메서드에 (BindingResult 및 SessionStatus 객체의 주용도인) 폼 데이터를 검증하거나 유저 세션을 액세스하는 코드가 없는데요, 잠시 후 계속 설명하면서 추가할 예정입니다.

정작 핸들러 메서드가 하는 일은 reservationService.make(reservation); 한 줄뿐입니다. 예약 서비스에 reservation 객체를 그대로 넘겨 호출하는 일이죠. 물론 그 전에 컨트롤러가 서비스에 넘길 객체가 올바른지 검증해야 합니다. 가장 마지막에 핸들러 메서드는 redirect:reservationSuccess 뷰를 반환합니다. 이 뷰의 실제 이름은 reservationSuccess 인데 방금 전 작성한 reservationSuccess.jsp 페이지로 해석됩니다.

뷰 이름 앞에 붙힌 redirect: 접두어는 중복 폼 전송duplicate form submission 문제[6]를 방지하는 장치입니다.

성공 뷰로 돌아간 후 웹 페이지를 새로고침하면 이미 전송한 데이터가 재전송되는 문제가 있

---

6 역주_ 폼 처리 다음 페이지를 리다이렉트(redirect)가 아닌, 포워드(forward)할 경우 먼저 전송했던 값들이 폼에 그대로 남아있기 때문에 페이지를 새로고침하면 폼이 한 번 더 전송되는 문제입니다.

죠. 폼 전송이 정상 처리된 후 바로 HTML 페이지로 돌아가지 말고 전혀 다른 URL로 리다이렉트하는 PRG[Post/Redirect/Get] 디자인 패턴[7]으로 해결하면 됩니다. 그래서 뷰 이름 앞에 redirect: 라는 접두어를 붙였습니다.

모델 속성 객체를 초기화하고 폼 값 미리 채우기

코트 예약 폼과 도메인 클래스 Reservation을 가만히 비교하면 필드 2개가 빠져 있습니다. Player(참가자) 객체에 해당하는 player 필드가 그중 하나죠. Player 클래스에는 name, phone 두 필드가 있습니다.

player 필드는 폼 뷰와 컨트롤러에 어떻게 끼워넣을 수 있을까요? 폼 뷰를 먼저 봅시다.

```html
<html>
<head>
<title>Reservation Form</title>
</head>
<body>
<form method="post" modelAttribute="reservation">
<table>
    ...
  <tr>
    <td>Player Name</td>
    <td><form:input path="player.name" /></td>
    <td><form:errors path="player.name" cssClass="error" /></td>
  </tr>
  <tr>
    <td>Player Phone</td>
    <td><form:input path="player.phone" /></td>
    <td><form:errors path="player.phone" cssClass="error" /></td>
  </tr>
  <tr>
    <td colspan="3"><input type="submit" /></td>
  </tr>
</table>
</form>
</body>
</html>
```

---

7 역주_ https://en.wikipedia.org/wiki/Post/Redirect/Get

알기 쉽게 두〈form:input〉태그를 추가해서 Player 객체 필드를 각각 표시합니다. 폼 선언은 간단하지만 컨트롤러도 함께 수정해야 합니다. 뷰에서는 컨트롤러가 전달한 모델 객체를 액세스해서〈form:input〉태그의 path 속성값에 해당하는 값을 찾기 때문입니다.

그런데 컨트롤러의 HTTP GET 핸들러 메서드가 최종적으로 비어 있는 Reservation 객체를 뷰에 돌려주면 이 객체의 player 프로퍼티는 null이므로 폼 렌더링 시 오류가 발생합니다. Reservation 객체를 뷰에 건네주기 전에 비어 있는 Player 객체도 함께 초기화한 다음 할당하면 문제를 해결할 수 있습니다.

```
@RequestMapping(method = RequestMethod.GET)
public String setupForm(
    @RequestParam(required = false, value = "username") String username, Model model) {
    Reservation reservation = new Reservation();
    reservation.setPlayer(new Player(username, null));
    model.addAttribute("reservation", reservation);
    return "reservationForm";
}
```

비어 있는 Reservation 객체의 setPlayer() 메서드를 호출해서 비어 있는 Player 객체를 할당합니다. Player 객체 생성에 필요한 username은 setupForm() 메서드에서 @RequestParam으로 선언한 매개 변수 username으로 대입합니다.

예를 들어 다음 URL로 폼을 요청해봅시다.

- http://localhost:8080/court/reservationForm?**username=Roger**

이렇게 하면 핸들러 메서드는 URL에서 username 매개변수를 추출하여 Player 객체를 생성합니다. 아울러 폼 필드 username은 Roger로 채워집니다. @RequestParam에서 required=false는 매개변수값이 없더라도 폼 요청을 정상적으로 처리하려고 추가한 속성입니다.

폼에 레퍼런스 데이터 제공하기

폼 컨트롤러가 뷰에 전달하는 데이터 중에는 참조형 데이터(예 : HTML 셀렉트 박스select box에 표시되는 항목)도 있습니다. 유저가 코트를 예약할 때 셀렉트 박스에서 종목을 선택하겠죠.

```
<html>
<head>
<title>Reservation Form</title>
</head>
<body>
<form method="post" modelAttribute="reservation">
<table>
    ...
  <tr>
     <td>Sport Type</td>
     <td><form:select path="sportType" items="${sportTypes}"
         itemValue="id" itemLabel="name" /></td>
     <td><form:errors path="sportType" cssClass="error" /></td>
  </tr>
  <tr>
     <td colspan="3"><input type="submit" /></td>
  </tr>
</table>
</form>
</body>
</html>
```

<form:select> 태그는 컨트롤러에서 건네받은 값 목록을 셀렉트 박스 형태로 렌더링합니다. 그 결과, 유저가 텍스트를 자유롭게 입력할 수 있는 <input> 대신, <select> 옵션 값 중 하나를 고르는 sportType 필드가 추가됩니다.

그럼 컨트롤러는 어떻게 sportType 필드를 모델 속성에 할당할까요? 앞서 언급한 단순 입력 필드와는 그 과정이 조금 다릅니다.

일단 ReservationService 인터페이스에 선택 가능한 종목을 모두 조회하는 getAllSportTypes() 메서드를 정의합니다.

```
public interface ReservationService {
    ...
    public List<SportType> getAllSportTypes();
}
```

편의상 종목 리스트는 하드코딩해서 반환하겠습니다.

```java
public class ReservationServiceImpl implements ReservationService {
    ...
    public static final SportType TENNIS = new SportType(1, "Tennis");
    public static final SportType SOCCER = new SportType(2, "Soccer");

    @Override
    public List<SportType> getAllSportTypes() {
        return Arrays.asList(TENNIS, SOCCER);
    }
}
```

서비스가 반환한 SportType 객체 리스트는 다음과 같은 방법으로 컨트롤러에서 엮어 폼 뷰에 반환합니다.

```java
    ...
    @ModelAttribute("sportTypes")
    public List<SportType> populateSportTypes() {
        return reservationService.getAllSportTypes();
    }

    @RequestMapping(method = RequestMethod.GET)
    public String setupForm(
    @RequestParam(required = false, value = "username") String username, Model model) {
        Reservation reservation = new Reservation();
        reservation.setPlayer(new Player(username, null));
        model.addAttribute("reservation", reservation);
        return "reservationForm";
    }
```

비어 있는 Reservation 객체를 폼 뷰에 반환하는 setupForm( ) 메서드는 그대로입니다.

SportType 객체 리스트를 모델 속성에 넣고 뷰에 전달하는 메서드를 하나 더 추가했군요. 이 populateSportTypes( ) 메서드에 붙인 @ModelAttribute("sportTypes")는 모든 핸들러 메서드가 반환하는 뷰에서 공통적으로 쓸 수 있는 전역 모델 속성을 정의하는 애너테이션입니다. 핸들러 메서드가 Model 객체를 입력 매개변수로 선언하고 반환 뷰에서 액세스할 속성을 이 객체에 할당하는 것과 같은 방식이지요.

@ModelAttribute("sportTypes") 메서드의 반환형이 List<SportType>이고 내부적으로
reservationService.getAllSportTypes()를 호출하므로 하드코딩한 두 SportType 객체
(TENNIS, SOCCER)가 sportTypes 모델 속성에 할당됩니다. 바로 이 모델 속성에 추가된 값을
이용해 폼 뷰는 (<form:select> 태그로) 셀렉트 박스를 그리는 것이죠.

커스텀 타입 프로퍼티 바인딩하기

폼 전송 시 컨트롤러는 폼 필드값을 같은 이름의 모델 객체(Reservation)의 프로퍼티로 바인
딩합니다. 그러나 커스텀 타입 프로퍼티는 별도의 프로퍼티 편집기property editor를 설정하지 않는
한 컨트롤러가 알아서 변환할 도리가 없습니다.

<select> 필드의 작동 원리상 종목 셀렉트 박스에서 실제로 서버에 전송되는 데이터는 유저가
선택한 종목 ID뿐입니다. 따라서 종목 ID를 SportType 객체로 변환하려면 프로퍼티 편집기
가 필요하지요. 종목 ID에 대응되는 SportType 객체를 조회하는 getSportType() 메서드를
ReservationService에 작성합시다.

```
public interface ReservationService {
    ...
    public SportType getSportType(int sportTypeId);
}
```

예제 편의상 메서드 로직은 switch/case문으로 구현하겠습니다.

```
public class ReservationServiceImpl implements ReservationService {
    ...
    @Override
    public SportType getSportType(int sportTypeId) {
        switch (sportTypeId) {
        case 1:
            return TENNIS;
        case 2:
            return SOCCER;
        default:
            return null;
        }
    }
}
```

다음은 종목 ID를 SportType 객체로 변환하는 SportTypeConverter 클래스입니다. 이 변환기는 ReservationService를 호출해 SportType 객체를 찾습니다.

```
public class SportTypeConverter implements Converter<String, SportType> {

    private ReservationService reservationService;

    public SportTypeConverter(ReservationService reservationService) {
        this.reservationService = reservationService;
    }

    @Override
    public SportType convert(String source) {
        int sportTypeId = Integer.parseInt(source);
        SportType sportType = reservationService.getSportType(sportTypeId);
        return sportType;
    }
}
```

이제 폼 프로퍼티를 SportType 같은 커스텀 클래스로 바인딩하는 데 필요한 SportTypeConverter 클래스와 컨트롤러를 연관지을 차례입니다. WebMvcConfigurer의 addFormatters() 메서드가 이런 용도로 제격입니다.

이 메서드를 구성 클래스에서 오버라이드해서 커스텀 타입을 컨트롤러와 연관짓는 겁니다. SportTypeConverter 외에 Date 같은 커스텀 타입도 대상으로 합니다. 따로 언급은 안 했지만 date 필드 역시 종목을 고르는 셀렉트 박스와 동일한 문제가 있습니다. 유저가 이 필드에 텍스트 값을 입력하도록 유도하니까요. 이 텍스트 값을 컨트롤러에서 Reservation 객체의 date 필드에 할당하려면 먼저 Date 객체로 변환이 가능해야 합니다. 하지만 Date는 자바 언어의 일부라서 SportTypeConverter 같은 클래스는 따로 필요 없습니다. 스프링 프레임워크에 이미 커스텀 클래스로 구현되어 있기 때문입니다.

SportTypeConverter, Date 두 클래스 모두 컨트롤러에 바인딩해야 하므로 구성 클래스를 다음과 같이 수정합니다.

```
@Configuration
@EnableWebMvc
```

```
@ComponentScan("com.apress.springrecipes.court.web")
public class WebConfiguration implements WebMvcConfigurer {

    @Autowired
    private ReservationService reservationService;

    @Override
    public void addFormatters(FormatterRegistry registry) {
        registry.addConverter(new SportTypeConverter(reservationService));
    }
}
```

이 클래스의 유일한 필드 reservationService에 @Autowired를 붙여 ReservationService 빈을 자동연결합니다. addFormatters() 메서드는 reservationService 필드를 이용해 SportTypeConverter 변환기 객체를 생성한 뒤, 자신의 입력 매개변수로 받은 FormatterRegistry 객체에 추가합니다.

폼 데이터 검증하기

폼이 전송되면 처리하기 전에 유저가 입력한 데이터가 올바른지 검사해야 합니다. 스프링 MVC는 Validator 인터페이스를 구현한 검증기 객체를 지원합니다. 다음 코드는 필수 입력 필드를 모두 기재했는지, 예약한 시간이 운영 시간 이내인지 체크하는 검증기입니다.

```
@Component
public class ReservationValidator implements Validator {

    @Override
    public boolean supports(Class<?> clazz) {
        return Reservation.class.isAssignableFrom(clazz);
    }

    @Override
    public void validate(Object target, Errors errors) {

        ValidationUtils.rejectIfEmptyOrWhitespace(errors, "courtName",
            "required.courtName", "Court name is required.");
        ValidationUtils.rejectIfEmpty(errors, "date",
```

```
        "required.date", "Date is required.");
    ValidationUtils.rejectIfEmpty(errors, "hour",
        "required.hour", "Hour is required.");
    ValidationUtils.rejectIfEmptyOrWhitespace(errors, "player.name",
        "required.playerName", "Player name is required.");
    ValidationUtils.rejectIfEmpty(errors, "sportType",
        "required.sportType", "Sport type is required.");

    Reservation reservation = (Reservation) target;
    LocalDate date = reservation.getDate();
    int hour = reservation.getHour();
    if (date != null) {
        if (date.getDayOfWeek() == DayOfWeek.SUNDAY) {
            if (hour < 8 || hour > 22) {
                errors.reject("invalid.holidayHour", "Invalid holiday hour.");
            }
        } else {
            if (hour < 9 || hour > 21) {
                errors.reject("invalid.weekdayHour", "Invalid weekday hour.");
            }
        }
    }
    }
  }
}
```

필수 입력 필드의 기재 여부는 ValidationUtils 클래스에 마련된 rejectIfEmptyOr
Whitespace(), rejectIfEmpty() 등의 유틸리티 메서드로 조사하며 하나라도 값이 비어 있
으면 필드 에러를 만들어 해당 필드에 바인딩합니다. 이들 메서드의 두 번째 인수는 프로퍼티
명, 세 번째, 네 번째 인수는 각각 에러 코드 및 기본 에러 메시지입니다.

밑부분 코드는 유저가 예약 신청한 시간이 주중/휴일 운영 시간 이내인지 체크합니다. 예약 시
간이 올바르지 않으면 reject() 메서드로 에러를 만들고 이번엔 필드가 아닌 Reservation 객
체에 바인딩합니다[8].

ReservationValidator 클래스에 @Component를 붙였기 때문에 스프링은 클래스명
(reservationValidator)과 동일한 이름의 빈을 인스턴스화합니다.

---

8 역주_ 좀 더 정확하게 표현하면 대상 객체(Reservation)에 대해 전역 에러를 발생시키는 겁니다.

검증기가 만들어낸 에러를 유저에게 보여주려면 에러 코드별로 메시지를 정의해야 합니다. ResourceBundleMessageSource가 정의되어 있으면 원하는 로케일의 리소스 번들 파일(예 : 기본 로케일이라면 messages.properties)에 에러 메시지를 적습니다.

```
required.courtName=Court name is required
required.date=Date is required
required.hour=Hour is required
required.playerName=Player name is required
required.sportType=Sport type is required
invalid.holidayHour=Invalid holiday hour
invalid.weekdayHour=Invalid weekday hour
```

컨트롤러를 다음과 같이 수정해서 검증기를 적용합시다.

```
...
    private ReservationService reservationService;
    private ReservationValidator reservationValidator;

    public ReservationFormController(ReservationService reservationService,
        ReservationValidator reservationValidator) {
        this.reservationService = reservationService;
        this.reservationValidator = reservationValidator;
    }

    @RequestMapping(method = RequestMethod.POST)
    public String submitForm(
        @ModelAttribute("reservation") @Validated Reservation reservation,
        BindingResult result, SessionStatus status) {
        if (result.hasErrors()) {
            return "reservationForm";
        } else {
            reservationService.make(reservation);
            return "redirect:reservationSuccess";
        }
    }

    @InitBinder
    public void initBinder(WebDataBinder binder) {
        binder.setValidator(reservationValidator);
    }
```

먼저 검증기 빈 인스턴스를 액세스하기 위해 reservationValidator 필드를 선언합니다.

폼 전송 시 호출하는 HTTP POST 핸들러 메서드도 수정해야 합니다. @ModelAttribute 다음에 @Validated를 나란히 적어 검증 대상 매개변수임을 밝힙니다. 검증 결과는 모두 BindingResult 객체에 저장되므로 조건문에서 result.hasErrors()에 따라 분기 처리합니다. 이 값이 true이면 검증기가 에러를 발견했다는 뜻이죠.

이렇게 폼 처리 도중 에러가 나면 메서드 핸들러는 reservationForm 뷰를 반환하고 유저는 동일한 폼에서 오류를 정정한 뒤 다시 전송할 겁니다. 에러가 없으면 reservationService.make(reservation);하여 예약 처리한 후 성공 뷰(reservationSuccess)로 리다이렉트합니다.

@InitBinder를 붙인 메서드는 setValidator() 메서드로 검증기를 등록합니다. 검증기는 바인딩 이후 사용할 수 있게 WebDataBinder에 설정합니다. 검증기 인스턴스를 가변 인수로 여럿 취하는 addValidators() 메서드를 대신 쓰면 여러 검증기를 한 번에 등록할 수 있습니다.

> **NOTE_** WebDataBinder는 형변환 용도로 ProperyEditor, Converter, Formatter 인스턴스를 추가 등록할 때에도 사용합니다. 덕분에 전역 ProperyEditor, Converter, Formatter를 등록하지 않아도 됩니다.

컨트롤러의 세션 데이터 만료시키기

폼이 여러 번 전송되거나 유저 입력 데이터가 유실되지 않게 하려면 컨트롤러에 @SessionAttributes를 붙여 사용합니다. 이렇게 하면 여러 요청을 거치더라도 Reservation 객체 형태의 예약 필드를 참조할 수 있습니다.

하지만 폼 전송 후 예약을 성공적으로 완료한 이후까지 Reservation 객체를 세션에 보관할 이유는 없겠죠? 유저가 아주 짧은 기간 이내에 폼 페이지를 재방문할 경우, 미처 삭제되지 않은 Reservation 객체의 찌꺼기 데이터가 튀어나올지 모르니까요.

@SessionAttributes로 세션에 추가된 값은 SessionStatus 객체로 지웁니다. 이 객체는 핸들러 메서드의 입력 매개변수로 가져올 수 있지요. 컨트롤러에서 세션 데이터를 어떻게 만료시키는지 다음 코드를 보면 알 수 있습니다.

```
@Controller
@RequestMapping("/reservationForm")
@SessionAttributes("reservation")
public class ReservationFormController {

    @RequestMapping(method = RequestMethod.POST)
    public String submitForm(
        @ModelAttribute("reservation") Reservation reservation,
        BindingResult result, SessionStatus status) {

        if (result.hasErrors()) {
            return "reservationForm";
        } else {
            reservationService.make(reservation);
            status.setComplete();
            return "redirect:reservationSuccess";
        }
    }
}
```

핸들러 메서드에서 reservationService.make(reservation);하여 예약을 하고 성공 뷰로 리다이렉트하기 직전에 컨트롤러의 세션 데이터를 만료시키는 게 가장 적당할 것 같군요. SessionStatus 객체의 setComplete() 메서드만 호출하면 됩니다. 정말 간단하죠?

레시피 3-10 마법사 폼 컨트롤러로 다중 페이지 폼 처리하기

과제

처리해야 할 폼이 여러 페이지에 걸쳐 있는 경우도 있습니다. 유저가 페이지를 넘겨가며 입력 사항을 기재하는 소프트웨어 마법사와 흡사하다고 하여 **마법사 폼**^{wizard form}이라고 합니다. 마법사 폼을 처리하려면 당연히 컨트롤러도 여러 개 있어야 하겠죠.

해결책

마법사 폼은 페이지가 여러 개이기 때문에 마법사 폼 컨트롤러에도 페이지 뷰를 여러 개 정의합니다. 컨트롤러는 이들 전체 페이지에 걸쳐 폼 상태를 관리합니다. 개별 폼과 마찬가지로 마법사 폼에서도 컨트롤러에 폼을 처리하는 메서드를 하나만 둘 수 있지만 유저 액션을 분간하려고 보통은 전송 버튼과 같은 이름의 특수한 요청 매개변수를 폼마다 심어둡니다.

- **_finish**: 마법사 폼을 마친다.
- **_cancel**: 마법사 폼을 취소한다.
- **_targetx**: 대상 페이지로 넘어간다(x는 0부터 시작하는 페이지 인덱스)

이러한 매개변수를 사용해 컨트롤러의 핸들러 메서드는 어느 단계의 로직을 폼에 수행할지 판단할 수 있습니다.

풀이

정해진 시간에 코트를 정기 예약하는 기능을 신규 개발하려고 합니다. 먼저 domain 패키지에 다음 PeriodicReservation 클래스를 작성합니다.

```java
public class PeriodicReservation {

    private String courtName;
    private Date fromDate;
    private Date toDate;
    private int period;
    private int hour;
    private Player player;

    // 게터와 세터
    ...
}
```

정기 예약 기능은 ReservationService 인터페이스의 makePeriodic() 메서드로 추가합니다.

```java
public interface ReservationService {
    ...
    public void makePeriodic(PeriodicReservation periodicReservation)
```

```
        throws ReservationNotAvailableException;
}
```

구현체 코드에서는 PeriodicReservation에 설정한 정기 예약 기간을 순회하면서 여러 번
make() 메서드를 호출합니다. 편의상 트랜잭션 관리 기능은 넘어갑니다.

```java
public class ReservationServiceImpl implements ReservationService {
    ...
    @Override
    public void makePeriodic(PeriodicReservation periodicReservation)
        throws ReservationNotAvailableException {

        LocalDate fromDate = periodicReservation.getFromDate();
        while (fromDate.isBefore(periodicReservation.getToDate())) {
            Reservation reservation = new Reservation();
            reservation.setCourtName(periodicReservation.getCourtName());
            reservation.setDate(fromDate);
            reservation.setHour(periodicReservation.getHour());
            reservation.setPlayer(periodicReservation.getPlayer());
            make(reservation);

            fromDate = fromDate.plusDays(periodicReservation.getPeriod());
        }
    }
}
```

마법사 폼 페이지 작성하기

정기 예약 신청 폼을 세 페이지에 걸쳐 보여줍시다. 페이지마다 폼 필드의 일부가 들어 있습니
다. 첫 번째 페이지 reservationCourtForm.jsp에는 코트명(courtName) 필드 하나만 있습
니다.

```jsp
<%@ taglib prefix="form" uri="http://www.springframework.org/tags/form"%>

<html>
<head>
<title>Reservation Court Form</title>
```

```
<style>
.error {
    color: #ff0000;
    font-weight: bold;
}
</style>
</head>

<body>
<form:form method="post" modelAttribute="reservation">
<table>
    <tr>
        <td>Court Name</td>
        <td><form:input path="courtName" /></td>
        <td><form:errors path="courtName" cssClass="error" /></td>
    </tr>
    <tr>
        <td colspan="3">
            <input type="hidden" value="0" name="_page" />
            <input type="submit" value="Next" name="_target1" />
            <input type="submit" value="Cancel" name="_cancel" />
        </td>
    </tr>
</table>
</form:form>
</body>
</html>
```

폼 및 입력 필드는 각각 <form:form>, <form:input> 태그로 정의했고 이들은 모델 속성 reservation에 바인딩되어 있습니다. 필드 에러 메시지를 유저에게 표시할 에러 태그도 있군요. 그런데 이 페이지엔 전송 버튼이 두 개 있습니다. Next 버튼은 _target1이라고 명명해야 합니다. 그래야 마법사 폼 컨트롤러가 페이지 인덱스가 1인(페이지 인덱스는 0부터 시작합니다) 두 번째 페이지로 진행시키기 때문이지요. 한편 Cancel 버튼 클릭 시 컨트롤러가 폼을 취소하게 하려면 _cancel이라고 명명해야 합니다. 히든 필드^{hidden field} _page는 유저가 보고 있는 현재 페이지를 추적하려고 둔 겁니다(첫 페이지라서 필드값은 0입니다)

두 번째 페이지는 정기 예약 날짜 및 시간을 입력받는 reservationTimeForm.jsp입니다.

```jsp
<%@ taglib prefix="form" uri="http://www.springframework.org/tags/form"%>

<html>
<head>
<title>Reservation Time Form</title>
<style>
.error {
    color: #ff0000;
    font-weight: bold;
}
</style>
</head>

<body>
<form:form method="post" modelAttribute="reservation">
<table>
    <tr>
        <td>From Date</td>
        <td><form:input path="fromDate" /></td>
        <td><form:errors path="fromDate" cssClass="error" /></td>
    </tr>
    <tr>
        <td>To Date</td>
        <td><form:input path="toDate" /></td>
        <td><form:errors path="toDate" cssClass="error" /></td>
    </tr>
    <tr>
        <td>Period</td>
        <td><form:select path="period" items="${periods}" /></td>
        <td><form:errors path="period" cssClass="error" /></td>
    </tr>
    <tr>
        <td>Hour</td>
        <td><form:input path="hour" /></td>
        <td><form:errors path="hour" cssClass="error" /></td>
    </tr>
    <tr>
        <td colspan="3">
            <input type="hidden" value="1" name="_page"/>
            <input type="submit" value="Previous" name="_target0" />
            <input type="submit" value="Next" name="_target2" />
            <input type="submit" value="Cancel" name="_cancel" />
        </td>
```

```
      </tr>
</table>
</form:form>
</body>
</html>
```

이 폼은 전송 버튼이 세 개나 있군요. Previous, Next 버튼은 각각 _target0, _target2로 명명해서 폼 마법사 컨트롤러가 첫 번째 페이지, 세 번째 페이지로 이동하도록 준비합니다. 이 폼역시 Cancel 버튼은 컨트롤러에 폼 취소를 요청하며 현재 페이지를 파악하는 히든 필드가 있습니다(두 번째 페이지라서 필드값은 1입니다)

세 번째 페이지 reservationPlayerForm.jsp는 정기 예약할 참가자 정보를 받습니다.

```
<%@ taglib prefix="form" uri="http://www.springframework.org/tags/form"%>

<html>
<head>
<title>Reservation Player Form</title>
<style>
.error {
    color: #ff0000;
    font-weight: bold;
}
</style>
</head>

<body>
<form:form method="POST" commandName="reservation">
<table>
    <tr>
        <td>Player Name</td>
        <td><form:input path="player.name" /></td>
        <td><form:errors path="player.name" cssClass="error" /></td>
    </tr>
    <tr>
        <td>Player Phone</td>
        <td><form:input path="player.phone" /></td>
        <td><form:errors path="player.phone" cssClass="error" /></td>
    </tr>
    <tr>
```

```
    <td colspan="3">
        <input type="hidden" value="2" name="_page"/>
        <input type="submit" value="Previous" name="_target1" />
        <input type="submit" value="Finish" name="_finish" />
        <input type="submit" value="Cancel" name="_cancel" />
    </td>
  </tr>
</table>
</form:form>
</body>
</html>
```

이 폼도 전송 버튼은 세 개 있네요. Previous 버튼은 두 번째 페이지로 이동하도록, _finish 라고 명명한 Finish 버튼은 폼 작성을 완료하도록, Cancel 버튼은 폼을 취소하도록 각 컨트롤러에 지시합니다. 현재 페이지 추적용 히든 필드값은 2입니다.

마법사 폼 컨트롤러 작성하기

그럼 정기 예약 폼 처리를 담당할 마법사 폼 컨트롤러를 작성합시다. 이 컨트롤러는 HTTP GET 요청 처리 메서드 1개, HTTP POST 요청 처리 3개, 총 4개의 주요 메서드로 이루어져 있으며 앞서 배운 컨트롤러와 동일한 요소(예 : 애너테이션, 검증, 세션)를 지니고 있습니다. 마법사 폼 컨트롤러에서 각 페이지에 위치한 폼 필드는 모두 Reservation 객체라는 하나의 모델 속성에 바인딩합니다. 또 여러 번 요청을 거듭하더라도 Reservation 객체가 유실되지 않게 유저 세션에 보관합니다.

```
@Controller
@RequestMapping("/periodicReservationForm")
@SessionAttributes("reservation")
public class PeriodicReservationController {

    private final Map<Integer, String> pageForms = new HashMap<>(3);
    private final ReservationService reservationService;

    public PeriodicReservationController(ReservationService reservationService) {
        this.reservationService = reservationService;
    }
```

```java
@PostConstruct
public void initialize() {
    pageForms.put(0, "reservationCourtForm");
    pageForms.put(1, "reservationTimeForm");
    pageForms.put(2, "reservationPlayerForm");
}

@GetMapping
public String setupForm(Model model) {
    PeriodicReservation reservation = new PeriodicReservation();
    reservation.setPlayer(new Player());
    model.addAttribute("reservation", reservation);
    return "reservationCourtForm";
}

@PostMapping(params = {"_cancel"})
public String cancelForm(@RequestParam("_page") int currentPage) {

    return pageForms.get(currentPage);
}

@PostMapping(params = {"_finish"})
public String completeForm(
    @ModelAttribute("reservation") PeriodicReservation reservation,
    BindingResult result, SessionStatus status,
    @RequestParam("_page") int currentPage) {

    if (!result.hasErrors()) {
        reservationService.makePeriodic(reservation);
        status.setComplete();
        return "redirect:reservationSuccess";
    } else {
        return pageForms.get(currentPage);
    }
}

@PostMapping
public String submitForm(
    HttpServletRequest request,
    @ModelAttribute("reservation") PeriodicReservation reservation,
    BindingResult result, @RequestParam("_page") int currentPage) {
    int targetPage = getTargetPage(request, "_target", currentPage);
    if (targetPage < currentPage) {
        return pageForms.get(targetPage);
```

```
    }

    if (!result.hasErrors()) {
        return pageForms.get(targetPage);
    } else {
        return pageForms.get(currentPage);
    }
}

@ModelAttribute("periods")
public Map<Integer, String> periods() {
    Map<Integer, String> periods = new HashMap<>();
    periods.put(1, "Daily");
    periods.put(7, "Weekly");
    return periods;
}

private int getTargetPage(HttpServletRequest request, String paramPrefix, int
    currentPage) {

    Enumeration<String> paramNames = request.getParameterNames();
    while (paramNames.hasMoreElements()) {
        String paramName = paramNames.nextElement();
        if (paramName.startsWith(paramPrefix)) {
            for (int i = 0; i < WebUtils.SUBMIT_IMAGE_SUFFIXES.length; i++) {
                String suffix = WebUtils.SUBMIT_IMAGE_SUFFIXES[i];
                if (paramName.endsWith(suffix)) {
                    paramName = paramName.substring(0, paramName.length() -
                        suffix.length());
                }
            }
            return Integer.parseInt(paramName.substring(paramPrefix.length()));
        }
    }
    return currentPage;
}
}
```

이 컨트롤러의 일부 요소는 이미 앞서 설명한 ReservationFormController와 같기 때문에
설명은 생략하겠습니다. @SessionAttributes는 Reservation 객체를 유저 세션에 보관하는
애너테이션이고 제일 처음 빈을 로드할 때 비어 있는 Reservation, Player 객체를 할당하는
HTTP GET 메서드 내용은 똑같습니다.

그다음 페이지 번호와 뷰 이름이 매핑된 HashMap형 pageForms 필드를 정의합니다. 컨트롤러는 이 필드를 여러 차례 참조하며 다양한 시나리오별(즉, 폼 데이터를 검증하거나 유저가 Cancel, Next 버튼을 클릭하는 갖가지 상황에 따라)로 대상 뷰를 결정합니다.

@ModelAttribute("periods")를 붙인 periods() 메서드를 봅시다. 이전 컨트롤러에서 설명했듯이 @ModelAttribute를 선언한 모델은 컨트롤러의 모든 반환 뷰가 참조할 수 있습니다. reservationTimeForm.jsp 파일을 다시 보면 이 뷰도 periods라는 모델 속성이 있다는 전제하에 가져옵니다[9].

요청 URL에 _cancel이 들어 있으면 @PostMapping(params = {"_cancel"})을 붙인 cancelForm() 메서드가 호출됩니다. 이 메서드는 @RequestParam("_page")를 사용해 요청 URL에서 _page 값을 꺼내 currentPage 매개변수에 할당하고 그 값에 해당하는 뷰로 실행 흐름을 넘깁니다. 그 결과, 입력 필드의 내용은 변경 이전의 상태로 모두 초기화됩니다.

그 아래 @PostMapping(params={"_finish"})를 붙인 completeForm() 메서드는 요청 URL에 _finish가 포함된 경우, 즉 유저가 Finish 버튼을 클릭할 때 호출됩니다. 핸들러 메서드는 reservationService.makePeriodic(reservation);하여 예약 처리 후 reservationSuccess 뷰로 리다이렉트합니다.

세 번째 @PostMapping을 붙인 submitForm() 메서드는 앞서 @RequestParam으로 요청 객체에 포함된 입력 데이터에 접근했던 두 @PostMapping 메서드와 달리, HttpServletRequest를 입력 매개변수로 선언하여 직접 액세스합니다. 일종의 지름길인 셈이죠. 사실 HttpServletRequest, HttpServletResponse는 핸들러 메서드에서 얼마든지 액세스 가능한 표준 객체들입니다. 그다음에 이어지는 입력 매개변수들은 필자가 앞서 설명했던 내용을 상기하면 이름, 표기법이 눈에 익을 겁니다. submitForm() 메서드는 폼에서 유저가 Next 또는 Previous 버튼을 클릭할 때 호출됩니다. 따라서 _target으로 시작하는 매개변수는 버튼 엘리먼트 자체의 이름으로 이미 할당되어 있기 때문에 HttpServletRequest 객체에 포함되어 있습니다.

_target으로 시작하는 매개변수(예 : _target0, _target1, _target2) 값은 getTargetPage() 메서드로 추출합니다(0, 1, 2는 각 대상 페이지를 가리키는 번호입니다).

---

9 역주_`<form:select path="period" items="${periods}" />`

대상 페이지 번호와 현재 페이지 번호 둘 다 알고 있으니 유저가 Next 버튼을 클릭했는지, Previous 버튼을 클릭했는지 알 수 있습니다. '대상 페이지 번호 < 현재 페이지 번호'이면 Previous 버튼, '대상 페이지 번호 > 현재 페이지 번호'이면 Next 버튼을 클릭한 겁니다.

그런데 어차피 대상 페이지에 해당하는 뷰를 항상 반환할 텐데 굳이 유저가 Next, Previous 중 어느 버튼을 클릭했는지 알아야 할 이유가 있을까요? 네, 그럴 만한 이유가 있습니다. Next 버튼을 클릭하면 데이터를 검증해야 하지만 Previous 버튼을 클릭하면 그럴 필요가 없으니까요. 다음 절에서 검증 기능까지 컨트롤러에 덧붙이고 나면 좀 더 분명히 이해가 될 겁니다.

PeriodicReservationController 클래스에 @RequestMapping("/periodicReservation Form")을 붙였기 때문에 이 컨트롤러는 다음 URL로 접속합니다.

- http://localhost:8080/court/**periodicReservation**

마법사 폼 데이터 검증하기

단순한 폼 컨트롤러라면 폼 전송 시 모델 속성 객체를 한 번에 전부 검증하겠지만 마법사 폼 컨트롤러는 폼 페이지가 여러 개라서 전송할 때마다 페이지를 하나씩 검증합니다. 따라서 validate() 메서드 역시 잘게 나누어 특정 페이지의 필드를 검증하는 식으로 구현합니다.

```
@Component
public class PeriodicReservationValidator implements Validator {

    @Override
    public boolean supports(Class clazz) {
        return PeriodicReservation.class.isAssignableFrom(clazz);
    }

    @Override
    public void validate(Object target, Errors errors) {
        validateCourt(target, errors);
        validateTime(target, errors);
        validatePlayer(target, errors);
    }

    public void validateCourt(Object target, Errors errors) {
        ValidationUtils.rejectIfEmptyOrWhitespace(errors, "courtName",
            "required.courtName", "Court name is required.");
    }
```

```
    public void validateTime(Object target, Errors errors) {
        ValidationUtils.rejectIfEmpty(errors, "fromDate",
            "required.fromDate", "From date is required.");
        ValidationUtils.rejectIfEmpty(errors, "toDate", "required.toDate",
            "To date is required.");
        ValidationUtils.rejectIfEmpty(errors, "period",
            "required.period", "Period is required.");
        ValidationUtils.rejectIfEmpty(errors, "hour", "required.hour",
            "Hour is required.");
    }

    public void validatePlayer(Object target, Errors errors) {
        ValidationUtils.rejectIfEmptyOrWhitespace(errors, "player.name",
            "required.playerName", "Player name is required.");
    }
}
```

앞서 배웠던 검증기처럼 PeriodicReservationValidator 클래스에도 @Component를 붙여 스프링 빈으로 자동 등록합니다. 이제 등록된 검증기 빈을 컨트롤러에서 불러 쓰면 됩니다.

```
@Controller
@RequestMapping("/periodicReservationForm")
@SessionAttributes("reservation")
public class PeriodicReservationController {

    private final Map<Integer, String> pageForms = new HashMap<>(3);
    private final ReservationService reservationService;
    private final PeriodicReservationValidator validator;

    public PeriodicReservationController(ReservationService reservationService,
        PeriodicReservationValidator periodicReservationValidator) {
        this.reservationService = reservationService;
        this.validator = periodicReservationValidator;
    }

    @InitBinder
    public void initBinder(WebDataBinder binder) {
        binder.setValidator(this.validator);
    }
```

```java
@PostMapping(params = {"_finish"})
public String completeForm(
    @Validated @ModelAttribute("reservation") PeriodicReservation reservation,
    BindingResult result, SessionStatus status,
    @RequestParam("_page") int currentPage) {
    if (!result.hasErrors()) {
        reservationService.makePeriodic(reservation);
        status.setComplete();
        return "redirect:reservationSuccess";
    } else {
        return pageForms.get(currentPage);
    }
}


@PostMapping
public String submitForm(
    HttpServletRequest request,
    @ModelAttribute("reservation") PeriodicReservation reservation,
    BindingResult result, @RequestParam("_page") int currentPage) {
    int targetPage = getTargetPage(request, "_target", currentPage);
    if (targetPage < currentPage) {
        return pageForms.get(targetPage);
    }
    validateCurrentPage(reservation, result, currentPage);
    if (!result.hasErrors()) {
        return pageForms.get(targetPage);
    } else {
        return pageForms.get(currentPage);
    }
}


private void validateCurrentPage(PeriodicReservation reservation,
    BindingResult result, int currentPage) {
    switch (currentPage) {
        case 0:
            validator.validateCourt(reservation, result);
            break;
        case 1:
            validator.validateTime(reservation, result);
            break;
        case 2:
            validator.validatePlayer(reservation, result);
            break;
    }
```

```
    }
    ...
}
```

클래스 생성자에서 PeriodicReservationValidator 검증기 빈 인스턴스를 validator 필드
에 할당합니다. 이 검증기는 다음 두 가지 시점에 참조합니다.

첫째, 유저가 폼을 전송하는 시점입니다. completeForm() 메서드의 reservation 인수 앞에
@Validated를 붙여 검증기를 호출합니다. 실제로 검증기가 제대로 작동하려면 @InitBinder
메서드를 추가해 WebDataBinder에 PeriodicReservationValidator를 등록해야 합니다. 검
증기가 아무 에러도 반환하지 않으면 예약은 그대로 처리되고 유저 세션은 초기화해서 성공 뷰
reservationSuccess로 리다이렉트합니다. 반대로 검증기가 에러를 반환하면 현재 뷰 폼으로
다시 되돌려 유저가 오류를 정정하게 유도합니다([레시피 3-9] 참고)

둘째, 유저가 폼에서 Next 버튼을 클릭하는 시점입니다. Next 버튼을 클릭하는 건 다음 폼으로
진행하는 것이므로 유저 입력 데이터를 검증해야 합니다. 검증할 뷰는 총 3개이므로 case문을
써서 어느 검증기 메서드를 호출할지 분기 처리합니다. 검증기가 에러를 감지하면 유저가 오류
를 정정하도록 currentPage 뷰로 돌려보내고 에러가 안 나면 targetPage 뷰로 이동합니다.
대상 페이지 번호는 이미 컨트롤러 pageForms 맵에 매핑되어 있습니다.

레시피 3-11 표준 애너테이션(JSR-303)으로 빈 검증하기

과제

웹 애플리케이션에서 JSR-303 표준 애너테이션을 사용해서 자바 빈의 유효성을 검증하세요.

해결책

JSR-303(빈 검증^{Bean Validation})은 자바 빈에 애너테이션을 붙여 검증하는 방법을 표준화한 명세
입니다.

지금까지는 스프링 프레임워크가 지원하는 클래스를 상속해서 특정 타입의 자바 빈에 적용할 검증기 클래스를 만들어 썼습니다.

JSR-303 명세의 목표는 자바 빈 클래스에 직접 애너테이션을 붙여 사용하는 겁니다. 이렇게 하면 앞서 스프링 검증기 클래스를 작성할 때 별도 클래스에 검증 규칙을 작성하는 대신 검증할 대상 코드에 직접 규칙을 지정할 수 있습니다.

풀이

코트 예약 애플리케이션의 Reservation 도메인 클래스에 JSR-303 애너테이션을 붙여봅시다.

```java
public class Reservation {

    @NotNull
    @Size(min = 4)
    private String courtName;

    @NotNull
    private Date date;

    @Min(9)
    @Max(21)
    private int hour;

    @Valid
    private Player player;

    @NotNull
    private SportType sportType;

    // 게터 및 세터
}
```

courtName 필드는 null이 될 수 없으므로 @NotNull, 필드값이 최소 4 글자 이상이어야 하므로 @Size(min=4)를 각각 붙입니다.

date, sportType는 둘 다 필수 필드이므로 @NotNull을 붙입니다.

hour 필드엔 @Min, @Max로 각각 최솟값, 최댓값을 지정합니다.

player 필드엔 @Valid를 붙여 중첩된 Player 객체를 검증하도록 장치합니다. Play 도메인 클래스의 두 필드 name과 phone에도 @NotNull을 붙입니다.

이렇게 자바 빈에 적용한 JSR-303 애너테이션은 다음과 같이 컨트롤러에서 활용할 수 있습니다.

```
...
    private final ReservationService reservationService;

    public ReservationFormController(ReservationService reservationService) {
        this.reservationService = reservationService;
    }

    @RequestMapping(method = RequestMethod.POST)
    public String submitForm(
        @ModelAttribute("reservation") @Valid Reservation reservation,
        BindingResult result, SessionStatus status) {
        if (result.hasErrors()) {
            return "reservationForm";
        } else {
            reservationService.make(reservation);
            return "redirect:reservationSuccess";
        }
    }
}
```

[레시피 3-9] 컨트롤러와 코드가 거의 같습니다. 유일한 차이점은 @InitBinder 메서드가 사라졌다는 사실입니다. 스프링 MVC는 클래스패스에 javax.validation.Validator가 있으면 자동 감지합니다. 필자는 검증기 구현체로 hibernate-validator를 클래스패스에 추가했습니다.

이어서 유저가 전송한 폼 데이터를 처리하는 HTTP POST 핸들러 submitForm() 메서드는 JSR-303 애너테이션 @Valid를 붙인 Reservation 객체를 인수로 받아 그 데이터를 검증합니다.

나머지 코드는 [레시피 3-9]와 같습니다.

레시피 3-12 엑셀 및 PDF 뷰 생성하기

과제

대부분의 웹 콘텐트는 HTML 페이지로 표시하지만 엑셀이나 PDF 파일로 내려받고 싶은 때도 있습니다. 엑셀/PDF 파일을 생성하는 자바 라이브러리를 빌려쓰면 되지만 웹 애플리케이션에서 그대로 갖다 쓰려면 파일을 만들어 이진 첨부 파일로 유저에게 반환하는 등의 물밑 작업을 직접 구현해야 합니다. 또 HTTP 응답 헤더 및 출력 스트림도 용도에 맞게 다룰 줄 알아야 하고요.

해결책

엑셀/PDF 파일 생성 기능은 스프링 MVC 프레임워크에 기본 내장돼 있습니다. 엑셀/PDF 파일은 특별한 유형의 뷰라고 보면 됩니다. 컨트롤러에서 웹 요청을 받아 처리하고 결과 데이터를 모델에 추가하는 건 똑같고 그 이후에 엑셀/PDF 뷰로 내보내는 것만 다를 뿐이지요. 따라서 여러분이 손수 HTTP 응답 헤더와 출력 스트림을 만지작 거릴 필요는 없습니다. 스프링 MVC는 아파치 POI 라이브러리(http://poi.apache.org/)를 써서 엑셀 파일을 생성하는 AbstractExcelView, AbstractXlsxView, AbstractXlsxStreamingView 뷰를 지원합니다.

PDF 파일은 iText 라이브러리(www.lowagie.com/iText/)로 생성하고 `AbstractPdfView` 뷰를 사용해 내려받습니다.

풀이

코트 예약 시스템에서 유저가 지정한 날짜의 예약 내역을 조회하는 기능을 추가합시다. 기본 HTML 화면 외에 엑셀/PDF 파일로도 내려받을 수 있어야 합니다. 일종의 보고서 생성 기능이지요. 먼저 서비스 레이어에 지정한 날짜의 예약 내역을 모두 조회하는 메서드를 다음과 같이 선언합니다.

```
public interface ReservationService {
    ...
    public List<Reservation> findByDate(LocalDate date);
}
```

구현 클래스에서는 예약 데이터를 하나씩 순회하며 리스트에 추가합니다.

```
public class ReservationServiceImpl implements ReservationService {
    ...
    @Override
    public List<Reservation> findByDate(LocalDate date) {
        return reservations.stream()
            .filter(r -> Objects.equals(r.getDate(), date))
            .collect(Collectors.toList());
    }
}
```

다음은 URL에서 date 요청 매개변수를 추출해 지정된 형식의 Date 객체로 변환하고 조회 서비스를 호출해 데이터를 조회하는 `ReservationSummaryController` 컨트롤러입니다. 여기서도 [레시피 3-7]에서 설명한 콘텐트 협상 리졸버가 중요한 역할을 합니다. 이 컨트롤러가 하나의 로직 뷰를 반환한 뒤, 엑셀, PDF, 기본 HTML 웹 페이지 중 어느 형식으로 보고서를 표현할지 판단하는 일을 이 리졸버가 담당하지요.

```java
@Controller
@RequestMapping("/reservationSummary*")
public class ReservationSummaryController {

    private ReservationService reservationService;

    @Autowired
    public ReservationSummaryController(ReservationService reservationService) {
        this.reservationService = reservationService;
    }

    @RequestMapping(method = RequestMethod.GET)
    public String generateSummary(
        @RequestParam(required = true, value = "date")
        String selectedDate,
        Model model) {
        List<Reservation> reservations = java.util.Collections.emptyList();
        try {
            Date summaryDate = new SimpleDateFormat("yyyy-MM-dd").parse(selectedDate);
            reservations = reservationService.findByDate(summaryDate);
        } catch (java.text.ParseException ex) {
            StringWriter sw = new StringWriter();
            PrintWriter pw = new PrintWriter(sw);
            ex.printStackTrace(pw);
            throw new ReservationWebException("Invalid date format for reservation
                summary",new Date(),sw.toString());
        }
        model.addAttribute("reservations",reservations);
        return "reservationSummary";
    }
}
```

유일한 기본 HTTP GET 핸들러 메서드 generateSummary()는 우선 예약 서비스가 반환한 결과 데이터를 보관할 Reservation 리스트 객체를 생성합니다. 그다음 try/catch 블록에서 @RequestParam으로 전달된 selectedDate를 Date 객체로 파싱한 다음 예약 서비스에 넘겨 호출합니다. 파싱 도중 예외가 발생하면 ReservationWebException이라는 커스텀 예외를 던집니다.

try/catch 블록에서 별 문제가 없으면 컨트롤러 Model 객체에 조회한 Reservation 리스트를 추가합니다. 그 후 reservationSummary 뷰로 실행 흐름을 넘깁니다

PDF, XLS, HTML 뷰를 모두 지원해야 한다면서 왜 뷰를 하나만 반환했을까요? 뷰 이름 하나만 있어도 ContentNegotiatingViewResolver가 어느 뷰를 선택할지 알아서 판단하기 때문입니다. 자세한 내용은 [레시피 3-7]을 참고하세요.

엑셀 뷰 작성하기

엑셀 뷰는 (아파치 POI의) AbstractXlsView 또는 AbstractXlsxView 클래스를 상속합니다. 필자는 AbstractXlsxView를 써서 예제를 작성했습니다. 이 클래스의 buildExcelDocument() 메서드는 컨트롤러가 넘겨 준 모델 및 미리 생성된 엑셀 워크북 객체에 접근할 수 있습니다. 여러분은 모델에 들어 있는 데이터로 워크북을 채우기만 하면 됩니다.

NOTE_ 웹 애플리케이션에서 엑셀 파일을 생성하려면 아파치 POI 라이브러리가 클래스패스에 있어야 합니다. 메이븐 프로젝트는 pom.xml 파일에 다음 코드를 추가합니다.

```
<dependency>
    <groupId>org.apache.poi</groupId>
    <artifactId>poi</artifactId>
    <version>3.17</version>
</dependency>
```

그레이들 프로젝트는 build.gradle 파일에 다음 코드를 추가합니다.

```
dependencies {
    compile "org.apache.poi:poi:3.17"
}
```

```
package com.apress.springrecipes.court.web.view;
...

public class ExcelReservationSummary extends AbstractXlsxView {

    @Override
    protected void buildExcelDocument(Map<String, Object> model, Workbook workbook,
        HttpServletRequest request, HttpServletResponse response) throws Exception {
        @SuppressWarnings({"unchecked"})
        final List<Reservation> reservations =
            (List<Reservation>) model.get("reservations");
```

```java
        final DateFormat dateFormat = new SimpleDateFormat("yyyy-MM-dd");
        final Sheet sheet = workbook.createSheet();

        addHeaderRow(sheet);

        reservations.forEach(reservation -> createRow(dateFormat, sheet, reservation));
    }

    private void addHeaderRow(Sheet sheet) {
        Row header = sheet.createRow(0);
        header.createCell((short) 0).setCellValue("Court Name");
        header.createCell((short) 1).setCellValue("Date");
        header.createCell((short) 2).setCellValue("Hour");
        header.createCell((short) 3).setCellValue("Player Name");
        header.createCell((short) 4).setCellValue("Player Phone");
    }

    private void createRow(DateFormat dateFormat, Sheet sheet, Reservation reservation) {
        Row row = sheet.createRow(sheet.getLastRowNum() + 1);
        row.createCell((short) 0).setCellValue(reservation.getCourtName());
        row.createCell((short) 1).setCellValue(dateFormat.format(reservation.getDate()));
        row.createCell((short) 2).setCellValue(reservation.getHour());
        row.createCell((short) 3).setCellValue(reservation.getPlayer().getName());
        row.createCell((short) 4).setCellValue(reservation.getPlayer().getPhone());
    }
}
```

가장 먼저 워크북에 시트를 생성한 뒤, 이 시트 첫 번째 열에 보고서 헤더를 넣습니다. 두 번째 열부터는 예약 데이터를 하나씩 순회하며 채웁니다.

컨트롤러 클래스에 @RequestMapping("/reservationSummary*")가 있고 핸들러 메서드는 요청 매개변수 date를 받는 구조이므로 엑셀 뷰는 다음 URL로 테스트하면 됩니다.

- http://localhost:8080/court/**reservationSummary.xls?date=2009-01-14**

PDF 뷰 작성하기

PDF 뷰는 AbstractPdfView 클래스를 상속해 만듭니다. 이 클래스의 buildExcelDocument() 메서드는 컨트롤러가 넘겨 준 모델과 미리 생성된 PDF 문서에 접근할 수 있습니다. 여러분은 모델에 들어 있는 데이터로 워크북을 채우기만 하면 됩니다.

```java
public class PdfReservationSummary extends AbstractPdfView {

    @Override
    protected void buildPdfDocument(Map model, Document document,
        PdfWriter writer, HttpServletRequest request,
        HttpServletResponse response) throws Exception {
        List<Reservation> reservations = (List) model.get("reservations");
        DateFormat dateFormat = new SimpleDateFormat("yyyy-MM-dd");

        Table table = new Table(5);
        table.addCell("Court Name");
        table.addCell("Date");
        table.addCell("Hour");
        table.addCell("Player Name");
        table.addCell("Player Phone");

        for (Reservation reservation : reservations) {
            table.addCell(reservation.getCourtName());
            table.addCell(dateFormat.format(reservation.getDate()));
            table.addCell(Integer.toString(reservation.getHour()));
            table.addCell(reservation.getPlayer().getName());
            table.addCell(reservation.getPlayer().getPhone());
        }
```

```
        document.add(table);
    }
}
```

컨트롤러 클래스에 @RequestMapping("/reservationSummary*")가 있고 핸들러 메서드는
요청 매개변수 date를 받는 구조이므로 PDF 뷰는 다음 URL로 테스트하면 됩니다.

- http://localhost:8080/court/**reservationSummary.pdf?date=2009-01-14**

엑셀/PDF 뷰에 대한 리졸버 작성하기

논리 뷰 이름을 특정 뷰 구현체로 해석하는 다양한 전략은 [레시피 3-6]에서 배웠습니다. 그중
하나가 리소스 번들을 이용해 뷰를 해석하는 전략인데요, 논리 뷰 이름을 PDF 또는 XLS 클래
스로 구성된 뷰 구현체로 매핑하는 용도로는 이 전략이 잘 맞습니다.

웹 애플리케이션 컨텍스트에 ResourceBundleViewResolver 빈이 뷰 리졸버로 구성되어 있는
지 확인하고 클래스패스 루트에 있는 views.properties 파일에 뷰를 정의합니다.

다음 항목을 views.properties에 넣으면 XLS 뷰 클래스가 논리 뷰 이름으로 매핑됩니다.

```
reservationSummary.(class)=com.apress.springrecipes.court.web.view.ExcelReservationSummary
```

이 애플리케이션에서는 콘텐트 협상이 진행되면서 같은 뷰 이름이 여러 가지 뷰 기술로 매핑될
가능성이 있습니다. 동일한 views.properties 파일에 뷰 이름을 중복시키면 안 되기 때문에
secondaryviews.properties처럼 파일을 하나 더 만든 다음, 다음과 같이 PDF 뷰 클래스를
논리적 뷰 이름으로 매핑합니다.

```
reservationSummary.(class)=com.apress.springrecipes.court.web.view.PdfReservationSummary
```

secondaryviews.properties 파일은 자신의 ResourceBundleViewResolver에 구성해야 한다
는 점을 유의하세요. reservationSummary라는 프로퍼티명은 컨트롤러가 반환하는 뷰 이름에
대응됩니다. 유저가 요청할 때 어느 클래스를 골라 쓸지는 ContentNegotiatingViewResolver
가 판단할 몫입니다. 어느 쪽이든 결정이 내려지면 해당 클래스가 실행되고 PDF 또는

XLS 파일이 만들어지지요.

PDF/XML 파일명에 날짜를 넣어 생성하기

유저가 다음 URL로 PDF/XLS 파일을 요청한다고 해봅시다.

- http://localhost:8080/court/reservationSummary.**pdf?date=2008-01-14**
- http://localhost:8080/court/reservationSummary.**xls?date=2008-02-24**

브라우저는 유저에게 "reservationSummary.pdf 파일로 저장하시겠습니까?", "reservation
Summary.xls 파일로 저장하시겠습니까?"하고 묻습니다. 유저가 요청한 리소스의 URL을
보고 구분하는 것이지요. 여기에 날짜까지 URL에 넣어 요청하면 "reservationSummary_
2009_01_24.pdf 파일로 저장하시겠습니까?", "reservationSummary_2009_02_24.xls 파
일로 저장하시겠습니까?" 하고 질문도 자동으로 변경되면 더 좋겠습니다. 반환되는 URL을 재
작성하는 인터셉터를 끼워넣으면 이렇게 처리할 수 있습니다. 다음 코드를 봅시다.

```
public class ExtensionInterceptor extends HandlerInterceptorAdapter {

    @Override
    public void postHandle(HttpServletRequest request,
        HttpServletResponse response, Object handler,
        ModelAndView modelAndView) throws Exception {

        // 보고 일자는 요청에 포함되어 있습니다.
        String reportName = null;
        String reportDate = request.getQueryString().replace("date=","").replace("-","_");
        if(request.getServletPath().endsWith(".pdf")) {
            reportName= "ReservationSummary_" + reportDate + ".pdf";
        }
        if(request.getServletPath().endsWith(".xls")) {
            reportName= "ReservationSummary_" + reportDate + ".xls";
        }
        if (reportName != null) {
            response.setHeader("Content-Disposition","attachment; filename="+reportName);
        }
    }
}
```

전체 URL이 .pdf나 .xls 확장자로 끝나면 ReservationSummary_〈보고일자〉.〈.pdf¦.xls〉 형태로 보고서 파일을 명명합니다. 그런 다음 유저가 다운로드 창에서 확인할 수 있게 파일명을 HTTP Content-Disposition 헤더에 설정합니다.

이 인터셉터를 배포하고 PDF/XLS 파일 생성을 맡은 컨트롤러에만 URL을 적용하는 등의 작업은 [레시피 3-3]을 참고하세요.

> **콘텐트 협상 및 인터셉터에서 HTTP 헤더를 설정**
>
> 이 애플리케이션은 ContentNegotiatingViewResolver로 적절한 뷰를 선택하고 있지만 반환 URL을 수정하는 건 뷰 리졸버의 영역 밖의 일이므로 인터셉터를 사용해 직접 요청 확장자를 들여다 보고 필요한 HTTP 헤더를 설정해서 반환 URL을 수정할 수밖에 없습니다.

마치며

스프링 MVC 프레임워크로 자바 웹 애플리케이션을 개발해보았습니다.

DispatcherServlet은 스프링 MVC의 중심 요소로서 요청을 받아 적합한 핸들러로 보내는 프론트 컨트롤러 역할을 합니다. 스프링 MVC 컨트롤러는 @Controller를 붙인 일반 자바 클래스입니다.

이밖에도 스프링 MVC는 여러 애너테이션을 제공하는데, 여러 레시피에서 그 활용 방법을 소개했습니다. @RequestMapping은 액세스할 URL을 가리키고 @Autowired는 자동으로 빈 레퍼런스를 주입하며 @SessionAttributes는 유저 세션에 객체를 유지하는 역할을 합니다.

애플리케이션에 인터셉터를 설정하여 컨트롤러를 오가는 요청/응답 객체를 변경하는 방법과, 스프링 검증기 및 JSR-303 표준 빈 검증기 애너테이션으로 데이터를 검증하는 등 스프링 MVC가 지원하는 폼 처리 방법을 배웠습니다.

스프링 MVC에서는 SpEL로 애플리케이션을 입맛에 맞게 세세히 구성할 수 있고 다양한 표현 기술에 맞게 다양한 타입의 뷰를 활용할 수 있습니다.

끝으로 스프링이 요청 확장자를 보고 콘텐트 협상을 하여 뷰를 결정하는 과정을 알아보았습니다.

CHAPTER 4

스프링 REST

REST^{REpresentational State Transfer}(표현적 상태 전이)는 2000년 로이 필딩^{Roy Fielding} 박사가 자신의 논문에서 처음 발표한 주제로, 이후 웹 애플리케이션에 지대한 영향을 미쳤습니다. 이 장에서는 스프링에서 REST를 다루는 법을 배웁니다.

REST는 HTTP^{Hypertext Transfer Protocol}(하이퍼텍스트 전송 프로토콜)를 기본으로 웹 서비스를 구현하는 아키텍처로 각광받고 있습니다. 웹 서비스는 그 자체로 웹 기반의 M2M^{Machine-to-Machine}(사물지능통신)을 실현한 기초가 되었습니다. 저마다 환경이 달라 차이점을 극복할 묘안을 찾아 헤매던 여러 회사와 조직은 자바, 파이썬, 닷넷 등의 단편적인 기술을 선택했죠. 그런데 자바로 만든 애플리케이션의 정보를 파이썬으로 개발한 애플리케이션에서는 어떻게 접근할까요? .NET 프레임워크로 작성한 애플리케이션의 정보를 자바 애플리케이션에서 어떻게 가져올 수 있을까요? 바로 이런 문제를 웹 서비스로 해결했습니다.

웹 서비스를 구현하는 방식은 다양하지만 웹 애플리케이션에서 가장 일반적인 방법은 REST형 웹 서비스입니다. REST형 웹 서비스는 (구글, 야후 등) 대형 인터넷 포털의 정보에 접근하고 브라우저에서 AJAX 호출해서 데이터를 액세스하며 (RSS 같은) 뉴스 피드로 정보를 배포하는 기초를 제공합니다.

레시피 4-1 REST 서비스로 XML 발행하기

과제

스프링에서 XML 기반의 REST 서비스를 발행하세요.

해결책

스프링에서 REST 서비스를 설계할 때는 두 가지 가능성을 고려해야 합니다. 하나는 애플리케이션 데이터 자체를 REST 서비스로 발행하는 것이고 다른 하나는 애플리케이션에서 쓸 데이터를 서드파티 REST 서비스에서 가져오는 겁니다. 전자는 이번 레시피에서, 후자는 [레시피 4-2]에서 설명하겠습니다. 스프링 MVC에서 애플리케이션 데이터를 REST 서비스로 발행하는 주역은 @RequestMapping과 @PathVariable 두 애너테이션입니다. 이들을 적절히 사용해 스프링 MVC 핸들러 메서드가 자신이 조회한 데이터를 REST 서비스로 발행하도록 만드는 거죠.

이 밖에도 스프링에는 REST 서비스의 페이로드payload(전송하려는 데이터)를 생성하는 다양한 메커니즘이 있습니다. 필자는 그중 제일 간단한 스프링 MarshallingView 클래스를 설명하겠습니다. 4장 뒷부분으로 갈수록 REST 서비스 페이로드를 생성하는 고급 기법을 배우게 될 겁니다.

풀이

웹 애플리케이션에서 데이터를 REST 서비스로 발행하는 (웹 서비스 기술 용어로 '엔드포인트endpoint, 끝점를 생성하는') 작업은 3장의 스프링 MVC와 밀접한 연관이 있습니다. 스프링 MVC에서는 핸들러 메서드에 @RequestMapping을 붙여 액세스 지점(즉, URL)을 정의했는데요, REST 서비스 엔드포인트도 이런 식으로 정의하는 편이 좋습니다.

MarshallingView로 XML 만들기

다음은 스프링 MVC 컨트롤러의 핸들러 메서드에 REST 서비스 엔드포인트를 정의한 코드입니다.

```
package com.apress.springrecipes.court.web;
...

@Controller
public class RestMemberController {

    private final MemberService memberService;

    @Autowired
    public RestMemberController(MemberService memberService) {
        super();
        this.memberService=memberService;
    }

    @RequestMapping("/members")
    public String getRestMembers(Model model) {
        Members members = new Members();
        members.addMembers(memberService.findAll());
        model.addAttribute("members", members);
        return "membertemplate";
    }
}
```

핸들러 메서드 getRestMembers()에 @RequestMapping("/members")를 붙였기 때문에 REST 서비스 엔드포인트는 host_name/[애플리케이션명]/members URL로 접속할 수 있고 마지막 줄에서 membertemplate 논리 뷰로 실행 흐름을 넘기고 있습니다. membertemplate은 다음과 같이 구성 클래스에서 정의합니다.

```
@Configuration
@EnableWebMvc
@ComponentScan(basePackages = "com.apress.springrecipes.court")
public class CourtRestConfiguration {

    @Bean
    public View membertemplate() {
        return new MarshallingView(jaxb2Marshaller());
    }

    @Bean
```

```
    public Marshaller jaxb2Marshaller() {
        Jaxb2Marshaller marshaller = new Jaxb2Marshaller();
        marshaller.setClassesToBeBound(Members.class, Member.class);
        return marshaller;
    }

    @Bean
    public ViewResolver viewResolver() {
        return new BeanNameViewResolver();
    }
}
```

membertemplate 뷰는 MarshallingView형으로 정의합니다. MarshallingView는 마샬러
marshaller를 이용해 응답을 렌더링하는 범용 클래스입니다. **마샬링**marshalling은 메모리에 있는 객체를
특정한 데이터 형식으로 변환하는 과정입니다. 이 예제에서 마샬러는 Member, Members 객체
를 XML 형식으로 바꾸는 일을 담당합니다. MarshallingView는 스프링에 내장된 여러 XML
마샬러(Jaxb2Marshaller, CastorMarshaller, JibxMarshaller, XmlBeansMarshaller,
XStreamMarshaller) 중 하나로 마샬링을 합니다.

마샬러 역시 구성을 해야 합니다. 필자는 가장 간단한, JAXBJava Architecture for XML Binding(XML
바인딩에 관한 자바 아키텍처) 명세를 토대로 개발된 Jaxb2Marshaller 마샬러를 쓰겠습니
다. 캐스터Castor XML 프레임워크나 XStream이 더 손에 익은 독자는 CastorMarshaller,
XStreamMarshaller를 대신 쓰세요. 다른 마샬러도 마찬가집니다.

Jaxb2Marshaller를 구성할 때는 classesToBeBound, contextPath 둘 중 한 프로퍼티를 설
정합니다. classesToBeBound는 XML로 변환할 대상 클래스(즉, 객체)입니다. 먼저 Member
클래스를 Jaxb2Marshaller에 할당한 코드를 보겠습니다.

```
package com.apress.springrecipes.court.domain;

...

@XmlRootElement
public class Member {

    private String name;
    private String phone;
    private String email;
```

```java
    public String getEmail() {
        return email;
    }

    public String getName() {
        return name;
    }

    public String getPhone() {
        return phone;
    }

    public void setEmail(String email) {
        this.email = email;
    }

    public void setName(String name) {
        this.name = name;
    }

    public void setPhone(String phone) {
        this.phone = phone;
    }
}
```

이번엔 Members 클래스입니다.

```java
@XmlRootElement
@XmlAccessorType(XmlAccessType.FIELD)
public class Members {

    @XmlElement(name="member")
    private List<Member> members = new ArrayList<>();

    public List<Member> getMembers() {
        return members;
    }

    public void setMembers(List<Member> members) {
        this.members = members;
```

```
    }

    public void addMembers(Collection<Member> members) {
        this.members.addAll(members);
    }
}
```

Member 클래스에 붙인 @XmlRootElement는 Jaxb2Marshaller가 클래스(즉, 객체) 필드를
자동 감지해 XML 데이터로 바꾸도록 지시합니다(예 : name=John → <name>john</name>,
email=john@doe.com → <email>john@doe.com</email>).

정리하면 http://[호스트명]//[애플리케이션명]/members.xml 형식의 URL로 접속하면 담
당 핸들러가 Members 객체를 생성해 membertemplate 논리 뷰로 넘깁니다. 이 마지막 뷰에
정의한 내용에 따라 마샬러를 이용해 Members 객체를 다음과 같이 XML 페이로드로 바꾼 후
REST 서비스를 요청한 클라이언트에게 돌려주는 것이지요.

```xml
<?xml version="1.0" encoding="UTF-8" standalone="yes"?>
<members>
    <member>
        <email>marten@deinum.biz</email>
        <name>Marten Deinum</name>
        <phone>00-31-1234567890</phone>
    </member>
    <member>
        <email>john@doe.com</email>
        <name>John Doe</name>
        <phone>1-800-800-800</phone>
    </member>
    <member>
        <email>jane@doe.com</email>
        <name>Jane Doe</name>
        <phone>1-801-802-803</phone>
    </member>
</members>
```

REST 서비스의 응답을 간단한 XML 페이로드 형태로 생성하는 방법을 알아보았는데요. RSS,
아톰, JSON 등 REST 서비스에서 많이 쓰는 페이로드를 생성하는 더 복잡한 내용은 이 장 레

시피 뒷부분에서 소개하겠습니다.

그런데 방금 전 예시한 REST 서비스 엔드포인트(즉 URL) http://[호스트명]//[애플리케이션명]/members.xml을 잘 보면 .xml이라는 확장자로 끝납니다. 확장자를 다른 걸로 바꾸거나 아예 빼고 접속하면 이 REST 서비스는 전혀 작동하지 않습니다. 이런 로직은 뷰를 해석하는 스프링 MVC와 직접적으로 연관된 것으로 REST 서비스 자체와는 전혀 무관합니다.

이 REST 서비스 핸들러 메서드에 연결된 뷰는 기본적으로 XML을 반환하므로 .xml 확장자를 쓸 경우에만 작동합니다. 이런 식으로 동일한 핸들러 메서드는 여러 가지 뷰를 지원할 수 있습니다. 이를테면 똑같은 데이터라도 http://[호스트명]/[애플리케이션명]/members.pdf로 접속하면 PDF 문서로, http://[호스트명]/[애플리케이션명]/members.html로 접속하면 HTML 페이지로 각각 입맛에 맞게 형식을 바꾸어 유저에게 서비스할 수 있습니다.

그럼 http://[호스트명]/[애플리케이션명]/members처럼 확장자 없이 URL을 요청하면 어떻게 될까요? 그 결과는 전적으로 스프링 MVC 뷰의 해석 로직에 달려 있습니다. 스프링 MVC에서는 **콘텐트 협상**이라는 과정을 거쳐 요청 URL 확장자 또는 HTTP 헤더를 보고 뷰를 결정합니다.

대개 REST 서비스 요청에는 Accept: application/xml 같은 HTTP 헤더가 포함돼 있습니다. 따라서 스프링 MVC에 콘텐트 협상 기능을 구성해놓았다면 요청 URL에 확장자가 없어도 XML(REST) 페이로드를 서비스해야 한다고 판단할 수 있는 거죠. 그래서 확장자가 없는 상태라도 HTTP 헤더만 보고 HTML, PDF, XLS 등의 형식으로도 서비스가 가능합니다(콘텐트 협상은 [레시피 3-7]를 참고하세요).

@ResponseBody로 XML 만들기

MarshallingView로 XML 파일을 생성하는 건 결과 데이터를 보여주는 여러 방법 중 하나에 불과합니다. 같은 데이터(Member 객체 리스트)를 다양한 표현형representation(예 : JSON)으로 나타내려면 그때마다 뷰를 하나씩 추가해야 하니까 대단히 번거롭겠죠? 이럴 때 스프링 MVC의 HttpMessageConverter를 이용하면 유저가 요청한 표현형으로 객체를 손쉽게 변환할 수 있습니다. RestMemberController 코드를 다음과 같이 수정합시다.

```
@Controller
public class RestMemberController {
...
    @RequestMapping("/members")
    @ResponseBody
    public Members getRestMembers() {
        Members members = new Members();
        members.addMembers(memberService.findAll());
        return members;
    }
}
```

getRestMembers() 메서드에 붙인 @ResponseBody는 메서드 실행 결과를 응답 본문으로 취급하겠다고 스프링 MVC에게 밝히는 겁니다. XML 형식으로 보려면 스프링 Jaxb2RootElementHttpMessageConverter 클래스가 마샬링을 수행합니다. 이처럼 핸들러 메서드에 @ResponseBody를 붙이면 뷰 이름은 필요 없고 그냥 Members 객체만 반환하면 됩니다.

> **TIP_** 스프링 4부터는 일일이 메서드에 @ResponseBody를 붙이지 않고 컨트롤러 클래스에 @Controller 대신 @RestController를 붙여도 됩니다. 메서드가 여러 개인 컨트롤러에서 아주 편리하죠.

이렇게 바꾸고 나니 구성 클래스 코드가 한결 깔끔해졌고 MarshallingView, Jaxb2Marshaller 등의 마샬러는 자취를 감추었네요.

```
package com.apress.springrecipes.court.web.config;
...

@Configuration
@EnableWebMvc
@ComponentScan(basePackages = "com.apress.springrecipes.court")
public class CourtRestConfiguration {
}
```

애플리케이션을 배포하고 http://localhost:8080/court/members.xml에 접속하면 이전과 같은 결과입니다.

```xml
<?xml version="1.0" encoding="UTF-8" standalone="yes"?>
<members>
    <member>
        <email>marten@deinum.biz</email>
        <name>Marten Deinum</name>
        <phone>00-31-1234567890</phone>
    </member>
    <member>
        <email>john@doe.com</email>
        <name>John Doe</name>
        <phone>1-800-800-800</phone>
    </member>
    <member>
        <email>jane@doe.com</email>
        <name>Jane Doe</name>
        <phone>1-801-802-803</phone>
    </member>
</members>
```

@PathVariable로 결과 거르기

REST 서비스는 응답 페이로드의 양을 제한하거나 필터링할 의도로 요청 매개변수를 넣는 게 일반적입니다. 예를 들어 http://[호스트명]/[애플리케이션명]/member/353/으로 요청하면 353번 회원 정보, http://[호스트명]/[애플리케이션명]/reservations/07-07-2010/으로 요청하면 2010년 7월 7일 예약 내역만 추려낼 수 있지요.

스프링에서 REST 서비스를 구성할 때는 (스프링 MVC 관례에 따라) 다음 코드처럼 핸들러 메서드의 입력 매개변수에 @PathVariable을 붙여 메서드 내부에서 사용합니다.

```java
@Controller
public class RestMemberController {
...
    @RequestMapping("/member/{memberid}")
    @ResponseBody
    public Member getMember(@PathVariable("memberid") long memberID) {
        return memberService.find(memberID);
    }
}
```

@RequestMapping에서 {memberid}를 잘 보세요. 이렇게 { }로 감싼 부분을 매개변수로 받아 쓰겠다고 선언한 다음, 핸들러 메서드에서 실제로 이 값을 @PathVariable("memberid") long memberID로 가져오는 겁니다. 따라서 URL의 이 위치에 어떤 값이 들어있든 무조건 memberID 변숫값으로 할당되므로 핸들러 메서드는 이 값을 갖다 쓸 수 있습니다.

예를 들어 REST 엔드포인트가 http://localhost:8080/court/member/2이면 ID가 2인 회원 정보가 XML 형식으로 표현됩니다.

```xml
<?xml version="1.0" encoding="UTF-8" standalone="yes"?>
<member>
    <email>john@doe.com</email>
    <name>John Doe</name>
    <phone>1-800-800-800</phone>
</member>
```

{} 표기법 대신 와일드카드(*)로 REST 엔드포인트를 나타내는 방법도 있습니다. REST를 설계하는 사람들은 대개 표현적expressive인 URL(예쁜pretty URL이라고도 합니다)을 사용하거나, SEO^Search Engine Optimization(검색 엔진 최적화) 기법을 응용해서 조금이라도 검색 엔진에 친화적인 REST URL을 선호합니다. 다음은 와일드카드 표기법을 사용해 REST 서비스를 선언한 코드입니다.

```java
@RequestMapping("/member/*/{memberid}")
@ResponseBody
public Member getMember(@PathVariable("memberid") long memberID) { ... }
```

와일드카드를 추가해도 REST 서비스 본연의 기능에는 어떠한 영향도 없지만 /member/John+Smith/353/, /member/Mary+Jones/353/ 같은 형식의 URL로 요청할 수 있으면 유저 가독성이나 SEO 측면에서 적잖은 효과를 기대할 수 있습니다.

REST 엔드포인트 핸들러 메서드에서는 다음 코드처럼 데이터를 바인딩할 수 있습니다.

```java
@InitBinder
public void initBinder(WebDataBinder binder) {
    SimpleDateFormat dateFormat = new SimpleDateFormat("yyyy-MM-dd");
```

```
        binder.registerCustomEditor(Date.class, new CustomDateEditor(dateFormat, false));
    }

@RequestMapping("/reservations/{date}")
public void getReservation(@PathVariable("date") Date resDate) { ... }
```

이렇게 정의하면 http://[호스트명]/[애플리케이션명]/reservations/2010-07-07/을 요청할 경우, getReservation() 메서드가 2010-07-07 값을 꺼내 resDate 변수에 할당하고 이 값을 이용해서 REST 웹 서비스 페이로드를 필터링할 수 있습니다.

ResponseEntity로 클라이언트에게 알려주기

Member 인스턴스를 하나만 조회하는 엔드포인트의 결과는 올바른 회원 정보를 반환하든지, 아니면 무엇도 반환하지 않든지 둘 중 하나입니다. 어느 쪽이든 요청한 클라이언트 입장에서는 정상 처리를 의미하는 HTTP 응답 코드 200을 받을 겁니다. 하지만 유저는 이런 식으로 작동하는 걸 원하지 않겠죠. 리소스가 없으면 없다는 사실을 있는 그대로 알리는 차원에서, "찾을 수 없음not found"에 해당하는 응답 코드 404를 반환하는 게 이치에 맞습니다. getMember() 메서드를 다음과 같이 수정합시다.

```
@Controller
public class RestMemberController {
...
    @RequestMapping("/member/{memberid}")
    @ResponseBody
    public ResponseEntity<Member> getMember(@PathVariable("memberid") long memberID) {
        Member member = memberService.find(memberID);
        if (member != null) {
            return new ResponseEntity<Member>(member, HttpStatus.OK);
        }
        return new ResponseEntity(HttpStatus.NOT_FOUND);
    }
}
```

메서드의 반환형이 Member에서 ResponseEntity<Member>로 바뀌었네요. 스프링 MVC에서 ResponseEntity는 결과 본문을 HTTP 상태 코드와 함께 집어넣은 래퍼 클래스입니다. 이제

getMember() 메서드는 결과(Member)가 존재하면 응답 코드 200에 해당하는 HttpStatus.OK를, 결과가 없으면 응답 코드 400에 해당하는 HttpStatus.NOT_FOUND를 반환합니다.

레시피 4-2 REST 서비스로 JSON 발행하기

과제

스프링 REST 서비스로 JSON^JavaScript Object Notation 객체를 발행하세요.

해결책

JSON은 REST 서비스의 주류 페이로드 형식으로 굳어진 지 오랩니다. 하지만 XML 마크업에 의존하는 대부분의 REST 서비스 페이로드와 달리, JSON은 자바스크립트 언어에 기반한 독특한 표기법으로 콘텐트를 나타내는 차이점이 있습니다. 이 레시피에서는 스프링의 REST 지원 기능 외에도 스프링에 내장된 MappingJackson2JsonView 클래스로 JSON 콘텐트를 발행하는 방법을 살펴보겠습니다.

> **NOTE_** MappingJackson2JsonView 클래스를 이용하려면 잭슨 JSON 핸들러 라이브러리 2.x 버전이 필요하며 http://wiki.fasterxml.com/JacksonDownload에서 내려받을 수 있습니다. 메이븐, 그레이들 프로젝트에서는 간단히 빌드 파일에 잭슨 라이브러리를 추가하세요.

AJAX를 고려한 스프링 애플리케이션의 REST 서비스는 대부분 JSON 형식의 페이로드를 발행하는 방향으로 설계합니다. 브라우저의 처리 능력이 한정되어 있기 때문이지요. 브라우저에서 XML 페이로드를 발행하는 REST 서비스로부터 데이터를 받아 처리하는 건 불가능하진 않지만 별로 효율은 좋지 않습니다. 어느 브라우저든 자바스크립트 언어 해석기^interpreter는 다 장착되어 있기 때문에 JSON 형식으로 페이로드를 받아 처리하는 방식이 여러모로 훨씬 효율적입니다. 표준 규격인 RSS/아톰 피드^feed와는 달리, JSON은 (잠시 후 살펴볼 구문을 제외하면) 딱히 구조가 정해져 있는 형식이 아니므로 JSON 엘리먼트의 페이로드 구조는 AJAX 설계팀과 협의하여 결정하는 게 일반적입니다.

풀이

우선, 어떤 정보를 JSON 페이로드로 발행할지 결정해야겠죠? 이 정보는 JDBC나 ORM으로 접속 가능한 관계형 데이터베이스[1]의 테이블 또는 텍스트 파일에 저장되어 있거나, 아니면 스프링 내부의 빈이나 다른 유형의 구성 요소로 포함돼 있을 겁니다. 정보를 가져오는 방법은 이 레시피의 주제를 벗어나므로 다루지 않겠습니다. JSON 형식이 익숙하지 않은 분들은 다음 코드 조각을 참고하세요.

```
{
    "glossary": {
        "title": "example glossary",
        "GlossDiv": {
            "title": "S",
            "GlossList": {
                "GlossEntry": {
                    "ID": "SGML",
                    "SortAs": "SGML",
                    "GlossTerm": "Standard Generalized Markup Language",
                    "Acronym": "SGML",
                    "Abbrev": "ISO 8879:1986",
                    "GlossDef": {
                        "para": "A meta-markup language, used to create markup languages
                            such as DocBook.",
                        "GlossSeeAlso": ["GML", "XML"]
                    },
                    "GlossSee": "markup"
                }
            }
        }
    }
}
```

JSON 페이로드는 {, }, [,], :, " 같은 구분자separator와 텍스트로 구성됩니다. 구분자를 하나씩 자세히 설명하진 않겠습니다. 하지만 대략 구조를 훑어보면 XML에 비해 자바스크립트 엔진이 데이터를 조회/가공하기에 더 쉬운 모양새임을 알 수 있습니다.

---

1 역주_ 저자는 '관계형 데이터베이스'와 'RDBMS(Releational DBMS)'를 혼용하고 있는데, 역서에서는 RDBMS로 통일하여 줄여쓰겠습니다.

MappingJackson2JsonView로 XML 만들기

REST 서비스로 데이터를 발행하는 방법은 [레시피 4-1]과 [레시피 4-3]에서 설명했으니, 스프링 MVC 컨트롤러에서 실제로 핸들러 메서드를 구현하는 코드로 넘어가겠습니다.

```java
@RequestMapping("/members")
public String getRestMembers(Model model) {
    Members members = new Members();
    members.addMembers(memberService.findAll());
    model.addAttribute("members", members);
    return "jsonmembertemplate";
}
```

반환 뷰 이름만 빼고 나머지는 [레시피 4-1]의 컨트롤러 메서드와 비슷합니다. 이 메서드가 반환한 jsonmembertemplate이라는 뷰 이름은 MappingJackson2JsonView 뷰로 매핑되는데요, 다음과 같이 구성 클래스에 설정하면 됩니다.

```java
@Configuration
@EnableWebMvc
@ComponentScan(basePackages = "com.apress.springrecipes.court")
public class CourtRestConfiguration {
    ...
    @Bean
    public View jsonmembertemplate() {
        MappingJackson2JsonView view = new MappingJackson2JsonView();
        view.setPrettyPrint(true);
        return view;
    }
}
```

MappingJackson2JsonView 뷰는 잭슨2 라이브러리를 이용해 객체를 JSON으로 바꾸거나 그 반대 작업을 수행합니다. 내부적으로는 이 라이브러리의 ObjectMapper 인스턴스가 그 일을 도맡습니다. http://localhost:8080/court/members.json을 요청하면 컨트롤러 메서드가 호출되고 다음과 같이 JSON 표현형이 반환됩니다.

```
{
    "members" : {
        "members" : [ {
            "name" : "Marten Deinum",
            "phone" : "00-31-1234567890",
            "email" : "marten@deinum.biz"
        }, {
            "name" : "John Doe",
            "phone" : "1-800-800-800",
            "email" : "john@doe.com"
        }, {
            "name" : "Jane Doe",
            "phone" : "1-801-802-803",
            "email" : "jane@doe.com"
        } ]
    }
}
```

지금 설정으로는 /members나 /members.* 요청을 할 때마다 JSON이 생성됩니다(말하자면 / members.xml로 요청해도 JSON이 생성되죠) 그래서 [레시피 4-1]의 컨트롤러에 다음과 같이 메서드와 뷰를 추가합니다.

```
@Controller
public class RestMemberController {
...
    @RequestMapping(value="/members", produces=MediaType.APPLICATION_XML_VALUE)
    public String getRestMembersXml(Model model) {
        Members members = new Members();
        members.addMembers(memberService.findAll());
        model.addAttribute("members", members);
        return "xmlmembertemplate";
    }

    @RequestMapping(value="/members", produces=MediaType.APPLICATION_JSON_VALUE)
    public String getRestMembersJson(Model model) {
        Members members = new Members();
        members.addMembers(memberService.findAll());
        model.addAttribute("members", members);
        return "jsonmembertemplate";
```

```
        }
    }
```

이로써 반환 뷰 이름을 제외한 나머지 로직은 동일한 getMembersXml(), getMembersJson() 두 메서드가 준비됐습니다. 어느 메서드를 호출할지는 @RequestMapping의 produces 속성값으로 결정됩니다. 이제 /members.xml은 XML을, /members.json은 JSON을 생성할 겁니다.

이런 식으로 구현해도 잘 작동은 하겠지만 엔터프라이즈급 애플리케이션을 개발할 때 지원 뷰 타입마다 메서드를 일일이 중복해서 넣는 건 문제가 있습니다. 도우미^{helper} 메서드를 만들어 쓰면 중복을 줄일 순 있지만 @RequestMapping 설정 내용은 메서드마다 다르기 때문에 판박이^{boilerplate} 코드(틀에 박힌 듯 비슷한 형태로 계속 반복되는 코드)로 도배되는 걸 막을 수는 없겠죠.

@ResponseBody로 JSON 만들기

MappingJackson2JsonView로 JSON 응답을 생성할 수는 있지만 앞 절에서 언급했듯이 여러 뷰 타입을 지원할 경우 문제가 될 수 있습니다. 이럴 땐 스프링 MVC의 HttpMessageConverter를 이용해 유저가 요청한 표현형으로 객체를 변환하는 게 좋습니다. 다음은 RestMemberController를 이 방식에 맞게 수정한 코드입니다.

```
@Controller
public class RestMemberController {
...
    @RequestMapping("/members")
    @ResponseBody
    public Members getRestMembers() {
        Members members = new Members();
        members.addMembers(memberService.findAll());
        return members;
    }
}
```

getRestMembers() 메서드에 붙인 @ResponseBody는 메서드 실행 결과를 응답 본문으로 취급하겠다고 스프링 MVC에게 밝힙니다. JSON 형식으로 보기 위해 스프링 Jackson2JsonMessageConverter 클래스가 마샬링을 수행합니다. 이처럼 핸들러 메서드에

@ResponseBody를 붙이면 뷰 이름은 필요 없고 그냥 Members 객체만 반환하면 됩니다.

이렇게 바꾸고 나니 구성 클래스 코드가 한결 깔끔해졌고 MappingJackson2JsonView 마샬러는 자취를 감추었네요.

```
@Configuration
@EnableWebMvc
@ComponentScan(basePackages = "com.apress.springrecipes.court")
public class CourtRestConfiguration {
}
```

애플리케이션을 배포하고 http://localhost:8080/court/members.json을 접속한 결과도 이전과 같습니다.

```
{
    "members" : {
        "members" : [ {
            "name" : "Marten Deinum",
            "phone" : "00-31-1234567890",
            "email" : "marten@deinum.biz"
        }, {
            "name" : "John Doe",
            "phone" : "1-800-800-800",
            "email" : "john@doe.com"
        }, {
            "name" : "Jane Doe",
            "phone" : "1-801-802-803",
            "email" : "jane@doe.com"
        } ]
    }
}
```

이미 눈치챈 독자도 있겠지만 이제 RestMemberController와 CourtRestConfiguration은 [레시피 4-1]의 코드와 똑같습니다. http://localhost:8080/court/members.xml을 요청하면 XML을 받겠죠.

전혀 구성을 추가하지 않았는데 어떻게 이런 일이 가능할까요? 스프링 MVC가 클래스패스에 있는 것들을 자동 감지하기 때문입니다. JAXB 2, 잭슨, ROME(레시피 4-4) 등의 라이브러리가 발견되면 스프링은 해당 기술에 적합한 HttpMessageConverter를 알아서 등록합니다.

GSON으로 JSON 만들기

지금까지 잭슨 라이브러리로 객체를 JSON으로 변환해왔는데요, 구글에서 만든 GSON(지손) 역시 스프링에서 바로 사용 가능한 유명 라이브러리입니다. 잭슨 대신 GSON 라이브러리를 클래스패스에 추가하면 GSON으로 JSON을 생성할 수 있습니다.

메이븐 프로젝트는 pom.xml 파일에 다음 코드를 추가합니다.

```
<dependency>
    <groupId>com.google.code.gson</groupId>
    <artifactId>gson</artifactId>
    <version>2.8.0</version>
</dependency>
```

그레이들 프로젝트는 build.gradle 파일에 다음 코드를 추가합니다.

```
dependencies {
    compile "com.google.code.gson:gson:2.8.0"
}
```

JSON 직렬화 작업을 잭슨 대신 GSON에 시킨 것이 전부입니다. 애플리케이션 시동 후 http://localhost:8080/court/members.json에 접속하면 GSON으로 생성한, 이전과 동일한 JSON 응답을 받습니다.

레시피 4-3 스프링으로 REST 서비스 액세스하기

과제

스프링 애플리케이션에서 서드파티(예 : 구글, 야후 같은 포털이나 여타 사업 파트너) REST 서비스의 페이로드를 받아 사용하세요.

해결책

스프링 애플리케이션에서 서드파티 REST 서비스는 RestTemplate 클래스를 이용해 액세스합니다. 이 클래스는 (JdbcTemplate, JmsTemplate 같은) 다른 스프링 *Template류의 클래스와 마찬가지로 장황한 작업을 기본 로직으로 단순화하자는 설계 사상을 따릅니다. 덕분에 스프링 애플리케이션에서 REST 서비스를 호출하고 반환받은 페이로드를 사용하기가 아주 간편해졌습니다.

풀이

RestTemplate 클래스를 본격적으로 살펴보기 전에 이 클래스가 실제로 무슨 일을 하는지 이해하려면 REST 서비스의 생애주기^{life cycle}를 알아야 합니다. 지금부터 브라우저를 열고 REST 서비스의 생애주기를 하나씩 살펴보겠습니다. 먼저 REST 서비스 엔드포인트가 하나 필요한데요, 앞 레시피에서 만든 엔드포인트를 재활용해서 http://localhost:8080/court/members.xml(또는 .json)로 접속하겠습니다. 브라우저에서 이 REST 서비스 엔드포인트를 로드하면 REST 서비스에서 가장 흔한 GET 요청을 하여 다음과 같은 응답 페이로드를 화면에 출력합니다.

```xml
<?xml version="1.0" encoding="UTF-8" standalone="yes"?>
<members>
    <member>
        <email>marten@deinum.biz</email>
        <name>Marten Deinum</name>
        <phone>00-31-1234567890</phone>
    </member>
    <member>
        <email>john@doe.com</email>
        <name>John Doe</name>
        <phone>1-800-800-800</phone>
    </member>
    <member>
        <email>jane@doe.com</email>
        <name>Jane Doe</name>
        <phone>1-801-802-803</phone>
    </member>
</members>
```

이 XML 페이로드는 여느 REST 서비스의 응답과 별로 다르지 않고 형식도 맞습니다. 어떤 페이로드가 실제로 무엇을 의미하는지는 REST 서비스마다 다릅니다. 위 코드에서 (`<members>`, `<member>` 등) XML 태그는 여러분(개발자)이 정한 틀이지만 그 태그 내부는 REST 서비스를 요청해 받은 문자 데이터가 차지하고 있습니다.

이와 같은 REST 서비스의 페이로드 구조(흔히 보케블러리^{vocabulary, 어휘}라고 합니다)를 미리 파악하는 건 REST 서비스를 소비하는 쪽(즉, 여러분)의 몫입니다. 그래야 반환받은 정보를 올바르게 처리할 수 있겠죠. 여기서 예시한 REST 서비스는 일종의 커스텀 보케블러리에 속한다고 볼 수 있지만 (RSS처럼) 표준화한 보케블러리를 따르는 REST 서비스들도 여럿 있기 때문에 REST 서비스의 페이로드를 일관되게 처리할 수 있습니다. 이와 더불어 페이로드를 쉽게 찾아 쓰게 할 목적으로 WADL^{Web Application Description Language}(웹 애플리케이션 기술 언어)을 제공하는 REST 서비스도 있습니다.

이제부터 스프링 `RestTemplate` 클래스를 사용해 REST 서비스의 페이로드를 스프링 애플리케이션에서 사용하는 방법을 설명하겠습니다. `RestTemplate`은 애당초 REST 서비스를 호출할 의도로 설계된 클래스라서 그 주요 메서드(표 4-1)가 HTTP 요청 메서드(HEAD, GET, POST, PUT, DELETE, OPTIONS) 같은 REST의 기본 토대와 밀접하게 연관되어 있습니다.

표 4-1 HTTP 요청 메서드에 기반한 RestTemplate 클래스 메서드

메서드	설명
`headForHeaders(String, Object...)`	HTTP HEAD 작업을 합니다.
`getForObject(String, Class, Object...)`	HTTP GET 작업을 한 다음, 주어진 클래스 타입으로 결과를 반환합니다.
`getForObject(String, Class, Object...)`	HTTP GET 작업을 한 다음, ResponseEntity를 반환합니다.
`postForLocation(String, Object, Object...)`	HTTP POST 작업을 한 다음, location 헤더값을 반환합니다.
`postForObject(String, Object, Class, Object...)`	HTTP POST 작업을 한 다음, 주어진 클래스 타입으로 결과를 반환합니다.
`postForEntity(String, Object, Class, Object...)`	HTTP POST 작업을 한 다음, ResponseEntity를 반환합니다.
`put(String, Object, Object...)`	HTTP PUT 작업을 합니다.
`delete(String, Object...)`	HTTP DELETE 작업을 합니다.

optionsForAllow(String, Object...)	HTTP 작업을 합니다.
execute(String, HttpMethod, RequestCallback, ResponseExtractor, Object...)	CONNECT를 제외한 모든 HTTP 작업이 가능한 메서드입니다.

[표 4-1]에서 보다시피 RestTemplate 클래스의 메서드명은 HTTP 요청 메서드(HEAD, GET, POST, PUT, DELETE, OPTIONS)로 시작합니다. execute는 사용 빈도가 적은 TRACE를 비롯해 어떤 HTTP 메서드라도 사용 가능한 범용 메서드입니다(단, execute 메서드가 내부에서 사용하는 HttpMethod 이늄^{enum}에서 제외된 CONNECT 메서드는 지원하지 않습니다).

> **NOTE_** REST 서비스에서 가장 많이 애용하는 HTTP 메서드는 단연코 GET입니다. GET은 안전하게 정보를 가져오지만(즉, 데이터 변경을 일으키지 않지만), PUT, POST, DELETE 등의 메서드는 애초부터 원본 데이터를 수정하는 수단이므로 REST 서비스 공급자가 이런 메서드까지 지원할 가능성은 희박합니다. 일반적으로 서비스 공급자는 데이터 변경이 필요한 경우 REST 서비스의 대체 수단인 SOAP 프로토콜을 선호합니다.

RestTemplate 클래스 메서드를 대략 살펴보았으니 이번엔 브라우저에서 호출했던 REST 서비스를 스프링 프레임워크에서 자바로 호출해보겠습니다. 다음은 REST 서비스를 액세스해서 그 결과를 System.out으로 출력하는 코드입니다.

```
package com.apress.springrecipes.court;
...

public class Main {

    public static void main(String[] args) throws Exception {
        final String uri = "http://localhost:8080/court/members.json";
        RestTemplate restTemplate = new RestTemplate();
        String result = restTemplate.getForObject(uri, String.class);
        System.out.println(result);
    }
}
```

> **CAUTION_** 일부 REST 서비스 공급자는 요청 주체에 따라 데이터 피드 접속을 제한할 수 있습니다. 요청 데이터(HTTP 헤더, IP 주소 등의)를 보고 액세스를 거부하는 경우가 대부분이죠. 분명히 다른 매체(medium)에서는 잘 작동했던 데이터 피드가 환경에 따라 접속 거부되는 건 이때문입니다(가령, 브라우저에선 잘 보이던 REST 서비스 응답이 스프링 애플리케이션으로 접속하면 접속 자체가 차단될 수 있습니다). 이는 어디까지나 REST 서비스 공급자가 정한 이용 약관 때문에 그런 겁니다.

먼저 RestTemplate 인스턴스를 생성한 다음, getForObject() 메서드를 호출합니다. [표 4-1]에도 나와있듯이 getForObject() 메서드는 브라우저가 REST 서비스 페이로드를 가져오는 것처럼 HTTP GET 요청을 수행합니다. 이 메서드에서 중요한 건 응답과 매개변수입니다.

getForObject() 메서드 호출 결과로 받은 응답은 String형 변수 result에 할당합니다. 앞서 이 REST 서비스를 브라우저에서 호출한 결과 화면에 표시됐던 내용(즉, XML 구조)을 String 형식으로 담는 겁니다. XML을 자바로 처리해본 경험이 없더라도 자바 문자열 데이터를 추출/조작하는 일이 결코 쉽지 않다는 사실은 잘 알고 있을 겁니다. (REST 서비스 페이로드로 수신한) XML 데이터를 처리할 때는 String 객체보다 더 적합한 클래스들이 있습니다. 일단 지금은 이 정도만 알아두세요. REST 서비스를 호출해서 수신한 데이터를 추출/처리하는 더 효과적인 방법은 이 장의 다른 레시피에서 자세히 풀이하겠습니다.

getForObject() 메서드에 전달한 첫 번째 매개변수는 브라우저에서 썼던 것과 동일한 URL, 즉 실제 REST 서비스 엔드포인트입니다.

자바 코드를 실행하면 브라우저 화면에서 봤던 결과와 동일한 문자열이 콘솔 창에 출력될 겁니다.

매개변수화한 URL에서 데이터 가져오기

앞 절에서 URL을 호출해 데이터를 조회했는데요. 이 URL에 필수 매개변수를 넣는 경우는 어떻게 해야 할까요? 물론 매개변수를 URL에 하드코딩해 넣고 싶지는 않습니다. 다행히 RestTemplate 클래스를 이용하면 URL에 자리끼우개placeholders를 넣어 나중에 이 곳을 실젯값으로 치환할 수 있습니다. 자리끼우개는 [레시피 4-1], [레시피 4-2]에서 배웠던 @RequestMapping처럼 { }로 위치를 표시합니다.

예를 들어 `http://localhost:8080/court/member/{memberId}`처럼 URL 자체를 매개변수화하는 거죠. 자리끼우개 자리에 치환할 값은 자바 메서드를 호출할 때 실어 보냅니다. 다음과 같이 Map을 이용해서 getForObject() 메서드의 세 번째 매개변수로 전달합니다.

```java
public class Main {

    public static void main(String[] args) throws Exception {
        final String uri = "http://localhost:8080/court/member/{memberId}";
        Map<String, String> params = new HashMap<>();
        params.put("memberId", "1");
        RestTemplate restTemplate = new RestTemplate();
        String result = restTemplate.getForObject(uri, String.class, params);
        System.out.println(result);
    }
}
```

자바 컬렉션 프레임워크의 HashMap 인스턴스를 만든 다음, 여기에 REST 서비스 매개변수값을 넣고 나중에 getForObject() 메서드에 넣어 사용하는 겁니다. RestTemplate 클래스의 메서드(표 4-1)는 구조상 String 매개변수를 여러 개 집어넣든, Map 매개변수 하나만 넣든 결과는 같습니다[2].

데이터를 매핑된 객체로 가져오기

결과를 String으로 반환받지 않고 Members/Member 클래스로 매핑해서 (재)사용할 수도 있습니다. 두 번째 매개변수를 String.class 대신, Members.class로 지정하면 이 클래스에 맞게 응답이 매핑됩니다.

```java
public class Main {

    public static void main(String[] args) throws Exception {
        final String uri = "http://localhost:8080/court/members.xml";
        RestTemplate restTemplate = new RestTemplate();
        Members result = restTemplate.getForObject(uri, Members.class);
```

---

2 역주_ 각 메서드의 시그니처를 보면 세 번째 인수형이 Object 가변인수(Object...)인 메서드와 Map<String, ?>인 메서드가 각각 한 쌍씩 준비되어 있습니다.

```
        System.out.println(result);
    }
}
```

RestTemplate 클래스는 @ResponseBody를 붙인 컨트롤러 메서드와 동일한 HttpMessageConverter 인프라를 활용하며 스프링이 JAXB 2(또는 잭슨)를 자동 감지하므로 손쉽게 JAXB로 매핑된 객체를 만들 수 있습니다.

레시피 4-4 RSS/아톰 피드 발행하기

과제

스프링 애플리케이션에서 RSS/아톰 피드를 발행하세요.

해결책

RSS/아톰 피드는 정보를 발행하는 데 널리 쓰이는 수단으로, 보통 REST 서비스를 사용해 액세스합니다. 다시 말해 일단 REST 서비스를 구축한 다음에야 RSS/아톰 피드를 발행할 수 있습니다. 스프링의 기본적인 REST 지원 기능 외에 RSS/아톰 피드 전용 서드파티 라이브러리를 이용하면 간편하게 구현할 수 있습니다. 필자는 오픈소스 자바 프레임워크인 ROME(로움, http://rometools.github.io/rome/)을 사용하겠습니다[3].

> **TIP_** RSS/아톰 피드는 종종 뉴스 피드로 분류되지만 뉴스만 제공했던 초기 용도는 이미 초월한 지 오래입니다. 오늘날 RSS/아톰 피드는 블로그, 날씨, 여행 등 갖가지 정보를 플랫폼에 자유롭게 (즉, XML을 이용해) 발행하는 표준으로 자리잡았습니다. 다양한 플랫폼에서 접근 가능한 정보를 발행하는 게 목적이라면 이처럼 확실히 자리매김한 RSS/아톰 피드가 탁월한 선택이 될 겁니다(지원하는 애플리케이션도 많고 많은 개발자가 RSS/아톰 구조를 잘 알고 있습니다)

----

3 역주_ 원서에는 'Project Rome(프로젝트 로움)'으로 표기되어 있으나, 역서에서는 현재 사이트에 명시된 공식 명칭에 따라 'ROME'으로 줄여 표기합니다.

풀이

우선, 어떤 정보를 RSS/아톰 피드로 발행할지 결정해야겠죠? 이 정보는 JDBC나 ORM으로 접속 가능한 RDBMS의 테이블 또는 텍스트 파일에 저장되어 있거나, 아니면 스프링 내부의 빈이나 다른 유형의 구성 요소로 들어있을 겁니다. 정보를 가져오는 방법은 이 레시피의 주제를 벗어나므로 다루지 않겠습니다. 발행할 정보를 선택한 다음엔 RSS/아톰 피드로 구조를 잡아야 하는데요, 바로 여기가 ROME이 소용되는 부분입니다.

RSS/아톰 피드 구조가 낯선 독자는 먼저 다음 두 코드 조각을 참고하세요.

```xml
<?xml version="1.0" encoding="utf-8"?>
<feed xmlns="http://www.w3.org/2005/Atom">
    <title>Example Feed</title>
    <link href="http://example.org/"/>
    <updated>2010-08-31T18:30:02Z</updated>
    <author>
        <name>John Doe</name>
    </author>
    <id>urn:uuid:60a76c80-d399-11d9-b93C-0003939e0af6</id>
    <entry>
        <title>Atom-Powered Robots Run Amok</title>
        <link href="http://example.org/2010/08/31/atom03"/>
        <id>urn:uuid:1225c695-cfb8-4ebb-aaaa-80da344efa6a</id>
        <updated>2010-08-31T18:30:02Z</updated>
        <summary>Some text.</summary>
    </entry>
</feed>
```

```xml
<?xml version="1.0" encoding="utf-8"?>
<rss version="2.0">
    <channel>
        <title>RSS Example</title>
        <description>This is an example of an RSS feed</description>
        <link>http://www.example.org/link.htm</link>
        <lastBuildDate>Mon, 28 Aug 2006 11:12:55 -0400 </lastBuildDate>
        <pubDate>Tue, 31 Aug 2010 09:00:00 -0400</pubDate>
        <item>
            <title>Item Example</title>
            <description>This is an example of an Item</description>
```

```
        <link>http://www.example.org/link.htm</link>
        <guid isPermaLink="false"> 1102345</guid>
        <pubDate>Tue, 31 Aug 2010 09:00:00 -0400</pubDate>
      </item>
  </channel>
</rss>
```

코드를 보면 알다시피 RSS/아톰 피드는 정보를 발행하는 데 여러 엘리먼트를 활용한 XML 페이로드일 뿐입니다. RSS/아톰 피드의 세부적인 구조를 설명하자면 책 한 권 분량이 되겠지만 두 형식 모두 공통적인 특징이 있습니다. 주요한 것들을 정리하면 다음과 같습니다.

- 피드 내용을 서술하는 메타데이터 영역이 있습니다(예 : 아톰의 `<author>`와 `<title>`, RSS의 `<description>`과 `<pubDate>`).
- 순환 엘리먼트로 복수의 정보를 나타낼 수 있습니다(예 : 아톰의 `<entry>`, RSS의 `<item>`). 각 순환 엘리먼트는 자체 엘리먼트를 갖고 있어 더 자세한 정보를 나타낼 수 있습니다.
- 버전이 다양합니다. RSS는 0.90, 0.91 넷스케이프(Netscape), 0.91 유저랜드(Userland), 0.92, 0.93, 0.94, 1.0을 거쳐 현재 2.0이 최신 버전이고 아톰은 0.3과 1.0 버전이 있습니다. ROME을 이용하면 버전에 상관없이 자바 코드에서 가용한 정보를 바탕으로 피드의 메타데이터 영역, 순환 엘리먼트를 생성할 수 있습니다.

RSS/아톰 피드의 구조 및 ROME의 역할을 살펴보았으니 이제 스프링 MVC 컨트롤러에서 최종 유저에게 피드를 표시하는 코드를 봅시다.

```
@Controller
public class FeedController {

    @RequestMapping("/atomfeed")
    public String getAtomFeed(Model model) {
        List<TournamentContent> tournamentList = new ArrayList<>();
        tournamentList.add(TournamentContent.of("ATP", new Date(), "Australian Open",
            "www.australianopen.com"));
        tournamentList.add(TournamentContent.of("ATP", new Date(), "Roland Garros",
            "www.rolandgarros.com"));
        tournamentList.add(TournamentContent.of("ATP", new Date(), "Wimbledon",
            "www.wimbledon.org"));
        tournamentList.add(TournamentContent.of("ATP", new Date(), "US Open",
            "www.usopen.org"));

        model.addAttribute("feedContent", tournamentList);
```

```
        return "atomfeedtemplate";
    }


    @RequestMapping("/rssfeed")
    public String getRSSFeed(Model model) {
        List<TournamentContent> tournamentList = new ArrayList<>();
        tournamentList.add(TournamentContent.of("FIFA", new Date(), "World Cup",
            "www.fifa.com/worldcup/"));
        tournamentList.add(TournamentContent.of("FIFA", new Date(), "U-20 World Cup",
            "www.fifa.com/u20worldcup/"));
        tournamentList.add(TournamentContent.of("FIFA", new Date(), "U-17 World Cup",
            "www.fifa.com/u17worldcup/"));
        tournamentList.add(TournamentContent.of("FIFA", new Date(), "Confederations Cup",
            "www.fifa.com/confederationscup/"));

        model.addAttribute("feedContent", tournamentList);

        return "rssfeedtemplate";
    }
}
```

http://[호스트명]/[애플리케이션명]/atomfeed 형식의 URL을 getAtomFeed() 핸들러 메서드에,
http://[호스트명]/[애플리케이션명]/rssfeed 형식의 URL을 getRSSFeed() 핸들러 메서드에 각각
매핑한 스프링 MVC 컨트롤러입니다.

이들 메서드엔 TournamentContent 객체 리스트가 tournamentList 변수로 선언되어 있는데
요, 여기서 TournamentContent 객체는 일반 POJO입니다. 두 메서드는 반환 뷰에서 이 리스
트에 접근할 수 있게 Model 객체에 할당한 다음, 각각 atomfeedtemplate, rssfeedtemplate
라는 논리 뷰를 반환합니다. 이들 논리 뷰는 스프링 구성 클래스에 다음과 같이 설정되어 있습
니다.

```
@Configuration
@EnableWebMvc
@ComponentScan(basePackages = "com.apress.springrecipes.court")
public class CourtRestConfiguration {

    @Bean
    public AtomFeedView atomfeedtemplate() {
        return new AtomFeedView();
```

```
    }

    @Bean
    public RSSFeedView rssfeedtemplate() {
        return new RSSFeedView();
    }
...
}
```

보다시피 논리 뷰는 각자 클래스에 매핑되며 아톰/RSS 뷰 생성에 필요한 로직을 클래스에 구현하면 됩니다. 3장에서 (클래스를 만들어) 엑셀/PDF 뷰를 구현했던 것과 마찬가집니다.

스프링은 ROME 기반으로 제작된 RSS/아톰 전용 뷰 클래스 AbstractAtomFeedView와 AbstractRssFeedView를 지원합니다. 두 추상 클래스 덕분에 RSS/아톰 형식을 세세히 몰라도 뷰를 구현할 수 있습니다.

다음은 AbstractAtomFeedView 클래스를 상속한 AtomFeedView 클래스로, 논리 뷰 atomfeedtemplate을 구현한 코드입니다.

```
package com.apress.springrecipes.court.feeds;
...

public class AtomFeedView extends AbstractAtomFeedView {

    @Override
    protected void buildFeedMetadata(Map model, Feed feed, HttpServletRequest request) {
        feed.setId("tag:tennis.org");
        feed.setTitle("Grand Slam Tournaments");

        List<TournamentContent> tournamentList =
            (List<TournamentContent>) model.get("feedContent");

        feed.setUpdated(tournamentList.stream().map(TournamentContent::getPublicationDate)
            .sorted().findFirst().orElse(null));
    }

    @Override
    protected List buildFeedEntries(Map model, HttpServletRequest request,
        HttpServletResponse response) throws Exception {
        List<TournamentContent> tournamentList =
```

```
                (List<TournamentContent>) model.get("feedContent");
            return tournamentList.stream().map(this::toEntry).collect(Collectors.toList());
    }

    private Entry toEntry(TournamentContent tournament) {
        Entry entry = new Entry();
        String date = String.format("%1$tY-%1$tm-%1$td", tournament.getPublicationDate());
        entry.setId(String.format("tag:tennis.org,%s:%d", date, tournament.getId()));
        entry.setTitle(String.format("%s - Posted by %s", tournament.getName(),
            tournament.getAuthor()));
        entry.setUpdated(tournament.getPublicationDate());

        Content summary = new Content();
        summary.setValue(String.format("%s - %s", tournament.getName(),
            tournament.getLink()));
        entry.setSummary(summary);
        return entry;
    }
}
```

com.sun.syndication.feed.atom 패키지의 ROME 클래스를 일부 임포트한 후, 스프링 프레임워크의 AbstractAtomFeedView 클래스를 상속합니다. 이 클래스로부터 물려받은 buildFeedMetadata(), buildFeedEntries() 두 메서드의 세부 로직을 작성하면 됩니다.

buildFeedMetadata() 메서드는 피드 데이터가 담긴 Map 객체(즉, 핸들러 메서드에 할당된 데이터. 예제는 TournamentContent 객체 리스트), 피드를 처리하는 데 필요한 ROME의 Feed 객체, HTTP 요청을 다루어야 할 때 필요한 HttpServletRequest 객체, 이렇게 세 매개변수를 받습니다.

buildFeedMetadata() 메서드는 Feed 객체의 세 세터 메서드를 호출해 아톰 피드의 메타데이터 정보를 할당합니다. setId(), setTitle() 메서드는 하드코딩한 문자열을 인수로, setUpdated() 메서드는 피드 데이터(Map 객체)를 순회 후 결정된 값을 인수로 넣어 호출합니다.

> **NOTE_** 아톰 피드의 메타데이터 영역에 다른 값들을 할당하려면 아톰 버전에 맞는 ROME API를 찾아보세요. 기본 아톰 버전은 1.0입니다.

buildFeedEntries() 메서드는 피드 데이터가 담긴 Map 객체, HTTP 요청을 다루어야 할 때 필요한 HttpServletRequest 객체, HTTP 응답을 다루어야 할 때 필요한 HttpServletResponse 객체, 이렇게 세 매개변수를 받습니다. 이 메서드는 객체 리스트를 반환한다는 사실이 중요합니다. 예제에서는 ROME 클래스를 기반으로 하고 아톰 피드의 순환 엘리먼트를 담고 있는 Entry 객체의 List를 반환합니다.

buildFeedEntries() 메서드는 Map 객체에 접근해 호출부가 할당한 feedContent 객체를 꺼내옵니다. 여기까지 끝나면 비어 있는 Entry 객체 List가 생성되죠. 그런 다음 TournamentContent 객체 List가 포함된 feedContent 객체를 순회하면서 각 요소마다 Entry 객체를 만들어 최상위 Entry 객체 List 객체에 할당합니다. 루프가 끝나면 꽉꽉 채워진 Entry 객체 List가 반환됩니다.

> **NOTE_** 아톰 피드의 순환 엘리먼트 영역에 값을 더 넣고 싶으면 ROME API를 참조하기 바랍니다.

앞서 언급한 스프링 MVC 컨트롤러에 이 클래스를 추가 배포한 후, http://[호스트명]/[애플리케이션명]/atomfeed.atom (또는 http://[호스트명]/atomfeed.xml)로 접속하면 다음과 같은 응답을 받습니다.

```xml
<?xml version="1.0" encoding="UTF-8"?>
<feed xmlns="http://www.w3.org/2005/Atom">
    <title>Grand Slam Tournaments</title>
    <id>tag:tennis.org</id>
    <updated>2017-04-19T01:32:52Z</updated>
    <entry>
        <title>Australian Open - Posted by ATP</title>
        <id>tag:tennis.org,2017-04-19:5</id>
        <updated>2017-04-19T01:32:52Z</updated>
        <summary>Australian Open - www.australianopen.com</summary>
    </entry>
    <entry>
        <title>Roland Garros - Posted by ATP</title>
        <id>tag:tennis.org,2017-04-19:6</id>
        <updated>2017-04-19T01:32:52Z</updated>
        <summary>Roland Garros - www.rolandgarros.com</summary>
    </entry>
    <entry>
```

```
        <title>Wimbledon - Posted by ATP</title>
        <id>tag:tennis.org,2017-04-19:7</id>
        <updated>2017-04-19T01:32:52Z</updated>
        <summary>Wimbledon - www.wimbledon.org</summary>
    </entry>
    <entry>
        <title>US Open - Posted by ATP</title>
        <id>tag:tennis.org,2017-04-19:8</id>
        <updated>2017-04-19T01:32:52Z</updated>
        <summary>US Open - www.usopen.org</summary>
    </entry>
</feed>
```

이번엔 RSS 피드를 생성하는 핸들러 메서드 getRSSFeed()입니다. 대체적인 내용은 방금 전 설명한 아톰 피드와 크게 다르지 않습니다. 핸들러 메서드가 TournamentContent 객체 List를 생성 후 반환 뷰에서 접근할 수 있도록 Model 객체에 할당하는 흐름입니다. 반환할 논리 뷰 이름만 rssfeedtemplate로 바뀌지요. 앞서 설명했듯이 이 논리 뷰는 RssFeedView 클래스로 매핑됩니다.

다음은 AbstractRssFeedView 클래스를 상속하여 구현한 RssFeedView 클래스입니다.

```
public class RSSFeedView extends AbstractRssFeedView {

    @Override
    protected void buildFeedMetadata(Map model, Channel feed, HttpServletRequest request) {
        feed.setTitle("World Soccer Tournaments");
        feed.setDescription("FIFA World Soccer Tournament Calendar");
        feed.setLink("tennis.org");

        List<TournamentContent> tournamentList =
            (List<TournamentContent>) model.get("feedContent");
        feed.setLastBuildDate(tournamentList.stream().map(
            TournamentContent::getPublicationDate).sorted().findFirst().orElse(null)
        );
    }

    @Override
    protected List<Item> buildFeedItems(Map model, HttpServletRequest request,
        HttpServletResponse response) throws Exception {
        List<TournamentContent> tournamentList =
```

```
        (List<TournamentContent>) model.get("feedContent");

    return tournamentList.stream().map(this::toItem).collect(Collectors.toList());
}

private Item toItem(TournamentContent tournament) {
    Item item = new Item();
    item.setAuthor(tournament.getAuthor());
    item.setTitle(String.format("%s - Posted by %s", tournament.getName(),
        tournament.getAuthor()));
    item.setPubDate(tournament.getPublicationDate());
    item.setLink(tournament.getLink());
    return item;
}
}
```

com.sun.syndication.feed.rss 패키지의 일부 ROME 클래스를 임포트한 다음, 스
프링 프레임워크가 제공하는 AbstractRssFeedView 클래스를 구현했습니다. 이렇
게 해놓으니 AbstractRssFeedView 클래스로부터 상속받은 buildFeedMetadata(),
buildFeedEntries() 두 메서드의 로직만 구현하면 됩니다.

buildFeedMetadata() 메서드는 아톰 피드 발행 시 사용한 buildFeedMetadata() 메서드와
비슷합니다. 이 메서드는 ROME에 있는 Channel 객체를 사용해 RSS 피드를 만드는데요, 아
톰에서 Feed 객체를 사용해 피드를 만들었던 것에 대응됩니다. buildFeedMetadata() 메서드
는 Channel 객체의 세 세터 메서드(setTitle, setDescription, setLink)를 호출해 RSS 피
드의 메타데이터 정보를 할당합니다. buildFeedItems()는 아톰의 buildFeedEntries()에
(이름만 다를 뿐) 정확히 대응되는 메서드입니다. 아톰 피드에서는 순환 엘리먼트를 엔트리[entry]
라고 불렀지만 RSS 피드에서는 아이템[item]이라고 부르는 명명 관례[naming convention] 때문에 로직은
같지만 이름만 다릅니다.

buildFeedItems() 메서드는 Map 객체에 접근해 호출부가 할당한 feedContent 객
체를 꺼내옵니다. 여기까지 끝나면 비어 있는 Item 객체 List가 생성되죠. 그런 다음
TournamentContent 객체 List가 포함된 feedContent 객체를 순회하면서 각 요소마다 Item
객체를 만들어 최상위 Item 객체 List 객체에 할당합니다. 루프가 끝나면 꽉꽉 채워진 Item
객체 List가 반환됩니다.

앞서 언급한 스프링 MVC 컨트롤러에 이 클래스를 추가 배포한 후, **http://[호스트명]/[애플리케이션명]/rssfeed.atom** (또는 **http://[호스트명]/rssfeed.xml**)로 접속하면 다음과 같은 응답을 받습니다.

```xml
<?xml version="1.0" encoding="UTF-8"?>
<rss version="2.0">
    <channel>
        <title>World Soccer Tournaments</title>
        <link>tennis.org</link>
        <description>FIFA World Soccer Tournament Calendar</description>
        <lastBuildDate>Wed, 19 Apr 2017 01:32:31 GMT</lastBuildDate>
        <item>
            <title>World Cup - Posted by FIFA</title>
            <link>www.fifa.com/worldcup/</link>
            <pubDate>Wed, 19 Apr 2017 01:32:31 GMT</pubDate>
            314861_4_EnFIFA</author>
        </item>
        <item>
            <title>U-20 World Cup - Posted by FIFA</title>
            <link>www.fifa.com/u20worldcup/</link>
            <pubDate>Wed, 19 Apr 2017 01:32:31 GMT</pubDate>
            314861_4_EnFIFA</author>
        </item>
        <item>
            <title>U-17 World Cup - Posted by FIFA</title>
            <link>www.fifa.com/u17worldcup/</link>
            <pubDate>Wed, 19 Apr 2017 01:32:31 GMT</pubDate>
            314861_4_EnFIFA</author>
        </item>
        <item>
            <title>Confederations Cup - Posted by FIFA</title>
            <link>www.fifa.com/confederationscup/</link>
            <pubDate>Wed, 19 Apr 2017 01:32:31 GMT</pubDate>
            314861_4_EnFIFA</author>
        </item>
    </channel>
</rss>
```

마치며

스프링 프레임워크로 REST 서비스를 개발하고 액세스하는 방법을 공부했습니다. REST 서비스는 스프링 MVC와 밀접하게 연관되어 있습니다. 컨트롤러는 서드파티 서비스를 포함한 각종 REST 서비스 요청을 디스패치해서 돌려받은 결과를 이용해 애플리케이션 콘텐트를 구성합니다.

스프링 MVC 컨트롤러에서 애너테이션을 활용해 REST 서비스를 구축하는 코드를 살펴봤습니다. @RequestMapping으로는 서비스 엔드포인트를 가리키고 @PathVariable로는 액세스 매개변수를 지정해 서비스 페이로드를 필터링합니다.

Jaxb2Marshaller 같은 스프링 XML 마샬러는 애플리케이션 객체를 XML로 변환하여 REST 서비스 페이로드로 출력하는 기능을 합니다. 스프링 RestTemplate 클래스는 HEAD, GET, POST, PUT, DELETE 등의 HTTP 메서드를 지원하며 덕분에 서드파티 REST 서비스가 제공하는 기능을 스프링 애플리케이션 컨텍스트에서 직접 접근해서 간편하게 쓸 수 있습니다.

끝으로 스프링 애플리케이션에서 ROME API로 아톰, RSS 피드를 발행하는 방법을 알아보았습니다.

CHAPTER 5

스프링 MVC : 비동기 처리

서블릿 API 초창기 시절엔 구현 컨테이너 대부분이 요청당 스레드 하나만 사용했습니다. 바꿔 말하면 컨테이너가 요청을 받아 처리를 끝내고 클라이언트에 응답을 돌려주기 전까지 스레드 는 항상 블로킹blocking (차단)됐지요.

그때는 지금처럼 수많은 기기가 인터넷에 물려있지 않았습니다. 하지만 연결된 기기 개수 및 HTTP 요청 횟수가 기하급수적으로 늘면서 과거처럼 웹 애플리케이션이 스레드를 블로킹하는 식으로는 정상적인 서비스가 불가능할 지경에 이르렀습니다. 이윽고 서블릿 3 명세부터 HTTP 요청을 비동기로 처리할 길이 열리면서 최초 HTTP 요청을 접수했던 스레드를 해제할 수 있게 됐습니다. 새 스레드는 백그라운드에서 움직이다가 결과가 준비되는 즉시 클라이언트로 보낼 수 있게 되었죠. 서블릿 3.1 호환 컨테이너에서는 제대로 사용한다면 사실상 모든 작업을 넌블 로킹nonblocking (차단하지 않는) 방식으로 작동시킬 수 있습니다. 물론 사용할 리소스 역시 모두 넌블로킹 형태로 작동해야 하죠.

지난 몇 년 동안 리액티브 프로그래밍reactive programming (반응형 프로그래밍)이 화려한 조명을 받 기 시작했고 스프링 5부터는 리액티브 웹 애플리케이션 개발도 가능하게 됐습니다. 리액티브 스프링 프로젝트는 (피보탈 사가 관리하는 스프링처럼) 리액터 프로젝트Project Reactor를 리액티브 스트림Reactive Streams API의 구현체로 사용합니다. 이 책은 리액티브 프로그래밍 책이 아니므로 자세히 다루진 않겠지만 리액티브 프로그래밍은 한 마디로 넌블로킹 함수형 프로그래밍을 실 천하는 방법입니다.

종래의 웹 애플리케이션은 유저의 요청을 접수한 서버가 HTML을 렌더링하고 이를 다시 클라이언트에 돌려줍니다. 그런데 지난 몇 년 간, HTML 렌더링 작업이 클라이언트로 넘어갔고 HTML을 직접 내어주는 게 아니라 JSON, XML 등의 다른 표현형을 돌려주는 식으로 통신 방법이 바뀌었죠. XMLHttpRequest 객체를 사용한 클라이언트의 비동기 호출에 의해 통신이 시작된다는 점에서 분명히 차이는 있지만 '요청을 하면 응답을 준다'는 전통적인 흐름은 그대로입니다. 그러나 클라이언트와 서버의 통신 수단은 이뿐만이 아닙니다. 서버 전송 이벤트^{server-sent event}로 서버가 클라이언트로 단방향 통신을 걸 수도 있고 웹소켓 프로토콜로 전이중^{full-duplex} (양방향) 통신을 제공하는 흥미로운 기술도 있습니다.

레시피 5-1 트롤러에서 TaskExecutor로 요청을 비동기 처리하기

과제

요청을 비동기 처리해서 서블릿 컨테이너의 부하를 줄이세요.

해결책

HTTP 요청을 동기적으로 처리하면 요청 처리 스레드가 블로킹되고 응답은 열린 상태로 씌어질 준비를 합니다. 일정한 작업 시간이 소요되는 호출이면 이렇게 하는 편이 좋겠지만 스레드를 블로킹하지 않고 백그라운드에서 처리한 후 결괏값을 유저에 돌려주는 게 더 효율적입니다.

풀이

스프링 MVC 컨트롤러의 핸들러 메서드는 여러 가지 반환형을 지원합니다(레시피 3-1). [표 5-1]은 비동기로 처리되는 타입을 따로 정리한 겁니다.

표 5-1 비동기 반환형

타입	설명
DeferredResult	나중에 다른 스레드가 생산할 비동기 결과
ListenableFuture<?>	나중에 다른 스레드가 생산할 비동기 결과. DeferredResult 대신 사용할 수 있습니다.
CompletableStage<?> / CompletableFuture<?>	나중에 다른 스레드가 생산할 비동기 결과. DeferredResult 대신 사용할 수 있습니다.
Callable<?>	나중에 결과를 생산할(또는 예외를 던질) 작업
ResponseBodyEmitter	여러 객체를 응답에 실어 클라이언트에 비동기로 전송할 때 씁니다.
SseEmitter	서버 전송 이벤트를 비동기로 작성할 때 씁니다.
StreamingResponseBody	OutputStream을 비동기로 작성할 때 씁니다.

위와 같은 비동기 반환 클래스/인터페이스는 모두 제네릭형이라서, 모델에 추가할 객체, 뷰 이름, ModelAndView 객체까지 컨트롤러가 반환하는 어떤 반환형도 수용할 수 있습니다.

비동기 처리 설정하기

비동기 요청 처리는 서블릿 3.0부터 추가된 지원 기능으로, 스프링 MVC에서 사용하려면 모든 필터와 서블릿이 비동기로 작동하게끔 활성화해야 합니다. 필터/서블릿을 등록할 때 setAsyncSupported() 메서드를 호출하면 비동기 모드가 켜집니다.

WebApplicationInitializer 구현 클래스는 다음과 같이 고칩니다.

```
package com.apress.springrecipes.court.web;
...
public class CourtWebApplicationInitializer implements WebApplicationInitializer {

    @Override
    public void onStartup(ServletContext ctx) {

        DispatcherServlet servlet = new DispatcherServlet();
        ServletRegistration.Dynamic registration = ctx.addServlet("dispatcher", servlet);
        registration.setAsyncSupported(true);
    }

}
```

다행히 스프링에서 추상 클래스 AbstractAnnotationConfigDispatcherServletInitializer를 상속하면 이 클래스에 등록된 DispatcherServlet과 필터의 isAsyncSupported 프로퍼티가 이미 켜져 있으므로 간편하게 구현할 수 있습니다. 비동기 모드를 켜고 끄는 분기 로직을 직접 구현하려면 setAsyncSupported() 메서드를 오버라이드합니다.

필요에 따라 AsyncTaskExecutor를 MVC 구성 클래스에 설정하는 경우도 있습니다.

```
package com.apress.springrecipes.court.config;
...

@Configuration
public class AsyncConfiguration extends WebMvcConfigurationSupport {

    @Override
    protected void configureAsyncSupport(AsyncSupportConfigurer configurer) {
        configurer.setDefaultTimeout(5000);
        configurer.setTaskExecutor(mvcTaskExecutor());
    }

    @Bean
    public ThreadPoolTaskExecutor mvcTaskExecutor() {
        ThreadPoolTaskExecutor taskExecutor = new ThreadPoolTaskExecutor();
        taskExecutor.setThreadGroupName("mvc-executor");
        return taskExecutor;
    }
}
```

WebMvcConfigurationSupport 클래스의 configureAsyncSupport() 메서드를 오버라이드해서 비동기 처리 모드로 구성한 코드입니다. 이 메서드를 오버라이드하면 AsyncSupportConfigurer에 접근해서 defaultTimeout 및 AsyncTaskExecutor 값을 지정할 수 있습니다. 예제에서는 타임아웃을 5초로 설정하고 ThreadPoolTaskExecutor를 실행자로 사용했습니다([레시피 2-23] 참고).

비동기 컨트롤러 작성하기

간단히 핸들러 메서드의 반환형만 바꾸면 요청을 비동기 처리하는 컨트롤러로 변신시킬 수 있습니다. 가령, 조회 시간이 꽤 걸리는 ReservationService.query() 메서드를 서버를 블로킹하지 않는 상태로 호출하고 싶다고 합시다.

Callable

Callable은 다음 코드처럼 사용합니다.

```
@Controller
@RequestMapping("/reservationQuery")
public class ReservationQueryController {

    private final ReservationService reservationService;

    public ReservationQueryController(ReservationService reservationService) {
        this.reservationService = reservationService;
    }

    @GetMapping
    public void setupForm() {}

    @PostMapping
    public Callable<String> sumbitForm(@RequestParam("courtName") String courtName,
        Model model) {
        return () -> {
            List<Reservation> reservations = java.util.Collections.emptyList();
            if (courtName != null) {
                Delayer.randomDelay(); // 서비스를 일부러 지연시킵니다.
                reservations = reservationService.query(courtName);
            }
            model.addAttribute("reservations", reservations);
            return "reservationQuery";
        };
    }
}
```

submitForm() 메서드는 String을 직접 반환하지 않고 Callable<String>을 대신 반환합니다. Callable<String> 람다 표현식 안에서는 query() 메서드의 처리 시간을 모의하고자 랜덤 대기 시간을 주었습니다.

예약 서비스를 호출하면 다음과 같이 로그에 출력됩니다.

```
2017-06-20 10:37:04,836 [nio-8080-exec-2] DEBUG o.s.w.c.request.async.WebAsyncManager  :
Concurrent handling starting for POST [/court/reservationQuery]
2017-06-20 10:37:04,838 [nio-8080-exec-2] DEBUG o.s.web.servlet.DispatcherServlet  :
Leaving response open for concurrent processing
2017-06-20 10:37:09,954 [mvc-executor-1 ] DEBUG o.s.w.c.request.async.WebAsyncManager  :
Concurrent result value [reservationQuery] - dispatching request to resume processing
2017-06-20 10:37:09,959 [nio-8080-exec-3] DEBUG o.s.web.servlet.DispatcherServlet  :
DispatcherServlet with name 'dispatcher' resumed processing POST request for [/court/
reservationQuery]
```

굵게 표시한 부분을 잘 보면, 특정 스레드(nio-8080-exec-2)가 요청을 도맡아 처리하다가 해
제되고 다른 스레드(mvc-executor-1)가 이어받아 결과를 반환합니다. 마지막에 요청이 다시
DispatcherServlet에 전송되고 또 다른 스레드(nio-8080-exec-3)가 결과를 건네받아 처리
합니다.

DeferredResult

Callable<String> 대신 DeferredResult<String>을 써도 됩니다. DeferredResult를 사용
하려면 클래스 인스턴스를 만들어 비동기 처리 작업(Runnable)을 전송한 다음, 이 작업 내부
에서 setResult() 메서드를 이용해 DeferredResult 결괏값을 설정합니다. 예외가 발생하면
DeferredResult.setErrorResult() 메서드의 인수로 보내 처리합니다.

```
@Controller
@RequestMapping("/reservationQuery")
public class ReservationQueryController {

    private final ReservationService reservationService;
    private final TaskExecutor taskExecutor;

    public ReservationQueryController(ReservationService reservationService,
        AsyncTaskExecutor taskExecutor) {
        this.reservationService = reservationService;
        this.taskExecutor = taskExecutor;
```

```
    }

    @GetMapping
    public void setupForm() {}

    @PostMapping
    public DeferredResult<String> sumbitForm(@RequestParam("courtName") String courtName,
        Model model) {
        final DeferredResult<String> result = new DeferredResult<>();

        taskExecutor.execute(() -> {
            List<Reservation> reservations = java.util.Collections.emptyList();
            if (courtName != null) {
                Delayer.randomDelay(); // 서비스를 일부러 지연시킵니다.
                reservations = reservationService.query(courtName);
            }
            model.addAttribute("reservations", reservations);
            result.setResult("reservationQuery");
        });

        return result;
    }
}
```

여기서도 렌더링할 뷰 이름은 DeferredResult<String>형으로 반환하고 있습니다. 스프링이 주입한 TaskExecutor의 execute() 메서드에 실행 코드에 해당하는 Runnable 객체를 전달하고 실제 결괏값은 이 안에서 설정합니다. DeferredResult로 반환할 경우 스레드를 직접(또는 TaskExecutor에 위임해서) 만들어야 하지만 Callable로 반환할 경우엔 그럴 필요가 없는 중요한 차이가 있습니다[1].

CompletableFuture

이번에는 CompletableFuture<String>을 반환하고 TaskExecutor로 코드를 비동기 실행하는 코드입니다[2].

----

1 역주_ 이 코드에서 한 가지 간과하면 안 될 점은 DeferredResult<String> result 변수 앞에 final을 붙여 선언해야 한다는 사실입니다. 왜 그런지 궁금한 독자는 자바 8 언어 명세에서 중요한 내용이니 https://docs.oracle.com/javase/specs/jls/se8/html/jls-15.html#jls-15.27.2를 꼭 참고하기 바랍니다.

2 역주_ 참고로 CompletableFuture, CompletionStage는 자바 8 버전부터 등장한 비교적 최신 Future 시리즈입니다.

```
@Controller
@RequestMapping("/reservationQuery")
public class ReservationQueryController {

    private final ReservationService reservationService;
    private final TaskExecutor taskExecutor;

    public ReservationQueryController(ReservationService reservationService,
        TaskExecutor taskExecutor) {
        this.reservationService = reservationService;
        this.taskExecutor = taskExecutor;
    }

    @GetMapping
    public void setupForm() {}

    @PostMapping
    public CompletableFuture<String> sumbitForm(@RequestParam("courtName")
        String courtName, Model model) {

        return CompletableFuture.supplyAsync(() -> {
            List<Reservation> reservations = java.util.Collections.emptyList();
            if (courtName != null) {
                Delayer.randomDelay(); // 서비스를 일부러 지연시킵니다.
                reservations = reservationService.query(courtName);
            }
            model.addAttribute("reservations", reservations);
            return "reservationQuery";
        }, taskExecutor);
    }
}
```

실행 코드를 CompletableFuture.supplyAsync() 메서드에 넣고 호출(또는 반환형 없는 runAsync() 메서드를 실행)하고 CompletableFuture 객체를 돌려받습니다. supplyAsync() 메서드는 Supplier 및 Executor 두 타입의 객체를 매개변수로 받으므로 비동기 처리 시 TaskExecutor를 재사용할 수 있습니다. 매개변수가 Supplier 하나뿐인 supplyAsync() 메서드는 JVM에서 가용한 기본 포크/조인fork/join 풀을 써서 실행됩니다.

이처럼 CompletableFuture를 반환받으면 여러 CompletableFuture 인스턴스를 조합compose

하거나 연결chain해서 모든 기능을 최대한 활용할 수 있습니다.

ListenableFuture

자바 Future를 구현한 스프링의 ListenableFuture 인터페이스는 Future 완료 시점에 콜백을 실행합니다. 실행 코드를 AsyncListenableTaskExecutor에 전송하면 ListenableFuture가 반환됩니다. 앞서 AsyncConfiguration 구성 클래스에 나왔던 ThreadPoolTaskExecutor도 AsyncListenableTaskExecutor 인터페이스의 구현체입니다.

```
@Controller
@RequestMapping("/reservationQuery")
public class ReservationQueryController {

    private final ReservationService reservationService;
    private final AsyncListenableTaskExecutor taskExecutor;
    public ReservationQueryController(ReservationService reservationService,
        AsyncListenableTaskExecutor taskExecutor) {
        this.reservationService = reservationService;
        this.taskExecutor = taskExecutor;
    }

    @GetMapping
    public void setupForm() {}

    @PostMapping
    public ListenableFuture<String> sumbitForm(@RequestParam("courtName") String courtName,
        Model model) {

        return taskExecutor.submitListenable(() -> {
            List<Reservation> reservations = java.util.Collections.emptyList();
            if (courtName != null) {
                Delayer.randomDelay(); // 서비스를 일부러 지연시킵니다.
                reservations = reservationService.query(courtName);
            }
            model.addAttribute("reservations", reservations);
            return "reservationQuery";
        });
    }
}
```

Callable형 실행 코드를 submitListenable() 메서드로 taskExecutor에 전달하면 ListenableFuture를 반환받는데, 이 객체를 메서드 결과로 활용하면 됩니다.

ListenableFuture에 성공/실패 콜백은 대체 어디 있는 걸까요? 스프링 MVC는 내부적으로 ListenableFuture를 DeferredResult에 맞추기 때문에 작업 성공 시 DeferredResult. setResult, 에러가 나면 DeferredResult.setErrorResult를 호출합니다. 이 모든 작업을 스프링에 내장된 HandlerMethodReturnValueHandler 구현체(예제에서는 DeferredResultMethodReturnValueHandler)가 대행합니다.

레시피 5-2 응답 출력기

과제
서비스에서 응답을 여러 청크chunk(덩이)로 나누어 전송하세요.

해결책
ResponseBodyEmitter(또는 자매품 SseEmitter)로 응답을 청크로 나눠 보냅니다.

풀이
스프링에서는 HttpMessageConverter 인프라를 이용해서 어떤 객체를 평범한 일반 객체로 출력할 수 있습니다. 클라이언트는 청크된(또는 스트리밍된) 리스트를 받게 되지요. 결과를 객체 대신 이벤트 형태로 보내는 방법도 있는데요, 이를 서버 전송 이벤트라고 합니다.

여러 결과를 하나의 응답에 실어 보내기
스프링 MVC의 ResponseBodyEmitter 클래스는 (뷰 이름 또는 ModelAndView 등) 하나의 결과 대신 여러 객체를 클라이언트에 반환할 때 아주 유용합니다. 반환할 객체는 HttpMessageConverter([레시피 4-2] 참고)를 이용해 결과로 변환한 다음 전송하며 핸들러 메서드는 ResponseBodyEmitter를 반드시 반환해야 합니다.

ReservationQueryController의 find() 메서드에서 조회 결과를 하나씩 클라이언트에 보내고 마지막에 ResponseBodyEmitter를 반환하도록 고쳐봅시다.

```java
@Controller
@RequestMapping("/reservationQuery")
public class ReservationQueryController {

    private final ReservationService reservationService;
    private final TaskExecutor taskExecutor;
    ...

    @GetMapping(params = "courtName")
    public ResponseBodyEmitter find(@RequestParam("courtName") String courtName) {
        final ResponseBodyEmitter emitter = new ResponseBodyEmitter();
        taskExecutor.execute(() -> {
            Collection<Reservation> reservations = reservationService.query(courtName);
            try {
                for (Reservation reservation : reservations) {
                    emitter.send(reservation);
                }
                emitter.complete();
            } catch (IOException e) {
                emitter.completeWithError(e);
            }
        });
        return emitter;
    }
}
```

find() 메서드는 처음에 생성한 ResponseBodyEmitter 객체를 마지막에 반환합니다. ReservationService.query() 메서드로 예약 리스트를 조회하고 그 결과 레코드를 하나씩 ResponseBodyEmitter.send() 메서드로 반환합니다. 전부 다 반환되면 결과 전송을 담당한 스레드가 처리를 마친 다음 응답을 처리할 수 있게끔 complete() 메서드를 호출해서 메모리에서 해제합니다. 이 과정에서 발생한 예외를 유저에 알리고 싶을 경우, completeWithError() 메서드를 호출하면 스프링 MVC 예외 처리 장치를 통과합니다. 응답은 그 이후 완료 처리됩니다.

HTTPie나 curl 같은 툴을 이용해 http://localhost:8080/court/reservationQuery

courtName=='Tennis #1'에 접속하면 [그림 5-1] 같은 결과가 출력됩니다. 청크로 나누어져 있고 응답 코드는 200 (OK)입니다.

그림 5-1 청크로 나누어진 응답

상태 코드를 바꾸거나 커스텀 헤더를 추가하고 싶을 때엔 ResponseEntity 안에 ResponseBodyEmitter를 감쌉니다(레시피 4-1 참고).

```java
@GetMapping(params = "courtName")
public ResponseEntity<ResponseBodyEmitter> find(@RequestParam("courtName") String
    courtName) {
    final ResponseBodyEmitter emitter = new ResponseBodyEmitter();
    ....
    return ResponseEntity.status(HttpStatus.I_AM_A_TEAPOT)
        .header("Custom-Header", "Custom-Value")
        .body(emitter);
}
```

실행하면 상태 코드가 418로 바뀌고 커스텀 헤더가 포함되어 있는 걸 확인할 수 있습니다(그림 5-2)[3].

---

3 역주_ HTTP 418은 1998년 만우절에 장난삼아 발표된 HTCPCP(Hyper Tex Coffee Pot Control Protocol, 하이퍼텍스트 커피 주전자 제어 프로토콜)을 가리키는 응답 코드입니다. 혹시라도 궁금한 독자는 위키피디아 https://en.wikipedia.org/wiki/Hyper_Text_Coffee_Pot_Control_Protocol을 참고하세요.

그림 5-2 다시 실행한 청크된 결과

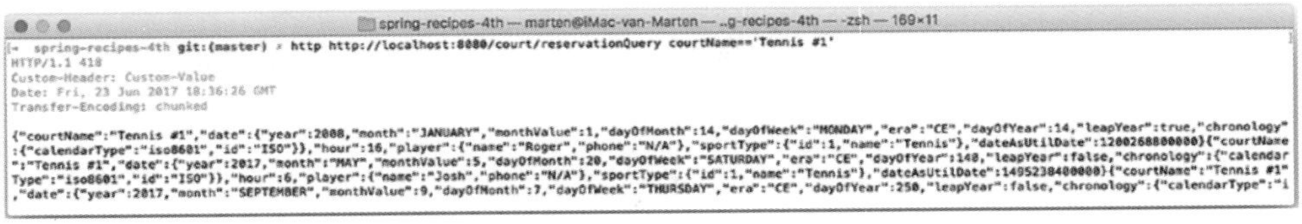

```
●  ○  ○                    ◼ spring-recipes-4th — marten@iMac-van-Marten — ...g-recipes-4th — -zsh — 169×11
↑ ~ spring-recipes-4th git:(master) ✗ http http://localhost:8080/court/reservationQuery courtName=='Tennis #1'
HTTP/1.1 418
Custom-Header: Custom-Value
Date: Fri, 23 Jun 2017 18:36:26 GMT
Transfer-Encoding: chunked

{"courtName":"Tennis #1","date":{"year":2000,"month":"JANUARY","monthValue":1,"dayOfMonth":14,"dayOfWeek":"MONDAY","era":"CE","dayOfYear":14,"leapYear":true,"chronology"
:{"calendarType":"iso8601","id":"ISO"}},"hour":16,"player":{"name":"Roger","phone":"N/A"},"sportType":{"id":1,"name":"Tennis"},"dateAsUtilDate":120026880000}{"courtName
":"Tennis #1","date":{"year":2017,"month":"MAY","monthValue":5,"dayOfMonth":20,"dayOfWeek":"SATURDAY","era":"CE","dayOfYear":148,"leapYear":false,"chronology":{"calendar
Type":"iso8601","id":"ISO"}},"hour":6,"player":{"name":"Josh","phone":"N/A"},"sportType":{"id":1,"name":"Tennis"},"dateAsUtilDate":1495230400000}{"courtName":"Tennis #1"
,"date":{"year":2017,"month":"SEPTEMBER","monthValue":9,"dayOfMonth":7,"dayOfWeek":"THURSDAY","era":"CE","dayOfYear":250,"leapYear":false,"chronology":{"calendarType":"i
```

여러 결과를 이벤트 형태로 보내기

ResponseBodyEmitter의 자매품 SseEmitter는 서버 전송 이벤트를 이용해 서버 → 클라이언트 방향으로 이벤트를 전송합니다. 서버 전송 이벤트는 서버가 클라이언트에 보내는 메시지로 text/event-stream이라는 콘텐트 타입 헤더가 들어 있습니다. 또 아주 가벼운 편이라서 정의할 필드는 4개뿐입니다.

표 5-2. 서버 전송 이벤트 필드 목록

필드	설명
id	이벤트 ID
event	이벤트 타입
data	이벤트 데이터
retry	이벤트 스트림에 재접속하는 시간

핸들러 메서드에서 이벤트를 전송하려면 SseEmitter 인스턴스를 만들어 마지막 줄에서 반환합니다. 데이터 각 항목은 send() 메서드로 클라이언트에 보냅니다.

```
@GetMapping(params = "courtName")
public SseEmitter find(@RequestParam("courtName") String courtName) {
    final SseEmitter emitter = new SseEmitter();
    taskExecutor.execute(() -> {
        Collection<Reservation> reservations = reservationService.query(courtName);
        try {
            for (Reservation reservation : reservations) {
                Delayer.delay(125);
                emitter.send(reservation);
            }
            emitter.complete();
```

```
    } catch (IOException e) {
        emitter.completeWithError(e);
    }
  });
  return emitter;
}
```

> **NOTE_** 각 항목을 클라이언트로 전송할 때 서로 다른 이벤트가 유입되는 모습을 관찰할 수 있게 일부러 지연
> 시간을 넣었습니다. 실제 코드라면 Delayer.delay(125); 따위는 없겠죠.

curl 같은 툴로 http://localhost:8080/court/reservationQuery courtName=='Tennis
#1'에 접속해보면 이벤트가 하나씩 유입되는 광경을 감상할 수 있습니다(그림 5-3).

그림 5-3 서버 전송 이벤트 결과

Content-Type 헤더값이 text/event-stream인 걸로 보아 이벤트 스트림을 받았음을 알 수
있습니다. 스트림을 열어둔 상태로 계속 이벤트 알림을 수신한 거죠. 출력된 객체는 제각기
JSON으로 변환되었는데요. 평범한 ResponseBodyEmitter처럼 HttpMessageConverter로 변
환시킨 겁니다. 각 객체는 data 태그 내부에 이벤트 데이터로 씌어졌습니다.

이벤트에 더 많은 정보를 추가하고 싶으면(다시 말해 [표 5-2]의 필드 중 하나를 채우고 싶다
면) SseEventBuilder를 사용합니다. SseEventBuilder 인스턴스는 SseEmitter의 팩토리 메
서드 event()를 호출하여 얻습니다. 예제의 id 필드를 Reservation 해시 코드로 채워봅시다.

```
@GetMapping(params = "courtName")
public SseEmitter find(@RequestParam("courtName") String courtName) {
    final SseEmitter emitter = new SseEmitter();
    taskExecutor.execute(() -> {
        Collection<Reservation> reservations = reservationService.query(courtName);
        try {
            for (Reservation reservation : reservations) {
                Delayer.delay(120);
                emitter.send(emitter.event().id(String.valueOf(reservation.hashCode()))
                    .data(reservation));
            }
            emitter.complete();
        } catch (IOException e) {
            emitter.completeWithError(e);
        }
    });
    return emitter;
}
```

아까처럼 http://localhost:8080/court/reservationQuery courtName=='Tennis #1'을 테스트하면 유입되는 이벤트마다 id, data 두 필드가 다 채워져 있음을 알 수 있습니다.

레시피 5-3 비동기 인터셉터

과제

서블릿 API로 정의한 서블릿 필터는 서블릿이 웹 요청을 처리하기 전후마다 원하는 선/후처리 로직을 수행할 할 수 있습니다. 스프링 웹 애플리케이션 컨텍스트의 필터 비슷한 뭔가를 구성해 컨테이너의 장점을 십분 발휘해보세요.

아울러 스프링 MVC 핸들러가 담당하는 웹 요청을 선/후처리하는 과정에서 모델 속성을 뷰에 반환하기 전 조작하세요.

해결책

스프링 MVC에서는 핸들러 인터셉터를 사용해 웹 요청을 가로채고 원하는 선/후처리를 할 수 있습니다. 핸들러 인터셉터는 스프링 웹 애플리케이션 컨텍스트에 구성하기 때문에 컨테이너 기능을 얼마든지 꺼내쓸 수 있고 컨테이너에 선언된 빈은 전부 다 참조 가능합니다. 핸들러 인터셉터는 특정 URL로 들어오는 요청만 적용되도록 설정할 수 있습니다.

[레시피 3-3]에서 배운 내용이지만 스프링 HandlerInterceptor 인터페이스에는 preHandle(), postHandle(), afterCompletion() 세 콜백 메서드가 있습니다. preHandle(), postHandle() 두 메서드는 각각 핸들러가 요청을 처리하기 이전에, afterCompletion() 메서드는 핸들러가 요청을 모두 처리한 이후에 (즉, 뷰가 렌더링된 이후에) 호출됩니다. postHandle() 메서드는 핸들러가 돌려준 ModelAndView 객체에 접근할 수 있으므로 그 안에 포함된 모델 속성을 얼마든지 조작할 수 있습니다.

AsyncHandlerInterceptor는 비동기 처리용 인터셉터 인터페이스로, afterConcurrentHandlingStarted() 콜백 메서드가 하나 더 있습니다. 이 메서드는 비동기 처리를 시작하는 시점에 postHandle()이나 afterCompletion() 대신 호출됩니다. 비동기 처리가 다 끝나면 다시 정상 흐름으로 복귀합니다.

풀이

[레시피 3-3]에서 MeasurementInterceptor는 각 웹 요청의 처리 시간을 측정해서 그 수치를 ModelAndView에 추가했습니다. 이번에는 요청/응답 처리 시간은 물론이고 요청 처리를 담당한 스레드명까지 로깅하도록 고쳐보겠습니다.

```java
public class MeasurementInterceptor implements AsyncHandlerInterceptor {

    public static final String START_TIME = "startTime";

    @Override
    public boolean preHandle(HttpServletRequest request, HttpServletResponse response,
        Object handler) throws Exception {

        if (request.getAttribute(START_TIME) == null) {
            request.setAttribute(START_TIME, System.currentTimeMillis());
        }
```

```java
        return true;
    }

    @Override
    public void postHandle(HttpServletRequest request, HttpServletResponse response,
        Object handler, ModelAndView modelAndView) throws Exception {

        long startTime = (Long) request.getAttribute(START_TIME);
        request.removeAttribute(START_TIME);
        long endTime = System.currentTimeMillis();
        System.out.println("Response-Processing-Time: " + (endTime - startTime) + "ms.");
        System.out.println("Response-Processing-Thread: " +
            Thread.currentThread().getName());
    }

    @Override
    public void afterConcurrentHandlingStarted(HttpServletRequest request,
        HttpServletResponse response, Object handler) throws Exception {

        long startTime = (Long) request.getAttribute(START_TIME);
        request.setAttribute(START_TIME, System.currentTimeMillis());
        long endTime = System.currentTimeMillis();

        System.out.println("Request-Processing-Time: " + (endTime - startTime) + "ms.");
        System.out.println("Request-Processing-Thread: " +
            Thread.currentThread().getName());
    }
}
```

MeasurementInterceptor 인터셉터에서 preHandle() 메서드는 시작 시각을 재고 setAttribute() 메서드로 요청 속성에 추가한 다음, DispatcherServlet가 그다음 처리를 계속할 수 있게 true를 반환합니다. 여기서 true 아닌 값을 반환하면 DispatcherServlet은 이 메서드가 이미 요청을 다 처리한 걸로 간주하고 유저에 바로 응답을 반환합니다. afterConcurrentHandlingStarted() 메서드는 앞서 보관된 시작 시각을 다시 꺼내 현재 시각과 비교해 비동기 요청 처리 시간을 구합니다. 그리고 시작 시각을 리셋 후, 요청 처리 시간 및 스레드명을 콘솔에 출력합니다.

postHandle() 메서드는 요청 속성에 저장된 시작 시각을 꺼내 현재 시각과 견주어 총 소요 시간을 구한 다음, 스레드명과 함께 콘솔에 출력합니다.

인터셉터를 등록하려면 [레시피 5-1]에서 작성한 `AsyncConfiguration`이 `WebMvcConfigurer`를 구현하도록 고치고 `addInterceptors()` 메서드를 오버라이드합니다. 이 메서드는 `InterceptorRegistry`를 매개변수로 받기 때문에 여기에 인터셉터를 추가하면 됩니다. 다음 코드를 참고하세요.

```
@Configuration
public class AsyncConfiguration implements WebMvcConfigurer {

    ...

    @Override
    public void addInterceptors(InterceptorRegistry registry) {
        registry.addInterceptor(new MeasurementInterceptor());
    }
}
```

애플리케이션을 다시 실행하면 요청을 처리할 때 [그림 5-4]처럼 로그가 출력되는 걸 확인할 수 있습니다.

그림 5-4 요청/응답 처리 시간

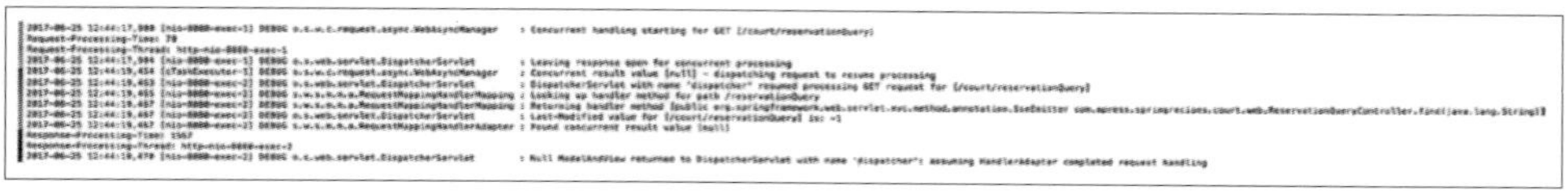

> **NOTE**_ 마이크로소프트 계열 브라우저(인터넷 익스플로러 또는 엣지)는 서버 전송 이벤트를 지원하지 않으므로 폴리필(polyfill)을 넣어야 제대로 작동합니다[4].

---

4 역주_ EventSource 폴리필(https://github.com/Yaffle/EventSource)을 내려받아 사용하세요. IE 브라우저는 최소한 버전 10 이상은 되어야 어느 정도 구현이 가능합니다. 가급적 크롬/파이어폭스 최신 버전을 이용해 테스트하기 바랍니다.

레시피 5-4 웹소켓

과제

서버/ 클라이언트가 웹에서 양방향 통신을 하는 방안을 강구하세요.

해결책

HTTP와 달리 전이중 통신이 가능한 웹소켓을 이용하면 서버/클라이언트가 서로 양방향 통신을 할 수 있습니다.

풀이

웹소켓 기술을 레시피 하나로 다 설명할 순 없겠지만 HTTP와 웹소켓은 상당히 가까운 기술이라는 사실 하나만 기억하세요. 웹소켓에서 HTTP는 처음 한번 핸드셰이크^{handshake}를 할 때만 쓰이고 이후에는 접속 프로토콜이 일반 HTTP → TCP 소켓으로 업그레이드됩니다.

웹소켓 지원 기능 설정하기

구성 클래스에 @EnableWebSocket만 붙이면 웹소켓 기능을 마음껏 활용할 수 있습니다.

```
@Configuration
@EnableWebSocket
public class WebSocketConfiguration {}
```

버퍼 크기, 타임아웃 등 웹소켓 엔진을 추가 설정할 경우 ServletServerContainerFactoryBean 객체를 추가합니다.

```
@Bean
public ServletServerContainerFactoryBean configureWebSocketContainer() {
    ServletServerContainerFactoryBean factory = new ServletServerContainerFactoryBean();
    factory.setMaxBinaryMessageBufferSize(16384);
    factory.setMaxTextMessageBufferSize(16384);
    factory.setMaxSessionIdleTimeout(TimeUnit.MINUTES.convert(30, TimeUnit.MILLISECONDS));
```

```
    factory.setAsyncSendTimeout(TimeUnit.SECONDS.convert(5, TimeUnit.MILLISECONDS));
    return factory;
}
```

텍스트 버퍼 크기(maxTextMessageBufferSize) 및 바이너리 버퍼 크기(maxBinaryMessage BufferSize)는 16KB, 비동기 전송 타임아웃 시간(asyncSendTimeout)은 5초, 비동기 세션 타임아웃 시간(maxSessionIdleTimeout)은 30분으로 설정했습니다.

WebSocketHandler 작성하기

다음으로 웹소켓 메시지를 처리하고 생애주기 이벤트(핸드셰이크, 접속 체결^{connection establishment} 등)를 관장하는 WebSocketHandler를 구현해 엔드포인트 URL에 등록합니다.

WebSocketHandler 인터페이스에는 [표 5-3]의 다섯 메서드가 선언되어 있고 필요 시 직접 구현해 쓸 수 있습니다. 스프링은 이미 여러분이 경우에 따라 바로 꺼내쓰기 편하게 잘 정돈된 클래스 체계를 마련했습니다. 커스텀 핸들러를 작성할 경우 TextWebSocketHandler나 BinaryWebSocketHandler 중 하나를 상속합니다. 이들 클래스는 이름만 봐도 알 수 있듯이 각각 텍스트 메시지, 바이너리 메시지를 처리합니다.

표 5-3 WebSocketHandler 메서드

메서드	설명
afterConnectionEstablished()	웹소켓이 열리고 사용할 준비가 되면 호출됩니다.
handleMessage()	웹소켓 메시지가 도착하면 호출됩니다.
handleTransportError()	에러가 나면 호출됩니다.
afterConnectionClosed()	웹소켓 접속이 닫힌 후 호출됩니다.
supportsPartialMessages()	핸들러의 부분 메시지(partial message) 지원 여부. true이면 웹 소켓 메시지를 여러 번 호출해서 받아올 수 있습니다.

다음 EchoHandler는 TextWebSocketHandler를 상속한 클래스로서 각각 afterConnection Established()와 handleMessage() 메서드를 오버라이드합니다.

```
package com.apress.springrecipes.websocket;
...
```

```
public class EchoHandler extends TextWebSocketHandler {

    @Override
    public void afterConnectionEstablished(WebSocketSession session)
        throws Exception {
        session.sendMessage(new TextMessage("CONNECTION ESTABLISHED"));
    }

    @Override
    protected void handleTextMessage(WebSocketSession session, TextMessage message)
        throws Exception {
        String msg = message.getPayload();
        session.sendMessage(new TextMessage("RECEIVED: " + msg));
    }
}
```

접속이 체결되면 TextMessage를 클라이언트에 돌려보내 알립니다. TextMessage가 수신되면 페이로드(실제 메시지)를 꺼내 그 앞에 RECEIVED:를 붙여 클라이언트에 회송합니다.

이렇게 만든 핸들러를 WebSocketConfigurer 인터페이스를 구현한 @Configuration 클래스 (WebSocketConfiguration)에서 registerWebSocketHandlers() 메서드를 오버라이드해 등록하면 특정 URI를 할당할 수 있습니다.

```
@Configuration
@EnableWebSocket
public class WebSocketConfiguration implements WebSocketConfigurer {

    @Bean
    public EchoHandler echoHandler() {
        return new EchoHandler();
    }

    @Override
    public void registerWebSocketHandlers(WebSocketHandlerRegistry registry) {
        registry.addHandler(echoHandler(), "/echo");
    }
}
```

URI에 붙일 EchoHandler 빈을 선언하고 registerWebSocketHandlers() 메서드가 인수로 받은 WebSocketHandlerRegistry 객체에 추가합니다. 예제에서는 addHandler() 메서드에 /echo라는 URI를 넣어 핸들러를 등록했습니다. 이제 클라이언트는 ws://localhost:8080/ echo-ws/echo URL로 웹소켓에 접속할 수 있습니다.

서버 준비는 여기까지입니다. 이제 웹소켓 엔드포인트에 접속할 클라이언트가 필요한데요, 다음 app.js 파일처럼 자바스크립트와 HTML을 약간 곁들이면 됩니다.

```javascript
var ws = null;
var url = "ws://localhost:8080/echo-ws/echo";

function setConnected(connected) {
    document.getElementById('connect').disabled = connected;
    document.getElementById('disconnect').disabled = !connected;
    document.getElementById('echo').disabled = !connected;
}

function connect() {
    ws = new WebSocket(url);

    ws.onopen = function () {
        setConnected(true);
    };

    ws.onmessage = function (event) {
        log(event.data);
    };

    ws.onclose = function (event) {
        setConnected(false);
        log('Info: Closing Connection.');
    };
}

function disconnect() {
    if (ws != null) {
        ws.close();
        ws = null;
    }
    setConnected(false);
```

```
    }

function echo() {
    if (ws != null) {
        var message = document.getElementById('message').value;
        log('Sent: ' + message);
        ws.send(message);
    } else {
        alert('connection not established, please connect.');
    }
}

function log(message) {
    var console = document.getElementById('logging');
    var p = document.createElement('p');
    p.appendChild(document.createTextNode(message));
    console.appendChild(p);
    while (console.childNodes.length > 12) {
        console.removeChild(console.firstChild);
    }
    console.scrollTop = console.scrollHeight;
}
```

자바스크립트 함수 5개로 구성된 코드입니다. Connect 버튼을 클릭하면 좀 전에 핸들러를 만들 때 등록한 ws://localhost:8080/echo-ws/echo URL에 접속해 처음으로 웹소켓을 엽니다. 클라이언트는 서버 접속 후 생성한 자바스크립트 객체 WebSocket을 사용해 메시지, 이벤트를 리스닝할 수 있습니다. 이 객체의 콜백 메서드 onopen, onmessage, onclose에 각각 기능을 넣습니다. 이 중 가장 중요한 onmessage는 서버에서 메시지를 수신할 때마다 호출되는 콜백입니다. 예제에서는 그냥 log() 함수로 수신 메시지를 화면의 logging 엘리먼트에 추가합니다.

disconnect() 함수는 웹소켓을 닫고 자바스크립트 객체를 정리합니다. echo()는 Echo message 버튼을 누를 때마다 호출되는 함수입니다. 유저가 입력한 메시지를 서버로 보내(고 결국엔 다시 돌아오)지요.

index.html 파일에 app.js를 추가합니다.

```
<!DOCTYPE html>
<html>
<head>
    <link type="text/css" rel="stylesheet" href="https://cdnjs.cloudflare.com/ajax/libs/
        semantic-ui/2.2.10/semantic.min.css" />
    <script type="text/javascript" src="app.js"></script>
</head>
<body>
<div>
    <div id="connect-container" class="ui centered grid">
        <div class="row">
            <button id="connect" onclick="connect();" class="ui green button">Connect</button>
            <button id="disconnect" disabled="disabled" onclick="disconnect();"
                class="ui red button">Disconnect</button>
        </div>
        <div class="row">
            <textarea id="message" style="width: 350px" class="ui input"
                placeholder="Message to Echo"></textarea>
        </div>
        <div class="row">
            <button id="echo" onclick="echo();" disabled="disabled" class="ui button">
            Echo message</button>
        </div>
    </div>
    <div id="console-container">
        <h3>Logging</h3>
        <div id="logging"></div>
    </div>
</div>
</body>
</html>
```

애플리케이션을 배포한 뒤 echo 웹소켓 서비스에 접속해 메시지를 보내면 도로 돌아옵니다
(그림 5-5).

그림 5-5 웹소켓 클라이언트 출력

STOMP와 MessageMapping

웹소켓 기술을 응용해서 애플리케이션을 개발하는 건 사실상 메시징^{messaging}을 의미하는 것이어서 웹소켓 프로토콜을 그대로 사용할 수도 있지만 하위 프로토콜을 쓰는 것도 가능합니다. 스프링 웹소켓이 지원하는 STOMP^{Simple Text-Oriented Protocol}(단순 텍스트 지향 프로토콜)도 웹소켓의 하위 프로토콜 중 하나입니다.

STOMP는 루비, 파이썬 같은 스크립트 언어에서 메시지 중개기^{broker}(브로커)에 접속하기 위해 고안된 프로토콜로, TCP나 웹소켓처럼 모든 신뢰할 수 있는 양방향 네트워크 프로토콜에서 쓸 수 있습니다. 텍스트 위주의 프로토콜이지만 메시지 페이로드는 그리 엄격하게 강제되지 않아 바이너리 데이터도 넣을 수 있습니다.

스프링 웹소켓 지원 기능을 이용해 STOMP를 설정하면 웹소켓 애플리케이션은 모든 접속 클라이언트에 대해 중개기처럼 작동합니다. 중개기는 인메모리 중개기 또는 (RabbitMQ나 ActiveMQ처럼) STOMP 프로토콜을 지원하는 온갖 기능이 구비된 기업용 솔루션을 쓸 수 있는데요, 후자의 경우라면 스프링 웹소켓 애플리케이션이 실제 중개기의 중계기^{relay}(릴레이) 역할을 할 겁니다. 스프링 메시징^{Spring Messaging}은 스프링에서 웹소켓 프로토콜을 사용해 메시징을 할 수 있게 기능을 덧붙인 산물입니다(메시징은 14장에서 자세히 다룹니다).

메시지를 수신하려면 @Controller 클래스 메서드에 @MessageMapping을 붙여 메시지 수신 지점을 표시합니다. EchoHandler 컨트롤러에도 한번 적용해봅시다.

```java
@Controller
public class EchoHandler {

    @MessageMapping("/echo")
    @SendTo("/topic/echo")
    public String echo(String msg) {
        return "RECEIVED: " + msg;
    }
}
```

/app/echo로 받은 메시지는 @MessageMapping 메서드로 곧장 전달되겠죠. @SendTo("/topic /echo")는 echo() 메서드가 반환한 결과 문자열을 /topic/echo 토픽에 넣으라는 뜻입니다.

이제 메시지 중개기를 구성하고 메시지 수신 엔드포인트를 추가합시다. WebSocketCon figuration 클래스가 (웹소켓 메시징을 추가 설정할 수 있게 WebSocketMessageBrokerConf igurer 인터페이스를 구현한) AbstractWebSocketMessageBrokerConfigurer를 상속하도록 수정하고 @EnableWebSocketMessageBroker를 붙입니다.

```java
@Configuration
@EnableWebSocketMessageBroker
@ComponentScan
public class WebSocketConfiguration extends AbstractWebSocketMessageBrokerConfigurer {

    @Override
    public void configureMessageBroker(MessageBrokerRegistry registry) {
        registry.enableSimpleBroker("/topic");
        registry.setApplicationDestinationPrefixes("/app");
    }

    @Override
    public void registerStompEndpoints(StompEndpointRegistry registry) {
        registry.addEndpoint("/echo-endpoint");
    }
}
```

클래스 레벨에 붙인 @EnableWebSocketMessageBroker는 웹소켓을 사용한 STOMP 통신 기능을 활성화합니다. 중개기는 configureMessageBroker() 메서드에서 구성하는데요, 예제에서는 지극히 단순한 메시지 중개기를 구성했습니다. 실제 엔터프라이즈 중개기에 접속할 때에는 registry.enableStompBrokerRelay() 메서드를 씁니다. 중개기가 처리한 메시지, 앱이 처리한 메시지는 각각 접두어를 달리하여 분간합니다. 도착지가 /topic으로 시작하는 메시지는 중개기로, /app으로 시작하는 메시지는 @MessageMapping을 붙인 핸들러 메서드로 각각 보냅니다.

수신된 STOMP 메시지를 리스닝하는 웹소켓 엔드포인트(예제는 /echo-endpoint)는 registerStompEndpoints() 메서드를 오버라이드해서 등록합니다.

클라이언트 코드도 일반 웹소켓 대신 STOMP를 쓰게끔 수정해야겠죠? HTML 코드는 STOMP 자바스크립트 라이브러리를 추가하는 것 외에 달라진 건 없습니다. 쓸 만한 라이브러리가 많지만 필자는 webstomp-client (https://github.com/JSteunou/webstomp-client)라는 라이브러리를 쓰겠습니다.

```html
<head>
    <link type="text/css" rel="stylesheet" href="https://cdnjs.cloudflare.com/ajax/
libs/semantic-ui/2.2.10/semantic.min.css" />

    <script type="text/javascript" src="webstomp.js"></script>
    <script type="text/javascript" src="app.js"></script>

</head>
```

가장 많이 바뀌는 소스 파일은 app.js입니다.

```javascript
var ws = null;
var url = "ws://localhost:8080/echo-ws/echo-endpoint";

function setConnected(connected) {
    document.getElementById('connect').disabled = connected;
    document.getElementById('disconnect').disabled = !connected;
    document.getElementById('echo').disabled = !connected;
}
```

```javascript
function connect() {
    ws = webstomp.client(url);
    ws.connect({}, function(frame) {
        setConnected(true);
        log(frame);
        ws.subscribe('/topic/echo', function(message) {
            log(message.body);
        })
    });
}

function disconnect() {
    if (ws != null) {
        ws.disconnect();
        ws = null;
    }
    setConnected(false);
}

function echo() {
    if (ws != null) {
        var message = document.getElementById('message').value;
        log('Sent: ' + message);
        ws.send("/app/echo", message);
    } else {
        alert('connection not established, please connect.');
    }
}

function log(message) {
    var console = document.getElementById('logging');
    var p = document.createElement('p');
    p.appendChild(document.createTextNode(message));
    console.appendChild(p);
    while (console.childNodes.length > 12) {
        console.removeChild(console.firstChild);
    }
    console.scrollTop = console.scrollHeight;
}
```

중개기에 접속할 STOMP 클라이언트(ws)는 connect() 함수에서 webstomp.client()로 생성합니다. 접속이 맺어지면 클라이언트는 /topic/echo를 구독하고 토픽에 들어온 메시지를 수신하지요. echo() 함수가 메시지를 ws.send() 메서드를 사용해 도착지 /app/echo로 보내면 결국 @MessageMapping 메서드로 전달될 겁니다.

애플리케이션을 켜고 클라이언트를 열어보면, 메시지를 송수신하는 건 마찬가지지만 STOMP라는 하위 프로토콜을 이용한다는 차이점이 있습니다. 브라우저를 여러 개 띄워놓고 접속할 수도 있는데요, 각 브라우저는 마치 자신이 토픽인 양 도착지 /topic/echo에 들어온 메시지를 바라보게 됩니다.

@MessageMapping 메서드를 작성할 때 다양한 메서드 인수 및 애너테이션을 이용하면 메시지 정보를 알아낼 수 있습니다. 기본적으로는 하나의 인수가 메시지 페이로드에 대응된다고 가정하며 MessageConverter를 이용해 메시지 페이로드를 원하는 타입으로 변환합니다(메시지 변환은 [레시피 14-2] 참고).

표 5-4 지원되는 메서드 인수와 애너테이션

타입	설명
Message	헤더와 본문이 포함된 실제 하부 메시지입니다.
@Payload	메시지 페이로드(기본). 인수에 @Validated를 붙이면 검증 로직이 적용됩니다.
@Header	Message에서 주어진 헤더를 얻습니다.
@Headers	전체 메시지 헤더를 Map 인수에 넣습니다.
MessageHeaders	전체 Message 헤더
Principal	현재 유저(설정됐을 경우만)

레시피 5-5 스프링 웹플럭스로 리액티브 애플리케이션 개발하기

과제

스프링 웹플럭스Spring WebFlux의 기본 개념과 구성 방법을 이해하고 간단한 리액티브 웹 애플리케이션을 개발하세요.

해결책

HttpHandler는 스프링 웹플럭스의 최하위 컴포넌트입니다. handle() 메서드 하나뿐인 인터
페이스지요.

```
public interface HttpHandler {
    Mono<Void> handle(ServerHttpRequest request, ServerHttpResponse response);
}
```

handle() 메서드는 Mono<Void>형(void 반환을 리액티브 방식으로 표현한 것)으로 반
환하며 org.springframework.http.server.reactive 패키지의 ServerHttpRequest,
ServerHttpResonse 객체를 인수로 받습니다. 두 객체 역시 인터페이스고 이들 인스턴스
가 작동되는 컨테이너 환경에 따라 달리 생성됩니다. 이를 위해 컨테이너용 어댑터/브리지가
몇 가지 준비돼 있는데요, (넌블로킹 I/O를 지원하는) 서블릿 3.1 컨테이너에서 실행할 경우
엔 ServletHttpHandlerAdapter(또는 그 하위 클래스)가 여느 서블릿 세계와 리액티브 세계
를 연결하는 가교 역할을 합니다. 네티처럼 처음부터 리액티브 엔진으로 개발된 환경에서는
ReactorHttpHandlerAdapter를 씁니다.

스프링 웹플럭스 애플리케이션에 전송한 요청은 제일 먼저 HandlerAdapter가 접수합니다. 그
다음 HandlerAdapter는 스프링 애플리케이션 컨텍스트에 구성한 여러 가지 컴포넌트를 편성
해 요청을 처리합니다.

스프링 웹플럭스에서도 컨트롤러 클래스를 정의하려면 (3, 4장에서 배운 스프링 MVC처럼)
@Controller나 @RestController을 붙입니다.

@Controller 클래스(컨트롤러)에는 매 요청을 받아 처리할 하나 이상의 메서드에 @Request
Mapping을 붙여 매핑합니다. 핸들러 메서드는 (여느 클래스가 그렇듯) 시그니처에 제약 따위
는 없습니다. 메서드명, 인수 개수, (String이나 void 같은) 반환형도 애플리케이션 로직에 따
라 마음대로 선택할 수 있습니다. 이해를 돕고자 몇 가지 예를 들면 이렇습니다.

- ServerHttpRequest 또는 ServerHttpResponse
- URL에서 추출한 임의형 요청 매개변수. @RequestParam을 붙입니다.
- 임의형 모델 속성. @ModelAttribute를 붙입니다.
- 요청과 함께 실려온 쿠키값. @CookieValue를 붙입니다.

- 임의형 요청 헤더값. @RequestHeader를 붙입니다.
- 임의형 요청 속성값. @RequestAttribute를 붙입니다.
- 핸들러 메서드에서 모델에 속성을 추가할 때 쓰는 Map 또는 ModelMap
- 핸들러 메서드에서 바인딩 및 검증 결과를 꺼내보는 데 쓰는 Errors 또는 BindingResult
- 세션 정보가 담긴 WebSession

컨트롤러 클래스는 적합한 핸들러 메서드에 골라 처리를 위임하고 핸들러 메서드는 보통 백엔드 서비스를 호출해서 요청을 처리합니다. 핸들러 메서드의 로직은 다양한 (ServerHttpRequest, Map, Errors 등의) 매개변수에 정보를 추가/삭제하는 식으로 진행 중인 작업 흐름의 일부가 됩니다.

핸들러 메서드는 처리를 마친 후 뷰에 제어권을 넘기고 뷰는 핸들러 메서드가 돌려준 값을 화면에 표시합니다. 이때 핸들러 메서드는 (user.html, report.pdf 같은) 실제 뷰 구현체 대신 (user, report처럼 파일 확장자가 빠진) 논리 뷰를 반환하는 유연한 접근 방식을 택합니다.

핸들러 메서드는 논리 뷰 이름에 해당하는 String을 반환하며 핸들러 메서드명이나 컨트롤러명에 따라 기본 논리 뷰 이름이 정해지는 경우에는 void를 반환할 수도 있습니다.

컨트롤러에서 뷰로 넘어갈 때 핸들러 메서드가 반환한 논리 뷰 이름이 String형일지, 아니면 void일지는 별 상관이 없습니다. 어차피 핸들러 메서드의 매개변수를 뷰에서 꺼내쓸 수 있으니까요.

예를 들어 어떤 핸들러 메서드가 Map과 Model 객체를 매개변수로 받아 내부 로직을 수행하며 그 내용을 수정한 후 뷰에 반환하면 뷰에서도 똑같은 객체를 바라볼 수 있는 겁니다.

컨트롤러 클래스는 ViewResolver 인터페이스를 구현한 뷰 리졸버를 이용해 논리 뷰 이름을 (user.html, report.fmt 같은) 실제 뷰 구현체로 해석합니다. 뷰 리졸버는 웹 애플리케이션 컨텍스트에 빈으로 구성하며 논리 뷰 이름을 실제 뷰 구현체로 해석하는 일을 맡습니다.

뷰는 컨트롤러 핸들러 메서드에서 건네받은 (ServerHttpRequest, Map, Errors, WebSession 등의) 객체를 자체 구현 로직에 맞게 렌더링합니다. 뷰는 묵묵히 핸들러 메서드가 추가한 객체를 유저에 예쁘게 보여주는 일에 집중합니다.

풀이

3장의 코트 예약 시스템을 리액티브 버전으로 바꾸려고 합니다. 먼저 도메인 클래스는 평범한
자바 클래스로 작성합니다(아직 리액티브한 건 하나도 없습니다).

```java
package com.apress.springrecipes.reactive.court;

public class Reservation {

    private String courtName;

    @DateTimeFormat(iso = DateTimeFormat.ISO.DATE)
    private LocalDate date;

    private int hour;
    private Player player;
    private SportType sportType;

    // 생성자, 게터 및 세터
    ...
}
```

```java
package com.apress.springrecipes.court.domain;

public class Player {

    private String name;
    private String phone;

    // 생성자, 게터 및 세터
    ...
}
```

```java
package com.apress.springrecipes.court.domain;

public class SportType {

    private int id;
    private String name;
```

```
    // 생성자, 게터 및 세터
    ...
}
```

예약 서비스를 제공하는 프레젠테이션 레이어의 서비스 인터페이스를 정의합니다.

```
public interface ReservationService {
    Flux<Reservation> query(String courtName);
}
```

query() 메서드의 반환형이 0개 이상의 예약건을 의미하는 Flux<Reservation>으로 바뀌었습니다.

실제 애플리케이션이라면 데이터 저장소에 접속하는 코드가 이 인터페이스의 구현 클래스(가능하다면 리액티브를 지원하는 클래스)에 들어가겠지만 필자는 편의상 테스트 예약 레코드를 하드코딩하여 리스트로 반환하겠습니다.

```
public class InMemoryReservationService implements ReservationService {

    public static final SportType TENNIS = new SportType(1, "Tennis");
    public static final SportType SOCCER = new SportType(2, "Soccer");

    private final List<Reservation> reservations = new ArrayList<>();

    public InMemoryReservationService() {
        reservations.add(new Reservation("Tennis #1", LocalDate.of(2008, 1, 14), 16,
            new Player("Roger", "N/A"), TENNIS));
        reservations.add(new Reservation("Tennis #2", LocalDate.of(2008, 1, 14), 20,
            new Player("James", "N/A"), TENNIS));
    }

    @Override
    public Flux<Reservation> query(String courtName) {
        return Flux.fromIterable(reservations)
            .filter(r -> Objects.equals(r.getCourtName(), courtName));
    }
}
```

query() 메서드는 예약 리스트(reservations)에 기반한 Flux 객체를 반환하며 Flux는 해당되지 않는 예약건을 필터링합니다.

스프링 웹플럭스 애플리케이션 설정하기

(MVC 구성 클래스에 @EnableWebMvc를 붙였던 것처럼) @Configuration 클래스에 @EnableWebFlux를 붙이면 웹플럭스 기능이 켜지고 유저의 요청을 리액티브 방식으로 처리할 수 있습니다.

```
@Configuration
@EnableWebFlux
@ComponentScan
public class WebFluxConfiguration implements WebFluxConfigurer { ... }
```

@EnableWebFlux는 리액티브 처리 기능을 활성화하는 애너테이션입니다. 그 밖의 웹플럭스 추가 구성은 WebFluxConfigurer 인터페이스를 구현해서 변환기 등을 추가할 수 있습니다.

애플리케이션 시동하기

리액티브 애플리케이션도 일반 스프링 MVC 애플리케이션처럼 시동을 해야 하는데요, 어떤 런타임에서 실행하느냐에 따라 시동 방법이 달라집니다. 다행히 지원 가능한 모든 컨테이너 (표 5-5)마다 핸들러 어댑터(HandlerAdapter)가 있어서 런타임이 달라도 스프링 웹플럭스의 HttpHandler 인터페이스를 사용해 연동할 수 있습니다.

표 5-5 지원되는 런타임 및 HandlerAdapter

런타임	어댑터
서블릿 3.1 컨테이너	ServletHttpHandlerAdapter
톰캣	ServletHttpHandlerAdapter 또는 TomcatHttpHandlerAdapter
제티	ServletHttpHandlerAdapter 또는 JettyHttpHandlerAdapter
리액터 네티	ReactorHttpHandlerAdapter
Rx네티	RxNettyHttpHandlerAdapter
언더토우	UndertowHttpHandlerAdapter

런타임에 맞추려면 먼저 그 전에 AnnotationConfigApplicationContext로 애플리케이션 컨텍스트를 구성하고 이를 이용해 HttpHandler를 설정해야 합니다. HttpHandler는 팩토리 메서드 WebHttpHandlerBuilder.applicationContext()에 ApplicationContext를 인수로 넣고 실행하여 구성합니다.

```
AnnotationConfigApplicationContext context = new
AnnotationConfigApplicationContext(WebFluxConfiguration.class);
HttpHandler handler = WebHttpHandlerBuilder.applicationContext(context).build();
```

이제 HttpHandler를 런타임에 맞추면 됩니다.

가령, 리액터 네티Reactor Netty 런타임이라면 다음 코드처럼 맞춥니다.

```
ReactorHttpHandlerAdapter adapter = new ReactorHttpHandlerAdapter(handler);
HttpServer.create(host, port).newHandler(adapter).block();
```

ReactorHttpHandlerAdapter는 리액터 네티의 처리 방식을 내부 HttpHandler에 맞추어(어댑트하여) 적용하는 로직이 구현된 컴포넌트입니다. 이제 새로 만든 리액터 네티 서버에 이 어댑터를 핸들러로 등록합니다.

서블릿 컨테이너에 애플리케이션 배포 시 WebApplicationInitializer 인터페이스를 구현한 클래스를 따로 두고 직접 수동 설정하는 방법도 있습니다.

```
public class WebFluxInitializer implements WebApplicationInitializer {

    @Override
    public void onStartup(ServletContext servletContext) throws ServletException {
        AnnotationConfigApplicationContext context =
            new AnnotationConfigApplicationContext(WebFluxConfiguration.class);
        HttpHandler handler = WebHttpHandlerBuilder.applicationContext(context).build();
        ServletHttpHandlerAdapter handlerAdapter =
            new ServletHttpHandlerAdapter(httpHandler)
        ServletRegistration.Dynamic registration =
            servletContext.addServlet("dispatcher-handler", handlerAdapter);
        registration.setLoadOnStartup(1);
        registration.addMapping("/");
```

```
        registration.setAsyncSupported(true);
    }
}
```

애너테이션으로 구성하는 것이 편하므로 AnnotationConfigApplicationContext 생성자에 방금 전 만든 WebFluxConfiguration 클래스를 매개변수로 넘겨 애플리케이션 컨텍스트를 생성합니다. 그다음은 요청의 처리/디스패치를 담당할 HttpHandler를 서블릿 컨테이너에 서블릿으로 등록합니다. ServletHttpHandlerAdapter로 HttpHandler를 감싼 건 이때문입니다. 리액티브 방식으로 처리하기 위해 setAsyncSupported(true);로 기능을 활성화합니다.

스프링 웹플럭스는 상속받아 쓸 만한 간편한 구현체를 몇 가지 기본 제공하므로 좀 더 쉽게 구성할 수 있습니다. 다음은 그중 AbstractReactiveWebInitializer를 상속하여 구성한 클래스입니다.

```
public class WebFluxInitializer extends AbstractReactiveWebInitializer {

    @Override
    protected Class<?>[] getConfigClasses() {
        return new Class<?>[] {WebFluxConfiguration.class};
    }
}
```

getConfigClasses() 메서드 하나만 오버라이드하면 됩니다. 나머지는 모두 스프링 웹플럭스의 기본 구성에 의해 잘 작동합니다.

이제 일반 서블릿 컨테이너에서 애플리케이션을 실행할 수 있습니다.

스프링 웹플럭스 컨트롤러 작성하기

@Controller나 @RestController를 붙인 컨트롤러 클래스는 어떤 인터페이스를 구현하거나 다른 클래스를 상속받지 않은 그냥 일반 클래스입니다. 그 안에 다양한 액션을 처리하는 핸들러 메서드를 하나 이상 구현하는데요, 핸들러 메서드는 매우 구조가 유연해서 자유롭게 인수를 받을 수 있습니다(요청 매핑에 관한 자세한 내용은 [레시피 3-2] 참고).

@RequestMapping은 클래스 또는 메서드 레벨에 적용 가능한 애너테이션입니다. 첫 번째 매핑

전략은 특정 URL 패턴을 컨트롤러 클래스에 매핑한 다음, HTTP 메서드별로 각각의 핸들러 메서드에 매핑하는 겁니다. 다음 컨트롤러 코드를 봅시다.

```
@Controller
@RequestMapping("/welcome")
public class WelcomeController {

    @GetMapping
    public String welcome(Model model) {
        model.addAttribute("today", Mono.just(LocalDate.now()));
        return "welcome";
    }
}
```

오늘 날짜를 java.util.Date형 객체로 가져온 다음, 뷰에서 표시할 수 있게 매개변수 Model 객체의 속성으로 추가합니다. 언뜻 보기에 평범한 컨트롤러 같지만 잘 보면 모델에 추가하는 방법이 아주 다릅니다. 객체를 모델에 바로 넣지 않고 Mono.just(...)를 썼기 때문에 결과적으로eventually 오늘 날짜는 모델에 나타나겠죠[5].

com.apress.springrecipes.reactive.court 패키지를 스캐닝하는 애너테이션 기능은 이미 활성화된 상태이므로 @Controller 컨트롤러는 배포 즉시 자동 감지됩니다.

@Controller을 붙인 클래스는 컨트롤러가 됩니다. @RequestMapping은 속성을 지정할 수 있고 클래스/핸들러에 모두 붙일 수 있는 애너테이션입니다. 클래스 레벨의 @RequestMapping 에 명시한 값("/welcome")은 컨트롤러 전체에 해당하는 URL로, /welcome URL 요청은 모두 WelcomeController 클래스로 흘러갑니다.

요청을 수신한 컨트롤러는 자신의 내부에 선언된 기본 HTTP GET 핸들러 메서드를 찾아 처리를 맡깁니다. 모든 URL 요청은 처음에 HTTP GET 메서드로 호출되기 때문입니다. /welcome URL로 요청하면 컨트롤러는 곧바로 기본 HTTP GET 핸들러 메서드로 처리를 넘깁니다.

welcome() 메서드에 붙인 @GetMapping은 이 메서드가 기본 HTTP GET 핸들러임을 밝히는 애너테이션입니다. 기본 HTTP GET 핸들러 메서드가 선언되어 있지 않으면 ServletException 예외가 발생하니 주의하세요. 그래서 적어도 스프링 MVC 컨트롤러는

---

5 역주_ 동기라면 즉시(immediately) 가져오겠지만 웹플럭스에서는 비동기적으로 움직이기 때문입니다.

URL 매핑 경로와 기본 HTTP GET 핸들러 메서드를 지니고 있어야 합니다.

다음 코드처럼 @GetMapping을 클래스 대신 메서드 레벨에 붙여 두 값(URL 매핑 경로 및 기본 HTTP GET 핸들러 메서드)을 모두 선언하는 방법도 가능합니다.

```
@Controller
public class WelcomeController {

    @GetMapping("/welcome")
    public String welcome(Model model) { ... }
}
```

컨트롤러는 대부분 백엔드 서비스를 호출해서 업무 처리를 진행하는데요, 다음 컨트롤러에서도 주어진 코트의 예약 내역을 조회할 때 ReservationService의 query() 메서드를 호출하고 있습니다.

```
@Controller
@RequestMapping("/reservationQuery")
public class ReservationQueryController {

    private final ReservationService reservationService;

    public ReservationQueryController(ReservationService reservationService) {
        this.reservationService = reservationService;
    }

    @GetMapping
    public void setupForm() {
    }

    @PostMapping
    public String sumbitForm(ServerWebExchange serverWebExchange, Model model) {

        Flux<Reservation> reservations =
            serverWebExchange.getFormData()
                .map(form -> form.get("courtName"))
                .flatMapMany(Flux::fromIterable)
                .concatMap(courtName -> reservationService.query(courtName));
        model.addAttribute("reservations", reservations);
```

```
        return "reservationQuery";
    }
}
```

방금 전에도 설명했듯이 컨트롤러는 일단 기본 HTTP GET 핸들러 메서드를 먼저 찾기 때문에 @GetMapping을 붙인 setupForm() 메서드가 제일 처음 호출됩니다.

그런데 앞서 보았던 기본 HTTP GET 핸들러 메서드와는 달리, 여기서 setupForm() 메서드는 어떤 로직이나 매개변수도 없고 반환형도 void입니다. 컨트롤러가 추가한 데이터가 전혀 없으니 (JSP 같은) 뷰 구현 페이지에서는 그냥 하드코딩한 데이터가 표시됩니다. void를 반환하므로 요청 URL에 상응하는 기본 뷰 이름을 사용합니다. 예를 들어 /reservationQuery URL로 요청하면 뷰 이름도 reservationQuery로 해석됩니다.

sumbitForm() 메서드엔 @PostMapping을 붙였습니다. 클래스 레벨에만 /reservationQuery URL을 매핑한 상태에서 두 메서드만 달랑 있는 풍경이 조금 낯설게 느껴질 수 있지만 알고 보면 사실 간단합니다. /reservationQuery라는 하나의 URL에 대해 HTTP GET 요청 시 호출할 메서드와 HTTP POST 요청 시 호출할 메서드를 각각 구현한 거니까요.

웹 애플리케이션에서 HTTP 요청 메서드의 절대 다수는 GET이고 유저가 HTML 폼을 전송할 때는 POST를 사용합니다. (잠시 후 설명할) 애플리케이션 뷰 입장에서 보면, 한 메서드는 HTML 폼을 처음 로드할 때(HTTP GET), 다른 메서드는 로드한 HTML 폼을 전송(HTTP POST)할 때 각각 호출되는 셈입니다.

sumbitForm() 메서드는 두 매개변수를 받습니다. 첫 번째 매개변수 ServerWebExchange는 요청 매개변수 courtName을 추출하려고 선언한 객체입니다. **/reservationQuery?courtName= 〈코트명〉** 형태로 HTTP POST 요청이 들어오면 여기서 courtName 키에 지정된 값을 메서드에서 꺼내쓰는 거죠. 두 번째 매개변수 Model은 반환 뷰에 전달할 데이터를 담는 그릇입니다. 일반 스프링 MVC 컨트롤러에서는 @RequestParam("courtName") String courtName으로 매개변수값을 가져오지만(레시피 3-1), 스프링 웹플럭스에서는 폼 데이터를 구성하는 매개변수값은 가져올 수 없고 URL에 포함된 매개변수값만 얻을 수 있습니다. 따라서 폼 데이터를 얻고 매개변수값을 가져온 다음 서비스를 실행하려면 ServerWebExchange가 꼭 필요합니다.

sumbitForm() 메서드는 reservationService.query() 메서드에 courtName 변숫값을 인수

로 넣고 호출해서 예약 내역을 조회합니다. 결과 데이터는 나중에 반환 뷰에서 갖다 쓸 수 있게 Model 객체에 할당합니다.

이 메서드는 마지막 줄에서 reservationQuery라는 뷰 이름을 반환합니다. setupForm() 메서드처럼 아무 값도 반환하지 않아도 요청 URL에 대응하는 기본 뷰 reservationQuery로 넘어갑니다. 어느 쪽으로 구현하든 마찬가지입니다.

지금까지 스프링 MVC 컨트롤러의 기본 구성 요소를 복습했습니다. 다음은 컨트롤러의 핸들러 메서드로부터 결과를 건네받는 뷰 이야기를 하겠습니다.

타임리프 뷰 작성하기

스프링 웹플럭스에는 다양한 표현 기술(HTML, XML, JSON, 아톰/RSS 피드, JasperReports, 그 밖의 서드파티 뷰 구현체)을 지원하는 뷰 타입이 여러 종류 마련되어 있습니다. 필자는 그중 타임리프Thymeleaf를 이용해 간단한 HTML 기반의 템플릿을 작성해보겠습니다. 타임리프를 쓰려면 WebFluxConfiguration 클래스에 몇 가지 추가 구성을 한 다음, 컨트롤러가 반환한 뷰 이름을 실제 뷰 구현체로 해석할 ViewResolver를 등록해야 합니다.

타임리프를 구성하는 빈을 WebFluxConfiguration 클래스에 추가합니다.

```java
@Bean
public SpringResourceTemplateResolver thymeleafTemplateResolver() {

    final SpringResourceTemplateResolver resolver = new SpringResourceTemplateResolver();
    resolver.setPrefix("classpath:/templates/");
    resolver.setSuffix(".html");
    resolver.setTemplateMode(TemplateMode.HTML);
    return resolver;
}

@Bean
public ISpringWebFluxTemplateEngine thymeleafTemplateEngine() {

    final SpringWebFluxTemplateEngine templateEngine = new SpringWebFluxTemplateEngine();
    templateEngine.setTemplateResolver(thymeleafTemplateResolver());
    return templateEngine;
}
```

```java
@Bean
public ThymeleafReactiveViewResolver thymeleafReactiveViewResolver() {

    final ThymeleafReactiveViewResolver viewResolver = new ThymeleafReactiveViewResolver();
    viewResolver.setTemplateEngine(thymeleafTemplateEngine());
    viewResolver.setResponseMaxChunkSizeBytes(16384);
    return viewResolver;
}

@Override
public void configureViewResolvers(ViewResolverRegistry registry) {
    registry.viewResolver(thymeleafReactiveViewResolver());
}
```

타임리프에서는 템플릿 엔진을 작동시켜 템플릿을 실제 HTML로 변환하므로 ISpringWebFluxTemplateEngine 빈을 구성합니다. 그다음에 타임리프 사용에 필수적인 ViewResolver를 구성해야 하는데요, ThymeleafReactiveViewResolver 는 타임리프의 리액티브 환경 전용 구현체입니다. 끝으로 구성 클래스에서 쓸 수 있게 configureViewResolvers() 메서드를 오버라이드해 ViewResolverRegistry에 이 뷰 리졸버를 추가하면 됩니다.

타임리프 템플릿은 템플릿 리졸버가 해석합니다. 예제에서는 SpringResourceTemplate Resolver 빈이 스프링의 리소스 로드 메커니즘을 이용해 src/main/resources/templates 디렉터리에 들어 있는 템플릿을 로드합니다. 이 구성에 따르면 welcome 뷰는 실제 뷰 구현체 src/main/resources/templates/welcome.html로 해석되고 템플릿 엔진은 이 파일을 읽어들여 파싱합니다.

다음은 welcome.html 템플릿 코드입니다.

```html
<!DOCTYPE html>
<html lang="en" xmlns:th="http://www.thymeleaf.org">
<head>
    <meta charset="UTF-8">
    <title>Welcome</title>
</head>
<body>
<h2>Welcome to Court Reservation System</h2>
```

```
Today is <strong th:text="${#temporals.format(today, 'dd-MM-yyyy')}">21-06-2017</strong>
</body>
</html>
```

EL 표현식에 쓴 temporals 객체는 today 모델 속성을 dd-MM-yyyy 형식으로 맞추는 역할을
합니다.

예약 내역 조회 컨트롤러가 사용할 JSP 템플릿을 하나 더 만듭시다. 파일명은 뷰 이름에 대응
하는 reservationQuery.html로 짓습니다.

```
<!DOCTYPE html>
<html lang="en" xmlns:th="http://www.thymeleaf.org">
<head>
    <meta charset="UTF-8">
    <title>Reservation Query</title>
</head>
<body>
<form method="post">
    Court Name
    <input type="text" name="courtName" value="${courtName}"/>
    <input type="submit" value="Query"/>
</form>
<table border="1">
    <thead>
    <tr>
        <th>Court Name</th>
        <th>Date</th>
        <th>Hour</th>
        <th>Player</th>
    </tr>
    </thead>
    <tbody>
    <tr th:each="reservation : ${reservations}">
        <td th:text="${reservation.courtName}">Court</td>
        <td th:text="${#temporals.format(reservation.date, 'dd-MM-yyyy')}">21-06-2017</td>
        <td th:text="${reservation.hour}">22</td>
        <td th:text="${reservation.player.name}">Player</td>
    </tr>
    </tbody>
</table>
```

```
</body>
</html>
```

유저가 폼에 코트명을 입력해 조회한 데이터는 `<th:each>` 태그로 reservations 모델 속성을
순회하면서 결과 테이블에 한 줄씩 그려넣습니다.

웹 애플리케이션 실행하기

지금까지 작성한 애플리케이션은 런타임 환경에 따라 main() 메서드를 실행해서 돌려도 되고
WAR 아카이브 형태로 압축한 다음 서블릿 컨테이너에 배포해도 됩니다. 여러분은 후자의 방
법으로 아파치 톰캣 8.5.x 웹 컨테이너에 배포해보세요.

> **TIP_** 도커 컨테이너를 생성해서 앱을 담는 방법도 가능합니다. `../gradlew buildDocker` 명령으로 톰캣
> 및 애플리케이션이 담긴 컨테이너를 가져온 뒤 도커 컨테이너를 시동하면 애플리케이션을 테스트할 수 있습니
> 다(`docker run -p 8080:8080 spring-recipes-4th/court-rx/welcome`).

레시피 5-6 리액티브 컨트롤러로 폼 처리하기

과제

폼은 웹 애플리케이션에서 자주 찾아오는 단골 손님입니다. 폼 컨트롤러는 유저에 폼을 보여주고 유저가
제출한 폼을 처리하는 일을 담당합니다. 폼 처리는 복잡하고 변수가 많은 작업입니다.

해결책

폼 컨트롤러는 최소한 두 가지 기능을 갖추어야 합니다. 첫째, 처음에 폼을 HTTP GET 요청
하면 초기 폼 뷰를 유저에 반환합니다. 둘째, 폼을 HTTP POST 전송하면 유저가 입력한 데이
터를 검증한 다음 정해진 업무 처리를 합니다. 폼이 정상 처리되면 성공 뷰를, 도중 실패하면
에러 메시지가 담긴 폼 뷰를 다시 유저에 돌려줍니다.

풀이

다시 코트 예약 시스템으로 돌아갑시다. 컨트롤러의 뷰(폼)를 먼저 살펴보면서 컨트롤러가 데이터를 어떻게 처리하는지 알아보겠습니다.

폼 뷰 작성하기

다음 reservationForm.html 폼을 봅시다. 타임리프가 지원하는 폼 태그 라이브러리를 이용해 폼 데이터를 바인딩하고 에러 발생 시 해당 메시지 및 유저가 이전에 입력했던 데이터를 다시 보여주는 작업을 단순화합니다.

```html
<!DOCTYPE html>
<html lang="en" xmlns:th="http://www.thymeleaf.org">
<head>
    <title>Reservation Form</title>
    <style>
        .error {
            color: #ff0000;
            font-weight: bold;
        }
    </style>
</head>
<body>
<form method="post" th:object="${reservation}">
</form>
<table>
    <tr>
        <td>Court Name</td>
        <td><input type="text" th:field="*{courtName}" required/></td>

        <td><span class="error" th:if="${#fields.hasErrors('courtName')}"
            th:errors="*{courtName}"></span></td>
    </tr>
    <tr>
        <td>Date</td>
        <td><input type="date" th:field="*{date}" required/></td>
        <td><span class="error" th:if="${#fields.hasErrors('date')}"
            th:errors="*{date}"></span></td>
    </tr>
    <tr>
        <td>Hour</td>
```

```
        <td><input type="number" min="8" max="22" th:field="*{hour}" /></td>
        <td><span class="error" th:if="${#fields.hasErrors('hour')}"
            th:errors="*{hour}"></span></td>
    </tr>
    <tr>
        <td colspan="3"><input type="submit" /></td>
    </tr>
</table>
</form>
</body>
</html>
```

HTML <form>에 th:object=${reservation} 태그를 추가해 폼 전체 필드를 reservation 모델 속성에 바인딩하고, 각 필드는 th:field 태그로 Reservation 객체의 해당 필드에 바인 딩(즉, 그 값을 표시)합니다. 에러가 발생한 필드는 th:errors 태그를 사용해 에러 메시지를 표시합니다.

표준 HTML 태그 <input type="submit" />로 렌더링된 Submit 버튼을 유저가 클릭하면 데이터가 서버로 전송되겠죠.

폼 데이터가 정상 처리되면 그 결과를 유저에 알려줄 성공 뷰(다음 reservationSuccess. html 파일)도 필요합니다.

```
<html>
<head>
<title>Reservation Success</title>
</head>
<body>
Your reservation has been made successfully.
</body>
</html>
```

올바르지 않은 값이 폼에 들어 있으면 에러가 날 수 있습니다. 이를테면 데이터 형식이 안 맞 거나 hour 필드에 영문자가 입력돼 있으면, 컨트롤러는 처리를 거부하고 에러 난 필드마다 에 러 코드를 만들어 폼 뷰에 리스트 형태로 반환합니다. 바로 이 에러 코드에 해당하는 메시지가 <th:errors> 태그에 표시되는 거죠.

예를 들어 date 필드에 이상한 값이 섞여 있으면 데이터를 바인딩하는 과정에서 다음과 같은 에러 코드가 생성됩니다.

```
typeMismatch.command.date
typeMismatch.date
typeMismatch.java.time.LocalDate
typeMismatch
```

ResourceBundleMessageSource 객체가 정의되어 있으면 해당 로케일의 리소스 번들 파일(기본 로케일은 messages.properties)에 에러 메시지를 적습니다(로케일에 따라 메시지를 외부화하는 방법은 [레시피 3-5] 참고).

```
typeMismatch.date=Invalid date format
typeMismatch.hour=Invalid hour format
```

이런 식으로 폼 데이터를 처리 중 실패하면 에러 코드와 값(메시지)이 유저에 반환됩니다.

뷰에서 데이터가 어떻게 처리되는지, 뷰와 폼은 서로 어떻게 소통하는지 머릿속에 그림이 그려지나요? 다음은 유저가 전송한 데이터를 처리하는 서비스입니다.

폼 처리 서비스 작성하기

폼 데이터를 실제로 처리하는 주체는 컨트롤러가 아니라 컨트롤러가 호출하는 서비스입니다. 우선, 예약 서비스 인터페이스 ReservationService에 make() 메서드를 정의합니다.

```
public interface ReservationService {
    ...
    Mono<Reservation> make(Mono<Reservation> reservation)
        throws ReservationNotAvailableException;
}
```

예약 내역을 조회하는 기능을 구현 클래스의 make() 메서드에 구현합니다. 중복 예약건이 있으면 ReservationNotAvailableException 예외를 던집니다.

```
public class InMemoryReservationService implements ReservationService {
    ...
    @Override
    public Mono<Reservation> make(Reservation reservation) {

        long cnt = reservations.stream()
            .filter(made -> Objects.equals(made.getCourtName(),
                reservation.getCourtName()))
            .filter(made -> Objects.equals(made.getDate(), reservation.getDate()))
            .filter(made -> made.getHour() == reservation.getHour())
            .count();

        if (cnt > 0) {
            return Mono.error(new ReservationNotAvailableException(reservation
                .getCourtName(), reservation.getDate(), reservation
                .getHour()));
        } else {
            reservations.add(reservation);
            return Mono.just(reservation);
        }
    }
}
```

이제 코트 예약 폼을 처리하는 컨트롤러를 작성할 차례입니다.

폼 컨트롤러 작성하기

폼을 처리하는 컨트롤러를 봅시다. 앞에서 보았던 것과 동일한 애너테이션을 사용합니다.

```
@Controller
@RequestMapping("/reservationForm")
public class ReservationFormController {

    private final ReservationService reservationService;

    @Autowired
    public ReservationFormController(ReservationService reservationService) {
        this.reservationService = reservationService;
    }
```

```
@GetMapping
public String setupForm(Model model) {
    Reservation reservation = new Reservation();
    model.addAttribute("reservation", reservation);
    return "reservationForm";
}

@PostMapping
public String submitForm(
    @ModelAttribute("reservation") Reservation reservation,
    BindingResult result) {
        reservationService.make(reservation);
        return "redirect:reservationSuccess";
    }
}
```

클래스 레벨에 @Controller을 붙이고 다음 URL을 사용해 접속할 수 있게 @RequestMapping 에 /reservationForm 값을 설정합니다.

- http://localhost:8080/court-rx/**reservationForm**

브라우저에서 이 URL로 접속하면 웹 애플리케이션에 HTTP GET 요청을 하면 @GetMapping 을 붙인 setupForm() 메서드가 요청을 받아 실행됩니다.

setupForm() 메서드의 매개변수인 Model 객체는 나중에 뷰가 참조할 모델 데이터를 담을 그릇입니다. 메서드 내부에서 비어 있는 Reservation 객체를 생성해 Model 객체의 속성으로 추가한 뒤, 실행 흐름을 reservationForm 뷰로 반환하면 결국 reservationForm.jsp 페이지로 넘어가겠죠.

setupForm() 메서드에서 가장 중요한 부분은 비어 있는 Reservation 객체를 추가하는 코드입니다. reservationForm.html 폼을 보면 <form> 태그에 th:object="${reservation}" 속성을 선언했는데요, 이는 뷰를 렌더링할 때 reservation 객체를 폼에 가져오겠다는 의미이므로 핸들러 메서드의 Model 객체에 빈 객체라도 만들어넣은 겁니다(처음 폼을 로드하면 아무 입력 값도 없는 상태라서 비어 있는 Reservation 객체가 필요합니다). 그리고 보니 각 <input> 태그에 선언된 th:field=*{...} 속성이 Reservation 객체의 각 필드명과 딱 맞아 떨어지네요.

유저가 폼에 원하는 정보를 입력 후 Submit 버튼을 누르면 HTTP POST 요청을 하게 되고 @PostMapping을 붙인 submitForm() 메서드가 실행됩니다.

이 메서드는 @ModelAttribute("reservation") Reservation reservation 및 BindingResult 객체를 사용해 유저가 입력한 폼의 각 필드값을 참조합니다.

아직은 BindingResult 객체를 이용한 검증 로직은 핸들러 메서드에 넣지 않았습니다.

핸들러 메서드가 하는 유일한 작업은 reservationService.make(reservation); 코드로 reservation 객체를 전달해 예약 서비스를 호출하는 일이죠.

컨트롤러는 대부분 이런 로직을 수행하기 전에 입력 데이터를 검증합니다.

submitForm() 메서드는 제일 마지막에 redirect:reservationSuccess 뷰를 반환합니다. 실제 뷰 이름은 reservationSuccess로, 방금 전 작성한 reservationSuccess.html 페이지로 해석됩니다.

접두어 redirect:를 앞에 붙여 리다이렉트하면 중복 폼 전송 문제를 예방할 수 있습니다.

중복 폼 전송 문제란 성공 뷰 페이지를 갱신하면 방금 전 전송한 폼을 재전송하는 현상을 말합니다. 그래서 폼 처리를 정상 처리한 다음, HTML 페이지로 곧장 되돌리는 대신 (post/redirect/get 디자인 패턴에 따라) 다른 URL로 리다이렉트하는 겁니다.

모델 속성 객체를 초기화하고 폼 값 미리 채우기

폼은 유저가 예약 신청 정보를 기재하는 양식입니다. 그런데 Reservation 도메인 클래스를 잘 보면 아직도 필드 2개가 폼에 누락되어 있다는 걸 알 수 있습니다. 그중 하나는 Player 객체에 대응되는 player 필드입니다. Player 객체에는 name과 phone 두 필드가 있지요.

빠진 player 필드를 폼 뷰와 컨트롤러에 넣어볼까요? 먼저 폼 뷰입니다.

```
<!DOCTYPE html>
<html lang="en" xmlns:th="http://www.thymeleaf.org">
<body>
<form method="post" th:object="${reservation}">

    <table>
     ...
```

```
        <tr>
            <td>Player Name</td>
            <td><input type="text" th:field="*{player.name}" required/></td>
            <td><span class="error" th:if="${#fields.hasErrors('player.name')}"
                th:errors="*{player.name}"></span></td>
        </tr>
        <tr>
            <td>Player Phone</td>
            <td><input type="text" th:field="*{player.phone}" required/></td>
            <td><span class="error" th:if="${#fields.hasErrors('player.phone')}"
                th:errors="*{player.phone}"></span>
            </td>
        </tr>
        <tr>
            <td colspan="3"><input type="submit"/></td>
        </tr>
    </table>

</form>
</body>
</html>
```

알기 쉽게 Player 객체의 두 필드에 해당하는 <input> 태그를 2개 더 넣습니다. 폼 선언은 단순하지만 <input> 태그의 th 속성에서 지정한 경로를 따라가 컨트롤러가 전달한 모델 객체에 접근하기 때문에 컨트롤러 코드도 함께 수정해야 합니다.

컨트롤러의 HTTP GET 핸들러 메서드는 비어 있는 Reservation 객체를 뷰에 반환하는데요, 이때 Player 필드값은 null이라서 뷰에서 폼을 렌더링할 때 예외가 발생합니다. 이 문제를 해결하려면 Reservation 객체의 Player 필드를 미리 초기화한 다음, 뷰에 반환하면 됩니다.

```
@RequestMapping(method = RequestMethod.GET)
public String setupForm(@RequestParam(required = false, value = "username") String username,
    Model model) {
    Reservation reservation = new Reservation();
    reservation.setPlayer(new Player(username, null));
    model.addAttribute("reservation", reservation);
    return "reservationForm";
}
```

네, 비어 있는 Reservation 객체를 생성 후, setPlayer( ) 메서드로 비어 있는 Player 객체를 만들어넣었습니다. Player 객체의 name 필드값은 @RequestParam으로 받아온 요청 매개변수 username값으로 지정합니다. 이렇게 Player 객체를 생성하면 뷰의 username 폼 필드는 이미 채워진 상태로 출발합니다.

이를테면 다음 URL로 폼을 요청해봅시다.

- http://localhost:8080/court/reservationForm?**username=Roger**

핸들러 메서드는 Roger라는 username 매개변수값으로 Player 객체를 생성하고 폼 뷰의 username 필드도 이 값으로 채웁니다. 이런 값이 없어도 폼이 정상 처리되게 하려면 @RequestParam에서 username 매개변수를 설정할 때 required 속성을 false로 지정합니다.

폼 레퍼런스 데이터 제공하기

뷰에서 폼을 렌더링할 때 레퍼런스 데이터를 사용하는 경우도 있습니다(예 : 셀렉트 박스에 표시할 항목) 유저가 코트를 예약하려고 선택하는 (Reservation 클래스에서 누락된 두 번째 필드인) SportType(종목)도 그런 예입니다.

```html
<!DOCTYPE html>
<html lang="en" xmlns:th="http://www.thymeleaf.org">
<body>
<form method="post" th:object="${reservation}">

    <table>
        ...
        <tr>
            <td>Sport Type</td>
            <td>
                <select th:field="*{sportType}">
                    <option th:each="sportType : ${sportTypes}" th:value="${sportType.id}"
                        th:text="${sportType.name}"/>
                </select>
            </td>
            <td><span class="error" th:if="${#fields.hasErrors('sportType')}"
                    th:errors="*{sportType}"></span></td>
        </tr>
        <tr>
```

```
            <td colspan="3"><input type="submit"/></td>
        </tr>
    </table>

</form>
</body>
</html>
```

컨트롤러가 전달한 값들을 〈form:select〉 태그를 이용해 셀렉트 박스 형식으로 그립니다. 그 결과 sportType 필드는 유저가 직접 텍스트를 입력하는 주관식 〈input〉 엘리먼트가 아니라, 객관식 〈select〉 엘리먼트로 표시됩니다.

그런데 컨트롤러는 sportType 필드를 어떻게 모델 속성에 할당할까요? 네, 다른 필드와는 그 과정이 조금 다릅니다.

먼저 전체 종목을 조회하는 getAllSportTypes() 메서드를 ReservationService 인터페이스에 정의합니다.

```java
public interface ReservationService {
    ...
    Flux<SportType> getAllSportTypes();
}
```

편의상 테스트 데이터를 하드코딩하겠습니다.

```java
public class InMemoryReservationService implements ReservationService {
    ...
    public static final SportType TENNIS = new SportType(1, "Tennis");
    public static final SportType SOCCER = new SportType(2, "Soccer");

    @Override
    public Flux<SportType> getAllSportTypes() {
        return Flux.fromIterable(Arrays.asList(TENNIS, SOCCER));
    }
}
```

컨트롤러는 InMemoryReservationService가 반환한 예약 리스트를 다음과 같이 폼 뷰에 전달합니다.

```
...
  @ModelAttribute("sportTypes")
  public Flux<SportType> populateSportTypes() {
      return reservationService.getAllSportTypes();
  }

  @RequestMapping(method = RequestMethod.GET)
  public String setupForm(
  @RequestParam(required = false, value = "username") String username, Model model) {
      Reservation reservation = new Reservation();
      reservation.setPlayer(new Player(username, null));
      model.addAttribute("reservation", reservation);
      return "reservationForm";
  }
```

비어 있는 Reservation 객체를 폼 뷰에 돌려주는 setupForm() 메서드 코드는 하나도 바뀌지 않았네요.

추가된 부분은 @ModelAttribute("sportTypes")을 붙인 populateSportTypes() 메서드입니다. @ModelAttribute는 어느 핸들러 메서드의 어느 반환 뷰에서도 접근 가능한 전역 범위의 모델 속성을 정의하는 애너테이션입니다. 핸들러 메서드에서 Model 객체를 매개변수로 받아 반환 뷰에서 참조할 데이터를 Model 객체에 할당하는 것과 같은 이치입니다.

@ModelAttribute("sportTypes")를 붙인 populateSportTypes() 메서드는 reservationService.getAllSportTypes() 호출 결과를 Flux<SportType>형으로 반환하므로 결국 하드코딩한 두 SportType 객체(TENNIS, SOCCER)가 sportTypes 모델 속성에 할당됩니다. 그러면 폼 뷰는 이 모델 속성에서 데이터를 꺼내 셀렉트 박스(<select> 태그)를 채우겠지요.

커스텀 타입 프로퍼티 바인딩하기

컨트롤러는 전송받은 폼의 각 필드값을, 같은 이름의 모델 객체(Reservation)의 프로퍼티에 바인딩합니다. 그러나 커스텀 타입의 프로퍼티는 프로퍼티 편집기를 지정하지 않으면 컨트롤러가 어떻게 변환해야 할지 알 길이 없습니다.

가령, 종목을 선택하는 필드는 〈select〉 태그로 렌더링한 셀렉트 박스의 작동 구조상 유저가 선택한 종목 ID만 전송됩니다. 프로퍼티 편집기는 서버에서 이 종목 ID를 SportType 객체로 변환하는 일을 담당합니다. 일단, 주어진 종목 ID(sportTypeId)의 SportType 객체를 조회하는 getSportType() 메서드를 ReservationService에 추가합니다.

```
public interface ReservationService {
    ...
    public SportType getSportType(int sportTypeId);
}
```

예제 편의상 이 메서드는 switch/case문으로 구현하겠습니다.

```
public class ReservationServiceImpl implements ReservationService {
    ...
    @Override
    public SportType getSportType(int sportTypeId) {
        switch (sportTypeId) {
        case 1:
            return TENNIS;
        case 2:
            return SOCCER;
        default:
            return null;
        }
    }
}
```

다음은 실제로 ReservationService를 호출해 SportType 객체를 검색하는 SportType Converter 클래스입니다.

```
public class SportTypeConverter implements Converter<String, SportType> {

    private final ReservationService reservationService;

    public SportTypeConverter(ReservationService reservationService) {
```

```
        this.reservationService = reservationService;
    }

    @Override
    public SportType convert(String source) {
        int sportTypeId = Integer.parseInt(source);
        SportType sportType = reservationService.getSportType(sportTypeId);
        return sportType;
    }
}
```

이제 (폼 필드와 SportType 같은 커스텀 타입을 연관짓는) SportTypeConverter를 컨트롤러에 엮어넣을 차례입니다. 구성 클래스에서 WebFluxConfigurer의 addFormatters() 메서드를 오버라이드하면 됩니다.

```
@Configuration
@EnableWebFlux
@ComponentScan
public class WebFluxConfiguration implements WebFluxConfigurer {

    @Autowired
    private ReservationService reservationService;

    ...

    @Override
    public void addFormatters(FormatterRegistry registry) {
        registry.addConverter(new SportTypeConverter(reservationService));
    }
}
```

Reservation 객체의 date 필드는 java.time.LocalDate형[6]인데요, 유저가 date 폼 필드에 텍스트값을 입력하면 역시 SportType과 똑같은 변환 문제가 대두됩니다. 하지만 date 필드 앞에 @DateTimeFormat(iso = DateTimeFormat.ISO.DATE)를 붙여 선언했기 때문에 SportTypeConverter 같은 클래스를 따로 만들지 않아도 스프링 프레임워크가 내부 변환기를

---

6 역주_ java.time은 자바 8부터 새로 생긴 패키지입니다.

사용해 지정한 형식[7]으로 자동 변환합니다.

@Autowired를 붙여 자동 연결한 reservationService는 이 클래스의 유일한 필드로, ReservationService 빈을 액세스하는 용도로 쓰입니다. 그다음은 addFormatters() 메서드를 오버라이드해서 SportTypeConverter를 FormatterRegistry 객체에 등록합니다.

SportTypeConverter 클래스 생성에 필요한 매개변수는 ReservationService 빈이 유일합니다. 이제 애플리케이션의 모든 @Controller 컨트롤러의 핸들러 메서드에서 동일한 커스텀 변환기/포매터를 참조할 수 있습니다.

폼 데이터 검증하기

폼을 처리하기 전에 유저가 입력한 데이터를 검증하는 과정은 당연합니다. 스프링 웹플럭스에서도 스프링 MVC처럼 Validator 인터페이스를 구현한 검증기 객체가 이 일을 담당합니다. 다음은 코트 예약 폼의 필숫값이 모두 입력되었는지, 예약 신청한 시간이 주중/휴일 운영 시간 이내인지 체크하는 검증기 코드입니다.

```
@Component
public class ReservationValidator implements Validator {

    @Override
    public boolean supports(Class<?> clazz) {
        return Reservation.class.isAssignableFrom(clazz);
    }

    @Override
    public void validate(Object target, Errors errors) {
        ValidationUtils.rejectIfEmptyOrWhitespace(errors, "courtName",
            "required.courtName", "Court name is required.");
        ValidationUtils.rejectIfEmpty(errors, "date",
            "required.date", "Date is required.");
        ValidationUtils.rejectIfEmpty(errors, "hour",
            "required.hour", "Hour is required.");
        ValidationUtils.rejectIfEmptyOrWhitespace(errors, "player.name",
            "required.playerName", "Player name is required.");
        ValidationUtils.rejectIfEmpty(errors, "sportType",
```

---

7 역주_ ISO.DATE는 yyyy-MM-dd 형식을 말합니다(예 : 2018-03-23).

```
                "required.sportType", "Sport type is required.");

        Reservation reservation = (Reservation) target;
        LocalDate date = reservation.getDate();
        int hour = reservation.getHour();
        if (date != null) {
            if (date.getDayOfWeek() == DayOfWeek.SUNDAY) {
                if (hour < 8 || hour > 22) {
                    errors.reject("invalid.holidayHour", "Invalid holiday hour.");
                }
            } else {
                if (hour < 9 || hour > 21) {
                    errors.reject("invalid.weekdayHour", "Invalid weekday hour.");
                }
            }
        }
    }
}
```

필숫값 존재 여부는 `ValidationUtils` 클래스의 `rejectIfEmptyOrWhitespace()`, `rejectIfEmpty()` 같은 유틸리티 메서드를 이용해서 조사합니다. 하나라도 빈 값이 있으면 이 중 한 메서드가 에러 객체를 만들어 해당 필드에 바인딩할 겁니다. 이들 메서드의 두 번째 인수는 프로퍼티명, 세 번째, 네 번째 인수는 각각 에러 코드 및 기본 에러 메시지입니다.

유저가 예약한 시간이 주중/휴일 운영 시간을 벗어났는지도 체크해야 합니다. 엉뚱한 시간을 예약 신청했다면 `reject()` 메서드로 에러 객체를 생성하고 이번에는 필드 대신 reservation 객체에 바인딩합니다.

검증기 클래스에는 @Component를 붙여두었기 때문에 스프링은 클래스명과 동일한 이름의 빈, 즉 reservationValidator 빈을 인스턴스화합니다.

`ResourceBundleMessageSource` 객체가 정의된 상태라면 해당 로케일의 리소스 번들 파일(기본 로케일은 `messages.properties`)에 에러 메시지를 적습니다(로케일에 따라 메시지를 외부화하는 방법은 [레시피 3-5] 참고).

```
required.courtName=Court name is required
required.date=Date is required
required.hour=Hour is required
```

```
required.playerName=Player name is required
required.sportType=Sport type is required
invalid.holidayHour=Invalid holiday hour
invalid.weekdayHour=Invalid weekday hour
```

컨트롤러에 다음과 같이 검증기를 추가합니다.

```
...
   private final ReservationService reservationService;
   private final ReservationValidator reservationValidator;

   public ReservationFormController(ReservationService reservationService,
      ReservationValidator reservationValidator) {
      this.reservationService = reservationService;
      this.reservationValidator = reservationValidator;
   }

   @RequestMapping(method = RequestMethod.POST)
   public String submitForm(
      @ModelAttribute("reservation") @Validated Reservation reservation,
      BindingResult result, SessionStatus status) {
      if (result.hasErrors()) {
         return "reservationForm";
      } else {
         reservationService.make(reservation);
         return "redirect:reservationSuccess";
      }
   }

   @InitBinder
   public void initBinder(WebDataBinder binder) {
      binder.setValidator(reservationValidator);
   }
```

HTTP POST 요청을 처리하는 submitForm() 메서드의 시그니처를 보면 @ModelAttribute 다음에 @Validated를 덧붙여 검증을 적용합니다. 검증을 마친 결과는 매개변수 BindingResult 객체에 담고 result.hasErrors() 값에 따라 분기 처리를 하는데, 이 값은 검증 과정에서 에러가 나면 true로 설정됩니다.

이렇게 검증이 실패하고 에러가 나면 이 메서드는 유저가 처음 예약 신청을 했던 것과 동일한 reservationForm 폼 뷰를 반환합니다. 반대로 문제가 없으면 reservationService.make(reservation);으로 예약을 진행하고 성공 뷰 reservationSuccess로 리다이렉트합니다.

검증기는 @InitBinder 메서드에서 등록하며 WebDataBinder의 setValidator() 메서드로 설정하므로 바인딩 이후에도 검증기를 쓸 수 있습니다. 여러 검증기를 등록할 때는 여러 Validator 인스턴스를 하나 이상 가변 인수로 받는 addValidators() 메서드를 사용합니다.

> **TIP_** 스프링 Validator 인스턴스를 작성하지 않고 JSR-303 애너테이션을 검증 대상 필드에 붙여 검증하는 방법도 있습니다.

레시피 5-7 리액티브 REST 서비스로 JSON 발행/소비하기

과제

리액티브 REST 서비스를 작성해 JSON을 발행하세요.

해결책

리액티브 엔드포인트 역시 [레시피 4-1], [레시피 4-2]와 같은 방법으로 작성합니다.

풀이

JSON을 발행하려면 @ResponseBody 또는 @RestController을 붙입니다. 리액티브형 Mono나 Flux를 메서드에서 반환하면 응답을 청크로 나눌 수 있습니다. 결과는 요청한 표현형에 따라 처리됩니다. JSON을 사용(소비)하는 코드에서는 Mono/Flux형 리액티브 메서드 인수 앞에 @ResponseBody를 붙여 리액티브하게 소비하겠다고 선언합니다.

JSON 발행하기

핸들러 메서드에 @ResponseBody를 붙이면 처리 결과는 (요청한 반환형과 클래스패스에서 사용 가능한 라이브러리에 따라) JSON으로 반환됩니다. 클래스 레벨에 @RestController을 붙이면 전체 핸들러 메서드에 적용됩니다.

전체 예약 내역을 반환하는 REST 컨트롤러를 작성하려고 합니다. 클래스 앞에 @RestController을 붙이고 Flux⟨Reservation⟩ 객체를 반환하는 메서드에 @GetMapping을 붙입니다.

```java
@RestController
@RequestMapping("/reservations")
public class ReservationRestController {

    private final ReservationService reservationService;

    public ReservationRestController(ReservationService reservationService) {
        this.reservationService = reservationService;
    }

    @GetMapping
    public Flux<Reservation> listAll() {
        return reservationService.findAll();
    }
}
```

이와 같이 핸들러 메서드가 리액티브형을 반환하면 클라이언트에 JSON 또는 서버 전송 이벤트(레시피 5-2) 형태로 스트리밍됩니다. 클라이언트가 전송한 Accept-Header 헤더에 따라 결과가 달라집니다. HTTPie로 http http://localhost:8080/court-rx/reservations --stream하면 JSON을 받고 여기에 Accept:text/event-stream 헤더를 덧붙이면 서버 전송 이벤트로 결과가 발행됩니다.

JSON 소비하기

누군가 생산한 JSON은 누군가 소비하기 마련입니다. 소비기 메서드를 추가하고 @RequestBody를 붙여 전달받은 JSON 요청 본문을 주어진 객체에 매핑합시다. 리액티브 컨트롤러에서는 결과가 하나면 Mono, 여럿이면 Flux로 감쌉니다.

다음은 코트명(courtName)으로 예약 내역을 조회하는 POJO 클래스입니다.

```
public class ReservationQuery {

    private String courtName;

    public String getCourtName() {
        return courtName;
    }

    public void setCourtName(String courtName) {
        this.courtName = courtName;
    }
}
```

이 단순한 POJO가 JSON 문자열에 가득 채워지겠죠. 이제 컨트롤러 차례입니다. Mono<ReservationQuery>형 인수를 받는 find() 메서드를 추가합니다.

```
@PostMapping
public Flux<Reservation> find(@RequestBody Mono<ReservationQuery> query) {
    return query.flatMapMany(q -> reservationService.query(q.getCourtName()));
}
```

JSON 본문이 포함된 요청을 수신하면 일단 ReservationQuery 객체로 역직렬화해야 합니다(스프링 MVC에서도 그랬듯이) 스프링 웹플럭스에서 이 변환 작업은 HttpMessageReader 인스턴스가 담당하는데요, 구체적으로는 리액티브 스트림을 객체로 디코딩하는 DecoderHttpMessageReader가 처리합니다. 내부에서 디코딩 작업은 다시 Decoder 객체에 넘깁니다. JSON을 사용하므로 (그리고 잭슨 2 라이브러리가 클래스패스에 있기 때문에) Jackson2JsonDecoder를 씁니다. HttpMessageReader 및 Decoder 구현체는 (스프링 MVC에서 쓰이는) 리액티브 버전의 HttpMessageConverter라고 보면 됩니다.

HTTPie에서 http POST http://localhost:8080/court-rx/reservations courtName="Tennis #1" --stream하여 다음 JSON을 서버로 전송하면 Tennis #1 코트의 예약 내역이 출력됩니다.

```
{ courtName: "Tennis #1"}
```

레시피 5-8 비동기 웹 클라이언트

과제

스프링 애플리케이션에서 (구글, 야후, 또는 기타 제휴사) 서드파티 REST 서비스에 있는 페이로드를 가져와 사용하세요.

해결책

스프링 애플리케이션에서 서드파티 REST 서비스에 접근하려면 (JdbcTemplate, JmsTemplate 등의) 스프링 *Template 클래스와 같은 원리(기본 로직을 미리 제공해 장황한 작업을 단순화하자!)로 만들어진 WebClient 클래스를 사용합니다. 덕분에 스프링에서는 REST 서비스를 호출하고 그 페이로드를 받아 사용하는 절차가 아주 간편합니다.

> **NOTE_** 스프링 5부터는 WebClient를 쓰세요. 이전 버전의 AsyncRestTemplate은 더 이상 권장하지 않습니다.

풀이

WebClient가 무슨 일을 하는 클래스인지 이해하기 전에 먼저 REST 서비스의 생애주기에 대한 이야기를 해야겠군요. 먼저 REST 서비스로 들어가는 엔드포인트가 필요한데요, [레시피 5-7]에서 작성한 http://localhost:8080/court-rx/reservations를 다시 사용하겠습니다. 이 URL에 접속하면 브라우저는 REST 서비스에서 가장 많이 쓰는 GET 요청을 수행 후, 그 결과로 서버에서 반환받은 응답 페이로드(JSON)를 화면에 출력합니다(그림 5-6).

그림 5-6 결과 JSON

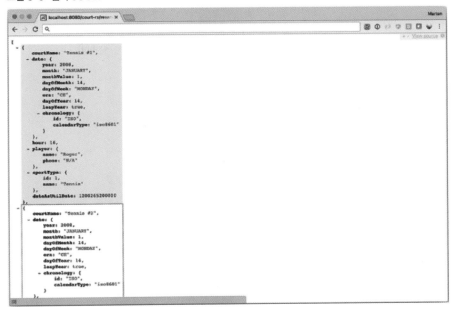

소비기(클라이언트)는 REST 서비스의 응답 페이로드 구조(흔히 보케블러리라고 합니다)를 잘 알고 있어서 그 정보를 제대로 처리할 수 있습니다. 예제의 REST 서비스는 일종의 커스텀 보케블러리라고 볼 수 있는데요. RSS 같은 표준 보케블러리를 기반으로 작동하는 경우도 많아서 페이로드를 일관되게 처리할 수 있습니다. 또 페이로드를 보다 쉽게 검색/소비할 수 있게 WADL(웹 애플리케이션 기술 언어) 규약을 제공하는 REST 서비스도 있습니다.

서론은 이쯤 해두고 이제 스프링 애플리케이션에서 WebClient 클래스를 이용해 REST 서비스 페이로드를 연계하는 기술을 설명하겠습니다. WebClient는 처음부터 REST 서비스 호출 용도로 설계한 클래스라서 그 주요 메서드(표 5-6)가 HTTP 요청 메서드(예 : HEAD, GET, POST, PUT, DELETE, OPTIONS) 같은 REST 기본 철학과 일맥상통합니다.

표 5-6 HTTP 요청 메서드에 기반한 WebClient 클래스 메서드

메서드	설명
create	WebClient를 생성합니다(기본 URL은 옵션)
head()	HTTP HEAD 작업을 준비합니다.
get()	HTTP GET 작업을 준비합니다.
post()	HTTP POST 작업을 준비합니다.
put()	HTTP PUT 작업을 준비합니다.
options()	HTTP OPTIONS 작업을 준비합니다.
patch()	HTTP PATCH 작업을 준비합니다.
delete()	HTTP DELETE 작업을 준비합니다.

[표 5-6]에서 보다시피 HTTP 요청 메서드(HEAD, GET, POST, PUT, DELETE, OPTIONS)와 메서드명이 같습니다.

WebClient 클래스의 기본 빌더 메서드를 대략 살펴보았으니 이번엔 브라우저에서 호출했던 REST 서비스를 스프링 프레임워크에서 자바 코드로 호출하겠습니다. 다음은 REST 서비스에 접근한 결과를 System.out으로 출력하는 코드입니다.

```java
public class Main {

    public static void main(String[] args) throws IOException {
        final String url = "http://localhost:8080/court-rx";
        WebClient.create(url)
            .get()
            .uri("/reservations")
            .accept(MediaType.APPLICATION_STREAM_JSON)
            .exchange()
            .flatMapMany(cr -> cr.bodyToFlux(String.class)).subscribe(System.out::println);

        System.in.read();
    }
}
```

먼저 WebClient.create() 메서드로 WebClient 인스턴스를 생성한 다음, get() 메서드를 호출합니다. [표 5-6]에도 나와 있듯이 get() 메서드는 브라우저가 REST 서비스 페이로드를 가

져오는 것처럼 HTTP GET 작업을 수행합니다. 그리고 기본 url 변수에 /reservation 문자열을 덧붙여 조합시킨 http://localhost:8080/court-rx/reservations URL에 접속하고 JSON 스트림으로 받아오기 위해 accept(MediaType.APPLICATION_STREAM_JSON)로 헤더를 설정합니다.

여기까지는 요청을 설정하는 부분이었고 exchange() 메서드 호출 이후 응답을 어떻게 처리할 것인지 정의합니다. 클라이언트에 응답할 내용(ClientResponse)은 하나도 없거나 적어도 하나 이상의 엘리먼트가 존재하므로 ClientResponse.bodyToFlux() 메서드를 호출해서 응답 본문을 Flux로 변환합니다(변환 로직을 직접 구현하려면 그냥 body() 메서드를 씁니다. bodyToMono() 메서드를 대신 사용하면 엘리먼트가 하나뿐인 결과로 변환할 수 있습니다). 이렇게 받아 온 엘리먼트를 System.out에 출력해서 구독하면 됩니다.

애플리케이션을 실행하면 콘솔에 출력되는 점만 빼고 브라우저에서 실행한 것과 결과는 같습니다.

매개변수화한 URL에서 데이터 가져오기

앞 절에서 URL을 호출해 데이터를 조회했는데요, 이 URL에 필수 매개변수를 넣는 경우는 어떻게 해야 할까요? 물론 매개변수를 URL에 하드코딩해 넣고 싶지는 않습니다. 다행히 WebClient 클래스를 이용하면 URL에 자리끼우개를 넣어 나중에 이 곳을 실젯값으로 치환할 수 있습니다. 자리끼우개는 [레시피 4-1], [레시피 4-2]에서 배웠던 @RequestMapping처럼 {}로 위치를 표시합니다.

예를 들어 http://localhost:8080/court-rx/reservations/{courtName}처럼 URL 자체를 매개변수화하는 거죠. 자리끼우개 자리에 넣을 값은 WebClient의 uri() 메서드의 인수로 실어 보내면 됩니다.

```java
public class Main {

    public static void main(String[] args) throws Exception {
        WebClient.create(url)
            .get()
            .uri("/reservations/{courtName}", "Tennis")
            .accept(MediaType.APPLICATION_STREAM_JSON)
```

```
        .exchange()
        .flatMapMany(cr -> cr.bodyToFlux(String.class))
        .subscribe(System.out::println);

    System.in.read();
    }
}
```

데이터를 매핑된 객체로 가져오기

결과를 String으로 반환받지 않고 Reservation, Player, SportType 클래스로 매핑해
서 (재)사용할 수도 있습니다. bodyToFlux() 메서드의 매개변수를 String.class 대신,
Reservation.class로 지정하면 이 클래스에 맞게 응답이 매핑됩니다.

```
public class Main {

    public static void main(String[] args) throws IOException {

        final String url = "http://localhost:8080/court-rx";

        WebClient.create(url)
            .get()
            .uri("/reservations")
            .accept(MediaType.APPLICATION_STREAM_JSON)
            .exchange()
            .flatMapMany(cr -> cr.bodyToFlux(Reservation.class))
            .subscribe(System.out::println);

        System.in.read();
    }
}
```

WebClient 클래스는 @ResponseBody를 붙인 컨트롤러 메서드와 동일한 HttpMessageReader
인프라를 활용하며 스프링이 JAXB 2(또는 잭슨)를 자동 감지하므로 손쉽게 JAXB로 매핑된
객체를 만들 수 있습니다.

레시피 5-9 리액티브 핸들러 함수 작성하기

과제

요청을 처리하는 리액티브 핸들러 함수를 작성하세요.

해결책

ServerRequest를 받아 Mono<ServerResponse>를 반환하는 메서드를 작성한 다음, 이 메서드를 라우터 함수^{router function}로 매핑합니다.

풀이

핸들러 메서드에 @RequestMapping을 붙여 요청을 매핑하는 대신, 다음 HandlerFunction 인터페이스를 이용해서 함수를 작성하는 방법도 있습니다.

```
package org.springframework.web.reactive.function.server;
...


@FunctionalInterface
public interface HandlerFunction<T extends ServerResponse> {
    Mono<T> handle(ServerRequest request);
}
```

HandlerFunction 인터페이스에는 ServerRequest를 받아 Mono<ServerResponse>를 반환하는 handle() 메서드가 있습니다. ServerRequest, ServerResponse를 이용하면 각각 하부의 요청 및 응답에 완전히 접근할 수 있습니다. 요청/응답의 다양한 파트[8]를 Mono나 Flux 스트림으로 조회할 수 있지요.

이렇게 함수를 작성한 다음엔 RouterFunctions 클래스를 이용해 수신된 요청에 매핑합니다. URL, 헤더, 메서드, 임의로 작성한 RequestPredicate 클래스를 매핑 대상으로 할 수 있습니

---

8 역주_ 헤더, 본문, 세션, 쿼리 매개변수 등

다. 이 클래스를 사용해 기본 요청 술어[9]를 가져옵니다.

핸들러 함수 작성하기

[레시피 5-7]의 ReservationRestController 컨트롤러를 간단한 요청 처리 함수들로 구성된 단순 컴포넌트로 재작성하겠습니다.

먼저 기존에 붙였던 요청 매핑 애너테이션을 모두 삭제하고 클래스 레벨에 @Component 하나만 붙입니다. 그다음, HandlerFunction 인터페이스로 정해진 틀에 맞게 핸들러 메서드를 다시 작성합니다.

```java
@Component
public class ReservationRestController {

    private final ReservationService reservationService;

    public ReservationRestController(ReservationService reservationService) {
        this.reservationService = reservationService;
    }

    public Mono<ServerResponse> listAll(ServerRequest request) {
        return ServerResponse.ok().body(reservationService.findAll(), Reservation.class);
    }

    public Mono<ServerResponse> find(ServerRequest request) {
        return ServerResponse
            .ok()
            .body(
                request.bodyToMono(ReservationQuery.class)
                    .flatMapMany(q -> reservationService.query(q.getCourtName())),
                    Reservation.class);
    }
}
```

이 클래스 역시 ReservationService를 필요로 합니다. listAll(), find() 메서드가 어떻게 바뀌었는지 잘 보세요. 두 메서드 모두 ServerRequest를 받아 Mono<ServerResposne>

---

9 역주_ predicate. true/false 값을 결정하는 조건식이나 불린 값을 반환하는 함수를 말합니다.

를 반환합니다. listAll() 메서드는 클라이언트에 HTTP 200 (OK) 응답을 돌려주기 위해 ServerResponse.ok()를 호출합니다. 응답 본문(여기선 Flux<Reservation>)을 추가할 때 엘리먼트 타입은 Reservation.class로 지정하는데요, 이처럼 함수를 조합할 때 타입을 구체적으로 알고 있어야 읽을 수 있습니다.

find() 메서드 역시 처리 과정은 비슷합니다. 수신된 요청 본문을 bodyToMono() 메서드를 사용해 ReservationQuery 객체로 매핑한 뒤, 그다음 줄에서 ReservationService.query() 메서드의 인수로 넣어 예약 내역을 조회할 때 사용합니다.

요청을 핸들러 함수로 보내기

애너테이션 기반으로 개발한 핸들러 메서드를 그냥 일반 함수로 바꾸었으니 요청을 보내는(라우팅하는) 방식도 달라지겠죠. 이러한 매핑 작업은 RouterFunctions가 대신 처리하게 맡기면 됩니다.

```
@Bean
public RouterFunction<ServerResponse> reservationsRouter(ReservationRestController handler) {
    return RouterFunctions
        .route(GET("/*/reservations"), handler::listAll)
        .andRoute(POST("/*/reservations"), handler::find);
}
```

이렇게 설정하면 /court-rx/reservations URL을 GET 요청할 때 listAll() 메서드가, POST 요청할 때 find() 메서드가 각각 실행됩니다.

RequestPredicates.GET은 RequestPredicates.method(HttpMethod.GET).and(RequestPredicates.path("/*/reservations")) 코드와 정확히 같습니다. RequestPredicates 클래스가 지원하는 메서드(표 5-7)를 참고해서 몇 개라도 여러 가지 RequestPredicate 문을 조합해 쓸 수 있습니다[10].

---

10 역주_ RequestPredicates는 RequestPredicate를 생성하는 도우미 클래스로 [표 5-7]에는 지극히 간단하게 몇 가지 메서드만 열거되어 있습니다. 자세한 메서드별 시그니처는 소스 코드를 직접 참고하시기 바랍니다.

표 5-7 RequestPredicates 클래스 지원 메서드

메서드	설명
method()	주어진 HTTP 메서드로 요청했는지 확인하는 RequestPredicate
path()	전체 혹은 일부 URL이 주어진 패턴에 부합하는지 확인하는 RequestPredicate
accept()	요청에 포함된 Accept 헤더가 주어진 미디어 타입과 일치하는지 확인하는 RequestPredicate
queryParam()	요청에 주어진 이름의 쿼리 매개변수가 있는지 확인하는 RequestPredicate
headers()	주어진 요청 헤더가 있는지 확인하는 RequestPredicate

RequestPredicates 클래스는 이름을 줄인 단축 메서드 GET(), POST(), PUT(), DELETE(), HEAD(), PATCH(), OPTIONS()를 제공하여 두 표현식을 조합하는 수고를 덜어줍니다.

마치며

비동기로 처리하는 다양한 방법을 살펴보았습니다. 예전에는 서블릿 3.0 비동기 지원 기능을 이용해서 컨트롤러가 DeferredResult나 Future 객체를 반환하는 방법을 썼습니다.

서버-전송 이벤트와 웹소켓은 클라이언트, 서버가 비동기 방식으로 대화할 수 있게 도와주는 통신 수단입니다.

3, 4장에서 배운 내용과 크게 다르진 않지만 리액티브 컨트롤러를 작성하는 방법을 설명했습니다. 완전히 다른 기술임에도 똑같은 프로그래밍 모델을 가져갈 수 있다는 점에서 스프링 추상화의 진면목이 잘 드러나는 대목입니다. 리액티브 컨트롤러를 함수형으로 작동시키는 것과 거의 같은 로직을 리액티브 핸들러 함수로 구현해보았습니다.

WebClient는 REST API를 비동기적으로 소비하는 데 쓰는 클래스입니다.

CHAPTER 6

스프링 소셜

SNS, 즉 소셜 네트워킹은 이제 거의 모든 인터넷 유저가 한두 계정 이상을 갖고 있을 정도로 흔한 일상이 되었습니다. 사람들은 지금 자기가 뭘 하고 있는지, 어떤 생각을 하고 있는지 트위터로 공유하면서 스마트폰으로 찍은 사진을 페이스북, 인스타그램에 올리고 텀블러^{Tumblr}에 블로그 글을 게시합니다. 그래도 새로운 소셜 네트워크는 계속 등장하고 있지요. 웹 사이트 운영자 입장에서 이런 소셜 네트워크를 적절히 잘 연계하면 유저가 쉽게 링크를 게시하거나 다른 사람들의 생각을 표시하고 감추기 편해서 여러모로 이롭습니다.

스프링 소셜^{Spring Social}은 다양한 소셜 네트워크 및 확장 모델에 접속하는 데 필요한 통합 API를 제공합니다. 페이스북, 트위터, 링크드인 등 유명 소셜 네트워크와의 연계 기능은 기본으로 제공하며 그 밖의 (텀블러, 웨이보^{Weibo}, 인스타그램 등) 서비스는 수많은 커뮤니티 프로젝트가 활성화되어 있어 소스를 구하기 어렵지 않습니다. 스프링 소셜은 소셜 네트워크의 인가 및 접속 흐름을 관장하는 커넥트 프레임워크^{Connect Framework}, 서비스 공급자, 소비기 (애플리케이션), 애플리케이션 유저 간 OAuth를 주고받는 ConnectController라는 컨트롤러, 유저가 자신의 소셜 네트워크 계정에 로그인할 수 있도록 스프링 소셜을 스프링 시큐리티 (8장)와 연동하는 SocialAuthenticationFilter, 이렇게 세 부분으로 구성됩니다.

레시피 6-1 스프링 소셜 구성하기

과제

스프링 소셜을 애플리케이션에서 사용하세요.

해결책

스프링 소셜 의존체를 추가하고 구성 클래스에서 활성화합니다.

풀이

스프링 소셜은 핵심 모듈 + 서비스 공급자(예 : 트위터, 페이스북, 깃허브)별 확장 모듈로 구성 됩니다(표 6-1). 스프링 소셜을 사용하려면 당연히 애플리케이션에 의존체를 추가해야 합니다.

표 6-1 스프링 소셜 모듈

모듈	설명
spring-social-core	스프링 소셜의 코어 모듈. 메인/공유 인프라 클래스가 들어 있습니다.
spring-social-config	스프링 소셜의 구성 모듈. 스프링 소셜(또는 일부)을 쉽게 구성할 수 있습니다.
spring-social-web	스프링 소셜의 웹 연계 모듈. 간편하게 사용할 수 있는 필터 및 컨트롤러가 있습니다.
spring-social-security	스프링 시큐리티 연계 모듈(7장)

지금부터 `org.springframework.social` 패키지 밑에 있는 각 (코어, 구성, 웹, 보안) 모듈을 별도의 레시피로 나누어 설명하겠습니다.

```
package com.apress.springrecipes.social.config;
...

@Configuration
@EnableSocial
@PropertySource("classpath:/application.properties")
public class SocialConfig extends SocialConfigurerAdapter {

    @Override
    public StaticUserIdSource getUserIdSource() {
```

```
        return new StaticUserIdSource();
    }
}
```

@Configuration 구성 클래스에 @EnableSocial을 붙이면 스프링 소셜 기능이 켜지고 필요한 구성이 자동으로 로드됩니다. 또 SocialConfigurer 빈이 있으면 자동 감지됩니다. SocialConfigurer는 하나 이상의 서비스 공급자 구성을 추가할 때 쓰는 빈입니다.

SocialConfig는 SocialConfigurer 인터페이스의 구현체인 SocialConfigurerAdapter 클래스를 상속한 클래스입니다. 예제에서는 StaticUserIdSource 객체를 반환하는 getUserIdSource() 메서드를 오버라이드했습니다. 스프링 소셜에서는 UserIdSource 인스턴스로 현재 유저를 식별하고 이 유저를 이용해 서비스 공급자에 접속 가능한 커넥션을 찾습니다. 이렇게 찾은 커넥션은 유저별로 ConnectionRepository에 보관합니다. 어떤 ConnectionRepository를 골라쓸지는 현재 유저에 해당하는 UsersConnectionRepository 인터페이스(기본 구현체는 InMemoryUsersConnectionRepository)에 의해 결정됩니다.

애플리케이션이 서비스 공급자를 액세스할 때 쓸 API 키는 프로퍼티 파일에 담아 클래스패스에 둡니다. 프로퍼티 파일 대신 코드에 직접 하드코딩해도 됩니다.

일단 다음 StaticUserIdSource 클래스로 현재 유저를 결정하겠습니다.

```
package com.apress.springrecipes.social;
...

public class StaticUserIdSource implements UserIdSource {

    private static final String DEFAULT_USERID = "anonymous";
    private String userId = DEFAULT_USERID;

    @Override
    public String getUserId() {
        return this.userId;
    }

    public void setUserId(String userId) {
        this.userId = userId;
    }
}
```

StaticUserIdSource는 UseridSource 인터페이스를 구현한 클래스로, 미리 하드코딩한 userId를 getUserId() 메서드로 반환합니다. 실제로는 유저별로 커넥션 정보를 저장하겠지만 예제에서는 이 정도로 충분합니다.

레시피 6-2 트위터 접속하기

과제

애플리케이션에서 트위터에 액세스하세요.

해결책

트위터에 애플리케이션을 등록 후 발급받은 크레덴셜을 이용해 스프링 소셜을 구성하고 트위터에 액세스합니다.

풀이

먼저 트위터에 애플리케이션을 등록하고 그 결과 트위터에서 해당 애플리케이션을 식별할 수 있는 크레덴셜(API 키, API 시크릿)을 발급받습니다.

트위터에 애플리케이션 등록하기

브라우저에서 https://apps.twitter.com에 접속한 다음, 화면 우측 상단의 Sign in을 클릭하여 로그인합니다(그림 6-1).

그림 6-1 My apps을 클릭해 로그인

로그인 후 넘어간 화면에서 우측 'Create New App' 버튼을 누르면(그림 6-2) 애플리케이션 등록 정보를 기재하는 페이지로 이동합니다(그림 6-3).

그림 6-2 애플리케이션 관리 페이지

애플리케이션명과 설명, 웹 사이트 접속 URL을 입력합니다. 스프링 소셜에서는 콜백 URL을 꼭 적어야 하지만 (아주 오래된 버전의 OAuth를 쓰지 않는 이상) 실제로 어떤 값인지는 중요하지 않습니다.

이용 약관 동의 후 마지막에 create 버튼을 클릭하면 애플리케이션 설정 페이지로 이동합니다.

그림 6-3 애플리케이션 신규 등록

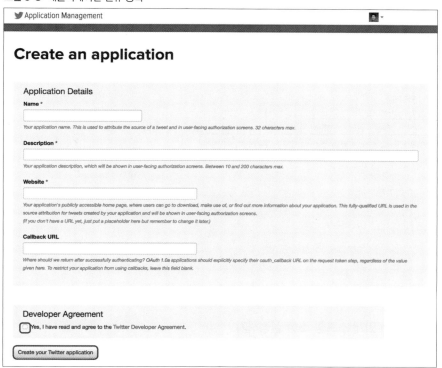

여기까지 왔으면 애플리케이션이 정상적으로 만들어진 셈입니다.

스프링 소셜에서 트위터에 접속할 때 필요한 API 키와 API 시크릿은 애플리케이션 설정 페이지의 Keys and Access Tokens 탭에서 확인할 수 있습니다(그림 6-4, 그림 6-5).

그림 6-4 애플리케이션 설정 페이지

그림 6-5 스프링 소셜로 트위터에 접속할 때 필요한 API 키와 API 시크릿

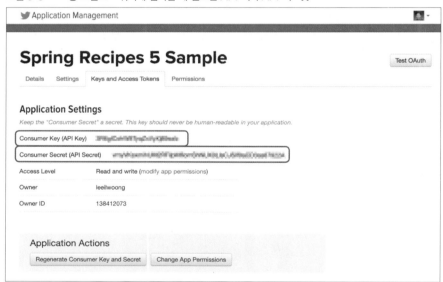

트위터에 접속할 수 있게 스프링 소셜 설정하기

이제 스프링 소셜로 트위터에 접속해봅시다. 트위터에서 애플리케이션 등록 후 발급받은 API 키와 API 시크릿을 (application.properties 같은) 프로퍼티 파일에 적습니다.

```
twitter.appId=<발급받은 트위터 API 키>
twitter.appSecret=<발급받은 트위터 API 시크릿>
```

트위터에 접속하기 위해 TwitterConnectionFactory를 추가합니다. 이 클래스는 API 키/시
크릿을 이용해서 트위터에 접속 요청을 합니다.

```java
@Configuration
@EnableSocial
@PropertySource("classpath:/application.properties")
public class SocialConfig extends SocialConfigurerAdapter {
...
    @Configuration
    public static class TwitterConfigurer extends SocialConfigurerAdapter {

        @Override
        public void addConnectionFactories(
            ConnectionFactoryConfigurer connectionFactoryConfigurer,
            Environment env) {

            connectionFactoryConfigurer.addConnectionFactory(
                new TwitterConnectionFactory(
                    env.getRequiredProperty("twitter.appId"),
                    env.getRequiredProperty("twitter.appSecret")));
        }

        @Bean
        @Scope(value = "request", proxyMode = ScopedProxyMode.INTERFACES)
        public Twitter twitterTemplate(ConnectionRepository connectionRepository) {

            Connection<Twitter> connection =
                    connectionRepository.findPrimaryConnection(Twitter.class);
            return connection != null ? connection.getApi() : null;
        }
    }
}
```

SocialConfigurer 인터페이스의 addConnectionFactories()라는 콜백 메서드를 사용해
스프링 소셜에서 사용할 ConnectionFactory 인스턴스를 추가합니다. TwitterConnection
Factory는 트위터 전용 ConnectionFactory 인스턴스로 API 키와 시크릿 두 값을 프로퍼

티 파일에서 읽어 생성자의 인수로 넣습니다(물론 직접 하드코딩해도 됩니다). 이렇게 해서 트위터에 접속했습니다. 저수준에서 하부 접속 객체를 이용해 접속할 수도 있지만 권하고 싶지는 않습니다. 이미 위 구성 클래스에서 애플리케이션 컨텍스트에 빈으로 추가한 `TwitterTemplate`을 이용하면 트위터 API 연동 작업이 한결 쉽습니다. 그런데 이 빈은 요청 스코프에 두어야 하므로 `@Scope`를 붙여야 한다는 점을 꼭 기억하세요. 요청할 때마다 유저는 달라질 수 있고 따라서 실제로 접속하는 트위터 계정도 달라지기 때문입니다. `twitterTemplate()` 메서드에 주입한 `ConnectionRepository`는 현재 유저 ID에 따라 정해지며 앞서 구성한 `UserIdSource`를 이용해 정보를 가져옵니다.

> **NOTE_** 예제에서는 구성 클래스로 따로 나누어 트위터를 서비스 공급자로 구성했지만 그냥 메인 `SocialConfig` 클래스에 추가해도 됩니다. 그러나 특정 서비스 공급자의 구성과 전역 스프링 소셜 구성은 분리하는 편이 좋습니다.

레시피 6-3 페이스북 접속하기

과제

애플리케이션에서 페이스북에 액세스하세요.

해결책

페이스북에 애플리케이션을 등록 후 발급받은 크레덴셜을 이용해 스프링 소셜을 구성하고 페이스북에 액세스합니다.

풀이

먼저 페이스북에 여러분의 애플리케이션을 등록하고 페이스북에서 해당 애플리케이션을 식별할 수 있는 크레덴셜(API 키, API 시크릿)을 발급받습니다. 단, 이 작업을 하기 전에 개인 페이스북 계정을 갖고 있어야 하며 반드시 페이스북 개발자로 등록해야 합니다(아직 페이스북 개발자로 등록하지 않은 독자는 https://developers.facebook.com/async/registration/

dialog에서 개발자 계정을 만드세요).

페이스북에 애플리케이션 등록하기

http://developers.facebook.com에서 (그림 6-6) 페이지 상단의 Create App 버튼을 누릅니다.

그림 6-6 페이스북 개발자 홈페이지

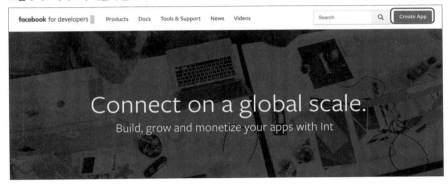

애플리케이션 등록 정보를 입력하는 화면(그림 6-7)이 나타납니다. 애플리케이션명은 face와 book이 포함되지 않은 아무 문자열이나 가능합니다. 여러분의 이메일 주소도 기재해야 합니다. 폼을 다 입력하고 밑에 있는 Create App ID 버튼을 클릭하면 등록된 애플리케이션 정보를 보여주는 페이지(그림 6-8)로 이동합니다.

그림 6-7 Create New App ID 창

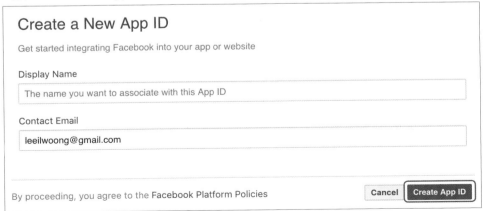

좌측에서 Settings 탭을 찾아 클릭하세요.

Settings 페이지에서 Add Platform 버튼을 클릭하고 Website를 선택한 다음, 애플리케이션이 배포된 사이트 URL을 입력하세요. 필자는 `http://localhost:8080/social`라고 입력했습니다. 사이트 URL이 없으면 인증도 불허되고 접속도 안 됩니다.

그림 6-8 페이스북 Settings 페이지

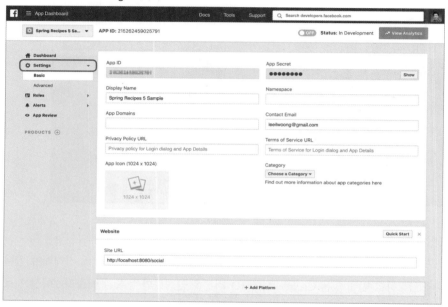

페이스북에 접속할 수 있게 스프링 소셜 설정하기

Settings 페이지 윗부분을 보면 애플리케이션에서 페이스북에 접속할 때 사용할 앱 ID/시크릿이 적혀 있습니다. 두 정보를 복사해 `application.properties` 파일에 붙여넣으세요.

```
facebook.appId=<등록한 앱 ID>
facebook.appSecret=<등록한 앱 시크릿>
```

스프링 소셜은 앞 레시피에서 이미 구성한 상태라서(레시피 6-1) 그냥 `FacebookConnectionFactory`와 `FacebookTemplate`만 추가하면 바로 접속할 수 있습니다.

```
@Configuration
@EnableSocial
@PropertySource("classpath:/application.properties")
public class SocialConfig extends SocialConfigurerAdapter {
...
    @Configuration
    public static class FacebookConfiguration extends SocialConfigurerAdapter {

        @Override
        public void addConnectionFactories(
            ConnectionFactoryConfigurer connectionFactoryConfigurer,
            Environment env) {

            connectionFactoryConfigurer.addConnectionFactory(
                new FacebookConnectionFactory(
                    env.getRequiredProperty("facebook.appId"),
                    env.getRequiredProperty("facebook.appSecret")));
        }

        @Bean
        @Scope(value = "request", proxyMode = ScopedProxyMode.INTERFACES)
        public Facebook facebookTemplate(ConnectionRepository connectionRepository) {
            Connection<Facebook> connection =
                connectionRepository.findPrimaryConnection(Facebook.class);
            return connection != null ? connection.getApi() : null;
        }
    }
}
```

FacebookConnectionFactory 생성자는 App ID/Secret을 받습니다. 방금 전 application.
properties 파일에 추가한 두 프로퍼티값을 Environment 객체에서 가져오면 됩니다.

이 빈 구성 클래스에서 facebookTemplate 빈을 애플리케이션 컨텍스트에 추가했고 요
청 스코프에 두어야 하므로 @Scope를 붙여야 한다는 사실을 기억하세요. 요청할 때마
다 유저는 달라질 수 있고 따라서 실제로 접속하는 페이스북 계정도 달라지기 때문입니다.
facebookTemplate() 메서드에 주입한 ConnectionRepository는 현재 유저 ID에 따라 정해
지며 앞서 구성한 UserIdSource를 이용해서 정보를 가져옵니다.

레시피 6-4 서비스 공급자 접속 상태 보여주기

과제

서비스 공급자의 접속 상태를 화면에 표시하세요.

해결책

ConnectController를 이용하면 접속 상태를 유저에게 나타낼 수 있습니다.

풀이

스프링 소셜에 탑재된 ConnectController는 서비스 공급자와의 접속 체결 및 해제를 담당하며 서비스 공급자에 대한 현재 유저의 상태(접속 여부)를 나타내는 쓰임새도 있습니다. ConnectController엔 주어진 유저의 접속 정보를 표시, 추가, 삭제하는 REST URL이 준비되어 있습니다(표 6-2).

표 6-2 ConnectController의 URL 매핑

URL	메서드	설명
/connect	GET	사용 가능한 전체 서비스 공급자의 접속 상태를 표시합니다. 렌더링할 뷰 이름은 connect/status로 반환합니다.
	POST	주어진 공급자와 현재 유저의 접속을 개시합니다.
	DELETE	주어진 공급자와 현재 유저의 모든 접속을 해제합니다.

우선, 다음과 같이 스프링 MVC(4장 참고)를 구성합니다.

```
@Configuration
@EnableWebMvc
@ComponentScan({"com.apress.springrecipes.social.web"})
public class WebConfig implements WebMvcConfigurer {

    @Bean
    public ViewResolver internalResourceViewResolver() {
        InternalResourceViewResolver viewResolver = new InternalResourceViewResolver();
        viewResolver.setPrefix("/WEB-INF/views/");
```

```
        viewResolver.setSuffix(".jsp");
        return viewResolver;
    }

    @Override
    public void addViewControllers(ViewControllerRegistry registry) {
        registry.addViewController("/").setViewName("index");
        registry.addViewController("/signin").setViewName("signin");
    }
}
```

@EnableWebMvc로 활성화한 스프링 MVC가 JSP 페이지를 집어들 수 있게 뷰 리졸버 (ViewResolver)를 추가하고 애플리케이션 시동 직후 index.jsp가 보이게 설정합니다. 그리고 WebConfig 클래스에 ConnectController를 추가합니다. 이 컨트롤러의 생성자 인수 ConnectionFactoryLocator와 ConnectionRepository는 빈을 선언할 때 그냥 메서드 인수로 추가해서 가져오면 됩니다.

```
@Bean
public ConnectController connectController(
ConnectionFactoryLocator connectionFactoryLocator,
ConnectionRepository connectionRepository) {

    return new ConnectController(connectionFactoryLocator, connectionRepository);
}
```

이렇게 설정하면 [표 6-2]에 나열한 URL을 ConnectController가 리스닝합니다. 이제 /WEB-INF/views에 메인 인덱스 및 상태 페이지 뷰를 각각 작성합니다. 먼저 index.jsp 파일을 살펴보겠습니다.

```
<%@ taglib prefix="spring" uri="http://www.springframework.org/tags" %>
<html>
<head>
    <title>Hello Spring Social</title>
</head>
<body>

<h3>Connections</h3>
```

```
   Click <a href="<spring:url value='/connect'/>">here</a> to see your Social Network
Connections.
</body>
</html>
```

status.jsp 파일은 /WEB-INF/views/connect에 작성합니다.

```
<%@ taglib prefix="spring" uri="http://www.springframework.org/tags" %>
<%@ taglib prefix="c" uri="http://java.sun.com/jsp/jstl/core" %>
<html>
<head>
   <title>Spring Social - Connections</title>
</head>
<body>
<h3>Spring Social - Connections</h3>
<c:forEach items="${providerIds}" var="provider">
   <h4>${provider}</h4>
   <c:if test="${not empty connectionMap[provider]}">
      You are connected to ${provider} as ${connectionMap[provider][0].displayName}
   </c:if>

   <c:if test="${empty connectionMap[provider]}">
      <div>
         You are not yet connected to ${provider}. Click <a href="<spring:url
value="/connect/${provider}"/>">here</a> to connect to ${provider}.
      </div>
   </c:if>
</c:forEach>
</body>
</html>
```

위 상태 페이지는 사용 가능한 서비스 공급자를 하나씩 순회하면서 현재 유저가 해당 공
급자(트위터, 페이스북 등)에 접속한 상태인지 확인합니다. ConnectController는
providerIds 속성으로 서비스 공급자 리스트를 제공하며 현재 유저의 접속에 관한 정보
는 connectionMap에 담습니다. 이제 WebApplicationInitializer 구현 클래스를 만들어
ContextLoaderListener와 DispatcherServlet을 등록합시다.

```
public class SocialWebApplicationInitializer
    extends AbstractAnnotationConfigDispatcherServletInitializer {

    @Override
    protected Class<?>[] getRootConfigClasses() {

        return new Class<?>[] {SocialConfig.class};
    }

    @Override
    protected Class<?>[] getServletConfigClasses() {

        return new Class<?>[] {WebConfig.class};
    }

    @Override
    protected String[] getServletMappings() {

        return new String[] {"/"};
    }
}
```

SocialWebApplicationInitializer는 애플리케이션을 시동하는 클래스로, SocialConfig 클래스는 ContextLoaderListener가, webconfig 클래스는 DispatcherServlet이 각각 로드합니다. 요청을 처리하는 데 필요한 서블릿 매핑은 그냥 /로 지정했습니다.

애플리케이션을 배포하고 http://localhost:8080/social에 접속하면 인덱스 페이지가 표시됩니다. 링크를 따라가면 접속 상태를 보여주는 페이지가 나오고 처음에는 당연히 현재 유저가 접속되지 않았다고 표시될 겁니다.

서비스 공급자 접속하기

서비스 공급자에 접속하는 링크를 클릭하면 /connect/{공급자} URL로 유저를 넘깁니다. 접속이 안 될 경우는 connect/{공급자}Connect 페이지, 정상 접속되면 connect/{공급자}Connected 페이지로 이동합니다. ConnectController로 트위터에 접속할 때는 twitterConnect.jsp와 twitterConnected.jsp 페이지를, 페이스북에 접속할 때는 facebookConnect.jsp와 facebookConnected.jsp 페이지를 각각 추가합니다. 스프링 소셜로 다른 서비스 공급자(예 : 깃허브, 포스퀘어, 링크드인 등)에 접속할 때에도 마찬가지 패턴입니다. 일단 /WEB-INF/views/connect에 다음 twitterConnect.jsp를 추가합시다.

```jsp
<%@ taglib prefix="spring" uri="http://www.springframework.org/tags" %>
<html>
<head>
    <title>Spring Social - Connect to Twitter</title>
</head>
<body>
<h3>Connect to Twitter</h3>
<form action="<spring:url value='/connect/twitter'/>" method="POST">
    <div class="formInfo">
        <p>You aren't connected to Twitter yet. Click the button to connect this application
with your Twitter account.</p>
    </div>
    <p><button type="submit">Connect to Twitter</button></p>
</form>
</body>
</html>
```

폼 태그를 보니 POST 전송할 URL이 자기 자신을 가리키고 있군요. Submit 버튼을 클릭하면 트위터로 리다이렉트된 후, 이 애플리케이션이 여러분의 트위터 프로파일에 액세스할 수 있게 허가할 것인지 물어봅니다(twitter를 facebook으로 바꾸면 페이스북에 접속되겠죠).

/WEB-INF/views/connect에 다음 twitterConnected.jsp를 하나 더 추가합시다. 이 페이지는 여러분이 이미 트위터에 접속한 상태일 때 표시되며 트위터에서 애플리케이션 인증을 마친 후 반환되는 페이지입니다.

```jsp
<%@ taglib prefix="spring" uri="http://www.springframework.org/tags" %>
<html>
<head>
    <title>Spring Social - Connected to Twitter</title>
</head>
<body>
<h3>Connected to Twitter</h3>
<p>
    You are now connected to your Twitter account.
    Click <a href="<spring:url value='/connect'/>">here</a> to see your Connection Status.
```

```
</p>
</body>
</html>
```

이렇게 두 페이지를 나란히 추가하고 애플리케이션을 재부팅한 다음 상태 페이지로 가보세요. Connect to Twitter 링크를 클릭하면 `twitterConnect.jsp` 페이지로 이동하고 여기서 Connect to Twitter 버튼을 누르면 트위터 애플리케이션 인증 페이지(그림 6-9)로 넘어갈 겁니다.

그림 6-9 트위터 인증 페이지

애플리케이션 인증이 끝나면 `twitterConnect.jsp` 페이지로 다시 돌아가 트위터에 접속 성공한 상태임을 표시합니다. 상태 페이지로 돌아가면 여러분의 트위터 닉네임이 표시되고 트위터에 접속했음을 확인할 수 있습니다.

트위터, 페이스북 이외의 서비스 공급자도 이런 식으로 {공급자}Connect 및 {공급자} Connected 페이지를 추가하면 됩니다. 스프링 소셜 구성을 정확히 잘했으면 원하는 서비스 공급자에 문제없이 접속할 수 있을 겁니다.

레시피 6-5 트위터 API 활용하기

과제

트위터 API를 활용하세요.

해결책

트위터 API는 Twitter 객체를 사용해 접근합니다.

풀이

트위터 API는 Twitter 인터페이스를 구현한 객체를 사용해, 페이스북 API는 Facebook 인터페이스를 구현한 객체를 사용해 각각 접속합니다. 트위터 접속에 필요한 TwitterTemplate(이미 [레시피 6-2]에서 구성했습니다)에는 갖가지 트위터 API가 들어 있습니다(표 6-3).

표 6-3 표출된 트위터 API 작업

작업	설명
blockOperations()	유저를 차단/해제합니다.
directMessageOperations()	직접 메시지를 읽거나 전송합니다.
friendOperations()	유저의 친구, 팔로어(follower) 리스트를 조회합니다.
geoOperations()	위치 정보 관련 작업을 수행합니다.
listOperations()	유저 리스트를 관리하고 구독 신청/해지합니다.
searchOperations()	트윗을 검색하고 검색 추이(search trend)를 나타냅니다.
streamingOperations()	트위터 스트리밍 API를 사용해 작업을 수행합니다.
timelineOperations()	타임라인을 읽고 트윗을 게시합니다.

| userOperations() | 유저 프로파일 데이터를 조회합니다. |
| restOperations() | REST형 트위터 엔드포인트를 소비하는 데 필요한 하부 RestTemplate 을 반환합니다. |

어떤 작업은 읽기 전용[read-only] 보다 더 많은 접근 권한이 필요합니다. 이를테면 트윗을 보내거나 메시지에 직접 액세스하려면 읽기–쓰기[read-write] 권한이 있어야 가능하겠죠.

트위터 상태를 업데이트[1]하려면 먼저 timelineOperations() 하고 updateStatus() 합니다. 요건에 따라 updateStatus() 메서드는 상태를 나타내는 단순 String이나, 상태는 물론 지리 정보, 다른 트윗에 달린 답변 여부, 이미지 같은 리소스(옵션) 등의 각종 정보가 담긴 TweetData 객체를 받습니다.

컨트롤러를 간략히 작성하면 다음 코드와 같습니다.

```
package com.apress.springrecipes.social.web;
...

@Controller
@RequestMapping("/twitter")
public class TwitterController {

    private final Twitter twitter;

    public TwitterController(Twitter twitter) {
        this.twitter = twitter;
    }

    @RequestMapping(method = RequestMethod.GET)
    public String index() {
        return "twitter";
    }

    @RequestMapping(method = RequestMethod.POST)
    public String tweet(@RequestParam("status") String status) {
        twitter.timelineOperations().updateStatus(status);
        return "redirect:/twitter";
```

....
1 역주_ 트위터에 새 글을 게시해 다른 사람들과 공유하는 행위를 말합니다.

```
    }
}
```

Twitter 인터페이스를 구현한 `TwitterTemplate` 클래스로 트위터 API에 액세스합니다. API 는 요청 스코프로 접근해야 하므로(레시피 6-2) Twitter 인터페이스를 스코프가 적용된 프록 시로 삼았습니다. `tweet()` 메서드는 상태 문자열 `status`를 받아 트위터에 전송합니다.

레시피 6-6 UsersConnectionRepository로 저장하기

과제

서버를 다시 시동해도 유저 접속 데이터가 지워지지 않도록 저장하세요.

해결책

`InMemoryUsersConnectionRepository`를 `JdbcUsersConnectionRepository`로 대체합니다.

풀이

스프링 소셜은 기본적으로 `InMemoryUsersConnectionRepository`를 자동 구성하고 여기에 유저 접속 정보를 저장하지만 이런 방식이 클러스터에서 통할 리 없고 서버를 재시동하는 순간 모든 정보가 사라집니다. 그래서 `JdbcUsersConnectionRepository`를 대신 써서 필요한 정보 를 DB에 저장해야 합니다.

`JdbcUsersConnectionRepository`를 이용하려면 우선 DB에 일정한 규격의 `UserConnection` 테이블이 준비돼야 합니다. 고맙게도 스프링 소셜에 마련된 기본 DDL 스크립트 파일 (`JdbcUsersConnectionRepository.sql`)을 실행하면 곧바로 테이블을 생성할 수 있습니다.

먼저 여러분이 선호하는 DB에 맞는 데이터 소스를 다음과 같이 추가하세요. 필자는 PostgreSQL DB를 쓰겠습니다.

```java
@Bean
public DataSource dataSource() {

    DriverManagerDataSource dataSource = new DriverManagerDataSource();
    dataSource.setUrl(env.getRequiredProperty("datasource.url"));
    dataSource.setUsername(env.getRequiredProperty("datasource.username"));
    dataSource.setPassword(env.getRequiredProperty("datasource.password"));
    dataSource.setDriverClassName(env.getProperty("datasource.driverClassName"));
    return dataSource;
}
```

URL, JDBC 드라이버, 유저명/패스워드는 application.properties 파일의 datasource.* 프로퍼티에 설정합니다.

```
dataSource.password=app
dataSource.username=app
dataSource.driverClassName=org.apache.derby.jdbc.ClientDriver
dataSource.url=jdbc:derby://localhost:1527/social;create=true
```

필수 테이블을 자동 생성하기 위해 DataSourceInitializer 빈을 추가하고 JdbcUsers ConnectionRepository.sql 파일을 실행하도록 코딩합니다.

```java
@Bean
public DataSourceInitializer databasePopulator() {

    ResourceDatabasePopulator populator = new ResourceDatabasePopulator();
    populator.addScript(
        new ClassPathResource(
        "org/springframework/social/connect/jdbc/JdbcUsersConnectionRepository.sql"));
    populator.setContinueOnError(true);
    DataSourceInitializer initializer = new DataSourceInitializer();
    initializer.setDatabasePopulator(populator);
```

```
    initializer.setDataSource(dataSource());
    return initializer;
}
```

애플리케이션 시동과 함께 실행되는 DataSourceInitializer 빈은 지정된 스크립트를 모두 실행합니다. 실행 중 에러가 나면 애플리케이션 시동을 중지시키는 게 기본 로직인데요, 에러가 나도 시동을 멈추지 않고 계속 진행시키려면 위 코드처럼 continueOnError 프로퍼티를 true로 설정합니다. 데이터 소스까지 다 구성했고 이제 마지막으로 SocialConfig 구성 클래스에 JdbcUsersConnectionRepository를 추가합니다.

```
@Configuration
@EnableSocial
@PropertySource("classpath:/application.properties")
public class SocialConfig extends SocialConfigurerAdapter {

    @Override
    public UsersConnectionRepository getUsersConnectionRepository(ConnectionFactoryLocator
        connectionFactoryLocator) {
        return new JdbcUsersConnectionRepository(dataSource(), connectionFactoryLocator,
            Encryptors.noOpText());
    }
...
}
```

JdbcUsersConnectionRepository 생성자는 데이터 소스, ConnectionFactoryLocator, TextEncryptor 세 인수를 받습니다. TextEncryptor는 스프링 시큐리티 crypto 모듈의 클래스로 액세스 토큰, 시크릿, 리프레시 토큰^{refresh token}을 암호화합니다(해당 시) 데이터를 평문으로 저장하면 외부 유출 시 악용될 소지가 있으므로 암호화는 필수입니다. 토큰은 유저 프로파일 정보에 접근할 때 사용합니다[2].

예제는 편의상 단순 noOpText 암호기(이름 그대로 암호화를 안 합니다)를 사용했습니다. 실제

---

2 역주_ 트위터, 페이스북 등 대부분의 소셜 네트워크는 유저(user), 소비기(consumer), 서비스 공급자(service provider)가 참여하는 OAuth 인증 방식을 기본으로 하며 OAuth에 관한 내용도 책 한 권에 이를만큼 제법 분량이 됩니다. 이 책은 스프링에 관한 도서이므로 매우 간략하게만 언급하고 있습니다.

운영 시스템이라면 TextEncryptor로 암호 + 솔트[3]를 적용해 암호화했겠죠.

애플리케이션을 재시동 후 테스트하면 처음엔 아무것도 변경된 게 없는 것 같지만 이제는 처음 한 번 트위터 페이지에서 권한 승인을 한 이후에는 애플리케이션을 다시 시작해도 정보가 지워지지 않습니다. DB에 접속해 UserConnection 테이블에 어떤 데이터가 쌓여 있는지 확인해보세요.

레시피 6-7 스프링 소셜과 스프링 시큐리티 연계하기

과제

웹 사이트 방문자가 자신의 소셜 네트워크 계정에 접속할 수 있게 하세요.

해결책

spring-social-security 프로젝트를 이용해 스프링 소셜과 스프링 시큐리티, 두 프레임워크를 연계합니다.

풀이

스프링 시큐리티는 7장에서 다룰 내용이니 자세한 설명은 뒤로 미루겠습니다. 이 레시피에서는 일단 다음과 같이 스프링 시큐리티를 구성합니다.

```
@Configuration
@EnableWebMvcSecurity
public class SecurityConfig extends WebSecurityConfigurerAdapter {

    @Override
    protected void configure(HttpSecurity http) throws Exception {
        http.authorizeRequests()
            .anyRequest().authenticated()
            .and()
```

----

3 역주_ salt. SHA256 등 단방향 해시 알고리즘으로 다이제스트(digest) 값을 만들 때 초기 원본 문자열을 쉽게 유추하지 못하게 하고자 원본 문자열 뒤에 무작위 문자열을 덧붙여 해시합니다.

```
        .formLogin()
        .loginPage("/signin")
        .failureUrl("/signin?param.error=bad_credentials")
        .loginProcessingUrl("/signin/authenticate").permitAll()
        .defaultSuccessUrl("/connect")
        .and()
        .logout().logoutUrl("/signout").permitAll();
    }

    @Bean
    public UserDetailsManager userDetailsManager(DataSource dataSource) {
        JdbcUserDetailsManager userDetailsManager = new JdbcUserDetailsManager();
        userDetailsManager.setDataSource(dataSource);
        userDetailsManager.setEnableAuthorities(true);
        return userDetailsManager;
    }

    @Override
    protected void configure(AuthenticationManagerBuilder auth) throws Exception {
        auth.userDetailsService(userDetailsManager(null));
    }
}
```

@EnableWebMvcSecurity를 붙여 스프링 시큐리티 보안 기능을 켜고 작동에 필요한 빈들을 등록합니다. 보안 규칙 등 추가 설정을 하려면 WebSecurityConfigurer를 하나 이상 추가합니다. 이 예제는 편의상 WebSecurityConfigurerAdapter를 상속한 구성 클래스를 사용합니다.

실질적인 보안 로직은 configure(HttpSecurity http) 메서드에 구성합니다. 이 예제는 유저가 서버에 요청을 할 때마다 반드시 인증을 거치도록 설정했기 때문에 미인가 (즉, 애플리케이션에 로그인하지 않은) 유저는 로그인 폼으로 넘어갑니다. loginPage, loginProcessingUrl, logoutUrl은 스프링 소셜 기본 URL로 바꿔놓았습니다.

> **NOTE_** 스프링 시큐리티 기본 설정을 유지하고 싶을 경우엔 명시적으로 SocialAuthenticationFilter 를 만들어 signupUrl, defaultFailureUrl 프로퍼티를 설정합니다.

configure(AuthenticationManagerBuilder auth) 메서드가 추가하는 Authentication Manager는 해당 유저가 존재하는지와 입력한 크레덴셜이 올바른지 판단합니다.

userDetailsService() 메서드에 인수로 넣은 userDetailsManager는 JdbcUserDetails Manager형 객체로, 유저를 저장소에 추가하거나 저장된 유저를 삭제합니다. 애플리케이션에 소셜 로그인 페이지를 붙일 때 필요하겠죠.

JdbcUserDetailsManager는 DataSource를 사용해 데이터를 읽고 쓰며 enableAuthorities 프로퍼티를 true로 설정한 건, 유저가 애플리케이션으로부터 부여받은 롤^{role}(역할)을 DB에도 그대로 추가한다는 뜻입니다. DB를 시동하기 전에 앞 레시피에서 구성한 DB 적재기^{populator}에 create_users.sql 스크립트를 추가합니다.

```
@Bean
public DataSourceInitializer databasePopulator() {
    ResourceDatabasePopulator populator = new ResourceDatabasePopulator();
    populator.addScript(
    new ClassPathResource(
        "org/springframework/social/connect/jdbc/JdbcUsersConnectionRepository.sql"));
    populator.addScript(new ClassPathResource("sql/create_users.sql"));
    populator.setContinueOnError(true);
    DataSourceInitializer initializer = new DataSourceInitializer();
    initializer.setDatabasePopulator(populator);
    initializer.setDataSource(dataSource());
    return initializer;
}
```

커스텀 로그인 페이지는 /signin으로 요청하면 signin.jsp 페이지로 이동하도록 WebConfig 클래스에 뷰 컨트롤러를 설정합니다.

```
@Configuration
@EnableWebMvc
@ComponentScan({"com.apress.springrecipes.social.web"})
public class WebConfig implements WebMvcConfigurer {

    @Override
    public void addViewControllers(ViewControllerRegistry registry) {
        registry.addViewController("/").setViewName("index");
        registry.addViewController("/signin").setViewName("signin");
    }
    ...
}
```

signin.jsp는 유저명/패스워드 입력 필드와 Login 버튼을 그리는 단순 JSP 페이지입니다.

```jsp
<%@ taglib prefix="c" uri="http://java.sun.com/jsp/jstl/core" %>
<!DOCTYPE html>
<html>
<body>
    <c:url var="formLogin" value="/signin/authenticate" />
    <c:if test="${param.error eq 'bad_credentials'}">
        <div class="error">
            The login information was incorrect please try again.
        </div>
    </c:if>
    <form method="post" action="${formLogin}">
        <input type="hidden" name="_csrf" value="${_csrf.token}" />
        <table>
            <tr>
                <td><label for="username">Username</label></td>
                <td><input type="text" name="username"/></td>
            </tr>
            <tr>
                <td><label for="password">Password</label></td>
                <td><input type="password" name="password"/></td>
            </tr>
            <tr><td colspan="2"><button>Login</button></td> </tr>
        </table>
    </form>
</body>
</html>
```

악성 웹 사이트나 자바스크립트 코드가 URL 요청을 위조하여 전송하지 못하게 CSRF^{Cross-Site Request Forgery}(교차 사이트 위조 요청) 토큰을 hidden 필드에 심었습니다. 이런 기본적인 보안 기능은 스프링 시큐리티가 기본 제공합니다. SecurityConfig 클래스에서 http.csrf().disable()하면 CSRF 기능은 해제됩니다.

이제 할 일은 두 가지입니다. 지금까지 구성한 내용을 로드하고 유입된 요청에 보안을 적용하는 필터를 등록하는 일입니다. 먼저 SocialWebApplicationInitializer 클래스를 다음과 같이 고칩니다.

```
public class SocialWebApplicationInitializer
    extends AbstractAnnotationConfigDispatcherServletInitializer {

    @Override
    protected Class<?>[] getRootConfigClasses() {
        return new Class<?>[]{SecurityConfig.class, SocialConfig.class};
    }

    @Override
    protected Filter[] getServletFilters() {
        DelegatingFilterProxy springSecurityFilterChain = new DelegatingFilterProxy();
        springSecurityFilterChain.setTargetBeanName("springSecurityFilterChain");
        return new Filter[]{springSecurityFilterChain};
    }
...
}
```

구성 클래스를 로드하는 getRootConfigClasses() 메서드에 SecurityConfig 클래스를 추가하고 DispatcherServlet이 처리하는 요청에 필터를 적용하기 위해 getServletFilters() 메서드를 새로 추가했습니다. 스프링 시큐리티는 기본적으로 springSecurityFilterChain 이란 빈 이름으로 Filter를 등록합니다. 따라서 DelegatingFilterProxy의 대상 빈을 springSecurityFilterChain으로 설정하면 이 이름의 Filter형 빈이 적용됩니다.

스프링 시큐리티를 이용해 유저명 조회하기

고정된 유저명을 반환하는 UserIdSource 구현체는 앞 레시피에서 설명한 바 있습니다. 스프링 시큐리티가 활성화된 애플리케이션에서는 AuthenticationNameUserIdSource라는 별도 구현체를 씁니다. 이 클래스를 이용하면 (스프링 시큐리티의) SecurityContext를 사용해 현재 인증된 유저명을 가져와 여러 서비스 공급자의 유저 접속 정보로 저장/검색하는 데 활용할 수 있습니다.

```
@Configuration
@EnableSocial
@PropertySource("classpath:/application.properties")
public class SocialConfig extends SocialConfigurerAdapter {
```

```
    @Override
    public UserIdSource getUserIdSource() {
        return new AuthenticationNameUserIdSource();
    }
    ...
}
```

> **TIP_** SpringSocialConfigurer를 쓰면 AuthenticationNameUserIdSource를 기본 사용하므로 이
> 과정을 생략할 수 있습니다.

AuthenticationNameUserIdSource 하나만 있으면 스프링 시큐리티의 유저명을 얼마든지 가져올 수 있습니다. 이 클래스는 SecurityContext에서 Authentication 객체를 찾아 이 객체의 name 프로퍼티를 반환합니다. 이제 애플리케이션을 재시동하면 로그인 폼으로 알아서 이동할 겁니다. 유저명/패스워드 모두 user1를 입력해 로그인해보세요.

스프링 소셜을 이용해 로그인하기

유저가 직접 소셜 네트워크에 접속하게 하는 것보단 애플리케이션을 사용해 로그인할 수 있으면 더 좋겠죠? 몇 가지 추가 구성이 필요하지만 스프링 소셜은 스프링 시큐리티과 긴밀히 맞물려 있어 이런 기능을 쉽게 구현할 수 있습니다.

먼저 SpringSocialConfigurer를 스프링 시큐리티 구성에 적용해서 스프링 소셜과 스프링 시큐리티를 연계합니다.

```
@Configuration
@EnableWebMvcSecurity
public class SecurityConfig extends WebSecurityConfigurerAdapter {

    @Override
    protected void configure(HttpSecurity http) throws Exception {
        ...
        http.apply(new SpringSocialConfigurer());
    }
    ...
}
```

```
package com.apress.springrecipes.social.security;
...

public class SimpleSocialUserDetailsService implements SocialUserDetailsService {

    private final UserDetailsService userDetailsService;

    public SimpleSocialUserDetailsService(UserDetailsService userDetailsService) {
        Assert.notNull(userDetailsService, "UserDetailsService cannot be null.");
        this.userDetailsService = userDetailsService;
    }

    @Override
    public SocialUserDetails loadUserByUserId(String userId) throws
UsernameNotFoundException, DataAccessException {

        UserDetails user = userDetailsService.loadUserByUsername(userId);
        return new SocialUser(user.getUsername(), user.getPassword(),
            user.getAuthorities());
    }
}
```

이미 구성한 서비스 공급자별 로그인 페이지로 이동할 링크도 추가합니다.

```
<%@ taglib prefix="c" uri="http://java.sun.com/jsp/jstl/core" %>
<!DOCTYPE html>
<html>
<body>

...

<!-- 트위터 로그인 -->
<c:url var="twitterSigin" value="/auth/twitter"/>
<p><a href="${twitterSigin}">Sign in with Twitter</a></p>

<!-- 페이스북 로그인 -->
<c:url var="facebookSigin" value="/auth/facebook"/>
<p><a href="${facebookSigin}">Sign in with Facebook</a></p>

</body>
</html>
```

SimpleSocialUserDetailsService 클래스는 생성자를 사용해 받은 UserDetailsService를 이용해서 실제로 유저를 조회하고 이렇게 찾은 정보를 바탕으로 SocialUser 인스턴스를 생성합니다. 이 빈도 구성 클래스에 추가합니다.

```
@Configuration
@EnableWebMvcSecurity
public class SecurityConfig extends WebSecurityConfigurerAdapter {

    @Bean
    public SocialUserDetailsService socialUserDetailsService(UserDetailsService
        userDetailsService) {
        return new SimpleSocialUserDetailsService(userDetailsService);
    }

    ...
}
```

이로써 유저는 자신의 소셜 네트워크 계정에 로그인할 수 있습니다. 만약 아직 소셜 네트워크에 가입하지 않은 유저라면 애플리케이션이 신규 가입하도록 안내하는 게 맞겠죠. SocialAuthenticationFilter는 기본적으로 유저를 /signup URL로 이동시키므로 이 URL에 매핑된 컨트롤러를 하나 더 만들어 유저에게 신규 가입할 수 있는 폼을 보이면 됩니다.

```
@Controller
@RequestMapping("/signup")
public class SignupController {

    private static final List<GrantedAuthority> DEFAULT_ROLES =
        Collections.singletonList(new SimpleGrantedAuthority("USER"));
    private final ProviderSignInUtils providerSignInUtils;
    private final UserDetailsManager userDetailsManager;

    public SignupController(ProviderSignInUtils providerSignInUtils,
        UserDetailsManager userDetailsManager) {
        this.providerSignInUtils = providerSignInUtils;
        this.userDetailsManager = userDetailsManager;
    }

    @GetMapping
```

```
    public SignupForm signupForm(WebRequest request) {
        Connection<?> connection = providerSignInUtils.getConnectionFromSession(request);
        if (connection != null) {
            return SignupForm.fromProviderUser(connection.fetchUserProfile());
        } else {
            return new SignupForm();
        }
    }

    @PostMapping
    public String signup(@Validated SignupForm form, BindingResult formBinding,
        WebRequest request) {
        if (!formBinding.hasErrors()) {
            SocialUser user = createUser(form);
            SecurityContextHolder.getContext().setAuthentication(
                new UsernamePasswordAuthenticationToken(user.getUsername(), null,
                    user.getAuthorities())));
            providerSignInUtils.doPostSignUp(user.getUsername(), request);
            return "redirect:/";
        }
        return null;
    }

    private SocialUser createUser(SignupForm form) {
        SocialUser user = new SocialUser(form.getUsername(), form.getPassword(),
            DEFAULT_ROLES);
        userDetailsManager.createUser(user);
        return user;
    }
}
```

처음에는 /signup URL로 GET 요청을 할 테니 signupForm() 메서드가 호출되겠죠. 이 메서드는 스프링 소셜 ProviderSignInUtils를 이용해 이전에 이 유저가 접속 시도를 한 적이 있으면 UserProfile 정보를 가져와 SignupForm을 미리 채웁니다.

```
public class SignupForm {

    private String username;
    private String password;

    public String getUsername() {
```

```
        return username;
    }

    public void setUsername(String username) {
        this.username = username;
    }

    public String getPassword() {
        return password;
    }

    public void setPassword(String password) {
        this.password = password;
    }

    public static SignupForm fromProviderUser(UserProfile providerUser) {
        SignupForm form = new SignupForm();
        form.setUsername(providerUser.getUsername());
        return form;
    }
}
```

다음은 필드 2개를 입력하는 신규 가입 폼입니다.

```
<%@ taglib prefix="form" uri="http://www.springframework.org/tags/form" %>
<%@ page contentType="text/html;charset=UTF-8" language="java" %>
<html>
<head>
    <title>Sign Up</title>
</head>

<body>
<h3>Sign Up</h3>

<form:form modelAttribute="signupForm" method="POST">
    <table>
        <tr>
            <td><form:label path="username" /></td>
            <td><form:input path="username"/></td>
        </tr>
        <tr>
            <td><form:label path="password" /></td>
```

```
      <td><form:password path="password"/></td>
    </tr>
    <tr>
      <td colspan="2"><button>Sign Up</button></td>
    </tr>
  </table>
</form:form>
</body>
</html>
```

> **NOTE_** 이 폼에는 CSRF 태그를 넣는 hidden 입력 필드가 없는데요, 스프링 시큐리티는 스프링 MVC와 거의 한 몸인지라 스프링 폼 태그를 쓰면 자동으로 추가됩니다.

유저가 폼을 채운 뒤 Sign Up 버튼을 클릭하면 signup( ) 메서드가 호출되고 주어진 유저명/패스워드로 유저를 생성합니다. 그리고 이 유저명에 대한 Connection이 추가됩니다. 이리하여 일단 접속이 맺어진 다음엔 유저가 애플리케이션에 로그인되어 나중에 다시 방문해도 자신의 소셜 네트워크 커넥션을 재사용할 수 있습니다.

SignupController 컨트롤러는 ProviderSignInUtils로 스프링 소셜의 로직을 재사용하는데요, SocialConfig 구성 클래스에 인스턴스를 생성할 수 있습니다.

```
@Bean
public ProviderSignInUtils providerSignInUtils(ConnectionFactoryLocator
connectionFactoryLocator, UsersConnectionRepository usersConnectionRepository) {
    return new ProviderSignInUtils(connectionFactoryLocator, usersConnectionRepository);
}
```

마지막으로 신규 가입 페이지는 모든 유저가 접속할 수 있게 SecurityConfig 클래스에 다음 두 줄을 추가합니다.

```
@Override
protected void configure(HttpSecurity http) throws Exception {

    http
        .authorizeRequests()
```

```
        .antMatchers("/signup").permitAll()
        .anyRequest().authenticated().and()
    ...
}
```

마치며

이 장의 주제는 스프링 소셜입니다. 애플리케이션 등록 후 발급받은 API 키와 시크릿을 이용하면 애플리케이션에서 서비스 공급자로 접속할 수 있습니다. 유저 계정을 애플리케이션에 연결하면 유저 정보에 액세스할 수 있고 이로써 서비스 공급자가 제공하는 API를 사용할 수 있습니다. 트위터에서는 이런 식으로 타임라인을 쿼리하거나 다른 사람의 친구를 바라봅니다.

서비스 공급자 접속은 보다 효용성을 높이기 위해 JDBC 저장소에 보관합니다.

스프링 소셜을 스프링 시큐리티와 연동하여 서비스 공급자가 애플리케이션에 로그인하는 방법을 배웠습니다.

CHAPTER 7

스프링 시큐리티

이 장에서는 스프링 프레임워크의 하위 프로젝트인 스프링 시큐리티^{Spring Security}로 애플리케이션을 안전하게 보안하는 방법을 배웁니다. 처음에 아시지 시큐리티^{Acegi Security} 프로젝트로 시작된 스프링 시큐리티는 스프링 포트폴리오 프로젝트에 병합되면서 이름이 바뀌었습니다. 스프링 시큐리티는 모든 자바 애플리케이션에 적용 가능하지만 특히 웹 애플리케이션에서 많이 쓰입니다. 인터넷 환경에서 서비스되는 웹 애플리케이션 특성상 적절히 보안 장치가 없으면 해커의 공격에 취약할 수밖에 없죠.

애플리케이션 보안이 익숙지 않은 독자는 꼭 알아두어야 할 몇 가지 용어 및 개념이 있습니다. '**인증**^{Authentication}은 **주체**^{principal}의 신원^{identity}을 증명하는 과정입니다'는 주장을 검증하는 과정입니다. 여기서 주체란 유저, 기기, 시스템 등이 될 수 있지만 보통 유저(사용자)를 의미합니다. 주체는 자신을 인증해달라고 신원 증명 정보, 즉 **크레덴셜**^{credential}을 제시합니다. 주체가 유저일 경우 크레덴셜은 대개 패스워드입니다.

인가^{Authorization}(권한부여)는 인증을 마친 유저에게 권한^{authority}을 부여하여 대상 애플리케이션의 특정 리소스에 접근할 수 있게 허가하는 과정입니다. 인가는 반드시 인증 과정 이후 수행돼야 하며 권한은 롤 형태로 부여하는 게 일반적입니다.

접근 통제^{Access control}(접근 제어)는 애플리케이션 리소스에 접근하는 행위를 제어하는 일입니다. 따라서 어떤 유저가 어떤 리소스에 접근하도록 허락할지를 결정하는 행위, 즉 **접근 통제 결정**^{access control decision}(접근 제어 결정)이 뒤따릅니다. 리소스의 접근 속성과 유저에게 부여된 권한 또는 다른 속성들을 견주어 결정합니다.

여러분이 7장을 다 읽고 나면 기본 보안 개념을 이해하고 URL 접근, 메서드 호출, 뷰 렌더링, 도메인 객체 등 여러 레벨에서 애플리케이션을 어떻게 보안해야 할지 알게 될 겁니다.

> **NOTE_** 책장을 넘기기 전에 잠깐 recipe_7_1_i 예제 소스를 한번 둘러보세요. 앞으로 이 장에서 예시 목적으로 사용할 보안을 적용하지 않은 애플리케이션입니다. 할 일(to-dos)을 작성하고 목록으로 표시하며 다 끝낸 일은 완료 처리하는, 일종의 스케줄 관리 앱입니다. 애플리케이션을 배포한 뒤 브라우저에서 접속하면 멋진 화면이 반겨줄 겁니다(그림 7-1).

그림 7-1 스케줄 관리 앱 첫 화면

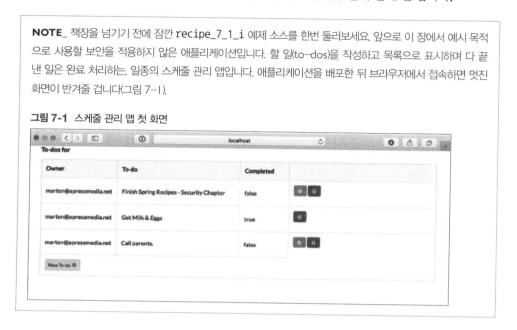

레시피 7-1 URL 접근 보안하기

과제

대다수 웹 애플리케이션에는 특별히 보안에 신경 써야 할 민감한 URL이 있습니다. 이런 URL에 미인가 외부 유저가 제약 없이 접근할 수 없도록 보안하세요.

해결책

스프링 시큐리티를 이용하면 몇 가지 구성만으로도 웹 애플리케이션의 URL 접근을 선언적인 방식으로 보안할 수 있습니다. 스프링 시큐리티는 HTTP 요청에 서블릿 필터를 적용해 보안을 처리하는데요, AbstractSecurityWebApplicationInitializer라는 베이스 클래스를 상속하면 편리하게 필터를 등록하고 구성 내용이 자동 감지되게 할 수 있습니다.

또 WebSecurityConfigurerAdapter라는 구성 어댑터에 준비된 다양한 configure() 메서드를 이용하면 웹 애플리케이션 보안을 쉽게 구성할 수 있습니다. 간단하고 일반적인 보안 요건은 구성 파일을 건드리지 않아도 다음의 기본 보안 설정을 바로 적용할 수 있습니다.

- **폼 기반 로그인 서비스(form-based login service)** : 유저가 애플리케이션에 로그인하는 기본 폼 페이지를 제공합니다.
- **HTTP 기본 인증(Basic authentication)** : 요청 헤더에 표시된 HTTP 기본 인증 크레덴셜을 처리합니다. 원격 프로토콜, 웹 서비스를 이용해 인증 요청을 할 때에도 쓰입니다.
- **로그아웃 서비스** : 유저를 로그아웃시키는 핸들러를 기본 제공합니다.
- **익명 로그인(anonymous login)** : 익명 유저도 주체를 할당하고 권한을 부여해서 마치 일반 유저처럼 처리합니다.
- **서블릿 API 연계** : HttpServletRequest.isUserInRole(), HttpServletRequest.getUserPrincipal() 같은 표준 서블릿 API를 이용해 웹 애플리케이션에 위치한 보안 정보에 접근합니다.
- **CSRF** : 사이트 간 요청 위조 방어용 토큰을 생성해 HttpSession에 넣습니다.
- **보안 헤더** : 보안이 적용된 패키지에 대해서 캐시를 해제하는 식으로 XSS 방어, 전송 보안(transfer security), X-Frame 보안 기능을 제공합니다.

이러한 보안 서비스를 등록하면 특정 접근 권한을 요구하는 URL 패턴을 지정할 수 있고 이렇게 지정한 내용 그대로 스프링 시큐리티는 충실히 보안 체크를 수행합니다. 유저는 아무나 접근 가능한 공개 URL 이외의 보안이 적용된 URL에 접근하려면 반드시 로그인을 해야 합니다. 스프링 시큐리티는 여러분이 골라쓸 수 있게 다양한 (유저를 인증하고 사전에 부여된 권한을 반환하는) 인증 공급자authentication provider를 제공합니다.

풀이

우선, 스프링 시큐리티가 사용하는 필터를 등록합시다. 방금 전 소개한 AbstractSecurityWebApplicationInitializer 클래스를 상속받는 방법이 가장 알기 쉽습니다.

```
package com.apress.springrecipes.board.security;
...
```

```
public class TodoSecurityInitializer extends AbstractSecurityWebApplicationInitializer {

    public TodoSecurityInitializer() {
        super(TodoSecurityConfig.class);
    }
}
```

AbstractSecurityWebApplicationInitializer 생성자는 하나 이상의 구성 클래스를 인수로 받아 보안 기능을 가동합니다.

> NOTE_ 프로젝트에 이미 AbstractAnnotationConfigDispatcherServletInitializer를 상속한 클래스가 있으면 그 클래스에 보안 구성을 추가하세요. 안 그러면 애플리케이션 시동 중 예외가 발생합니다.

스프링 시큐리티를 웹/서비스 레이어의 구성 클래스에 설정해도 되긴 하지만 다른 클래스(예 : TodoSecurityConfig)로 나누어 구성하는 편이 좋습니다. WebApplicationInitializer(즉, TodoWebInitializer) 내부의 구성 클래스 목록에 이 클래스를 추가하면 됩니다.

먼저 TodoSecurityConfig 클래스를 만들어 보안을 구성합시다.

```
@Configuration
@EnableWebSecurity
public class TodoSecurityConfig extends WebSecurityConfigurerAdapter {
}
```

애플리케이션 배포 후 http://localhost:8080/todos/todos에 접속하면 스프링 시큐리티가 기본 제공하는 로그인 페이지가 나타납니다(그림 7–2).

그림 7-2 스프링 시큐리티 기본 로그인 페이지

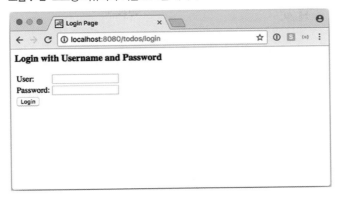

URL 접근 보안하기

다음은 org.springframework.security.config.annotation.web.configuration. WebSecurityConfigurerAdapter 클래스에 있는 configure(HttpSecurity http) 메서드의 소스 코드입니다. 이 메서드는 기본적으로 anyRequest().authenticated()해서 매번 요청이 들어올 때마다 반드시 인증을 받도록 강제합니다. 또 HTTP 기본 인증(httpBasic()) 및 폼 기반 로그인(formLogin()) 기능은 기본적으로 켭니다. 여러분이 따로 로그인 페이지를 만들어 지정하지 않으면 기본 로그인 페이지를 보이도록 구성돼 있습니다.

```
protected void configure(HttpSecurity http) throws Exception {
    http.authorizeRequests()
        .anyRequest().authenticated()
        .and()
        .formLogin().and()
        .httpBasic();
}
```

이제 보안 규칙을 작성해볼까요? 그냥 로그인만 할 수 있는 정도가 아니라, 더 강력한 URL 접근 규칙도 정의할 수 있습니다.

```
@Configuration
@EnableWebSecurity
```

```
public class TodoSecurityConfig extends WebSecurityConfigurerAdapter {

    @Override
    protected void configure(AuthenticationManagerBuilder auth) throws Exception {
        auth.inMemoryAuthentication()
            .withUser("marten@ya2do.io").password("user").authorities("USER")
            .and()
            .withUser("admin@ya2do.io").password("admin").authorities("USER", "ADMIN");
    }

    @Override
    protected void configure(HttpSecurity http) throws Exception {
        http.authorizeRequests()
            .antMatchers("/todos*").hasAuthority("USER")
            .antMatchers(HttpMethod.DELETE, "/todos*").hasAuthority("ADMIN")
            .and()
                .formLogin()
            .and()
                .csrf().disable();
    }
}
```

configure(HttpSecurity http) 메서드를 오버라이드하면 더 정교한 인가 규칙을 적용할 수 있습니다(WebSecurityConfigurerAdapter 클래스에는 매개변수가 다른 configure() 메서드도 있습니다).

URL 접근 보안은 authorizeRequests()부터 시작되며 여러 가지 매처[matchers]를 이용해 규칙을 정할 수 있습니다. 예제에서는 유저가 어떤 권한을 가져야 하는지 antMatchers로 매치 규칙을 지정합니다. URL 패턴 끝의 와일드카드를 빼면 쿼리 매개변수가 있는 URL은 걸리지 않으니 주의하세요. 해커가 아무 쿼리 매개변수나 URL에 덧붙여 보안 관문을 통과하게 할 필요는 없겠죠? 이로써 /todos로 시작하는 URL은 USER 권한 유저만 접근할 수 있고 HTTP 메서드가 DELETE인 요청은 ADMIN 권한 유저만 실행할 수 있게 보안 설정이 됐습니다[1].

----

1 역주_ 스프링 5부터 예제처럼 유저 정보를 메모리에 저장하면 PasswordEncoder를 찾지 못해 예외가 발생합니다. 자세한 내용은
   https://spring.io/blog/2017/11/01/spring-security-5-0-0-rc1-released#password-encoding을 참고하시고, 예
   외가 나지 않게 하려면 .password("user")를 .password("{noop}user")로, .password("admin")를 .password("{noop}
   admin")로 수정해야 합니다. 접두어 {noop}는 내부적으로 NoOpPasswordEncoder를 사용하겠다는 선언인데요, 사실 이 클래스도 비
   권장 클래스라 좋은 방법은 아니지만 실제로 예제처럼 메모리에 유저 정보를 저장할 일은 거의 없으므로 예제를 실행하는 임시방편으로
   활용하시기 바랍니다.

인증 서비스는 configure(AuthenticationManagerBuilder auth) 메서드를 오버라이드 해서 구성합니다. 스프링 시큐리티는 DB 또는 LDAP 저장소를 조회하여 유저를 인증하는 몇 가지 방법을 지원합니다. 보안 요건이 단순하다면 유저마다 이름, 패스워드, 권한 등 유저 세부user details를 직접 지정해도 됩니다.

애플리케이션을 다시 배포하고 보안 구성이 잘됐는지 테스트합시다. 로그인 페이지에서 유저 명/패스워드를 정확하게 입력해야 할 일 목록이 보일 겁니다. 할 일을 삭제하려면 관리자로 로그인합니다.

CSRF 공격 방어

CSRF 방어 기능은 CSRF 공격에 노출될 위험을 예방하므로 스프링 시큐리티 기본 설정 그대로 켜두는 게 좋지만 필요 시 csrf().disable() 한 줄을 넣으면 작동 해제됩니다. CSRF 방어 기능이 작동하는 상태에서 스프링 시큐리티는 CsrfTokenRepository 인터페이스의 구현체를 이용해 토큰 값을 생성/보관하는 CsrfFilter를 보안 필터 목록에 추가합니다. 기본 구현체인 HttpSessionCsrfTokenRepository 클래스는 그 이름 그대로 생성한 토큰을 HttpSession에 저장하며 CookieCsrfTokenRepository 클래스는 쿠키에 토큰 정보를 보관합니다. csrfTokenRepository() 메서드를 이용하면 CsrfTokenRepository 구현체를 교체할 수 있습니다. 다음은 HttpSessionCsrfTokenRepository를 명시적으로 구성한 예제 코드입니다.

```
@Override
protected void configure(HttpSecurity http) throws Exception {

    HttpSessionCsrfTokenRepository repo = new HttpSessionCsrfTokenRepository();
    repo.setSessionAttributeName("csrf_token");
    repo.setParameterName("csrf_token");

    http.csrf().csrfTokenRepository(repo);
}
```

CSRF 방어 기능이 켜진 상태에서 애플리케이션에 로그인 후 할 일을 완료 또는 삭제 처리하려고 시도하면 CSRF 토큰이 없기 때문에 실패합니다. 콘텐트를 수정하는 요청을 전송할 때 CSRF 토큰을 서버에 재전송하면 됩니다. 알기 쉽게 토큰 값을 폼의 hidden 입력 필드에 심어두면 되겠죠? HttpSessionCsrfTokenRepository는 (별다른 구성을 하지 않으면 기본적으로) _csrf라는 세션값으로 토큰을 보관합니다. 폼에서는 _csrf의 parameterName, token 속성을 이용해 input 태그를 렌더링할 수 있습니다.

할 일을 완료하고 삭제하는 각 폼에 다음 한 줄을 각각 넣습니다.

```
<input type="hidden" name="${_csrf.parameterName}" value="${_csrf.token}" />
```

다시 폼을 전송해보면 토큰도 함께 전송되므로 정상 처리됩니다.

todo-create.jsp 페이지에도 폼이 있는데요, 여기선 스프링 MVC 폼 태그를 사용하기 때문에 CSRF 토큰은 자동으로 추가됩니다[2]. 물밑에서 스프링 시큐리티가 CsrfRequestData ValueProcessor 클래스를 등록하고 이 클래스가 토큰을 알아서 폼에 넣어주는 덕분에 따로 코드를 수정할 필요가 없습니다.

레시피 7-2 웹 애플리케이션 로그인하기

과제

보안이 적용된 애플리케이션에서 유저가 어떤 기능을 사용하려면 당연히 로그인해야 합니다. 공개 네트워크인 인터넷에서 운용 중인 웹 애플리케이션은 해커가 쉽게 침입할 수 있기 때문에 보안은 중요한 이슈지요. 따라서 대부분의 웹 애플리케이션은 유저가 자신의 크레덴셜을 입력해서 로그인하는 창구를 제공합니다.

---

2 역주_ 페이지 상단에 <%@ taglib prefix="form" uri="http://www.springframework.org/tags/form" %>로 선언했기 때문입니다.

해결책

스프링 시큐리티는 다양한 방법으로 유저가 로그인할 수 있게 지원합니다. 로그인 폼을 지닌 기본 페이지가 내장되어 폼 기반 로그인은 그냥 지원되지만 개발자 취향에 맞게 로그인 페이지를 맞춤할 수도 있습니다. HTTP 요청 헤더에 포함된 기본 인증 크레덴셜 처리 기능 역시 이미 스프링 시큐리티에 구현되어 있습니다. HTTP 기본 인증은 원격 프로토콜, 웹 서비스의 요청을 인증할 때에도 쓰입니다.

누구나 접근할 수 있게 활짝 열어놓아야 할 부분(예 : 환영 페이지)도 있겠죠. 스프링 시큐리티는 익명 유저도 일반 유저처럼 취급하기 위해 주체를 할당하고 권한을 부여하는 익명 로그인 서비스를 제공합니다.

리멤버 미remember-me (자동 로그인)는 유저가 최초 한번 로그인을 한 다음에 다시 로그인할 필요가 없도록 여러 브라우저 세션에 걸쳐 유저의 신원을 기억하는 서비스입니다.

풀이

지금부터 다양한 로그인 장치를 하나씩 알아봅시다. 이해를 돕고자 일단 기본 보안 구성은 끄겠습니다(다음 코드에서 super(true)하면 상위 객체 WebSecurityConfigurerAdapter 생성 시 멤버변수 disableDefaults값이 true로 설정되어 기본 보안 구성이 해제됩니다. 기본값은 false입니다).

> **CAUTION_** 스프링 시큐리티의 기본 구성은 가급적 유지하되 전부 다 끄지 말고 (httpBasic().disable()처럼) 원하지 않는 기능만 해제하는 편이 좋습니다!

```
@Configuration
@EnableWebSecurity
public class TodoSecurityConfig extends WebSecurityConfigurerAdapter {

    public TodoSecurityConfig() {
        super(true);
    }
}
```

예외 처리나 보안 컨텍스트 연계 등 스프링 시큐리티의 필수 기능은 인증 기능을 활성화하기
전에 켭니다.

```
protected void configure(HttpSecurity http) {
    http.securityContext()
        .and()
        .exceptionHandling();
}
```

이런 기본 기능마저 없으면 스프링 시큐리티는 유저가 로그인을 해도 로그인 정보를 보관
하지 않고 보안 관련 예외가 발생해도 제대로 해석 및 처리를 하지 않겠죠(외부에 노출되
면 안 될 애플리케이션 내부 사정도 고스란히 드러내겠죠). 서블릿 API 연계 기능도 켜놔야
HttpServletRequest에 있는 메서드를 이용해 뷰에서 뭔가 체크를 할 수 있습니다.

```
protected void configure(HttpSecurity http) {
    http.servletApi();
}
```

HTTP 기본 인증

HTTP 기본 인증은 httpBasic() 메서드로 구성합니다. HTTP 기본 인증을 적용하면 대부분
의 브라우저는 로그인 대화상자를 띄우거나 유저를 특정 로그인 페이지로 이동시켜 로그인을
유도합니다.

```
@Configuration
@EnableWebSecurity
public class TodoSecurityConfig extends WebSecurityConfigurerAdapter {

    @Override
    protected void configure(HttpSecurity http) throws Exception {
```

```
    http
        ...
        .httpBasic();
    }
}
```

폼 기반 로그인

다음과 같이 formLogin() 메서드로 폼 기반 로그인 서비스를 구성하면 유저가 로그인 정보를 입력하는 폼 페이지가 자동 렌더링됩니다.

```
@Configuration
@EnableWebSecurity
public class TodoSecurityConfig extends WebSecurityConfigurerAdapter {

    @Override
    protected void configure(HttpSecurity http) throws Exception {
        http
            ...
            .formLogin();
    }
}
```

스프링 시큐리티의 기본 로그인 페이지 URL은 /login입니다. 애플리케이션 페이지(예 : todos.jsp)에서는 이 URL로 링크를 걸어 유저를 로그인 페이지로 유도합니다.

```
<a href="<c:url value="/login" />">Login</a>
```

기본 로그인 페이지가 맘에 안 들면 다음과 같이 login.jsp 파일을 직접 작성해서 웹 애플리케이션 루트 디렉터리에 놓습니다. WEB-INF 디렉터리 안에 넣으면 유저가 접근조차 할 수 없으니 주의하세요.

```jsp
<%@ taglib prefix="c" uri="http://java.sun.com/jsp/jstl/core" %>

<html>
<head>
    <title>Login</title>
    <link type="text/css" rel="stylesheet"
        href="https://cdnjs.cloudflare.com/ajax/libs/semantic-ui/2.2.10/semantic.min.css">
    <style type="text/css">
        body {
            background-color: #DADADA;
        }
        body > .grid {
            height: 100%;
        }
        .column {
            max-width: 450px;
        }
    </style>
</head>
<body>
<div class="ui middle aligned center aligned grid">
    <div class="column">
        <h2 class="ui header">Log-in to your account</h2>
        <form method="POST" action="<c:url value="/login" />" class="ui large form">
            <input type="hidden" name="${_csrf.parameterName}" value="${_csrf.token}"/>
            <div class="ui stacked segment">
                <div class="field">
                    <div class="ui left icon input">
                        <i class="user icon"></i>
                        <input type="text" name="username" placeholder="E-mail address">
                    </div>
                </div>
                <div class="field">
                    <div class="ui left icon input">
                        <i class="lock icon"></i>
                        <input type="password" name="password" placeholder="Password">
                    </div>
                </div>
                <button class="ui fluid large submit green button">Login</button>
            </div>
        </form>
    </div>
</div>
```

```
</body>
</html>
```

이렇게 작성한 커스텀 로그인 페이지의 URL을 다음과 같이 loginPage() 메서드의 인수로 넣어 설정합니다.

```
@Configuration
@EnableWebSecurity
public class TodoSecurityConfig extends WebSecurityConfigurerAdapter {

    @Override
    protected void configure(HttpSecurity http) throws Exception {
        http
            ...
            .formLogin().loginPage("/login.jsp");
    }
}
```

유저가 보안 URL을 요청하면 로그인 페이지로 넘어가고 여기서 로그인을 하면 대상 URL로 리다이렉트되는 것이 수순이지요. 그런데 유저가 로그인 페이지 URL로 바로 접속한 경우, 유저는 로그인 직후 컨텍스트 루트(http://localhost:8080/todos/)로 리다이렉트됩니다. 웹 배포 기술자에 환영 페이지가 따로 없다면 로그인 성공 후 리다이렉트할 기본 대상 URL을 다음과 같이 설정합니다.

```
@Configuration
@EnableWebSecurity
public class TodoSecurityConfig extends WebSecurityConfigurerAdapter {

    @Override
    protected void configure(HttpSecurity http) throws Exception {
        http
            ...
            .formLogin().loginPage("/login.jsp").defaultSuccessUrl("/todos");
    }
}
```

스프링 시큐리티의 기본 로그인 페이지를 이용하면 로그인이 실패한 경우 첫 로그인 페이지로 되돌아가고 에러 메시지가 표시됩니다. 하지만 커스텀 로그인 페이지를 지정할 경우 다음과 같이 로그인 에러 시 이동할 페이지 URL에 쿼리 매개변수 error를 덧붙입니다.

```java
@Configuration
@EnableWebSecurity
public class TodoSecurityConfig extends WebSecurityConfigurerAdapter {

    @Override
    protected void configure(HttpSecurity http) throws Exception {
        http
            ...
            .formLogin()
            .loginPage("/login.jsp")
            .defaultSuccessUrl("/messageList")
            .failureUrl("login.jsp?error=true");
    }
}
```

로그인 페이지는 요청 URL에 쿼리 매개변수 error가 존재하는지 체크하고 에러가 났으면 현재 유저에 관한 최근 예외 정보가 기록된 SPRING_SECURITY_LAST_EXCEPTION이라는 세션 스코프 속성값을 꺼내 에러 메시지를 표시합니다.

```html
<form>
    ...
    <c:if test="${not empty param.error}">
        <div class="ui error message" style="display: block;">
            Authentication Failed<br/>
            Reason : ${sessionScope["SPRING_SECURITY_LAST_EXCEPTION"].message}
            </font>
        </div>
    </c:if>
</form>
```

로그아웃 서비스

로그아웃 기능은 logout() 메서드로 구성합니다.

```
@Configuration
@EnableWebSecurity
public class TodoSecurityConfig extends WebSecurityConfigurerAdapter {

    @Override
    protected void configure(HttpSecurity http) throws Exception {
        http
            ...
            .and()
                .logout();
    }
}
```

기본 URL은 /logout이며 POST 요청일 경우에만 작동합니다. 로그아웃 버튼은 간단히 그릴 수 있습니다.

```
<form action="<c:url value="/logout"/>" method="post"><button>Logout</button></form>
```

> **NOTE_** CSRF 방어 기능이 켜져 있다면 CSRF 토큰을 폼에 꼭 추가하세요(레시피 7-1). 토큰이 없으면 로그아웃 도중 실패하니까요.

로그아웃한 유저는 기본 경로인 컨텍스트 루트로 이동합니다. 다른 URL로 보내고 싶다면 logoutSuccessUrl() 메서드에 지정합니다.

```
@Configuration
@EnableWebSecurity
public class TodoSecurityConfig extends WebSecurityConfigurerAdapter {

    @Override
    protected void configure(HttpSecurity http) throws Exception {
        http
            ...
            .and()
```

```
            .logout().logoutSuccessUrl("/logout-success.jsp");
    }
}
```

로그아웃 이후 브라우저에서 '뒤로가기'하면 이미 로그아웃을 한 상태지만 다시 로그인된 이전 페이지로 돌아가는 모순이 발생합니다. 브라우저가 페이지를 캐시하기 때문이죠. headers() 메서드로 보안 헤더를 활성화하면 브라우저가 더 이상 페이지를 캐시하지 않습니다[3].

```
@Configuration
@EnableWebSecurity
public class TodoSecurityConfig extends WebSecurityConfigurerAdapter {

    @Override
    protected void configure(HttpSecurity http) throws Exception {
        http
            ...
            .and()
            .headers();
    }
}
```

no-cache 헤더 설정 외에도 콘텐트 스니핑[4]을 못 하게 막고 X-Frame 방어(자세한 내용은 [레시피 7-1] 참조)를 활성화는 역할도 합니다. 이제 브라우저 뒤로가기 버튼을 누르면 정확히 로그인 페이지로 이동합니다.

익명 로그인 구현하기

익명 로그인 서비스는 anonymous() 메서드에 유저명(기본값은 anonymousUser)과 익명 유저의 권한(기본값은 ROLE_ANONYMOUS)을 지정합니다.

---

3 역주_ 자세한 내용은 https://docs.spring.io/spring-security/site/docs/current/reference/html/headers.html 를 참고하세요.

4 역주_ content sniffing. 바이트 스트림의 내용을 열어보고 그 안에 들어 있는 데이터 형식을 추론하는 해킹 행위를 말합니다. 미디어 타입 스니핑, MIME 스니핑이라고도 합니다.

```
@Configuration
@EnableWebSecurity
public class TodoSecurityConfig extends WebSecurityConfigurerAdapter {

    @Override
    protected void configure(HttpSecurity http) throws Exception {
        http
            ...
            .and()
            .anonymous().principal("guest").authorities("ROLE_GUEST");
    }
}
```

리멤버 미 기능

리멤버 미 기능은 rememberMe( ) 메서드로 구성합니다. 이 메서드는 유저명, 패스워드, 리멤버 미 만료 시각, 개인키를 하나의 토큰으로 인코딩해서 유저 브라우저 쿠키로 저장합니다. 나중에 유저가 같은 웹 애플리케이션에 재접속하면 이 토큰값을 가져와 유저를 자동 로그인시킵니다.

```
@Configuration
@EnableWebSecurity
public class TodoSecurityConfig extends WebSecurityConfigurerAdapter {

    @Override
    protected void configure(HttpSecurity http) throws Exception {
        http
            ...
            .and()
            .rememberMe();
    }
}
```

그러나 정적인 리멤버 미 토큰은 해커가 얼마든지 빼낼 수 있어 잠재적인 보안 이슈가 있습니다. 스프링 시큐리티는 토큰을 회전(롤링rolling)시키는 고급 기술도 지원하지만 이렇게 하려면 토큰을 보관할 DB가 별도로 필요합니다. 리멤버 미 토큰을 회전하여 발급하는 자세한 기술은 스프링 시큐리티 참고 문서를 참고하세요.

레시피 7-3 유저 인증하기

과제

유저가 애플리케이션에 로그인해서 보안 리소스에 접근하려면 주체를 인증하고 권한을 부여해야 합니다.

해결책

스프링 시큐리티에서는 연쇄적으로 연결된 하나 이상의 AuthenticationProvider(인증 공급자)를 이용해 인증을 수행합니다. 유저는 모든 인증 공급자의 인증 과정을 성공적으로 통과해야 애플리케이션에 로그인할 수 있습니다. 어느 한 공급자라도 유저 계정이 휴면 계정이거나, 락이 걸려 있거나, 크레덴셜이 올바르지 않아 실패하면 로그인할 수 없습니다.

다양한 인증 방법을 제공하는 스프링 시큐리티에는 기본 공급자 구현체가 내장되어 있고 자체 XML 엘리먼트를 이용해 손쉽게 구성할 수 있습니다. 대부분의 인증 공급자는 유저 세부를 보관한 저장소(예 : 애플리케이션 메모리, RDBMS, LDAP 저장소)에서 가져온 결과와 대조해 유저를 인증합니다.

유저 세부를 저장할 때 패스워드는 해커의 공격을 당할 수 있으니 항상 평문을 암호화하여 저장합니다. 보통 패스워드는 단방향 해시 함수를 이용해 암호화합니다. 유저가 로그인 폼에 기재한 패스워드를 동일한 해시 함수로 해시한 결과가 저장소에 보관된 데이터와 일치하면 합격입니다. 스프링 시큐리티는 여러 가지 패스워드 인코딩 알고리즘(예 : MD5, SHA)을 지원하며 각 알고리즘별로 기본 인코더가 준비되어 있습니다.

유저가 로그인할 때마다 저장소에서 유저 세부를 조회하면 애플리케이션 성능상 좋지 않습니다. 하지만 대개 유저 정보는 원격 저장소에 있으므로 어떤 식으로든 데이터를 쿼리해서 가져와야죠. 그래서 스프링 시큐리티는 원격 쿼리를 하는 과정에서 발생하는 오버헤드를 줄이고자 유저 세부를 로컬 메모리와 저장 공간에 캐시하는 기능을 제공합니다.

풀이

지금부터 다양한 인증 메커니즘을 하나씩 소개하겠습니다. 제일 먼저 인메모리 방식으로 구현한 다음, DB 중심으로 처리하는 방법을 설명하고 뒤이어 LDAP까지 응용해보겠습니다. 마지막 섹션에서는 이렇게 다양한 인증 장치에서 캐시 기능을 활성화하는 방법을 설명합니다.

인메모리 방식으로 유저 인증하기

애플리케이션 유저가 많지 않고 정보를 수정할 일이 거의 없다면 스프링 시큐리티 구성 파일에
유저 세부를 정의해 애플리케이션 메모리에 로드하는 방법도 괜찮습니다.

```
@Configuration
@EnableWebSecurity
public class TodoSecurityConfig extends WebSecurityConfigurerAdapter {
...
    @Override
    protected void configure(AuthenticationManagerBuilder auth) throws Exception {
        auth.inMemoryAuthentication()
            .withUser("admin@ya2do.io").password("secret")
                .authorities("ADMIN","USER").and()
            .withUser("marten@@ya2do.io").password("user").authorities("USER").and()
            .withUser("jdoe@does.net").password("unknown").disabled(true)
                .authorities("USER");
    }
}
```

유저 세부는 inMemoryAuthentication() 메서드 다음에 한 사람씩 withUser() 메서드를 연
결해 유저명, 패스워드, 휴면 상태, 허용 권한을 지정합니다. 휴면 상태인 유저는 애플리케이션
에 로그인할 수 없습니다.

DB 조회 결과에 따라 유저 인증하기

유저 세부는 관리 편의상 DB에 저장하는 경우가 압도적으로 많습니다. 스프링 시큐리티는 다
음과 같은 SQL문을 DB에서 실행하여 유저 세부를 조회하는 기능을 지원합니다.

```
SELECT username, password, enabled
FROM   users
WHERE  username = ?

SELECT username, authority
```

```
FROM    authorities
WHERE   username = ?
```

이런 SQL문을 스프링 시큐리티에서 실행하려면 먼저 DB에 테이블을 생성해야겠죠? 다음 DDL 문으로 todo 스키마에 테이블을 생성하세요.

```
CREATE TABLE USERS (
    USERNAME    VARCHAR(50)    NOT NULL,
    PASSWORD    VARCHAR(50)    NOT NULL,
    ENABLED     SMALLINT       NOT NULL,
    PRIMARY KEY (USERNAME)
);

CREATE TABLE AUTHORITIES (
    USERNAME    VARCHAR(50)    NOT NULL,
    AUTHORITY   VARCHAR(50)    NOT NULL,
    FOREIGN KEY (USERNAME) REFERENCES USERS
);
```

USERS, AUTHORITIES 두 테이블에 테스트 데이터(표 7-1, 7-2)를 각각 입력합니다.

표 7-1 테스트 데이터(USERS 테이블)

USERNAME	PASSWORD	ENABLED
admin@ya2do.io	secret	1
marten@ya2do.io	user	1
jdoe@does.net	unknown	0

표 7-2 테스트 데이터(AUTHORITIES 테이블)

USERNAME	AUTHORITY
admin@ya2do.io	ADMIN
admin@ya2do.io	USER
marten@ya2do.io	USER
jdoe@does.net	USER

스프링 시큐리티에서 두 테이블에 접근하려면 데이터 소스를 선언하고 DB에 접속해야 합니다. 자바로 구성할 경우 jdbcAuthentication() 메서드 다음에 DataSource를 전달합니다.

```
@Configuration
@EnableWebSecurity
public class TodoSecurityConfig extends WebSecurityConfigurerAdapter {

    @Bean
    public DataSource dataSource() {
        return new EmbeddedDatabaseBuilder()
            .setType(EmbeddedDatabaseType.H2)
            .setName("board")
            .addScript("classpath:/schema.sql")
            .addScript("classpath:/data.sql")
            .build();
    }

    @Override
    protected void configure(AuthenticationManagerBuilder auth) throws Exception {
        auth.jdbcAuthentication().dataSource(dataSource());
    }
}
```

> **NOTE_** DataSource형을 반환하는 @Bean 메서드를 TodoWebConfig에서 TodoSecurityConfig 클래스로 자리를 옮겼습니다

유저 정보는 대부분 레거시^{legacy}(예전부터 계속 사용해 온) DB에 있습니다. 예를 들어 다음 SQL문으로 생성한 테이블이 있고 MEMBER 테이블의 유저 전부가 enabled 상태라고 합시다.

```
CREATE TABLE MEMBER (
    ID          BIGINT        NOT NULL,
    USERNAME    VARCHAR(50)   NOT NULL,
    PASSWORD    VARCHAR(32)   NOT NULL,
    PRIMARY KEY (ID)
);

CREATE TABLE MEMBER_ROLE (
    MEMBER_ID   BIGINT        NOT NULL,
```

```
    ROLE        VARCHAR(10)    NOT NULL,
    FOREIGN KEY (MEMBER_ID)    REFERENCES MEMBER
);
```

[표 7-3], [표 7-4]는 MEMBER, MEMBER_ROLE 두 테이블에 적재된 레거시 유저 데이터입니다.

표 7-3 레거시 유저 데이터(MEMBER 테이블)

ID	USERNAME	PASSWORD
1	admin@ya2do.io	secret
2	marten@ya2do.io	user

표 7-4 레거시 유저 데이터(MEMBER_ROLE 테이블)

MEMBER_ID	ROLE
1	ROLE_ADMIN
1	ROLE_USER
2	ROLE_USER

스프링 시큐리티는 고맙게도 커스텀 SQL문으로 레거시 DB를 쿼리해서 유저 세부를 조회하는 기능까지 제공합니다. 유저 기본 정보 및 권한 정보를 쿼리하는 SQL문을 각각 usersByUsernameQuery(),authoritiesByUsernameQuery() 두 메서드에 지정하면 됩니다.

```
@Configuration
@EnableWebSecurity
public class TodoSecurityConfig extends WebSecurityConfigurerAdapter {
...
    @Override
    protected void configure(AuthenticationManagerBuilder auth) throws Exception {
        auth.jdbcAuthentication()
            .dataSource(dataSource)
            .usersByUsernameQuery(
                "SELECT username, password, 'true' as enabled " +
                    FROM member WHERE username = ?")
            .authoritiesByUsernameQuery(
                "SELECT member.username, member_role.role as authorities " +
                "FROM member, member_role " +
                "WHERE  member.username = ? AND member.id = member_role.member_id");
    }
}
```

패스워드 암호화하기

패스워드를 단순히 평문으로 저장하면 해커의 공격에 취약하므로 반드시 암호화하여 저장해야 합니다. 스프링 시큐리티는 이에 걸맞는 (예 : 단방향 해시 알고리즘 BCrypt 등의) 패스워드 암호화 알고리즘을 제공합니다.

> **NOTE_** BCrypt 해시값은 온라인 계산기(https://www.dailycred.com/article/bcrypt-calculator)에서 계산하거나, 자바 main 메서드에서 스프링 시큐리티 BCryptPasswordEncoder 클래스를 이용해 구합니다.

인메모리 방식의 경우 AuthenticationManagerBuilder의 passwordEncoder() 메서드에 패스워드 인코더를 지정하면 유저 저장소에 패스워드를 암호화하여 저장할 수 있습니다.

```
@Configuration
@EnableWebSecurity
public class TodoSecurityConfig extends WebSecurityConfigurerAdapter {
...
    @Bean
    public BCryptPasswordEncoder passwordEncoder() {
        return new BCryptPasswordEncoder();
    }

    @Override
    protected void configure(AuthenticationManagerBuilder auth) throws Exception {
        auth
            .jdbcAuthentication()
                .passwordEncoder(passwordEncoder())
                .dataSource(dataSource());
    }
}
```

물론 DB 테이블에도 평문 패스워드가 아닌, 암호화한 패스워드가 저장됩니다(표 7-5). BCrypt 해시값을 PASSWORD 필드에 저장하려면 적어도 길이가 (BCrypt 해시 길이인) 60문자 이상 되어야 합니다.

표 7-5 USERS 테이블에 저장된 암호화 패스워드

USERNAME	PASSWORD	ENABLED
admin@ya2do.io	$2a$10$E3mPTZb50e7sSW15fDx8Ne7hDZpfDjrmMPTTU p8wVjLTu.G5oPYCO	1
marten@ya2do.io	$2a$10$5VWqjwoMYnFRTTmbWCRZT.iY3WW8ny27k QuUL9yPK1/WJcPcBLFWO	1
jdoe@does.net	$2a$10$cFKh0.XCUOA9L.in5smIiO2QIOT8.6ufQSwlIC. AVz26WctxhSWC6	0

LDAP 저장소 조회 결과에 따라 유저 인증하기

스프링 시큐리티에서는 LDAP 저장소에 액세스하여 유저를 인증할 수 있습니다. 우선 LDAP 저장소에 테스트 데이터를 준비합시다. 유저 데이터는 LDIF[Data Interchange Format] (LDAP 데이터 교환 형식, LDAP 디렉터리 데이터를 들여오고 내보내는 표준 평문 데이터 형식)이어야 합니다. users.ldif 파일을 다음과 같이 작성합니다.

```
dn: dc=springrecipes,dc=com
objectClass: top
objectClass: domain
dc: springrecipes

dn: ou=groups,dc=springrecipes,dc=com
objectclass: top
objectclass: organizationalUnit
ou: groups

dn: ou=people,dc=springrecipes,dc=com
objectclass: top
objectclass: organizationalUnit
ou: people

dn: uid=admin,ou=people,dc=springrecipes,dc=com
objectclass: top
objectclass: uidObject
objectclass: person
uid: admin
cn: admin
sn: admin
```

```
userPassword: secret

dn: uid=user1,ou=people,dc=springrecipes,dc=com
objectclass: top
objectclass: uidObject
objectclass: person
uid: user1
cn: user1
sn: user1
userPassword: 1111

dn: cn=admin,ou=groups,dc=springrecipes,dc=com
objectclass: top
objectclass: groupOfNames
cn: admin
member: uid=admin,ou=people,dc=springrecipes,dc=com

dn: cn=user,ou=groups,dc=springrecipes,dc=com
objectclass: top
objectclass: groupOfNames
cn: user
member: uid=admin,ou=people,dc=springrecipes,dc=com
member: uid=user1,ou=people,dc=springrecipes,dc=com
```

LDIF 파일이 암호처럼 보여도 걱정 마세요. LDAP 서버는 대개 GUI 기반의 구성 툴을 지원하므로 LDAP 데이터를 이런 파일에 직접 입력할 일은 거의 없습니다. users.ldif 파일에는 다음과 같은 내용이 들어 있습니다.

- 기본 LDAP 도메인, dc=springrecipes,dc=com
- 그룹과 유저를 저장하기 위한 그룹 및 유저 조직 단위(organization unit)
- 패스워드가 secret인 유저 admin, 패스워드가 1111인 유저 user1
- (admin 유저가 소속된) admin 그룹과 (admin, user1 유저 모두 소속된) user 그룹

테스트 편의상 유저 저장소를 호스팅할 LDAP 서버를 여러분 PC에 설치하세요. 간단히 설치/구성하려면 OpenDS(www.opends.org/)라는, LDAP을 지원하는 자바 기반의 오픈소스 디렉터리 서비스 엔진을 설치하기 바랍니다.

이제 LDAP 저장소의 데이터를 기준으로 유저를 인증할 수 있게 스프링 시큐리티를 구성해봅시다.

LDAP 저장소 구성은 ldapAuthentication() 메서드가 담당합니다. 유저 및 그룹을 검색하는 필터와 베이스는 몇 가지 콜백 메서드로 지정하며 저장소 디렉터리 구조와 그 값이 맞아야 합니다. 이렇게 지정한 속성값을 이용해 스프링 시큐리티는 people 조직 단위에서 특정 ID를 가진 유저를 groups 조직 단위에서 유저 그룹을 검색하며 각 그룹마다 접두어 ROLE_를 앞에 붙여 권한으로 사용합니다.

```
@Configuration
@EnableWebSecurity
public class TodoSecurityConfig extends WebSecurityConfigurerAdapter {
...
    @Override
    protected void configure(AuthenticationManagerBuilder auth) throws Exception {
        auth
            .ldapAuthentication()
                .contextSource()
                .url("ldap://localhost:1389/dc=springrecipes,dc=com")
                .managerDn("cn=Directory Manager").managerPassword("ldap")
            .and()
                .userSearchFilter("uid={0}").userSearchBase("ou=people")
                .groupSearchFilter("member={0}").groupSearchBase("ou=groups")
            .passwordEncoder(new LdapShaPasswordEncoder())
            .passwordCompare().passwordAttribute("userPassword");
    }
}
```

OpenDS는 기본적으로 SSHA^Salted Secure Hash Algorithm (솔트를 첨가한 보안 해시 알고리즘)를 사용해 패스워드를 인코딩하므로 LdapShaPasswordEncoder를 지정해야 합니다. 이렇게 인코딩한 결과는 sha와는 달리, 특정 LDAP 패스워드 인코딩에 종속된 값입니다. 인코더 입장에서는 어느 LDAP 필드가 패스워드인지 알 수 없으므로 passwordAttribute 속성으로 지정합니다.

끝으로 LDAP 서버와 접속하는 부분을 보면 contextSource() 메서드로 서버를 구성하고 localhost에서 가동 중인 LDAP 서버 접속에 필요한 루트 유저명/패스워드를 지정했습니다.

유저 세부 캐시하기

먼저 캐시 기능을 제공하는 구현체를 선택해야 합니다. 스프링에는 Ehcache(http://ehcache.sourceforge.net/)가 기본 내장되어 있어서 다음 구성 파일(클래스패스 루트의 ehcache.xml)을 작성해 사용할 수 있습니다.

```
<ehcache>
    <diskStore path="java.io.tmpdir"/>

    <defaultCache
        maxElementsInMemory="1000"
        eternal="false"
        timeToIdleSeconds="120"
        timeToLiveSeconds="120"
        overflowToDisk="true"
    />

    <cache name="userCache"
        maxElementsInMemory="100"
        eternal="false"
        timeToIdleSeconds="600"
        timeToLiveSeconds="3600"
        overflowToDisk="true"
    />
</ehcache>
```

기본 캐시와 유저 세부용 캐시를 각각 구성했습니다. 유저 세부용 캐시 인스턴스는 최대 유저 100명의 세부를 메모리에 캐시하며(maxElementsInMemory="100") 이를 초과하면 캐시에 저장된 정보를 디스크에 옮깁니다(overflowToDisk="true"). 캐시 유저는 10분 동안 사용 빈도가 없거나(timeToIdleSeconds="600") 생성 후 1시간이 지나면 만료됩니다(timeToLiveSeconds="3600").

스프링 시큐리티는 Ehcache 인스턴스를 참조하는 EhCacheBasedUserCache와 스프링 캐시 추상체를 이용하는 SpringCacheBasedUserCache, 이렇게 두 가지 UserCache 인터페이스 구현체를 제공합니다.

이 책을 집필하는 현재, 자바로 구성하면 jdbcAuthentication() 메서드를 쓸 경우에만 유저 캐시를 쉽게 구성할 수 있습니다 (사실상 할 일을 Ehcache에 위임하는) 스프링 자체 캐시 솔루션을 쓰려면 CacheManager를 구성하고 이를 Ehcache에게 알려줍니다.

```java
@Configuration
public class MessageBoardConfiguration {
...
    @Bean
    public EhCacheCacheManager cacheManager() {
        EhCacheCacheManager cacheManager = new EhCacheCacheManager();
        cacheManager.setCacheManager(ehCacheManager().getObject());
        return cacheManager;
    }

    @Bean
    public EhCacheManagerFactoryBean ehCacheManager() {
        return new EhCacheManagerFactoryBean();
    }
}
```

캐싱은 다른 쓰임새도 있으므로(스프링 캐싱 관련 레시피 참고) 이렇게 서비스를 구성하는 게 최선입니다. CacheManager 인스턴스를 구성한 다음 SpringCacheBasedUserCache 클래스를 구성합니다.

```java
@Configuration
@EnableWebMvcSecurity
public class TodoSecurityConfig extends WebSecurityConfigurerAdapter {

    @Autowired
    private CacheManager cacheManager;

    @Bean
    public SpringCacheBasedUserCache userCache() throws Exception {
        Cache cache = cacheManager.getCache("userCache");
        return new SpringCacheBasedUserCache(cache);
    }
```

```
    @Override
    protected void configure(AuthenticationManagerBuilder auth) throws Exception {
        auth.jdbcAuthentication()
            .userCache(userCache())
        ...
    }
}
```

SpringCacheBasedUseCache 생성자에 전달할 Cache 인스턴스는 CacheManager에서 가져와야 하므로 CacheManager 빈을 자동연결하고 (ehcache.xml 파일에 설정한 대로) userCache라는 캐시를 사용하겠노라 설정했습니다. 이렇게 구성한 UserCache는 jdbcAuthentications.userCache() 메서드의 인수로 전달합니다.

레시피 7-4 접근 통제 결정하기

과제

애플리케이션은 성공적으로 인증을 마친 유저에게 일련의 권한을 부여합니다. 유저가 리소스에 접근을 시도하면 애플리케이션은 이 유저가 필요한 권한을 갖고 있는지, 아니면 다른 속성을 기준으로 접근 가능한지 여부를 판단합니다.

해결책

접근 통제 결정은 유저가 리소스에 접근 가능한지 판단하는 행위로서 유저 인증 상태와 리소스 속성에 따라 좌우됩니다. 스프링 시큐리티에서는 AccessDecisionManager 인터페이스를 구현한 접근 통제 결정 관리자가 판단합니다. 필요 시 직접 이 인터페이스 구현체를 만들어 쓸 수도 있지만 스프링 시큐리티는 거수(손들어 투표하기) 방식으로 작동하는 세 가지 간편한 접근 통제 결정 관리자를 기본 제공합니다.

표 7-6 스프링 시큐리티에 탑재된 접근 통제 결정 관리자

접근 통제 결정 관리자	접근 허용 조건
AffirmativeBased	하나의 거수기만 거수해도 접근 허용
ConsensusBased	거수기 전원이 만장일치해야 접근 허용
UnanimousBased	거수기 전원이 기권 또는 찬성해야(즉, 적어도 반대한 거수기는 없어야) 접근 허용

세 접근 통제 결정 관리자를 이용하려면 먼저 접근 통제 결정에 대한 거수기 그룹을 구성합니다. 각 거수기는 AccessDecisionVoter 인터페이스를 구현하며 유저의 리소스 접근 요청에 대해 AccessDecisionVoter 인터페이스의 상수 필드로 찬성(ACCESS_GRANTED), 기권(ACCESS_ABSTAIN), 반대(ACCESS_DENIED) 의사를 표명합니다.

별도로 접근 통제 결정 관리자를 명시하지 않으면 스프링 시큐리티는 AffirmativeBased를 기본 접근 통제 결정 관리자로 임명하고 다음 두 거수기를 구성합니다.

- RoleVoter : 유저 롤을 기준으로 접근 허용 여부를 거수합니다. ROLE_ 접두어(다른 접두어를 써도 됩니다)로 시작하는 접근 속성만 처리하며 유저가 리소스 접근에 필요한 롤과 동일한 롤을 보유하고 있으면 찬성, 하나라도 부족하면 반대합니다. ROLE_로 시작하는 접근 속성이 하나도 없는 리소스에 대해서는 기권표를 던집니다.

- AuthenticatedVoter : 유저 인증 레벨을 기준으로 접근 허용 여부를 거수하며 IS_AUTHENTICATED_FULLY, IS_AUTHENTICATED_REMEMBERED, IS_AUTHENTICATED_ANONYMOUSLY 세 가지 접근 속성만 처리합니다. 유저의 인증 레벨이 리소스 접근에 필요한 레벨보다 높으면 찬성합니다. 인증 레벨은 전체 인증(fully authenticated, 유저를 완전히 인증)이 가장 높고 그다음은 자동 인증(authentication remembered, 자동 인증을 거쳐 인증), 익명 인증(anonymously authenticated) 순서입니다.

풀이

스프링 시큐리티는 개발자가 접근 통제 결정 관리자를 따로 지정하지 않으면 다음과 같이 기본 접근 통제 결정 관리자를 자동 구성합니다.

```java
@Bean
public AffirmativeBased accessDecisionManager() {
    List<AccessDecisionVoter> decisionVoters = Arrays.asList(new RoleVoter(),
        new AuthenticatedVoter());
    return new AffirmativeBased(decisionVoters);
}
```

```
@Override
protected void configure(HttpSecurity http) throws Exception {
    http.authorizeRequests()
        .accessDecisionManager(accessDecisionManager())
    ...
}
```

기본 접근 통제 결정 관리자와 이에 딸린 거수기만으로도 대부분의 인증 요건은 충족되지만 부족할 경우에는 직접 만들어 써야 합니다. 예를 들어 유저 IP 주소에 따라 허용 여부를 거수하는 거수기는 다음과 같이 작성할 수 있습니다.

```
public class IpAddressVoter implements AccessDecisionVoter<Object> {

    private static final String IP_PREFIX = "IP_";
    private static final String IP_LOCAL_HOST = "IP_LOCAL_HOST";

    @Override
    public boolean supports(ConfigAttribute attribute) {
        return (attribute.getAttribute() != null) &&
            attribute.getAttribute().startsWith(IP_PREFIX);
    }

    @Override
    public boolean supports(Class<?> clazz) {
        return true;
    }

    @Override
    public int vote(Authentication authentication, Object object,
        Collection<ConfigAttribute> configList) {
        if (!(authentication.getDetails() instanceof WebAuthenticationDetails)) {
            return ACCESS_DENIED;
        }

        WebAuthenticationDetails details =
            (WebAuthenticationDetails) authentication.getDetails();
        String address = details.getRemoteAddress();

        int result = ACCESS_ABSTAIN;
```

```
        for (ConfigAttribute config : configList) {
            result = ACCESS_DENIED;

            if (Objects.equals(IP_LOCAL_HOST, config.getAttribute())) {
                if (address.equals("127.0.0.1") || address.equals("0:0:0:0:0:0:0:1")) {
                    return ACCESS_GRANTED;
                }
            }
        }

        return result;
    }
}
```

이 거수기는 접두어 IP_로 시작하는 접근 속성만 대상으로 삼고 그중 IP_LOCAL_HOST 접근 속성에 한하여 유저의 IP 주소가 127.0.0.1 또는 0:0:0:0:0:0:0:1(리눅스 워크스테이션일 경우)이면 찬성, 그렇지 않으면 반대합니다. 리소스에 IP_로 시작하는 접근 속성이 없으면 그냥 넘어갑니다.

이렇게 작성한 거수기는 커스텀 접근 결정 관리자에 추가합니다.

```
@Bean
public AffirmativeBased accessDecisionManager() {
    List<AccessDecisionVoter> decisionVoters = Arrays.asList(new RoleVoter(),
        new AuthenticatedVoter(), new IpAddressVoter());
    return new AffirmativeBased(decisionVoters);
}
```

이번엔 실행 중인 웹 컨테이너가 위치한 장비 유저(즉, 서버 관리자)에 한하여 로그인을 안 해도 할 일 데이터를 삭제할 권한을 주려고 합니다. 바로 앞서 설정한 접근 결정 관리자를 참조하여 삭제 URL 매핑에 다음과 같이 접근 속성을 추가하면 됩니다.

```
http.authorizeRequests()
    .accessDecisionManager()
    .antMatchers(HttpMethod.DELETE, "/todos*").access("ADMIN,IP_LOCAL_HOST");
```

삭제 URL을 직접 호출하면 할 일이 삭제될 겁니다. 물론 브라우저에서 웹 인터페이스를 이용해 삭제하려면 여전히 로그인이 필요합니다.

표현식을 이용해 접근 통제 결정하기

AccessDecisionVoter로도 어느 정도 유연하게 접근 통제 결정을 내릴 순 있지만 더 정교하고 복잡한 접근 통제 규칙을 적용해야 한다면 SpEL^{Springs Expression Language}(스프링 표현식 언어)을 사용합니다. 스프링 시큐리티에는 바로 꺼내쓸 수 있는 표현식이 여럿 마련돼 있습니다(표 7-7). and, or, not으로 표현식을 적절히 조합하면 아주 강력하고 유연한 표현식을 만들 수 있습니다. 스프링 시큐리티는 WebExpressionVoter 거수기를 거느린 접근 통제 결정 관리자를 다음과 같이 빈으로 자동 구성합니다.

```
@Bean
public AffirmativeBased accessDecisionManager() {
    List<AccessDecisionVoter> decisionVoters = Arrays.asList(new WebExpressionVoter());
    return new AffirmativeBased(decisionVoters);
}
```

표 7-7 스프링 시큐리티 내장 표현식

표현식	설명
hasRole(role) / hasAuthority(authority)	현재 유저가 주어진 롤 및 권한을 갖고 있으면 true
hasAnyRole(role1,role2) / hasAnyAuthority(auth1,auth2)	현재 유저가 주어진 롤 중 하나만 갖고 있어도 true
hasIpAddress(ip-address)	현재 유저 IP 주소가 주어진 IP 주소와 일치하면 true
principal	현재 유저
Authentication	스프링 시큐리티 인증 객체
permitAll	항상 true
denyAll	항상 false
isAnonymous()	익명 유저면 true
isRememberMe()	리멤버 미를 이용해 로그인하면 true
isAuthenticated()	익명 유저가 아니면 true
isFullyAuthenticated()	익명 유저, 리멤버 미 유저 둘 다 아니면 true

```
@Configuration
@EnableWebSecurity
public class TodoSecurityConfig extends WebSecurityConfigurerAdapter {

    @Override
    protected void configure(HttpSecurity http) throws Exception {
        http
            .authorizeRequests()
                .antMatchers("/messageList*").hasAnyRole("USER", "GUEST")
                .antMatchers("/messagePost*").hasRole("USER")
                .antMatchers("/messageDelete*")
            .access("hasRole('ROLE_ADMIN') or hasIpAddress('127.0.0.1') or
                hasIpAddress('0:0:0:0:0:0:0:1')")
            ...
    }
...
}
```

굵게 표시한 표현식은 현재 유저가 ADMIN 롤을 갖고 있거나 로컬 머신에서 로그인한 유저일 경우 삭제 권한을 부여한다는 의미입니다. 앞서 AccessDecisionVoter를 직접 커스터마이징해 사용한 것을 이렇게 매처를 정의하는 has*() 메서드 대신 access() 메서드 안에 표현식으로 죽 풀어쓴 겁니다.

스프링 시큐리티는 표현식 작성에 유용한 내장 함수를 제공하지만 SecurityExpression Operations 인터페이스 구현 클래스를 직접 만들어 스프링 시큐리티에 등록하는 형태로 기능을 확장할 수 있습니다. 인터페이스 메서드를 전부 구현해 쓸 수도 있지만 표현식을 추가하고 싶을 때 기본 구현체를 확장하는 게 알기 쉽습니다.

```
public class ExtendedWebSecurityExpressionRoot extends WebSecurityExpressionRoot {

    public ExtendedWebSecurityExpressionRoot(Authentication a, FilterInvocation fi) {
```

```
        super(a, fi);
    }

    public boolean localAccess() {
        return hasIpAddress("127.0.0.1") || hasIpAddress("0:0:0:0:0:0:0:1");
    }
}
```

로컬 머신 로그인 여부를 체크하는 localAccess() 메서드를 기본 구현체 WebSecurity
ExpressionRoot[5]를 상속한 클래스에 추가했습니다. ExtendedWebSecurityExpressionRoot
클래스를 스프링 시큐리티에서 사용하려면 SecurityExpressionHandler 인터페이스 구현체
를 생성해야 합니다.

```
public class ExtendedWebSecurityExpressionHandler extends DefaultWebSecurityExpressionHandler {

    private AuthenticationTrustResolver trustResolver =
        new AuthenticationTrustResolverImpl();

    @Override
    protected SecurityExpressionOperations
        createSecurityExpressionRoot(Authentication authentication, FilterInvocation fi) {

        ExtendedWebSecurityExpressionRoot root =
            new ExtendedWebSecurityExpressionRoot(authentication, fi);
        root.setPermissionEvaluator(getPermissionEvaluator());
        root.setTrustResolver(trustResolver);
        root.setRoleHierarchy(getRoleHierarchy());
        return root;
    }

    @Override
    public void setTrustResolver(AuthenticationTrustResolver trustResolver) {
        this.trustResolver = trustResolver;
        super.setTrustResolver(trustResolver);
    }
}
```

---

5 역주_ 이 클래스의 상위 클래스 SecurityExpressionRoot가 SecurityExpressionOperations 인터페이스를 구현한 클래스입
니다.

기본 구현체 DefaultWebSecurityExpressionHandler를 상속한 클래스에서 createSecurity
ExpressionRoot() 메서드를 오버라이드해 ExtendedWebSecurityExpressionRoot 인스턴
스를 생성합니다. 그리고 상위 클래스의 게터 메서드를 호출해서 필요한 협력자를 추가해야 하
는데요[6], getTrustResolver() 메서드는 따로 없으니 직접 새 인스턴스를 만들어 세터 메서드
를 구현합니다.

```
@Configuration
@EnableWebSecurity
public class TodoSecurityConfig extends WebSecurityConfigurerAdapter {

    @Override
    protected void configure(HttpSecurity http) throws Exception {
        http.authorizeRequests()
            .expressionHandler(new ExtendedWebSecurityExpressionHandler())
            .antMatchers("/todos*").hasAuthority("USER")
            .antMatchers(DELETE, "/todos*").access("hasRole('ROLE_ADMIN) or
                localAccess()");
    }
}
```

어렵사리 작성한 커스텀 표현식 핸들러를 expressionHandler() 메서드에 지정합니다. 이제
여러분이 손수 만든 localAccess() 표현식도 마음껏 활용할 수 있습니다.

스프링 빈을 표현식에 넣어 접근 통제 결정하기

앞서 설명했듯이 스프링 시큐리티 클래스를 상속해 메서드를 오버라이드해 쓸 수도 있지만 표
현식 내부에 커스텀 클래스를 만들어 쓰는 편이 낫습니다. '@syntax' 형식으로 애플리케이
션 컨텍스트에 있는 어느 스프링 빈이라도 불러 쓸 수 있으니까요. 예를 들어 accessChecker
라는 빈을 구현한다면 @accessChecker.hasLocalAccess(authentication) 표현식으로
Authentication 객체를 받는 hasLocalAccess() 메서드를 표현식에서 호출할 수 있습니다.

---

6 역주_ 여기서 협력자란 PermissionEvaluator, RoleHierarchy, TrustResolver 객체를 가리키며 TrustResolver를 제외한 나
   머지 둘은 상위 클래스 DefaultWebSecurityExpressionHandler의 getPermissionEvaluator(), getRoleHierarchy() 메
   서드를 각각 호출해 가져올 수 있습니다. 자세한 내용은 스프링 시큐리티 매뉴얼 및 소스 코드를 참고하시기 바랍니다.

```
public class AccessChecker {

    public boolean hasLocalAccess(Authentication authentication) {
        boolean access = false;
        if (authentication.getDetails() instanceof WebAuthenticationDetails) {
            WebAuthenticationDetails details =
                (WebAuthenticationDetails) authentication.getDetails();
            String address = details.getRemoteAddress();
            access = address.equals("127.0.0.1") || address.equals("0:0:0:0:0:0:0:1");
        }
        return access;
    }
}
```

AccessChecker 클래스는 앞서 나왔던 IpAddressVoter나 커스텀 표현식 핸들러와 기능은 같지만 스프링 시큐리티 클래스를 상속하지 않습니다.

```
@Bean
public AccessChecker accessChecker() {
    return new AccessChecker();
}

@Override
protected void configure(HttpSecurity http) throws Exception {
    http.authorizeRequests()
        .antMatchers("/todos*").hasAuthority("USER")
        .antMatchers(HttpMethod.DELETE, "/todos*").access("hasAuthority('ADMIN') or
            @accessChecker.hasLocalAccess(authentication)")
    ...
}
```

레시피 7-5 메서드 호출 보안하기

과제

웹 레이어의 URL 접근 보안 외에도 서비스 레이어에서 메서드 호출 자체를 보안해야 할 경우도 있습니다. 가령, 서비스 레이어에 위치한 여러 메서드를 하나의 컨트롤러가 호출하는 상황에서 메서드별로 개별 보안 정책을 세밀하게 적용하고 싶을 때가 있겠죠.

해결책

스프링 시큐리티는 선언적인 방법으로 메서드 호출을 보안합니다. 빈 인터페이스나 구현 클래스에서 보안 대상 메서드에 @Secured, @PreAuthorize/@PostAuthorize, @PreFilter/@PostFilter 등의 애너테이션을 붙여 선언하고 구성 클래스 레벨에 @EnableGlobalMethodSecurity를 붙이면 보안 모드로 작동합니다.

풀이

메서드 호출을 보안하기 위해 애너테이션을 어떻게 붙이고 보안 표현식을 어떻게 작성하는지 알아본 다음 이들을 이용해 입력 매개변수 및 메서드 호출 결과를 어떻게 필터링하는지 설명합니다.

애너테이션을 붙여 메서드 보안하기

메서드에 @Secured를 붙이면 보안이 적용됩니다. 다음 MessageBoardServiceImpl 클래스에서는 각 메서드에 @Secured를 붙이고 String[]형 access 속성에 메서드별로 접근 허용 권한을 하나 이상 명시했습니다.

```
package com.apress.springrecipes.board.service;
...

public class MessageBoardServiceImpl implements MessageBoardService {
    ...
    @Secured({"ROLE_USER", "ROLE_GUEST"})
    public List<Message> listMessages() {
```

```
        ...
    }

    @Secured("ROLE_USER")
    public synchronized void postMessage(Message message) {
        ...
    }

    @Secured({"ROLE_ADMIN", "IP_LOCAL_HOST"})
    public synchronized void deleteMessage(Message message) {
        ...
    }

    @Secured({"ROLE_USER", "ROLE_GUEST"})
    public Message findMessageById(Long messageId) {
        return messages.get(messageId);
    }
}
```

메서드 보안을 활성화하려면 구성 클래스에 @EnableGlobalMethodSecurity를 붙이고
@Secured를 사용하기 위해 securedEnabled 속성을 true로 설정합니다.

```
@Configuration
@EnableGlobalMethodSecurity(securedEnabled = true)
public class TodoWebConfiguration { ... }
```

> **NOTE_** @EnableGlobalMethodSecurity는 보안을 적용할 빈을 포함한 애플리케이션 컨텍스트 구성 클
> 래스에 붙여야 합니다.

애너테이션 + 표현식으로 메서드 보안하기

URL 보안과 마찬가지로 메서드 보안에서도 좀 더 정교한 보안 규칙을 적용하고 싶다면
@PreAuthorize, @PostAuthorize 같은 애너테이션에 SpEL 기반의 보안 표현식을 작성합니
다. 이 두 애너테이션을 이용하려면 @EnableGlobalMethodSecurity의 prePostEnabled 속성
을 true로 설정합니다.

```
@Configuration
@EnableGlobalMethodSecurity(prePostEnabled = true)
public class TodoWebConfiguration { ... }
```

다음은 @PreAuthorize, @PostAuthorize를 붙여 메서드에 보안을 적용한 예제 코드입니다.

```
@Service
@Transactional
class TodoServiceImpl implements TodoService {

    private final TodoRepository todoRepository;

    TodoServiceImpl(TodoRepository todoRepository) {
        this.todoRepository = todoRepository;
    }

    @Override
    @PreAuthorize("hasAuthority('USER')")
    public List<Todo> listTodos() {
        return todoRepository.findAll();
    }

    @Override
    @PreAuthorize("hasAuthority('USER')")
    public void save(Todo todo) {
        this.todoRepository.save(todo);
    }

    @Override
    @PreAuthorize("hasAuthority('USER')")
    public void complete(long id) {
        Todo todo = findById(id);
        todo.setCompleted(true);
        todoRepository.save(todo);
    }

    @Override
    @PreAuthorize("hasAnyAuthority('USER', 'ADMIN')")
    public void remove(long id) {
        todoRepository.remove(id);
    }
```

```
    @Override
    @PreAuthorize("hasAuthority('USER')")
    @PostAuthorize("returnObject.owner == authentication.name")
    public Todo findById(long id) {
        return todoRepository.findOne(id);
    }
}
```

@PreAuthorize는 메서드 호출 직전, @PostAuthorize는 메서드 호출 직후 각각 작동합니다.
보안 표현식을 작성해 적용하거나 returnObject 표현식으로 메서드 호출 결과를 받아올 수도
있습니다. 예를 들어 findById() 메서드는 할 일을 등록한 유저 이외의 다른 유저가 호출해
Todo 객체에 접근하면 보안 예외를 던집니다.

애너테이션 + 표현식으로 거르기

@PreAuthorize/@PostAuthorize 이외에 @PreFilter, @PostFilter도 있습니다. 전자
(@*Authorize)는 보안 규칙에 맞지 않을 경우 예외를 던지지만 후자(@*Filter)는 단순히 접
근 권한이 없는 요소의 입출력 변수만 필터링합니다.

지금은 listTodos() 메서드를 호출하면 DB에 저장된 할 일 데이터를 모두 가져오지만 전체
데이터는 ADMIN 권한 유저만 볼 수 있고 일반 유저는 자신의 할 일 목록만 조회할 수 있도록 제
한을 걸고 싶습니다. 이런 식의 보안 규칙은 다음 코드처럼 @PostFilter("hasAuthority('A
DMIN') or filterObject.owner == authentication.name")을 붙이면 간단히 구현할 수
있습니다.

```
@PreAuthorize("hasAuthority('USER')")
@PostFilter("hasAnyAuthority('ADMIN') or filterObject.owner == authentication.name")
public List<Todo> listTodos() {
    return todoRepository.findAll();
}
```

이제 애플리케이션 재배포 후, 일반 유저로 로그인하면 자기가 등록한 할 일만 목록에 보이고
전체 할 일은 ADMIN 권한 유저로 로그인해야만 표시됩니다. @*Filter 애너테이션을 더 정교하

게 사용하는 방법은 [레시피 7-7]을 참고하세요.

> **CAUTION_** @PostFilter/@PreFilter는 메서드 입출력을 필터링하는 편리한 수단이지만 결과 데이터
> 가 대용량일 경우 애플리케이션 성능을 심각하게 떨어뜨릴 수 있으니 신중하게 사용하세요.

레시피 7-6 뷰에서 보안 처리하기

과제

웹 애플리케이션 뷰 화면에 주체명이나 허용 권한 등 유저 인증 관련 정보를 표시하거나 유저 권한에 따라
조건부로 콘텐트를 감추는 기능을 구현하세요.

해결책

JSP 스크립트릿scriptlet (<% ... %>)을 써서 스프링 시큐리티 API를 호출해 인증/인가 정보를 가
져올 수도 있지만 그다지 좋은 방법은 아닙니다. 대신 스프링 시큐리티가 제공하는 보안 처리
용 JSP 태그 라이브러리를 뷰에서 사용하세요. 유저 인증 정보를 표시하거나 유저 권한별로 표
시할 뷰 콘텐트를 렌더링하는 등 필요한 태그는 다 준비되어 있습니다.

풀이

스프링 시큐리티 태그를 이용해 현재 인증된 유저 정보를 표시하고 권한에 따라 페이지 일부를
보이거나 숨기는 방법을 차례대로 설명합니다.

인증 정보 표시하기

할 일 목록 페이지(todos.jsp) 헤더 영역에 유저의 주체명과 허용 권한을 표시하려고 합니다.
우선 스프링 시큐리티 태그 라이브러리를 임포트합니다.

```
<%@ taglib prefix="c" uri="http://java.sun.com/jsp/jstl/core" %>
<%@ taglib prefix="sec" uri="http://www.springframework.org/security/tags" %>
```

`<sec:authentication>` 태그를 이용하면 현재 유저의 Authentication 객체를 가져올 수 있어서 뷰에서 원하는 프로퍼티를 property 속성에 명시하는 식으로 렌더링할 수 있습니다. 예를 들어 유저 주체명은 name 프로퍼티로 가져와 표시합니다.

```
<h4>Todos for <sec:authentication property="name" /></h4>
```

이처럼 authentication 프로퍼티를 직접 가져와 렌더링해도 되지만 JSP 변수에 프로퍼티를 옮겨담아 var 속성에 이름을 지정할 수도 있습니다. 가령, 다음 코드처럼 허용 권한(authorities) 목록을 authorities라는 JSP 변수에 담고 `<c:forEach>` 태그로 하나씩 꺼내어 렌더링하는 방법입니다. 필요 시 변수 스코프는 scope 속성에 지정합니다.

```
<sec:authentication property="authorities" var="authorities" />
<ul>
    <c:forEach items="${authorities}" var="authority">
        <li>${authority.authority}</li>
    </c:forEach>
</ul>
```

뷰 콘텐트를 조건부 렌더링하기

`<sec:authorize>` 태그를 이용하면 유저 권한에 따라 뷰 콘텐트를 조건부로 표시할 수 있습니다. 이를테면 다음 코드는 ROLE_ADMIN, ROLE_USER 권한을 모두 지닌 유저일 경우만 태그로 감싼 부분을 렌더링합니다.

```
<td>
    <sec:authorize access="hasRole('ROLE_ADMIN') and
        hasRole('ROLE_USER')">${todo.owner}
    </sec:authorize>
</td>
```

두 권한 중 하나만 갖고 있어도 렌더링하려면 hasAnyRole을 대신 씁니다.

```
<td>
   <sec:authorize access="hasAnyRole('ROLE_ADMIN','ROLE_USER')">
       ${todo.owner}
   </sec:authorize>
</td>
```

반대로, 주어진 권한을 모두 갖고 있지 않은 유저만 보게 하려면 다음과 같이 합니다.

```
<td>
   <sec:authorize access="!hasRole('ROLE_ADMIN') and !hasRole('ROLE_USER')">
       ${todo.owner}
   </sec:authorize>
</td>
```

레시피 7-7 도메인 객체 보안 처리하기

과제

도메인 객체 레벨에서 보안을 처리해야 하는 까다로운 요건도 있습니다. 즉, 도메인 객체마다 주체별로 접근 속성을 달리 하는 겁니다.

해결책

스프링 시큐리티는 자체로 ACL^{Access Control List}(접근 통제 목록)을 설정하는 전용 모듈을 지원합니다. ACL에는 도메인 객체와 연결하는 ID를 비롯해 여러 개의 ACE^{Access Control Entry}(접근 통제 엔티티)가 들어 있습니다. ACE는 다음 두 가지 핵심 요소로 구성됩니다.

- **퍼미션(Permission, 인가받은 권한)** : ACE 퍼미션의 각 비트 값은 특정 퍼미션을 의미하는 비트 마스크(bit mask)입니다. BasePermission 클래스에는 다섯 가지 기본 퍼미션, 즉 READ(비트 0 또는 정수 1), WRITE(비트 1 또는 정수 2), CREATE(비트 2 또는 정수 4), DELETE(비트 3 또는 정수 8), ADMINISTRATION(비트 4 또는 정수 16)이 상수로 정의되어 있습니다. 이 중 안 쓰는 나머지 비트를 이용해 퍼미션을 임의로 지정할 수도 있습니다.

- **보안 식별자(SID, Security IDentity)** : 각 ACE는 특정 SID에 대한 퍼미션을 가집니다. SID는 주체 (PrincipalSid)일 수도 있고 퍼미션과 연관된 권한(GrantedAuthoritySid)일 수도 있습니다. 스프링 시큐리티에는 ACL 객체 모델의 정의뿐만 아니라 이 모델을 읽고 관리하는 API도 정의되어 있습니다. 또 이 API를 구현한 고성능 JDBC 구현체까지 제공합니다. 아울러 ACL을 더욱 쉽게 사용할 수 있도록 접근 통제 결정 거수기나 JSP 태그 같은 편의 기능도 마련되어 있어서 애플리케이션의 다른 보안 장치들과 일관된 방향 으로 사용할 수 있습니다.

풀이

ACL 서비스를 설정하는 방법과 엔티티의 ACL 퍼미션을 다루는 방법을 차례로 배웁니다. 그 리고 이렇게 저장한 ACL 퍼미션을 이용해 엔티티에 보안 접근을 하는 보안 표현식의 사용법도 알아봅니다.

ACL 서비스 설정하기

스프링은 JDBC로 RDBMS에 접속해 ACL 데이터를 저장/조회하는 기능을 기본 지원합니다. 먼저 ACL 데이터를 저장할 테이블을 DB에 생성합시다.

```
CREATE TABLE ACL_SID(
    ID       BIGINT      NOT NULL GENERATED BY DEFAULT AS IDENTITY,
    SID      VARCHAR(100) NOT NULL,
    SMALLINT      NOT NULL,
    PRIMARY KEY (ID),
    UNIQUE (SID, PRINCIPAL)
);

CREATE TABLE ACL_CLASS(
    ID    BIGINT       NOT NULL GENERATED BY DEFAULT AS IDENTITY,
    CLASS VARCHAR(100) NOT NULL,
    PRIMARY KEY (ID),
    UNIQUE (CLASS)
);

CREATE TABLE ACL_OBJECT_IDENTITY(
    ID                BIGINT   NOT NULL GENERATED BY DEFAULT AS IDENTITY,
    OBJECT_ID_CLASS   BIGINT    NOT NULL,
    OBJECT_ID_IDENTITY BIGINT    NOT NULL,
    PARENT_OBJECT     BIGINT,
    OWNER_SID         BIGINT,
```

```
    ENTRIES_INHERITING  SMALLINT  NOT NULL,
    PRIMARY KEY (ID),
    UNIQUE (OBJECT_ID_CLASS, OBJECT_ID_IDENTITY),
    FOREIGN KEY (PARENT_OBJECT)  REFERENCES ACL_OBJECT_IDENTITY,
    FOREIGN KEY (OBJECT_ID_CLASS) REFERENCES ACL_CLASS,
    FOREIGN KEY (OWNER_SID)       REFERENCES ACL_SID
);

CREATE TABLE ACL_ENTRY(
    ID                 BIGINT    NOT NULL GENERATED BY DEFAULT AS IDENTITY,
    ACL_OBJECT_IDENTITY BIGINT    NOT NULL,
    ACE_ORDER          INT      NOT NULL,
    SID                BIGINT   NOT NULL,
    MASK               INTEGER  NOT NULL,
    GRANTING           SMALLINT NOT NULL,
    AUDIT_SUCCESS      SMALLINT  NOT NULL,
    AUDIT_FAILURE      SMALLINT  NOT NULL,
    PRIMARY KEY (ID),
    UNIQUE (ACL_OBJECT_IDENTITY, ACE_ORDER),
    FOREIGN KEY (ACL_OBJECT_IDENTITY) REFERENCES ACL_OBJECT_IDENTITY,
    FOREIGN KEY (SID)                 REFERENCES ACL_SID
);
```

스프링 시큐리티에는 이러한 테이블에 저장된 ACL 데이터에 액세스할 수 있는 고성능 JDBC 구현체 및 API가 준비되어 있으므로 여러분이 직접 DB에 접속해 데이터를 가져올 일은 거의 없습니다. ACL은 도메인 객체마다 별도로 둘 수 있어서 전체 ACL 개수는 상당히 많아질 수 있습니다. 다행히 스프링 시큐리티는 ACL 객체를 캐시하는 기능을 지원합니다. 여기서도 (클래스패스 루트에 있는) ehcache.xml 파일에 다음과 같이 Ehcache를 설정하면 됩니다.

```
<ehcache>
    ...
    <cache name="aclCache"
        maxElementsInMemory="1000"
        eternal="false"
        timeToIdleSeconds="600"
        timeToLiveSeconds="3600"
        overflowToDisk="true"
    />
</ehcache>
```

다음으로 애플리케이션에서 사용할 ACL 서비스를 설정합니다. 하지만 아직 스프링 시큐리티는 ACL 모듈을 자바로 구성할 수 있게 지원하지 않으므로 그냥 스프링 빈 그룹으로 구성할 수밖에 없습니다. 따라서 TodoAclConfig라는 빈 구성 클래스를 따로 작성해 ACL 전용 구성은 모두 여기에 담고 배포 기술자에 그 위치를 추가합니다.

```java
public class TodoSecurityInitializer extends AbstractSecurityWebApplicationInitializer {
    public TodoSecurityInitializer() {
        super(TodoSecurityConfig.class, TodoAclConfig.class);
    }
}
```

스프링 시큐리티에서 ACL 서비스 작업은 AclService, MutableAclService 두 인터페이스로 정의합니다. AclService는 ACL 읽기 작업을, 그 하위 인터페이스인 MutableAclService는 나머지 ACL 작업들(생성, 수정, 삭제)을 각각 기술합니다. 그냥 ACL 읽기만 할 경우 JdbcAclService 같은 AclService 구현체를, 그 외에는 JdbcMutableAclService 같은 MutableAclService 구현체를 각각 골라쓰면 됩니다.

```java
@Configuration
public class TodoAclConfig {

    private final DataSource dataSource;

    public TodoAclConfig(DataSource dataSource) {
        this.dataSource = dataSource;
    }

    @Bean
    public AclEntryVoter aclEntryVoter(AclService aclService) {
        return new AclEntryVoter(aclService, "ACL_MESSAGE_DELETE",
            new Permission[] {BasePermission.ADMINISTRATION, BasePermission.DELETE});
    }

    @Bean
    public EhCacheManagerFactoryBean ehCacheManagerFactoryBean() {
        return new EhCacheManagerFactoryBean();
    }
```

```
    @Bean
    public AuditLogger auditLogger() {
        return new ConsoleAuditLogger();
    }

    @Bean
    public PermissionGrantingStrategy permissionGrantingStrategy() {
        return new DefaultPermissionGrantingStrategy(auditLogger());
    }

    @Bean
    public AclAuthorizationStrategy aclAuthorizationStrategy() {
        return new AclAuthorizationStrategyImpl(new SimpleGrantedAuthority("ADMIN"));
    }

    @Bean
    public AclCache aclCache(CacheManager cacheManager) {
        return new SpringCacheBasedAclCache(cacheManager.getCache("aclCache"),
            permissionGrantingStrategy(), aclAuthorizationStrategy());
    }

    @Bean
    public LookupStrategy lookupStrategy(AclCache aclCache) {
        return new BasicLookupStrategy(this.dataSource, aclCache,
            aclAuthorizationStrategy(), permissionGrantingStrategy());
    }

    @Bean
    public AclService aclService(LookupStrategy lookupStrategy, AclCache aclCache) {
        return new JdbcMutableAclService(this.dataSource, lookupStrategy, aclCache);
    }
}
```

ACL 구성 파일의 핵심인 ACL 서비스 빈은 JdbcMutableAclService 인스턴스입니다. ACL
은 이 빈으로 관리합니다. JdbcMutableAclService 클래스 생성자는 세 인수를 받습니다. 첫
번째 인수(DataSource)는 ACL 데이터를 저장할 DB에 접속하는 데 사용하는 데이터 소스입
니다(ACL 테이블도 동일한 DB에 있다는 전제하에) 나중에 참조하려면 여기에 데이터 소스를
지정해야 합니다. 세 번째 인수(AclCache)는 ACL에 적용할 캐시 인스턴스입니다. 백엔드 구
현체는 Ehcache로 구성합니다.

BasicLookupStrategy는 표준/호환 SQL문으로 기본 룩업을 수행하는 스프링 시큐리티의 유일한 LookupStrategy 인터페이스 구현체입니다. 룩업 성능을 높이고자 고급 DB 기능을 사용하려면 직접 LookupStrategy 인터페이스를 구현해서 룩업 전략을 만들어 씁니다. BasicLookupStrategy 인스턴스에도 데이터 소스, 캐시 인스턴스가 필요합니다. 그리고 AclAuthorizationStrategy형 생성자 인수도 추가로 필요합니다. 이 객체는 보통 각 프로퍼티 카테고리별로 필요한 권한을 지정하는 식으로 주체가 특정 ACL 프로퍼티를 변경할 권한을 갖고 있는지 판단합니다. 예제에서는 ADMIN 권한을 지닌 유저만 ACL 소유권^{ownership}, ACE 감사 세부^{auditing details} 등 여러 가지 ACL/ACE 상세 정보를 수정할 수 있습니다. PermissionGrantingStrategy형 생성자 인수도 필요한데요, 이 객체는 자신이 가지고 있는 Permission 값으로 주어진 SID에 ACL 액세스를 허용할지 결정합니다.

JdbcMutableAclService에는 ACL 데이터를 RDBMS에서 관리할 때 필요한 표준 SQL문이 들어 있지만 모든 DB 제품이 호환되는 건 아닙니다. 가령, 아파치 더비^{Apache Derby}를 쓸 경우 식별자 관련 쿼리는 직접 작성해 넣어야 합니다.

도메인 객체에 대한 ACL 관리하기

백엔드 서비스와 DAO에서는 의존성 주입을 이용해 앞서 정의한 ACL 서비스를 이용하여 도메인 객체용 ACL을 관리합니다. 가령, 스케줄 관리 앱에서는 할 일을 등록/삭제할 때마다 각각 ACL을 생성/삭제해야 합니다.

```java
@Service
@Transactional
class TodoServiceImpl implements TodoService {

    private final TodoRepository todoRepository;
    private final MutableAclService mutableAclService;

    TodoServiceImpl(TodoRepository todoRepository, MutableAclService mutableAclService) {
        this.todoRepository = todoRepository;
        this.mutableAclService = mutableAclService;
    }

    @Override
    @PreAuthorize("hasAuthority('USER')")
```

```
public void save(Todo todo) {

    todoRepository.save(todo);
    ObjectIdentity oid = new ObjectIdentityImpl(Todo.class, todo.getId());
    MutableAcl acl = mutableAclService.createAcl(oid);
    acl.insertAce(0, READ, new PrincipalSid(todo.getOwner()), true);
    acl.insertAce(1, WRITE, new PrincipalSid(todo.getOwner()), true);
    acl.insertAce(2, DELETE, new PrincipalSid(todo.getOwner()), true);
    acl.insertAce(3, READ, new GrantedAuthoritySid("ADMIN"), true);
    acl.insertAce(4, WRITE, new GrantedAuthoritySid("ADMIN"), true);
    acl.insertAce(5, DELETE, new GrantedAuthoritySid("ADMIN"), true);
}

@Override
@PreAuthorize("hasAnyAuthority('USER', 'ADMIN')")
public void remove(long id) {
    todoRepository.remove(id);

    ObjectIdentity oid = new ObjectIdentityImpl(Todo.class, id);
    mutableAclService.deleteAcl(oid, false);
}

...
}
```

유저가 할 일을 등록하면 할 일 ID와 ACL 객체의 ID를 이용해 ACL을 생성하고 반대로 할 일을 삭제하면 해당 ACL도 함께 삭제합니다. 새로 등록한 할 일에 대해서는 다음 ACE를 ACL에 삽입합니다.

- 할 일 등록자는 할 일을 READ, WRITE, DELETE할 수 있습니다.
- ADMIN 권한 유저도 할 일을 READ, WRITE, DELETE할 수 있습니다.

JdbcMutableAclService 입장에선 호출 메서드 쪽에서 트랜잭션을 걸어놓아야 그 트랜잭션 안에서 SQL문을 실행할 수 있습니다. 따라서 ACL을 관리하는 두 메서드에 @Transactional을 붙인 다음, TodoWebConfig에는 트랜잭션 관리자를 추가하고 클래스 레벨에 @EnableTransactionManagement를 붙입니다. 단 ACL 서비스를 TodoService에 주입하지 않으면 ACL 관리가 제대로 되지 않으니 주의하세요.

```
package com.apress.springrecipes.board.web;
...

@Configuration
@EnableTransactionManagement
...
public class TodoWebConfig implements WebMvcConfigurer {
    ...
    @Bean
    public DataSourceTransactionManager transactionManager(DataSource dataSource) {
        return new DataSourceTransactionManager(dataSource);
    }
}
```

표현식을 이용해 접근 통제 결정하기

도메인 객체마다 ACL이 부착되어 있으니 이 객체에 속한 메서드마다 접근 통제 결정을 내릴 수 있습니다. 가령, 유저가 할 일을 삭제하려고 하면 ACL을 보고 그 유저가 정말 삭제할 권한이 있는지 체크할 수 있지요.

하지만 ACL을 직접 구성하기란 만만치 않은데요, 다행히 애너테이션과 표현식을 이용하면 간편합니다. @PreAuthorize/@PreFilter로 유저가 메서드 실행, 또는 특정 메서드 인수의 사용 권한이 있는지 체크할 수 있고, @PostAuthorize/@PostFilter로 유저가 메서드 실행 결과에 접근하거나 ACL에 따라 그 결과를 필터링할 수 있는지 체크할 수 있습니다. 이들 애너테이션은 @EnableGlobalMethodSecurity의 prePostEnabled 속성을 true로 설정해야 사용할 수 있습니다.

```
@EnableGlobalMethodSecurity(prePostEnabled = true)
```

접근 통제 결정을 내리려면 먼저 인프라 컴포넌트를 구성해야 합니다. TodoWebConfig에는 어떤 객체에 대한 퍼미션을 평가하는 AclPermissionEvaluator를 설정합니다. TodoWebConfig는 전역 레벨에서 메서드 보안을 활성화하는 구성 클래스이므로 이 작업은 꼭 필요하며 표현식을 써서 ACL로 메서드를 보안하려면 커스텀 퍼미션 평가기도 필요합니다.

```
package com.apress.springrecipes.board.web.config;
...

@Configuration
public class TodoWebConfig {

    ...
    @Bean
    public AclPermissionEvaluator permissionEvaluator() {
        return new AclPermissionEvaluator(jdbcMutableAclService());
    }
}
```

AclPermissionEvaluator가 체크 대상 객체의 ACL을 가져오려면 AclService가 필요합니다. 자바로 구성할 경우 PermissionEvaluator는 스프링 시큐리티가 자동 감지해서 DefaultMeth odSecurityExpressionHandler에 연결하므로 이 정도로 충분합니다. 이제 애너테이션과 표현식을 버무리면 접근 통제 결정할 준비가 끝납니다.

```
@Service
@Transactional
class TodoServiceImpl implements TodoService {

    @Override
    @PreAuthorize("hasAuthority('USER')")
    @PostFilter("hasAnyAuthority('ADMIN') or hasPermission(filterObject, 'read')")
    public List<Todo> listTodos() { ... }

    @Override
    @PreAuthorize("hasAuthority('USER')")
    public void save(Todo todo) { ... }

    @Override
    @PreAuthorize("hasPermission(#id, 'com.apress.springrecipes.board.Todo', 'write')")
    public void complete(long id) { ... }

    @Override
    @PreAuthorize("hasPermission(#id, 'com.apress.springrecipes.board.Todo', 'delete')")
    public void remove(long id) { ... }
```

```
    @Override
    @PostFilter("hasPermission(filterObject, 'read')")
    public Todo findById(long id) { ... }
}
```

각종 애너테이션이 보이고 그 안에 쓰인 표현식도 다양하네요. @PreAuthorize는 유저가 메서드를 수행할 퍼미션을 갖고 있는지 체크합니다. 표현식의 #message는 message라는 이름의 메서드 인수를 가리킵니다. hasPermission은 스프링 시큐리티의 기본 표현식입니다(표 7-7).

@PostFilter는 컬렉션 중 현재 유저가 읽을 권한이 없는 원소를 제거합니다. 표현식에 쓴 filterObject가 바로 컬렉션의 원소입니다. 컬렉션을 있는 그대로 두려면 로그인한 유저가 읽기 권한을 갖고 있어야 하겠죠.

@PostAuthorize는 하나의 결괏값이 사용 가능한지(즉, 유저가 그에 맞는 퍼미션을 갖고 있는지) 체크합니다. 표현식에서 반환값은 returnObject 키워드로 사용합니다.

레시피 7-8 웹플럭스 애플리케이션에 보안 기능 추가하기

과제

스프링 웹플럭스(5장 참고)로 개발한 애플리케이션에 보안 기능을 추가하세요.

해결책

@EnableWebFluxSecurity를 붙여 보안 기능을 켜고 SecurityWebFilterChain을 생성해 보안 구성을 합니다.

풀이

스프링 웹플럭스 애플리케이션은 일반 스프링 MVC 애플리케이션과는 아주 다릅니다. 하지만 스프링 시큐리티 개발팀은 가능한 한 개발자가 쉽고 간편하게 구성하고 일반 웹 애플리케이션처럼 설정할 수 있게 배려했습니다.

URL 접근 보안하기

먼저 구성 클래스 SecurityConfiguration에 @EnableWebFluxSecurity를 붙입니다.

```
@Configuration
@EnableWebFluxSecurity
public class SecurityConfiguration { ... }
```

이 애너테이션은 WebFluxConfigurer(레시피 5-5)를 등록해서 AuthenticationPrincipal
ArgumentResolver를 자동 추가하기 때문에 Authentication 객체를 스프링 웹플럭스의 핸
들러 메서드에 주입할 수 있습니다. 또 스프링 시큐리티의 WebFluxSecurityConfiguration
을 등록해 SecurityWebFilterChain 인스턴스를 감지하게 합니다 (보안 구성이 담긴)
SecurityWebFilterChain은 (일반 서블릿 필터에 해당하는) WebFilter로 래핑돼 있어서 웹
플럭스가 (여느 서블릿 필터처럼) 요청을 받아 어떤 로직을 추가하는 용도로 쓰입니다.

보안 기능을 활성화했으니 이제 보안 규칙을 추가합시다.

```
@Bean
SecurityWebFilterChain springWebFilterChain(HttpSecurity http) throws Exception {
    return http
        .authorizeExchange()
            .pathMatchers("/welcome", "/welcome/**").permitAll()
            .pathMatchers("/reservation*").hasRole("USER")
            .anyExchange().authenticated()
        .and()
        .build();
}
```

[레시피 7-1]에서 다룬 org.springframework.security.config.annotation.web.
reactive.HttpSecurity를 이용해 보안 규칙을 추가하고 (헤더 추가/삭제 및 로그인 메서드
구성 등) 추가 구성을 합니다. 보안 규칙은 authorizeExchange() 메서드로 작성합니다. 예제
에서는 URL에 보안을 적용해 /welcome URL을 완전 개방하고 /reservation URL에 USER 롤
유저만 접속 가능하게 설정했습니다. 이밖의 요청은 반드시 인증을 받아야 합니다. 마지막에
build() 메서드를 호출하면 실제로 SecurityWebFilterChain을 빌드합니다.

authorizeExchange에 더하여 headers() 구성 메서드를 사용하면 XSS 보안, 캐시 헤더 등 보안 헤더(레시피 7-2)를 요청에 덧붙일 수 있습니다.

웹플럭스 애플리케이션 로그인하기

현재, 스프링 시큐리티 웹플럭스는 기본 인증 httpBasic()만 지원하며 기본적으로 활성화되어 있습니다. 필요 시 명시적으로 기본 구성을 오버라이드해서 바꾸면 되고 인증 관리자 및 보안 컨텍스트 저장소 역시 변경 가능합니다. 인증 관리자는 ReactiveAuthenticationManager 나 UserDetailsRepository형 빈을 등록하면 자동 감지됩니다.

SecurityContext값을 저장할 위치는 SecurityContextRepository로 구성합니다. 기본 구현체는 WebSession에 SecurityContext를 저장하는 WebSessionSecurityContextRepository를 씁니다. 또 다른 구현체 ServerWebExchangeAttributeSecurityContextRepository는 SecurityContext를 현재 교환^{exchange}(즉, 요청)의 한 속성으로 저장합니다.

```
@Bean
SecurityWebFilterChain springWebFilterChain(HttpSecurity http) throws Exception {
    return http
        .httpBasic()
        .authenticationManager(new CustomReactiveAuthenticationManager())
        .securityContextRepository(
            new ServerWebExchangeAttributeSecurityContextRepository())
        .and().build();
}
```

위 코드는 인증 관리자를 CustomReactiveAuthenticationManager로, 보안 컨텍스트 저장소는 무상태성 ServerWebExchangeAttributeSecurityContextRepository로 바꾼 예제입니다. 하지만 기본 구성값은 애플리케이션에서 그대로 유지됩니다.

유저 인증하기

스프링 웹플럭스 애플리케이션은 ReactiveAuthenticationManager를 이용해 유저를 인증합니다. 이 인터페이스엔 authenticate() 메서드 하나만 있고 구현체는 직접 만들거나 다음 둘 중 하나를 골라쓸 수 있습니다. 첫째, UserDetailsRepositoryAuthenticationManager로

UserDetailsRepository 인스턴스를 감싼 클래스입니다.

> **NOTE_** UserDetailsRepository 구현체는 인메모리 방식으로 구현한 MapUserDetailsRepository
> 가 유일합니다. 물론 필요 시 직접 (몽고디비나 카우치베이스^{Couchbase} 같은) 리액티브 데이터 저장소에 상응하는
> 구현체를 만들어 써도 됩니다.

둘째, ReactiveAuthenticationManagerAdapter는 사실 AuthenticationManager (레시피
7-3)를 감싼 평범한 래퍼 구현체입니다. 인스턴스를 감싼 형태라서 블로킹 방식으로 작동하는
구현체를 리액티브하게 사용할 수 있습니다. 물론 그렇다고 진짜 리액티브가 되는 건 아니고
블로킹은 계속 일어납니다. 이런 식으로 재사용하면 JDBC, LDAP 등의 기술을 리액티브 애플
리케이션에 응용할 수 있습니다.

스프링 웹플럭스 애플리케이션에서 스프링 시큐리티를 구성하려면 ReactiveAuthentication
Manager 또는 UserDetailsRepository 인스턴스를 자바 구성 클래스에 넣습니다. 후자가 감
지되면 자동으로 UserDetailsRepositoryAuthenticationManager 내부에 감쌉니다.

```
@Bean
public MapUserDetailsRepository userDetailsRepository() {
    UserDetails marten =
        User.withUsername("marten").password("secret").roles("USER").build();
    UserDetails admin =
        User.withUsername("admin").password("admin").roles("USER","ADMIN").build();
    return new MapUserDetailsRepository(marten, admin);
}
```

애플리케이션을 배포 (하거나 ReactorNettyBootstrap 클래스를 실행)하면 /welcome 페이지
는 자유롭게 접속할 수 있지만 /reservation으로 시작하는 URL은 브라우저가 기본 인증 입
력창을 표시합니다 (그림 7-3).

그림 7-3 기본 인증 로그인 화면

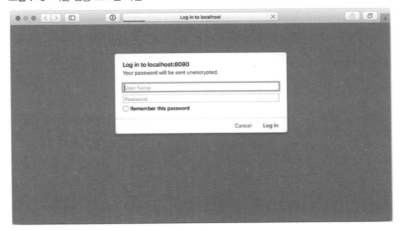

접근 통제 결정하기

스프링 시큐리티 웹플럭스도 기본 지원하는 표현식이 있습니다(표 7-8).

표 7-8 스프링 시큐리티 웹플럭스의 기본 표현식

표현식	설명
hasRole(role) 또는 hasAuthority(authority)	주어진 롤/권한을 가진 유저면 true
permitAll()	항상 true
denyAll()	항상 false
authenticated()	인증을 마친 유저면 true
access()	액세스 허용 여부를 판단하는 함수

```
@Bean
SecurityWebFilterChain springWebFilterChain(HttpSecurity http) throws Exception {
    return http
        .authorizeExchange()
            .pathMatchers("/users/{user}/**").access(this::userEditAllowed)
            .anyExchange().authenticated()
        .and()
        .build();
}
```

```
private Mono<AuthorizationDecision> userEditAllowed(Mono<Authentication> authentication,
    AuthorizationContext context) {
  return authentication
      .map( a -> context.getVariables().get("user").equals(a.getName()) ||
          a.getAuthorities().contains(new SimpleGrantedAuthority("ROLE_ADMIN")))
      .map( granted -> new AuthorizationDecision(granted));
}
```

access() 메서드를 쓰면 강력한 표현식을 작성할 수 있습니다. 예제에서는 URL 경로 매개변수 {user}를 이용해 현재 유저가 등록자 본인이거나 ROLE_ADMIN 권한 유저일 경우에만 접근을 허용합니다. AuthorizationContext에는 파싱한 변수가 담겨 있어서 URI에서 추출한 name과 견주어 볼 수 있고 Authentication에는 GrantedAuthorities 컬렉션이 담겨 있어서 ROLE_ADMIN 권한이 있는지 찾아볼 수 있습니다. 이 밖에도 IP 주소, 요청 헤더 등 여러 조건들을 조합할 수 있습니다.

마치며

스프링 시큐리티를 이용해 애플리케이션을 보안하는 방법을 공부했습니다. 모든 자바 애플리케이션을 대상으로 하지만 주로 웹 애플리케이션에 많이 씁니다. 인증, 인가, 접근 제어는 보안분야의 핵심 개념이므로 확실히 이해해야 합니다.

중요한 URL은 인가되지 않은 액세스를 차단함으로써 보안합니다. 스프링 시큐리티를 쓰면 이런 기능을 선언적인 방식으로 구현할 수 있고 보안 관련 서블릿 필터는 단순 자바 구성 파일 형태로 설정 가능합니다. 스프링 시큐리티는 기본적인 보안 서비스를 자동 구성하며 가능한 한 안전하게 애플리케이션을 보안하는 방향으로 작동합니다.

스프링 시큐리티는 폼 로그인, HTTP 기본 인증 등 여러 방법으로 유저가 웹 애플리케이션에 로그인할 수 있게 지원합니다. 익명 로그인 서비스를 이용하면 이름 모를 유저도 일반 유저인 것처럼 취급합니다. 리멤버-미를 활용하면 여러 브라우저 세션에서 유저 신원을 애플리케이션에 기억시킬 수 있습니다.

스프링 시큐리티에는 여러 가지 방법으로 유저를 인증할 수 있도록 기본 구현체가 탑재되어 있습니다. 덕분에 인-메모리, RDBMS, LDAP 리포지터리 등 다양한 유저 인증 기능을 쉽게 구현할 수 있습니다. 평문 패스워드는 해킹에 노출될 우려가 있으므로 항상 암호화한 패스워드를 유저 리포지터리에 보관해야 합니다. 스프링 시큐리티는 유저 정보를 로컬에서 캐시해서 불필요한 원격 쿼리 부하를 줄일 수 있게 지원합니다.

어떤 유저가 주어진 리소스에 접근하도록 허용할지 여부는 접근 통제 결정 관리자가 판단합니다. 스프링 시큐리티에는 거수 방식을 기준으로 세 가지 종류의 접근 통제 결정 관리자가 있으며 결정을 내릴 때 손을 들어올릴 거수기 그룹을 미리 구성하는 건 공통 사항입니다.

스프링 시큐리티에서는 빈 정의부에 시큐리티 인터셉터를 끼워넣거나 AspectJ 포인트컷 표현식/애너테이션을 여러 메서드에 매치시키는 방법을 이용해 메서드 호출을 선언적 방식으로 보안합니다. 또 유저 인증 정보를 JSP 뷰에 표시하고 유저 권한에 따라 조건부로 뷰 콘텐트를 렌더링할 수 있습니다.

스프링 시큐리티의 ACL 모듈을 응용하면 각 도메인 객체마다 ACL을 두어 접근 제어를 할 수 있습니다. 도메인 객체별 ACL은 스프링 시큐리티의 고성능 API를 이용해 읽고 관리할 수 있고 ACL에서도 접근 통제 결정 거수기, JSP 태그 등의 기능이 제공되므로 다른 보안 장치와 일관된 방향으로 사용할 수 있습니다.

스프링 시큐리티는 웹플럭스로 만든 애플리케이션도 보안할 수 있습니다. 웹플럭스 애플리케이션에 보안 기능을 추가하는 방법은 마지막 레시피에서 설명했습니다.

CHAPTER 8

스프링 모바일

지금은 가히 모바일 전성 시대라고 할 수 있죠. 모바일 기기는 대부분 인터넷 웹 사이트에 자유롭게 접속하지만 HTML/자바스크립트 코드를 제대로 실행하지 못하는 경우도 있습니다. 또 모바일 전용 사이트로 이동할 수 있게 유저에게 선택권을 주거나 처음부터 알아서 그런 사이트로 이동하게 제작해야 할 수도 있습니다. 어느 쪽이든 개발자는 모바일 기기를 자동 감지하는 코드를 구현해야 하는데요, 다행히 스프링 모바일Spring Mobile 덕분에 유저가 이용 중인 기기 정보를 쉽게 알아낼 수 있습니다.

레시피 8-1 스프링 모바일 없이 기기 감지하기

과제

웹 사이트에 접속한 유저의 기기 유형을 감지하세요.

해결책

User-Agent 요청 헤더값을 감지하는 Filter를 만들고 요청 속성을 설정하면 컨트롤러에서 기기 유형 정보를 가져올 수 있습니다.

풀이

User-Agent값에 따라 기기를 감지하는 Filter 구현체를 작성합니다.

```
package com.apress.springrecipes.mobile.web.filter;
...

public class DeviceResolverRequestFilter extends OncePerRequestFilter {

    public static final String CURRENT_DEVICE_ATTRIBUTE = "currentDevice";

    public static final String DEVICE_MOBILE = "MOBILE";
    public static final String DEVICE_TABLET = "TABLET";
    public static final String DEVICE_NORMAL = "NORMAL";

    @Override
    protected void doFilterInternal(HttpServletRequest request,
        HttpServletResponse response, FilterChain filterChain)
        throws ServletException, IOException {

        String userAgent = request.getHeader("User-Agent");
        String device = DEVICE_NORMAL;

        if (StringUtils.hasText(userAgent)) {
            userAgent = userAgent.toLowerCase();
            if (userAgent.contains("android")) {
                device = userAgent.contains("mobile") ? DEVICE_NORMAL : DEVICE_TABLET;
            } else if (userAgent.contains("ipad") || userAgent.contains("playbook") ||
                userAgent.contains("kindle")) {
                device = DEVICE_TABLET;
            } else if (userAgent.contains("mobil") || userAgent.contains("ipod") ||
                userAgent.contains("nintendo DS")) {
                device = DEVICE_MOBILE;
            }
        }
        request.setAttribute(CURRENT_DEVICE_ATTRIBUTE, device);
        filterChain.doFilter(request, response);
    }
}
```

수신된 요청에서 User-Agent 헤더값을 꺼내보면 유저가 접속한 기기 유형을 알 수 있죠. 각
케이스별로 if/else 조건문으로 타입을 확정 짓고 그 결과를 다른 컴포넌트도 참조할 수 있

도록 요청 속성에 보관합니다. 기기 정보는 컨트롤러를 거쳐 WEB-INF/views/home.jsp 페이지에서 표시할 수 있게 다음과 같이 코딩합니다. 실제 JSP 페이지로 뷰 이름을 해석하는 일은 InternalResourceViewResolver가 담당합니다(4장 참고).

```
package com.apress.springrecipes.mobile.web;
...

@Controller
public class HomeController {

    @RequestMapping("/home")
    public String index(HttpServletRequest request) {
        return "home";
    }
}
```

다음은 home.jsp 페이지입니다.

```
<%@ taglib uri="http://java.sun.com/jsp/jstl/core" prefix="c" %>
<!doctype html>
<html>
<body>

<h1>Welcome</h1>
<p>
    Your User-Agent header: <c:out value="${header['User-Agent']}" />
</p>
<p>
    Your type of device: <c:out value="${requestScope.currentDevice}" />
</p>

</body>
</html>
```

User-Agent 헤더값(해당 시)과 DeviceResolverRequestFilter가 감지한 기기 유형을 나란히 출력합니다.

이번엔 구성 클래스와 시동 로직입니다.

```
package com.apress.springrecipes.mobile.web.config;
...

@Configuration
@ComponentScan("com.apress.springrecipes.mobile.web")
public class MobileConfiguration {

    @Bean
    public ViewResolver viewResolver() {

        InternalResourceViewResolver viewResolver = new InternalResourceViewResolver();
        viewResolver.setPrefix("/WEB-INF/views/");
        viewResolver.setSuffix(".jsp");
        return viewResolver;
    }
}
```

애플리케이션 시동 시 스캐닝할 컨트롤러 패키지는 @ComponentScan에 명시합니다. 다음 코드는 DispatcherServlet 및 ContextLoaderListener(옵션)를 시동하는 MobileApplicationInitializer 클래스입니다.

```
public class MobileApplicationInitializer extends AbstractAnnotationConfigDispatcher
ServletInitializer {

    @Override
    protected Class<?>[] getRootConfigClasses() {
        return null;
    }

    @Override
    protected Class<?>[] getServletConfigClasses() {
        return new Class[] {MobileConfiguration.class};
    }

    @Override
    protected Filter[] getServletFilters() {
        return new Filter[] {new DeviceResolverRequestFilter()};
    }

    @Override
```

```
    protected String[] getServletMappings() {
        return new String[] {"/"};
    }
}
```

방금 전 작성한 구성 클래스는 getServletConfigClasses() 메서드를 오버라이드해 전달하고 필터를 등록해서 DispatcherServlet에 매핑하는 로직은 getServletFilters() 메서드를 오버라이드하여 구현합니다. 애플리케이션 배포 후 http://localhost:8080/mobile/home에 접속하면 User-Agent값 및 필터가 감지한 기기 유형이 화면에 표시됩니다(그림 8-1).

그림 8-1 크롬에서 실행한 화면

[그림 8-1]은 아이맥에서 크롬 브라우저를 띄워놓고 접속한 결과입니다. 아이폰에서 실행하면 [그림 8-2]처럼 보입니다.

그림 8-2 아이폰에서 실행한 화면

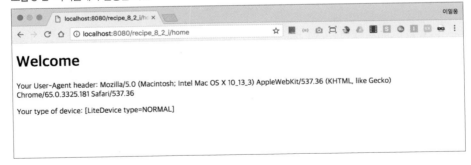

필터는 잘 작동하는 것처럼 보이지만 아직 불완전합니다. 실제로 이런 규칙이 적용되지 않는 모바일 기기가 있으니까요(일례로 킨들 파이어$^{Kindle\ Fire}$는 일반 킨들 기기와는 다른 헤더를 사용합니다). 하지만 기기마다 규칙을 저장해 일일이 다 테스트해볼 수는 없는 노릇이니 스프링 모바일 같은 라이브러리를 대신 쓰는 게 훨씬 이롭습니다.

레시피 8-2 스프링 모바일을 이용해 기기 감지하기

과제

스프링 모바일의 도움을 받아 웹 사이트에 접속한 기기 유형을 감지하세요.

해결책

스프링 모바일의 DeviceResolver 및 도우미 클래스를 이용해 DeviceResolverRequest Filter 또는 DeviceResolverHandlerInterceptor를 구성하면 기기 유형을 알아낼 수 있습니다.

풀이

DeviceResolverRequestFilter와 DeviceResolverHandlerInterceptor는 Device형 객체를 반환하는 DeviceResolver 클래스가 기기 유형을 대신 감지하도록 위임합니다. Device 객체는 하위 체인을 타고 내려갈 수 있게끔 요청 속성에 저장됩니다. 스프링 모바일은 DeviceResolver 인터페이스 구현체 LiteDeviceResolver와 단일 기본 Device 인터페이스 구현체 LiteDevice를 제공합니다.

DeviceResolverRequestFilter

DeviceResolverRequestFilter를 웹 애플리케이션에 추가하고 처리를 맡을 서블릿이나 요청에 매핑합니다. 예제에서는 getServletFilters() 메서드에 코드를 추가하면 되는데요, 이 필터는 스프링으로 개발한 애플리케이션이 아니어도(예 : JSF 기반 애플리케이션) 사용할 수 있습니다.

```
public class MobileApplicationInitializer
    extends AbstractAnnotationConfigDispatcherServletInitializer {
...
    @Override
    protected Filter[] getServletFilters() {
        return new Filter[] {new DeviceResolverRequestFilter()};
    }
}
```

이렇게 DeviceResolverRequestFilter를 등록하면 DispatcherServlet이 접수해서 처리하는 요청에 자동 적용됩니다. http://localhost:8080/mobile/home에 접속하면 다음과 같이 표시됩니다(그림 8-3).

그림 8-3 DeviceResolverRequestFilter 적용 후 실행한 화면

스프링 모바일 LiteDevice 클래스의 toString() 메서드가 생성한 기기 정보 문자열을 화면에 출력한 겁니다.

DeviceResolverHandlerInterceptor

스프링 MVC 애플리케이션에서 스프링 모바일을 쓸 경우 DeviceResolverHandlerInterceptor
를 사용하면 간편합니다. 구성 클래스에서 addInterceptors() 메서드로 인터셉터를 등록하면
그만이지요.

```
@Configuration
@EnableWebMvc
@ComponentScan("com.apress.springrecipes.mobile.web")
public class MobileConfiguration extends WebMvcConfigurerAdapter {
...
    @Override
    public void addInterceptors(InterceptorRegistry registry) {
        registry.addInterceptor(new DeviceResolverHandlerInterceptor());
    }
}
```

WebMvcConfigurerAdapter의 addInterceptors() 메서드를 오버라이드하면서 registry
에 추가한 인터셉터는 애플리케이션 컨텍스트에 존재하는 HandlerMapping 빈에 적용됩니다.
http://localhost:8080/mobile/home에 다시 접속해도 DeviceResolverRequestFilter 필
터를 적용한 것과 결과는 같습니다.

레시피 8-3 사이트 기본 설정

과제

유저가 자신이 기기에서 방문할 웹 사이트의 유형을 선택하고 이 정보를 나중에 다시 쓸 수 있게 저장하
세요.

해결책

스프링 모바일이 제공하는 SitePreference(사이트 기본 설정)로 구현합니다.

풀이

SitePreferenceRequestFilter, SitePreferenceHandlerInterceptor는 SitePreference
Handler 객체에 SitePreference를 가져오는 일을 위임합니다. 사이트 기본 설정은 기본 구현
체 SitePreferenceRepository로 저장하며 기본 저장소는 쿠키입니다.

SitePreferenceRequestFilter

SitePreferenceRequestFilter도 DeviceResolverRequestFilter처럼 웹 애플리케이션에
추가하고 처리를 맡을 서블릿이나 요청에 매핑합니다. 예제에서는 getServletFilters() 메
서드에 코드를 추가하면 되는데요. 이 필터는 스프링으로 개발한 애플리케이션이 아니어도 사
용할 수 있습니다.

```java
public class MobileApplicationInitializer extends AbstractAnnotationConfigDispatcher
ServletInitializer {

    @Override
    protected Filter[] getServletFilters() {
        return new Filter[] {
            new DeviceResolverRequestFilter(),
            new SitePreferenceRequestFilter()
        };
    }
...
}
```

SitePreferenceRequestFilter는 수신된 요청을 뜯어보고 site_preference 쿼리 매개변수
가 있으면 그 값(NORMAL, MOBILE, TABLET 중 하나)으로 SitePreference값을 설정한 다음, 나
중에 다시 꺼내쓸 수 있게 쿠키에 저장합니다. 물론 이 값이 바뀌면 쿠키값도 다시 설정하지요.
현재 유저의 SitePreference값이 화면에 표시되게끔 home.jsp 페이지를 수정합시다.

```html
<p>
    Your site preferences <c:out value="${requestScope.currentSitePreference}" />
</p>
```

http://localhost:8080/mobile/home?site_preference=TABLET에 접속하면 SitePreference 값이 TABLET으로 설정됩니다.

SitePreferenceHandlerInterceptor

스프링 MVC 애플리케이션에서 스프링 모바일을 쓸 경우에는 SitePreferenceHandler Interceptor를 사용하면 간편합니다. 구성 클래스에서 addInterceptors() 메서드로 인터셉터를 등록하면 그만이지요.

```
@Configuration
@EnableWebMvc
@ComponentScan("com.apress.springrecipes.mobile.web")
public class MobileConfiguration extends WebMvcConfigurerAdapter {
...
    @Override
    public void addInterceptors(InterceptorRegistry registry) {
        registry.addInterceptor(new DeviceResolverHandlerInterceptor());
        registry.addInterceptor(new SitePreferenceHandlerInterceptor());
    }
}
```

WebMvcConfigurerAdapter의 addInterceptors() 메서드를 오버라이드하면서 registry 에 추가한 인터셉터는 애플리케이션 컨텍스트에 존재하는 HandlerMapping 빈에 적용됩니다. http://localhost:8080/mobile/home?site_preference=TABLET에 다시 접속해도 SitePreferenceRequestFilter 필터를 적용한 것과 결과는 같습니다.

레시피 8-4 기기 정보에 따라 뷰 렌더링하기

과제

기기 유형이나 사이트 기본 설정에 따라 상이한 뷰를 렌더링하세요.

해결책

현재 Device 및 SitePreferences 객체를 보고 렌더링할 뷰를 결정합니다. 직접 수동으로 해도 되고 LiteDeviceDelegatingViewResolver를 써도 됩니다.

풀이

기기 유형을 알고 있으면 그에 알맞는 뷰를 유저에게 보일 수 있습니다. 먼저 각 기기 유형별로 뷰를 추가해서 WEB-INF/views/mobile 또는 tablet 디렉터리에 각각 넣습니다. 다음은 mobile/home.jsp 코드입니다.

```
<%@ taglib uri="http://java.sun.com/jsp/jstl/core" prefix="c" %>
<!doctype html>
<html>
<body>

<h1>Welcome Mobile User</h1>
<p>
    Your User-Agent header: <c:out value="${header['User-Agent']}" />
</p>
<p>
    Your type of device: <c:out value="${requestScope.currentDevice}" />
</p>
<p>
    Your site preferences <c:out value="${requestScope.currentSitePreference}" />
</p>
</body>
</html>
```

이번엔 tablet/home.jsp 코드입니다.

```
<%@ taglib uri="http://java.sun.com/jsp/jstl/core" prefix="c" %>
<!doctype html>
<html>
<body>

<h1>Welcome Tablet User</h1>
<p>
```

```
    Your User-Agent header: <c:out value="${header['User-Agent']}" />
</p>
<p>
    Your type of device: <c:out value="${requestScope.currentDevice}" />
</p>
<p>
    Your site preferences <c:out value="${requestScope.currentSitePreference}" />
</p>
</body>
</html>
```

기기 유형별로 뷰를 따로 준비했으니 이제 기기 값을 감지해 개별적으로 렌더링할 방법이 필요합니다. 알기 쉽게 수동으로 요청 객체를 뒤져보고 기기 정보에 접근하는 방법을 떠올려 볼 수 있습니다.

```
@Controller
public class HomeController {

    @RequestMapping("/home")
    public String index(HttpServletRequest request) {
        Device device = DeviceUtils.getCurrentDevice(request);
        if (device.isMobile()) {
            return "mobile/home";
        } else if (device.isTablet()) {
            return "tablet/home";
        } else {
            return "home";
        }
    }
}
```

스프링 모바일 DeviceUtils 클래스를 이용하면 필터 또는 인터셉터가 설정한 요청 속성(currentDevice)을 사용해 현재 기기를 알 수 있고 어느 뷰로 렌더링할지 결정할 수 있습니다.

그런데 이처럼 일일이 메서드마다 기기 정보를 조회하려면 불편하니까 컨트롤러 메서드에 매개변수 형태로 전달할 수 있으면 좋겠습니다. DeviceHandlerMethodArgumentResolver를 등록하면 메서드 매개변수를 현재 기기로 해석할 수 있습니다. 마찬가지로 사이트 기본 설정값도

SitePreferenceHandlerMethodArgumentResolver를 리졸버로 추가 등록하면 조회할 수 있습니다.

```
@Configuration
@EnableWebMvc
@ComponentScan("com.apress.springrecipes.mobile.web")
public class MobileConfiguration extends WebMvcConfigurerAdapter {
...
    @Override
    public void addArgumentResolvers(List<HandlerMethodArgumentResolver>
        argumentResolvers) {
        argumentResolvers.add(new DeviceHandlerMethodArgumentResolver());
        argumentResolvers.add(new SitePreferenceHandlerMethodArgumentResolver());
    }
}
```

이제 간편하게 Device값을 컨트롤러 메서드의 인수로 전달하면 됩니다.

```
@Controller
public class HomeController {

    @RequestMapping("/home")
    public String index(Device device) {
        if (device.isMobile()) {
            return "mobile/home";
        } else if (device.isTablet()) {
            return "tablet/home";
        } else {
            return "home";
        }
    }
}
```

index() 메서드의 인수형이 HttpServletRequest → Device로 변경됐고 현재 기기 정보를 찾아 전달하는 작업이 자동으로 처리됩니다. 그런데 좀 전에 비해 훨씬 수월해지긴 했지만 렌더링할 뷰를 결정하는 방식은 너무 구식입니다. 아직 사이트 기본 설정은 고려하지 않았지만 메서드 시그니처에 매개변수로 추가하면 사이트 기본 설정 역시 활용할 수 있을 겁니다. 그러나 감지 알고리즘이 점점 복잡해지는 게 문제죠. 이런 코드가 여러 컨트롤러 메서드에 퍼져 있으면 전부 다 관리하기 곤란해질 겁니다.

스프링 모바일 LiteDeviceDelegatingViewResolver를 이용하면 뷰 이름을 진짜 뷰 리졸버로 넘기기 전에 추가 접두어/접미어를 덧붙일 수 있습니다. 유저가 지정한 사이트 기본 설정(옵션) 역시 적용할 수 있지요.

```java
@Configuration
@EnableWebMvc
@ComponentScan("com.apress.springrecipes.mobile.web")
public class MobileConfiguration extends WebMvcConfigurerAdapter {
...
    @Bean
    public ViewResolver viewResolver() {
        InternalResourceViewResolver viewResolver = new InternalResourceViewResolver();
        viewResolver.setPrefix("/WEB-INF/views/");
        viewResolver.setSuffix(".jsp");
        viewResolver.setOrder(2);
        return viewResolver;
    }

    @Bean
    public ViewResolver mobileViewResolver() {
        LiteDeviceDelegatingViewResolver delegatingViewResolver =
            new LiteDeviceDelegatingViewResolver(viewResolver());
        delegatingViewResolver.setOrder(1);
        delegatingViewResolver.setMobilePrefix("mobile/");
        delegatingViewResolver.setTabletPrefix("tablet/");
        return delegatingViewResolver;
    }
}
```

LiteDeviceDelegatingViewResolver는 자신이 위임할 뷰 리졸버를 생성자 매개변수로 받습니다. 예제에서는 기본 뷰 리졸버 InternalResourceViewResolver에 다음 해석 작업을 넘기도록 설정했지요. 뷰 리졸버 중 LiteDeviceDelegatingViewResolver를 가장 먼저 실행해야 하므로 실행 순서를 잘 따져봐야 합니다. 이런 식으로 특정 기기 전용으로 작성된 커스텀 뷰가 있는지 미리 체크할 수 있습니다. 그리고 모바일 기기용 뷰는 mobile/ 디렉터리에, 태블릿용 뷰는 tablet/ 디렉터리에 있다고 설정합니다. 두 디렉터리를 뷰 이름에 추가하려면 각 기기 유형별로 접두어를 각자의 디렉터리에 설정합니다. 예를 들어 어떤 컨트롤러가 모바일 기기용 뷰를 home이라는 이름으로 반환하면 실제로는 mobile/home으로 바뀌겠죠. 이렇게 바뀐 이름이 InternalResourceViewResolver로 넘어가면 진짜 렌더링할 뷰 페이지 /WEB-INF/views/mobile/home.jsp로 한 번 더 바뀔 겁니다.

```java
@Controller
public class HomeController {

    @RequestMapping("/home")
    public String index() {
        return "home";
    }
}
```

컨트롤러 코드가 아주 깔끔해졌군요. 뷰 이름을 반환하는 일 외에 다른 로직은 없고 어느 뷰를 렌더링할지는 앞서 구성한 뷰 리졸버가 알아서 결정합니다. LiteDeviceDelegatingViewResolver는 요청 객체에 SitePreferences값이 있으면 자동으로 반영됩니다.

레시피 8-5 사이트 스위칭 구현하기

과제

모바일 사이트를 일반 웹 사이트가 아닌, 다른 URL에 호스팅하세요.

해결책

스프링 모바일의 사이트 스위칭 기능을 이용하면 웹 사이트를 원하는 곳으로 리다이렉트할 수 있습니다.

풀이

스프링 모바일의 SiteSwitcherHandlerInterceptor 클래스는 감지한 Device값에 따라 모바

일 전용 웹 사이트로 스위칭^{switching}(전환)할 수 있습니다. 이 인터셉터를 구성할 때 [표 8-1]의 팩토리 메서드를 이용하면 미리 준비된 설정을 바로 적용할 수 있습니다.

표 8-1 SiteSwitcherHandlerInterceptor 팩토리 메서드

팩토리 메서드	설명
mDot()	m.으로 시작하는 도메인으로 리다이렉트합니다. 예: http://www.yourdomain.com → http://m.yourdomain.com
dotMobi()	.mobi로 끝나는 도메인으로 리다이렉트합니다. 예: http://www.yourdomain.com → http://www.yourdomain.mobi
urlPath()	기기마다 서로 다른 컨텍스트 루트를 설정해서 정해진 URL 경로로 리다이렉트합니다. 예: http://www.yourdomain.com → http://www.yourdomain.com/mobile
standard()	웹 사이트의 도메인을 모바일, 태블릿, 그리고 일반 버전별로 지정 가능한, 가장 유연한 팩토리 메서드입니다.

SiteSwitcherHandlerInterceptor는 사이트 기본 설정을 사용합니다. 이 인터셉터를 쓰면 SitePreferencesHandlerInterceptor 기능은 이미 구현되어 있어 따로 등록할 필요가 없습니다. 인터셉터 목록에 추가만 하면 되니까 구성하기도 간편합니다. 단, 리다이렉션 URL을 구하려면 기기 정보가 필요하므로 DeviceResolverHandlerInterceptor 다음에 두어야 한다는 것만 기억하세요.

```
@Configuration
@EnableWebMvc
@ComponentScan("com.apress.springrecipes.mobile.web")
public class MobileConfiguration extends WebMvcConfigurerAdapter {

    @Override
    public void addInterceptors(InterceptorRegistry registry) {
        registry.addInterceptor(new DeviceResolverHandlerInterceptor());
        registry.addInterceptor(siteSwitcherHandlerInterceptor());
    }

    @Bean
    public SiteSwitcherHandlerInterceptor siteSwitcherHandlerInterceptor() {
        return SiteSwitcherHandlerInterceptor.mDot("yourdomain.com", true);
    }
...
}
```

siteSwitcherHandlerInterceptor() 메서드를 보면 팩토리 메서드 mDot()으로 SiteSwitcherHandlerInterceptor 인스턴스를 생성하는데요, 기본 사용 도메인, 태블릿을 모바일 기기로 간주할지 여부(기본값은 false)를 각각 인수로 받습니다. 이렇게 구성하고 모바일 기기에서 일반 웹 사이트 주소로 접속하면 m.yourdomain.com으로 리다이렉트됩니다.

```
@Bean
public SiteSwitcherHandlerInterceptor siteSwitcherHandlerInterceptor() {
    return SiteSwitcherHandlerInterceptor.dotMobi("yourdomain.com", true);
}
```

dotMobi() 메서드는 두 인수를 받습니다. 첫째는 사용할 기본 도메인 이름, 둘째는 태블릿을 모바일 기기로 간주할지 여부를 나타내는 불리언값(기본은 false)입니다. 이렇게 구성하고 모바일 기기에서 일반 웹 사이트 주소로 접속하면 yourdomain.mobi로 리다이렉트됩니다.

```
@Bean
public SiteSwitcherHandlerInterceptor siteSwitcherHandlerInterceptor() {
    return SiteSwitcherHandlerInterceptor.urlPath("/mobile", "/tablet", "/home");
}
```

urlPath() 메서드는 모바일 기기용 컨텍스트 루트, 태블릿용 컨텍스트 루트, 애플리케이션 루트 경로, 세 값을 인수로 받습니다. 이밖에도 모바일 기기 경로만 받는 메서드, 모바일 기기 및 애플리케이션 루트 경로를 받는 메서드가 더 준비되어 있습니다. 이렇게 구성하고 일반 웹 사이트 주소를 모바일 기기에서 접속하면 yourdomain.com/home/mobile로, 태블릿에서 접속하면 yourdomain.com/home/table로 리다이렉트됩니다.

마지막으로 가장 유연하며 정교한 구성이 가능한 standard() 메서드입니다.

```
@Bean
public SiteSwitcherHandlerInterceptor siteSwitcherHandlerInterceptor() {
    return SiteSwitcherHandlerInterceptor
        .standard("yourdomain.com", "mobile.yourdomain.com",
            "tablet.yourdomain.com", "*.yourdomain.com");
}
```

사실 앞서 등장한 세 메서드 모두 이 standard() 메서드를 이용합니다. 일반, 모바일, 태블릿 버전별로 웹 사이트 도메인을 특정할 수 있고 마지막 인수 자리에 사이트 기본 설정을 저장할 도메인 쿠키명(하위 도메인이 다르므로 필요합니다)을 적습니다.

standard() 메서드 역시 네 매개변수 중 일부만 취하는 메서드가 준비되어 있습니다.

마치며

이 장에서는 스프링 모바일을 이용해 페이지를 요청한 유저의 기기를 감지하고 유저가 사이트 기본 설정을 사용해 특정 페이지를 선택하는 방법을 배웠습니다.

유저 기기는 DeviceResolverRequestFilter나 DeviceResolverHandlerInterceptor로 감지하며 이렇게 감지된 기기의 설정값을 SitePreferences를 사용해 오버라이드할 수 있습니다. 기기 정보와 사이트 기본 설정값을 이용해 기기별로 다른 뷰 페이지를 렌더링하는 방법, 그리고 그에 따라 웹 사이트의 다른 영역으로 유저를 리다이렉트하는 방법까지 설명했습니다.

CHAPTER 9

데이터 액세스

이 장에서는 스프링으로 DB 액세스 작업(뿐만 아니라 12장에서 다룰 내용이지만 NoSQL, 빅데이터 작업)을 단순화하여 처리하는 방법을 알아봅니다. 데이터 액세스는 거의 모든 엔터프라이즈 애플리케이션의 공통적인 기본 요건으로, RDBMS에 저장된 데이터에 액세스하는 경우가 대부분입니다. 자바 SE의 핵심 요소인 JDBC^Java Database Connectivity (자바 데이터베이스 연결)는 DB 제작사에 구애받지 않고 RDBMS에 액세스할 수 있도록 표준 API 세트를 제공합니다.

DB에 SQL문을 실행하는 API를 제공하는 것이 JDBC의 주용도지만 JDBC를 있는 그대로 사용하자면 직접 DB 리소스를 관리하면서 예외도 명시적으로 처리해야 하므로 꽤 번거롭습니다. 스프링은 JDBC를 한꺼풀 감싸 추상화한 프레임워크 형태로 제공하므로 JDBC를 사용하기가 한결 쉽습니다. 스프링 JDBC 프레임워크의 꽃이라 할 만한 JDBC 템플릿은 여러 유형의 JDBC 작업을 템플릿 메서드로 묶어놓은 겁니다. 전체 작업 흐름은 이들 템플릿 메서드가 각각 알아서 관장하지만 필요 시 개발자가 원하는 작업을 오버라이드할 수 있습니다.

JDBC 자체만으로 필요한 요건을 충족하기 어렵고 약간 더 고수준으로 추상화해야 혜택을 볼 수 있다면 스프링 ORM^Object-Relational Mapping (객체관계형 매핑) 솔루션을 고려해봄직 합니다. 이 장에서는 스프링 애플리케이션에서 ORM 프레임워크를 연계하는 방법을 소개합니다. 스프링은 하이버네이트, JDO, 아이바티스^iBatis, JPA^Java Persistence API (자바 퍼시스턴스 API) 등의 유명한 ORM(내지는 데이터 매퍼) 프레임워크를 대부분 지원합니다(예전에 많이 썼던 탑링크^TopLink는 스프링 3.0 부터 더 이상 지원하지 않습니다). JPA 구현체는 지금도 지원하지만 하이버네이트 및 탑링크 기반 버전을 비롯해 JPA 구현체마다 지원 방식이 다릅니다. 이 장은 하이버네이트와 JPA만 다루지만 스프링은 ORM 프레임워크를 일관되게 지원하므로 다른 ORM 프레임워크도 여기서 소개한 기법을 준용할 수 있습니다.

ORM 프레임워크는 (XML 또는 애너테이션 기반의) 매핑 메타데이터(클래스와 테이블 간 매핑, 프로퍼티와 컬럼 간 매핑 등)에 따라 객체를 저장하는 현대 기술입니다. 객체를 저장하는 SQL문은 런타임에 생성되므로 특정 DB에만 있는 기능을 불러쓰거나 직접 SQL문을 최적화(튜닝)하지 않는 한 DB에 특정한 SQL문을 작성할 필요가 없습니다. 결과적으로 DB에 독립적인 애플리케이션을 개발할 수 있고 차후 다른 DB로 마이그레이션하기 쉽습니다. JDBC를 직접 가져다 쓰는 것에 비해 ORM 프레임워크를 사용하면 확실히 애플리케이션에서 데이터를 다루기가 간편합니다.

하이버네이트는 자바 커뮤니티에서 널리 알려진 고성능 오픈 소스 ORM 프레임워크로, JDBC 호환 DB는 대부분 지원하며 DB별 방언dialect을 이용해 액세스할 수 있습니다. ORM 기본기 외에도 캐싱, 캐스케이딩cascading, 지연 로딩lazy loading 같은 고급 기능까지 갖추고 있고 HQLHibernate Query Language (하이버네이트 쿼리 언어)을 이용하면 단순하면서도 강력한 객체 쿼리를 수행할 수 있습니다.

객체 퍼시스턴스 지원 표준 애너테이션 및 API 세트로 구성된 JPA는 자바 SE/EE 플랫폼 양쪽 모두 사용할 수 있습니다. JPA는 JPA 호환 엔진이 퍼시스턴스 서비스를 제공하려면 갖추어야 할 표준 API 세트로, JSR-220 EJB 명세의 일부로 규정되어 있습니다. JPA는 JDBC API, JPA 엔진은 JDBC 드라이버에 각각 해당된다고 볼 수 있지요. 하이버네이트는 하이버네이트 엔티티관리자Hibernate EntityManager라는 확장 모듈을 사용해 JPA 호환 엔진으로 구성할 수 있습니다. 이 장에서는 주로 하이버네이트 엔진 기반으로 JPA를 설명합니다.

JDBC를 직접 사용할 경우의 문제점

자동차 등록 애플리케이션을 개발하려고 합니다. 자동차 레코드를 CRUD(생성, 조회, 수정, 삭제)하는 게 주된 기능이고 레코드는 RDBMS에 저장해서 JDBC로 액세스합니다. 다음은 자동차를 나타내는 Vehicle 클래스입니다.

```
package com.apress.springrecipes.vehicle;

public class Vehicle {

    private String vehicleNo;
    private String color;
    private int wheel;
    private int seat;

    // 생성자, 게터 및 세터
    ...
}
```

애플리케이션 DB 구성하기

애플리케이션을 개발하기 전에 DB부터 설정합시다. 필자는 오픈 소스 RDBMS인 PostgreSQL^{포스트그레스큐엘}을 쓰겠습니다(접속 프로퍼티는 [표 9–1]을 참고하세요).

> **NOTE_** 이 장 예제 소스의 /bin 디렉터리에 있는 스크립트를 실행하면 도커 기반의 PostgreSQL 인스턴스를 시동/접속할 수 있습니다. 인스턴스 시동 후 DB를 생성하는 절차는 다음과 같습니다.
>
> 1. bin\postgres.sh를 실행해 Postgres 도커 컨테이너를 내려받고 시동합니다.
> 2. bin\psql.sh로 실행 중인 Po stgres 컨테이너에 접속합니다.
> 3. CREATE DATABASE VEHICLE로 샘플 DB를 생성합니다.

다음 SQL문을 실행해 자동차 레코드가 저장될 VEHICLE 테이블을 생성합니다.

```
CREATE TABLE VEHICLE (
    VEHICLE_NO    VARCHAR(10)    NOT NULL,
    COLOR         VARCHAR(10),
    WHEEL         INT,
    SEAT          INT,
    PRIMARY KEY (VEHICLE_NO)
);
```

표 9-1 애플리케이션 DB 접속에 필요한 JDBC 프로퍼티

프로퍼티	값
드라이버 클래스	`org.postgresql.Driver`
URL	`jdbc:postgresql://localhost:5432/vehicle`
유저명	`postgres`
패스워드	`password`

DAO 디자인 패턴

서로 다른 종류의 로직(표현 로직, 비즈니스 로직, 데이터 액세스 로직 등)을 하나의 거대한 모듈에 뒤섞는 설계상의 실수를 저지르는 경우가 많습니다. 이렇게 하면 모듈 간에 단단히 결합되어 재사용성 및 유지 보수성이 현저히 떨어지죠. DAO는 이런 문제를 해결하고자 데이터 액세스 로직을 표현하고, 비즈니스 로직과 분리하여 DAO라는 독립적인 모듈에 데이터 액세스 로직을 몽땅 담아 캡슐화한 패턴입니다.

자동차 등록 애플리케이션에서도 자동차 레코드를 CRUD하는 각종 데이터 액세스 작업을 추상화할 수 있습니다. 다음과 같이 인터페이스로 선언하면 여러 가지 DAO 구현 기술을 적용할 수 있죠.

```java
public interface VehicleDao {
    void insert(Vehicle vehicle);
    void insert(Iterable<Vehicle> vehicles);
    void update(Vehicle vehicle);
    void delete(Vehicle vehicle);
    Vehicle findByVehicleNo(String vehicleNo);
    List<Vehicle> findAll();
}
```

JDBC API는 대부분 `java.sql.SQLException` 예외를 던지도록 설계됐지만 이 인터페이스의 유일한 의의는 데이터 액세스 작업을 추상화하는 것이므로 구현 기술에 의존해선 안 됩니다. JDBC에 특정한 `SQLException`을 던지는 건 취지에 어긋나므로 보통 DAO 인터페이스 구현

체에서는 RuntimeException의 하위 예외(직접 구현한 Exception 하위 클래스나 제네릭형)로 감쌉니다.

JDBC로 DAO 구현하기

JDBC를 사용해 DB 데이터에 액세스하려면 DAO 구현 클래스(JdbcVehicleDao)가 필요하고 DB에 SQL문을 실행하려면 드라이버 클래스명, DB URL, 유저명, 패스워드를 지정해서 DB에 접속해야 합니다. 하지만 미리 구성된 javax.sql.DataSource 객체를 이용하면 접속 정보를 자세히 몰라도 DB에 접속할 수 있습니다.

```java
public class PlainJdbcVehicleDao implements VehicleDao {

    private static final String INSERT_SQL     = "INSERT INTO VEHICLE (COLOR, WHEEL, " +
        "SEAT, VEHICLE_NO) VALUES (?, ?, ?, ?)";
    private static final String UPDATE_SQL     = "UPDATE VEHICLE SET COLOR = ?, " +
        "WHEEL = ?, SEAT = ? WHERE VEHICLE_NO = ?";
    private static final String SELECT_ALL_SQL = "SELECT * FROM VEHICLE";
    private static final String SELECT_ONE_SQL = "SELECT * FROM VEHICLE " +
        "WHERE VEHICLE_NO = ?";
    private static final String DELETE_SQL     = "DELETE FROM VEHICLE " +
        "WHERE VEHICLE_NO = ?";

    private final DataSource dataSource;

    public PlainJdbcVehicleDao(DataSource dataSource) {
        this.dataSource = dataSource;
    }

    @Override
    public void insert(Vehicle vehicle) {
        try (Connection conn = dataSource.getConnection();
            PreparedStatement ps = conn.prepareStatement(INSERT_SQL)) {
            prepareStatement(ps, vehicle);
            ps.executeUpdate();
        } catch (SQLException e) {
            throw new RuntimeException(e);
        }
    }
}
```

```java
@Override
public void insert(Collection<Vehicle> vehicles) {
    vehicles.forEach(this::insert);
}

@Override
public Vehicle findByVehicleNo(String vehicleNo) {
    try (Connection conn = dataSource.getConnection();
        PreparedStatement ps = conn.prepareStatement(SELECT_ONE_SQL)) {
        ps.setString(1, vehicleNo);

        Vehicle vehicle = null;
        try (ResultSet rs = ps.executeQuery()) {
            if (rs.next()) {
                vehicle = toVehicle(rs);
            }
        }
        return vehicle;
    } catch (SQLException e) {
        throw new RuntimeException(e);
    }
}

@Override
public List<Vehicle> findAll() {
    try (Connection conn = dataSource.getConnection();
        PreparedStatement ps = conn.prepareStatement(SELECT_ALL_SQL);
        ResultSet rs = ps.executeQuery()) {

        List<Vehicle> vehicles = new ArrayList<>();
        while (rs.next()) {
            vehicles.add(toVehicle(rs));
        }
        return vehicles;
    } catch (SQLException e) {
        throw new RuntimeException(e);
    }
}

private Vehicle toVehicle(ResultSet rs) throws SQLException {
    return new Vehicle(rs.getString("VEHICLE_NO"),
        rs.getString("COLOR"), rs.getInt("WHEEL"),
        rs.getInt("SEAT"));
```

```
    }

    private void prepareStatement(PreparedStatement ps, Vehicle vehicle)
        throws SQLException {
        ps.setString(1, vehicle.getColor());
        ps.setInt(2, vehicle.getWheel());
        ps.setInt(3, vehicle.getSeat());
        ps.setString(4, vehicle.getVehicleNo());
    }

    @Override
    public void update(Vehicle vehicle) { ... }

    @Override
    public void delete(Vehicle vehicle) { ... }
}
```

자동차 레코드의 등록 작업은 전형적인 JDBC로 데이터를 수정하는 시나리오입니다. insert() 메서드를 호출할 때마다 데이터 소스에서 접속 객체를 얻어와 SQL문을 실행합니다. DAO 인터페이스에서 이 메서드가 체크 예외checked exception를 던지도록 선언하진 않았기 때문에 SQLException이 발생하면 RuntimeException 같은 언체크(체크하지 않는) 예외unchecked exception로 감싸야 합니다(DAO에서 예외를 처리하는 방법은 이 장 후반부에서 자세히 이야기합니다). 이른바 try-with-resources 메커니즘을 적용한 이 코드는 사용을 마친 리소스(Connection, PreparedStatement, ResultSet)를 자동으로 닫습니다. try-with-resources 블록을 안 쓰면 사용한 리소스를 닫았는지 잘 기억해야 하고 혹여 착오가 생기면 메모리 누수로 이어질 가능성이 있습니다.

기술적으로 수정, 삭제는 등록 작업과 거의 같은 종류이므로 따로 설명하지 않겠습니다. 조회 작업은 SQL문 실행 말고도 반환된 결과 세트에서 데이터를 뽑아 vehicle 객체를 만드는 역할을 합니다. toVehicle()은 매핑 로직을 재사용할 수 있게 도와주는 메서드입니다. prepareStatement() 메서드에는 등록/수정 메서드의 매개변수를 설정하는 로직이 담겨 있습니다.

스프링 데이터 소스 구성하기

javax.sql.DataSource는 Connection 인스턴스를 생성하는 표준 인터페이스로, JDBC 명세에 규정되어 있습니다. 데이터 소스 인터페이스는 여러 가지 구현체가 있는데요, 그중 HikariCP(히카리CP)와 아파치 커먼스^Apache Commons^(DBCP)가 가장 잘 알려진 오픈 소스 구현체입니다. 애플리케이션 서버 제작사는 대개 자사에서 직접 만든 구현체를 제공합니다. 종류는 다양하지만 모두 DataSource라는 공통 인터페이스를 구현하기 때문에 다른 걸로 바꿔쓰기 쉽습니다. 자바 애플리케이션 프레임워크를 대표하는 스프링 역시 간편하면서도 기능은 막강한 데이터 소스 구현체를 자랑합니다. 그중 요청을 할 때마다 접속을 새로 여는 DriverManagerDataSource는 가장 간단한 구현체입니다.

```java
@Configuration
public class VehicleConfiguration {

    @Bean
    public VehicleDao vehicleDao() {
        return new PlainJdbcVehicleDao(dataSource());
    }

    @Bean
    public DataSource dataSource() {
        DriverManagerDataSource dataSource = new DriverManagerDataSource();
        dataSource.setDriverClassName(ClientDriver.class.getName());
        dataSource.setUrl("jdbc:derby://localhost:1527/vehicle;create=true");
        dataSource.setUsername("app");
        dataSource.setPassword("app");
        return dataSource;
    }
}
```

DriverManagerDataSource는 클라이언트가 매번 요청할 때마다 접속을 새로 열기 때문에 작동 효율은 좋지 않습니다. 스프링의 또 다른 구현체(이자 DriverManagerDataSource의 하위 클래스)인 SingleConnectionDataSource는 그 이름처럼 딱 하나의 접속만 계속 재사용하면서 절대 닫지 않습니다. 멀티스레드 환경에선 최악의 선택이지요.

스프링 기본 데이터 소스 구현체는 주로 테스트용으로 쓰며 기타 데이터 소스 구현체는 대부분 접속 풀링^connection pooling^을 지원합니다. 가령 HikariCP의 HikariDataSource는

DriverManagerDataSource와 접속할 때 필요한 프로퍼티는 같지만 접속 풀의 최소 크기minimum pool size나 최대 활성 접속수maximum active connections 등 다른 정보를 추가 지정할 수 있습니다.

```java
@Bean
public DataSource dataSource() {
    HikariDataSource dataSource = new HikariDataSource();
    dataSource.setUsername("postgres");
    dataSource.setPassword("password");
    dataSource.setJdbcUrl("jdbc:postgresql://localhost:5432/vehicle");
    dataSource.setMinimumIdle(2);
    dataSource.setMaximumPoolSize(5);
    return dataSource;
}
```

NOTE_ HikariCP 데이터 소스 구현체를 사용하려면 클래스패스에 라이브러리를 추가해야 합니다. 메이븐 프로젝트는 pom.xml 파일에 다음 코드를 추가합니다.

```xml
<dependency>
    <groupId>com.zaxxer</groupId>
    <artifactId>HikariCP</artifactId>
    <version>2.6.1</version>
</dependency>
```

그레이들 프로젝트는 build.gradle 파일에 다음 코드를 추가합니다.

```gradle
dependencies {
    compile "com.zaxxer:HikariCP:2.6.1"
}
```

많은 자바 EE 애플리케이션 서버는 콘솔 창 또는 구성 파일에 데이터 소스 구현체를 설정할 수 있게 지원합니다. 데이터 소스를 애플리케이션 서버에 구성하고 JNDI로 연결 가능하도록 설정해서 JndiDataSourceLookup으로 참조합니다.

```java
@Bean
public DataSource dataSource() {
    return new JndiDataSourceLookup().getDataSource("jdbc/VehicleDS");
}
```

DAO 실행하기

이제 새 자동차 레코드를 DB에 등록하는 DAO를 Main 클래스에서 테스트합시다. 별 문제 없으면 DB에 등록한 자동차 정보가 곧바로 출력될 겁니다.

```
public class Main {

    public static void main(String[] args) {
        ApplicationContext context =
            new AnnotationConfigApplicationContext(VehicleConfiguration.class);

        VehicleDao vehicleDao = context.getBean(VehicleDao.class);
        Vehicle vehicle = new Vehicle("TEM0001", "Red", 4, 4);
        vehicleDao.insert(vehicle);

        vehicle = vehicleDao.findByVehicleNo("TEM0001");
        System.out.println(vehicle);
    }
}
```

이렇게 JDBC를 직접 사용해 DAO를 구현할 수도 있지만 보다시피 비슷하게 생긴 코드가 DB 작업을 할 때마다 지리하게 반복되는 걸 알 수 있습니다. 아무래도 코드가 자꾸 중복되면 DAO 메서드는 장황해지고 가독성은 떨어지지요.

> **NOTE_** ORM(객체–관계형 매핑) 툴을 이용해 도메인 모델 엔티티를 특정 DB 테이블에 매핑하는 로직을 작성하면 ORM이 알아서 해당 클래스의 데이터를 DB에 저장합니다. DB의 SQL 파서에 맞추려고 할 필요 없이 비즈니스/도메인 모델을 설계하는 일에만 집중하면 되므로 개발자는 큰 부담을 덜 수 있지요. 클라이언트와 DB 사이의 소통을 독점적으로 통제하는 특권은 내려놓아야 하니 박탈감은 조금 느껴지겠지만 ORM 레이어가 알아서 잘 처리하려니 믿고 맡기면 됩니다.

레시피 9-1 JDBC 템플릿으로 DB 수정하기

과제

JDBC를 직접 사용하면 지루하고 장황한 API 호출이 반복되며 그때마다 큰 의미가 없는 과정이 되풀이
됩니다.

1. 데이터 소스에서 DB 접속을 얻는다.
2. PreparedStatement 객체를 생성한다.
3. 매개변수를 PreparedStatement 객체에 바인딩한다.
4. PreparedStatement를 실행한다.
5. SQLException을 처리한다.
6. 구문 및 접속 객체를 삭제한다.

사실 JDBC API는 너무 저수준(low-level)이기 때문에 JDBC 템플릿을 이용하면 꼭 필요한 작업만
더 효과적으로 간단명료하게 나타내면서 안전하게 수행할 수 있습니다(괜한 삽질할 시간에 애플리케이션
로직에 전념해야죠).

해결책

org.springframework.jdbc.core.JdbcTemplate 클래스에는 앞서 열거한 수정 작업이 망라
된 여러 가지 update() 템플릿 메서드가 오버로드돼 있습니다. 기본적인 수정 작업에서 조금
씩 파생된 하위 작업을 상이한 버전의 update() 메서드들로 정리한 거죠. 스프링 JDBC 프레
임워크는 몇 가지 콜백 인터페이스를 미리 정의해 이렇게 상이한 유형의 하위 작업들을 캡슐화
했습니다. 이들 콜백 인터페이스 중 하나를 구현하고 그 인스턴스를 특정 update() 메서드에
넘기는 식으로 작동합니다.

풀이

JdbcTemplate의 다양한 옵션을 이용해 DB를 수정하는 여러 방법을 살펴보겠습니다.
JdbcTemplate의 PreparedStatementCreator, PreparedStatementSetter 그리고 자체 수
정 메서드를 잇따라 설명합니다.

Statement Creator로 DB 수정하기

첫 번째 콜백 인터페이스는 PreparedStatementCreator입니다. 이 인터페이스는 전체 수정 작업 중에서 문statement 생성(2번) 및 매개변수 바인딩(3번) 로직을 오버라이드할 요량으로 구현합니다. 다음은 PreparedStatementCreator 인터페이스를 구현해서 자동차 정보를 DB에 삽입하는 코드입니다.

```java
public class JdbcVehicleDao implements VehicleDao {

    private class InsertVehicleStatementCreator implements PreparedStatementCreator {

        private final Vehicle vehicle;

        InsertVehicleStatementCreator(Vehicle vehicle) {
            this.vehicle = vehicle;
        }

        @Override
        public PreparedStatement createPreparedStatement(Connection con)
            throws SQLException {
            PreparedStatement ps = con.prepareStatement(INSERT_SQL);
            prepareStatement(ps, this.vehicle);
            return ps;
        }
    }
}
```

PreparedStatementCreator 인터페이스를 구현했기 때문에 DB 접속 객체(Connection)는 createPreparedStatement() 메서드의 인수로 가져올 수 있고 이로써 PreparedStatement 객체를 만들어 매개변수를 바인딩한 다음 반환하면 됩니다. 메서드 시그니처에 선언된 throws SQLException은 이러한 예외를 개발자가 직접 처리할 필요가 없음을 의미합니다. InsertVehicleStatementCreator는 JdbcVehicleDao의 내부 클래스inner class이므로 JdbcVehicleDao 클래스에서 문 생성 기능을 호출할 수 있습니다.

이 문 생성기를 이용하면 자동차 레코드 등록 작업이 간단해집니다. 우선 JdbcTemplate 인스턴스를 생성 후 여기에 데이터 소스를 넣고 DB에 접속합니다. 그다음, 이 템플릿에 대한 문 생성기를 update() 메서드에 인수로 넣고 호출해서 수정합니다.

```
public class JdbcVehicleDao implements VehicleDao {

    ...
    public void insert(Vehicle vehicle) {
        JdbcTemplate jdbcTemplate = new JdbcTemplate(dataSource);
        jdbcTemplate.update(new InsertVehicleStatementCreator(vehicle));
    }
}
```

한 메서드 안에서만 쓴다면 PreparedStatementCreator 인터페이스와 다른 콜백 인터페이스를 내부 클래스로 구현하는 편이 낫습니다. 내부 클래스는 지역 변수나 메서드 인수를 직접 가져올 수 있기 때문에 생성자 인수로 전달할 필요가 없으니까요. 단 외부 클래스의 지역 변수는 반드시 final로 선언해야 합니다.

```
public class JdbcVehicleDao implements VehicleDao {

    private final DataSource dataSource;
    ...
    public void insert(Vehicle vehicle) {
        JdbcTemplate jdbcTemplate = new JdbcTemplate(dataSource);

        jdbcTemplate.update(new PreparedStatementCreator() {
            public PreparedStatement createPreparedStatement(Connection conn)
                throws SQLException {
                PreparedStatement ps = conn.prepareStatement(INSERT_SQL);
                prepareStatement(ps, vehicle);
                return ps;
            }
        });
    }
}
```

자바 8부터는 람다 표현식^{lambda expression}으로 멋지게 표현할 수 있습니다.

```
@Override
public void insert(final Vehicle vehicle) {
    JdbcTemplate jdbcTemplate = new JdbcTemplate(this.dataSource);
    jdbcTemplate.update(con -> {
```

자바 8부터는 람다 표현식[lambda expression]으로 멋지게 표현할 수 있습니다.

```
        PreparedStatement ps = con.prepareStatement(INSERT_SQL);
        prepareStatement(ps, vehicle);
        return ps;
    });
}
```

람다 표현식을 쓰면 내부 클래스 InsertVehicleStatementCreator는 더 이상 필요 없으니 지
워도 됩니다.

Statement Setter로 DB 수정하기

두 번째 콜백 인터페이스는 PreparedStatementSetter입니다. 이름 그대로 매개변수를 바인
딩하는 일(3번)에만 관여합니다.

템플릿 메서드 update() 중에는 SQL문과 PreparedStatementSetter 객체를 인수로 받는 것
들도 있습니다. 주어진 SQL문을 수행하는 PreparedStatement 객체를 생성하고 이 객체에 매
개변수를 바인딩하는 일이 전부입니다(안에서 다시 prepareStatement() 메서드에 다시 위
임합니다).

```
public class JdbcVehicleDao implements VehicleDao {
    ...
    public void insert(final Vehicle vehicle) {
        JdbcTemplate jdbcTemplate = new JdbcTemplate(dataSource);

        jdbcTemplate.update(INSERT_SQL, new PreparedStatementSetter() {
            @Override
            public void setValues(PreparedStatement ps)
                throws SQLException {
                prepareStatement(ps, vehicle);
            }
        });
    }
}
```

자바 8 람다를 쓰면 코드가 한결 짧아집니다.

```
@Override
public void insert(Vehicle vehicle) {
    JdbcTemplate jdbcTemplate = new JdbcTemplate(this.dataSource);
    jdbcTemplate.update(INSERT_SQL, ps -> prepareStatement(ps, vehicle));
}
```

SQL문과 매개변수값으로 DB 수정하기

마지막으로 가장 간단한 update() 메서드는 SQL문과 바인딩할 매개변수를 지닌 객체 배열을 받습니다. 주어진 SQL문으로 PreparedStatement 객체를 만들고 매개변수를 바인딩하므로 수정 작업에 관해서는 아무것도 오버라이드할 게 없습니다.

```
public class JdbcVehicleDao implements VehicleDao {
    ...
    public void insert(final Vehicle vehicle) {
        JdbcTemplate jdbcTemplate = new JdbcTemplate(dataSource);

        jdbcTemplate.update(INSERT_SQL, vehicle.getColor(),vehicle.getWheel(),
            vehicle.getSeat(),vehicle.getVehicleNo());
    }
}
```

지금까지 살펴본 세 update() 메서드 중 콜백 인터페이스를 구현할 필요가 없는 마지막 것이 가장 간단합니다. 쿼리를 매개변수화할 때 사용하는 (setInt, setString 등의) 세터 메서드도 없지요. 한편, 첫 번째 메서드는 PreparedStatement 객체를 쿼리 실행 전에 미리 가공할 수 있어 가장 유연합니다. 여러분이 실무를 할 때에는 언제나 최소 요건을 충족하는 가장 단순한 버전을 선택하세요.

이밖에도 JdbcTemplate에는 다른 update() 메서드도 오버로드overload돼 있습니다. 자세한 내용은 자바독을 참고하세요.

DB 배치 수정하기

자동차 등록 작업을 배치 처리할 경우 update() 메서드를 여러 번 호출하면 그때마다 SQL문이 반복적으로 컴파일되므로 실행 속도가 아주 느려집니다. 이럴 때는 자동차 레코드를 큰 덩어리로 묶어 배치 처리하는 게 좋습니다.

JdbcTemplate에 있는 batchUpdate() 템플릿 메서드를 호출하면 수정 작업을 배치 처리할 수 있습니다. SQL문, 아이템 컬렉션, 배치 크기, ParameterizedPreparedStatementSetter를 설정하면 됩니다.

```java
public class JdbcVehicleDao implements VehicleDao {
    ...
    @Override
    public void insert(Collection<Vehicle> vehicles) {
        JdbcTemplate jdbcTemplate = new JdbcTemplate(this.dataSource);
        jdbcTemplate.batchUpdate(INSERT_SQL, vehicles, vehicles.size(),
            new ParameterizedPreparedStatementSetter<Vehicle>() {

            @Override
            public void setValues(PreparedStatement ps, Vehicle argument)
                throws SQLException {
                prepareStatement(ps, argument);
            }
        });
    }

}
```

자바 8 람다 표현식으로 쓰면 이렇습니다.

```java
@Override
public void insert(Collection<Vehicle> vehicles) {
    JdbcTemplate jdbcTemplate = new JdbcTemplate(this.dataSource);
    jdbcTemplate.batchUpdate(INSERT_SQL, vehicles, vehicles.size(),
        this::prepareStatement);
}
```

Main 클래스에서 배치 수정이 잘 되는지 테스트합시다.

```
public class Main {

    public static void main(String[] args) {
        ...
        VehicleDao vehicleDao = (VehicleDao) context.getBean("vehicleDao");
        Vehicle vehicle1 = new Vehicle("TEM0022", "Blue", 4, 4);
        Vehicle vehicle2 = new Vehicle("TEM0023", "Black", 4, 6);
        Vehicle vehicle3 = new Vehicle("TEM0024", "Green", 4, 5);
        vehicleDao.insert(Arrays.asList(vehicle1, vehicle2, vehicle3));
    }
}
```

레시피 9-2 JDBC 템플릿으로 DB 조회하기

과제

다음은 JDBC를 사용해 DB 데이터를 쿼리하는 작업 순서입니다. 수정보다 절차가 2개(5, 6번) 많습니다.

1 데이터 소스에서 DB 접속을 얻는다.

2 PreparedStatement 객체를 생성한다.

3 매개변수를 PreparedStatement 객체에 바인딩한다.

4 PreparedStatement를 실행한다.

5 반환된 ResultSet을 순회한다.

6 ResultSet에서 데이터를 꺼낸다.

7 SQLException을 처리한다.

8 구문 및 접속 객체를 삭제한다.

이 중 비즈니스 로직과 연관된 곳은 쿼리를 정의하고 ResultSet에서 결과를 꺼내는 부분이며 나머지는 JDBC 템플릿으로 처리하는 게 좋겠습니다.

해결책

JdbcTemplate 클래스에는 갖가지 쿼리 작업이 종합된 상이한 query() 템플릿 메서드가 오버로드돼 있습니다. 수정 작업과 동일하게 PreparedStatementCreator와 PreparedStatementSetter 인터페이스를 구현해서 문 생성 로직을 오버라이드(2번 작업)하고 매개변수를 바인딩(3번 작업)합니다. 아울러 스프링 JDBC 프레임워크에서는 데이터를 추출하는 로직(6번 작업) 역시 여러 가지 방법으로 오버라이드할 수 있습니다.

풀이

스프링은 query() 메서드에서 결과를 처리할 수 있게 RowCallbackHandler, RowMapper 두 인터페이스를 지원합니다. 이들 사용법을 먼저 설명한 뒤 다양한 유스케이스use case, 용례를 살펴보고 각 query() 메서드로 하나의/여러 결과를 가져오는 방법을 알아보겠습니다.

로우 콜백 핸들러로 데이터 추출하기

RowCallbackHandler는 ResultSet의 로우를 처리하는 데 꼭 필요한 주요 인터페이스입니다. query() 메서드가 ResultSet을 반환하면 결과 로우를 하나씩 순회하면서 각각 RowCallbackHandler의 processRow() 메서드를 호출하여 필요한 작업을 수행합니다.

```
public class JdbcVehicleDao implements VehicleDao {
    ...
    @Override
    public Vehicle findByVehicleNo(String vehicleNo) {
        JdbcTemplate jdbcTemplate = new JdbcTemplate(dataSource);

        final Vehicle vehicle = new Vehicle();
        jdbcTemplate.query(SELECT_ONE_SQL,
            new RowCallbackHandler() {
                public void processRow(ResultSet rs) throws SQLException {
                    vehicle.setVehicleNo(rs.getString("VEHICLE_NO"));
                    vehicle.setColor(rs.getString("COLOR"));
                    vehicle.setWheel(rs.getInt("WHEEL"));
                    vehicle.setSeat(rs.getInt("SEAT"));
                }
            }, vehicleNo);
        return vehicle;
```

```
        }
}
```

자바 8 람다를 쓰면 조금 더 간결합니다.

```
@Override
public Vehicle findByVehicleNo(String vehicleNo) {
    JdbcTemplate jdbcTemplate = new JdbcTemplate(dataSource);

    final Vehicle vehicle = new Vehicle();
    jdbcTemplate.query(SELECT_ONE_SQL,
        rs -> {
            vehicle.setVehicleNo(rs.getString("VEHICLE_NO"));
            vehicle.setColor(rs.getString("COLOR"));
            vehicle.setWheel(rs.getInt("WHEEL"));
            vehicle.setSeat(rs.getInt("SEAT"));
        }, vehicleNo);
    return vehicle;
}
```

vehicle 객체는 지역 변수로 선언하고 정확히 하나의 로우만 포함된 ResultSet에서 데이터를
추출해 각 프로퍼티를 설정합니다. ResultSet에 로우가 여러 개면 당연히 리스트 객체로 수집
해야겠죠.

로우 매퍼로 데이터 추출하기

RowMapper<T>는 ResultSet의 로우를 하나씩 주어진 객체에 매핑시켜 단일/다중 로우 모두
적용할 수 있게 RowCallbackHandler를 더 일반화한 인터페이스입니다.

RowMapper<T> 인터페이스는 내부 클래스보다 일반 클래스로 구현하는 편이 재사용 면에서 유
리합니다. 이 인터페이스의 mapRow() 메서드에서 로우를 나타내는 객체를 만들어 반환값으로
돌려주면 됩니다.

```
public class JdbcVehicleDao implements VehicleDao {

    private class VehicleRowMapper implements RowMapper<Vehicle> {
```

```
    @Override
    public Vehicle mapRow(ResultSet rs, int rowNum) throws SQLException {
        return toVehicle(rs);
    }
  }
}
```

다시 언급하지만 RowMapper<T>는 단일/다중 ResultSet 모두 사용할 수 있습니다. 다음 findByVehicleNo() 메서드처럼 정확히 하나의 객체를 쿼리하려 JdbcTemplate의 queryForObject() 메서드를 호출합니다.

```
public class JdbcVehicleDao implements VehicleDao {
  ...
  public Vehicle findByVehicleNo(String vehicleNo) {

      JdbcTemplate jdbcTemplate = new JdbcTemplate(dataSource);
      return jdbcTemplate.queryForObject(SELECT_ONE_SQL, new VehicleRowMapper(),
          vehicleNo);
  }
}
```

스프링에는 BeanPropertyRowMapper<T>라는 편리한 RowMapper<T> 하위 클래스가 있어서 로우를 특정 클래스(반드시 최상위top-level 클래스[1])의 새 인스턴스로 자동 매핑할 수 있습니다. BeanPropertyRowMapper<T>는 타입 매개변수로 받은 인스턴스를 생성해 컬럼명과 이름이 같은 프로퍼티에 매핑합니다. 프로퍼티(예 : vehicleNo)를 동일한 이름의 컬럼에 매핑하거나, 이름 중간에 언더스코어(_)를 추가한 컬럼(예 : VEHICLE_NO)에 매핑할 수도 있습니다.

```
public class JdbcVehicleDao implements VehicleDao {
  ...

  public Vehicle findByVehicleNo(String vehicleNo) {
```

---

1 역주_ 다른 클래스 내부에 선언된 클래스가 아닌 자바 파일명과 클래스명이 동일한 클래스를 말합니다. 더 정확한 정의는 자바 언어 명세 https://docs.oracle.com/javase/specs/jls/se8/html/jls-7.html#jls-7.6을 참고하세요.

```
        JdbcTemplate jdbcTemplate = new JdbcTemplate(dataSource);
        return jdbcTemplate.queryForObject(SELECT_ONE_SQL,
            BeanPropertyRowMapper.newInstance(Vehicle.class), vehicleNo);
    }
}
```

여러 로우 쿼리하기

이번엔 로우가 여러 개인 ResultSet을 쿼리하는 방법입니다. 전체 자동차 레코드를 조회하는
findAll()은 메서드를 추가합니다.

```
public interface VehicleDao {
    ...
    public List<Vehicle> findAll();
}
```

RowMapper<T> 없이도 queryForList() 메서드에 SQL문을 넣고 호출하면 결괏값으로 맵 리
스트가 반환됩니다. ResultSet의 한 로우씩 컬럼명을 키로 하여 맵에 담기겠죠.

```
public class JdbcVehicleDao implements VehicleDao {
    ...
    @Override
    public List<Vehicle> findAll() {
        JdbcTemplate jdbcTemplate = new JdbcTemplate(dataSource);

        List<Map<String, Object>> rows = jdbcTemplate.queryForList(SELECT_ALL_SQL);
        return rows.stream().map(row -> {
            Vehicle vehicle = new Vehicle();
            vehicle.setVehicleNo((String) row.get("VEHICLE_NO"));
            vehicle.setColor((String) row.get("COLOR"));
            vehicle.setWheel((Integer) row.get("WHEEL"));
            vehicle.setSeat((Integer) row.get("SEAT"));
            return vehicle;
        }).collect(Collectors.toList());
    }
}
```

Main 클래스에서 findAll() 메서드를 호출해봅시다.

```
public class Main {

    public static void main(String[] args) {
        ...
        VehicleDao vehicleDao = (VehicleDao) context.getBean("vehicleDao");
        List<Vehicle> vehicles = vehicleDao.findAll();
        vehicles.forEach(System.out::println);
    }
}
```

RowMapper<T> 객체로 ResultSet에 있는 로우를 매핑하면 query() 메서드를 호출해 매핑된
객체 리스트를 얻을 수 있습니다.

```
public class JdbcVehicleDao implements VehicleDao {
...
    public List<Vehicle> findAll() {
        JdbcTemplate jdbcTemplate = new JdbcTemplate(dataSource);
        return jdbcTemplate.query(SELECT_ALL_SQL,
            BeanPropertyRowMapper.newInstance(Vehicle.class));
    }
}
```

단일값 쿼리하기

ResultSet이 로우 하나 + 컬럼 하나, 즉 단일값인 경우도 있습니다. 다음 두 메서드를 DAO
인터페이스에 추가합시다.

```
public interface VehicleDao {
    ...
    public String getColor(String vehicleNo);
    public int countAll();
}
```

단일값을 쿼리하는 메서드는 queryForObject()입니다. 결괏값을 특정 형식에 맞게 매핑하려면 java.lang.Class형 객체를 두 번째 인수로 추가합니다.

```java
public class JdbcVehicleDao implements VehicleDao {

    private static final String COUNT_ALL_SQL = "SELECT COUNT(*) FROM VEHICLE";
    private static final String SELECT_COLOR_SQL = "SELECT COLOR FROM VEHICLE " +
        "WHERE VEHICLE_NO = ?";
    ...

    @Override
    public String getColor(String vehicleNo) {
        JdbcTemplate jdbcTemplate = new JdbcTemplate(dataSource);
        return jdbcTemplate.queryForObject(SELECT_COLOR_SQL, String.class, vehicleNo);
    }

    @Override
    public int countAll() {
        JdbcTemplate jdbcTemplate = new JdbcTemplate(dataSource);
        return jdbcTemplate.queryForObject(COUNT_ALL_SQL, Integer.class);
    }
}
```

Main 클래스에서 두 메서드를 테스트해봅시다.

```java
public class Main {

    public static void main(String[] args) {
        ...
        VehicleDao vehicleDao = context.getBean(VehicleDao.class);
        int count = vehicleDao.countAll();
        System.out.println("Vehicle Count: " + count);
        String color = vehicleDao.getColor("TEM0001");
        System.out.println("Color for [TEM0001]: " + color);
    }
}
```

레시피 9-3 JDBC 템플릿을 간단하게 생성하기

과제

필요할 때마다 **JdbcTemplate** 인스턴스를 새로 만들면 생성문을 반복하며 객체를 생성해야 하므로 비용 면에서 비효율적입니다.

해결책

JdbcTemplate는 스레드-안전thread-safe한 클래스여서 IoC 컨테이너에 인스턴스를 하나만 선언하고 모든 DAO 인스턴스에 주입해 쓸 수 있습니다. 이에 더하여 스프링 JDBC 프레임워크에는 org.springframework.jdbc.core.support.JdbcDaoSupport라는 간편 클래스가 있어서 DAO 구현부를 단순화할 수 있습니다. 이 클래스에 선언된 jdbcTemplate 프로퍼티는 IoC 컨테이너에서 주입받거나 데이터 소스로부터 (JdbcTemplate jdbcTemplate = new JdbcTemplate(dataSource) 하여) 자동 생성되므로 DAO가 이 클래스를 상속하면 jdbcTemplate 프로퍼티도 자동으로 물려받습니다.

풀이

JdbcTemplate을 매번 새로 만들지 말고 빈 형태의 단일 인스턴스로 만들어 필요한 DAO에 주입합니다. 스프링 JdbcDaoSupport 클래스를 상속하여 JdbcTemplate 게터로 가져올 수도 있습니다.

JDBC 템플릿 주입하기

JdbcTemplate 인스턴스를 다음 코드처럼 클래스 레벨에 주입하면 클래스에 속한 모든 DAO 메서드가 갖다 쓸 수 있습니다.

```
public class JdbcVehicleDao implements VehicleDao {

    private final JdbcTemplate jdbcTemplate;

    public JdbcVehicleDao (JdbcTemplate jdbcTemplate) {
```

```
        this.jdbcTemplate = jdbcTemplate;
    }

    @Override
    public void insert(final Vehicle vehicle) {
        jdbcTemplate.update(INSERT_SQL, vehicle.getVehicleNo(), vehicle.getColor(),
            vehicle.getWheel(), vehicle.getSeat());
    }
    ...
}
```

JDBC 템플릿에 꼭 필요한 데이터 소스는 세터 메서드나 생성자 인수를 사용해 받습니다. 그러면 이 JDBC 템플릿을 DAO에 주입할 수 있겠죠.

```
@Configuration
public class VehicleConfiguration {

    @Bean
    public VehicleDao vehicleDao(JdbcTemplate jdbcTemplate) {
        return new JdbcVehicleDao(jdbcTemplate);
    }

    @Bean
    public JdbcTemplate jdbcTemplate(DataSource dataSource) {
        return new JdbcTemplate(dataSource);
    }
}
```

JdbcDaoSupport 클래스 상속하기

JdbcDaoSupport 클래스를 상속한 DAO는 이 클래스에 구현된 setDataSource(), setJdbcTemplate() 메서드도 함께 물려받습니다. 따라서 JDBC 템플릿을 생성하는데 필요한 데이터 소스를 주입하거나 JDBC 템플릿을 직접 주입할 수 있습니다. 다음은 JdbcDaoSupport의 소스 코드를 발췌한 겁니다.

```
package org.springframework.jdbc.core.support;
...
public abstract class JdbcDaoSupport extends DaoSupport {

    private JdbcTemplate jdbcTemplate;

    public final void setDataSource(DataSource dataSource) {
        if( this.jdbcTemplate == null || dataSource != this.jdbcTemplate.getDataSource()) {
            this.jdbcTemplate = createJdbcTemplate(dataSource);
            initTemplateConfig();
        }
    }
    ...
    public final void setJdbcTemplate(JdbcTemplate jdbcTemplate) {
        this.jdbcTemplate = jdbcTemplate;
        initTemplateConfig();
    }

    public final JdbcTemplate getJdbcTemplate() {
        return this.jdbcTemplate;
    }
    ...
}
```

DAO 메서드는 그냥 getJdbcTemplate() 메서드를 호출해 JDBC 템플릿을 가져오면 되므로
dataSource, jdbcTemplate 같은 프로퍼티나 관련 세터 메서드는 삭제할 수 있습니다. 지면상
insert() 메서드 하나만 보겠습니다.

```
public class JdbcVehicleDao extends JdbcDaoSupport implements VehicleDao {

    @Override
    public void insert(final Vehicle vehicle) {
        getJdbcTemplate().update(INSERT_SQL, vehicle.getVehicleNo(),
            vehicle.getColor(), vehicle.getWheel(), vehicle.getSeat());
    }
    ...
}
```

JdbcDaoSupport의 setDataSource() 메서드도 상속받으므로 DAO가 자체적으로 JDBC 템플릿을 생성하도록 데이터 소스를 DAO 인스턴스에 주입할 수 있습니다.

```
@Configuration
public class VehicleConfiguration {
...
    @Bean
    public VehicleDao vehicleDao(DataSource dataSource) {
        JdbcVehicleDao vehicleDao = new JdbcVehicleDao();
        vehicleDao.setDataSource(dataSource);
        return vehicleDao;
    }
}
```

레시피 9-4 JDBC 템플릿에서 기명 매개변수 사용하기

과제

JDBC로 쿼리할 때 매개변수가 들어갈 자리를 SQL문에 자리끼우개 ?로 표시하고 그 위치에 맞게 값을 지정하는데요, 이런 식으로 바인딩하면 매개변수 순서가 바뀔 때마다 값도 다시 지정해야 하므로 상당히 불편합니다. 매개변수가 아주 많을 경우엔 일일이 위치를 따져가며 바인딩하는 것 자체가 고역이지요.

해결책

스프링 JDBC 프레임워크의 기명 매개변수named parameter는 그 이름답게 위치 대신 (콜론으로 시작하는) 이름으로 매개변수를 지정하는 겁니다. 전용 템플릿 NamedParameterJdbcTemplate을 이용해 SQL문을 바인딩하면 관리하기도 쉽고 가독성 역시 향상됩니다. 자리끼우개로 표시한 기명 매개변수는 스프링이 런타임에 실젯값으로 치환하지요.

풀이

SQL문에서 기명 매개변수를 사용하려면 매개변수명을 키로 값을 설정한 맵이 필요합니다.

```
public class JdbcVehicleDao extends NamedParameterJdbcDaoSupport implements VehicleDao {
    private static final String INSERT_SQL = "INSERT INTO VEHICLE (COLOR, WHEEL, SEAT, " +
        "VEHICLE_NO) VALUES (:color, :wheel, :seat, :vehicleNo)";

    @Override
    public void insert(Vehicle vehicle) {
        getNamedParameterJdbcTemplate().update(INSERT_SQL, toParameterMap(vehicle));
    }

    private Map<String, Object> toParameterMap(Vehicle vehicle) {
        Map<String, Object> parameters = new HashMap<>();
        parameters.put("vehicleNo", vehicle.getVehicleNo());
        parameters.put("color", vehicle.getColor());
        parameters.put("wheel", vehicle.getWheel());
        parameters.put("seat", vehicle.getSeat());
        return parameters;
    }
    ...
}
```

기명 매개변수의 값을 제공하는 일이 주임무인 SqlParameterSource(SQL 매개변수 소스)를 이용하는 방법도 있습니다. 이 인터페이스를 구현한 클래스는 모두 세 종류가 있고 그중 맵을 매개변수 소스로 감싼 MapSqlParameterSource가 기본 클래스입니다. 앞 예제에 비해 SqlParameterSource 객체 하나가 늘어나는 손해는 감수해야 합니다.

```
public class JdbcVehicleDao extends NamedParameterJdbcDaoSupport implements VehicleDao {
    @Override
    public void insert(Vehicle vehicle) {

        SqlParameterSource parameterSource =
            new MapSqlParameterSource(toParameterMap(vehicle));

        getNamedParameterJdbcTemplate().update(INSERT_SQL, parameterSource);
    }
    ...
}
```

매개변수 소스의 진가는 수정 메서드에 전달할 매개변수와 그 값 사이에 한 수준 더 간접화^{indirection}할 때 발휘됩니다. 가령, 자바빈^{JavaBean}에 있는 프로퍼티를 가져오고 싶을 때 SqlParameterSource를 중간에 두면 효과적입니다. SqlParameterSource 인터페이스 구현체 중 하나인 BeanPropertySqlParameterSource를 쓰면 일반 자바 객체를 SQL 매개변수 소스로 감싸 기명 매개변수와 이름이 같은 프로퍼티를 해당 값으로 매핑할 수 있습니다.

```
public class JdbcVehicleDao extends NamedParameterJdbcDaoSupport implements VehicleDao {

    @Override
    public void insert(Vehicle vehicle) {

        SqlParameterSource parameterSource =
            new BeanPropertySqlParameterSource(vehicle);

        getNamedParameterJdbcTemplate().update(INSERT_SQL, parameterSource);
    }
}
```

기명 매개변수는 배치 수정을 할 때에도 활용할 수 있습니다. 매개변수값은 Map, 배열, SqlParameterSource 배열 중 하나를 사용합니다.

```
public class JdbcVehicleDao extends NamedParameterJdbcDaoSupport implements VehicleDao {
    ...
    @Override
    public void insert(Collection<Vehicle> vehicles) {

        SqlParameterSource[] sources = vehicles.stream()
            .map(v -> new BeanPropertySqlParameterSource(v))
            .toArray(size -> new SqlParameterSource[size]);
        getNamedParameterJdbcTemplate().batchUpdate(INSERT_SQL, sources);
    }
}
```

레시피 9-5 스프링 JDBC 프레임워크에서 예외 처리하기

과제

대부분의 JDBC API는 반드시 붙잡아 처리해야 하는 체크 예외 `java.sql.SQLException`을 던지도록 선언되어 있습니다. 그러나 매번 DB 작업을 할 때마다 체크 예외를 처리하기란 매우 번거롭습니다. 이런 예외는 자체적으로 처리 정책을 수립해 처리하지 않으면 일관성이 결여되기 십상입니다.

해결책

JDBC 프레임워크를 비롯한 스프링 데이터 액세스 모듈은 일관성 있는 예외 처리 메커니즘을 제공합니다. 스프링 JDBC 프레임워크에서 발생한 모든 예외는 `RuntimeException`을 상속한 `org.springframework.dao.DataAccessException`의 하위 클래스라서 강제로 붙잡을 필요가 없습니다. `DataAccessException`는 스프링 데이터 액세스 모듈이 던지는 최상위 예외 클래스입니다. [그림 9-1]은 스프링 데이터 액세스 모듈 `DataAccessException`의 계층 구조를 일부 나타낸 겁니다. 여러 부류의 데이터 액세스 예외가 총 30개 이상의 예외 클래스로 각기 정의되어 있지요.

그림 9-1 `DataAccessException` 계열의 공통 예외 클래스들

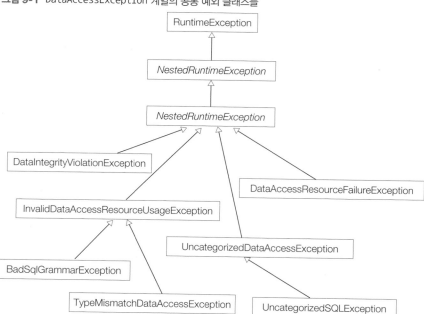

풀이

스프링 JDBC에서 예외를 처리하는 방법을 살펴보고 커스텀 예외 및 매핑을 사용해 활용하는 방법을 설명합니다.

스프링 JDBC 프레임워크의 예외 처리 방식

지금까지 JDBC 템플릿 또는 작업 객체를 사용하면서 JDBC 예외를 명시적으로 처리하지 않았습니다. 자동차 레코드를 등록하는 코드를 예제 삼아 스프링 JDBC 프레임워크에서 어떻게 예외를 처리하는지 알아보겠습니다. 다음 Main 클래스에서 등록하려는 자동차 번호가 이미 등록되어 있다면 어떻게 될까요?

```
public class Main {

    public static void main(String[] args) {
        ...
        VehicleDao vehicleDao = context.getBean(VehicleDao.class);
        Vehicle vehicle = new Vehicle("EX0001", "Green", 4, 4);
        vehicleDao.insert(vehicle);
    }
}
```

main() 메서드를 두 번 연달아 실행하거나 번호가 EX0001인 자동차 레코드가 이미 DB에 있다면 DataAccessException의 하위 클래스인 DuplicateKeyException이 발생할 겁니다. 하지만 DAO 메서드에서 try/catch 블록으로 감싸거나 메서드 시그니처에 throws를 덧붙일 필요는 없습니다. DataAccessException(및 그 하위 클래스인 DuplicateKeyException)은 언체크 예외라서 붙잡을 필요가 없으니까요. DataAccessException의 직계 상위 클래스인 NestedRuntimeException은 다른 예외를 RuntimeException으로 감싸는 역할을 담당하는 스프링의 핵심 예외 클래스입니다.

스프링 JDBC 프레임워크는 SQLException 예외가 나면 자동으로 DataAccessException의 하위 클래스 중 하나로 감쌉니다. 이 예외는 붙잡아 처리하지 않아도 되는 RuntimeException입니다.

과연 스프링 JDBC 프레임워크는 무슨 기준으로 DataAccessException 계열의 예외를 특정할 수 있을까요? 그 비결은 SQLException의 errorCode, SQLState 프로퍼티입니다. DataAccessException이 하부에 SQLException을 최상위 예외 원인으로 감싼 모양새라서 다음 코드처럼 catch 블록에서 errorCode, SQLState 프로퍼티를 확인할 수 있는 겁니다.

```java
public class Main {

    public static void main(String[] args) {
        ...
        VehicleDao vehicleDao = context.getBean(VehicleDao.class);
        Vehicle vehicle = new Vehicle("EX0001", "Green", 4, 4);
        try {
            vehicleDao.insert(vehicle);
        } catch (DataAccessException e) {
            SQLException sqle = (SQLException) e.getCause();
            System.out.println("Error code: " + sqle.getErrorCode());
            System.out.println("SQL state: " + sqle.getSQLState());
        }
    }
}
```

중복 자동차 레코드를 등록하려고 할 때 PostgreSQL이 반환한 에러 코드와 SQL 상태값은 다음과 같습니다.

```
Error code : 0
SQL state : 23505
```

PostgreSQL 레퍼런스 매뉴얼을 뒤져보면 에러 설명이 나옵니다(표 9-2).

표 9-2 PostgreSQL 에러 코드 설명

SQL 상태값	메시지 텍스트
23505	unique_violation

하지만 스프링 JDBC 프레임워크는 23505라는 상태값이 DuplicateKeyException으로 매핑된다는 사실을 어떻게 알았을까요? 에러 코드나 SQL 상태값은 DB마다 다르기 때문에 똑 같은 에러가 나도 반환 코드는 달라질 텐데요. 또 DB에 따라 에러를 (PostgreSQL처럼)

SQLState 프로퍼티에 명시하기도 하고 errorCode 프로퍼티에 명시하기도 하는데요?

공개 자바 애플리케이션 프레임워크인 스프링은 널리 쓰이는 DB 제품의 에러 코드를 잘 알고 있습니다. 하지만 에러 코드는 실상 그 개수가 너무 많기 때문에 자주 발생하는 에러를 일부 매핑한 겁니다. 매핑 정보는 org.springframework.jdbc.support 패키지에 위치한 sql-error-codes.xml 파일에 정의되어 있습니다. 다음은 PostgreSQL용 에러 정보를 일부 발췌한 겁니다.

```xml
<?xml version="1.0" encoding="UTF-8"?>
<!DOCTYPE beans PUBLIC "-//SPRING//DTD BEAN 3.0//EN"
    "http://www.springframework.org/dtd/spring-beans-3.0.dtd">

<beans>
    ...
    <bean id="PostgreSQL" class="org.springframework.jdbc.support.SQLErrorCodes">
        <property name="useSqlStateForTranslation">
            <value>true</value>
        </property>
        <property name="badSqlGrammarCodes">
            <value>03000,42000,42601,42602,42622,42804,42P01</value>
        </property>
        <property name="duplicateKeyCodes">
            <value>23505</value>
        </property>
        <property name="dataIntegrityViolationCodes">
            <value>23000,23502,23503,23514</value>
        </property>
        <property name="dataAccessResourceFailureCodes">
            <value>53000,53100,53200,53300</value>
        </property>
        <property name="cannotAcquireLockCodes">
            <value>55P03</value>
        </property>
        <property name="cannotSerializeTransactionCodes">
            <value>40001</value>
        </property>
        <property name="deadlockLoserCodes">
            <value>40P01</value>
        </property>
    </bean>
    ...
</beans>
```

useSqlStateForTranslation은 말 그대로 에러 코드를 errorCode 대신 SQLState 프로퍼티로 매치한다는 설정입니다. SQLErrorCodes 클래스에는 DB 에러 코드의 매핑 카테고리가 정의되어 있습니다(예 : 23505는 duplicateKeyCodes 카테고리에 속한 코드입니다).

데이터 액세스 예외 처리 커스터마이징하기

스프링 JDBC 프레임워크에는 자주 나오는 에러 코드만 매핑되어 있기 때문에 직접 매핑을 설정해야 하는 경우도 있습니다. 예를 들어 기존 카테고리에 코드를 하나 더 추가하거나 특정 에러 코드에 커스텀 예외를 정의해야 할 때가 있겠죠.

[표 9-2]에서 23505라는 에러 코드는 PostgreSQL에서 중복 키 에러를 의미하며 DataIntegrityViolationException으로 기본 매핑됩니다. 만약 이 에러를 MyDuplicateKeyException이라는 커스텀 예외형으로 붙잡고 싶으면 데이터 무결성 위반 에러인 DataIntegrityViolationException을 상속한 클래스를 작성하면 됩니다. 스프링 JDBC 프레임워크가 던지는 모든 예외의 루트 클래스는 반드시 DataAccessException이어야 한다는 사실을 기억하세요.

```java
public class MyDuplicateKeyException extends DataIntegrityViolationException {

    public MyDuplicateKeyException(String msg) {
        super(msg);
    }

    public MyDuplicateKeyException(String msg, Throwable cause) {
        super(msg, cause);
    }
}
```

기본적으로 스프링은 sql-error-codes.xml 파일에서 예외를 찾지만 클래스패스 루트에 이름이 같은 파일을 두고 매핑을 오버라이드할 수 있습니다. 그러면 스프링은 제일 먼저 이 파일에서 예외를 찾아보고 만약 적합한 예외가 없으면 기본 매핑을 다시 찾는 식으로 진행합니다.

예를 들어 커스텀 DuplicateKeyException형을 23505 에러 코드에 매핑하려면 CustomSQLErrorCodesTranslation 빈을 사용해 바인딩을 추가하고 customTranslations

카테고리에 이 빈을 추가합니다.

```xml
<?xml version="1.0" encoding="UTF-8"?>
<!DOCTYPE beans PUBLIC "-//SPRING//DTD BEAN 2.0//EN"
    "http://www.springframework.org/dtd/spring-beans-2.0.dtd">

<beans>
    <bean id="PostgreSQL"
        class="org.springframework.jdbc.support.SQLErrorCodes">
        <property name="useSqlStateForTranslation">
            <value>true</value>
        </property>
        <property name="customTranslations">
            <list>
                <ref bean="myDuplicateKeyTranslation" />
            </list>
        </property>
    </bean>
    <bean id="myDuplicateKeyTranslation"
        class="org.springframework.jdbc.support.CustomSQLErrorCodesTranslation">
        <property name="errorCodes">
            <value>23505</value>
        </property>
        <property name="exceptionClass">
            <value>
                com.apress.springrecipes.vehicle.MyDuplicateKeyException
            </value>
        </property>
    </bean>
</beans>
```

이제 자동차 레코드 등록 코드를 감싼 try/catch 블록을 제거하고 중복된 자동차 레코드를 등록하면 스프링 JDBC 프레임워크에서 MyDuplicateKeyException이 대신 발생합니다.

SQLErrorCodes 클래스의 기본 코드—예외 매핑 전략이 맘에 안 들면 SQLExceptionTranslator 인터페이스를 구현하고 그 인스턴스를 setExceptionTranslator() 메서드를 사용해 JDBC 템플릿에 주입하면 됩니다.

레시피 9-6 ORM 프레임워크 활용하기

과제

도메인 모델이 어느 정도 복잡해지고 각 엔티티를 일일이 손으로 코딩하는 일이 따분해지면 하이버네이트 같은 다른 대안을 찾게 됩니다. 하이버네이트가 얼마나 강력하면서도 간단한지 배우고 나면 신선한 충격을 받게 될 거예요!

해결책

ORM 레이어를 다룰 줄 아는 스프링을 이용하면 기존 일반 JDBC 방식의 DB 액세스를 훌륭하게 대체할 수 있습니다.

풀이

교육 센터의 강좌 관리 시스템을 개발하려고 합니다. 제일 먼저 Course 클래스를 작성할 텐데요. 실세계의 엔티티(강좌)를 표현한 이 클래스는 그 인스턴스를 DB에 저장하므로 엔티티 클래스entity class 또는 퍼시스턴스 클래스라고 합니다. ORM 프레임워크에서는 저장되는 엔티티 클래스마다 무인수 기본 생성자가 꼭 필요합니다.

```
package com.apress.springrecipes.course;
...
public class Course {

    private Long id;
    private String title;
    private Date beginDate;
    private Date endDate;
    private int fee;

    // 생성자, 게터 및 세터
    ...
}
```

엔티티 클래스마다 자신을 분간할 수 있게 식별자identifier 프로퍼티가 정의되어 있어야 합니다.

업무와 무관하고 환경에 따라 달라지지 않는 자동 생성 식별자를 이용하면 좋습니다. 아울러 식별자는 ORM 프레임워크에서 엔티티의 상태를 결정하는 쓰임새도 있습니다. 엔티티 식별자가 null이면 저장되지 않은 새 엔티티로 간주되고 이 엔티티를 저장할 경우에만 등록 (INSERT) SQL문을, 그 외에는 수정(UPDATE) SQL문을 실행합니다. 단 식별자는 java. lang.Integer, java.lang.Long 같은 기본 래퍼형이어야 그 값을 null로 지정할 수 있습니다.

강좌 관리 시스템에서도 데이터 액세스 로직을 캡슐화한 DAO 인터페이스가 필요합니다. 필요한 기능을 우선 CourseDao 인터페이스에 정의합시다.

```
public interface CourseDao {
    Course store(Course course);
    void delete(Long courseId);
    Course findById(Long courseId);
    List<Course> findAll();
}
```

ORM으로 객체를 저장할 때 보통 등록과 수정은 하나의 작업(즉, 저장)으로 묶습니다. 객체를 새로운 레코드로 등록할지, 기존 레코드를 수정할지 여부는 (여러분 대신) ORM 프레임워크가 판단할 몫입니다. ORM 프레임워크에서 객체를 DB에 저장하려면 반드시 해당 엔티티 클래스의 매핑 메타데이터를 지원 가능한 형식으로 지정해야 합니다. 당초 하이버네이트는 XML 형식의 매핑 메타데이터를 지원했지만 상이한 ORM 프레임워크가 메타데이터를 각기 다른 방식으로 매핑하면 문제가 되기 때문에 다른 프레임워크에서도 재사용이 가능하도록 JPA 명세에 표준 퍼시스턴스 애너테이션 세트가 규정되어 있습니다.

하이버네이트 역시 JPA 애너테이션을 붙여 매핑 메타데이터를 정의하게끔 지원합니다. 정리하면, 하이버네이트와 JPA 기술로 객체를 매핑 및 저장하는 전략은 크게 다음 세 가지입니다.

- XML로 매핑한 객체를 하이버네이트 API를 이용해 저장합니다.
- JPA 애너테이션을 붙인 객체를 하이버네이트 API를 이용해 저장합니다.
- JPA 애너테이션을 붙인 객체를 JPA를 이용해 저장합니다.

하이버네이트, JPA 등 ORM 프레임워크의 핵심 프로그래밍 요소는 JDBC와 닮은 꼴입니다 (표 9-3).

표 9-3 데이터 액세스 전략별 핵심 프로그래밍 요소

개념	JDBC	하이버네이트	JPA
리소스	Connection	Session	EntityManager
리소스 팩토리	DataSource	SessionFactory	EntityManagerFactory
예외	SQLException	HibernateException	PersistenceException

하이버네이트에서 객체 퍼시스턴스의 핵심 인터페이스는 Session으로, 인스턴스는 SessionFactory에서 가져옵니다. 이에 대응하는 JPA 진영의 인터페이스는 EntityManager로, 인스턴스는 EntityManagerFactory에서 얻습니다. 하이버네이트에서 발생한 예외는 HibernateException형인 반면, JPA에서 발생한 예외는 PersistenceException형이거나 일반 자바 SE 예외형(예 : IllegalArgumentException, IllegalStateException)입니다. 이들 모두 RuntimeException 하위 클래스라서 붙잡아 처리할 필요가 없지요.

XML로 매핑한 객체를 하이버네이트 API를 이용해 저장하기

하이버네이트에서 엔티티 클래스를 XML 파일로 매핑하려면 클래스당 하나의 매핑 파일을 두거나 여러 클래스에 일괄 적용할 덩치 큰 매핑 파일을 작성합니다. 대개 관리 편의상 클래스명에 .hbm.xml 확장자를 덧붙인 파일을 클래스마다 하나씩 정의합니다. 확장자 가운데 자리한 hbm은 "하이버네이트 메타데이터Hibernate metadata"를 의미합니다.

Course 클래스와 같은 패키지에 매핑 파일 Course.hbm.xml을 다음과 같이 작성합니다.

```
<!DOCTYPE hibernate-mapping
    PUBLIC "-//Hibernate/Hibernate Mapping DTD 3.0//EN"
    "http://hibernate.sourceforge.net/hibernate-mapping-3.0.dtd">

<hibernate-mapping package="com.apress.springrecipes.course">
    <class name="Course" table="COURSE">
        <id name="id" type="long" column="ID">
            <generator class="identity" />
        </id>
        <property name="title" type="string">
            <column name="TITLE" length="100" not-null="true" />
        </property>
        <property name="beginDate" type="date" column="BEGIN_DATE" />
```

```
        <property name="endDate" type="date" column="END_DATE" />
        <property name="fee" type="int" column="FEE" />
    </class>
</hibernate-mapping>
```

엔티티 클래스에 해당하는 테이블명 및 각 프로퍼티별 컬럼명을 매핑 파일에 기술합니다. 컬럼 길이, NOT NULL, UNIQUE 제약 조건 등 자세한 컬럼 정보도 지정할 수 있습니다. 각 엔티티는 자동/수동 생성되는 식별자를 반드시 지니고 있어야 합니다. 예제에서는 테이블이 자동 생성한 식별자를 사용하도록 설정했습니다.

이제 hibernate 하위 패키지에 하이버네이트 API를 써서 DAO 인터페이스를 구현합시다. 하이버네이트 API를 불러 객체를 저장하려면 먼저 생성자에서 하이버네이트 세션 팩토리를 초기화합니다.

```
package com.apress.springrecipes.course.hibernate;
...

public class HibernateCourseDao implements CourseDao {

    private final SessionFactory sessionFactory;

    public HibernateCourseDao() {

        Configuration configuration = new Configuration()
            .setProperty(AvailableSettings.URL, "jdbc:postgresql://localhost:5432/course")
            .setProperty(AvailableSettings.USER, "postgres")
            .setProperty(AvailableSettings.PASS, "password")
            .setProperty(AvailableSettings.DIALECT, PostgreSQL95Dialect.class.getName())
            .setProperty(AvailableSettings.SHOW_SQL, String.valueOf(true))
            .setProperty(AvailableSettings.HBM2DDL_AUTO, "update")
            .addClass(Course.class);
        sessionFactory = configuration.buildSessionFactory();
    }

    @Override
    public Course store(Course course) {
        Session session = sessionFactory.openSession();
        Transaction tx = session.getTransaction();
        try {
```

```java
            tx.begin();
            session.saveOrUpdate(course);
            tx.commit();
            return course;
        } catch (RuntimeException e) {
            tx.rollback();
            throw e;
        } finally {
            session.close();
        }
    }

    @Override
    public void delete(Long courseId) {
        Session session = sessionFactory.openSession();
        Transaction tx = session.getTransaction();
        try {
            tx.begin();
            Course course = session.get(Course.class, courseId);
            session.delete(course);
            tx.commit();
        } catch (RuntimeException e) {
            tx.rollback();
            throw e;
        } finally {
            session.close();
        }
    }

    @Override
    public Course findById(Long courseId) {
        Session session = sessionFactory.openSession();
        try {
            return session.get(Course.class, courseId);
        } finally {
            session.close();
        }
    }

    @Override
    public List<Course> findAll() {
        Session session = sessionFactory.openSession();
        try {
            return session.createQuery("SELECT c FROM Course c", Course.class).list();
```

```
    } finally {
        session.close();
    }
  }
}
```

하이버네이트 개발의 첫 단추는 org.hibernate.cfg.Configuration 객체를 만들고 여기에 각종 DB 설정값(JDBC 접속 프로퍼티 또는 데이터 소스 JDNI명), DB 방언, 매핑 메타데이터 위치 등의 프로퍼티를 설정하는 일입니다. XML 파일로 매핑 메타데이터를 구성할 경우 addClass() 메서드를 사용해 클래스(Course.class)를 넘겨주면 하이버네이트는 명명 관례에 맞는 XML 파일(Course.hbm.xml)을 찾아 읽어들입니다. 하이버네이트 세션 팩토리는 이 Configuration 객체를 토대로 생성하며 객체 퍼시스턴스에 꼭 필요한 세션을 만드는 역할을 합니다.

객체를 저장하려면 우선 데이터를 저장할 DB 스키마에 테이블을 생성해야 하나 하이버네이트 같은 ORM 프레임워크를 쓰면 여러분이 직접 테이블을 설계할 필요가 없습니다. hibernate.hbm2ddl.auto 프로퍼티를 update로 설정하면 하이버네이트가 필요 시 DB 스키마와 테이블을 알아서 만들고 수정하니까요.

> **TIP_** 물론 운영 환경에서 이런 기능을 사용하면 큰일 나겠지만 개발 단계에서는 엄청난 시간 절약 효과가 있습니다.

각 DAO 메서드를 잘 보면 우선 sessionFactory.openSession()으로 세션을 엽니다. saveOrUpdate()나 delete()처럼 DB를 수정하는 메서드는 반드시 이 세션에 하이버네이트 트랜잭션을 걸어야 합니다. 작업이 별 탈 없이 끝나면 트랜잭션이 커밋되지만 도중에 RuntimeException이 발생하면 롤백되겠죠. get()이나 HQL 쿼리 같은 읽기 전용 작업은 트랜잭션을 적용할 필요가 없습니다. 작업이 끝나면 세션이 붙잡고 있던 리소스를 해제하는 세션을 반드시 닫아주어야 합니다.

Main 클래스에서 DAO 메서드를 테스트합시다. 전형적인 엔티티의 수명 주기를 잘 보여주는 예제입니다.

```java
public class Main {
    public static void main(String[] args) {

        CourseDao courseDao = new HibernateCourseDao();

        Course course = new Course();
        course.setTitle("Core Spring");
        course.setBeginDate(new GregorianCalendar(2007, 8, 1).getTime());
        course.setEndDate(new GregorianCalendar(2007, 9, 1).getTime());
        course.setFee(1000);

        System.out.println("\nCourse before persisting");
        System.out.println(course);

        courseDao.store(course);

        System.out.println("\nCourse after persisting");
        System.out.println(course);

        Long courseId = course.getId();
        Course courseFromDb = courseDao.findById(courseId);

        System.out.println("\nCourse fresh from database");
        System.out.println(courseFromDb);

        courseDao.delete(courseId);

        System.exit(0);
    }
}
```

JPA 애너테이션을 붙인 객체를 하이버네이트 API를 이용해 저장하기

JSR-220 명세로 표준화된 JPA 애너테이션은 하이버네이트를 비롯한 JPA 호환 ORM 프레임 워크에서 모두 지원됩니다. 아무래도 애너테이션을 붙이는 방법이 같은 소스 파일에서 매핑 메타데이터를 손쉽게 편집할 수 있어 간편합니다.

다음은 Course 클래스에 JPA 애너테이션을 붙여 매핑 메타데이터를 정의한 코드입니다.

```
@Entity
@Table(name = "COURSE")
public class Course {

    @Id
    @GeneratedValue(strategy = GenerationType.IDENTITY)
    @Column(name = "ID")
    private Long id;

    @Column(name = "TITLE", length = 100, nullable = false)
    private String title;

    @Column(name = "BEGIN_DATE")
    private Date beginDate;

    @Column(name = "END_DATE")
    private Date endDate;

    @Column(name = "FEE")
    private int fee;

    // 생성자, 게터 및 세터
    ...
}
```

엔티티 클래스에 @Entity를 붙이고 이 클래스에 대응되는 테이블명을 지정합니다. 각 프로퍼티에는 @Column을 붙여 컬럼명과 기타 자세한 정보를 명시합니다.

각 엔티티 클래스는 반드시 식별자에 @Id를 붙여야 하며 @GeneratedValue를 이용해 식별자 생성 전략을 선택할 수 있습니다. 예제에서는 테이블이 자동 생성한 식별자를 사용하도록 설정했습니다.

DAO 코드는 다음 굵게 표시한 부분을 제외하고 이전과 거의 같습니다.

```
public HibernateCourseDao() {

    Configuration configuration = new Configuration()
        .setProperty(AvailableSettings.URL, "jdbc:postgresql://localhost:5432/course")
        .setProperty(AvailableSettings.USER, "postgres")
```

```
        .setProperty(AvailableSettings.PASS, "password")
        .setProperty(AvailableSettings.DIALECT, PostgreSQL95Dialect.class.getName())
        .setProperty(AvailableSettings.SHOW_SQL, String.valueOf(true))
        .setProperty(AvailableSettings.HBM2DDL_AUTO, "update")
        .addAnnotatedClass(Course.class);
    sessionFactory = configuration.buildSessionFactory();
}
```

메타데이터를 애너테이션으로 지정하기 때문에 addClass()를 addAnnotatedClass() 메서드로 대체한 겁니다. 그러면 하이버네이트가 hbm.xml 파일을 찾지 않고 클래스 자신을 뒤져 매핑메타데이터를 읽을 겁니다.

하이버네이트를 JPA 엔진 삼아 객체 저장하기

JPA에는 퍼시스턴스 애너테이션 외에도 객체 퍼시스턴스 전용 프로그래밍 인터페이스가 정의되어 있습니다. 하지만 JPA 자체는 퍼시스턴스 구현체가 아닌 까닭에 퍼시스턴스 서비스를 제공하려면 JPA 호환 엔진을 골라써야 합니다. 하이버네이트는 EntityManager 모듈을 사용해 JPA 호환 엔진으로 변신하여 객체를 저장할 수 있습니다. 이로써 기존에 (속도를 향상하거나 요건에 더 부합하는 방향으로 작업을 처리하기 위해 도입한) 하이버네이트에 투자한 결과물을 그대로 유지한 채 JPA 호환 코드를 작성해 다른 JPA 엔진으로 이식할 수 있습니다. 특히, 코드베이스를 JPA로 변환할 때 큰 도움이 되지요. 새 코드는 JPA API를 엄격하게 준수하도록 작성하면서 동시에 옛 코드는 JPA 인터페이스로 변환하는 겁니다.

자바 EE 환경이라면 자바 EE 컨테이너에 JPA 엔진을 구성할 수 있으나 자바 SE 애플리케이션에서는 로컬에 엔진을 설정해야 합니다. JPA는 클래스패스 루트의 META-INF 디렉터리에 위치한 persistence.xml이라는 XML 파일에 구성합니다. 하부 엔진 구성에 맞게 제품별로 고유한 프로퍼티를 이 파일에 설정하면 됩니다. 스프링으로 EntityManagerFactory를 구성한다면 이 파일은 필요 없고 스프링이 알아서 구성을 대행합니다.

자, JPA 구성 파일 persistence.xml을 다음과 같이 작성하고 META-INF 디렉터리에 넣습니다. 각 JPA 구성 파일마다 하나 이상의 퍼시스턴스 단위 엘리먼트 <persistence-unit>이 있고 여기에 퍼시스턴스 대상 클래스와 방법을 기술합니다. 퍼시스턴스 엘리먼트에는 식별 가능한 이름을 붙여야 하는데요, 예제에서는 course라고 했습니다.

```
<persistence xmlns="http://xmlns.jcp.org/xml/ns/persistence"
    xmlns:xsi="http://www.w3.org/2001/XMLSchema-instance"
    xsi:schemaLocation="http://xmlns.jcp.org/xml/ns/persistence
    http://xmlns.jcp.org/xml/ns/persistence/persistence_2_1.xsd"
    version="2.1">

    <persistence-unit name="course" transaction-type="RESOURCE_LOCAL">
        <class>com.apress.springrecipes.course.Course</class>

        <properties>
            <property name="javax.persistence.jdbc.url"
                value="jdbc:postgresql://localhost:5432/course" />
            <property name="javax.persistence.jdbc.user" value="postgres" />
            <property name="javax.persistence.jdbc.password" value="password" />

            <property name="hibernate.dialect"
                value="org.hibernate.dialect.PostgreSQL95Dialect" />
            <property name="hibernate.show_sql" value="true" />
            <property name="hibernate.hbm2ddl.auto" value="update" />
        </properties>
    </persistence-unit>
</persistence>
```

하이버네이트를 하부 JPA 엔진으로 구성하고 몇 가지 평범한 javax.persistence 프로퍼티를 사용해 DB 위치, 유저명/패스워드를 기재합니다. 이어서 하이버네이트 전용 방언 및 hibernate.hbm2ddl.auto 프로퍼티를 설정 후 <class> 엘리먼트에 매핑할 대상 클래스를 밝힙니다.

자바 EE 환경에서는 자바 EE 컨테이너가 직접 엔티티 관리자를 관장하며 EJB 컴포넌트에 주입하지만 다른 환경(예 : 자바 SE 애플리케이션)에서는 여러분이 직접 엔티티 관리자를 작성해야 JPA를 이용할 수 있습니다.

이제 자바 SE 애플리케이션에서 JPA를 응용하여 CourseDao 인터페이스를 구현합시다. JPA를 호출해 객체를 저장하기 전에 (이 역할을 수행할 엔티티 관리자를 생산하는) 엔티티 관리자 팩토리를 초기화합니다.

```
package com.apress.springrecipes.course.jpa;
...

public class JpaCourseDao implements CourseDao {

    private EntityManagerFactory entityManagerFactory;

    public JpaCourseDao() {
        entityManagerFactory = Persistence.createEntityManagerFactory("course");
    }

    @Override
    public void store(Course course) {
        EntityManager manager = entityManagerFactory.createEntityManager();
        EntityTransaction tx = manager.getTransaction();
        try {
            tx.begin();
            manager.merge(course);
            tx.commit();
        } catch (RuntimeException e) {
            tx.rollback();
            throw e;
        } finally {
            manager.close();
        }
    }

    @Override
    public void delete(Long courseId) {
        EntityManager manager = entityManagerFactory.createEntityManager();
        EntityTransaction tx = manager.getTransaction();
        try {
            tx.begin();
            Course course = manager.find(Course.class, courseId);
            manager.remove(course);
            tx.commit();
        } catch (RuntimeException e) {
            tx.rollback();
            throw e;
        } finally {
            manager.close();
        }
    }
}
```

```java
    @Override
    public Course findById(Long courseId) {
        EntityManager manager = entityManagerFactory.createEntityManager();
        try {
            return manager.find(Course.class, courseId);
        } finally {
            manager.close();
        }
    }

    @Override
    public List<Course> findAll() {
        EntityManager manager = entityManagerFactory.createEntityManager();
        try {
            Query query = manager.createQuery("select course from Course course");
            return query.getResultList();
        } finally {
            manager.close();
        }
    }
}
```

엔티티 관리자 팩토리는 javax.persistence.Persistence 클래스의 정적 메서드인 createEntityManagerFactory()로 생성합니다. 이 메서드에 전달한 인수(course)가 바로 persistence.xml 파일에서 퍼시스턴스 단위 엘리먼트의 name 속성에 지정한 값입니다.

각 DAO 메서드를 잘 보면 우선 entityManagerFactory.createEntityManager()로 엔티티 관리자를 생성합니다. merge()나 remove()처럼 DB를 수정하는 메서드는 반드시 이 엔티티 관리자에 JPA 트랜잭션을 걸어야 합니다. find()나 JPA 쿼리 같은 읽기 전용 작업은 트랜잭션을 적용할 필요가 없습니다. 작업이 끝나면 리소스를 해제하기 위해 반드시 엔티티 관리자를 닫아주어야 합니다.

같은 Main 클래스에서 DAO 구현체만 JPA로 바꿔 실행해봅시다.

```java
public class Main {

    public static void main(String[] args) {
        CourseDao courseDao = new JpaCourseDao();
```

```
    ...
  }
}
```

하이버네이트와 JPA 둘 다 DAO 구현체의 각 메서드별로 한두 줄의 코드만 달라질 뿐, 나머지는 똑같이 반복되는 판박이 코드입니다. ORM 프레임워크마다 로컬 트랜잭션 관리용 API도 따로 있고요.

레시피 9-7 스프링에서 ORM 리소스 팩토리 구성하기

과제

ORM 프레임워크를 독립적으로 사용하려면 자체 API로 리소스 팩토리를 구성해야 합니다. 하이버네이트와 JPA는 각각 네이티브 하이버네이트 API 및 JPA로부터 세션 팩토리와 엔티티 관리자를 생성합니다. 스프링 지원 기능이 없다면 여러분이 이런 객체를 수동으로 관리해야 합니다.

해결책

스프링은 하이버네이트 세션 팩토리 또는 JPA 엔티티 관리자 팩토리를 IoC 컨테이너에 싱글톤 빈으로 생성할 수 있도록 팩토리 빈을 제공하며 여러 빈들이 의존체 주입을 사용해 팩토리 빈을 공유할 수 있습니다. 덕분에 세션 팩토리, 엔티티 관리자 팩토리를 데이터 소스나 트랜잭션 관리자 같은 다른 스프링 데이터 액세스 기능과 연동시킬 수 있습니다.

풀이

스프링이 제공하는 하이버네이트용 `LocalSessionFactoryBean`을 이용하면 일반 하이버네이트 `SessionFactory`를 생성할 수 있습니다. JPA `EntityManagerFactory`는 몇 가지 생성 옵션이 있는데요, JNDI에서 `EntityManagerFactory`를 가져오는 방법, `LocalEntityManagerFactoryBean` 및 `LocalContainerEntityManagerFactoryBean`을 사용하는 방법을 살펴보면서 무슨 차이점이 있는지 알아보겠습니다.

스프링에서 하이버네이트 세션 팩토리 설정하기

앞서 HibernateCourseDao 생성자에서 네이티브 하이버네이트 API로 세션 팩토리를 직접 생성했던 코드를 의존체 주입을 사용해 전달받도록 수정합니다.

```java
public class HibernateCourseDao implements CourseDao {

    private final SessionFactory sessionFactory;

    public HibernateCourseDao(SessionFactory sessionFactory) {
        this.sessionFactory = sessionFactory;
    }
    ...
}
```

그리고 하이버네이트를 ORM 프레임워크로 사용할 수 있게 구성 클래스를 작성합니다. HibernateCourseDao 인스턴스도 스프링이 관리하도록 선언합니다.

```java
package com.apress.springrecipes.course.config;
...

@Configuration
public class CourseConfiguration {

    @Bean
    public CourseDao courseDao(SessionFactory sessionFactory) {
        return new HibernateCourseDao(sessionFactory);
    }

    @Bean
    public LocalSessionFactoryBean sessionFactory() {
        LocalSessionFactoryBean sessionFactoryBean = new LocalSessionFactoryBean();
        sessionFactoryBean.setHibernateProperties(hibernateProperties());
        sessionFactoryBean.setAnnotatedClasses(Course.class);
        return sessionFactoryBean;
    }

    private Properties hibernateProperties() {
        Properties properties = new Properties();
        properties.setProperty(AvailableSettings.URL,
```

```
            "jdbc:postgresql://localhost:5432/course");
        properties.setProperty(AvailableSettings.USER, "postgres");
        properties.setProperty(AvailableSettings.PASS, "password");
        properties.setProperty(AvailableSettings.DIALECT,
            PostgreSQL95Dialect.class.getName());
        properties.setProperty(AvailableSettings.SHOW_SQL, String.valueOf(true));
        properties.setProperty(AvailableSettings.HBM2DDL_AUTO, "update");
        return properties;
    }
}
```

Configuration 객체에 설정했던 프로퍼티를 모두 Properties 객체로 옮겨 담아 LocalSessionFactoryBean에 추가합니다. 애너테이션을 붙인 클래스(Course)는 하이버네이트가 언젠가 감지하게끔 setAnnotatedClasses() 메서드에 인수로 전달합니다. 이렇게 생성된 SessionFactory는 HibernateCourseDao의 생성자를 사용해 전달되겠죠.

XML 매핑 파일을 사용 중인 프로젝트에서는 매핑 파일 경로를 Resource[]형으로 mappingLocations 프로퍼티에 지정합니다. LocalSessionFactoryBean은 스프링 특유의 리소스 로딩 기능을 활용해 다양한 위치에 존재하는 매핑 파일을 읽을 수 있습니다.

```
@Bean
public LocalSessionFactoryBean sessionfactory() {
    LocalSessionFactoryBean sessionFactoryBean = new LocalSessionFactoryBean();
    sessionFactoryBean.setDataSource(dataSource());
    sessionFactoryBean.setMappingLocations(
        new ClassPathResource("com/apress/springrecipes/course/Course.hbm.xml"));
    sessionFactoryBean.setHibernateProperties(hibernateProperties());
    return sessionFactoryBean;
}
```

스프링의 리소스 로딩 장치 덕분에 매핑 파일이 여러 개라도 새 엔티티 클래스를 추가할 때마다 일일이 그 위치를 구성할 필요 없이 리소스 경로에 와일드카드를 써서 가져올 수 있습니다. 이렇게 하려면 구성 클래스에 ResourcePatternResolver를 사용해야 하는데요, 이 인터페이스 구현체는 ResourcePatternUtils와 ResourceLoaderAware 인터페이스로 얻습니다. ResourcePatternUtils의 getResourcePatternResolver() 메서드를 호출하면 ResourceLoader를 상속한 ResourcePatternResolver를 구할 수 있습니다.

```
@Configuration
public class CourseConfiguration implements ResourceLoaderAware {

    private ResourcePatternResolver resourcePatternResolver;
    ...
    @Override
    public void setResourceLoader(ResourceLoader resourceLoader) {
        this.resourcePatternResolver =
            ResourcePatternUtils.getResourcePatternResolver(resourceLoader);
    }
}
```

이제 ResourecePatternResolver를 이용해 리소스 패턴을 리소스로 해석할 수 있습니다.

```
@Bean
public LocalSessionFactoryBean sessionfactory() throws IOException {
    LocalSessionFactoryBean sessionFactoryBean = new LocalSessionFactoryBean();
    Resource[] mappingResources =
        resourcePatternResolver.getResources(
            "classpath:com/apress/springrecipes/course/*.hbm.xml");
    sessionFactoryBean.setMappingLocations(mappingResources);
    ...
    return sessionFactoryBean;
}
```

IoC 컨테이너에서 HibernateCourseDao 인스턴스를 가져오도록 Main 클래스를 고칩니다.

```
public class Main {

    public static void main(String[] args) {
        ApplicationContext context =
            new AnnotationConfigApplicationContext(CourseConfiguration.class);
        CourseDao courseDao = context.getBean(CourseDao.class);
        ...
    }
}
```

LocalSessionFactoryBean은 DB 설정값(JDBC 접속 프로퍼티 또는 데이터 소스의 JNDI명)이 담긴 하이버네이트 구성 파일을 읽어 세션 팩토리를 생성합니다. IoC 컨테이너에 이미 정의된 데이터 소스를 세션 팩토리에서 그대로 쓰려면 LocalSessionFactoryBean의 dataSource 프로퍼티에 주입합니다. 이 프로퍼티에 지정한 데이터 소스가 하이버네이트 구성 파일에 설정한 내용보다 우선 적용됩니다. 이렇게 설정할 경우 불필요한 중복 구성을 피하기 위해 접속 공급자connection provider는 따로 하이버네이트에 설정하지 마세요.

```
@Configuration
public class CourseConfiguration {
    ...
    @Bean
    public DataSource dataSource() {
        HikariDataSource dataSource = new HikariDataSource();
        dataSource.setUsername("postgres");
        dataSource.setPassword("password");
        dataSource.setJdbcUrl("jdbc:postgresql://localhost:5432/course");
        dataSource.setMinimumIdle(2);
        dataSource.setMaximumPoolSize(5);

        return dataSource;
    }

    @Bean
    public LocalSessionFactoryBean sessionFactory(DataSource dataSource) {
        LocalSessionFactoryBean sessionFactoryBean = new LocalSessionFactoryBean();
        sessionFactoryBean.setDataSource(dataSource);
        sessionFactoryBean.setHibernateProperties(hibernateProperties());
        sessionFactoryBean.setAnnotatedClasses(Course.class);

        return sessionFactoryBean;
    }

    private Properties hibernateProperties() {
        Properties properties = new Properties();
        properties.setProperty(AvailableSettings.DIALECT,
            PostgreSQL95Dialect.class.getName());
        properties.setProperty(AvailableSettings.SHOW_SQL, String.valueOf(true));
        properties.setProperty(AvailableSettings.HBM2DDL_AUTO, "update");

        return properties;
    }}
```

전체 구성을 LocalSessionFactoryBean에 병합해 하이버네이트 구성 파일을 아예 무시하는 방법도 있습니다. 가령 다음 코드처럼 JPA 애너테이션이 적용된 클래스 패키지를 packagesToScan 프로퍼티로 설정하고 DB 방언 등 기타 하이버네이트 프로퍼티는 hibernateProperties 프로퍼티에 지정할 수 있습니다.

```
@Configuration
public class CourseConfiguration {
...
    @Bean
    public LocalSessionFactoryBean sessionfactory() {
        LocalSessionFactoryBean sessionFactoryBean = new LocalSessionFactoryBean();
        sessionFactoryBean.setDataSource(dataSource());
        sessionFactoryBean.setPackagesToScan("com.apress.springrecipes.course");
        sessionFactoryBean.setHibernateProperties(hibernateProperties());
        return sessionFactoryBean;
    }

    private Properties hibernateProperties() {
        Properties properties = new Properties();
        properties.put("hibernate.dialect",
            org.hibernate.dialect.DerbyTenSevenDialect.class.getName());
        properties.put("hibernate.show_sql", true);
        properties.put("hibernate.hbm2dll.auto", "update");
        return properties;
    }
}
```

이런 식으로 하이버네이터 구성을 통째 스프링으로 옮기면 구성 파일(hibernate.cfg.xml)을 지워도 됩니다.

스프링에서 JPA 엔티티 관리자 팩토리 설정하기

앞서 JpaCourseDao에서 엔티티 관리자 팩토리를 직접 생성했던 코드를 의존체 주입을 사용해 전달받도록 수정합니다.

```
public class JpaCourseDao implements CourseDao {

    private final EntityManagerFactory entityManagerFactory;
```

```
    public JpaCourseDao (EntityManagerFactory entityManagerFactory) {
        this.entityManagerFactory = entityManagerFactory;
    }
    ...
}
```

자바 SE/EE 환경에서 엔티티 관리자 팩토리를 가져오는 방법은 JPA 명세에 규정되어 있습니다. 자바 SE에서는 Persistence 클래스의 정적 메서드 createEntityManagerFactory()로 엔티티 관리자 팩토리를 생성합니다.

JPA 사용에 필요한 빈 구성 파일을 작성합시다. 스프링 LocalEntityManagerFactoryBean 팩토리 빈을 이용하면 IoC 컨테이너에서 엔티티 관리자 팩토리를 생성할 수 있습니다. 이때 JPA 구성 파일에 정의한 퍼시스턴스 단위명을 반드시 지정해야 합니다. JpaCourseDao 인스턴스도 스프링이 관리하도록 선언합니다.

```
@Configuration
public class CourseConfiguration {

    @Bean
    public CourseDao courseDao(EntityManagerFactory entityManagerFactory) {
        return new JpaCourseDao(entityManagerFactory);
    }

    @Bean
    public LocalEntityManagerFactoryBean entityManagerFactory() {
        LocalEntityManagerFactoryBean emf = new LocalEntityManagerFactoryBean();
        emf.setPersistenceUnitName("course");
        return emf;
    }
}
```

IoC 컨테이너에서 JpaCourseDao 인스턴스를 가져오도록 Main 클래스를 고쳐 테스트합시다.

```
public class Main {

    public static void main(String[] args) {
```

```
        ApplicationContext context =
            new AnnotationConfigApplicationContext(CourseConfiguration.class);
        CourseDao courseDao = context.getBean(CourseDao.class);
        ...
    }
}
```

자바 EE 환경에서는 자바 EE 컨테이너가 JNDI명으로 엔티티 관리자 팩토리를 찾습니다. 스프링에서는 (`JndiObjectFactoryBean`을 생성하는 방법도 있지만 더 간단한) `JndiLocatorDelegate` 객체로 JNDI를 참조합니다.

```
@Bean
public EntityManagerFactory entityManagerFactory() throws NamingException {
    return JndiLocatorDelegate.createDefaultResourceRefLocator()
        .lookup("jpa/coursePU", EntityManagerFactory.class);
}
```

`LocalEntityManagerFactoryBean`은 JPA 구성 파일(persistence.xml)을 읽어 엔티티 관리자 팩토리를 생성합니다. 스프링은 `LocalContainerEntityManagerFactoryBean`이라는 또 다른 팩토리 빈을 이용해 엔티티 관리자 팩토리를 생성하는 조금 더 유연한 방법을 제공합니다. 이런 식으로 JPA 구성 파일에 있는 일부 설정(예 : 데이터 소스, DB 방언)을 오버라이드할 수 있습니다. 스프링 데이터 액세스 기능을 십분 활용해 엔티티 관리자 팩토리를 구성하는 거죠.

```
@Configuration
public class CourseConfiguration {
    ...
    @Bean
    public LocalContainerEntityManagerFactoryBean entityManagerFactory(DataSource
        dataSource) {
        LocalContainerEntityManagerFactoryBean emf =
            new LocalContainerEntityManagerFactoryBean();
        emf.setPersistenceUnitName("course");
        emf.setDataSource(dataSource);
        emf.setJpaVendorAdapter(jpaVendorAdapter());

        return emf;
```

```
    }

    private JpaVendorAdapter jpaVendorAdapter() {
        HibernateJpaVendorAdapter jpaVendorAdapter = new HibernateJpaVendorAdapter();
        jpaVendorAdapter.setShowSql(true);
        jpaVendorAdapter.setGenerateDdl(true);
        jpaVendorAdapter.setDatabasePlatform(PostgreSQL95Dialect.class.getName());

        return jpaVendorAdapter;
    }

    @Bean
    public DataSource dataSource() {
        HikariDataSource dataSource = new HikariDataSource();
        dataSource.setUsername("postgres");
        dataSource.setPassword("password");
        dataSource.setJdbcUrl("jdbc:postgresql://localhost:5432/course");
        dataSource.setMinimumIdle(2);
        dataSource.setMaximumPoolSize(5);

        return dataSource;
    }
}
```

엔티티 관리자 팩토리 빈에 데이터 소스를 주입하면 JPA 구성 파일의 DB 설정은 오버라이드됩니다. JpaVendorAdapter 객체는 LocalContainerEntityManagerFactoryBean에 설정해서 JPA 엔진 고유의 프로퍼티를 지정합니다. 하이버네이트를 하부 JPA 엔진으로 사용할 경우 HibernateJpaVendorAdapter를 대신 쓰며 이 어댑터에서 지원되지 않는 프로퍼티는 jpaProperties 프로퍼티에 지정할 수 있습니다.

JPA 구성 파일(persistence.xml)이 스프링으로 옮겨져 코드가 한산해졌네요.

```
<persistence xmlns="http://xmlns.jcp.org/xml/ns/persistence"
    xmlns:xsi="http://www.w3.org/2001/XMLSchema-instance"
    xsi:schemaLocation="http://xmlns.jcp.org/xml/ns/persistence
    http://xmlns.jcp.org/xml/ns/persistence/persistence_2_1.xsd"
    version="2.1">

    <persistence-unit name="course" transaction-type="RESOURCE_LOCAL">
        <class>com.apress.springrecipes.course.Course</class>
```

```
    </persistence-unit>

</persistence>
```

스프링에서는 persistence.xml 파일 없이 JPA EntityManagerFactory를 구성할 수 있습니다. 스프링 구성 파일에 모든 내용을 기술하면 됩니다. 단 persistenceUnitName 대신 packagesToScan 프로퍼티를 지정해야 합니다. persistence.xml 파일은 이제 영영 안녕이네요.

```
@Bean
public LocalContainerEntityManagerFactoryBean entityManagerFactory() {
    LocalContainerEntityManagerFactoryBean emf =
        new LocalContainerEntityManagerFactoryBean();
    emf.setDataSource(dataSource());
    emf.setPackagesToScan("com.apress.springrecipes.course");
    emf.setJpaVendorAdapter(jpaVendorAdapter());
    return emf;
}
```

레시피 9-8 하이버네이트 컨텍스트 세션으로 객체 저장하기

과제

일반 하이버네이트 API를 기반으로 스프링 관리 트랜잭션을 이용하여 DAO를 작성하세요.

해결책

하이버네이트 3 버전부터 세션 팩토리가 컨텍스트 관리를 대신하게 되고 org.hibernate.SessionFactory의 getCurrentSession() 메서드로 컨텍스트 세션을 가져올 수 있습니다. 하나의 트랜잭션 내에서 getCurrentSession() 메서드를 호출할 때마다 동일한 세션을 얻을 수 있어서 트랜잭션당 정확히 하나의 하이버네이트 세션을 보장할 수 있고 덕분에 스프링 고유의 트랜잭션 관리 모듈과 잘 어우러져 동작합니다.

풀이

컨텍스트 세션을 이용하려면 일단 DAO 메서드에서 세션 팩토리에 접근 가능해야 합니다. 세터 메서드나 생성자 인수를 사용해 주입하면 되죠. 그러면 각 DAO 메서드는 세션 팩토리에서 컨텍스트 세션을 꺼내 객체 퍼시스턴스에 사용합니다.

```java
public class HibernateCourseDao implements CourseDao {

    private final SessionFactory sessionFactory;

    public HibernateCourseDao(SessionFactory sessionFactory) {
        this.sessionFactory = sessionFactory;
    }

    @Transactional
    public Course store(Course course) {
        Session session = sessionFactory.getCurrentSession();
        session.saveOrUpdate(course);
        return course;
    }

    @Transactional
    public void delete(Long courseId) {
        Session session = sessionFactory.getCurrentSession();
        Course course = session.get(Course.class, courseId);
        session.delete(course);
    }

    @Transactional(readOnly=true)
    public Course findById(Long courseId) {
        Session session = sessionFactory.getCurrentSession();
        return session.get(Course.class, courseId);
    }

    @Transactional(readOnly=true)
    public List<Course> findAll() {
        Session session = sessionFactory.getCurrentSession();
        return session.createQuery("from Course", Course.class).list();
    }
}
```

모든 DAO 메서드는 예외 없이 트랜잭션을 걸어야 합니다. 스프링이 하이버네이트 컨텍스트 세션을 사용해 하이버네이트와 연동하려면 트랜잭션이 필요하니까요. 스프링은 자체적으로 하이버네이트 CurrentSessionContext 인터페이스의 구현체를 갖고 있으며 트랜잭션을 찾아보고 없으면 해당 스레드에 바인딩된 하이버네이트 세션이 전혀 발견되지 않았다고 항의합니다. 메서드/클래스 레벨에 @Transactional을 붙이면 DAO 메서드 내부의 퍼시스턴스 작업을 같은 트랜잭션(즉, 동일 세션)에서 처리하도록 보장합니다. 또 서비스 레이어 컴포넌트의 메서드가 여러 DAO 메서드를 호출하며 자기 트랜잭션을 여기저기 전파하더라도 모든 DAO 메서드가 동일 세션 내에서 실행되도록 강제합니다.

> **CAUTION_** 스프링에서 하이버네이트를 구성할 때 hibernate.current_session_context_class 프로퍼티를 절대로 설정하지 마세요. 스프링이 트랜잭션을 온전히 관리하지 못하게 방해만 할 뿐입니다. 이 프로퍼티는 JTA 트랜잭션이 필요할 경우만 설정합니다.

빈 구성 파일에 HibernateTransactionManager 인스턴스를 선언하고 클래스 레벨에 @EnableTransactionManagement를 붙여 선언적 트랜잭션 관리를 활성화합니다.

```
@Configuration
@EnableTransactionManagement
public class CourseConfiguration {

    @Bean
    public CourseDao courseDao(SessionFactory sessionFactory) {
        return new HibernateCourseDao(sessionFactory);
    }

    @Bean
    public HibernateTransactionManager transactionManager(SessionFactory sessionFactory) {
        return new HibernateTransactionManager(sessionFactory);
    }
}
```

그런데 하이버네이트 세션 내에서 네이티브 메서드를 호출하면 예외가 날 경우 네이티브 예외인 HibernateException을 던지는 문제점이 있습니다. 일관된 예외 처리를 하려면 하이버네이트 예외를 스프링 DataAccessException으로 변환해야 하는데요, 예외 처리가 필요한 DAO

클래스에 @Repository를 붙이면 간단히 해결됩니다.

```
@Repository
public class HibernateCourseDao implements CourseDao {
    ...
}
```

PersistenceExceptionTranslationPostProcessor는 네이티브 하이버네이트 예외를 스프링 DataAccessException 계열의 데이터 액세스 예외로 바꿔주는 통역사입니다. 이 빈 후처리기의 작업 대상은 @Repository를 붙인 빈에서 발생한 예외에 국한됩니다. 자바로 구성하면 @Repository 빈들은 AnnotationConfigApplicationContext에 자동 등록되니 굳이 빈을 선언하지 않아도 됩니다.

스프링에서 @Repository를 붙인 클래스는 컴포넌트 스캐닝 과정을 거쳐 거쳐 자동 감지됩니다. 컴포넌트명을 이 애너테이션에 할당하면 IoC 컨테이너에 의해 세션 팩토리가 자동연결됩니다.

```
@Repository("courseDao")
public class HibernateCourseDao implements CourseDao {

    private final SessionFactory sessionFactory;

    public HibernateCourseDao (SessionFactory sessionFactory) {
        this.sessionFactory = sessionFactory;
    }
    ...
}
```

이제 그냥 @ComponentScan을 추가하고 원래 HibernateCourseDao 빈 선언부는 지워도 됩니다.

```
@Configuration
@EnableTransactionManagement
@ComponentScan("com.apress.springrecipes.course")
public class CourseConfiguration { ... }
```

레시피 9-9 JPA 컨텍스트를 주입하여 객체 저장하기

과제

자바 EE 환경에서는 자바 EE 컨테이너가 엔티티 관리자를 대신 관리하며 엔티티 관리자를 직접 EJB 컴포넌트에 주입합니다. EJB 컴포넌트는 이렇게 주입받은 엔티티 관리자를 이용해 그냥 할 일을 하면 됩니다. 엔티티 관리자를 생성하고 트랜잭션을 관리하는 등의 잡다한 일은 신경 쓰지 않고요.

해결책

@PersistenceContext는 원래 엔티티 관리자를 EJB 컴포넌트에 주입하는 용도로 쓰는 애너테이션입니다. 스프링은 빈 후처리기를 사용해 이 애너테이션을 붙인 프로퍼티에 엔티티 관리자를 주입하고 하나의 트랜잭션 내에서 모든 퍼시스턴스 작업을 같은 엔티티 관리자가 처리하도록 보장합니다.

풀이

컨텍스트 주입 방식으로 하려면 일단 DAO에 엔티티 관리자 필드를 선언하고 그 위에 @PersistenceContext를 붙입니다. 스프링은 객체 퍼시스턴스에 사용할 엔티티 관리자를 여기에 주입합니다.

```java
public class JpaCourseDao implements CourseDao {

    @PersistenceContext
    private EntityManager entityManager;

    @Transactional
    public Course store(Course course) {
        return entityManager.merge(course);
    }

    @Transactional
    public void delete(Long courseId) {
        Course course = entityManager.find(Course.class, courseId);
        entityManager.remove(course);
    }
```

```
    @Transactional(readOnly = true)
    public Course findById(Long courseId) {
        return entityManager.find(Course.class, courseId);
    }

    @Transactional(readOnly = true)
    public List<Course> findAll() {
        TypedQuery<Course> query =
            entityManager.createQuery("select c from Course c", Course.class);
        return query.getResultList();
    }
}
```

메서드/클래스 레벨에 @Transactional을 붙여 DAO 메서드마다 트랜잭션을 걸어줍니다. 이렇게 해야 어느 메서드라도 동일한 엔티티 관리자가 동일한 트랜잭션 내에서 퍼시스턴스 작업을 수행할 수 있습니다.

빈 구성 파일에는 JpaTransactionManager 인스턴스를 선언하고 @EnableTransaction Management로 선언적 트랜잭션 관리를 가동합니다. 자바로 구성하면 PersistenceAnnotati onBeanPostProcessor 인스턴스가 자동으로 등록되어 @PersistenceContext 프로퍼티에 엔티티 관리자가 주입됩니다.

```
@Configuration
@EnableTransactionManagement
public class CourseConfiguration {

    @Bean
    public CourseDao courseDao() {
        return new JpaCourseDao();
    }

    @Bean
    public LocalContainerEntityManagerFactoryBean entityManagerFactory() {
        LocalContainerEntityManagerFactoryBean emf =
            new LocalContainerEntityManagerFactoryBean();
        emf.setDataSource(dataSource());
        emf.setJpaVendorAdapter(jpaVendorAdapter());
        return emf;
```

```
    }

    private JpaVendorAdapter jpaVendorAdapter() {
        HibernateJpaVendorAdapter jpaVendorAdapter = new HibernateJpaVendorAdapter();
        jpaVendorAdapter.setShowSql(true);
        jpaVendorAdapter.setGenerateDdl(true);
        jpaVendorAdapter.setDatabasePlatform(DerbyTenSevenDialect.class.getName());
        return jpaVendorAdapter;
    }

    @Bean
    public JpaTransactionManager transactionManager(EntityManagerFactory
        entityManagerFactory) {
        return new JpaTransactionManager(entityManagerFactory);
    }

    @Bean
    public DataSource dataSource() { ... }
}
```

PersistenceAnnotationBeanPostProcessor는 @PersistenceUnit 프로퍼티에 엔티티 관리자 팩토리를 주입하는 기능이 있어서 엔티티 관리자를 여러분이 직접 만들고 트랜잭션 관리를 할 수도 있습니다. 세터 메서드를 사용해 엔티티 관리자 팩토리에 주입하는 것과 별 다를 바 없지요.

```
public class JpaCourseDao implements CourseDao {

    @PersistenceContext
    private EntityManager entityManager;

    @PersistenceUnit
    private EntityManagerFactory entityManagerFactory;

    ...
}
```

그런데 JPA 엔티티 관리자로 네이티브 메서드를 호출하면 예외가 날 경우 네이티브 예외인 PersistenceException이나 IllegalArgumentException, IllegalStateException 같은 자바 SE 예외를 던지는 문제점이 있습니다. 일관된 예외 처리를 위해 JPA 예외를 스프링

DataAccessException으로 변환하려면 예외 처리할 DAO 클래스에 @Repository를 붙입니다.

```
@Repository("courseDao")
public class JpaCourseDao implements CourseDao {
    ...
}
```

레시피 9-10 스프링 데이터 JPA로 JPA 코드 간소화하기

과제

JPA를 이용하더라도 데이터 액세스 코드를 작성하는 건 지루한 반복적인 일입니다. DAO가 한두 개가 아니라면 엔티티마다 일일이 `findById()`, `findAll()` 메서드를 써서 선언해야 하고 `EntityManager`나 `EntityManagerFactory`를 수시로 가져와 쿼리를 생성해야 하니까요.

해결책

스프링 데이터 JPA는 다른 스프링 모듈처럼 개발자가 어떤 목적을 달성하고자 판박이 코드를 늘어놓는 대신, 정말 중요한 비즈니스 로직에만 집중할 수 있게 하며 가장 빈번하게 사용되는 데이터 액세스 메서드(예 : findAll, delete, save)는 기본 구현체를 제공합니다.

풀이

스프링 데이터 JPA 인터페이스 중 하나를 상속해 구현하면 이를 자동으로 감지해 그 리포지터리에 대한 기본 구현체를 런타임에 생성합니다. 대부분 CrudRepository<T, ID> 인터페이스를 상속하면 충분합니다.

```
public interface CourseRepository extends CrudRepository<Course, Long> {
}
```

이렇게만 선언해도 Course 엔티티에 대한 CRUD 작업은 모두 준비됩니다. 스프링 데이터 인터페이스를 상속할 경우 엔티티 타입(Course) 및 프라이머리 키 타입(Long)을 꼭 명시합니다. 이 정보가 있어야 런타임 시 리포지터리를 생성할 수 있으니까요.

> **NOTE_** JpaRepository를 상속하면 JPA 전용 메서드(예: flush, saveAndFlush)와 페이징/정렬 기능이 부가된 쿼리 메서드를 쓸 수 있습니다.

이제 스프링 데이터로 활성화한 리포지터리가 감지되도록 스프링 데이터 JPA에 내장된 @EnableJpaRepositories를 붙입니다.

```
@Configuration
@EnableTransactionManagement
@EnableJpaRepositories("com.apress.springrecipes.course")
public class CourseConfiguration { ... }
```

이렇게 스프링 데이터 JPA를 시동하면 사용 가능한 리포지터리가 함께 구성됩니다. 모든 리포지터리 메서드에는 @Transactional이 기본으로 달려 있어서 다른 애너테이션을 추가할 필요는 없습니다.

스프링 IoC 컨테이너가 CourseRepository 인스턴스를 제대로 가져와 작동하는지 Main 클래스를 실행합시다.

```
package com.apress.springrecipes.course.datajpa;
...

public class Main {

    public static void main(String[] args) {
        ApplicationContext context =
            new AnnotationConfigApplicationContext(CourseConfiguration.class);

        CourseRepository repository = context.getBean(CourseRepository.class);
        ...
    }
}
```

예외 통역exception translation과 트랜잭션 관리transaction management 같은 부가 기능 및 EntityManager Factory를 쉽게 구성할 수 있는 혜택은 스프링 데이터 JPA로 생성한 리포지터리에서도 그대로 누릴 수 있습니다. 덕분에 여러분의 개발 업무가 훨씬 쉬워질 뿐만 아니라 중요한 일에 더 많은 노력을 기울일 수 있지요.

마치며

스프링의 JDBC, 하이버네이트, JPA 지원 체계에 대해 공부했습니다. DB에 접속하려면 DataSource 객체를 어떻게 구성하는 기법과, 스프링이 제공하는 JdbcTemplate 및 NamedParameterJdbcTemplate 객체를 이용해서 지리한 판박이 코드를 제거하는 기법을 배웠습니다.

편의성 상위 클래스를 상속하여 JDBC, 하이버네이트 기술로 DAO 클래스를 작성하는 방법과, 스프링의 스테레오형 애너테이션 및 컴포넌트 스캐닝 기능을 이용해 새로운 DAO, 서비스를 손쉽게 구축하는 과정을 살펴보았습니다. 제일 마지막 레시피에서는 강력한 스프링 데이터 JPA를 응용하여 데이터 액세스 코드를 더욱 간결하게 다듬는 노하우를 소개했습니다.

다음 장에서는 서비스의 일관된 상태를 보장하는 데 사용하는 트랜잭션을 스프링에서 어떻게 구현하는지 자세히 다룹니다.

스프링 애플리케이션 개발에 유용한
161가지 문제 해결 기법

스프링5
레시피 4판

2
10장~

독자의 편의를 고려해 분책할 수 있게 제본했습니다. 1권은 9장까지, 2권은 10장부터 끝까지 담고 있습니다.

 스프링 5 레시피(4판)

스프링 애플리케이션 개발에 유용한 161가지 문제 해결 기법

초판 1쇄 발행 2018년 09월 01일
초판 2쇄 발행 2019년 06월 10일

지은이 마틴 데니엄, 다니엘 루비오, 조시 롱 / **옮긴이** 이일웅 / **펴낸이** 김태헌
펴낸곳 한빛미디어(주) / **주소** 서울시 서대문구 연희로2길 62 한빛미디어(주) IT출판사업부
전화 02-325-5544 / **팩스** 02-336-7124
등록 1999년 6월 24일 제25100-2017-000058호 / **ISBN** 979-11-6224-103-5 93000

총괄 전태호 / **책임편집** 이상복 / **기획 · 편집** 최현우
디자인 표지 최연희 내지 이아란 조판 이경숙
영업 김형진, 김진불, 조유미 / **마케팅** 송경석 / **제작** 박성우, 김정우

이 책에 대한 의견이나 오탈자 및 잘못된 내용에 대한 수정 정보는 한빛미디어(주)의 홈페이지나 아래 이메일로
알려주십시오. 잘못된 책은 구입하신 서점에서 교환해드립니다. 책값은 뒤표지에 표시되어 있습니다.
한빛미디어 홈페이지 www.hanbit.co.kr / **이메일** ask@hanbit.co.kr

지금 하지 않으면 할 수 없는 일이 있습니다.
책으로 펴내고 싶은 아이디어나 원고를 메일(**writer@hanbit.co.kr**)로 보내주세요.
한빛미디어(주)는 여러분의 소중한 경험과 지식을 기다리고 있습니다.

CONTENTS

CHAPTER 1 스프링 개발 툴

CHAPTER 2 스프링 코어

CONTENTS

CHAPTER 3 스프링 MVC

CHAPTER 4 스프링 REST

CHAPTER 5 스프링 MVC : 비동기 처리

CONTENTS

CONTENTS

CONTENTS

CHAPTER 16 스프링 테스트

CHAPTER 17 그레일즈

CONTENTS

스프링 트랜잭션 관리

이 장에서는 트랜잭션의 기본 개념과 스프링의 트랜잭션 관리 기능에 대해 배웁니다. 트랜잭션 관리는 엔터프라이즈 애플리케이션에서 데이터 무결성과 일관성을 보장하는 데 필수 기법입니다. 스프링은 엔터프라이즈 애플리케이션 프레임워크답게 다양한 트랜잭션 관리 API를 상위 레벨에서 추상화하여 제공합니다. 덕분에 개발자는 하부 트랜잭션 관리 API를 자세히 몰라도 스프링의 트랜잭션 관리 기능을 사용할 수 있습니다.

EJB에서 BMT^{Bean-Managed Transaction}(빈 관리 트랜잭션) 및 CMT^{Container-Managed Transaction}(컨테이너 관리 트랜잭션)를 지원하듯 스프링에서도 프로그램 방식의 트랜잭션 관리 및 선언적 트랜잭션 관리 기능을 지원합니다. 스프링 트랜잭션 관리의 목표는 POJO에 트랜잭션 처리 능력을 부여해 EJB 트랜잭션의 대안으로 활용하는 겁니다.

프로그램 방식의 트랜잭션 관리는 비즈니스 메서드 중간에 트랜잭션 관리 코드를 직접 삽입하여 커밋/롤백을 제어합니다. 보통 메서드가 정상 종료되면 트랜잭션을 커밋하고 예외가 발생하면 트랜잭션을 롤백하지요. 프로그램 방식으로 트랜잭션을 관리하면 트랜잭션 커밋/롤백 규칙을 커스터마이징할 수 있습니다.

하지만 일일이 프로그램을 짜서 트랜잭션을 제어하면 트랜잭션을 걸 작업마다 판박이 트랜잭션 코드가 반복되고 여러 애플리케이션에 걸쳐 있는 트랜잭션 관리 기능을 켜고 끄는 일이 힘들어집니다. 여러분이 AOP 개념을 인지한 상태라면 트랜잭션 관리가 일종의 공통 관심사라는 사실을 벌써 눈치챘을 겁니다.

선언적 트랜잭션 관리declarative transaction management는 선언을 사용해 트랜잭션 관리 코드를 비즈니스 메서드와 떼어놓는 것으로, 대부분의 경우 프로그램형 트랜잭션 관리보다 낫습니다. 트랜잭션 관리는 공통 관심사이므로 AOP를 이용해 모듈화할 수 있으며 스프링은 AOP 프레임워크를 사용해 선언적 트랜잭션 관리를 지원합니다. 덕분에 애플리케이션 코드에 트랜잭션을 쉽게 적용할 수 있고 일관된 트랜잭션 정책을 수립하는 데도 큰 도움이 됩니다. 물론, 프로그램 방식의 트랜잭션 관리에 비해 유연성은 조금 떨어지지요.

프로그램 방식의 트랜잭션 관리는 직접 코드를 명시하는 형태로 트랜잭션을 시작, 커밋, 병합할 수 있고 여러 속성값을 지정하면 아주 정교한 제어도 가능합니다. 스프링은 전달 방식propagation behavior, 격리 수준isolation level, 롤백 규칙, 트랜잭션 타임아웃, 읽기 전용 트랜잭션 여부 등 다양한 트랜잭션 속성을 지원하므로 필요 시 원하는 트랜잭션 로직을 커스터마이징할 수 있습니다.

이 장을 다 읽고 나면 여러분이 작성한 애플리케이션에 다양한 트랜잭션 관리 전략을 입맛에 맞게 적용할 수 있습니다. 또 트랜잭션을 세부적으로 정의하는 데 필요한 갖가지 트랜잭션 속성도 알게 될 겁니다.

스프링 프록시를 추가하면 성능에 문제가 생길 수 있다고 여겨지는 경우에는 프로그램 방식의 트랜잭션 관리를 고려해봄 직합니다. 네이티브 트랜잭션에 직접 접근해 수동으로 트랜잭션을 제어하는 거죠. 트랜잭션 경계가 시작 및 커밋되는 주변에 템플릿 메서드를 제공하는 TransactionTemplate 클래스를 이용하면 좀 더 편리하게 스프링 프록시의 오버헤드를 방지할 수 있습니다.

레시피 10-1 트랜잭션 관리의 중요성

트랜잭션 관리는 엔터프라이즈 애플리케이션에서 데이터 무결성과 일관성을 보장하는 필수 기법입니다. 트랜잭션 관리를 하지 않으면 데이터나 리소스가 더럽혀지고 두서없는 상태로 남게 되겠죠. 동시성concurrency, 분산distributed 환경에서는 예기치 않은 에러가 발생 시 데이터를 복원해야 하므로 트랜잭션 관리는 아주 중요합니다.

트랜잭션이란 쉽게 말해 연속된 여러 액션을 한 단위의 작업으로 뭉뚱그린 겁니다. 이 액션 뭉치는 전체가 완전히 끝나든지, 아니면 아무런 영향도 미치지 않아야 합니다. 모든 액션이 제대로 잘 끝나면 트랜잭션은 영구 커밋되지만 하나라도 잘못되면 애초 아무 일도 없었던 것처럼 초기 상태로 롤백됩니다.

트랜잭션의 속성은 ACID(원자성, 일관성, 격리성, 지속성)로 설명할 수 있습니다.

- **원자성(Atomicity)** : 트랜잭션은 연속적인 액션들로 이루어진 원자성 작업입니다. 트랜잭션의 액션은 전부 다 수행되거나 아무것도 수행되지 않도록 보장합니다.
- **일관성(Consistency)** : 트랜잭션의 액션이 모두 완료되면 커밋되고 데이터 및 리소스는 비즈니스 규칙에 맞게 일관된 상태를 유지합니다.
- **격리성(Isolation)** : 동일한 데이터를 여러 트랜잭션이 동시에 처리할 경우 데이터가 변질되지 않게 하려면 각각의 트랜잭션을 격리해야 합니다.
- **지속성(Durability)** : 트랜잭션 완료 후 그 결과는 설령 시스템이 실패(트랜잭션 커밋 도중 전기가 끊어지는 상황을 상상하세요)하더라도 살아남아야 합니다. 보통 트랜잭션 결과물은 퍼시스턴스 저장소에 씌어집니다.

지금부터 온라인 서점 애플리케이션을 예로 들어 트랜잭션 관리의 중요성을 살펴보겠습니다. DB는 PostgreSQL을 그대로 쓰고 이 애플리케이션에서 쓸 스키마를 새로 만듭시다. 예제 소스 bin 디렉터리에는 스크립트 파일이 두 개 있는데요, postgres.sh는 도커 컨테이너를 내려받아 기본 Postgres 인스턴스를 시동하고 psql.sh는 실행 중인 Postgres 인스턴스에 접속하는 스크립트입니다. 자바 애플리케이션에서 필요한 접속 프로퍼티는 [표 10-1]을 참고하세요.

> **NOTE_** 이 장의 예제 코드는 도커 기반의 PostgreSQL 인스턴스를 시동하여 접속할 수 있게 bin 디렉터리에 스크립트 파일이 준비되어 있습니다. 다음 순서대로 따라하면 인스턴스 및 DB를 생성할 수 있습니다.
>
> 1. bin\postgres.sh를 실행해 Postgres 도커 컨테이너를 내려받고 시동합니다.
> 2. bin\psql.sh를 실행해 시동한 Postgres 컨테이너에 접속합니다.
> 3. CREATE DATABASE bookstore 쿼리를 실행해 예제 DB를 생성합니다.

표 10-1 애플리케이션 DB 접속용 JDBC 프로퍼티

프로퍼티	값
드라이버 클래스	org.postgresql.Driver
URL	jdbc:postgresql://localhost:5432/bookstore
유저명	postgres
패스워드	password

온라인 서점 애플리케이션에서 도서와 계정 정보를 관리하고 생성된 데이터를 저장할 DB를
새로 만듭니다.

[그림 10-1]은 ERD^{Entity Relational Diagram, 엔티티 관계 다이어그램}입니다.

그림 10-1 온라인 서점 애플리케이션 ERD

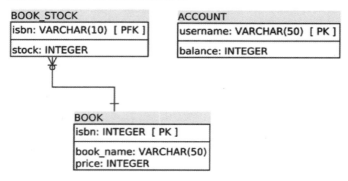

설계한 모델에 맞는 테이블을 생성하는 SQL을 작성합시다. psql.sh를 실행해 컨테이너에 접
속하고 psql 툴을 엽니다. 명령행 셸에 다음 SQL문을 붙여넣고 실행 결과를 확인하세요.

```
CREATE TABLE BOOK (
    ISBN        VARCHAR(50)   NOT NULL,
    BOOK_NAME   VARCHAR(100)  NOT NULL,
    PRICE       INT,
    PRIMARY KEY (ISBN)
);

CREATE TABLE BOOK_STOCK (
    ISBN    VARCHAR(50)   NOT NULL,
    STOCK   INT           NOT NULL,
    PRIMARY KEY (ISBN),
    CONSTRAINT positive_stock CHECK (STOCK >= 0)
);

CREATE TABLE ACCOUNT (
    USERNAME    VARCHAR(50)   NOT NULL,
    BALANCE     INT           NOT NULL,
    PRIMARY KEY (USERNAME),
    CONSTRAINT positive_balance CHECK (BALANCE >= 0)
);
```

진짜 애플리케이션이라면 단가(PRICE) 필드는 DECIMAL형이겠지만 편의상 INT형으로 하겠습니다.

BOOK 테이블에는 ISBN을 PK로 하여 도서명, 단가 등 도서 기본 정보를 담습니다. 도서별 재고 정보는 BOOK_STOCK 테이블에 보관합니다. 재고(STOCK)는 반드시 0 이상이 되도록 CHECK 제약 조건을 설정합니다. CHECK는 SQL-99 명세에 규정된 제약 조건 타입이지만 모든 DB 엔진이 다 지원하는 건 아닙니다. 이 책을 쓰는 현재, MySQL을 제외한 사이베이스^{Sybase}, 더비^{Derby}, HSQL, 오라클^{Oracle}, DB2, SQL 서버^{SQL Server}, 액세스^{Access}, PostgreSQL, 파이어버드^{FireBird}는 모두 CHECK 제약 조건 타입을 지원합니다. 여러분이 사용 중인 DB 제품이 MySQL처럼 CHECK 제약 조건을 지원하지 않으면 매뉴얼을 참조하여 유사한 제약 조건을 찾아 씁니다. 마지막으로 ACCOUNT 테이블에는 고객 계정 및 잔고를 저장합니다. 잔고 역시 음수가 될 일은 없으므로 제약 조건을 걸었습니다.

온라인 서점의 기능은 BookShop 인터페이스에 정의합니다. 지금은 purchase() 하나만 두겠습니다.

```
package com.apress.springrecipes.bookshop;

public interface BookShop {
    void purchase(String isbn, String username);
}
```

다음은 BookShop 인터페이스를 구현한 JdbcBookShop 클래스입니다. 여러분이 트랜잭션의 본질을 더 잘 들여다 볼 수 있게 스프링 JDBC 지원 기능 없이 생짜로 구현했습니다.

```
public class JdbcBookShop implements BookShop {

    private DataSource dataSource;

    public void setDataSource(DataSource dataSource) {
        this.dataSource = dataSource;
    }

    @Override
    public void purchase(String isbn, String username) {
        Connection conn = null;
```

```
    try {
        conn = dataSource.getConnection();

        PreparedStatement stmt1 = conn.prepareStatement(
            "SELECT PRICE FROM BOOK WHERE ISBN = ?");
        stmt1.setString(1, isbn);
        ResultSet rs = stmt1.executeQuery();
        rs.next();
        int price = rs.getInt("PRICE");
        stmt1.close();

        PreparedStatement stmt2 = conn.prepareStatement(
            "UPDATE BOOK_STOCK SET STOCK = STOCK - 1 "+
            "WHERE ISBN = ?");
        stmt2.setString(1, isbn);
        stmt2.executeUpdate();
        stmt2.close();

        PreparedStatement stmt3 = conn.prepareStatement(
            "UPDATE ACCOUNT SET BALANCE = BALANCE - ? "+
            "WHERE USERNAME = ?");
        stmt3.setInt(1, price);
        stmt3.setString(2, username);
        stmt3.executeUpdate();
        stmt3.close();
    } catch (SQLException e) {
        throw new RuntimeException(e);
    } finally {
        if (conn != null) {
            try {
                conn.close();
            } catch (SQLException e) {}
        }
    }
  }
}
```

purchase() 메서드는 도서 단가를 조회하는 쿼리, 도서 재고 및 계정 잔고를 수정하는 각 쿼리 하나씩, 모두 3개의 쿼리를 수행합니다. 그럼 이러한 구매 서비스를 제공하는 온라인 서점 인스턴스(BookShop)를 IoC 컨테이너에 선언합니다. 예제 편의상 데이터 소스는 요청을 할 때마다 새 DB 접속을 체결하는 DriverManagerDataSource를 쓰겠습니다.

```
package com.apress.springrecipes.bookshop.config;
...
@Configuration
public class BookstoreConfiguration {

    @Bean
    public DataSource dataSource() {
        DriverManagerDataSource dataSource = new DriverManagerDataSource();
        dataSource.setDriverClassName(org.postgresql.Driver.class.getName());
        dataSource.setUrl("jdbc:postgresql://localhost:5432/bookstore");
        dataSource.setUsername("postgres");
        dataSource.setPassword("password");
        return dataSource;
    }

    @Bean
    public BookShop bookShop() {
        JdbcBookShop bookShop = new JdbcBookShop();
        bookShop.setDataSource(dataSource());
        return bookShop;
    }
}
```

트랜잭션 관리를 안 하면 과연 어떻게 될까요? [표 10-2], [표 10-3], [표 10-4]는 서점 DB 에 저장된 테스트 데이터입니다.

표 10-2 트랜잭션 테스트용 데이터(BOOK 테이블)

ISBN	BOOK_NAME	PRICE
0001	The First Book	30

표 10-3 트랜잭션 테스트용 샘플 데이터(BOOK_STOCK 테이블)

ISBN	STOCK
0001	10

표 10-4 트랜잭션 테스트용 샘플 데이터(ACCOUNT 테이블)

USERNAME	BALANCE
user1	20

user1 유저가 ISBN 0001 도서를 구입한다고 가정하고 다음과 같이 Main 클래스를 코딩합시다. 이 도서는 단가가 30달러인데 user1 유저는 잔고가 20달러밖에 없어서 도서를 구입할 수 없습니다.

```java
public class Main {

    public static void main(String[] args) throws Throwable {

        ApplicationContext context =
            new AnnotationConfigApplicationContext(BookstoreConfiguration.class);

        BookShop bookShop = context.getBean(BookShop.class);
        bookShop.purchase("0001", "user1");
    }
}
```

이 클래스를 실행하면 ACCOUNT 테이블에 설정된 CHECK 제약 조건에 위배되므로 SQLException이 발생합니다. 계정 잔고보다 큰 금액을 인출하려고 하니까 당연한 결과입니다.

하지만 BOOK_STOCK 테이블을 확인하면 이 유저가 구매를 하지 못했는데도 재고가 하나 줄어들었습니다! 세 번째 SQL문을 실행하면서 예외가 발생하기 전, 이미 두 번째 SQL문이 실행되어 재고가 차감되었기 때문이지요.

이처럼 트랜잭션을 제대로 관리하지 않으면 말도 안 되는 데이터가 쌓입니다. 그래서 purchase() 메서드 안에서 세 SQL문을 하나의 트랜잭션으로 실행해야 합니다. 트랜잭션에 속한 액션이 하나라도 실패하면 전체 트랜잭션이 롤백되어 이미 실행된 액션이 변경한 부분까지 모두 원상 복원해야 하니까요.

JDBC 커밋/롤백을 이용해 트랜잭션 관리하기

JDBC를 사용해 DB를 수정하면 실행이 끝난 SQL문은 바로 커밋되는 게 기본 동작입니다.

하지만 자동커밋^{autocommit}하면 원하는 작업에 트랜잭션을 걸 수가 없습니다. JDBC는 명시적으로 commit(), rollback() 메서드를 호출하는 기본적인 트랜잭션 전략을 지원하지만 예제에서는 여러 SQL문을 한 트랜잭션으로 묶어야 하므로 기본 설정된 자동커밋은 일단 꺼야 합니다.

```java
public class JdbcBookShop implements BookShop {
    ...
    public void purchase(String isbn, String username) {
        Connection conn = null;
        try {
            conn = dataSource.getConnection();
            conn.setAutoCommit(false);
            ...
            conn.commit();
        } catch (SQLException e) {
            if (conn != null) {
                try {
                    conn.rollback();
                } catch (SQLException e1) {}
            }
            throw new RuntimeException(e);
        } finally {
            if (conn != null) {
                try {
                    conn.close();
                } catch (SQLException e) {}
            }
        }
    }
}
```

DB 접속에 대한 자동커밋 기능은 setAutoCommit() 메서드로 켜고 끕니다. 예제에서는 DB 접속 이후 SQL문 하나라도 실행 중 실패하면 전체 트랜잭션을 롤백하도록 setAutoCommit(false)로 자동커밋을 비활성화했습니다.

애플리케이션을 다시 실행해보세요. 유저 잔고가 부족해 구매 실패해도 도서 재고는 그대로일 겁니다.

그런데 이렇게 JDBC 접속을 분명하게 커밋/롤백해서 트랜잭션을 관리하는 방법은 메서드마다 판박이 코드가 지겹게 반복되는 모양새라 바람직하지 않습니다. 게다가 이런 코드는 JDBC

에 종속되므로 나중에 데이터 액세스 기술을 변경하려면 전체 코드를 모조리 바꾸어야 하는 문제가 있습니다. 다행히 스프링은 간편하게 트랜잭션 관리 작업을 할 수 있도록 트랜잭션 관리자(org.springframework.transaction.PlatformTransactionManager), 트랜잭션 템플릿(org.springframework.transaction.support.TransactionTemplate), 트랜잭션 선언 등특정 기술에 얽매이지 않는 유용한 기능을 지원합니다.

레시피 10-2 트랜잭션 관리자 구현체 선정하기

과제

데이터 소스가 하나뿐인 애플리케이션은 하나의 DB 접속에 대해 `commit()`, `rollback()` 메서드를 호출하면 어렵잖게 트랜잭션을 관리할 수 있지만 트랜잭션을 관리할 데이터 소스가 여럿이거나 자바 EE 애플리케이션 서버에 내장된 트랜잭션 관리 기능을 사용할 경우에는 JTA(Java Transaction API, 자바트랜잭션 API) 사용을 고려해야 합니다. 하이버네이트와 JPA 같은 ORM 프레임워크마다 상이한 트랜잭션 API를 호출해야 하는 경우도 있습니다. 이렇듯 기술이 달라지면 트랜잭션 API도 달리 해야 하지만다른 API로 전환하는 일이 결코 녹록치 않습니다.

해결책

스프링 개발팀은 여러 트랜잭션 관리 API 중에서 범용적인 트랜잭션 기능을 추상화했습니다. 덕분에 애플리케이션 개발자는 하부 트랜잭션 API를 자세히 몰라도 스프링이 제공하는 트랜잭션 편의 기능을 이용할 수 있고 이렇게 작성한 트랜잭션 관리 코드는 특정 트랜잭션 기술에 구애받지 않는 혜택도 덤으로 누릴 수 있습니다.

`PlatformTransactionManager`는 기술 독립적인 트랜잭션 관리 메서드를 캡슐화한, 스프링 트랜잭션 관리 추상화의 핵심 인터페이스입니다. 스프링에서 어떤 트랜잭션 관리 전략(프로그램형이든 선언적이든)을 구사하는지는 별로 중요하지 않습니다. `PlatformTransactionManager`는 다음 세 트랜잭션 작업 메서드를 제공합니다.

- `TransactionStatus getTransaction(TransactionDefinition definition)` throws `TransactionException`

- void commit(TransactionStatus status) throws TransactionException
- void rollback(TransactionStatus status) throws TransactionException

풀이

PlatformTransactionManager는 전체 스프링 트랜잭션 관리자를 포괄한 인터페이스로, 스프링에는 여러 가지 트랜잭션 관리 API에 적용 가능한, 이 인터페이스의 기본 구현체가 이미 탑재되어 있습니다.

하나의 데이터 소스를 JDBC로 액세스하는 애플리케이션은 DataSourceTransactionManager 정도면 충분합니다.

- 자바 EE 애플리케이션 서버에서 JTA로 트랜잭션을 관리할 경우, 서버에서 트랜잭션을 탐색하려면 JtaTransactionManager를 사용해야 합니다. 분산 트랜잭션(여러 리소스에 걸친 트랜잭션)을 구현할 때에도 JtaTransactionManager가 제격입니다. 대부분 JTA 트랜잭션 관리자를 이용해 애플리케이션 서버의 트랜잭션 관리자를 연계하지만 Atomikos 같은 단독형 JTA 트랜잭션 관리자도 얼마든지 이용 가능합니다.
- ORM 프레임워크로 DB에 액세스할 경우 HibernateTransactionManager나 JpaTransactionManager 등의 해당 프레임워크 트랜잭션 관리자를 선택합니다.

그림 10-2 자주 쓰이는 PlatformTransactionManager 인터페이스 구현체

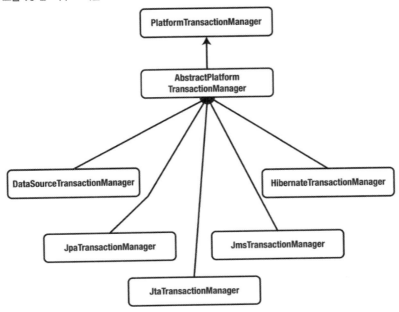

트랜잭션 관리자는 IoC 컨테이너에 일반 빈으로 선언합니다. 다음은 DataSourceTransaction Manager 인스턴스를 빈으로 구성한 코드입니다. 반드시 트랜잭션 관리에 필요한 dataSource 프로퍼티를 설정해야 이 데이터 소스로 접속된 트랜잭션을 관리할 수 있습니다.

```java
@Bean
public DataSourceTransactionManager transactionManager() {
    DataSourceTransactionManager transactionManager =
        new DataSourceTransactionManager();
    transactionManager.setDataSource(dataSource());
    return transactionManager;
}
```

레시피 10-3 트랜잭션 관리자 API를 이용해 프로그램 방식으로 트랜잭션 관리하기

과제

비즈니스 메서드에서 트랜잭션을 커밋/롤백하는 시점은 정교하게 제어해야 하나 하부 트랜잭션 API를 직접 다루고 싶지는 않습니다.

해결책

스프링 트랜잭션 관리자는 getTransaction() 메서드로 새 트랜잭션을 시작하고(또는 현재 걸려 있는 트랜잭션을 가져오고) commit(), rollback() 메서드로 트랜잭션을 관리하는, 기술 독립적인 API를 제공합니다. PlatformTransactionManager는 트랜잭션 관리를 추상화한 인터페이스라서 어떤 기술로 구현하든 상관없이 잘 작동합니다.

풀이

스프링 JDBC 템플릿을 사용하는 TransactionalJdbcBookShop 클래스를 예로 들어 트랜잭션 관리자 API 사용법을 설명하겠습니다.

트랜잭션 관리자는 PlatformTransactionManager형 프로퍼티로 선언하고 세터 메서드를 사용해 받습니다.

```java
public class TransactionalJdbcBookShop extends JdbcDaoSupport implements BookShop {

    private PlatformTransactionManager transactionManager;

    public void setTransactionManager(PlatformTransactionManager transactionManager) {
        this.transactionManager = transactionManager;
    }

    @Override
    public void purchase(String isbn, String username) {

        TransactionDefinition def = new DefaultTransactionDefinition();
        TransactionStatus status = transactionManager.getTransaction(def);

        try {
            int price = getJdbcTemplate().queryForObject(
                "SELECT PRICE FROM BOOK WHERE ISBN = ?", Integer.class, isbn);

            getJdbcTemplate().update(
                "UPDATE BOOK_STOCK SET STOCK = STOCK - 1 WHERE ISBN = ?", isbn);

            getJdbcTemplate().update(
                "UPDATE ACCOUNT SET BALANCE = BALANCE - ? WHERE USERNAME = ?", price,
                username);
            transactionManager.commit(status);
        } catch (DataAccessException e) {
            transactionManager.rollback(status);
            throw e;
        }
    }

}
```

새 트랜잭션을 시작하기 전에 TransactionDefinition형 트랜잭션 정의 객체에 속성을 설정합니다. 예제에서는 간단히 기본 트랜잭션 속성이 설정된 DefaultTransactionDefinition 인스턴스를 생성했습니다.

트랜잭션 정의 객체를 getTransaction() 메서드의 인수로 넣고 호출하여 트랜잭션 관리자에게 새 트랜잭션을 시작할 것을 요청합니다. 그러면 트랜잭션 관리자는 트랜잭션 상태 추적용 TransactionStatus 객체를 반환하고 SQL문이 모두 정상 실행되면 이 트랜잭션 상태를 넘겨 트랜잭션을 커밋하라고 트랜잭션 관리자에게 알립니다. 또 스프링 JDBC 템플릿에서 발생한 예외는 모두 DataAccessException 하위형이므로 이런 종류의 예외가 나면 트랜잭션 관리자가 트랜잭션을 롤백하도록 설정합니다.

이 클래스의 트랜잭션 관리자 프로퍼티(transactionManager)는 일반형 Platform TransactionManager로 선언했기 때문에 적절한 트랜잭션 관리자 구현체가 필요합니다. 이 예제는 하나의 데이터 소스로 JDBC를 사용해 액세스하는 경우이므로 DataSourceTransactionManager가 적당합니다. 이 클래스는 스프링 JdbcDaoSupport의 하위 클래스라서 dataSource 객체도 연결해야 합니다.

```java
@Configuration
public class BookstoreConfiguration {
...
    @Bean
    public DataSourceTransactionManager transactionManager() {
        DataSourceTransactionManager transactionManager =
            new DataSourceTransactionManager();
        transactionManager.setDataSource(dataSource());
        return transactionManager;
    }

    @Bean
    public BookShop bookShop() {
        TransactionalJdbcBookShop bookShop = new TransactionalJdbcBookShop();
        bookShop.setDataSource(dataSource());
        bookShop.setTransactionManager(transactionManager());
        return bookShop;
    }
}
```

레시피 10-4 트랜잭션 템플릿을 이용해 프로그램 방식으로 트랜잭션 관리하기

과제

전체가 아닌, 하나의 코드 블록에서 다음과 같은 트랜잭션 요건을 적용해야 하는 비즈니스 메서드가 있다고 합시다.

- 블록 시작 지점에서 트랜잭션을 새로 시작합니다.
- 정상 실행되면 트랜잭션을 커밋합니다.
- 예외가 발생하면 트랜잭션을 롤백합니다.

스프링 트랜잭션 관리자 API를 직접 호출하면 트랜잭션 관리 코드는 구현 기술과 독립적으로 일반화할 수 없습니다. 또 비슷한 코드 블록마다 판박이 코드를 반복하고 싶은 개발자도 없겠죠.

해결책

스프링은 JDBC 템플릿과 유사한 트랜잭션 템플릿(TransactionTemplate)을 제공함으로써 전체 트랜잭션 관리 프로세스 및 예외 처리를 효과적으로 제어할 수 있게 지원합니다. TransactionCallback<T> 인터페이스를 구현한 콜백 클래스에서 코드 블록을 캡슐화한 뒤 TransactionTemplate의 execute() 메서드에 전달하면 그만입니다. 더 이상 트랜잭션을 관리하는 반복적인 코드는 없어도 되지요. 스프링에 내장된 템플릿은 아주 가벼운 객체여서 성능에 별다른 영향을 미치지 않으며 간단히 재생성/폐기할 수 있습니다. JDBC 템플릿을 간단히 DataSource를 참조해서 재생성할 수 있는 것처럼, TransactionTemplate도 트랜잭션 관리자를 참조할 수 있으면 얼마든지 다시 만들 수 있습니다. 물론, 그냥 스프링 애플리케이션 컨텍스트에 생성해도 되겠죠.

풀이

데이터 소스가 있어야 JDBC 템플릿을 생성할 수 있듯 TransactionTemplate도 트랜잭션 관리자가 있어야 만들 수 있습니다. 트랜잭션 템플릿은 트랜잭션이 적용될 코드 블록을 캡슐화한 트랜잭션 콜백 객체를 실행합니다. 콜백 인터페이스는 별도 클래스 또는 내부 클래스 형태로 구현하는데요, 내부 클래스로 구현할 경우에는 메서드 인수 앞에 final을 선언해야 합니다.

```java
public class TransactionalJdbcBookShop extends JdbcDaoSupport implements
BookShop {

    private PlatformTransactionManager transactionManager;

    public void setTransactionManager(PlatformTransactionManager transactionManager) {
        this.transactionManager = transactionManager;
    }

    @Override
    public void purchase(final String isbn, final String username) {

        TransactionTemplate transactionTemplate =
            new TransactionTemplate(transactionManager);

        transactionTemplate.execute(new TransactionCallbackWithoutResult() {

            protected void doInTransactionWithoutResult(
                TransactionStatus status) {

                int price = getJdbcTemplate().queryForObject(
                    "SELECT PRICE FROM BOOK WHERE ISBN = ?", Integer.class, isbn);

                getJdbcTemplate().update(
                    "UPDATE BOOK_STOCK SET STOCK = STOCK - 1 WHERE ISBN = ?", isbn );

                getJdbcTemplate().update(
                    "UPDATE ACCOUNT SET BALANCE = BALANCE - ? WHERE USERNAME = ?",
                    price, username);
            }
        });
    }
}
```

TransactionTemplate은 TransactionCallback<T> 인터페이스를 구현한 트랜
잭션 콜백 객체, 또는 이 인터페이스를 구현한 프레임워크 내장 객체 Transaction
CallbackWithoutResult를 받습니다. 도서 재고 및 계정 잔고를 차감하는 purchase() 메서
드는 반환값이 없으므로 TransactionCallbackWithoutResult 정도로 충분합니다. 어떤 값을
반환하는 코드 블록은 반드시 TransactionCallback<T> 인터페이스를 구현해야 하며 콜백 객

체의 반환값은 템플릿에 있는 T execute() 메서드가 반환합니다. 트랜잭션을 직접 시작, 커밋/롤백해야 하는 부담에서 벗어난 것이 가장 큰 보람입니다.

콜백 객체를 실행하다가 언체크 예외(예 : RuntimeException, DataAccessException)가 발생하거나, 명시적으로 doInTransactionWithoutResult() 메서드의 TransactionStatus 인수에 대해 setRollbackOnly() 메서드를 호출하면 트랜잭션이 롤백됩니다. 그밖에는 콜백 객체 실행이 끝나자마자 트랜잭션이 커밋됩니다.

빈 구성 파일에서 TransactionTemplate을 생성하는 트랜잭션 관리자는 여전히 필요합니다.

```java
@Configuration
public class BookstoreConfiguration {
...
    @Bean
    public DataSourceTransactionManager transactionManager() {
        DataSourceTransactionManager transactionManager =
            new DataSourceTransactionManager();
        transactionManager.setDataSource(dataSource());
        return transactionManager;
    }

    @Bean
    public BookShop bookShop() {
        TransactionalJdbcBookShop bookShop = new TransactionalJdbcBookShop();
        bookShop.setDataSource(dataSource());
        bookShop.setTransactionManager(transactionManager());
        return bookShop;
    }
}
```

트랜잭션 템플릿을 직접 생성하지 말고 IoC 컨테이너가 대신 만들게 해도 됩니다. 모든 트랜잭션은 트랜잭션 템플릿이 도맡아 처리하므로 더 이상 클래스에서 트랜잭션 관리자를 참조할 필요는 없습니다.

```java
public class TransactionalJdbcBookShop extends JdbcDaoSupport implements BookShop {

    private TransactionTemplate transactionTemplate;
```

```
    public void setTransactionTemplate(
        TransactionTemplate transactionTemplate) {
        this.transactionTemplate = transactionTemplate;
    }

    public void purchase(final String isbn, final String username) {
        transactionTemplate.execute(new TransactionCallbackWithoutResult() {
            protected void doInTransactionWithoutResult(TransactionStatus status) {
                ...
            }
        });
    }
}
```

빈 구성 파일에 트랜잭션 템플릿을 정의하고 이제는 BookShop 빈에 트랜잭션 관리자 대신 트랜잭션 템플릿을 주입합니다. 트랜잭션 템플릿은 스레드-안전한 객체여서 트랜잭션이 적용된 여러 빈에 두루 사용됩니다. 끝으로 트랜잭션 템플릿에서 트랜잭션 관리자 프로퍼티를 설정하는 걸 잊지 마세요.

```
@Configuration
public class BookstoreConfiguration {
...
    @Bean
    public DataSourceTransactionManager transactionManager() { ... }

    @Bean
    public TransactionTemplate transactionTemplate() {
        TransactionTemplate transactionTemplate = new TransactionTemplate();
        transactionTemplate.setTransactionManager(transactionManager());
        return transactionTemplate;
    }

    @Bean
    public BookShop bookShop() {
        TransactionalJdbcBookShop bookShop = new TransactionalJdbcBookShop();
        bookShop.setDataSource(dataSource());
        bookShop.setTransactionTemplate(transactionTemplate());
        return bookShop;
    }
}
```

레시피 10-5 @Transactional을 붙여 선언적으로 트랜잭션 관리하기

과제

빈 구성 파일에 트랜잭션을 선언하려면 포인트컷, 어드바이스, 어드바이저 같은 AOP 지식이 필수라서 관련 지식이 부족한 개발자는 선언적으로 트랜잭션을 관리하는 데 어려움을 겪을지도 모릅니다.

해결책

스프링에서는 각각 트랜잭션을 적용할 메서드에 @Transactional, 구성 클래스에는 @EnableTransactionManegement을 붙여 트랜잭션을 선언합니다.

풀이

메서드에 @Transactional만 붙이면 트랜잭션이 걸린 메서드로 선언됩니다. 주의할 점은, 스프링 AOP가 프록시 기반으로 움직이는 한계 때문에 public 메서드에만 이런 방법이 통한다는 사실입니다[1].

```
public class JdbcBookShop extends JdbcDaoSupport implements BookShop {

    @Transactional
    public void purchase(final String isbn, final String username) {

        int price = getJdbcTemplate().queryForObject(
            "SELECT PRICE FROM BOOK WHERE ISBN = ?", Integer.class, isbn);

        getJdbcTemplate().update(
            "UPDATE BOOK_STOCK SET STOCK = STOCK - 1 WHERE ISBN = ?", isbn);

        getJdbcTemplate().update(
            "UPDATE ACCOUNT SET BALANCE = BALANCE - ? WHERE USERNAME = ?", price,
            username);
```

---

1 역주_ 프록시를 사용해 @Transactional 메서드를 가져와 실행해야 하는데 private, protected 등 public 이외의 접근자를 붙이면 가져올 수가 없기 때문에 에러는 나지 않지만 조용히 무시됩니다. 실무 프로젝트에서 개발자들이 흔히 저지르는 실수 중 하나이므로 주의해야 합니다.

```
    }
}
```

JdbcDaoSupport를 상속하면 DataSource 세터 메서드는 필요 없으므로 DAO 클래스에서 삭제해도 무방합니다.

@Transactional은 메서드/클래스 레벨에 적용 가능한 애너테이션입니다. 클래스에 적용하면 그 클래스의 모든 public 메서드에 트랜잭션이 걸립니다. 인터페이스도 클래스/메서드 레벨에 @Transactional을 붙일 순 있지만 클래스 기반 프록시(예 : CGLIB 프록시)에서는 제대로 작동하지 않을 수 있으니 권장하지 않습니다.

자바 구성 클래스에는 @EnableTransactionManagement 하나만 붙이면 됩니다. 스프링은 IoC 컨테이너에 선언된 빈들을 찾아 @Transactional을 붙인 메서드(또는 이 애너테이션을 붙인 클래스의 모든 메서드) 중에서 public 메서드를 가져와 어드바이스를 적용합니다. 이런 과정을 거쳐 스프링에서 트랜잭션을 관리할 수 있습니다.

```
@Configuration
@EnableTransactionManagement
public class BookstoreConfiguration {  ... }
```

레시피 10-6 트랜잭션 전달 속성 설정하기

과제

트랜잭션이 걸린 메서드를 다른 메서드가 호출할 경우엔 트랜잭션을 어떻게 전달할지 지정할 필요가 있습니다. 이를테면 호출한 메서드 역시 기존 트랜잭션 내에서 실행하거나, 트랜잭션을 하나 더 생성해 자신만의 고유한 트랜잭션에서 실행하거나 해야겠죠.

해결책

트랜잭션 전달 방식은 propagation 트랜잭션 속성에 명시합니다. 스프링 org. springframework.transaction.TransactionDefinition 인터페이스에는 모두 일곱 가지 전달 방식이 정의되어 있습니다(표 10-5). 모든 트랜잭션 관리자가 이들 전달 방식을 전부 지원하는 건 아니고 하부 리소스에 따라 달라질 수도 있습니다. 가령, 트랜잭션 관리자가 다양한 전달 방식을 지원한다 해도 DB가 지원하는 격리 수준에 따라 영향을 받을 수밖에 없습니다.

표 10-5 스프링에서 지원되는 트랜잭션 전달 방식

전달 속성	설명
REQUIRED	진행 중인 트랜잭션이 있으면 현재 메서드를 그 트랜잭션에서 실행하되, 그렇지 않을 경우 새 트랜잭션을 시작해서 실행합니다.
REQUIRES_NEW	항상 새 트랜잭션을 시작해 현재 메서드를 실행하고 진행 중인 트랜잭션이 있으면 잠시 중단시킵니다.
SUPPORTS	진행 중인 트랜잭션이 있으면 현재 메서드를 그 트랜잭션 내에서 실행하되, 그렇지 않을 경우 트랜잭션 없이 실행합니다.
NOT_SUPPORTED	트랜잭션 없이 현재 메서드를 실행하고 진행 중인 트랜잭션이 있으면 잠시 중단시킵니다.
MANDATORY	반드시 트랜잭션을 걸고 현재 메서드를 실행하되 진행 중인 트랜잭션이 없으면 예외를 던집니다.
NEVER	반드시 트랜잭션 없이 현재 메서드를 실행하되 진행 중인 트랜잭션이 있으면 예외를 던집니다.
NESTED	진행 중인 트랜잭션이 있으면 현재 메서드를 이 트랜잭션의 (JDBC 3.0 세이브포인트 (savepoint) 기능이 있어야 가능한) 중첩 트랜잭션(nested transaction) 내에서 실행합니다. 진행 중인 트랜잭션이 없으면 새 트랜잭션을 시작해서 실행합니다(여타 속성은 자바 EE 트랜잭션 전달 방식과 유사한 구석이 있지만) 이 방식은 유독 스프링에서만 가능합니다. 장시간 실행되는 업무(처리할 레코드가 1,000,000개라고 합시다)를 처리하면서 배치 실행 도중 끊어서 커밋하는 경우 유용하지요. 이를테면 10,000 레코드당 한번씩 커밋하는 경우, 중간에 일이 잘못되어도 중첩 트랜잭션을 롤백하면 (1,000,000개 전체가 아닌) 10,000개 분량의 작업만 소실될 겁니다.

풀이

트랜잭션이 걸린 메서드를 다른 메서드가 호출하면 트랜잭션 전달이 일어납니다. 서점 고객이 계산대에서 체크아웃하는(책값을 지불하고 나가는) 상황을 가정합시다. 먼저, Cashier(계산대) 인터페이스를 다음과 같이 정의합니다.

```
public interface Cashier {
    public void checkout(List<String> isbns, String username);
}
```

이 인터페이스는 구매 작업을 bookshop 빈에 넘겨 purchase() 메서드를 여러 번 호출하는 식으로 구현할 수 있습니다. 당연히 checkout() 메서드엔 @Transactional을 붙여 트랜잭션을 걸어야 합니다.

```
public class BookShopCashier implements Cashier {

    private BookShop bookShop;

    public void setBookShop(BookShop bookShop) {
        this.bookShop = bookShop;
    }

    @Override
    @Transactional
    public void checkout(List<String> isbns, String username) {
        for (String isbn : isbns) {
            bookShop.purchase(isbn, username);
        }
    }
}
```

그런 다음, 빈 구성 파일에 cashier 빈을 정의하고 도서 구매 시 필요한 bookshop 빈을 참조하게 합니다.

```
@Configuration
@EnableTransactionManagement()
public class BookstoreConfiguration {
...
    @Bean
    public Cashier cashier() {
        BookShopCashier cashier = new BookShopCashier();
        cashier.setBookShop(bookShop());
        return cashier;
```

```
    }
}
```

서점 DB에 테스트 데이터(표 10-6, 표 10-7, 표 10-8)를 입력해서 트랜잭션 전달 과정을 살펴봅시다.

표 10-6 트랜잭션 전달 방식 테스트용 샘플 데이터(BOOK 테이블)

ISBN	BOOK_NAME	PRICE
0001	The First Book	30
0002	The Second Book	50

표 10-7 트랜잭션 전달 방식 테스트용 샘플 데이터(BOOK_STOCK 테이블)

ISBN	STOCK
0001	10
0002	10

표 10-8 트랜잭션 전달 방식 테스트용 샘플 데이터(ACCOUNT 테이블)

USERNAME	BALANCE
user1	40

REQUIRED 전달 속성

user1 유저가 도서 2권을 계산대에서 체크아웃할 때 이 유저의 잔고 사정상 첫 번째 도서는 구매할 수 있지만 두 번째 도서는 구매하기 부족하다고 합시다.

```
package com.apress.springrecipes.bookshop.spring;
...
public class Main {

    public static void main(String[] args) {
        ...
```

```
        Cashier cashier = context.getBean(Cashier.class);
        List<String> isbnList = Arrays.asList(new String[] { "0001", "0002"});
        cashier.checkout(isbnList, "user1");
    }
}
```

bookshop 빈의 purchase() 메서드를 checkout()처럼 다른 트랜잭션이 걸려 있는 메서드
가 호출하면 기존 트랜잭션에서 실행하는 것이 기본인데요, 이것이 바로 기본 전달 방식인
REQUIRED의 로직입니다. 즉, checkout() 메서드의 시작, 종료 지점을 경계로 그 안에선 오직
하나의 트랜잭션만 존재하다가 메서드가 끝나면 커밋됩니다. 결국 user1 유저는 도서를 한 권
도 구입하지 못합니다(그림 10-3).

그림 10-3 REQUIRED 트랜잭션 전달 속성

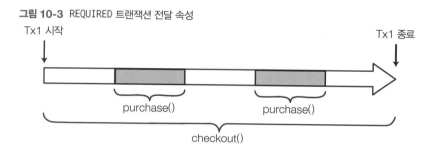

purchase() 메서드를 호출한 메서드가 @Transactional 메서드가 아니라서 적용된 트랜잭
션이 없다면 새 트랜잭션을 만들어 시작하고 그 트랜잭션으로 메서드를 실행합니다. 트랜잭
션 전달 방식은 @Transactional의 propagation 속성에 지정합니다(다음 코드 참고) 물론,
REQUIRED는 기본 전달 방식이라서 굳이 명시하지 않아도 됩니다.

```
public class JdbcBookShop extends JdbcDaoSupport implements BookShop {

    @Transactional(propagation = Propagation.REQUIRED)
    public void purchase(String isbn, String username) {
        ...
    }
}
```

```
public class BookShopCashier implements Cashier {

    ...

    @Transactional(propagation = Propagation.REQUIRED)
    public void checkout(List<String> isbns, String username) {

        ...

    }

}
```

REQUIRES_NEW 전달 속성

무조건 트랜잭션을 새로 시작해 그 트랜잭션 안에서 메서드를 실행시키는 REQUIRES_NEW
도 자주 쓰이는 전달 방식입니다. 진행 중인 트랜잭션이 있으면 잠깐 중단시킵니다(따라서
BookShopCashier의 checkout() 메서드는 REQUIRED 방식으로 트랜잭션을 전달합니다).

```
public class JdbcBookShop extends JdbcDaoSupport implements BookShop {

    @Transactional(propagation = Propagation.REQUIRES_NEW)
    public void purchase(String isbn, String username) {

        ...

    }

}
```

여기서는 모두 세 차례 트랜잭션이 시작됩니다. 첫 번째 트랜잭션은 checkout() 메서드에서
시작하지만 이 메서드가 첫 번째 purchase() 메서드를 호출하면 첫 번째 트랜잭션은 잠시 중
단되고 새 트랜잭션이 시작됩니다. 새 트랜잭션은 첫 번째 purchase() 메서드가 끝나면 커밋
됩니다. 두 번째 purchase() 메서드가 호출되면 또 다른 새 트랜잭션이 시작되지만 이 트랜잭
션은 결국 실패하면서 롤백됩니다. 결과적으로 첫 번째 도서는 구매 처리되지만 두 번째 도서
는 도중에 실패합니다.

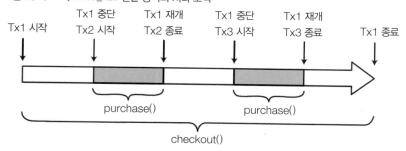

그림 **10-4** REQUIRES_NEW 전달 방식의 처리 로직

레시피 10-7 트랜잭션 격리 속성 설정하기

과제

동일한 애플리케이션 또는 상이한 애플리케이션에서 여러 트랜잭션이 동시에 같은 데이터를 대상으로 작업을 수행하면 어떤 일이 일어날지 예측하기 어렵습니다. 이럴 때엔 여러 트랜잭션이 다른 트랜잭션과 어떻게 격리되어야 하는지 분명히 지정해야 합니다.

해결책

두 트랜잭션 T1, T2가 있을 때 동시성 트랜잭션으로 발생할 수 있는 문제는 다음 네 가지로 분류됩니다.

- **오염된 값 읽기(Dirty read)** : T2가 수정 후 커밋하지 않은 필드를 T1이 읽는 상황에서 나중에 T2가 롤백되면 T1이 읽은 필드는 일시적인 값으로 더 이상 유효하지 않습니다.

- **재현 불가한 읽기(Nonrepeatable read)** : 어떤 필드를 T1이 읽은 후 T2가 수정할 경우, T1이 같은 필드를 다시 읽으면 다른 값을 얻습니다.

- **허상 읽기(Phantom read)** : T1이 테이블의 로우 몇 개를 읽은 후 T2가 같은 테이블에 새 로우를 삽입할 경우, 나중에 T1이 같은 테이블을 다시 읽으면 T2가 삽입한 로우가 보입니다.

- **소실된 수정(Lost updates)** : T1, T2 모두 어떤 로우를 수정하려고 읽고 그 로우의 상태에 따라 수정하려는 경우입니다. T1이 먼저 로우를 수정 후 커밋하기 전, T2가 T1이 수정한 로우를 똑같이 수정했다면 T1이 커밋한 후에 T2 역시 커밋을 하게 될 텐데요. 그러면 T1이 수정한 로우를 T2가 덮어쓰게 되어 T1이 수정한 내용이 소실됩니다.

이론적으로 이런 저수준의 문제를 예방하려면 트랜잭션을 서로 완전히 격리(SERIALIZABLE)하면 되겠지만 그렇게 하면 트랜잭션을 한 줄로 세워놓고 하나씩 실행하는 꼴이라서 엄청난 성능 저하가 유발됩니다. 이때문에 실무에서는 성능을 감안하여 트랜잭션 격리 수준을 낮추는 게 일반적입니다.

트랜잭션 격리 수준은 isolation 속성으로 지정하며 스프링 org.springframework.transaction.TransactionDefinition 인터페이스에는 다섯 가지 격리 수준이 정의되어 있습니다(표 10-9).

표 10-9 스프링이 지원하는 트랜잭션 격리 수준

격리 수준	설명
DEFAULT	DB 기본 격리 수준을 사용합니다. 대다수 DB는 READ_COMMITTED이 기본 격리 수준입니다.
READ_UNCOMMITTED	다른 트랜잭션이 아직 커밋하지 않은(UNCOMMITTED) 값을 한 트랜잭션이 읽을 수 있습니다. 따라서 오염된 값 읽기, 재현 불가한 읽기, 허상 읽기 문제가 발생할 가능성이 있습니다.
READ_COMMITTED	한 트랜잭션이 다른 트랜잭션이 커밋한(COMMITTED) 값만 읽을 수 있습니다. 이로써 오염된 값 읽기 문제는 해결되지만 재현 불가한 읽기, 허상 읽기 문제는 여전히 남습니다.
REPEATABLE_READ	트랜잭션이 어떤 필드를 여러 번 읽어도 동일한 값을 읽도록 보장합니다. 트랜잭션이 지속되는 동안에는 다른 트랜잭션이 해당 필드를 변경할 수 없습니다. 오염된 값 읽기, 재현 불가한 읽기 문제는 해결되지만 허상 읽기는 여전히 숙제입니다.
SERIALIZABLE	트랜잭션이 테이블을 여러 번 읽어도 정확히 동일한 로우를 읽도록 보장합니다. 트랜잭션이 지속되는 동안에는 다른 트랜잭션이 해당 테이블에 삽입, 수정, 삭제를 할 수 없습니다. 동시성 문제는 모두 해소되지만 성능은 현저히 떨어집니다.

NOTE_ 트랜잭션 격리는 하부 DB 엔진이 지원하는 기능이지, 애플리케이션이나 프레임워크가 하는 일이 아닙니다. 그렇다고 모든 DB 엔진이 트랜잭션 격리 수준을 다 지원하는 것도 아닙니다. JDBC 접속의 격리 수준을 바꾸려면 java.sql.Connection 인터페이스의 setTransactionIsolation() 메서드를 호출합니다.

풀이

서점 애플리케이션에 도서 재고를 늘리고 체크하는 기능을 추가하면서 동시성 트랜잭션 문제를 살펴보겠습니다.

```
public interface BookShop {
    ...
    public void increaseStock(String isbn, int stock);
    public int checkStock(String isbn);
}
```

다음과 같이 @Transactional 메서드에 비즈니스 로직을 구현합니다.

```
public class JdbcBookShop extends JdbcDaoSupport implements BookShop {

    @Override
    @Transactional
    public void purchase(String isbn, String username) {
        int price = getJdbcTemplate().queryForObject(
            "SELECT PRICE FROM BOOK WHERE ISBN = ?", Integer.class, isbn);

        getJdbcTemplate().update(
            "UPDATE BOOK_STOCK SET STOCK = STOCK - 1 WHERE ISBN = ?", isbn);

        getJdbcTemplate().update(
            "UPDATE ACCOUNT SET BALANCE = BALANCE - ? WHERE USERNAME = ?", price,
            username);
    }

    @Override
    @Transactional
    public void increaseStock(String isbn, int stock) {
        String threadName = Thread.currentThread().getName();
        System.out.println(threadName + " - Prepare to increase book stock");

        getJdbcTemplate().update("UPDATE BOOK_STOCK SET STOCK = STOCK + ? " +
            "WHERE ISBN = ?", stock, isbn);

        System.out.println(threadName + " - Book stock increased by " + stock);
        sleep(threadName);

        System.out.println(threadName + " - Book stock rolled back");
        throw new RuntimeException("Increased by mistake");
    }

    @Override
```

```
@Transactional(isolation = Isolation.READ_UNCOMMITTED)
public int checkStock(String isbn) {
    String threadName = Thread.currentThread().getName();
    System.out.println(threadName + " - Prepare to check book stock");

    int stock = getJdbcTemplate().queryForObject("SELECT STOCK FROM BOOK_STOCK " +
        "WHERE ISBN = ?", Integer.class, isbn);

    System.out.println(threadName + " - Book stock is " + stock);
    sleep(threadName);

    return stock;
}

private void sleep(String threadName) {
    System.out.println(threadName + " - Sleeping");

    try {
        Thread.sleep(10000);
    } catch (InterruptedException e) {}

    System.out.println(threadName + " - Wake up");
    }
}
```

동시성을 시뮬레이션하려면 여러 스레드로 실행해야 하겠죠? SQL문 실행 전후에 간단한 println문으로 콘솔 창에 현재 작업 상태를 출력하겠습니다. 출력 메시지에는 스레드명을 넣어 현재 어느 스레드가 작업 중인지 분간합니다.

SQL문이 실행될 때마다 강제로 스레드를 10초 간 잠들게 했습니다. 작업이 끝나자마자 트랜잭션이 커밋/롤백될 텐데요, sleep() 메서드로 잠시라도 휴지기를 주어야 커밋/롤백 작업을 지연시킬 수 있겠죠. increase() 메서드는 마지막에 RuntimeException을 던지면서 트랜잭션이 롤백되도록 장치합니다. 자, 이제 간단히 클라이언트를 작성해 실행해봅시다.

[표 10-10], [표 10-11]은 서점 DB에 입력할 테스트 데이터입니다(ACCOUNT 테이블은 이 예제에서 필요 없습니다).

표 10-10 격리 수준 테스트용 샘플 데이터(BOOK 테이블)

ISBN	BOOK_NAME	PRICE
0001	The First Book	30

표 10-11 격리 수준 테스트용 샘플 데이터(BOOK_STOCK 테이블)

ISBN	STOCK
0001	10

READ_UNCOMMITTED 및 READ_COMMITTED 격리 수준

READ_UNCOMMITTED는 한 트랜잭션이 다른 트랜잭션이 아직 커밋하기 전에 변경한 내용을 읽을 수 있는 가장 하위의 격리 수준입니다. 격리 수준은 checkStock() 메서드에 붙인 @Transaction 속성으로 지정합니다.

```java
public class JdbcBookShop extends JdbcDaoSupport implements BookShop {
    ...
    @Transactional(isolation = Isolation.READ_UNCOMMITTED)
    public int checkStock(String isbn) {
        ...
    }
}
```

Main 클래스에 스레드를 두 개 만들고 트랜잭션 격리 수준을 테스트합시다. 스레드 1은 도서 재고를 늘리고 스레드 2는 도서 재고를 체크합니다. 스레드 1은 스레드 2보다 5초 앞서 시작됩니다.

```java
public class Main {

    public static void main(String[] args) {
        ...
        final BookShop bookShop = context.getBean(BookShop.class);

        Thread thread1 = new Thread(() -> {
            try {
                bookShop.increaseStock("0001", 5);
```

```
        } catch (RuntimeException e) {}
    }, "Thread 1");

    Thread thread2 = new Thread(() -> {
        bookShop.checkStock("0001");
    }, "Thread 2");

    thread1.start();
    try {
        Thread.sleep(5000);
    } catch (InterruptedException e) {}
    thread2.start();
    }
}
```

실행 결과는 다음과 같습니다.

```
Thread 1 Prepare to increase book stock
Thread 1 Book stock increased by 5
Thread 1 Sleeping
Thread 2 Prepare to check book stock
Thread 2 Book stock is 15
Thread 2 Sleeping
Thread 1 Wake up
Thread 1 Book stock rolled back
Thread 2 Wake up
```

처음에 스레드 1이 도서 재고를 늘리고 잠듭니다. 이때 스레드 1의 트랜잭션은 아직 롤백되지 않은 상태입니다. 스레드 1이 잠자고 있는 동안 스레드 2가 시작되고 도서 재고를 읽습니다. 격리 수준이 READ_UNCOMMITTED이므로 스레드 2는 스레드 1의 트랜잭션이 아직 변경 후 커밋하지 않은 재곳값을 그대로 읽습니다.

그러나 스레드 1이 깨어나면 RuntimeException 때문에 트랜잭션은 롤백되고 스레드 2가 읽은 값은 더 이상 유효하지 않은 일시적인 값이 됩니다. 트랜잭션이 읽어들인 값이 '오염되었다'해서 오염된 값 읽기 문제라고 합니다.

checkStock()의 격리 수준을 READ_COMMITTED로 한 단계 올리면 해결됩니다.

```
public class JdbcBookShop extends JdbcDaoSupport implements BookShop {
    ...
    @Transactional(isolation = Isolation.READ_COMMITTED)
    public int checkStock(String isbn) {
        ...
    }
}
```

애플리케이션을 다시 실행하면 스레드 2는 스레드 1이 트랜잭션을 롤백하기 전까지 재곳값을
읽을 수 없습니다. 이처럼 오염된 값 읽기 문제는 한 트랜잭션이 아직 커밋하지 않은 값을 다른
트랜잭션이 읽지 못하게 차단함으로써 방지할 수 있습니다.

```
Thread 1 Prepare to increase book stock
Thread 1 Book stock increased by 5
Thread 1 Sleeping
Thread 2 Prepare to check book stock
Thread 1 Wake up
Thread 1 Book stock rolled back
Thread 2 Book stock is 10
Thread 2 Sleeping
Thread 2 Wake up
```

READ_COMMITTED 격리 수준을 지원하는 DB는 수정은 되었지만 아직 커밋하지 않은 로우에 수
정 잠금을 걸어둔 상태입니다. 결국 다른 트랜잭션은 이 트랜잭션이 커밋/롤백되고 수정 잠금
이 풀릴 때까지 기다렸다가 읽을 수밖에 없겠죠.

REPEATABLE_READ 격리 수준

스레드를 재구성해서 또 다른 동시성 문제를 살펴봅시다. 이번엔 작업을 서로 바꿔서 스레드
1이 도서 재고를 체크, 스레드 2가 도서 재고를 늘리는 일을 합니다.

```
public class Main {

    public static void main(String[] args) {
        ...
```

```
final BookShop bookShop = (BookShop) context.getBean("bookShop");

Thread thread1 = new Thread(() -> {
    public void run() {
        bookShop.checkStock("0001");
    }
}, "Thread 1");

Thread thread2 = new Thread(() -> {
    try {
        bookShop.increaseStock("0001", 5);
    } catch (RuntimeException e) {}
}, "Thread 2");

thread1.start();

try {
    Thread.sleep(5000);
} catch (InterruptedException e) {}
    thread2.start();
    }
}
```

실행 결과는 다음과 같습니다.

```
Thread 1 Prepare to check book stock
Thread 1 Book stock is 10
Thread 1 Sleeping
Thread 2 Prepare to increase book stock
Thread 2 Book stock increased by 5
Thread 2 Sleeping
Thread 1 Wake up
Thread 2 Wake up
Thread 2 Book stock rolled back
```

처음에 스레드 1이 도서 재고를 체크하고 잠듭니다. 이때 스레드 1의 트랜잭션은 아직 커밋되지 않은 상태입니다. 스레드 1이 잠자고 있는 동안 스레드 2가 시작되어 도서 재고를 늘립니다. 격리 수준이 READ_COMMITTED이므로 스레드 2는 아직 커밋되지 않은 트랜잭션이 읽은 재곳값을 수정할 수 있습니다.

그러나 스레드 1이 깨어나 도서 재고를 다시 읽으면 그 값은 이미 처음에 읽은 그 값이 아니겠죠. 이것이 바로 재현 불가한 읽기 문제이며 한 트랜잭션이 동일한 필드를 다른 값으로 읽어들이는 모순이 발생합니다.

checkStock()의 격리 수준을 REPEATABLE_READ로 한 단계 올리면 해결됩니다.

```java
public class JdbcBookShop extends JdbcDaoSupport implements BookShop {
    ...
    @Transactional(isolation = Isolation.REPEATABLE_READ)
    public int checkStock(String isbn) {
        ...
    }
}
```

애플리케이션을 다시 실행하면 스레드 2는 스레드 1이 트랜잭션을 커밋하기 전까지 재곳값을 수정할 수 없습니다. 이처럼 재현 불가한 읽기 문제는 커밋되지 않은 한 트랜잭션이 읽은 값을 다른 트랜잭션이 수정하지 못하게 차단함으로써 방지할 수 있습니다.

```
Thread 1 Prepare to check book stock
Thread 1 Book stock is 10
Thread 1 Sleeping
Thread 2 Prepare to increase book stock
Thread 1 Wake up
Thread 2 Book stock increased by 5
Thread 2 Sleeping
Thread 2 Wake up
Thread 2 Book stock rolled back
```

REPEATABLE_READ 격리 수준을 지원하는 DB는 조회는 되었지만 아직 커밋하지 않은 로우에 읽기 잠금을 걸어둔 상태입니다. 결국 다른 트랜잭션은 이 트랜잭션이 커밋/롤백하여 읽기 잠금이 풀릴 때까지 기다렸다가 수정할 수밖에 없겠죠.

SERIALIZABLE 격리 수준

트랜잭션 1이 테이블에서 여러 로우를 읽은 후, 트랜잭션 2가 같은 테이블에 여러 로우를 새로 추가한다고 합시다. 트랜잭션 1이 같은 테이블을 다시 읽으면 자신이 처음 읽었을 때와 달리 새로 추가된 로우가 있음을 감지하겠죠. 이를 허상 읽기 문제라고 합니다. 사실 허상 읽기는 여러 로우가 연관되는 점만 빼면 재현 불가한 읽기 문제와 비슷합니다.

허상 읽기 문제까지 해결하려면 최고 격리 수준 SERIALIZABLE로 올려야 합니다. 이렇게 설정하면 전체 테이블에 읽기 잠금을 걸기 때문에 실행 속도는 가장 느립니다. 실무에서는 요건을 충족하는 가장 낮은 수준으로 격리 수준을 선택하는 게 좋습니다.

레시피 10-8 트랜잭션 롤백 속성 설정하기

과제

기본적으로는 (RuntimeException 및 Error형) 체크 예외가 아닌, 언체크 예외가 발생할 경우에만 트랜잭션이 롤백됩니다. 더러는 이런 규칙에서 벗어나 직접 작성한 체크 예외가 나도 트랜잭션을 롤백시켜야 할 때가 있습니다.

해결책

트랜잭션 롤백에 영향을 주는 예외는 rollback 트랜잭션 속성에 정의합니다. 여기에 명시적으로 지정하지 않은 예외는 모두 기본 롤백 규칙(언체크 예외는 롤백, 체크 예외는 롤백 안 함)을 준수합니다.

풀이

트랜잭션 롤백 규칙은 @Transactional의 rollbackFor/noRollbackFor 속성에 지정합니다. 둘 다 Class[]형으로 선언된 속성이라서 각 속성마다 예외를 여러 개 지정할 수 있습니다.

```
public class JdbcBookShop extends JdbcDaoSupport implements BookShop {
    ...
    @Transactional(
        propagation = Propagation.REQUIRES_NEW,
        rollbackFor = IOException.class,
        noRollbackFor = ArithmeticException.class)
    public void purchase(String isbn, String username) throws Exception {
```

```
        throw new ArithmeticException();
    }
}
```

레시피 10-9 트랜잭션 타임아웃, 읽기 전용 속성 설정하기

과제

트랜잭션은 로우 및 테이블을 잠그기 때문에 실행 시간이 긴 트랜잭션은 리소스를 놔주지 않아 전체적으로 성능에 부정적인 영향을 미칩니다. 또 데이터를 읽기만 할 뿐 수정하지 않는 트랜잭션은 DB 엔진이 최적화할 여지가 있으므로 이에 관한 속성을 설정하면 애플리케이션의 전반적인 성능 향상을 기대할 수 있습니다.

해결책

timeout 트랜잭션 속성은 트랜잭션이 강제로 롤백되기 전까지 얼마나 오래 지속시킬지를 나타내는 시간으로, 이 속성을 설정해 장시간의 트랜잭션이 리소스를 오래 붙들고 있지 못하게 할 수 있습니다. read-only는 읽기 전용 트랜잭션을 표시하는 속성으로, 리소스가 트랜잭션을 최적화할 수 있게 귀띔을 해주는 것이지 리소스에 쓰기를 한다고 해서 실패 처리되는 건 아닙니다.

풀이

timeout 및 read-only 트랜잭션 속성은 @Transactional에 지정합니다. 타임아웃 시간은 초 단위로 넣습니다.

```
public class JdbcBookShop extends JdbcDaoSupport implements BookShop {
    ...
    @Transactional(
        isolation = Isolation.REPEATABLE_READ,
        timeout = 30,
```

```
        readOnly = true)
    public int checkStock(String isbn) {
        ...
    }
}
```

레시피 10-10 로드타임 위빙을 이용해 트랜잭션 관리하기

과제

스프링의 선언적 트랜잭션 관리는 기본적으로 AOP 프레임워크를 사용해 작동합니다. 스프링 AOP는 IoC 컨테이너에 선언된 빈의 public 메서드에만 어드바이스를 적용할 수 있으므로 이 스코프로 트랜잭션 관리가 국한되는 문제가 있습니다. 하지만 public 외의 메서드나 IoC 컨테이너 외부에서 만든 객체의 메서드도 트랜잭션을 관리해야 할 경우가 있습니다.

해결책

스프링은 AnnotationTransactionAspect라는 AspectJ 애스팩트를 제공합니다. 덕분에 public 메서드가 아니든, IoC 컨테이너 밖에서 생성된 객체의 메서드든 상관없이 어느 객체, 어느 메서드라도 트랜잭션을 관리할 수 있습니다. 이 애스팩트는 @Transactional 메서드라면 물불을 가리지 않고 트랜잭션을 관리해주며 AspectJ 위빙을 컴파일 타임에 할지, 로드 타임에 할지만 선택해서 애스팩트를 활성화하면 됩니다.

풀이

이 애스팩트를 로드 타임에 도메인 클래스 안으로 위빙하려면 구성 클래스에 @EnableLoadTimeWeaving을 붙입니다. 스프링 AnnotationTransactionAspect로 트랜잭션을 관리하려면 @EnableTransactionManagement를 추가로 붙이고 mode 속성을 ASPECTJ라고 지정합니다(mode 속성은 ASPECTJ, PROXY 둘 중 하나를 지정합니다). ASPECTJ는 컨테이너가 로드 타임 또는 컴파일 타임에 위빙하여 트랜잭션 어드바이스를 적용하도록 지시합니다. 이렇게 하려면 로드 타임 또는 컴파일 타임에 적절한 구성을 하고 스프링 JAR 파일을 클래스패스에 위치시켜야 합니다.

한편 PROXY는 컨테이너가 스프링 AOP 메커니즘을 사용하게끔 지시합니다. ASPECTJ 모드에서는 인터페이스에 @Transactional을 붙여 구성하는 방법은 지원되지 않습니다. 트랜잭션 애스팩트는 자동으로 활성화되며 이 애스팩트가 사용할 트랜잭션 관리자를 지정해야 합니다. 기본적으로 이름이 transactionManager인 트랜잭션 관리자 빈을 찾습니다.

```
@Configuration
@EnableTransactionManagement(mode = AdviceMode.ASPECTJ)
@EnableLoadTimeWeaving
public class BookstoreConfiguration { ... }
```

> **NOTE_** 스프링의 AspectJ 애스팩트 라이브러리를 사용하려면 spring-aspects 모듈을 클래스패스에 넣어야 합니다. 로드 타임 위빙을 활성화하려면 spring-instrument 모듈 안의 자바 에이전트를 포함시켜야 합니다.

단순 자바 애플리케이션이라면 VM 인수로 지정한 스프링 에이전트를 사용해 이 애스팩트를 로드 타임에 클래스 안으로 위빙할 수 있습니다.

```
java -javaagent:lib/spring-instrument-5.0.0.RELEASE.jar -jar recipe_10_10_i.jar
```

마치며

트랜잭션이 무엇인지, 왜 트랜잭션을 사용해야 하는지 알아보았습니다. 역사적으로 자바 EE에서 트랜잭션을 관리를 어떻게 접근해왔는지 살펴보았고 스프링 프레임워크의 접근 방식은 어떻게 다른지 배웠습니다. 명시적인 코드로 직접 트랜잭션을 관리하는 방법과 애너테이션 기반의 애스팩트를 이용하는 암시적인 사용법을 설명했습니다. DB를 설정하고 트랜잭션을 이용해 데이터 무결성을 유지하는 방안을 연구했습니다. 다음 장의 주제는 스프링 배치입니다. 스프링 배치는 배치 처리 잡의 근간으로 활용 가능한 인프라 및 컴포넌트를 제공합니다.

CHAPTER 11

스프링 배치

배치 처리는 이미 수십 년 전, IT 초창기부터 널리 응용된 기술입니다. 당시에는 유저와 상호 작용한다는 개념도 빈약했고 메모리에 애플리케이션을 여러 개 로드할 형편도 못 됐습니다. 또 컴퓨터는 매우 고가였고 요즘의 서버와는 달리 많은 유저가 낮시간에 (시간을 나누어) 기계를 함께 나누어 썼습니다. 하지만 퇴근 시간 이후 기계를 놀리면 이만저만 낭비가 아니므로 당일 처리할 업무를 모아났다가 한꺼번에 처리하면 어떨까 고민하게 됐고 이것이 배치 처리로 발전하게 되었습니다.

배치 처리 솔루션은 대부분 오프라인으로 실행되며 시스템 이벤트로 구동되지 않습니다. 과거에는 부득이하게 오프라인으로 배치를 처리했습니다. 하지만 요즘은 정해진 시각에 일정 분량의 작업을 처리하는 일이 아키텍처상 필수 요건인 경우가 많아 오프라인으로 배치 처리를 합니다. 배치 처리 솔루션은 대부분 요청을 받고 응답을 내는 구조가 아니지만 메시지나 요청의 결과로서 배치를 시작하지 말라는 법은 없습니다. 배치 처리는 보통 대용량 데이터를 대상으로 실행되며 그 처리 시간이 아키텍처 및 구현상 결정적인 요소로 작용합니다. 한 프로세스가 몇 분에서 수 시간, 심지어 며칠씩 걸리기도 하니까요! 잡$^{job, 작업}$은 무제한 실행(며칠이 걸리더라도 작업이 끝날 때까지 계속 실행)하거나 실행 시간을 명확히 제한할 수 있습니다(이러한 제한과 상관없이 로우^{row}당 처리 시간이 일정하다고 보면 잡 전체 실행 시간도 일정하다고 볼 수 있으므로 특정 시간대$^{time\ window}$에는 완료될 거라 예측할 수 있습니다).

배치 처리는 장구한 역사만큼이나 현대 배치 처리 솔루션에 많은 영향을 끼쳐왔습니다.

메인프레임Mainframe 애플리케이션은 배치 처리를 적극 활용한 분야입니다. 지금도 많이 쓰이는 메인프레임 운영체제인 z/OS 기반의 CICSCustomer Information Control System (고객 정보 제어 시스템)는 대표적인 배치 처리 환경입니다. CICS는 입력을 받아 처리 후 결과로 출력하는 특정 작업 유형에 최적화한 트랜잭션 서버로서 (코볼, C, PLI 등) 다양한 언어로 개발된 프로그램을 운용하는 금융 기관과 정부 기관에서 주로 쓰였습니다. 초당 수천 개의 트랜잭션도 가뿐히 지원하는 능력을 자랑하지요. 1969년 화려하게 데뷔한 CICS는 스프링과 자바 EE 유저에게 익숙한 컨테이너 개념을 최초로 구현한 시스템 중 하나였습니다! 지금도 IBM은 CICS를 판매하고 설치 서비스를 제공하지만 도입 비용이 매우 높은 까닭에 다른 솔루션이 속속 등장했습니다. 메인프레임 기반의 COBOL/CICS, 유닉스 기반의 C, 그리고 여러 환경에 두루 사용 가능한 지금의 자바에 이르기까지 특정 환경에 맞춰진 솔루션들이죠. 그런데 이들 솔루션을 다루는 인프라가 거의 표준화되어 있지 않았고 자바 플랫폼은 기본적으로 배치 처리를 지원하지 않았기 때문에 자기가 뭘 모르는지조차 이해하지 못하는 사람도 적지 않았습니다. 또 배치 솔루션이 필요한 회사는 각자 알아서 구현하다 보니 적용 범위가 한정된, 부실한 코드만 양산됐지요.

자바 EE 및 스프링의 애플리케이션 컨테이너라는 막강한 개념에도 불구하고 트랜잭션 지원, 빠른 I/O, 쿼츠Quarts 같은 스케줄러, 빈틈없는 스레딩 지원 기술은 여기저기 파편화되어 있었습니다. 이런 상황에서 데이브 사이어Dave Syer 씨가 팀을 꾸려 스프링 플랫폼에 특화한 배치 처리 솔루션, 즉 스프링 배치를 개발하게 되었죠.

시시콜콜한 내용을 살펴보기 전에 스프링 배치가 어떤 문제를 해결하고자 탄생한 프레임워크인지 음미해볼 필요가 있습니다. 기술이란 결국 문제를 해결하는 과정의 산물이지요. 스프링 배치 애플리케이션은 보통 대용량 데이터를 읽어 변환된 형식으로 다시 출력합니다. 트랜잭션 경계, 입력 크기, 동시성, 처리 단계의 차수 등 연계까지 생각하면 결정해야 할 요소가 많습니다.

B2BBusiness-to-Business (기업 간) 거래, 또는 오래된 레거시 애플리케이션과 연계할 때 CSVComma-Separated Value (콤마로 구분된 값) 파일을 로드해 DB 레코드를 처리하는 일은 가장 흔한 배치 처리 사례입니다. DB 레코드 자체를 수정하는 게 출력 결과인 경우도 있습니다. 예를 들어 (메타데이터가 DB에 저장된) 이미지 파일의 크기를 재조정하거나, 어떤 조건에 따라 다른 프로세스를 트리거하는 경우가 그렇지요.

레거시 시스템이나 임베디드 시스템에서 흔히 쓰이는 고정폭 데이터는 배치 처리하기 알맞은 대상입니다. 성격 자체가 트랜잭션과 무관한 (웹 서비스, 파일 등의) 리소스는 배치 처리가 제격입니다. 배치로 처리하면 웹 서비스로는 불가능한 재시도[retry]/건너뛰기[skip]/실패[fail] 기능을 구현할 수 있으니까요.

하지만 스프링 배치가 하지 못하는 일도 알고 있어야 합니다. 스프링 배치가 유연한 건 맞지만 그렇다고 만능 솔루션은 아니니까요. 이미 있는 건 가급적 다시 안 만들겠다는 스프링 철학을 토대로, 스프링 배치 역시 중요한 부분은 구현하는 개발자의 재량에 맡깁니다. 이를테면 스프링 배치의 일반화한 잡 시동 메커니즘은, 명령줄, 운영체제 서비스인 유닉스 크론, 쿼츠(13장), 엔터프라이즈 서비스 버스(예 : Mule ESB 또는 이와 비슷한 스프링 자체 ESB 솔루션인 스프링 인티그레이션(15장))의 이벤트 응답 등으로 구체화할 수 있습니다. 배치 프로세스의 상태를 관리하는 방식도 그렇습니다. 스프링 배치에서는 지속 가능한 저장소가 필요한데요, 유일한 JobRepository(메타데이터 항목 저장 용도로 스프링 배치가 기본 제공하는 인터페이스) 구현체도 DB는 꼭 필요합니다. DB는 자체적으로 트랜잭션을 보장하며 우리가 다시 만들 필요가 없는 기성품이죠. 쓸 만한 DB는 기본 제공되지만 어떤 DB를 쓸지는 전적으로 여러분 마음입니다.

런타임 메타데이터 모델

스프링 배치는 잡 단위로 (JobInstances, JobExecution, StepExecution 컴포넌트를 포함한) 모든 정보와 메타데이터를 총괄한 JobRepository를 중심으로 작동하며 각 잡은 하나 이상의 순차적인 스텝으로 구성됩니다. 스프링 배치에서 스텝은 초기 워크플로를 따라가면서 조건부로 다음 스텝을 진행할 수도 있고 동시성 스텝^{concurrent steps}(즉, 두 스텝을 동시에 실행)으로 구성할 수도 있습니다.

잡은 보통 실행 시점에 JobParameter와 엮어 Job 자신의 런타임 로직을 매개변수화합니다. 예를 들면 특정 날짜에 해당되는 레코드만 처리하는 잡이 그런 경우입니다. 그리고 잡 실행을 식별하기 위해 JobInstance를 생성합니다. JobParameter가 연관되어 있으니 JobInstance는 하나밖에 없겠죠. 같은 JobInstance(즉, 같은 Job + JobParameter 세트)가 실행되는 것을 JobExecution이라고 부릅니다. JobExecution은 잡 버전에 대한 런타임 컨텍스트로, 이상적으로는 JobInstance당 하나의 JobExecution(제일 처음 JobInstance가 실행될 때 만들어진 JobExecution)이 존재합니다. 그러나 도중 에러가 나면 JobInstance는 다시 시작해야 하고 그러다 보면 JobExecution이 하나 더 만들어지겠죠. 초기 잡에 속한 각 스텝의 JobExecution 에는 StepExecution이 있습니다.

스프링 배치는 잡을 설계/빌드하는 시점에 바라본 모습과 런타임에 바라본 모습이 함께 투영된, 일종의 미러링된 객체 그래프를 지닌다고 볼 수 있습니다. 프로토타입과 인스턴스를 이처럼 나누어 생각하는 건 jBPM 같은 다른 워크플로 엔진의 작동 방식과 비슷합니다.

예를 들어 새벽 2시에 생성하는 일일 보고서가 있다고 합시다. 이 잡은 날짜(대개 전날)를 매개변수로 받고 로딩 스텝, 요약 스텝, 출력 스텝으로 모델링할 수 있습니다. 매일 잡이 실행될 때마다 JobInstance 및 JobExecution이 새로 생성되고 동일한 JobInstance를 여러 번 재시도하면 그 횟수만큼 JobExecution이 생성될 겁니다.

레시피 11-1 스프링 배치 기초 공사하기

과제

스프링 배치가 제공하는 유연함과 탄탄함도 허허벌판에선 의미가 없겠죠. 우선 **JobRepository용** 데이터 저장소가 필요하고 그밖에도 스프링 배치 작동에 필요한 협력자들이 있는데요, 구성 과정은 대부분 표준화되어 있습니다.

해결책

먼저, 스프링 배치 DB를 설정한 다음, 앞으로 설명할 솔루션에서 임포트할 수 있도록 스프링 애플리케이션을 구성하겠습니다. 구성 자체는 반복적이라서 별로 재미는 없습니다. 스프링 배치에서 메타데이터를 어느 DB에 저장하라고 알려주는 정도지요.

풀이

JobRepository 인터페이스는 스프링 배치 처리 설정의 첫 단추입니다. 여러분이 직접 코드로 다룰 일은 거의 없지만 스프링 배치에 있어 JobRepository는 핵심 중의 핵심입니다. SimpleJobRepository는 이 인터페이스를 구현한 사실상 유일한 클래스로, JobRepositoryFactoryBean을 이용해 생성하며 배치 처리 상태를 데이터 저장소에 보관하는 일을 합니다. MapJobRepositoryFactoryBean 역시 SimpleJobRepository를 생성하는 표준 팩토리 빈이지만 인메모리 구현체라서 상태 정보가 저장되지 않기 때문에 주로 테스트용으로 씁니다.

JobRepository 인스턴스는 DB를 전제로 작동하므로 스프링 배치용 스키마는 미리 구성되어 있어야 합니다. 이 스키마는 DB 제품별로 스프링 배치 배포판에 준비되어 있습니다. 자바 구성 파일에서 DataSourceInitializer를 사용하는 것이 DB를 초기화하는 가장 간단한 방법입니다. DDL^{Data Definition Language}(데이터 정의 언어, DB 구조를 정의/조사하는 용도로 쓰이는 SQL 하위 집합)로 기술된 .sql 파일들이 org/springframework/batch/core 디렉터리에 들어 있으니 여러분의 DB에 맞는 스키마를 선택하세요. 필자는 H2(인메모리 DB)를 쓸 예정이라 schema-h2.sql 파일을 선택해서 다음과 같이 스프링 배치를 구성하겠습니다.

```
package com.apress.springrecipes.springbatch.config;
...
@Configuration
@ComponentScan("com.apress.springrecipes.springbatch")
@PropertySource("classpath:batch.properties")
public class BatchConfiguration {

    @Autowired
    private Environment env;

    @Bean
```

```java
public DataSource dataSource() {
    DriverManagerDataSource dataSource = new DriverManagerDataSource();
    dataSource.setUrl(env.getRequiredProperty("dataSource.url"));
    dataSource.setUsername(env.getRequiredProperty("dataSource.username"));
    dataSource.setPassword(env.getRequiredProperty("dataSource.password"));
    return dataSource;
}


@Bean
public DataSourceInitializer dataSourceInitializer() {
    DataSourceInitializer initializer = new DataSourceInitializer();
    initializer.setDataSource(dataSource());
    initializer.setDatabasePopulator(databasePopulator());
    return initializer;
}


private DatabasePopulator databasePopulator() {
    ResourceDatabasePopulator databasePopulator = new ResourceDatabasePopulator();
    databasePopulator.setContinueOnError(true);
    databasePopulator.addScript(
        new ClassPathResource("org/springframework/batch/core/schema-h2.sql"));
    databasePopulator.addScript(
        new ClassPathResource("sql/reset_user_registration.sql"));
    return databasePopulator;
}

@Bean
public DataSourceTransactionManager transactionManager() {
    return new DataSourceTransactionManager(dataSource());
}


@Bean
public JobRepositoryFactoryBean jobRepository() {
    JobRepositoryFactoryBean jobRepositoryFactoryBean =
        new JobRepositoryFactoryBean();
    jobRepositoryFactoryBean.setDataSource(dataSource());
    jobRepositoryFactoryBean.setTransactionManager(transactionManager());
    return jobRepositoryFactoryBean;
}


@Bean
public JobLauncher jobLauncher() throws Exception {
    SimpleJobLauncher jobLauncher = new SimpleJobLauncher();
    jobLauncher.setJobRepository(jobRepository().getObject());
```

```
        return jobLauncher;
    }

    @Bean
    public JobRegistryBeanPostProcessor jobRegistryBeanPostProcessor() {
        JobRegistryBeanPostProcessor jobRegistryBeanPostProcessor =
            new JobRegistryBeanPostProcessor();
        jobRegistryBeanPostProcessor.setJobRegistry(jobRegistry());
        return jobRegistryBeanPostProcessor;
    }

    @Bean
    public JobRegistry jobRegistry() {
        return new MapJobRegistry();
    }
}
```

처음 몇 개 빈에 걸쳐 데이터 소스, 트랜잭션 관리자, 데이터 소스 초기자^{initializer} 등을 구성했습니다. 이들은 딱히 새로 등장한 빈도 아니고 스프링 배치에만 해당되는 빈도 아닙니다.

맨 끝의 jobRegistry() 메서드는 MapJobRegistry 인스턴스를 반환합니다. 이 빈은 아주 중요합니다. 특정 잡에 관한 정보를 담고 있는 중앙 저장소이자, 시스템 내부의 전체 잡들의 '큰 그림'을 그리며 관장하는 빈이기 때문이죠.

SimpleJobLauncher의 유일한 임무는 배치 잡을 시동하는 메커니즘을 건네주는 겁니다. 여기서 '잡'이란 사용 중인 배치 솔루션을 말하며 jobLauncher를 사용해 실행할 배치 솔루션명과 필요한 매개변수를 지정합니다(자세한 내용은 다음 레시피에서 이어집니다).

JobRegistryBeanPostProcessor는 스프링 컨텍스트 파일을 스캐닝해 구성된 잡이 발견되면 모조리 MapJobRegistry에 엮는 빈 후처리기입니다.

드디어 (JobRepositoryFactoryBean 공장에서 찍어낸) SimpleJobRepository에 다다랐습니다. JobRepository는 (엔터프라이즈 애플리케이션 아키텍처 패턴 관점에서는) '리포지터리^{repository}(저장소)'를 구현한 객체로, 잡과 스텝을 아울러 도메인 모델에 관한 조회/저장 작업을 처리합니다.

클래스 레벨에 @PropertySource를 붙여 스프링이 src/main/resource/batch.properties 파일을 로드하도록 지시하고 이렇게 로드한 프로퍼티는 Environment형 필드를 사용해 가져옵니다.

다음은 batch.properties 파일의 내용입니다.

```
dataSource.password=sa
dataSource.username=
dataSource.url=jdbc:h2:~/batch
```

하지만 스프링 배치에는 @EnableBatchProcessing을 붙여 기본값을 바로 구성하는 방법이 더
편합니다.

```
@Configuration
@EnableBatchProcessing
@ComponentScan("com.apress.springrecipes.springbatch")
@PropertySource("classpath:/batch.properties")
public class BatchConfiguration {

    @Autowired
    private Environment env;

    @Bean
    public DataSource dataSource() {
        BasicDataSource dataSource = new BasicDataSource();
        dataSource.setUrl(env.getRequiredProperty("dataSource.url"));
        dataSource.setDriverClassName(
            env.getRequiredProperty("dataSource.driverClassName"));
        dataSource.setUsername(env.getProperty("dataSource.username"));
        dataSource.setPassword(env.getProperty("dataSource.password"));
        return dataSource;
    }

    @Bean
    public DataSourceInitializer databasePopulator() {
        ResourceDatabasePopulator populator = new ResourceDatabasePopulator();
        populator.addScript(
            new ClassPathResource("org/springframework/batch/core/schema-derby.sql"));
        populator.addScript(new ClassPathResource("sql/reset_user_registration.sql"));
        populator.setContinueOnError(true);
```

```
        populator.setIgnoreFailedDrops(true);

        DataSourceInitializer initializer = new DataSourceInitializer();
        initializer.setDatabasePopulator(populator);
        initializer.setDataSource(dataSource());
        return initializer;
    }
}
```

이제 데이터 소스를 가져오고 DB를 초기화하는 빈 2개가 전부입니다. 나머지 일들은 @EnableBatchProcessing 덕분에 스프링 배치가 처리합니다. 이런 식으로 합리적인 기본 설정값을 적용한 상태에서 스프링 배치를 시동합니다.

JobRepository, JobRegistry, JobLauncher는 기본 구성됩니다. 애플리케이션 데이터 소스가 여럿이면 명시적으로 BatchConfigurer를 추가해서 배치 처리 시 사용할 데이터 소스를 선택합니다.

지금까지 자바로 구성한 배치 애플리케이션을 Main 클래스에서 테스트해봅시다.

```
package com.apress.springrecipes.springbatch;
...
public class Main {
    public static void main(String[] args) throws Throwable {
        ApplicationContext context =
            new AnnotationConfigApplicationContext(BatchConfiguration.class);

        JobRegistry jobRegistry = context.getBean("jobRegistry", JobRegistry.class);
        JobLauncher jobLauncher = context.getBean("jobLauncher", JobLauncher.class);
        JobRepository jobRepository = context.getBean("jobRepository",
            JobRepository.class);

        System.out.println("JobRegistry: " + jobRegistry);
        System.out.println("JobLauncher: " + jobLauncher);
        System.out.println("JobRepository: " + jobRepository);
    }
}
```

레시피 11-2 데이터 읽기/쓰기

과제

CSV 파일에서 데이터를 읽어 DB에 입력하려고 합니다. 스프링 배치의 가장 단순한 쓰임새지만 그 핵심 컴퍼넌트를 살펴볼 좋은 기회입니다.

해결책

가급적 최소한의 노력만으로 실제로 응용 가능한 솔루션을 작성해보겠습니다. 임의 길이의 파일을 읽어 그 데이터를 DB에 넣는 애플리케이션으로, 사실상 코드는 거의 없습니다. 기존 모델 클래스는 그대로 두고 (public static void main(String [] args) 메서드를 지닌) 메인 클래스를 하나 작성할 겁니다. 모델 클래스를 하이버네이트나 다른 DAO 기술로 구현하지 말라는 법은 없지만 필자는 그냥 우직하게 아무것도 없는 POJO를 쓰고 [레시피 11-1]에서 구성한 컴퍼넌트를 그대로 갖다 쓰겠습니다.

풀이

지금부터 살펴볼 예제는 확장성^{scalability}을 제공하는 가장 단순한 스프링 배치의 응용 사례를 잘 보여줍니다. 프로그램 로직이라고 해봐야 콤마와 개행문자로 구분된 CSV 파일에서 데이터를 읽어 DB 테이블에 레코드를 삽입하는 일이 전부입니다. 스프링 배치가 선사하는 영리한 인프라를 활용하면 확장성은 걱정할 필요가 없습니다. 똑똑한 트랜잭션 기능이나 재시도 같은 문제는 앞으로 신경 쓰지 않아도 좋습니다.

스프링 배치는 XML 스키마를 이용해 솔루션 모델을 정의합니다. 스프링 배치의 추상화와 용어를 보면 고전적인 배치 처리 솔루션 사상이 고스란히 반영되어 있어서 옛 기술에서 최근 기술로 쉽게 옮겨 탈 수 있습니다. 스프링 배치는 쓸 만한 클래스를 기본 제공하므로 선택적으로 조정하거나 오버라이드해 쓰면 됩니다. 스프링 배치가 기본 제공하는 각종 유틸리티는 앞으로 살펴볼 예제에서도 계속 쓰입니다. 대부분의 솔루션은 비슷한 인터페이스 구성을 사용해 비슷한 기능을 제시하는 경향이 있는데요, 결국 이 중 적절한 하나를 골라 쓰는 일이 관건입니다.

필자가 이 프로그램을 실행했을 때 로우가 20,000개인 파일, 1,000,000개인 파일 모두 잘 작동했습니다. 메모리도 전혀 증가하지 않은 걸 보면 메모리 누수도 없었습니다. 물론 시간은 엄청 오래 걸렸죠! 1,000,000개 로우를 삽입할 때는 몇 시간 정도 걸렸습니다.

> **TIP_** 1,000,000개 로우를 처리하던 중 끝에서 두 번째 로우에서 실패하면 트랜잭션은 롤백되고 작업 결과는 모두 잃게 됩니다. 정말 참담하겠죠! 청킹(chunking, 묶음처리)에 관한 예제를 찾아 읽어보고 추가로 트랜잭션을 복습할 겸 10장을 다시 읽어보세요.

```
create table USER_REGISTRATION (
    ID BIGINT NOT NULL PRIMARY KEY GENERATED ALWAYS AS IDENTITY (START WITH 1,
        INCREMENT BY 1),
    FIRST_NAME VARCHAR(255) not null,
    LAST_NAME VARCHAR(255) not null,
    COMPANY VARCHAR(255) not null,
    ADDRESS VARCHAR(255) not null,
    CITY VARCHAR(255) not null,
    STATE VARCHAR(255) not null,
    ZIP VARCHAR(255) not null,
    COUNTY VARCHAR(255) not null,
    URL VARCHAR(255) not null,
    PHONE_NUMBER VARCHAR(255) not null,
    FAX VARCHAR(255) not null
);
```

이 테이블은 튜닝을 전혀 하지 않아서 주키 외에 인덱스조차 없습니다. 예제 편의상 이렇게 한 것일 뿐 실제 운영 환경에 이런 테이블이 있어선 안 되겠죠.

스프링 배치 애플리케이션은 일개미처럼 묵묵히 일하면서 여러분도 미처 몰랐던 애플리케이션 병목점^{bottleneck}을 발견할 계기를 제공합니다. 갑자기 10분마다 1,000,000개 로우를 DB에 삽입한다면 어떻게 될까요? DB가 부하를 감당할 수 있을까요? 레코드를 삽입하는 속도가 애플리케이션 속도에 결정적인 영향을 미치겠죠. 소프트웨어 개발자는 (당연히) 사용 중인 DB 스키마가 비즈니스 로직의 제약조건을 얼마나 준수하는지, 그리고 전체 비즈니스 모델을 얼마나 잘 반영하는지 이해해야 합니다. 하지만 이런 유형의 애플리케이션을 개발할 때에는 DBA 관점에서 바라보는 것 또한 중요합니다. 일반적으로는 테이블을 반정규화[1]하고 삽입 트리거를 걸어 무조건 유효한 데이터만 DB 안으로 들어오게 강제하는 방법을 씁니다. 데이터 웨어하우

---

1 역주_ denormalized. 정규화한 엔티티, 속성, 관계를 시스템 성능을 높이고 개발/운영을 단순화하려고 데이터 모델을 통합하는 프로세스를 말합니다.

징^{data warehousing}에서 많이 쓰이는 기법이지요. 나중에 설명하겠지만 스프링 배치를 이용해 데이터를 삽입하기 전에 처리할 수도 있습니다. 이런 식으로 개발자는 DB에 넣는 레코드를 확인하거나 오버라이드할 수 있습니다. 이런 처리 방식은 '모름지기 제약조건은 DB에 표현하는 게 제일 낫다'는 다소 보수적인 응용 개념과 더불어 아주 빠르고 견고한 애플리케이션을 제작하는 밑거름이 됩니다.

잡 구성하기

잡 구성은 다음과 같이 합니다.

```
@Configuration
public class UserJob {

    private static final String INSERT_REGISTRATION_QUERY =
        "insert into USER_REGISTRATION (FIRST_NAME, LAST_NAME, COMPANY, " +
        "ADDRESS,CITY,STATE,ZIP,COUNTY,URL,PHONE_NUMBER,FAX)" +
        " values " +
        "(:firstName,:lastName,:company,:address,:city,:state,:zip,:county,:url," +
        ":phoneNumber,:fax)";

    @Autowired
    private JobBuilderFactory jobs;

    @Autowired
    private StepBuilderFactory steps;

    @Autowired
    private DataSource dataSource;

    @Value("file:${user.home}/batches/registrations.csv")
    private Resource input;

    @Bean
    public Job insertIntoDbFromCsvJob() {
        return jobs.get("User Registration Import Job")
            .start(step1())
            .build();
    }

    @Bean
```

```java
public Step step1() {
   return steps.get("User Registration CSV To DB Step")
      .<UserRegistration,UserRegistration>chunk(5)
      .reader(csvFileReader())
      .writer(jdbcItemWriter())
      .build();
}


@Bean
public FlatFileItemReader<UserRegistration> csvFileReader() {
   FlatFileItemReader<UserRegistration> itemReader = new FlatFileItemReader<>();
   itemReader.setLineMapper(lineMapper());
   itemReader.setResource(input);
   return itemReader;
}


@Bean
public JdbcBatchItemWriter<UserRegistration> jdbcItemWriter() {
   JdbcBatchItemWriter<UserRegistration> itemWriter = new JdbcBatchItemWriter<>();
   itemWriter.setDataSource(dataSource);
   itemWriter.setSql(INSERT_REGISTRATION_QUERY);
   itemWriter.setItemSqlParameterSourceProvider(
      new BeanPropertyItemSqlParameterSourceProvider<>());
   return itemWriter;
}


@Bean
public DefaultLineMapper<UserRegistration> lineMapper() {
   DefaultLineMapper<UserRegistration> lineMapper = new DefaultLineMapper<>();
   lineMapper.setLineTokenizer(tokenizer());
   lineMapper.setFieldSetMapper(fieldSetMapper());
   return lineMapper;
}


@Bean
public BeanWrapperFieldSetMapper<UserRegistration> fieldSetMapper() {
   BeanWrapperFieldSetMapper<UserRegistration> fieldSetMapper =
      new BeanWrapperFieldSetMapper<>();
   fieldSetMapper.setTargetType(UserRegistration.class);
   return fieldSetMapper;
}


@Bean
public DelimitedLineTokenizer tokenizer() {
```

```
        DelimitedLineTokenizer tokenizer = new DelimitedLineTokenizer();
        tokenizer.setDelimiter(",");
        tokenizer.setNames(new String[]{"firstName","lastName","company","address",
            "city","state","zip","county","url","phoneNumber","fax"});
        return tokenizer;
    }
}
```

앞서 언급했듯이 잡은 여러 스텝으로 구성되며 각 스텝은 주어진 잡을 묵묵히 수행합니다. 스텝은 잡을 수행하는 가장 작은 단위로, 여러분의 의도에 따라 단순할 수도 있고 복잡할 수도 있습니다. 입력input(읽을 것)이 스텝으로 전해지고 처리가 끝나면 출력output(쓸 것)이 만들어집니다. 처리 로직은 Tasklet(스프링 배치의 인터페이스)으로 기술합니다. Tasklet은 직접 구현해도 되고 여러 처리 시나리오에 맞게 짜여진 것 중 하나를 골라 써도 됩니다. 배치 처리의 가장 중요한 단면 중 하나인 청크 지향 처리chunk-oriented processing를 할 경우는 chunk( )라는 구성 메서드를 사용합니다.

청크 지향 처리에서는 입력기가 입력을 읽고 (필요 시) 부가적인 처리를 한 뒤 애그리게이션aggregation(종합)합니다. 마지막으로 commit-interval 속성으로 처리 주기를 설정해서 트랜잭션을 커밋하기 전에 얼마나 많은 아이템을 출력기로 보낼지 정합니다. 이미 가동 중인 트랜잭션 관리자가 있으면 트랜잭션도 함께 커밋합니다. 커밋 직전에 DB 메타데이터를 수정해서 해당 잡을 완료했다는 사실을 알립니다.

트랜잭션을 인지한transaction-aware 출력기(또는 처리기)가 롤백할 때는 입력값을 집계하는 문제와 관련해 미묘한 차이가 발생합니다. 스프링 배치는 읽은 값을 캐시했다가 출력기에 씁니다. 출력기는 DB처럼 트랜잭션이 걸려 있지만 입력기는 트랜잭션이 걸려 있지 않으면 읽은 값을 캐시하거나 재시도 또는 다른 방법으로 접근하더라도 본질적으로 잘못될 건 없습니다. 그런데 입력기에도 트랜잭션이 적용된 상태면 리소스에서 읽은 값이 롤백되고 변경 가능한 상태로 메모리에 남겨진 캐시값은 무용지물이 되겠죠. 이런 일이 발생할 경우 reader-transactional-queue="true"로 설정해서 청크 엘리먼트에 값을 캐시하지 않도록 설정하면 됩니다.

입력

첫 번째 임무는 파일을 읽는 일입니다. 예제에서는 스프링 배치가 기본 제공한 기본 구현체를 쓰겠습니다. CSV 파일 읽기처럼 일반적인 쓰임새를 스프링 배치가 놓칠 리 없겠죠. org. springframework.batch.item.file.FlatFileItemReader<T> 클래스는 파일의 필드와 값을 구분하는 작업을 LineMapper<T>에게 맡기고 LineMapper<T>는 전달받은 레코드에서 필드를 식별하는 작업을 다시 LineTokenizer에게 맡깁니다(예제는 콤마(,)를 기준으로 필드를 구별하는 org.springframework.batch.item.file.transform.DelimitedLineTokenizer를 사용합니다).

DefaultLineMapper의 fieldSetMapper 속성에는 FieldSetMapper 구현체를 넣습니다. 이 빈은 이름-값 쌍을 건네받아 출력기에 전달할 타입을 생산합니다.

예제에서는 UserRegistration형 POJO를 생성하는 BeanWrapperFieldSetMapper를 사용했습니다. 필드명을 입력 파일의 헤더 로우와 똑같이 명명할 필요는 없지만 입력 파일에 등장하는 순서와 동일하게 대응시켜야 합니다. 이 필드명을 이용해 FieldSetMapper가 POJO 프로퍼티를 엮습니다. 레코드를 한 줄씩 읽을 때마다 해당 값들을 POJO 인스턴스에 적용한 뒤 그 객체를 반환합니다.

```java
@Bean
public FlatFileItemReader<UserRegistration> csvFileReader() {
    FlatFileItemReader<UserRegistration> itemReader = new FlatFileItemReader<>();
    itemReader.setLineMapper(lineMapper());
    itemReader.setResource(input);
    return itemReader;
}


@Bean
public DefaultLineMapper<UserRegistration> lineMapper() {
    DefaultLineMapper<UserRegistration> lineMapper = new DefaultLineMapper<>();
    lineMapper.setLineTokenizer(tokenizer());
    lineMapper.setFieldSetMapper(fieldSetMapper());
    return lineMapper;
}


@Bean
public BeanWrapperFieldSetMapper<UserRegistration> fieldSetMapper() {
    BeanWrapperFieldSetMapper<UserRegistration> fieldSetMapper =
        new BeanWrapperFieldSetMapper<>();
    fieldSetMapper.setTargetType(UserRegistration.class);
    return fieldSetMapper;
```

```
}

@Bean
public DelimitedLineTokenizer tokenizer() {
    DelimitedLineTokenizer tokenizer = new DelimitedLineTokenizer();
    tokenizer.setDelimiter(",");
    tokenizer.setNames(
        newString[]{"firstName","lastName","company","address","city","state","zip",
        "county","url","phoneNumber","fax"});
    return tokenizer;
}
```

입력기가 반환한 UserRegistration 객체는 평범한 자바빈입니다.

```
public class UserRegistration implements Serializable {

    private String firstName;
    private String lastName;
    private String company;
    private String address;
    private String city;
    private String state;
    private String zip;
    private String county;
    private String url;
    private String phoneNumber;
    private String fax;

    //... 접근자 / 수정자는 지면상 생략 ...
}
```

출력

출력기는 입력기가 읽은 아이템 컬렉션을 한데 모아 처리하는 작업을 담당합니다. 예제에
서는 새 컬렉션(java.util.List<UserRegistration>)을 만들어 계속 데이터를 써넣으면
서 그 개수가 chunk 엘리먼트의 commit-interval 속성값을 초과할 때마다 다시 초기화합
니다. 스프링 배치 org.springframework.batch.item.database.JdbcBatchItemWriter

는 데이터를 입력받아 DB에 출력하는 클래스로, 이 예제의 용도에 딱 맞습니다. 전달받은 입력 데이터에 어떤 SQL을 실행할지는 개발자가 결정해야 합니다. 결국 commit-interval값에 따라 일정 주기로 DB에서 데이터를 읽어 sql 프로퍼티에 설정한 SQL을 실행한 뒤 전체 트랜잭션을 커밋합니다. 이 예제는 단순 INSERT문을 썼습니다. 기명 매개변수의 이름-값은 itemSqlParameterSourceProvider 프로퍼티에 설정한 BeanPropertyItemSqlParameterSourceProvider형 빈이 생성합니다. 이 빈은 자바빈 프로퍼티와 기명 매개변수를 서로 연관짓는 역할을 맡습니다.

```java
@Bean
public JdbcBatchItemWriter<UserRegistration> jdbcItemWriter() {
    JdbcBatchItemWriter<UserRegistration> itemWriter = new JdbcBatchItemWriter<>();
    itemWriter.setDataSource(dataSource);
    itemWriter.setSql(INSERT_REGISTRATION_QUERY);
    itemWriter.setItemSqlParameterSourceProvider(
        new BeanPropertyItemSqlParameterSourceProvider<>());
    return itemWriter;
}
```

여기까집니다! 따로 추가한 코드도 없고 구성도 별로 안 했지만 대용량 CSV 파일을 읽어 DB에 삽입하는 간단한 솔루션이 완성됐습니다. 특이한 케이스(예 : 읽은 데이터를 (삽입하기 전) 가공)는 전혀 고려하지 않은 기본기에 충실한 코드지만 잘 작동합니다.

정반대의 작업(DB에서 데이터를 읽어 CSV 파일로 쓰기)을 하는 클래스 역시 구현 방법은 비슷합니다.

```java
@Bean
public Job insertIntoDbFromCsvJob() {
    return jobs.get("User Registration Import Job")
        .start(step1())
        .build();
}

@Bean
public Step step1() {
    return steps.get("User Registration CSV To DB Step")
        .<UserRegistration,UserRegistration>chunk(5)
        .reader(csvFileReader())
```

```
        .writer(jdbcItemWriter())
        .build();
}
```

새로운 스텝은 User Registration CSV To DB Step이라고 명명합시다. 크기가 5인 청크 기반으로 처리하도록 구성하고 입출력기를 지정한 다음 마지막에 팩토리에게 스텝 빌드를 지시합니다. 이로써 User Registration Import Job 잡의 관문이자 유일무이한 스텝이 구성되었습니다.

ItemReader/ItemWriter를 간단하게 구성하기

ItemReader/ItemWriter 구성은 적잖은 스프링 배치 관련 지식(예 : 어떤 클래스를 사용해야 하나?)을 요하므로 만만찮은 일입니다. 다행히 스프링 배치 4부터 입출력기마다 빌더를 제공하므로 구성 작업이 한결 간편해졌습니다.

일례로 FlatFileItemReader는 FlatFileItemReaderBuilder로 구성하는데요, 빈마다 일일이 구성할 필요 없이 단 6줄의 코드로 구성이 끝납니다(사실 코드 포맷팅만 아니면 이보다 더 짧습니다).

```
@Bean
public FlatFileItemReader<UserRegistration> csvFileReader() throws Exception {

    return new FlatFileItemReaderBuilder<UserRegistration>()
        .name(ClassUtils.getShortName(FlatFileItemReader.class))
        .resource(input)
        .targetType(UserRegistration.class)
        .delimited()
        .names(
            new String[]{"firstName","lastName","company","address","city","state","zip",
                "county","url","phoneNumber","fax"})
        .build();
}
```

FlatFileItemReaderBuilder는 DefaultLineMapper, BeanWrapperFieldSetMapper, DelimitedLineTokenizer를 자동 생성하므로 여러분은 물밑에서 무슨 일이 일어나는지 몰라

도 됩니다. 이제 각 아이템마다 설정을 넣지 않고 기본 구성 하나만 기술하면 됩니다.

JdbcBatchItemWriter와 JdbcBatchItemWriterBuilder의 관계도 마찬가지입니다.

```
@Bean
public JdbcBatchItemWriter<UserRegistration> jdbcItemWriter() {
    return new JdbcBatchItemWriterBuilder<UserRegistration>()
        .dataSource(dataSource)
        .sql(INSERT_REGISTRATION_QUERY)
        .beanMapped()
        .build();
}
```

레시피 11-3 커스텀 ItemWriter/ItemReader 작성하기

과제

스프링 배치 자체로는 접속 방법을 알 수 없는 리소스(RSS 피드, 기타 커스텀 자료형을 떠올리면 됩니다)
와 통신하세요.

해결책

ItemWriter/ItemReader를 직접 작성합니다. 인터페이스가 무진장 단순한데다가 구현 클래스
도 별로 하는 일이 없습니다.

풀이

너무 뻔하고 쉬운 처리 로직이라 스프링 배치의 내장 옵션 중에서 하나를 골라 재사용하는 편
이 좋습니다. 잘 찾아보면 요건에 딱 맞는 게 하나 발견될 겁니다. JMS(JmsItemWriter<T>),
JPA(JpaItemWriter<T>), JDBC(JdbcBatchItemWriter<T>), 파일(FlatFileItemWriter<T>),
하이버네이트(HibernateItemWriter<T>) 등 옵션은 다양합니다. 심지어 출력할 Item 속성
을 인수로 넘겨주고 빈 메서드를 호출하는 출력기(PropertyExtractingDelegatingItemWr

iter⟨T⟩)도 준비되어 있어요! 숫자를 매긴 여러 파일로 출력하는 출력기도 아주 유용합니다. MultiResourceItemWriter⟨T⟩ 구현체는 아주 큰 하나의 파일 대신 여러 개의 파일로 출력할 수 있게 적절한 ItemWriter⟨T⟩ 구현체에 작업을 맡깁니다. ItemReader도 이보단 종류가 적지만 꽤 쓸 만한 구현체가 있습니다. 여러분의 요건에 맞는 구현체가 없으면 다시 한번 잘 찾아보세요. 그래도 없으면 직접 만들어 써야겠죠? 이 레시피는 그 방법을 설명합니다.

커스텀 ItemReader 작성하기

ItemReader 예제는 간단합니다. 다음은 RPC^Remote Procedure Call (원격 프로시저 호출) 엔드포인트에서 UserRegistration 객체를 가져오는 ItemReader입니다.

```java
public class UserRegistrationItemReader implements ItemReader<UserRegistration> {

    private final UserRegistrationService userRegistrationService;

    public UserRegistrationItemReader(UserRegistrationService userRegistrationService) {
        this.userRegistrationService = userRegistrationService;
    }

    @Override
    public UserRegistration read() throws Exception {
        final Date today = new Date();
        Collection<UserRegistration> registrations =
            userRegistrationService.getOutstandingUserRegistrationBatchForDate(1, today);
        return registrations.stream().findFirst().orElse(null);
    }
}
```

정말 단순한 인터페이스죠? 중요한 작업은 원격 서비스에게 넘깁니다. ItemReader⟨T⟩ 인터페이스의 read() 메서드는 레코드 1개를 매개변수화한 아이템 타입(예제는 UserRegistration)으로 반환합니다. 이렇게 읽은 아이템은 전부 묶어서 ItemWriter에 보냅니다.

커스텀 ItemWriter 작성하기

ItemWriter 예제도 간단합니다. 스프링이 제공하는 여러 옵션 중 하나를 택해 원격 서비스를 호출한 뒤 출력한다고 합시다. ItemWriter⟨T⟩ 역시 출력할 아이템 타입(예제는

UserRegistration)으로 매개변수화한 인터페이스로, 주어진 타입의 객체 리스트 (ItemReader<T>에서 묶어 보낸 객체들)를 전달받는 write() 메서드 하나만 있습니다. commit-interval이 10이면 이 리스트엔 최대 10개 아이템이 있겠죠.

```java
public class UserRegistrationServiceItemWriter implements ItemWriter<UserRegistration> {
    private static final Logger logger =
        LoggerFactory.getLogger(UserRegistrationServiceItemWriter.class);

    private final UserRegistrationService userRegistrationService;

    public UserRegistrationServiceItemWriter(UserRegistrationService
        userRegistrationService) {
        this.userRegistrationService = userRegistrationService;
    }

    @Override
    public void write(List<?extends UserRegistration> items) throws Exception {
        items.forEach(this::write);
    }

    private void write(UserRegistration userRegistration) {
        UserRegistration registeredUserRegistration =
        userRegistrationService.registerUser(userRegistration);
        logger.debug("Registered: {}", registeredUserRegistration);
    }
}
```

여기도 원격 서비스 객체를 주입했습니다. 그냥 UserRegistration 객체 리스트를 순회하며 서비스를 호출하고 동일한 UserRegistration 인스턴스를 돌려받습니다. 공백을 없애고 중괄호, 로그 출력문을 지우면 정말 필요한 코드는 두 줄뿐입니다.

UserRegistrationService 인터페이스는 다음과 같습니다.

```java
public interface UserRegistrationService {
    Collection<UserRegistration> getOutstandingUserRegistrationBatchForDate(int quantity,
        Date date);
    UserRegistration registerUser(UserRegistration userRegistrationRegistration);
}
```

예제에서 보다시피 어떤 특정한 인터페이스 구현체가 아닙니다. 스프링 배치가 모르는 어떤 인터페이스라도 가능하지요.

레시피 11-4 출력하기 전에 입력 데이터 처리하기

과제

스프레드시트나 CSV 덤프 파일을 그대로 읽어 데이터를 보낼 수도 있겠지만 데이터를 출력하기 전에 어떤 식으로든 가공하고 싶을 때도 있습니다. 사실 CSV 파일 내부의 데이터나 여타 잡다한 데이터 소스 속에 있는 데이터를 그대로 출력하는 건 대개 적절하지 않습니다. 스프링 배치가 입력 데이터를 POJO로 강제 변환해주긴 하지만 그렇다고 데이터 품질이 출력하기에 좋으리란 보장은 없으므로 데이터를 실제로 출력하기 전 다른 서비스에서 받아온 데이터를 채우거나 다른 부가 정보를 덧붙이기도 합니다.

해결책

스프링 배치를 이용하면 입력기의 출력물을 가공할 수 있습니다. 데이터 형변환 등 출력기로 보내기 전에 사실상 어떤 처리도 가능합니다.

풀이

스프링 배치는 입력기가 읽어들인 데이터에 커스텀 로직을 적용할 수 있게 지원합니다. chunk 엘리먼트의 processor 속성에 org.springframework.batch.item.ItemProcessor<I,O>형 빈을 설정하면 됩니다. 앞 레시피의 잡 코드는 다음과 같이 수정합니다.

```
@Bean
public Step step1() {
    return steps.get("User Registration CSV To DB Step")
        .<UserRegistration,UserRegistration>chunk(5)
        .reader(csvFileReader())
        .processor(userRegistrationValidationItemProcessor())
        .writer(jdbcItemWriter())
        .build();
}
```

이 코드의 목표는 DB에 출력하기 전 데이터의 유효성을 검증하는 겁니다. 올바르지 않은 레코드가 발견되면 ItemProcessor<I,O>는 null을 반환하고 이후 작업은 중단됩니다. 최소한의 안전 장치로서 매우 중요한 과정이죠. 예를 들어 (이 스키마에서 주명state name을 전체 이름 대신 두 글자로 줄여 쓰는 경우처럼[2]) 데이터 형식이 올바른지 확인하는 일도 중요합니다. 전화번호는 형식이 고정되어 있어(미국 기준) 처리기로 가공해서 특수 문자를 제외한 숫자만 추출하면 10자리 유효 전화 번호만 남길 수 있습니다. 중복 데이터 검증 기능은 DB에 가장 잘 구현되어 있지만 가공 중에도 레코드를 삽입하기 전에 미리 쿼리해보고 중복 검사를 해야 할 경우도 있을 겁니다.

ItemProcessor는 다음과 같이 구성합니다.

```
@Bean
public ItemProcessor<UserRegistration, UserRegistration> userRegistrationValidationItemPro
cessor() {
    return new UserRegistrationValidationItemProcessor();
}
```

지면상 일부 코드만 표시했지만 중요한 부분을 헤아리기엔 충분합니다.

```
public class UserRegistrationValidationItemProcessor implements
ItemProcessor<UserRegistration, UserRegistration> {

    private String stripNonNumbers(String input) { /* ... */ }
    private boolean isTelephoneValid(String telephone) { /* ... */ }
    private boolean isZipCodeValid(String zip) { /* ... */ }
    private boolean isValidState(String state) { /* ... */ }

    @Override
    public UserRegistration process(UserRegistration input) throws Exception {
        String zipCode = stripNonNumbers(input.getZip());
        String telephone = stripNonNumbers(input.getPhoneNumber());
        String state = StringUtils.defaultString(input.getState());
        if (isTelephoneValid(telephone) && isZipCodeValid(zipCode) && isValidState(state)) {
            input.setZip(zipCode);
            input.setPhoneNumber(telephone );
            return input;
```

---

2 역주_ 미국 50개 주를 CA(캘리포니아), NY(뉴욕), GA(조지아)처럼 대문자 2개로 약칭하는 것을 말합니다(https://www.50states.com/abbreviations.htm 참고).

```
        }
        return null;
    }
}
```

입력형과 출력형을 매개변수화한 클래스입니다. 입력은 process() 메서드에 전달되는 데이터, 출력은 process() 메서드가 반환하는 데이터입니다. 이 예제는 아무것도 변환하지 않으므로 입출력형이 똑같습니다. 처리를 마치면 스프링 배치 메타데이터 테이블에 여러 가지 유용한 정보가 쌓입니다.

```
select * from BATCH_STEP_EXECUTION;
```

무엇보다 잡 종료 상태, 커밋 횟수, 읽은 아이템 개수, 걸러진 아이템 개수를 확인할 수 있습니다. 만약 로우가 100개인 배치를 실행하고 각 아이템을 읽어 처리기에 보낸 결과 10개가 올바르지 않은 아이템이었다면(즉, null을 10회 반환) filter_count 컬럼값은 10이 될 겁니다. 총 100개 아이템(read_count 컬럼값)을 읽어 10개는 거르고 90개 아이템(write_count 컬럼값)을 처리한 셈입니다.

처리기를 서로 연결하기

이미 사용 중인 처리기와는 사뭇 다른 부가 기능을 넣고 싶을 때도 있겠죠. 스프링 배치 CompositeItemProcessor<I,0>는 한 필터의 출력을 그다음 필터의 입력으로 전달하는 편리한 클래스입니다. 이런 식으로 하나의 책임만 맡은 ItemProcessor<I,0>를 여러 개 작성하고 필요한 만큼 연결해 쓰는 거죠.

```
@Bean
public CompositeItemProcessor<Customer, Customer> compositeBankCustomerProcessor() {
    List<ItemProcessor<Customer, Customer>> delegates =
        Arrays.asList(creditScoreValidationProcessor(), salaryValidationProcessor(),
            customerEligibilityProcessor());
    CompositeItemProcessor<Customer, Customer> processor = new CompositeItemProcessor<>();
    processor.setDelegates(delegates);
    return processor;
}
```

아주 단순한 워크플로를 생성한 예제입니다. 첫 번째 ItemProcessor<T>는 이 잡에 설정된 ItemReader<T>에 들어오는 값(Customer 객체)이라면 무엇이든 입력받습니다. Customer의 신용 점수를 확인하고 별 문제 없으면 급여와 소득을 검증하는 처리기로 보냅니다. 이 작업까지 끝나면 적격 여부를 심사하는 처리기로 보내고 중복 또는 잘못된 데이터는 혹시 없는지 체크합니다. 그런 다음 출력기로 보내 출력값으로 추가하는 거죠. 세 처리기를 지나는 도중 어디선가 실패하면 ItemProcessor는 null을 반환하고 처리를 중단합니다.

레시피 11-5 트랜잭션을 걸고 편하게 삽시다

과제
빈틈없이 읽기/쓰기를 하면서 예외 발생 시 적절히, 정확하게 대응하려면 트랜잭션을 관리해야 합니다.

해결책
스프링 프레임워크 코어는 탄탄한 클래스를 토대로 트랜잭션 기능을 지원합니다. 스프링 배치 역시 필요하면 트랜잭션을 구성하여 관리할 수 있습니다. 청크 기반 처리 관점에서도 커밋 주기를 조정하여 확실히 롤백을 시키는 등 많은 부분을 제어할 수 있습니다.

풀이
스텝(또는 청크)에 트랜잭션을 적용하는 방법을 설명한 다음 스텝에 재시도 로직을 거는 방법을 설명하겠습니다.

트랜잭션
스프링 프레임워크는 트랜잭션을 지원하는 일급 클래스first-class를 제공합니다. JdbcTemplate이나 HibernateTemplate에서 그랬듯이 간단히 PlatformTransactionManager를 연결하고 스프링 배치가 참조할 수 있게 구성하면 됩니다. 이런 식으로 스프링 배치 코드를 개발하면서 각 단계별로 트랜잭션을 관리할 수 있습니다. 이미 여러분은 트랜잭션을 적절히 잘 활용한 코드를 본 적 있습니다.

예제 파일을 보면 DriverManagerDataSource 및 DataSourceTransactionManager 빈을 구성하고 PlatformTransactionManager와 DataSource를 JobRepository에 주입한 다음 JobRepository는 다시 JobLauncher에 주입했습니다. 이로써 여태껏 등장했던 모든 잡을 띄울 수 있고 이들 잡에서 생성된 모든 메타데이터를 트랜잭션이 적용된 상태로 DB에 출력할 수 있습니다.

dataSource를 참조하는 JdbcItemWriter를 구성할 때 유독 트랜잭션 관리자는 왜 명시적으로 가리키지 않았는지 궁금했죠? 트랜잭션 관리자 레퍼런스를 지정할 수도 있었지만 예제에서는 기본적으로 스프링 배치가 transactionManager라는 PlatformTransactionManager를 컨텍스트에서 얻어 사용하기 때문에 그럴 필요가 없었던 겁니다. 분명하게 가리키고 싶으면 다음과 같이 transactionManager 프로퍼티에 트랜잭션 관리자를 특정하면 됩니다. 다음은 JDBC 트랜잭션 관리자를 간단하게 구성한 코드입니다.

```
@Bean
protected Step step1() {
    return steps.get("step1")
        .<UserRegistration,UserRegistration>chunk(5)
        .reader(csvFileReader())
        .processor(userRegistrationValidationItemProcessor())
        .writer(jdbcItemWriter())
        .transactionManager(new DataSourceTransactionManager(dataSource))
        .build();
}
```

ItemReader<T>가 읽은 아이템은 보통 한데 모아둡니다. ItemWriter<T> 커밋이 실패하면 이렇게 모아둔 아이템들은 원 상태 그대로 다시 전송됩니다. 일반적으로는 이런 처리 방식이 효율적이고 잘 작동하지만 (JMS 큐나 DB처럼) 트랜잭션이 적용된 리소스에서 아이템을 읽을 때가 문제입니다. 메시지 큐에서 읽은 아이템은 이들 자신이 품고 있던 트랜잭션(즉, 출력기의 트랜잭션)이 실패하면 롤백되어야 하니까요.

```
@Bean
protected Step step1() {
    return steps.get("step1")
```

```
        .<UserRegistration,UserRegistration>chunk(5)
        .reader(csvFileReader()).readerIsTransactionalQueue()
        .processor(userRegistrationValidationItemProcessor())
        .writer(jdbcItemWriter())
        .transactionManager(new DataSourceTransactionManager(dataSource))
        .build();
}
```

롤백

단순 케이스('X개의 아이템을 읽고 Y개의 아이템을 하나의 DB 트랜잭션으로 커밋한다')는 어려울 게 없습니다. 스프링 배치는 아주 견고하게 잘 만든 프레임워크라서 특이한 상황, 드문 경우에 대해서도 간단히 옵션을 설정할 수 있게 지원합니다.

ItemWriter 출력 도중 예외가 발생해서 실패하면 스프링 배치는 트랜잭션을 롤백합니다. 대부분 이렇게 처리하면 무난히 해결되지만 경우에 따라선 트랜잭션을 수동으로 롤백시켜야 합니다.

자바 구성으로 롤백을 활성화할 경우, 첫 스텝은 무조건 오류가 허용^{fault-tolerant}되어야 no-rollback 예외를 지정할 수 있습니다. 먼저 faultTolerant()로 오류가 허용된 스텝을 얻은 후, skipLimit() 메서드로 진짜 잡 실행을 멈추기 전에 무시하고 넘어갈 롤백 개수를 정합니다. 그리고 롤백을 일으키지 않을 예외적인 예외를 noRollback() 메서드로 명시합니다. 예외가 여럿이면 그냥 noRollback()을 연달아 호출하면 됩니다.

```
@Bean
protected Step step1() {
    return steps.get("step1")
        .<UserRegistration,UserRegistration>chunk(10)
            .faultTolerant()
                .noRollback(com.yourdomain.exceptions.YourBusinessException.class)
        .reader(csvFileReader())
        .processor(userRegistrationValidationItemProcessor())
        .writer(jdbcItemWriter())
        .build();
}
```

레시피 11-6 재시도

과제

트랜잭션을 걸지 않고 처리 중 실패할 가능성이 있는 기능을 구현하려고 합니다. 트랜잭션 처리가 가능해도 신뢰할 수 없는 경우도 있겠죠. 읽고 쓰는 작업 자체에 오류가 날지도 모를 리소스도 있을 겁니다. 네트워크 접속이 끊어지거나 장비가 다운되는 등 원인은 다양합니다. 시스템은 언젠가 복구될 테니 다시 한번 시도해볼 가치는 있습니다.

해결책

스프링 배치의 재시도 기능을 이용해 체계적으로 읽기/쓰기를 재시도합니다.

How It Works

앞 레시피에서 살펴보았듯이 스프링 배치에서 트랜잭션이 걸린 리소스를 다루기는 쉽지만 일시적인 리소스, 신뢰하기 어려운 리소스는 접근 방식을 달리해야 합니다. 여기저기 흩어져 있고 결국 언젠가는 복구되는 성격의 리소스가 대부분입니다. 처음부터 (웹 서비스처럼) 분산되어 있어 트랜잭션으로 묶을 수 없는 리소스도 있습니다. 한 서버에서 시작된 트랜잭션을 분산 서버까지 죽 전달해 그쪽에서 트랜잭션을 마치게 해주는 제품도 있긴 하지만 매우 드문 경우인데다 그리 효율적이지도 않습니다. 분산('전역' 또는 XA) 트랜잭션을 대안으로 활용할 수도 있지만 경우에 따라서 여기에 해당되지 않는 유형의 리소스를 다루어야 하는 때도 있습니다. 흔한 예로 RMI 서비스나 REST 엔드포인트 같은 원격 서비스 호출이 그렇습니다. 몇몇 호출은 실패할지 몰라도 트랜잭션을 적용한 상태에서 여러 차례 재시도하면 성공할 가능성이 있습니다. 예컨대 DB 수정 중 org.springframework.dao.DeadlockLoserDataAccessException이 발생하면 한 번 더 시도해봄직 하겠죠.

스텝 구성하기

자바 구성으로 재시도를 활성화할 경우, 첫 번째 스텝은 오류를 허용하도록 만들어야 재시도 제한 횟수 및 재시도 대상 예외를 지정할 수 있습니다. 먼저 faultTolerant()로 오류 허용 스텝을 얻은 후, retryLimit() 메서드로 재시도 제한 횟수를, retry() 메서드로 재시도 대상 예외를 지정합니다. 예외가 여러 개면 retry( )를 연달아 호출합니다.

```
@Bean
public Step step1() {
    return steps.get("User Registration CSV To DB Step")
        .<UserRegistration,UserRegistration>chunk(10)
            .faultTolerant()
                .retryLimit(3).retry(DeadlockLoserDataAccessException.class)
        .reader(csvFileReader())
        .writer(jdbcItemWriter())
        .transactionManager(transactionManager)
        .build();
}
```

재시도 템플릿

스프링 배치가 제공하는 재시도 및 복구 서비스를 코드에 활용하는 다른 방법도 있습니다. 예를 들어 재시도 로직이 구현된 커스텀 ItemWriter<T>를 작성하거나 아예 전체 서비스 인터페이스에 재시도 기능을 입힐 수 있습니다.

스프링 배치 RetryTemplate은 (다른 Template 친구들과 마찬가지로) 바로 이런 용도로 만들어진 클래스입니다. 비즈니스 로직과 재시도 로직을 분리해서 마치 재시도 없이 한 번만 시도하는 것처럼 코드를 작성할 수 있게 해주지요. 자잘한 일들은 선언적 구성을 사용해 스프링 배치가 처리하도록 믿고 맡기세요.

재시도 → 실패 → 복구의 반복적인 과정을 간명한 하나의 API 메서드 호출로 감싼 RetryTemplate은 여러 가지 유스 케이스를 지원합니다.

[레시피 11-4]의 커스텀 ItemWriter<T>를 한번 고쳐보겠습니다. 복잡한 구석이 없는 코드라 작동은 잘 하겠지만 서비스에서 에러가 나면 딱히 처리할 방법이 없죠. RPC 서비스는 무조건 문제없이 작동할 거란 선입견은 버리는 것이 좋습니다. 서비스 자체는 일부 비즈니스적 의미 (예 : PK 중복, 잘못된 신용카드 번호)나 시스템 오류를 나타낼 순 있겠죠. 물론 서비스가 분산되어 있거나 내장 VM인 경우도 마찬가집니다.

시스템 하부의 RPC 레이어에서 에러가 날 가능성도 있습니다. 다음은 재시도를 하게끔 재작성한 코드입니다.

```
public class RetryableUserRegistrationServiceItemWriter
    implements ItemWriter<UserRegistration> {

    private static final Logger logger =
        LoggerFactory.getLogger(RetryableUserRegistrationServiceItemWriter.class);

    private final UserRegistrationService userRegistrationService;
    private final RetryTemplate retryTemplate;

    public RetryableUserRegistrationServiceItemWriter(UserRegistrationService
        userRegistrationService, RetryTemplate retryTemplate) {
        this.userRegistrationService = userRegistrationService;
        this.retryTemplate = retryTemplate;
    }

    @Override
    public void write(List<?extends UserRegistration> items) throws Exception {
        for (final UserRegistration userRegistration : items) {
            UserRegistration registeredUserRegistration = retryTemplate.execute(
                (RetryCallback<UserRegistration, Exception>) context ->
                    userRegistrationService.registerUser(userRegistration));

            logger.debug("Registered: {}", registeredUserRegistration);
        }
    }
}
```

보다시피 변경 사항은 별로 없지만 훨씬 더 빈틈없는 코드가 되었습니다. RetryTemplate 자체
는 스프링 컨텍스트에 구성되어 있지만 직접 코드로 만들어 써도 됩니다. 필자는 객체 생성 시
구성할 내용을 스프링으로 구성하고자 이렇게 스프링 컨텍스트에만 선언하고 나머지는 스프링
에게 맡겼습니다.

재시도 시간 간격을 정하는 BackOffPolicy는 RetryTemplate의 유용한 기능입니다. 실제로
실패 직후 재시도하는 시간 간격을 점점 늘려서 여러 클라이언트가 같은 호출을 할 때 스텝이
잠기지 않도록 예방하는 수단으로 활용할 수 있습니다. 경합 조건이 벌어지는 동시성을 고려할
때 특히 유용합니다. 일정 시간 기다렸다가 재시도하게 만드는 FixedBackOffPolicy를 비롯해
여러 가지 BackOffPolicy가 있습니다.

```
@Bean
public RetryTemplate retryTemplate() {
    RetryTemplate retryTemplate = new RetryTemplate();
    retryTemplate.setBackOffPolicy(backOffPolicy());
    return retryTemplate;
}

@Bean
public ExponentialBackOffPolicy backOffPolicy() {
    ExponentialBackOffPolicy backOffPolicy = new ExponentialBackOffPolicy();
    backOffPolicy.setInitialInterval(1000);
    backOffPolicy.setMaxInterval(10000);
    backOffPolicy.setMultiplier(2);
    return backOffPolicy;
}
```

제일 처음 재시도하기 전 1초(1,000 밀리초)를 기다리도록 RetryTemplate에 backOffPolicy
를 설정했습니다. 배수^{multiplier}를 2로 해서 다음 재시도할 때까지 기다리는 시간은 2배씩 늘어나
고 나중에 maxInterval에 다다른 이후로는 일정한 간격으로 재시도를 계속합니다.

AOP 기반의 재시도

스프링 배치가 제공하는 AOP 어드바이저를 이용해서 RetryTemplate처럼 재시도를 해도 성
공을 보장할 수 없는 메서드 호출을 감싸는 방법도 있습니다. 앞 예제에서 ItemWriter<T>를
재작성해 템플릿을 활용했는데요, 그냥 userRegistrationService 프록시 전체에 재시도 로
직을 어드바이스로 추가하면 RetryTemplate이 빠진 본래 코드를 되돌릴 수 있습니다!

RetryTemplate으로 코드에 명시했던 것처럼 다음과 같이 메서드(들)에 @Retryable을 붙여
재시도 로직을 추가합시다.

```
@Retryable(backoff = @Backoff(delay = 1000, maxDelay = 10000, multiplier = 2))
public UserRegistration registerUser(UserRegistration userRegistrationRegistration) { ... }
```

이 애너테이션만 붙인다고 동작하는 건 아니고 구성 클래스에 @EnableRetry를 추가해 기능을
켜야 합니다.

```
@Configuration
@EnableBatchProcessing
@EnableRetry
@ComponentScan("com.apress.springrecipes.springbatch")
@PropertySource("classpath:/batch.properties")
public class BatchConfiguration { ... }
```

레시피 11-7 스텝 실행 제어하기

과제

스텝에 동시성을 도입하거나 어떤 조건이 참일 경우에만 실행하는 등 시간 낭비를 줄이는 차원에서 스텝 실행을 제어하세요.

해결책

잡의 실행 프로파일을 여러 방법으로 변경해서 동시성 스텝, 조건 스텝, 순차 스텝 등 실행을 조정할 수 있습니다.

풀이

지금까지는 하나의 잡 + 하나의 스텝이었지만 어느 정도 복잡한 잡은 대개 여러 스텝을 거느립니다. 스텝은 빈과 비즈니스 로직이 포함된 일종의 경계(트랜잭션)로서 자체 입출력기, 처리기를 보유할 수 있습니다. 각 스텝은 서로 떨어진 상태로 다음 스텝을 결정하는 데 영향을 미치며 복잡한 스프링 배치 워크플로에서는 새로운 스키마와 구성 옵션을 이용해 고도로 집약된 기능을 조합할 수 있습니다. BPM^Business Process Management(비즈니스 프로세스 관리) 시스템과 워크플로에 관심있는 독자라면 이러한 개념과 패턴이 익숙할 겁니다. BPM은 프로세스/잡을 제어하는 다양한 기능을 제공하는데요, 지금부터 살펴볼 내용도 이와 크게 다르지 않습니다. 보통 스텝은 잡을 정의하는 전체 틀의 주요 지점에 해당합니다. 가령, 일별 판매 실적을 읽어 보고서를 생성하는 배치 잡이라면 다음 세 스텝으로 구성됩니다.

1 CSV 파일에서 고객 정보를 읽어 DB에 넣습니다.

2 일별 지표를 계산해서 보고서 파일에 씁니다.

3 새로 읽은 고객 정보마다 등록이 성공했다는 메시지를 메시지 큐에 보내 외부 시스템에 알립니다.

순차 스텝

1, 2번 스텝 간에는 암시적인 선후 관계가 있습니다. 당연한 얘기지만 고객 정보를 모두 등록하기 전에는 보고서 파일을 작성할 수 없는 노릇입니다. 이와 같이 어떤 스텝이 다른 스텝 이후에 실행되어야 하는 기본 관계가 정해져 있습니다. 스텝마다 자신만의 컨텍스트 내에서 실행되며 오직 부모 잡 실행 컨텍스트와 순서를 공유합니다.

```
@Bean
public Job nightlyRegistrationsJob() {
    return jobs.get("nightlyRegistrationsJob")
        .start(loadRegistrations())
        .next(reportStatistics())
        .next(...)
        .build();
    }
}
```

동시성

초창기 스프링 배치는 같은 스레드 내부, 또는 (약간 변형해서) 같은 가상 머신 내부의 배치 처리에 중점을 두었습니다. 다른 해결 방안도 있었지만 별로 현실적이진 못했죠.

2, 3번 스텝은 모두 1번 스텝에 의존하므로 무조건 1번 스텝이 2, 3번 스텝보다 먼저 실행되어야 하지만 2, 3번 스텝은 서로 의존 관계가 없습니다. 따라서 JMS 메시지를 전송하는 동시에 보고서를 쓰지 못할 이유는 없습니다. 스프링 배치는 이렇게 처리 과정을 분기시켜 여러 갈래로 동시에 실행시키는 기능을 제공합니다.

```
@Bean
public Job insertIntoDbFromCsvJob() {
    JobBuilder builder = jobs.get("insertIntoDbFromCsvJob");
```

```
    return builder
        .start(loadRegistrations())
        .split(taskExecutor())
            .add(
                builder.flow(reportStatistics()),
                builder.flow(sendJmsNotifications())))
        .build();
}
```

JobBuilder의 flow() 메서드로 원하는 스텝을 워크플로flow 안에 넣고 next() 메서드로 스텝을 계속 추가할 수 있습니다. split() 메서드 인수에는 TaskExecutor를 설정합니다. 자세한 설명은 [레시피 2-23]의 스케줄링 및 동시성 부분을 참고하세요.

예제에서 flow 엘리먼트 내부와 split 엘리먼트 다음에 얼마든지 스텝을 더 추가할 수 있습니다. split 엘리먼트에는 step 엘리먼트처럼 next 속성이 있습니다.

스프링 배치는 다른 프로세스의 짐을 덜어 주는 메커니즘을 제공합니다. 이처럼 부하를 분산시키려면 접속 상태가 일정 기간 끊어지지 않고 계속 이어져야 합니다. 이럴 땐 아주 견고하면서 트랜잭션 처리도 가능하고 속도가 빠르면서 신뢰할 만한 JMS가 제격입니다. 스프링 배치의 이런 기능은 스프링 인티그레이션 채널에 대한 추상화보다 약간 더 고수준으로 설계됐습니다. 스프링 배치 메인 코드에는 없고 spring-batch-integration이라는 다른 프로젝트에 있지만 원격 청킹remote chunking하면 마치 메인 스레드가 처리하듯 개별 스텝을 읽어 아이템을 묶을 수 있습니다. 이런 스텝을 마스터master라고 합니다. 다 읽은 아이템은 다른 프로세스(슬레이브slave)에서 실행 중인 ItemProcessor<I,O>/ItemWriter<T>에 전달합니다. 슬레이브가 매우 공격적으로 아이템을 소비하는 경우라면 단순 무식하게(즉, 가능한 한 많은 JMS 클라이언트에 작업을 분배하는 식으로) 확장할 수 있습니다. 공격적인 소비기 패턴aggressive-consumer pattern은 여러 JMS 클라이언트를 동원해 동일한 큐의 메시지를 소비하는 겁니다. 한 클라이언트가 메시지를 소비하느라 정신없이 움직이고 있으면 놀고 있는 다른 큐가 메시지를 대신 받게 되지요. 놀고 있는 클라이언트가 하나라도 있는 한 메시지는 바로바로 처리될 겁니다.

아울러 스프링 배치는 파티셔닝partitioning(분할) 기법으로 암시적인 스케일 아웃scale out(수평적 확장)을 지원합니다. 이 기능은 이미 내장되어 있고 아주 유연한 편입니다. Step 인스턴스를 하위 객체 PartitionStep으로 교체하면 PartitionStep이 분산 실행기를 조정하고 스텝 실행과 연관된 메타데이터를 관리하므로 '원격 청킹' 기술이 제공했던 지속적인 통신 매체는 더 이상 필요 없습니다.

이 기능은 또 아주 범용적입니다. 말하자면 그리드게인^{GridGain}이나 하둡^{Hadoop} 같은 갖가지 그리드 구성 기술에도 활용할 수 있습니다. 스프링 배치에는 TaskExecutorPartitionHandler 하나만 탑재되어 있는데요, TaskExecutor 전략을 이용해 여러 스텝을 여러 스레드로 실행할 수 있습니다. 소소한 개선이지만 의미는 충분하지요! 고통을 즐기는 독자라면 직접 상속하시길!

상태에 따른 조건부 스텝

잡 또는 스텝의 ExitStatus에 따라 다음 스텝을 결정하는 건 조건 흐름의 가장 단순한 사례입니다. 스프링 배치에서는 stop, next, fail, end 엘리먼트를 조합해 조건 스텝을 구현합니다. 어떠한 조정도 없다는 전제하에 기본적으로 스텝은 자신의 BatchStatus에 대응되는 ExitStatus값을 가집니다. BatchStatus는 이늄형 프로퍼티로 그 값은 COMPLETED(완료), STARTING(시작 중), STARTED(시작됨), STOPPING(중지 중), STOPPED(중지됨), FAILED(실패), ABANDONED(포기), UNKNOWN(알 수 없음) 중 하나입니다.

다음은 앞 스텝의 성공 여부에 따라 두 스텝 중 하나로 분기하는 예제입니다.

```
@Bean
public Job insertIntoDbFromCsvJob() {
    return jobs.get("User Registration Import Job")
        .start(step1())
            .on("COMPLETED").to(step2())
            .on("FAILED").to(failureStep())
        .build();
}
```

여러 BatchStatus 값에 대응시킬 경우엔 와일드카드가 편리합니다. 다음과 같이 고치면 딱 하나의 BatchStatus만 매치되게끔 next 엘리먼트의 범위를 좁힐 수 있죠.

```
@Bean
public Job insertIntoDbFromCsvJob() {
    return jobs.get("User Registration Import Job")
        .start(step1())
```

```
        .on("COMPLETED").to(step2())
        .on("*").to(failureStep())
    .build();
}
```

이번엔 스프링 배치가 모르는 ExitStatus에 따라 특정 스텝을 밟게 해봅시다. BatchStatus가
FAILED이면 fail 엘리먼트를 써서 아예 멈춰버리게 할 수도 있습니다. 방금 전 예제를 조금 쉽
게 고치면 다음과 같습니다.

```
@Bean
public Job insertIntoDbFromCsvJob() {
    return jobs.get("User Registration Import Job")
        .start(step1())
            .on("COMPLETED").to(step2())
            .on("FAILED").fail()
        .build();
}
```

세 예제 모두 스프링 배치가 제공한 표준 BatchStatus 값을 사용했지만 여러분이 직접
ExitStatus를 만들어 쓸 수도 있습니다. 예를 들어 MAN DOWN(사람 잡네)이란 ExitStatus값
을 임의로 만들어 잡 전체를 실패 처리하려면 이렇게 작성합니다.

```
@Bean
public Job insertIntoDbFromCsvJob() {
    return jobs.get("User Registration Import Job")
        .start(step1())
            .on("COMPLETED").to(step2())
            .on("FAILED").end("MAN DOWN")
        .build();
}
```

마지막으로 BatchStatus를 COMPLETED로 하여 처리를 마무리하려면 end() 메서드를 호출합
니다. 마치 더 이상 진행할 스텝이 없고 아무 에러도 안 난 것처럼 워크플로를 명시적으로 종
료하는 방법입니다.

```
@Bean
public Job insertIntoDbFromCsvJob() {
    return jobs.get("User Registration Import Job")
        .start(step1())
            .on("COMPLETED").end()
            .on("FAILED").to(errorStep())
        .build();
}
```

결정에 따른 조건부 스텝

단순히 잡의 ExitStatus값만 보고 판단할 게 아니라 훨씬 더 복잡한 로직으로 실행 워크플로를 풍성하게 구성할 경우엔 스프링 배치의 decision 엘리먼트와 JobExecutionDecider 구현체를 사용합니다.

```
public class HoroscopeDecider implements JobExecutionDecider {

    private boolean isMercuryIsInRetrograde() {
        return Math.random() > .9;
    }

    @Override
    public FlowExecutionStatus decide(JobExecution jobExecution,
                            StepExecution stepExecution) {

        if (isMercuryIsInRetrograde()) {
            return new FlowExecutionStatus("MERCURY_IN_RETROGRADE");
        }
        return FlowExecutionStatus.COMPLETED;
    }
}
```

다음과 같이 구성합니다.

```
@Bean
public Job insertIntoDbFromCsvJob() {
    JobBuilder builder = jobs.get("insertIntoDbFromCsvJob");
```

```
    return builder
        .start(step1())
        .next((horoscopeDecider())
            .on("MERCURY_IN_RETROGRADE").to(step2())
            .on(("COMPLETED ").to(step3())
        .build();
}
```

레시피 11-8 잡 실행하기

과제

스프링 배치로 가능한 배포 시나리오는 어떤 것들이 있을까요? 스프링 배치는 어떻게 시동하며 cron이나 autosys 같은 시스템 스케줄러 또는 웹 애플리케이션과 어떤 식으로 연동할까요?

해결책

스프링 배치는 스프링 실행 환경(예 : `public static void main` 메서드, OSGi, 웹 애플리케이션) 어디서든 잘 동작하지만 아주 특이한 유스 케이스도 있습니다. 아주 드물긴 하지만 자칫 느려질 수 있기 때문에 HTTP 응답과 동일한 스레드에서 스프링 배치를 실행하는 경우가 그런 케이스입니다. 스프링 배치는 이런 경우까지 대비해 비동기 실행을 지원하는데요, cron, autosys를 쉽게 사용할 수 있게 편리한 클래스를 제공합니다. 또 스프링의 scheduler 네임스페이스는 잡을 스케줄하는 신의 한 수입니다.

풀이

일단 배치 솔루션을 배포, 실행하는 방법을 알아봅시다. 모든 배치에는 적어도 잡 하나와 JobLauncher 하나가 필요하며 구성 방법은 앞 레시피에서 설명했습니다. 잠시 후 설명하겠지만 잡은 스프링 애플리케이션 컨텍스트에 구성합니다. 다음은 스프링 배치 솔루션을 자바 코드로 실행하는 가장 간단한 코드입니다. 코드가 불과 네 줄(ApplicationContext에서 처리기를 가져온다면 세 줄)밖에 없네요!

```
public class Main {

    public static void main(String[] args) throws Throwable {
        ClassPathXmlApplicationContext ctx =
            new ClassPathXmlApplicationContext("solution2.xml");

        JobLauncher jobLauncher = ctx.getBean("jobLauncher", JobLauncher.class);
        Job job = ctx.getBean("myJobName", Job.class);
        JobExecution jobExecution = jobLauncher.run(job, new JobParameters());
    }
}
```

보다시피 이전에 구성한 JobLauncher 레퍼런스를 가져와 잡 인스턴스를 실행하고 JobExecution 객체를 결과로 얻습니다. 종료 상태 및 런타임 상태를 비롯한 갖가지 잡 상태 정보는 이 JobExecution를 참조해서 얻습니다.

```
JobExecution jobExecution = jobLauncher.run(job, jobParameters);
BatchStatus batchStatus = jobExecution.getStatus();
while(batchStatus.isRunning()) {
    System.out.println( "Still running...");
    Thread.sleep( 10 * 1000 ); // 10초
}
```

ExitStatus도 가져올 수 있습니다.

```
System.out.println("Exit code: "+ jobExecution.getExitStatus().getExitCode());
```

이뿐만 아니라 JobExecution에는 잡 생성 및 시작/종료 시각, 최종 수정 날짜 등 쓸 만한 정보를 java.util.Date형으로 알려줍니다. 잡을 다시 DB에 있는 정보와 연관 지으려면 잡 인스턴스와 ID가 필요합니다.

```
JobInstance jobInstance = jobExecution.getJobInstance();
System.out.println("job instance Id: "+ jobInstance.getId());
```

단순한 예제여서 비어 있는 JobParameters 인스턴스를 사용했지만 실제로 이렇게 하면 딱 한 번만 작동합니다. 스프링 배치는 매개변수에 따라 식별자 키를 생성하고 이 키로 서로 다른 잡 실행을 구별합니다. 잡을 매개변수화하는 방법은 이 다음 레시피에서 소개합니다.

웹 애플리케이션에서 실행하기

웹 애플리케이션에서 잡을 실행하면 클라이언트 스레드(즉, HTTP 요청)는 대개 배치 잡이 끝 날 때까지 마냥 기다릴 여유가 없으므로 접근 방식을 바꾸어야 합니다. 가장 좋은 방안은 스프링 TaskExecutor를 이용해 웹 레이어의 컨트롤러나 액션에서 잡을 띄울 때 클라이언트 스레드와 상관없이 비동기로 실행하는 겁니다. JobLauncher 구성만 조금 고치고 다른 자바 코드는 그대로 두면 됩니다. 다음 SimpleAsyncTaskExecutor는 실행 스레드를 만들어 블로킹 없이 관리하는 빈입니다.

```
@Configuration
@EnableBatchProcessing
@ComponentScan("com.apress.springrecipes.springbatch")
@PropertySource("classpath:/batch.properties")
public class BatchConfiguration {

    @Bean
    public SimpleAsyncTaskExecutor taskExecutor() {
        return new SimpleAsyncTaskExecutor();
    }
}
```

기본 설정값은 더 이상 쓸 수 없으니 BatchConfigurer를 직접 구현해서 TaskExecutor를 구성하고 SimpleJobLauncher에 추가합니다. 이렇게 구현하려면 DefaultBatchConfigurer를 상속하고 createJobLauncher() 메서드를 오버라이드해서 TaskExecutor를 추가합니다.

```
@Component
public class CustomBatchConfigurer extends DefaultBatchConfigurer {

    private final TaskExecutor taskExecutor;

    public CustomBatchConfigurer(TaskExecutor taskExecutor) {
```

```
        this.taskExecutor = taskExecutor;
    }

    @Override
    protected JobLauncher createJobLauncher() throws Exception {
        SimpleJobLauncher jobLauncher = new SimpleJobLauncher();
        jobLauncher.setJobRepository(getJobRepository());
        jobLauncher.setTaskExecutor(this.taskExecutor);
        jobLauncher.afterPropertiesSet();
        return jobLauncher;
    }
}
```

명령줄에서 실행하기

cron/autosys나 윈도우의 이벤트 스케줄러 같은 시스템 스케줄러를 이용해 배치 프로세스를 배포하는 일도 흔합니다. 스프링 배치에는 (잡 실행에 필요한 모든 정보가 담긴) XML 애플리케이션 컨텍스트와 잡 빈 이름을 매개변수로 받는 간편한 클래스가 있고 매개변수를 더 추가해 잡을 매개변수화할 수도 있습니다. 단, 여기서 매개변수는 반드시 '이름=값' 형식이어야 합니다. 클래스패스는 이미 잡혀 있다고 가정하면 명령줄(유닉스 계열 시스템)에서 다음과 같이 클래스를 실행할 수 있습니다.

```
java CommandLineJobRunner jobs.xml hourlyReport date='date +%m/%d/%Y time=date +%H'
```

CommandLineJobRunner는 시스템 에러 코드(0은 성공, 1은 실패, 2는 배치 잡 로드 중 문제 발생)까지 반환하므로 (대부분 시스템 스케줄러가 사용하는) 셸에서 실패 조치를 취할 수 있습니다. ExitCodeMapper 인터페이스를 구현한 최상위 빈을 선언하면 더 복잡한 반환 코드를 받아볼 수 있습니다. 프로세스가 종료될 때 정수형 에러 코드 대신 문자열 메시지가 셸에 표시되면 한층 유용한 정보를 확인할 수 있겠죠.

스케줄링하여 실행하기

스프링 스케줄링 프레임워크(레시피 3-22)는 스프링 배치를 실행하기에 제격입니다. 우선 기존 애플리케이션 컨텍스트의 구성 클래스에 @EnableScheduling을 붙이고

ThreadPoolTaskScheduler 빈을 추가해서 스케줄링 기능을 활성화합니다.

```
@Configuration
@EnableBatchProcessing
@ComponentScan("com.apress.springrecipes.springbatch")
@PropertySource("classpath:/batch.properties")
@EnableScheduling
@EnableAsync
public class BatchConfiguration {

    @Bean
    public ThreadPoolTaskScheduler taskScheduler() {
        ThreadPoolTaskScheduler taskScheduler = new ThreadPoolTaskScheduler();
        taskScheduler.setThreadGroupName("batch-scheduler");
        taskScheduler.setPoolSize(10);
        return taskScheduler;
    }
}
```

이보다 더 단순한 스케줄링 기능은 없겠죠? @ComponentScan으로 com.apress.
springrecipes.springbatch 패키지 이하 빈을 모두 찾아 구성하고 스케줄링 대상에 넣습니
다. 다음은 스케줄러 빈입니다.

```
package com.apress.springrecipes.springbatch.scheduler;
...
@Component
public class JobScheduler {

    private final JobLauncher jobLauncher;
    private final Job job;

    public JobScheduler(JobLauncher jobLauncher, Job job) {
        this.jobLauncher = jobLauncher;
        this.job = job;
    }

    public void runRegistrationsJob(Date date) throws Throwable {
        System.out.println("Starting job at " + date.toString());

        JobParametersBuilder jobParametersBuilder = new JobParametersBuilder();
```

```
        jobParametersBuilder.addDate("date", date);
        jobParametersBuilder.addString("input.file", "registrations");
        JobParameters jobParameters = jobParametersBuilder.toJobParameters();

        JobExecution jobExecution = jobLauncher.run(job, jobParameters);

        System.out.println("jobExecution finished, exit code: " +
            jobExecution.getExitStatus().getExitCode());
    }

    @Scheduled(fixedDelay = 1000 * 10)
    public void runRegistrationsJobOnASchedule() throws Throwable {
        runRegistrationsJob(new Date());
    }
}
```

이렇다 할 새로운 내용은 별로 없지만 스프링 프레임워크의 여러 종류 컴포넌트들이 한데 어울려 잘 움직이는 모습을 엿볼 수 있습니다. 구성 클래스에 붙인 @ComponentScan 때문에 @Component를 붙인 빈은 애플리케이션 컨텍스트 일부로서 자동 감지됩니다. UserJob 클래스에는 Job과 JobLauncher가 하나씩 있으므로 단순히 빈으로 자동연결해 쓰면 됩니다. 배치 실행을 처음 시작하는 로직은 runRegistrationsJob(java.util.Date date) 메서드에 있습니다. 이 메서드는 어디서건 호출 가능하며 스케줄링되어 있는 runRegistrationsJobOnASchedule() 메서드가 유일한 호출부입니다. @Scheduled로 지정한 시간에 프레임워크가 이 메서드를 대신 실행할 겁니다.

이런 스케줄링 문제를 자바와 스프링 세상에서는 아주 오래 전부터 퀴츠로 해결해왔습니다. 스프링 스케줄링 기능은 아직도 퀴츠만큼 확장성이 좋지는 않아서 여전히 퀴츠는 건재한 솔루션입니다. 더 옵션이 다양하게 준비된 전통적인 스케줄링 툴이 필요한 환경에서는 cron, autosys, BMC 같은 옛 도구들을 꺼내쓰세요.

레시피 11-9 잡을 매개변수화하기

과제

[레시피 11-8]까지 예시한 코드 모두 잘 작동하지만 유연성 측면에서는 아쉬움이 남습니다. 배치 코드를 다른 파일에 적용하자면 구성을 변경하고 이름도 직접 하드코딩해야 합니다. 배치를 매개변수화할 수 있는 기능이 있으면 참 좋겠는데요.

해결책

JobParameters로 잡을 매개변수화한 다음, 스프링 배치 표현식 또는 API 호출을 사용해 스텝에서 JobParameters를 가져와 사용하면 됩니다.

풀이

JobParameters를 이용해 잡을 어떻게 실행하는지 살펴보고 잡과 구성 클래스에서 JobParameters를 가져와 활용하는 방안을 알아보겠습니다.

매개변수를 넘겨 잡 실행하기

Job은 JobInstance의 프로토타입이며 JobParameters는 잡 실행(JobInstance)을 유일하게 식별하는 단위입니다. JobParameters를 이용하면 자바 메서드에 인수를 전달하듯 배치 프로세스에 입력값을 건네줄 수 있습니다. JobParameters는 앞 예제에서도 나왔지만 필자가 자세히 설명 안 했었죠? JobParameters 객체는 JobLauncher를 이용해 잡을 실행할 때 생성됩니다. 예를 들어 dailySalesFigures 잡에 오늘 날짜를 넘겨주고 실행하는 코드는 다음과 같습니다.

```
public class Main {
    public static void main(String[] args) throws Throwable {

        ApplicationContext context =
            new AnnotationConfigApplicationContext(BatchConfiguration.class);

        JobLauncher jobLauncher = context.getBean(JobLauncher.class);
```

```
        Job job = context.getBean("dailySalesFigures", Job.class);

        jobLauncher.run(job, new JobParametersBuilder()
            .addDate("date", new Date()).toJobParameters());
    }
}
```

JobParameters 가져오기

엄밀히 말하면 JobParameters는 어느 ExecutionContexts(스텝 및 잡)에서라도 가져올 수 있습니다. 일단 가져온 다음에는 getLong(), getString() 등의 타입-안전한 메서드를 사용해 매개변수에 접근할 수 있습니다. 가장 간단하게는 @BeforeStep 이벤트에 바인딩해 StepExecution을 저장하고 매개변수를 순회합니다. 매개변수를 하나씩 조사하면서 그 값을 이용해 원하는 일을 수행하는 거죠. 다음은 앞서 설명한 ItemProcessor<I,O> 코드입니다.

```
...
private StepExecution stepExecution;

@BeforeStep
public void saveStepExecution(StepExecution stepExecution) {
    this.stepExecution = stepExecution;
}

@Override
public UserRegistration process(UserRegistration input) throws Exception {

    Map<String, JobParameter> params = stepExecution.getJobParameters().getParameters();
    for (String jobParameterKey : params.keySet()) {
        System.out.println(String.format("%s=%s", jobParameterKey,
            params.get(jobParameterKey).getValue().toString()));
    }

    Date date = stepExecution.getJobParameters().getDate("date");
    ...
}
```

하지만 이 방법은 적용 범위가 너무 제한적입니다. 잡 실행에 필요한 매개변수는 십중팔

구 애플리케이션 컨텍스트에 위치한 스프링 빈에 바인딩해야 합니다. 이들 매개변수는 런타임에만 사용할 수 있지만 각 스텝은 설계 시점에 XML 애플리케이션 컨텍스트에 구성됩니다. 이런 일은 자주 일어납니다. 앞 예제에서는 하드코딩한 경로를 이용해 ItemWriters<T>, ItemReaders<T>를 썼는데요, 잡을 딱 한 번만 실행할 의도가 아니라면 이렇게 하면 안 됩니다! 파일명을 매개변수화할 수 있어야 비로소 성에 차겠죠.

스프링 배치에서 스프링 프레임워크 핵심 기능 중 하나인 고급 표현식을 이용하면 적확한 시점(또는 경우에 따라서 빈이 적합한 스코프 안으로 들어올 때)까지 매개변수 바인딩을 미룰 수 있습니다. 그래서 스프링 배치 개발팀은 '스텝' 스코프를 추가했습니다. 이를테면 방금 전 예제에서 ItemReader 리소스에 해당하는 파일명을 매개변수화하면 이렇게 고칠 수 있습니다.

```
@Bean
@StepScope
public ItemReader<UserRegistration> csvFileReader(@Value("file:${user.home}/
batches/#{jobParameters['input.fileName']}.csv") Resource input) { ... }
```

빈(FlatFileItemReader<T>) 스코프를 스텝의 생애주기(JobParameters가 적절히 해석되는 시점)까지 잡고 EL 구문으로 작업 경로를 매개변수화한 겁니다.

마치며

배치 처리의 개념과 간략한 역사를 이야기하고 아직도 현대 아키텍처에서 배치가 중요한 이유를 설명했습니다. 스프링 배치 프레임워크를 소개하고 배치 잡 코드에서 ItemReader<T> 및 ItemWriter<T>를 이용해 입출력 기능을 구현하는 방법을 배웠습니다. 또 구현체를 직접 작성해서 활용하는 방법과 잡 내부에서 스텝 실행을 제어하는 방법을 각각 살펴보았습니다.

CHAPTER 12

스프링 NoSQL

많은 애플리케이션이 오라클, MySQL, PostgreSQL 같은 RDBMS 제품을 사용하지만 이밖에도 데이터 저장소 종류는 다양합니다.

- 관계형 DB(오라클, MySQL, PostgreSQL 등)
- 문서 저장소(몽고디비, 카우치베이스)
- 키–값 저장소(레디스, 볼트모트(Volgemort))
- 컬럼 저장소(카산드라(Cassandra))
- 그래프 저장소(Neo4j, Giraph)

데이터 저장 기술(및 모든 관련 구현체)마다 작동 방식이 조금씩 다르므로 온전히 사용하려면 적지 않은 학습 시간이 필요합니다. 또 트랜잭션을 관리하고 에러를 통역하는 연결 코드plumbing code가 끊임없이 중복되는 것도 문제입니다.

다행히 스프링 데이터 프로젝트 덕분에 원하는 기술에 맞는 연결 코드가 알아서 구성되므로 간편하게 개발할 수 있습니다. 스프링 데이터를 이용하면 각 연계 모듈에서 예외가 발생하더라도 일관된 DataAccessException 계열의 예외로 전환되며 스프링 특유의 템플릿 사상을 그대로 활용할 수 있습니다. 또 스프링 데이터는 몇몇 기술에 대해 교차–저장소cross–storage 솔루션을 제공하므로 어떤 데이터는 JPA로 RDBMS에 저장하면서 다른 데이터는 그래프/문서형 저장소에 저장하게 구현할 수도 있습니다.

레시피 12-1 몽고디비

과제

몽고디비를 이용해서 문서를 조회, 저장하세요.

해결책

몽고디비를 내려받아 설치합니다.

풀이

몽고디비 인스턴스를 설치, 실행하고 실제로 데이터를 보관할 저장소에 접속합니다. 몽고디비에서 문서를 조회 및 저장하는 기본적인 방법을 알아보고 스프링 데이터 몽고디비^{Spring Data MongoDB} 사용법을 익힌 다음, 리액티브 버전의 저장소를 언급하며 마치겠습니다.

몽고디비 시작하기

공식 사이트(mongodb.org)에서 자신의 운영체제에 해당하는 몽고디비 배포 파일을 내려받고 매뉴얼(http://docs.mongodb.org/manual/installation/)을 참고해 설치합니다. 명령줄에서 mongodb를 입력하면 몽고디비 서버가 27017번 포트에서 실행됩니다. 포트를 달리 하려면 --port 옵션으로 지정하세요.

그림 12-1 몽고디비 초기 시동 결과

그림 12-1 몽고디비 초기 시동 결과

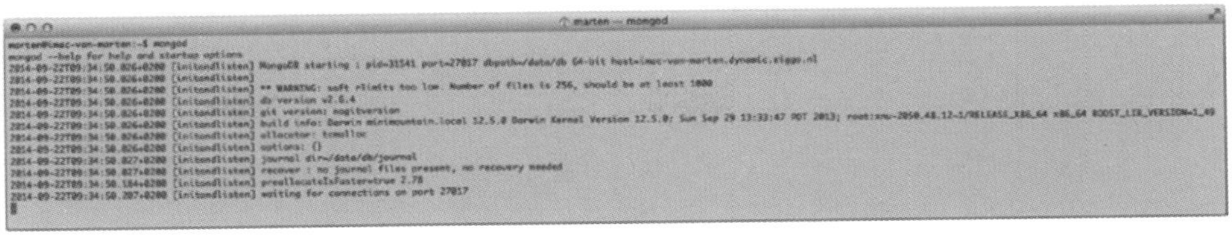

기본 데이터 저장 경로는 /data/db(윈도우는 몽고디비를 설치한 디스크가 C:라면 C:\data\
db)지만 명령줄 옵션 --dbpath로 다른 경로를 지정할 수도 있습니다. 실제로 존재하는 디렉터
리인지, 쓰기 가능한 퍼미션인지 확인하세요.

몽고디비 접속하기

몽고디비에 접속하려면 Mongo 인스턴스가 필요합니다. 이 인스턴스를 매개로 DB 정보와 그
안에 저장된 실제 컬렉션(들)을 얻을 수 있습니다. 몽고디비를 데이터 저장소로 이용하는 간단
한 시스템을 작성해보겠습니다.

```java
package com.apress.springrecipes.nosql;

public class Vehicle {

    private String vehicleNo;
    private String color;
    private int wheel;
    private int seat;

    public Vehicle() {
    }

    public Vehicle(String vehicleNo, String color, int wheel, int seat) {
        this.vehicleNo = vehicleNo;
        this.color = color;
        this.wheel = wheel;
        this.seat = seat;
    }
    // 게터 및 세터
}
```

다음은 Vehicle 객체를 주고받는 리포지터리 인터페이스입니다.

```
public interface VehicleRepository {
    long count();
    void save(Vehicle vehicle);
    void delete(Vehicle vehicle);
    List<Vehicle> findAll()
    Vehicle findByVehicleNo(String vehicleNo);
}
```

이어서 몽고디비 VehicleRepository 구현체와 MongoDBVehicleRepository를 작성합니다.

```
public class MongoDBVehicleRepository implements VehicleRepository {

    private final Mongo mongo;
    private final String collectionName;
    private final String databaseName;

    public MongoDBVehicleRepository(Mongo mongo, String databaseName,
        String collectionName) {
        this.mongo = mongo;
        this.databaseName = databaseName;
        this.collectionName = collectionName;
    }

    @Override
    public long count() {
        return getCollection().count();
    }

    @Override
    public void save(Vehicle vehicle) {
        Document dbVehicle = transform(vehicle);
        getCollection().insertOne(dbVehicle);
    }

    @Override
    public void delete(Vehicle vehicle) {
        getCollection().deleteOne(eq("vehicleNo", vehicle.getVehicleNo()));
    }
```

```java
@Override
public List<Vehicle> findAll() {
    return StreamSupport.stream(getCollection().find().spliterator(), false)
            .map(this::transform)
            .collect(Collectors.toList());
}

@Override
public Vehicle findByVehicleNo(String vehicleNo) {
    return transform(getCollection().find(eq("vehicleNo", vehicleNo)).first());
}

private MongoCollection<Document> getCollection() {
    return mongo.getDatabase(databaseName).getCollection(collectionName);
}

private Vehicle transform(DBObject dbVehicle) {
    if (dbVehicle == null) {
        return null;
    }
    return new Vehicle(
        (String) dbVehicle.get("vehicleNo"),
        (String) dbVehicle.get("color"),
        (int) dbVehicle.get("wheel"),
        (int) dbVehicle.get("seat"));
}

private DBObject transform(Vehicle vehicle) {
    return new Document("vehicleNo", vehicle.getVehicleNo())
            .append("color", vehicle.getColor())
            .append("wheel", vehicle.getWheel())
            .append("seat", vehicle.getSeat());
}
}
```

클래스 생성자는 몽고디비 클라이언트, DB명, 객체를 저장할 컬렉션명, 세 인수를 받습니다. 몽고디비에서 문서는 DB 컬렉션에 저장됩니다.

MongoCollection을 간편하게 가져오려고 DB에 접속해 MongoCollection 객체를 반환하는 getCollection() 메서드를 따로 만들었습니다. 이 DBCollection 객체로 문서를 저장/수정/삭제할 수 있습니다.

save() 메서드는 주어진 Vehicle 객체에 맞게 문서를 생성합니다. 객체를 저장하려면 먼저 도메인 객체 Vehicle을 Document 객체로 변환해야 합니다. 반대로 문서를 쿼리할 때는 이 Document를 이용해 Vehicle 객체를 찾습니다(예제의 findByVehicleNo() 메서드) Document 와 Vehicle 간 변환은 두 transform() 메서드가 담당합니다.

Main 클래스에서 테스트해봅시다.

```java
public class Main {

    public static final String DB_NAME = "vehicledb";

    public static void main(String[] args) throws Exception {

        // 기본 호스트 및 포트는 각각 localhost, 27017입니다.
        MongoClient mongo = new MongoClient();

        VehicleRepository repository = new MongoDBVehicleRepository(mongo, DB_NAME,
            "vehicles");

        System.out.println("Number of Vehicles: " + repository.count());

        repository.save(new Vehicle("TEM0001", "RED", 4, 4));
        repository.save(new Vehicle("TEM0002", "RED", 4, 4));

        System.out.println("Number of Vehicles: " + repository.count());

        Vehicle v = repository.findByVehicleNo("TEM0001");

        System.out.println(v);

        List<Vehicle> vehicleList = repository.findAll();

        System.out.println("Number of Vehicles: " + vehicleList.size());
        vehicleList.forEach(System.out::println);
        System.out.println("Number of Vehicles: " + repository.count());

        // DB를 삭제하고 인스턴스를 닫습니다.
        mongo.dropDatabase(DB_NAME);
        mongo.close();
    }
}
```

MongoClient 인스턴스를 만들고 localhost:27017로 접속합니다. 호스트, 포트를 따로 지정하려면 new MongoClient("mongodb-server.local", 28018)처럼 다른 생성자를 사용합니다. 그런 다음, 이 MongoClient와 DB명(vehicledb), 컬렉션명(vehicles)을 생성자 인수로하여 MongoDBVehicleRepository 인스턴스를 생성합니다.

다음으로 자동차 레코드 2개를 DB에 저장(save)하고 검색(findByVehicleNo)하는 코드가 나오고 마지막에 DB 삭제 후(dropDatabase) MongoClient를 닫습니다. 실제 애플리케이션이라면 당연히 dropDatabase() 메서드를 쓸 일이 없겠죠.

스프링을 이용해 구성하기

스프링을 이용하면 MongoClient, MongoDBVehicleRepository를 쉽게 구성할 수 있습니다.

```
package com.apress.springrecipes.nosql.config;
...

@Configuration
public class MongoConfiguration {

    public static final String DB_NAME = "vehicledb";

    @Bean
    public Mongo mongo() throws UnknownHostException {
        return new MongoClient();
    }

    @Bean
    public VehicleRepository vehicleRepository(Mongo mongo) {
        return new MongoDBVehicleRepository(mongo, DB_NAME, " vehicles");
    }
}
```

빈을 폐기하기 전(@PreDestroy) DB를 삭제하는 cleanUp() 메서드를 MongoDBVehicle Repository에 덧붙입니다.

```
@PreDestroy
public void cleanUp() {
    mongo.dropDatabase(databaseName);
}
```

Main 클래스를 다음과 같이 고칩니다.

```
public class Main {

    public static final String DB_NAME = "vehicledb";

    public static void main(String[] args) throws Exception {
        ApplicationContext ctx =
            new AnnotationConfigApplicationContext(MongoConfiguration.class);
        VehicleRepository repository = ctx.getBean(VehicleRepository.class);
        ...
        ((AbstractApplicationContext) ctx).close();
    }
}
```

AnnotationConfigApplicationContext가 구성한 내용을 로드하고 이 컨텍스트에서 VehicleRepository 빈을 얻습니다. 컨텍스트를 실행한 코드가 끝나면 MongoDBVehicle Repository에 추가한 cleanUp() 메서드가 호출되겠죠.

MongoTemplate으로 코드를 간단히 작성하기

MongoDBVehicleRepository 클래스가 몽고디비 API를 호출하는 예제 코드가 그리 복잡한 건 아니지만 API를 어떻게 호출해야 하는지 개발자가 알고 있어야 하고 Vehicle 객체를 매핑하는 단순 반복적인 일들이 되풀이됩니다. MongoTemplate을 쓰면 이런 장황한 리포지터리 코드를 간소화할 수 있습니다.

```
public class MongoDBVehicleRepository implements VehicleRepository {

    private final MongoTemplate mongo;
    private final String collectionName;

    public MongoDBVehicleRepository(MongoTemplate mongo, String collectionName) {
        this.mongo = mongo;
        this.collectionName = collectionName;
    }

    @Override
    public long count() {
        return mongo.count(new Query(), collectionName);
    }

    @Override
    public void save(Vehicle vehicle) {
        mongo.save(vehicle, collectionName);
    }

    @Override
    public void delete(Vehicle vehicle) {
        mongo.remove(vehicle, collectionName);
    }

    @Override
```

```
    public List<Vehicle> findAll() {
        return mongo.findAll(Vehicle.class, collectionName);
    }

    @Override
    public Vehicle findByVehicleNo(String vehicleNo) {
        return mongo.findOne(new Query(where("vehicleNo").is(vehicleNo)), Vehicle.class,
            collectionName);
    }

    @PreDestroy
    public void cleanUp() {
        mongo.execute(db -> {
            db.drop();
            return null;
        });
    }
}
```

MongoTemplate을 쓰니 한결 코드가 깔끔해졌네요. 저장, 수정, 삭제 작업 시 간편히 쓸 수 있는 메서드가 미리 준비되어 있습니다. findByVehicleNo() 메서드는 쿼리를 빌드하는 방법으로 멋지게 검색을 수행합니다. Vehicle과 Document 객체 간 변환은 MongoConverter(기본 변환기는 MappingMongoConverter)가 담당하며 이 모든 일이 MongoTemplate 내부에서 처리되므로 Document 객체를 명시할 필요가 없습니다. 객체 프로퍼티와 문서 속성 간 매핑을 주관하는 MongoConverter는 변환 과정에서 최대한 정확히 자료형을 맞춥니다. 매핑 로직을 커스터마이징하려면 MongoConverter 인터페이스를 직접 구현해 MongoTemplate에 등록합니다.

MongoTemplate을 사용하도록 구성 클래스를 수정합니다.

```
@Configuration
public class MongoConfiguration {

    public static final String DB_NAME = "vehicledb";

    @Bean
    public MongoTemplate mongo(Mongo mongo) throws Exception {
        return new MongoTemplate(mongo, DB_NAME);
    }
```

```
    @Bean
    public MongoClientFactoryBean mongoFactoryBean() {
        return new MongoClientFactoryBean();
    }


    @Bean
    public VehicleRepository vehicleRepository(MongoTemplate mongo) {
        return new MongoDBVehicleRepository(mongo, "vehicles");
    }
}
```

MongoTemplate를 사용할 때 MongoClientFactoryBean이 필수 요건은 아니지만 이 빈을 이용하면 MongoClient 설정이 아주 쉬워집니다. java.net.UnknownHostException 예외 역시 MongoClientFactoryBean이 내부적으로 처리하므로 던질 필요가 없습니다.

MongoTemplate 생성자는 여러 종류가 있습니다. 예제에서는 Mongo 인스턴스와 DB명을 인수로 받는 생성자를 사용했습니다. DB에 접속하려면 MongoDbFactory(기본 구현체는 SimpleMongoDbFactory) 인스턴스가 필요합니다. 대부분 기본 구현체만 써도 충분하지만 접속 정보를 암호화하는 등 특수한 경우에는 이 구현체를 상속받아 구현하면 됩니다. 이렇게 생성한 MongoTemplate을 컬렉션명과 함께 MongoDBVehicleRepository에 주입합니다.

마지막으로 하나 더! Vehicle 객체에 자동 생성한 ID를 저장할 필드를 반드시 추가해야 합니다. 필드명을 id라고 해도 되고 임의의 필드에 @Id를 붙여도 됩니다.

```
public class Vehicle {

    private String id;
    ...
}
```

애너테이션을 사용해 매핑 정보 지정하기

MongoDBVehicleRepository는 자신이 액세스할 컬렉션명을 알고 있어야 합니다. JPA에서 클래스 레벨에 @Table을 붙여 테이블명을 지정한 것처럼 Vehicle 클래스에 테이블명을 지정할 수 있으면 훨씬 쉽고 유연하게 구성할 수 있겠죠. 스프링 데이터 몽고에서는 @Document가 그 역할을 대신 합니다.

```
@Document(collection = "vehicles")
public class Vehicle { ... }
```

@Document 속성은 collection 및 language 두 가지입니다. collection에는 컬렉션명, language에는 이 문서에 쓰인 언어를 각각 지정합니다. 매핑 정보는 이제 Vehicle 클래스에 선언되어 있으므로 MongoDBVehicleRepository에서 컬렉션명(collectionName)은 지워도 됩니다.

```java
public class MongoDBVehicleRepository implements VehicleRepository {

    private final MongoTemplate mongo;

    public MongoDBVehicleRepository(MongoTemplate mongo) {
        this.mongo = mongo;
    }

    @Override
    public long count() {
        return mongo.count(null, Vehicle.class);
    }

    @Override
    public void save(Vehicle vehicle) {
        mongo.save(vehicle);
    }

    @Override
    public void delete(Vehicle vehicle) {
        mongo.remove(vehicle);
    }

    @Override
    public List<Vehicle> findAll() {
        return mongo.findAll(Vehicle.class);
    }

    @Override
```

```
    public Vehicle findByVehicleNo(String vehicleNo) {
        return mongo.findOne(new Query(where("vehicleNo").is(vehicleNo)), Vehicle.class);
    }
}
```

MongoDBVehicleRepository 구성 클래스에서도 컬렉션명을 지웁니다.

```
@Configuration
public class MongoConfiguration {
...
    @Bean
    public VehicleRepository vehicleRepository(MongoTemplate mongo) {
        return new MongoDBVehicleRepository(mongo);
    }
}
```

Main 클래스를 실행한 결과는 이전과 같습니다.

스프링 데이터 몽고디비 리포지터리 생성하기

몽고디비 클래스에 매핑할 필요도 없고 컬렉션명을 전달하지 않아도 되니 코드는 상당 부분 줄었지만 여기서도 더 줄일 수 있습니다. 스프링 데이터 몽고의 또 다른 기능을 이용하면 MongoDBVehicleRepository 구현체를 아주 들어낼 수 있습니다.

먼저, 구성 클래스를 다음과 같이 수정합니다.

```
@Configuration
@EnableMongoRepositories(basePackages = "com.apress.springrecipes.nosql")
public class MongoConfiguration {

    public static final String DB_NAME = "vehicledb";

    @Bean
    public MongoTemplate mongoTemplate(Mongo mongo) throws Exception {
        return new MongoTemplate(mongo, DB_NAME);
    }
}
```

```
    @Bean
    public MongoClientFactoryBean mongoFactoryBean() {
        return new MongoClientFactoryBean();
    }
}
```

MongoDBVehicleRepository를 생성했던 @Bean 메서드가 사라졌고 @EnableMongo Repositories라는 새로운 애너테이션이 추가됐습니다. 이로써 스프링 데이터 CrudRepository 를 상속한 인터페이스가 자동 감지되어 @Document 도메인 객체에 활용됩니다.

VehicleRepository가 CrudRepository 또는 그 하위 인터페이스(예 : MongoRepository) 를 상속해야 스프링 데이터가 감지할 수 있습니다.

```
public interface VehicleRepository extends MongoRepository<Vehicle, String> {
    public Vehicle findByVehicleNo(String vehicleNo);
}
```

다른 메서드는 다 어디로 자취를 감추었을까요? 이미 상위 인터페이스에 정의되어 있으니 굳이 여기 있을 이유가 없는 겁니다. findByVehicleNo() 메서드만 잔류하여 vehicleNo에 해당하는 Vehicle을 검색하는 용도로 쓰입니다. findBy로 시작하는 메서드는 모두 몽고디비 쿼리로 변환되며 findBy 뒤에 나오는 문자열이 프로퍼티명으로 간주됩니다. and, or, between 등의 연산자를 이용하면 더 복잡한 쿼리도 작성할 수 있습니다.

Main 클래스를 실행 결과는 같지만 몽고디비와 연동하는 코드는 확 줄었습니다.

리액티브 스프링 데이터 몽고디비 리포지터리 생성하기

기존 몽고디비 리포지터리 외에도 ReactiveMongoRepository 클래스(또는 다른 리액티브 리포지터리 인터페이스)를 상속해서 리액티브하게 작동하는 리포지터리도 만들 수 있습니다. 메서드 반환형은 단일값이 아닌, Mono<T>(아무것도 반환하지 않는 메서드는 Mono<Void>) 및 Flux<T>로 바뀌겠죠.

> **NOTE**_ 리액터 프로젝트 대신 RxJava가 편한 분들은 RxJava2*Repository 인터페이스 중 하나를 상속하고 Mono, Flux 대신 Single 또는 Observable을 사용하세요.

리액티브 리포지터리 구현체를 사용하려면 몽고디비 드라이버도 리액티브 버전의 구현체를 사용하도록 바꾸고 스프링 데이터가 이 드라이버를 쓰도록 구성합니다. 알기 쉽게 구성하려면 AbstractReactiveMongoConfiguration을 상속해서 필수 메서드 getDatabaseName()과 reactiveMongoClient()를 구현하면 됩니다.

```
@Configuration
@EnableReactiveMongoRepositories(basePackages = "com.apress.springrecipes.nosql")
public class MongoConfiguration extends AbstractReactiveMongoConfiguration {

    public static final String DB_NAME = "vehicledb";

    @Bean
    @Override
    public MongoClient reactiveMongoClient() {
        return MongoClients.create();
    }

    @Override
    protected String getDatabaseName() {
        return DB_NAME;
    }
}
```

@EnableMongoRepositories → @EnableReactiveMongoRepositories도 달라진 부분입니다. DB명은 여전히 필요하며 몽고디비 인스턴스에 접속하려면 리액티브 드라이버도 필요합니다. 여러 버전의 MongoClients.create() 메서드 중 하나를 골라 쓰면 되는데요, 필자는 그냥 기본 메서드를 사용했습니다.

VehicleRepository는 ReactiveMongoRepository를 상속하도록 리액티브하게 변신시킵니다. findByVehicleNo() 메서드의 반환형도 Vehicle → Mono<Vehicle>로 변경합니다.

```
public interface VehicleRepository extends ReactiveMongoRepository<Vehicle, String> {
    Mono<Vehicle> findByVehicleNo(String vehicleNo);
}
```

마지막으로 Main 클래스도 조금 손보아야 합니다. 호출을 블로킹하는 대신, 메서드 스트림을 호출해야 하니까요.

```java
public class Main {

    public static void main(String[] args) throws Exception {

        ApplicationContext ctx =
            new AnnotationConfigApplicationContext(MongoConfiguration.class);
        VehicleRepository repository = ctx.getBean(VehicleRepository.class);

        CountDownLatch countDownLatch = new CountDownLatch(1);

        repository.count().doOnSuccess(cnt -> System.out.println("Number of Vehicles: " +
            cnt))
            .thenMany(repository.saveAll(
                Flux.just(
                    new Vehicle("TEM0001", "RED", 4, 4),
                    new Vehicle("TEM0002", "RED", 4, 4)))).last()
            .then(repository.count()).doOnSuccess(cnt -> System.out.println(
                "Number of Vehicles: " + cnt))
            .then(repository.findByVehicleNo("TEM0001")).doOnSuccess(System.out::println)
            .then(repository.deleteAll())
                .doOnSuccess(x -> countDownLatch.countDown())
                .doOnError(t -> countDownLatch.countDown())
            .then(repsiory.count()).subscribe(cnt -> System.out.println(
                "Number of Vehicles: " + cnt.longValue()));

        countDownLatch.await();
        ((AbstractApplicationContext) ctx).close();
    }
}
```

제일 먼저 데이터 개수를 세어보고 별 문제 없으면 Vehicle 인스턴스를 몽고디비에 밀어 넣습니다. last()이후 개수를 다시 세어본 다음, 데이터를 쿼리 후 deleteAll()합니다. 이들 메서드는 모두 리액티브하게 차례로 호출되며 이벤트에 의해 트리거됩니다. block() 메서드로 블로킹하고 싶진 않으므로 CountDownLatch로 실행 코드를 기다리고 있다가 모든 레코드를 삭제한 후 개수가 하나 줄어드는 방향으로 프로그램이 흘러갑니다. 실은 여기서도 블로킹은 발생합니다. 100% 리액티브 방식으로 하자면 마지막 then() 메서드에서 Mono를 돌려받고 더 조합을 하든가 아니면 스프링 웹플럭스 컨트롤러로 출력 결과를 돌려주어야 합니다(5장 참고).

레시피 12-2 레디스

과제

데이터를 레디스에 저장하세요.

해결책

레디스를 내려받고 설치한 후, 레디스 인스턴스에 액세스합니다.

풀이

레디스는 키-값을 저장하는 캐시 또는 저장소로, 문자열과 해시같은 단순 자료형만 보관합니다. 더 복잡한 자료 구조를 담으려면 형변환이 필요합니다.

레디스 시작하기

http://redis.io/download에서 레디스 설치 파일을 내려받습니다. 이 책을 쓰는 현재 최신 안정 버전은 3.2.8입니다. 공식 사이트에서는 유닉스용 설치 파일만 배포하므로 윈도우 유저는 https://github.com/ServiceStack/redis-windows를 참고하기 바랍니다. macOS 유저는 홈브루(http://brew.sh)로 간단히 설치하세요.

내려받아 설치한 다음, 명령줄에서 redis-server 명령으로 시동합니다(그림 12-2). 로그를 보면 프로세스 ID(PID)와 기본 포트 번호(6379)가 표시됩니다.

그림 12-2 레디스 초기 시동 결과

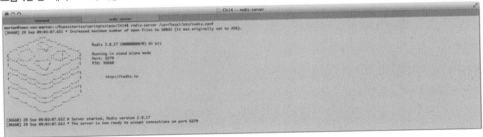

레디스 접속하기

JDBC 드라이버가 있어야 DB에 접속할 수 있듯이 레디스에 접속하려면 클라이언트가 필요합니다. 레디스 클라이언트는 종류가 꽤 다양한데요, http://redis.io/clients에서 전체 목록을 확인할 수 있습니다. 필자는 이 중에서 가장 널리 쓰이고 레디스 개발팀도 추천하는 제디스Jedis를 사용하겠습니다.

레디스 접속이 잘 되는지 간단한 헬로 월드 예제를 짜서 확인합시다.

```java
public class Main {

    public static void main(String[] args) {
        Jedis jedis = new Jedis("localhost");
        jedis.set("msg", "Hello World, from Redis!");
        System.out.println(jedis.get("msg"));
    }
}
```

제디스 클라이언트 생성자는 접속할 호스트명(여기서는 localhost)을 인수로 받습니다. 이 클라이언트의 set() 메서드로 저장소에 메시지를 넣고 get() 메서드로 다시 메시지를 가져오면 됩니다. 단순한 객체 외에 List나 Map을 레디스식으로 흉내낸 자료형도 쓸 수 있습니다.

```java
public class Main {

    public static void main(String[] args) {
        Jedis jedis = new Jedis("localhost");
        jedis.rpush("authors", "Marten Deinum", "Josh Long", "Daniel Rubio", "Gary Mak");
        System.out.println("Authors: " + jedis.lrange("authors", 0, -1));

        jedis.hset("sr_3", "authors", "Gary Mak, Danial Rubio, Josh Long, Marten Deinum");
        jedis.hset("sr_3", "published", "2014");

        jedis.hset("sr_4", "authors", "Josh Long, Marten Deinum");
        jedis.hset("sr_4", "published", "2017");

        System.out.println("Spring Recipes 3rd: " + jedis.hgetAll("sr_3"));
        System.out.println("Spring Recipes 4th: " + jedis.hgetAll("sr_4"));
    }
}
```

rpush(), lpush() 두 메서드로 리스트에 엘리먼트를 추가합니다. rpush()는 리스트 끝에, lpush()는 리스트 처음에 각각 엘리먼트를 삽입합니다. 엘리먼트를 꺼낼 때는 lrange()나 rrange() 메서드를 씁니다. lrange()는 시작/종료 인덱스에 해당하는 엘리먼트를 왼쪽부터 찾습니다. 예제에서 이 메서드의 세 번째 인수로 넣은 -1은 전부 다 가져오라는 의미입니다.

hset()는 맵에 엘리먼트를 추가하는 메서드로 key, field, value 세 인수를 받습니다. Map<String, String> 또는 Map<byte[], byte[]>를 인수로 받는 hmset()(멀티세트) 메서드도 있습니다.

레디스에 객체 저장하기

레디스는 String 또는 byte[]형 객체만 처리 가능한 키-값 저장소라서 레디스에 객체를 저장하려면 사전에 String이나 byte[]로 직렬화하는 과정이 필요하므로 다른 기술보다 조금 까다로운 편입니다.

[레시피 12-1]에 나온 Vehicle 클래스를 매개로 제디스 클라이언트에서 조회/저장하는 예제를 작성해보겠습니다.

```java
public class Vehicle implements Serializable {

    private String vehicleNo;
    private String color;
    private int wheel;
    private int seat;

    public Vehicle() {
    }

    public Vehicle(String vehicleNo, String color, int wheel, int seat) {
        this.vehicleNo = vehicleNo;
        this.color = color;
        this.wheel = wheel;
        this.seat = seat;
    }
    // 게터 및 세터
}
```

Vehicle은 Serializable 인터페이스의 구현 클래스입니다. 자바로 객체를 직렬화하려면 당연히 이 인터페이스를 구현해야 합니다. 객체를 저장하기 전 자바에서 byte[]형으로 변환해야 하니까요. 객체는 ObjectOutputStream으로 출력하고 ByteArrayOutputStream은 byte[]로 변환합니다. 역으로 byte[]를 다시 객체로 변환할 때는 ObjectInputStream 및 ByteArrayInputStream을 씁니다. 스프링은 org.springframework.util.SerializationUtils라는 도우미 클래스를 사용해 serialize()/deserialize() 메서드를 제공합니다.

Main 클래스에서 제디스 클라이언트로 Vehicle 객체를 만들어 저장해봅시다.

```java
public class Main {

    public static void main(String[] args) throws Exception {
        Jedis jedis = new Jedis("localhost");

        final String vehicleNo = "TEM0001";
        Vehicle vehicle = new Vehicle(vehicleNo, "RED", 4, 4);

        jedis.set(vehicleNo.getBytes(), SerializationUtils.serialize(vehicle));

        byte[] vehicleArray = jedis.get(vehicleNo.getBytes());

        System.out.println("Vehicle: " + SerializationUtils.deserialize(vehicleArray));
    }
}
```

Vehicle 인스턴스를 생성한 뒤 방금 전 이야기한 SerializationUtils를 이용해 객체를 byte[]로 변환합니다. byte[]로 저장하면 키도 byte[]형이어야 하므로 key(예제에서는 vehicleNo)를 함께 변환합니다. 이렇게 직렬화 후 저장한 객체를 다시 저장소에서 읽어 그 반대로 할 때도 같은 키를 사용합니다. 이러한 접근 방식은 저장할 대상 객체가 무조건 Serializable 인터페이스를 구현해야 하는 제약이 따릅니다. 이를 어길 경우 객체가 도중에 소실되거나 직렬화하면서 에러가 날 수 있습니다. 또 byte[]는 클래스를 나타낸 것이므로 클래스 자체가 변경되면 객체로 다시 변환할 때 실패할 가능성이 높아집니다.

대안으로 객체를 String으로 나타내는 방법이 있습니다. Vehicle 객체를 XML이나 JSON으

로 변환하는 것이 아무래도 byte[] 변환보다는 유연합니다. 이번엔 잭슨 JSON 라이브러리를
사용해 객체를 JSON으로 바꿔보겠습니다.

```java
public class Main {

    public static void main(String[] args) throws Exception {
        Jedis jedis = new Jedis("localhost");
        ObjectMapper mapper = new ObjectMapper();
        final String vehicleNo = "TEM0001";
        Vehicle vehicle = new Vehicle(vehicleNo, "RED", 4, 4);

        jedis.set(vehicleNo, mapper.writeValueAsString(vehicle));

        String vehicleString = jedis.get(vehicleNo);

        System.out.println("Vehicle: " + mapper.readValue(vehicleString, Vehicle.class));
    }
}
```

JSON 변환을 주관하는 ObjectMapper 인스턴스를 우선 생성합니다. writeValueAsString()
메서드는 객체를 JSON String으로 변환하며 실제로 레디스에도 이 String이 저장됩니다. 저
장된 String을 다시 읽어 readValue() 메서드에게 전달할 때 타입 인수(여기선 Vehicle.
class)를 두 번째 인수로 함께 넘기면 이 타입의 인스턴스로 JSON 문자열이 자동 매핑됩니다.

RedisTemplate 구성/활용하기

RedisTemplate은 레디스 접속용 클라이언트 라이브러리를 바탕으로 레디스 API 사용법을 일
원화한 장치로서 대다수 레디스 자바 클라이언트에서 잘 작동합니다. 일원화 외에도 실행 도중
발생한 예외를 스프링 DataAccessException 계열의 예외로 옮겨주기 때문에 기존 데이터 액
세스 코드와도 매끄럽게 연동할 수 있고 스프링 트랜잭션도 이용할 수 있습니다.

RedisTemplate을 사용하려면 일단 RedisConnectionFactory로 레디스에 연결해야 합니다.
RedisConnectionFactory 인터페이스 구현체는 몇 가지 종류가 있는데요, 필자는 기본 구현
체 JedisConnectionFactory를 쓰겠습니다.

```
@Configuration
public class RedisConfig {

    @Bean
    public RedisTemplate<String, Vehicle> redisTemplate(RedisConnectionFactory
        connectionFactory) {
        RedisTemplate template = new RedisTemplate();
        template.setConnectionFactory(connectionFactory);
        return template;
    }

    @Bean
    public RedisConnectionFactory redisConnectionFactory() {
        return new JedisConnectionFactory();
    }
}
```

redisTemplate() 메서드가 반환하는 RedisTemplate은 제네릭형이라서 키, 값 형식을 각각
String, Vehicle로 지정했습니다. 객체 조회/저장 시 뒤따르는 형변환은 RedisTemplate이
알아서 처리하며 내부적으로는 RedisSerializer 인터페이스 구현체([표 12-1] 참고)가 그
일을 맡습니다. 기본 구현체 JdkSerializationRedisSerializer는 표준 자바 직렬화 기술로
객체를 byte[]로 변환합니다.

표 12-1 RedisSerializer 구현체

이름	설명
GenericToStringSerializer	String → byte[] 직렬기. 스프링 ConversionService를 이용해 byte[]로 변환하기 전, 객체를 String으로 변환합니다.
Jackson2JsonRedisRedisSerializer	잭슨2 ObjectMapper로 JSON을 읽고 씁니다.
JacksonJsonRedisRedisSerializer	잭슨 ObjectMapper로 JSON을 읽고 씁니다.
JdkSerializationRedisSerializer	자바 기본 직렬기/역직렬기를 씁니다.
OxmSerializer	스프링 Marshaller 및 Unmarshaller로 XML을 읽고 씁니다.
StringRedisSerializer	String → byte[] 변환기

RedisTemplate은 ApplicationContext에서 가져와야 하므로 Main 클래스를 수정합니다.

```
public class Main {

    public static void main(String[] args) throws Exception {
        ApplicationContext context =
            new AnnotationConfigApplicationContext(RedisConfig.class);
        RedisTemplate<String, Vehicle> template = context.getBean(RedisTemplate.class);

        final String vehicleNo = "TEM0001";
        Vehicle vehicle = new Vehicle(vehicleNo, "RED", 4, 4);
        template.opsForValue().set(vehicleNo, vehicle);
        System.out.println("Vehicle: " + template.opsForValue().get(vehicleNo));
    }
}
```

무엇보다 기존 객체를 그대로 쓰면서 객체 간 변환 작업은 템플릿에게 일임하면 되므로 간편합니다. 이 예제에서 set() 메서드는 String, byte[] 대신 String과 Vehicle을 인수로 받는데요, 이렇게 작성하면 코드 가독성도 좋고 유지 보수하기도 편합니다. 자바 내장 직렬기를 쓰는 것이 기본이지만 잭슨 라이브러리를 쓰고 싶다면 RedisSerializer를 달리하면 됩니다.

```
@Configuration
public class RedisConfig {

    @Bean
    public RedisTemplate<String, Vehicle> redisTemplate() {
        RedisTemplate template = new RedisTemplate();
        template.setConnectionFactory(redisConnectionFactory());
        template.setDefaultSerializer(new Jackson2JsonRedisSerializer(Vehicle.class));
        return template;
    }
...
}
```

위와 같이 구성하면 RedisTemplate은 잭슨 ObjectMapper 객체를 써서 직렬화/역직렬화 작업을 합니다. 나머지 코드는 그대로입니다. Main 클래스를 다시 실행하면 문제 없이 잘 작동하고 객체는 JSON으로 잘 저장됩니다. RedisTemplate의 enableTransactionSupport 프로퍼티를 true로 설정하면 레디스에 트랜잭션을 걸 수 있습니다. 트랜잭션을 커밋하면 내부의 잡다한 일들은 RedisTemplate이 대신 알아서 처리하지요.

레시피 12-3 Neo4j

과제

애플리케이션에서 Neo4j를 사용하세요.

해결책

스프링 데이터 Neo4j 라이브러리를 이용해 Neo4j에 액세스합니다.

풀이

Neo4J 리포지터리에서 객체를 조회 및 저장하는 기본적인 방법을 알아보고 스프링 데이터 Neo4J 기반의 리포지터리 사용법을 살펴보겠습니다.

Neo4j 설치하기

Neo4j 웹 사이트(http://neo4j.com/download/)에서 설치 파일을 내려받습니다. 유료 버전이 있지만 실습용으로는 커뮤니티 버전도 충분합니다. 윈도우 유저는 인스톨러를 실행하고 맥/리눅스 유저는 원하는 위치에 압축 파일을 풀고 명령줄에서 bin/neo4j를 실행합니다. macOS 유저는 홈브루를 이용해 brew install neo4j 명령으로 설치할 수 있습니다.

처음 시작하면 [그림 12-3]과 같은 로그가 출력됩니다.

그림 12-3 Neo4j 초기 시동 결과

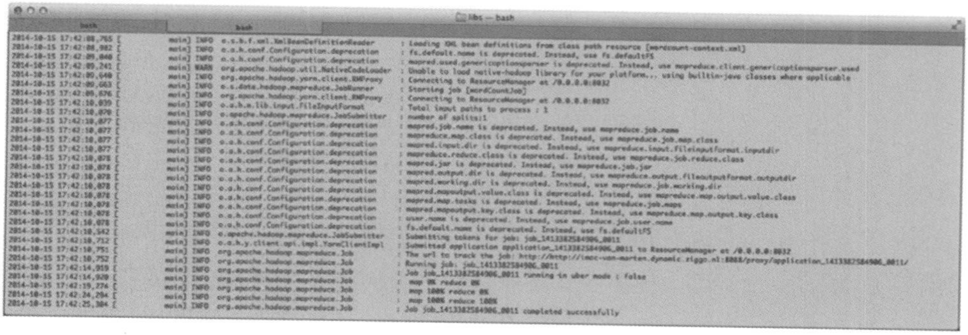

Neo4j 시작하기

임베디드 Neo4j 서버를 이용해 간단히 프로그램을 짜봅시다. 서버를 시동한 다음, Neo4j에 데이터를 몇 개 넣고 다시 조회하는 프로그램입니다.

```java
public class Main {

    public static void main(String[] args) {

        final String DB_PATH = System.getProperty("user.home") + "/friends";

        GraphDatabaseService db = new GraphDatabaseFactory()
            .newEmbeddedDatabase(Paths.get(DB_PATH).toFile());

        Transaction tx1 = db.beginTx();

        Node hello = db.createNode();
        hello.setProperty("msg", "Hello");

        Node world = db.createNode();
        world.setProperty("msg", "World");
        tx1.success();

        db.getAllNodes().stream()
            .map(n -> n.getProperty("msg"))
            .forEach(m -> System.out.println("Msg: " + m));

        db.shutdown();
    }
}
```

Neo4j 서버 시동 후, 트랜잭션을 시작하고 노드를 2개 생성한 다음, 다시 두 노드를 가져와 msg 프로퍼티를 콘솔 창에 출력하는 예제입니다. Neo4j의 주특기는 노드 사이의 관계를 따라가는 일입니다(다른 그래프 데이터 저장소처럼 원래 이런 목적으로 특화된 저장소니까요).

상호 관계를 가진 노드를 몇 개 생성합시다.

```java
public class Main {

    enum RelationshipTypes implements RelationshipType {FRIENDS_WITH, MASTER_OF, SIBLING,
```

```
    LOCATION}

public static void main(String[] args) {
    final String DB_PATH = System.getProperty("user.home") + "/friends";
    final GraphDatabaseService db =
        new GraphDatabaseFactory().newEmbeddedDatabase(Paths.get(DB_PATH).toFile());
    final Label character = Label.label("character");
    final Label planet = Label.label("planet");

    try (Transaction tx1 = db.beginTx()) {

        // 행성
        Node dagobah = db.createNode(planet);
        dagobah.setProperty("name", "Dagobah");

        Node tatooine = db.createNode(planet);
        tatooine.setProperty("name", "Tatooine");

        Node alderaan = db.createNode(planet);
        alderaan.setProperty("name", "Alderaan");

        // 등장인물
        Node yoda = db.createNode(character);
        yoda.setProperty("name", "Yoda");

        Node luke = db.createNode(character);
        luke.setProperty("name", "Luke Skywalker");

        Node leia = db.createNode(character);
        leia.setProperty("name", "Leia Organa");

        Node han = db.createNode(character);
        han.setProperty("name", "Han Solo");

        // 관계
        yoda.createRelationshipTo(luke, MASTER_OF);
        yoda.createRelationshipTo(dagobah, LOCATION);
        luke.createRelationshipTo(leia, SIBLING);
        luke.createRelationshipTo(tatooine, LOCATION);
        luke.createRelationshipTo(han, FRIENDS_WITH);
        leia.createRelationshipTo(han, FRIENDS_WITH);
        leia.createRelationshipTo(alderaan, LOCATION);

        tx1.success();
```

```
    }

    Result result = db.execute("MATCH (n) RETURN n.name as name");
    result.stream()
        .flatMap(m -> m.entrySet().stream())
        .map(row -> row.getKey() + " : " + row.getValue() + ";")
        .forEach(System.out::println);

    db.shutdown();
    }
}
```

영화 〈스타 워즈〉에 나오는 한 장면을 묘사한 겁니다. 각 노드에는 등장인물characters과 그들의
위치location (즉, 행성)가 있고 등장인물 간 관계가 있습니다(그림 12-4).

그림 12-4 〈스타 워즈〉 등장인물의 관계도

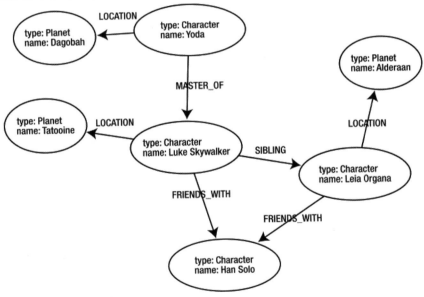

코드로는 Neo4j의 RelationshipType 인터페이스를 구현한 이늄을 이용해 관계를 설정합니
다. 이 인터페이스는 그 이름처럼 여러 유형의 관계를 분간하는 용도로 쓰입니다. 노드 타입은
라벨을 붙여 구분짓고 name은 기본 노드 프로퍼티로 설정합니다. 코드를 실행하면 MATCH (n)

RETURN n.name as name이라는 사이퍼 쿼리[1]를 사용해 전체 노드를 가져온 다음, 각 노드의 name 프로퍼티를 반환합니다.

Neo4j에서 객체 매핑하기

지금까지 본 예제는 Neo4j에서만 통용되는 꽤 저수준 코드입니다. 이렇게 노드를 직접 생성하고 조작하는 일은 상당히 성가십니다. Planet, Character 클래스를 따로 만들어 Neo4j 저장소에(를) 저장/조회할 수 있으면 이상적이겠죠? 두 클래스를 작성해봅시다.

```
public class Planet {

    private long id = -1;
    private String name;

    // 게터 및 세터
}
```

```
public class Character {

    private long id = -1;
    private String name;

    private Planet location;
    private final List<Character> friends = new ArrayList<>();
    private Character apprentice;

    public void addFriend(Character friend) {
        friends.add(friend);
    }

    // 게터 및 세터
}
```

Planet은 id, name 두 프로퍼티만 달랑 있는 단순 클래스지만 Character는 조금 복잡한 클

---

1 역주_ cypher query. Neo4j에서 사용되는 쿼리입니다. 자세한 문법은 https://neo4j.com/developer/cypher-query-language/를 참고하세요.

래스라서 id, name 외에도 관계를 나타내는 프로퍼티가 추가돼 있습니다. LOCATION 관계는 location으로, FRIENDS_WITH 관계는 Character 컬렉션으로, MASTER_OF 관계는 apprentice 프로퍼티로 각각 표시합니다.

이제 두 클래스의 저장(save) 기능을 StarwarsRepository 인터페이스에 선언합니다.

```java
public interface StarwarsRepository {
    Planet save(Planet planet);
    Character save(Character character);
}
```

구현 클래스는 다음과 같습니다.

```java
public class Neo4jStarwarsRepository implements StarwarsRepository {

    private final GraphDatabaseService db;

    public Neo4jStarwarsRepository(GraphDatabaseService db) {
        this.db = db;
    }

    @Override
    public Planet save(Planet planet) {
        if (planet.getId() != null) {
            return planet;
        }
        try (Transaction tx = db.beginTx()) {
            Label label = Label.label("planet");
            Node node = db.createNode(label);
            node.setProperty("name", planet.getName());
            tx.success();
            planet.setId(node.getId());
            return planet;
        }
    }

    @Override
    public Character save(Character character) {
        if (character.getId() != null) {
            return character;
```

```
    }

    try (Transaction tx = db.beginTx()) {
        Label label = Label.label("character");
        Node node = db.createNode(label);
        node.setProperty("name", character.getName());

        if (character.getLocation() != null) {
            Planet planet = character.getLocation();
            planet = save(planet);
            node.createRelationshipTo(db.getNodeById(planet.getId()), LOCATION);
        }

        for (Character friend : character.getFriends()) {
            friend = save(friend);
            node.createRelationshipTo(db.getNodeById(friend.getId()), FRIENDS_WITH);
        }

        if (character.getApprentice() != null) {
            save(character.getApprentice());
            node.createRelationshipTo(db.getNodeById(character.getApprentice().getId())
                , MASTER_OF);
        }

        tx.success();
        character.setId(node.getId());
        return character;
    }
  }
}
```

스타 워즈 객체를 Node 객체로 변환하는 데 제법 많은 코드가 동원됐습니다. Planet 객체는 알기 쉽습니다. 이미 저장된 객체인지 확인하고 없으면(즉, ID가 null이면) 새 트랜잭션을 시작해서 노드를 생성하고 name 프로퍼티 설정 후, id값을 Planet 객체로 변환합니다. 하지만 Character 클래스는 관계까지 고려해야 하므로 좀 더 까다롭습니다.

변경 사항을 Main 클래스에 반영합시다.

```
public class Main {
```

```java
public static void main(String[] args) {
    final String DB_PATH = System.getProperty("user.home") + "/starwars";
    final GraphDatabaseService db =
        new GraphDatabaseFactory().newEmbeddedDatabase(Paths.get(DB_PATH).toFile());
    StarwarsRepository repository = new Neo4jStarwarsRepository(db);

    try (Transaction tx = db.beginTx()) {

        // 행성
        Planet dagobah = new Planet();
        dagobah.setName("Dagobah");

        Planet alderaan = new Planet();
        alderaan.setName("Alderaan");

        Planet tatooine = new Planet();
        tatooine.setName("Tatooine");

        dagobah = repository.save(dagobah);
        repository.save(alderaan);
        repository.save(tatooine);

        // 등장인물
        Character han = new Character();
        han.setName("Han Solo");

        Character leia = new Character();
        leia.setName("Leia Organa");
        leia.setLocation(alderaan);
        leia.addFriend(han);

        Character luke = new Character();
        luke.setName("Luke Skywalker");
        luke.setLocation(tatooine);
        luke.addFriend(han);
        luke.addFriend(leia);

        Character yoda = new Character();
        yoda.setName("Yoda");
        yoda.setLocation(dagobah);
        yoda.setApprentice(luke);

        repository.save(han);
        repository.save(luke);
```

```
            repository.save(leia);
            repository.save(yoda);

            tx.success();
        }

        Result result = db.execute("MATCH (n) RETURN n.name as name");
        result.stream()
            .flatMap(m -> m.entrySet().stream())
            .map(row -> row.getKey() + " : " + row.getValue() + ";")
            .forEach(System.out::println);

        db.shutdown();
    }
}
```

실행 결과는 이전과 같지만 노드를 직접 다루는 대신 도메인 객체를 사용했다는 중요한 차이점이 있습니다. Neo4j에서 객체를 노드로 저장하려면 아주 번거로운 절차를 거쳐야 하는데요, 스프링 데이터 Neo4j 덕분에 훨씬 간편해졌습니다.

Neo4j OGM을 이용해 객체 매핑하기

노드와 관계로 변환하는 과정에서 프로퍼티는 다루기가 귀찮습니다. JPA처럼 그냥 애너테이션으로 저장할 대상을 지정할 수는 없을까요? 바로 Neo4j OGM이 그런 편리한 애너테이션을 제공합니다. 객체 타입에 @NodeEntity를 붙이면 해당 객체가 Neo4j 엔티티로 매핑되며 관계는 @Relationship을 붙여 모델링할 수 있지요. ID 필드엔 @GraphId를 붙여 구분합니다. Neo4j OGM 애너테이션을 Planet, Character 클래스에 각각 적용합시다.

```
@NodeEntity
public class Planet {

    @GraphId
    private Long id;
    private String name;

    // 게터 및 세터
}
```

다음은 Character 클래스입니다.

```
@NodeEntity
public class Character {

    @GraphId
    private Long id;
    private String name;

    @Relationship(type = "LOCATION")
    private Planet location;

    @Relationship(type="FRIENDS_WITH")
    private final Set<Character> friends = new HashSet<>();

    @Relationship(type="MASTER_OF")
    private Character apprentice;


    // 게터 및 세터
}
```

엔티티에 애너테이션을 적용했으니 리포지터리도 SessionFactory와 Session을 써서 더 쉽게
액세스하도록 고칠 수 있습니다.

```
@Repository
public class Neo4jStarwarsRepository implements StarwarsRepository {

    private final SessionFactory sessionFactory;

    @Autowired
    public Neo4jStarwarsRepository(SessionFactory sessionFactory) {
        this.sessionFactory = sessionFactory;
    }

    @Override
    public Planet save(Planet planet) {

        Session session = sessionFactory.openSession();
        try (Transaction tx = session.beginTransaction()) {
            session.save(planet);
            return planet;
```

```
        }
    }

    @Override
    public Character save(Character character) {

        Session session = sessionFactory.openSession();
        try (Transaction tx = session.beginTransaction()) {
            session.save(character);
            return character;
        }
    }

    @Override
    public void printAll() {

        Session session = sessionFactory.openSession();
        Result result = session.query("MATCH (n) RETURN n.name as name",
            Collections.emptyMap(), true);
        result.forEach(m -> m.entrySet().stream()
            .map(row -> row.getKey() + " : " + row.getValue() + ";")
            .forEach(System.out::println));
    }
}
```

두 가지 변경 사항을 눈여겨보세요. 첫째, 장황한 연결 작업, 특히 노드와 매핑하는 일을 SessionFactory와 Session에 맡겨 훨씬 코드가 단정해졌습니다. 둘째, Main 클래스에 있던 printAll() 메서드가 리포지터리로 이동했습니다.

SessionFactory를 생성해야 하니 Main 클래스도 수정은 불가피합니다. @NodeEntity를 붙인 클래스를 어느 패키지에서 찾아야 할지 SessionFactory 생성자에 지정합니다.

```
public class Main {

    public static void main(String[] args) {
        SessionFactory sessionFactory =
            new SessionFactory("com.apress.springrecipes.nosql");

        StarwarsRepository repository = new Neo4jStarwarsRepository(sessionFactory);
```

```
    // 행성
    Planet dagobah = new Planet();
    dagobah.setName("Dagobah");

    Planet alderaan = new Planet();
    alderaan.setName("Alderaan");

    Planet tatooine = new Planet();
    tatooine.setName("Tatooine");

    dagobah = repository.save(dagobah);
    repository.save(alderaan);
    repository.save(tatooine);

    // 등장인물
    Character han = new Character();
    han.setName("Han Solo");

    Character leia = new Character();
    leia.setName("Leia Organa");
    leia.setLocation(alderaan);
    leia.addFriend(han);

    Character luke = new Character();
    luke.setName("Luke Skywalker");
    luke.setLocation(tatooine);
    luke.addFriend(han);
    luke.addFriend(leia);

    Character yoda = new Character();
    yoda.setName("Yoda");
    yoda.setLocation(dagobah);
    yoda.setApprentice(luke);

    repository.save(han);
    repository.save(luke);
    repository.save(leia);
    repository.save(yoda);

    repository.printAll();

    sessionFactory.close();
  }
}
```

SessionFactory 및 Neo4jStarwarsRepository를 생성한 다음, 데이터를 밀어 넣고 printAll() 메서드를 호출해 확인합니다. 처음에 Main 클래스에 있었던 코드가 이제 이 메서드로 들어왔습니다.

스프링을 이용해 구성하기

직접 코딩해서 구성하는 대신 이번엔 스프링 구성 클래스를 이용합시다.

```java
@Configuration
public class StarwarsConfig {

    @Bean
    public SessionFactory sessionFactory() {
        return new SessionFactory("com.apress.springrecipes.nosql");
    }

    @Bean
    public Neo4jStarwarsRepository starwarsRepository(SessionFactory sessionFactory) {
        return new Neo4jStarwarsRepository(sessionFactory);
    }
}
```

SessionFactory, Neo4jStarwarsRepository 둘 다 스프링 관리 빈으로 설정했기 때문에 Main 클래스에서는 ApplicationContext로부터 StarwarsRepository를 얻을 수 있습니다.

```java
public class Main {

    public static void main(String[] args) {
        AnnotationConfigApplicationContext context =
            new AnnotationConfigApplicationContext(StarwarsConfig.class);

        StarwarsRepository repository = context.getBean(StarwarsRepository.class);

        // 행성
        Planet dagobah = new Planet();
        dagobah.setName("Dagobah");

        Planet alderaan = new Planet();
```

```
        alderaan.setName("Alderaan");

        Planet tatooine = new Planet();
        tatooine.setName("Tatooine");

        dagobah = repository.save(dagobah);
        repository.save(alderaan);
        repository.save(tatooine);

        // 등장인물
        Character han = new Character();
        han.setName("Han Solo");

        Character leia = new Character();
        leia.setName("Leia Organa");
        leia.setLocation(alderaan);
        leia.addFriend(han);

        Character luke = new Character();
        luke.setName("Luke Skywalker");
        luke.setLocation(tatooine);
        luke.addFriend(han);
        luke.addFriend(leia);

        Character yoda = new Character();
        yoda.setName("Yoda");
        yoda.setLocation(dagobah);
        yoda.setApprentice(luke);

        repository.save(han);
        repository.save(luke);
        repository.save(leia);
        repository.save(yoda);

        repository.printAll();

        context.close();
    }
}
```

거의 같은 코드지만 스프링이 빈의 생애주기를 관장하는 큰 차이점이 있습니다.

스프링 데이터 Neo4j의 Neo4jTransactionManager 구현체는 (다른 PlatformTransaction

Manager 구현체처럼) 트랜잭션을 시작하고 종료하는 작업을 알아서 처리합니다. 구성 클래스에 @EnableTransactionManagement를 붙이고 빈으로 선언합시다.

```
@Configuration
@EnableTransactionManagement
public class StarwarsConfig {

    @Bean
    public SessionFactory sessionFactory() {
        return new SessionFactory("com.apress.springrecipes.nosql");
    }

    @Bean
    public Neo4jStarwarsRepository starwarsRepository(SessionFactory sessionFactory) {
        return new Neo4jStarwarsRepository(sessionFactory);
    }

    @Bean
    public Neo4jTransactionManager transactionManager(SessionFactory sessionFactory) {
        return new Neo4jTransactionManager(sessionFactory);
    }
}
```

이리하여 Neo4jStarwarsRepository 클래스는 한결 깔끔하게 다듬어졌습니다.

```
@Repository
@Transactional
public class Neo4jStarwarsRepository implements StarwarsRepository {

    private final SessionFactory sessionFactory;

    @Autowired
    public Neo4jStarwarsRepository(SessionFactory sessionFactory) {
        this.sessionFactory = sessionFactory;
    }

    @Override
    public Planet save(Planet planet) {
        Session session = sessionFactory.openSession();
        session.save(planet);
```

```
            return planet;
        }

        @Override
        public Character save(Character character) {
            Session session = sessionFactory.openSession();
            session.save(character);
            return character;
        }

        @Override
        public void printAll() {

            Session session = sessionFactory.openSession();
            Result result = session.query("MATCH (n) RETURN n.name as name",
                Collections.emptyMap(), true);
            result.forEach(m -> m.entrySet().stream()
                .map(row -> row.getKey() + " : " + row.getValue() + ";")
                .forEach(System.out::println));
        }

        @PreDestroy
        public void cleanUp() {
            Session session = sessionFactory.openSession();
            session.query("MATCH (n) OPTIONAL MATCH (n)-[r]-() DELETE n,r", null);
        }
    }
}
```

Main 클래스는 수정할 게 없고 실행 결과는 이전과 동일합니다.

스프링 데이터 Neo4j 리포지터리 생성하기

코드가 놀랍도록 간결해졌죠? 확실히 SessionFactory, Session을 이용해 Neo4j 엔티티를 다루는 편이 쉽습니다. 그런데 이보다도 더 쉬운 방법이 있습니다. 스프링 데이터 JPA/몽고디비처럼 Neo4j에서도 스프링 데이터로 하여금 리포지터리를 대신 만들게 하는 겁니다. 인터페이스 하나면 OK이지요. 자, 엔티티 작업을 담당할 CharacterRepository 및 PlanetRepository 클래스를 작성합시다.

```
public interface CharacterRepository extends CrudRepository<Character, Long> {
}
```

```
public interface PlanetRepository extends CrudRepository<Planet, Long> {
}
```

CrudRepository 말고 필요 시 PagingAndSortingRepository나 이보다 더 특수한
Neo4jRepository 인터페이스를 상속할 수도 있습니다. 이 예제는 CrudRepository만으로도
충분합니다.

StarwarsRepository 및 그 구현체는 StarwarsService로 이름을 바꿉시다. 더 이상 진짜 리포
지터리가 아니니까요. 또 SessionFactory 대신 리포지터리를 대상으로 작동하게끔 수정합니다.

```
@Service
@Transactional
public class Neo4jStarwarsService implements StarwarsService {

    private final PlanetRepository planetRepository;
    private final CharacterRepository characterRepository;

    Neo4jStarwarsService(PlanetRepository planetRepository, CharacterRepository
        characterRepository) {
        this.planetRepository = planetRepository;
        this.characterRepository = characterRepository;
    }

    @Override
    public Planet save(Planet planet) {
        return planetRepository.save(planet);
    }

    @Override
    public Character save(Character character) {
        return characterRepository.save(character);
    }

    @Override
    public void printAll() {
```

```
        planetRepository.findAll().forEach(System.out::println);
        characterRepository.findAll().forEach(System.out::println);
    }

    @PreDestroy
    public void cleanUp() {
        characterRepository.deleteAll();
        planetRepository.deleteAll();
    }
}
```

이제 모든 작업은 리포지터리 인터페이스 구현체에서 이루어집니다. 인터페이스 그 자체로는
인스턴스를 생성할 수 없으므로 구성 클래스에 @EnableNeo4jRepositories를 붙여 생성 기능
을 활성화합니다. 또 @ComponentScan으로 StarwarsService를 자동 감지해서 연결하도록 설
정합니다.

```
@Configuration
@EnableTransactionManagement
@EnableNeo4jRepositories
@ComponentScan
public class StarwarsConfig { ... }
```

@EnableNeo4jRepositories는 주어진 베이스 패키지에서 리포지터리를 찾아보고 하나라도
발견되면 동적으로 구현체를 생성합니다. 사실상 이 구현체도 할 일을 SessionFactory에 떠
넘기지요. 마지막으로 리팩터링한 StarwarsService를 Main 클래스에 반영합니다.

```
public class Main {

    public static void main(String[] args) {
        AnnotationConfigApplicationContext context =
            new AnnotationConfigApplicationContext(StarwarsConfig.class);

        StarwarsService service = context.getBean(StarwarsService.class);
        ...
    }
}
```

이로써 앞으로 모든 컴포넌트는 스프링 데이터 Neo4j 리포지터리를 애용할 겁니다.

원격 Neo4j DB 접속하기

지금까지는 임베디드 Neo4j 인스턴스를 대상으로 저장/조회했는데요, 원격 Neo4j 인스턴스에 접속하려면 다음과 같이 구성을 고칩니다.

```java
@Configuration
@EnableTransactionManagement
@EnableNeo4jRepositories
@ComponentScan
public class StarwarsConfig {

    @Bean
    public org.neo4j.ogm.config.Configuration configuration() {
        return
            new org.neo4j.ogm.config.Configuration.Builder().uri("bolt://localhost").build();
    }

    @Bean
    public SessionFactory sessionFactory() {
        return new SessionFactory(configuration(), "com.apress.springrecipes.nosql");
    }

    @Bean
    public Neo4jTransactionManager transactionManager(SessionFactory sessionFactory) {
        return new Neo4jTransactionManager(sessionFactory);
    }
}
```

Configuration 객체는 new Configuration이나 Builder로 생성하고 이때 원격 Neo4j 서버 URI(예제에서는 localhost)를 지정합니다. Bolt(볼트)는 바이너리 프로토콜로 데이터를 전송하는, Neo4j의 기본 드라이버입니다. HTTP(S)를 써도 되지만 그러면 의존 관계를 더 추가해야 합니다. 이렇게 Configuration 객체가 만들어지면 SessionFactory도 자기 자신을 구성할 수 있습니다.

레시피 12-4 카우치베이스

과제

애플리케이션에서 카우치베이스로 문서를 저장하세요.

해결책

카우치베이스를 내려받아 설치, 설정한 다음, 데이터 저장소에서 문서를 저장, 조회하는 스프링 데이터 카우치베이스 프로젝트를 작성합니다.

풀이

카우치베이스 인스턴스를 설치, 실행하고 실제로 데이터를 보관할 저장소에 접속하세요. 카우치베이스에서 문서를 조회 및 저장하는 기본적인 방법을 알아보고 스프링 데이터 카우치베이스Spring Data Couchbase 사용법을 배운 다음, 리액티브 버전의 저장소를 언급하는 걸로 마치겠습니다.

카우치베이스 다운로드, 설치, 구성하기

카우치베이스 시동 후 브라우저에서 http://localhost:8091에 접속하면 첫 페이지가 표시됩니다(그림 12-5). 여기서 Setup 버튼을 클릭하세요.

그림 12-5 카우치베이스 설치

다음은 클러스터를 설정하는 화면입니다(그림 12-6). 새 클러스터를 시작하거나, 기존 클러스터를 끌어쓸 수 있는데요, 필자는 클러스터를 새로 만들겠습니다. 메모리 최대 용량 및 디스크 저장소 경로(옵션)를 지정합니다. 기본 설정 그대로 Next 버튼을 클릭하세요.

그림 12-6 클러스터 설정

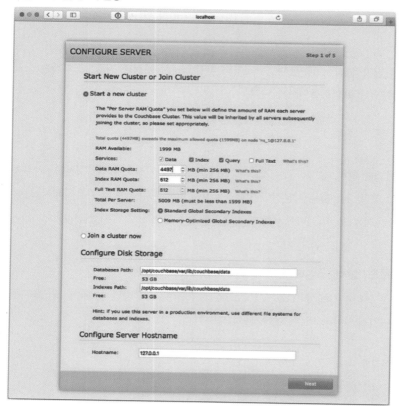

다음으로 카우치베이스 기본 샘플 데이터를 선택하는 화면이 나옵니다(그림 12-7). 이 책에선 필요없으니 선택하지 않고 그냥 Next를 클릭합니다.

그림 12-7 샘플 버킷

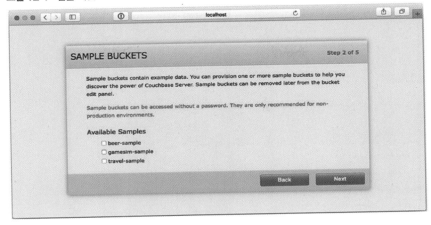

다음은 기본 버킷을 생성하는 화면입니다(그림 12-8). 기본 설정 그대로 Next를 클릭합니다.

그림 12-8 기본 버킷 생성

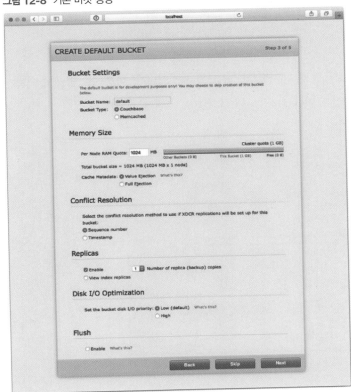

카우치베이스 제품을 등록하려면 폼 기재 후 업데이트 알림 수신 여부를 표시합니다. 이용 약관(그림 12-9)에 동의하는 체크 박스는 필수입니다. 이제 거의 끝났습니다. Next를 클릭하세요.

그림 12-9 알림 및 등록

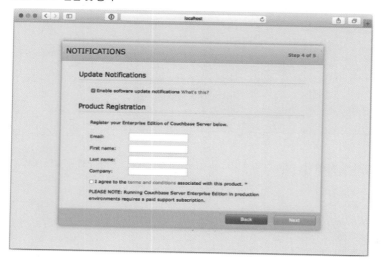

마지막으로 서버 관리자 계정으로 쓸 유저명/패스워드를 지정합니다. 마음대로 정해도 되지만 필자는 admin/sf4-admin으로 하겠습니다(그림 12-10).

그림 12-10 관리자 계정 설정

카우치베이스에서 문서 조회/저장하기

카우치베이스에 객체를 저장하려면 serializable 객체, JSON, 문자열, 날짜, 바이너리 데이터 등 다양한 타입의 콘텐트를 네티 ByteBuf 형식으로 보관할 수 있는 Document를 생성합니다. 주로 JSON을 기본 콘텐트 타입으로 쓰지만 다른 기술을 응용하는 방법도 대략 비슷합니다. 단, SerializableDocument는 자바로 만든 솔루션에서만 사용할 수 있습니다.

객체를 저장하려면 일단 클러스터에 접속하는데요, Cluster가 있어야 카우치베이스를 설정하면서 생성했던 Bucket에 액세스할 수 있습니다. CouchbaseCluster 객체로 앞서 설정한 클러스터에 접속한 다음, 그 결과 반환된 Cluster의 openBucket() 메서드를 호출해 Bucket을 열면 됩니다. 필자는 기본 버킷과 가장 단순한 클러스터 설정만 사용하겠습니다.

카우치베이스에 다음 Vehicle 클래스를 저장하려고 합니다(아니면 [레시피 12-1] 클래스를 재사용해도 됩니다).

```java
public class Vehicle implements Serializable {

    private String vehicleNo;
    private String color;
    private int wheel;
    private int seat;

    public Vehicle() {
    }

    public Vehicle(String vehicleNo, String color, int wheel, int seat) {
        this.vehicleNo = vehicleNo;
        this.color = color;
        this.wheel = wheel;
        this.seat = seat;
    }

    public String getColor() {
        return color;
    }

    public int getSeat() {
        return seat;
    }
```

```
    public String getVehicleNo() {
        return vehicleNo;
    }

    public int getWheel() {
        return wheel;
    }

    public void setColor(String color) {
        this.color = color;
    }

    public void setSeat(int seat) {
        this.seat = seat;
    }

    public void setVehicleNo(String vehicleNo) {
        this.vehicleNo = vehicleNo;
    }

    public void setWheel(int wheel) {
        this.wheel = wheel;
    }

    @Override
    public String toString() {
        return "Vehicle [" +
                "vehicleNo='" + vehicleNo + '\'' +
                ", color='" + color + '\'' +
                ", wheel=" + wheel +
                ", seat=" + seat +
                ']';
    }
}
```

implements Serializable 부분을 주목하세요. 카우치베이스는 SerializableDocument 클래스를 사용해 객체를 저장하기 때문에 이 코드는 꼭 필요합니다.

그리고 카우치베이스와의 통신을 중개할 리포지터리 인터페이스를 정의합니다.

```
public interface VehicleRepository {
    void save(Vehicle vehicle);
    void delete(Vehicle vehicle);
    Vehicle findByVehicleNo(String vehicleNo);
}
```

이 인터페이스 구현체는 SerializableDocument를 매개로 Vehicle값을 저장합니다.

```
public class CouchBaseVehicleRepository implements VehicleRepository {

    private final Bucket bucket;

    public CouchBaseVehicleRepository(Bucket bucket) {
        this.bucket = bucket;
    }

    @Override
    public void save(Vehicle vehicle) {
        SerializableDocument vehicleDoc =
            SerializableDocument.create(vehicle.getVehicleNo(), vehicle);
        bucket.upsert(vehicleDoc);
    }

    @Override
    public void delete(Vehicle vehicle) {
        bucket.remove(vehicle.getVehicleNo());
    }

    @Override
    public Vehicle findByVehicleNo(String vehicleNo) {
        SerializableDocument doc = bucket.get(vehicleNo, SerializableDocument.class);
        if (doc != null) {
            return (Vehicle) doc.content();
        }
        return null;
    }
}
```

보다시피 문서를 저장하려면 DB 테이블에 해당하는 Bucket이 필요합니다(Bucket이 테이블이라면 Cluster는 전체 DB라고 볼 수 있습니다). Vehicle 객체는 SerializableDocument 안에 감싸넣고 vehicleNo값을 ID 삼아 upsert() 메서드를 호출해 저장합니다. ID가 동일한 기존 문서 유무에 따라 삽입 또는 수정을 합니다.

자, Main 클래스에서 Vehicle 객체를 버킷에 저장하고 조회해봅시다.

```java
public class Main {

    public static void main(String[] args) {

        Cluster cluster = CouchbaseCluster.create();
        Bucket bucket = cluster.openBucket();

        CouchBaseVehicleRepository vehicleRepository =
            new CouchBaseVehicleRepository(bucket);
        vehicleRepository.save(new Vehicle("TEM0001", "GREEN", 3, 1));
        vehicleRepository.save(new Vehicle("TEM0004", "RED", 4, 2));

        System.out.println("Vehicle: " + vehicleRepository.findByVehicleNo("TEM0001"));
        System.out.println("Vehicle: " + vehicleRepository.findByVehicleNo("TEM0004"));

        bucket.remove("TEM0001");
        bucket.remove("TEM0004");

        bucket.close();
        cluster.disconnect();
    }
}
```

CouchbaseCluster.create() 메서드로 일단 Cluster에 접속합니다. 별도로 지정하지 않으면 localhost 클러스터에 접속하는 게 기본입니다. 운영 환경에서는 보통 다른 create() 메서드로 접속 호스트 목록을 넘기거나 CouchbaseEnvironment를 이용해 부가 프로퍼티(예 : queryTimeout, searchTimeout 등)를 설정합니다. 이 예제는 기본 Cluster면 충분합니다. 그다음, 문서 저장/조회 시 쓸 Bucket을 지정합니다. 이 또한 기본 설정 그대로 cluster. openBucket()을 사용했지만 경우에 따라 다른 메서드로 Bucket을 세세히 지정하고 버킷 접속에 필요한 프로퍼티(예 : 타임아웃, 유저명/패스워드 등)를 지정하는 것도 가능합니다.

Bucket은 CouchbaseVehicleRepository 인스턴스를 생성할 때 쓰입니다. 그다음, 두

Vehicle 객체를 생성 후 저장/조회한 다음 (다음 실습을 위해 쓰레기를 남기지 않도록) 삭제합니다. 끝으로 접속을 닫습니다.

그런데 이 예제에서 문서를 저장하는 데 사용한 SerializableDocument는 카우치베이스에서 인덱싱 용도로 쓸 수 없는 문제가 있습니다. 또 자바 외의 (자바스크립트 같은) 다른 언어로 개발한 클라이언트에서는 무용지물인 것도 흠입니다. 따라서 그 대안으로 JsonDocument를 강력 추천합니다. JsonDocument를 쓰는 걸로 CouchbaseVehicleRepository를 고치면 이렇습니다.

```java
public class CouchbaseVehicleRepository implements VehicleRepository {

    private final Bucket bucket;

    public CouchbaseVehicleRepository(Bucket bucket) {
        this.bucket = bucket;
    }

    @Override
    public void save(Vehicle vehicle) {

        JsonObject vehicleJson = JsonObject.empty()
            .put("vehicleNo", vehicle.getVehicleNo())
            .put("color", vehicle.getColor())
            .put("wheels", vehicle.getWheel())
            .put("seat", vehicle.getSeat());

        JsonDocument vehicleDoc = JsonDocument.create(vehicle.getVehicleNo(), vehicleJson);
        bucket.upsert(vehicleDoc);
    }

    @Override
    public void delete(Vehicle vehicle) {
        bucket.remove(vehicle.getVehicleNo());
    }

    @Override
    public Vehicle findByVehicleNo(String vehicleNo) {

        JsonDocument doc = bucket.get(vehicleNo, JsonDocument.class);
        if (doc != null) {
            JsonObject result = doc.content();
            return new Vehicle(result.getString("vehicleNo"), result.getString("color"),
```

```
                    result.getInt("wheels"), result.getInt("seat"));
        }
        return null;
    }
}
```

Vehicle ↔ JsonObject 객체 간 변환 코드를 눈여겨보세요. 실행 결과는 바꾸기 전과 같습니다.

커다란 객체 그래프를 직접 JSON으로 변환하려면 코드가 꽤 복잡해질 수 있으니 잭슨 같은 JSON 라이브러리를 활용하면 여러모로 편합니다.

```
public class CouchbaseVehicleRepository implements VehicleRepository {

    private final Bucket bucket;
    private final ObjectMapper mapper;

    public CouchbaseVehicleRepository(Bucket bucket, ObjectMapper mapper) {
        this.bucket = bucket;
        this.mapper = mapper;
    }

    @Override
    public void save(Vehicle vehicle) {

        String json = null;
        try {
            json = mapper.writeValueAsString(vehicle);
        } catch (JsonProcessingException e) {
            throw new RuntimeException("Error encoding JSON.", e);
        }

        JsonObject vehicleJson = JsonObject.fromJson(json);
        JsonDocument vehicleDoc = JsonDocument.create(vehicle.getVehicleNo(), vehicleJson);
        bucket.upsert(vehicleDoc);
    }

    @Override
    public void delete(Vehicle vehicle) {
        bucket.remove(vehicle.getVehicleNo());
    }
```

```
    @Override
    public Vehicle findByVehicleNo(String vehicleNo) {
        JsonDocument doc = bucket.get(vehicleNo, JsonDocument.class);
        if (doc != null) {
            JsonObject result = doc.content();
            try {
                return mapper.readValue(result.toString(), Vehicle.class);
            } catch (IOException e) {
                throw new RuntimeException("Error decoding JSON.", e);
            }
        }
        return null;
    }
}
```

스프링 활용하기

지금까지 모든 구성은 Main 클래스에서 했습니다. 이제 스프링을 써서 구성 코드를
CouchbaseConfiguration 클래스에 모읍시다.

```
@Configuration
public class CouchbaseConfiguration {

    @Bean(destroyMethod = "disconnect")
    public Cluster cluster() {
        return CouchbaseCluster.create();
    }

    @Bean
    public Bucket bucket(Cluster cluster) {
        return cluster.openBucket();
    }

    @Bean
    public ObjectMapper mapper() {
        return new ObjectMapper();
    }

    @Bean
    public CouchbaseVehicleRepository vehicleRepository(Bucket bucket, ObjectMapper
```

```
      mapper) {
      return new CouchbaseVehicleRepository(bucket, mapper);
   }
}
```

cluster 빈에서 @Bean의 destroyMethod 속성으로 설정한 disconnect()는 애플리케이션 종료 시 호출되는 메서드입니다. Bucket의 close() 메서드는 자동 감지하도록 사전에 정의한 메서드이므로 이 메서드 역시 함께 호출됩니다. CouchbaseVehicleRepository 생성자는 인수가 스프링 관리 빈이라는 점을 제외하면 이전과 같습니다.

Main 클래스에서 CouchbaseConfiguration을 사용하도록 수정합니다.

```
public class Main {
   public static void main(String[] args) {

      ApplicationContext context =
         new AnnotationConfigApplicationContext(CouchbaseConfiguration.class);
      VehicleRepository vehicleRepository = context.getBean(VehicleRepository.class);

      vehicleRepository.save(new Vehicle("TEM0001", "GREEN", 3, 1));
      vehicleRepository.save(new Vehicle("TEM0004", "RED", 4, 2));

      System.out.println("Vehicle: " + vehicleRepository.findByVehicleNo("TEM0001"));
      System.out.println("Vehicle: " + vehicleRepository.findByVehicleNo("TEM0004"));

      vehicleRepository.delete(vehicleRepository.findByVehicleNo("TEM0001"));
      vehicleRepository.delete(vehicleRepository.findByVehicleNo("TEM0004"));
   }
}
```

VehicleRepository를 ApplicationContext에서 가져오는 부분만 달라졌을 뿐, 카우치베이스 클러스터를 상대로 Vehicle 인스턴스를 저장, 조회, 삭제하는 로직은 그대로입니다.

스프링 데이터의 CouchbaseTemplate

자바에서 잭슨 같은 JSON 매핑 라이브러리로 카우치베이스를 사용하는 건 어렵진 않지만 규모가 큰 리포지터리 또는 특정 인덱스와 N1QL 쿼리를 동원해야 할 경우에는 적잖이 번거로울 수 있습니다. 이와는 전혀 다른 방법으로 데이터를 저장하는 애플리케이션과 연계까지 해야 한다면 더 이상 말할 것도 없겠죠. 스프링 데이터 카우치베이스가 제공하는 CouchbaseTemplate 이라는 템플릿을 이용하면 여러분이 직접 관장해온 각종 리포지터리 작업(예 : JSON 매핑, 예외 발생 시 DataAccessException로 변환 등)을 대신 맡길 수 있습니다. 덤으로 스프링을 활용하는 다른 데이터 액세스 기술과 쉽게 연동시킬 수 있습니다.

리포지터리 코드를 고쳐 CouchbaseTemplate을 사용하도록 작성합니다.

```java
public class CouchbaseVehicleRepository implements VehicleRepository {

    private final CouchbaseTemplate couchbase;

    public CouchbaseVehicleRepository(CouchbaseTemplate couchbase) {
        this.couchbase = couchbase;
    }

    @Override
    public void save(Vehicle vehicle) {
        couchbase.save(vehicle);
    }

    @Override
    public void delete(Vehicle vehicle) {
        couchbase.remove(vehicle);
    }

    @Override
    public Vehicle findByVehicleNo(String vehicleNo) {
        return couchbase.findById(vehicleNo, Vehicle.class);
    }
}
```

리포지터리 코드가 한두 줄의 메서드들로 줄었네요. Vehicle 객체를 저장하려면 어느 필드가 ID인지 리포지터리에게 알려주어야 하므로 클래스에 애너테이션을 달아주어야 합니다.

```java
public class Vehicle implements Serializable{

    @Id
    private String vehicleNo;
```

```
    @Field
    private String color;

    @Field
    private int wheel;

    @Field
    private int seat;

    // 게터 및 세터
}
```

vehicleNo 필드에 @Id, 다른 필드엔 @Field를 붙였습니다. @Field는 필수 애너테이션은 아니지만 달아주는 게 좋습니다. 기존 문서를 자바 객체에 매핑 시 JSON 프로퍼티명을 달리할 경우에는 이 애너테이션에 다른 이름을 명시합니다.

이제 구성 클래스에 CouchbaseTemplate 템플릿을 넣습니다.

```
@Configuration
public class CouchbaseConfiguration {

    @Bean(destroyMethod = "disconnect")
    public Cluster cluster() {
        return CouchbaseCluster.create();
    }

    @Bean
    public Bucket bucket(Cluster cluster) {
        return cluster.openBucket();
    }

    @Bean
    public CouchbaseVehicleRepository vehicleRepository(CouchbaseTemplate
        couchbaseTemplate) {
        return new CouchbaseVehicleRepository(couchbaseTemplate);
    }

    @Bean
    public CouchbaseTemplate couchbaseTemplate(Cluster cluster, Bucket bucket) {
        return new CouchbaseTemplate(cluster.clusterManager("default","").info(), bucket);
```

```
        }
    }
```

CouchbaseTemplate 객체를 생성하려면 ClusterInfo와 Bucket이 필요합니다. ClusterInfo
는 ClusterManager에서 가져올 수 있는데요, Bucket명(default)과 비어 있는 패스워드를 전
달합니다. 아니면 admin/sr4-admin을 유저명/패스워드로 전달해도 됩니다. 이렇게 구성한
CouchbaseTemplate을 인수로 CouchbaseVehicleRepository 빈을 생성합니다.

Main 클래스를 실행하면 이전과 다름없이 카우치베이스에 잘 접속되고 저장, 조회, 삭제 모두
잘 작동합니다.

스프링 데이터 카우치베이스의 AbstractCouchbaseConfiguration 추상 클래스를 상속하면
Cluster, Bucket, CouchbaseTemplate 등의 객체는 더 이상 직접 구성할 필요가 없어서 좀 더
간편합니다.

```
@Configuration
public class CouchbaseConfiguration extends AbstractCouchbaseConfiguration {

    @Override
    protected List<String> getBootstrapHosts() {
        return Collections.singletonList("localhost");
    }

    @Override
    protected String getBucketName() {
        return "default";
    }

    @Override
    protected String getBucketPassword() {
        return "";
    }

    @Bean
    public CouchbaseVehicleRepository vehicleRepository(CouchbaseTemplate
        couchbaseTemplate) {
        return new CouchbaseVehicleRepository(couchbaseTemplate);
    }
}
```

CouchbaseTemplate을 비롯하여 AbstractCouchbaseConfiguration에 이미 선언된 객체들을 제외하고 버킷명, 패스워드(선택), 호스트 리스트만 지정하면 됩니다.

스프링 데이터의 카우치베이스 리포지터리

다른 기술처럼 스프링 데이터 카우치베이스 역시 인터페이스를 선언하고 실제 리포지터리 구현체는 런타임에 사용하는 옵션을 제공합니다. 이렇게 구현체가 아닌 인터페이스만 작성하려면 다른 스프링 데이터 프로젝트와 마찬가지로 CrudRepository를 상속합니다. 특정 기능이 필요할 경우는 CrudRepository 대신 CouchbaseRepository나 CouchbasePagingAndSortingRepository를 상속하세요. 필자는 그냥 CrudRepository를 쓰겠습니다.

```
public interface VehicleRepository extends CrudRepository<Vehicle, String> {
}
```

기본 CRUD 메서드는 CrudRepository가 모두 제공하므로 따로 인터페이스에 추가할 메서드가 없습니다.

구성 클래스에는 @EnableCouchbaseRepositories를 붙입니다.

```
@Configuration
@EnableCouchbaseRepositories
public class CouchbaseConfiguration extends AbstractCouchbaseConfiguration { ... }
```

findByVehicleNo()를 findById() 메서드로 바꿔주어야 하니 Main 클래스도 고쳐야 합니다.

```
public class Main {

    public static void main(String[] args) {

        ApplicationContext context =
            new AnnotationConfigApplicationContext(CouchbaseConfiguration.class);
        VehicleRepository vehicleRepository = context.getBean(VehicleRepository.class);

        vehicleRepository.save(new Vehicle("TEM0001", "GREEN", 3, 1));
        vehicleRepository.save(new Vehicle("TEM0004", "RED", 4, 2));
```

```
        vehicleRepository.findById("TEM0001").ifPresent(System.out::println);
        vehicleRepository.findById("TEM0004").ifPresent(System.out::println);

        vehicleRepository.deleteById("TEM0001");
        vehicleRepository.deleteById("TEM0004");
    }
}
```

findById() 메서드가 반환한 java.util.Optional 객체는 ifPresent() 메서드로 콘솔에서
출력해볼 수 있습니다.

스프링 데이터의 리액티브 카우치베이스 리포지터리

실행 흐름을 블로킹하는 리포지터리 대신 ReactiveCouchbaseRepository를 이용해 리액
티브 리포지터리를 얻는 방법도 있습니다. 반환값이 하나도 없거나 findById()처럼 엘리
먼트를 하나만 반환하는 메서드는 Mono를, findAll()처럼 다수의 엘리먼트를 반환하는 메
서드는 Flux를 반환하는 거죠. 카우치베이스 드라이버는 리액티브를 기본 지원하며 클래
스패스에 RxJava 및 RxJava 리액티브 스트림을 설정해서 이 기능을 활성화하면 됩니다.
ReactiveCouchbaseRepository에서 리액티브형을 가져와 사용하려면 피보탈 리액터^{Pivotal}
_{Reactor}도 클래스패스에 두어야 합니다.

자, 그럼 CouchbaseConfiguration을 고쳐 카우치베이스에 리액티브 리포지터리를 구성
합시다. AbstractReactiveCouchbaseConfiguration을 상속하고 @EnableCouchbase
Repositories대신 @EnableReactiveCouchbaseRepositories를 붙입니다.

```
@Configuration
@EnableReactiveCouchbaseRepositories
public class CouchbaseConfiguration extends AbstractReactiveCouchbaseConfiguration {

    @Override
    protected List<String> getBootstrapHosts() {
        return Collections.singletonList("localhost");
    }

    @Override
```

```
    protected String getBucketName() {
        return "default";
    }

    @Override
    protected String getBucketPassword() {
        return "";
    }
}
```

굵게 표시한 부분 이외의 코드는 이전과 같습니다. 카우치베이스 서버나 버킷 정보 역시 똑같네요.

VehicleRepository도 CrudRepository 대신 ReactiveCrudRepository를 상속하도록 바꿉니다.

```
public interface VehicleRepository extends ReactiveCrudRepository<Vehicle, String> {
}
```

여기까지가 리액티브 리포지터리를 얻는 기본 작업입니다. 테스트를 하려면 Main 클래스도 수정해야겠죠?

```
public class Main {

    public static void main(String[] args) throws InterruptedException {

        ApplicationContext context =
            new AnnotationConfigApplicationContext(CouchbaseConfiguration.class);
        VehicleRepository repository = context.getBean(VehicleRepository.class);

        CountDownLatch countDownLatch = new CountDownLatch(1);

        repository.saveAll(Flux.just(new Vehicle("TEM0001", "GREEN", 3, 1),
            new Vehicle("TEM0004", "RED", 4, 2)))
            .last().log()
            .then(repository.findById("TEM0001")).doOnSuccess(System.out::println)
            .then(repository.findById("TEM0004")).doOnSuccess(System.out::println)
            .then(repository.deleteById(Flux.just("TEM0001", "TEM00004")))
```

```
                .doOnSuccess(x -> countDownLatch.countDown())
                .doOnError(t -> countDownLatch.countDown())
            .subscribe();

        countDownLatch.await();
    }
}
```

ApplicationContext를 만들고 VehicleRepository를 가져오는 부분은 별로 새로울 게 없지만 그다음 코드에서 여러 메서드를 차례로 이어붙여 호출하고 있는 부분을 잘 보세요. 두 Vehicle 인스턴스를 저장소에 추가한 뒤, 다시 하나씩 리포지터리를 쿼리하고 나중에 전부 싹 지웁니다. block() 메서드로 블로킹을 하든지 그냥 기다리면 모든 작업이 완료되겠죠. 일반적으로 리액티브 시스템에서 block() 메서드를 호출하는 건 금기 사항입니다. 그래서 CountDownLatch를 사용한 겁니다. deleteById() 메서드가 완료되면 CountDownLatch값을 하나씩 감소시키는 거죠. countDownLatch.await() 메서드는 CountDownLatch가 0이 될 때까지 기다렸다가 0이 되면 프로그램을 마칩니다.

마치며

네 가지 NoSQL 저장소를 간략히 소개하고 스프링 데이터 지원 모듈을 이용해 쉽게 사용하는 방법을 배웠습니다. 첫째, 문서 위주로 데이터를 저장하는 몽고디비와 스프링 데이터 몽고디비 모듈에 대해 배웠습니다. 둘째, 키-값 저장소인 레디스와 스프링 데이터 레디스 모듈이 제공하는 구현체의 사용법을 배웠습니다. 셋째, 그래프 기반 저장소인 Neo4j를 알아보고 임베디드 Neo4j를 이용해 엔티티를 저장하는 리포지터리를 구축해보았습니다. 넷째, JSON 문서를 유연하게 저장하는 카우치베이스와 스프링의 다양한 지원 모듈의 도움을 받아 사용하는 방법을 설명했습니다.

이 중 두 저장소는 인터페이스를 리액티브 버전으로 확장하고 리액티브 드라이버를 구성함으로써 리액티브 기능을 추가하는 방법까지 살펴보았습니다.

CHAPTER 13

스프링 자바 엔터프라이즈 서비스와
원격 기술

이 장에서는 자바 엔터프라이즈 서비스의 단골 손님인 JMX^Java Management Extensions (자바 관리 확장), 이메일 발송(JavaMail), 작업 스케줄링(쿼츠)에 대한 스프링 지원 기능을 이야기합니다. RMI, 헤시안^Hessian, HTTP 인보커^Invoker, SOAP 웹 서비스 등 다양한 원격 기술에 대해서도 알아보겠습니다.

자바 SE의 일부인 JMX는 기기, 애플리케이션 객체, 서비스 주도 네트워크 같은 시스템 리소스를 관리/모니터링하는 기술입니다. 이러한 리소스는 모두 MBean^Managed Bean (엠빈, 관리 빈)으로 나타냅니다. 스프링은 JMX API를 직접 프로그래밍하지 않고 모든 스프링 빈을 모델 MBean으로 익스포트하는 방식으로 JMX를 지원하며 덕분에 원격 MBean에 쉽게 액세스할 수 있습니다.

JavaMail은 자바로 이메일을 전송하는 표준 API 구현체입니다. 스프링은 구현체에 독립적인 이메일 전송 기능을 추상화한 레이어를 제공합니다.

자바 세상에서 스케줄링을 구현하는 방법은 크게 JDK 타이머^Timer와 쿼츠 스케줄러(http://quartz-scheduler.org/) 두 가지입니다. JDK 타이머는 JDK에 내장된 단순 작업 스케줄링 기능만 제공하지만 쿼츠는 훨씬 더 강력한 잡 스케줄링 기능을 자랑합니다. 스프링은 이 두 기술 모두 API를 직접 사용하지 않고도 빈 구성 파일에 작업 스케줄링 구성을 할 수 있도록 유틸리티 클래스를 제공합니다.

원격 기술은 분산 애플리케이션, 특히 다중 티어^multitier 엔터프라이즈 애플리케이션을 개발하는 프로젝트에서 아주 중요한 과제입니다. 여러 가지 애플리케이션 또는 상이한 컴포넌트들이 뒤섞인 JVM 또는 머신에서 특정 프로토콜을 이용해 서로 소통하는 건 중요한 일입니다. 서버 측 스프링은 임의의 빈을 서비스 익스포터를 사용해 원격 서비스로 표출하고 클라이언트측 스프링은 원격 서비스용 로컬 프록시를 생성할 수 있게 다양한 프록시 팩토리 빈을 제공하므로 원격 서비스를 마치 로컬 빈인 양 사용할 수 있습니다.

또한 스프링 웹 서비스Spring-WS를 이용해 RMI, 헤시안, HTTP 인보커, SOAP 웹 서비스 등 갖가지 원격 기술을 응용할 수 있습니다.

레시피 13-1 스프링 빈을 JMX MBean으로 등록하기

과제

자바 애플리케이션의 객체를 JMX MBean으로 등록하여 런타임에 실행 중인 서비스를 들여다보고 그 상태를 조작하세요. 이로써 배치 잡의 재실행, 메서드 호출, 구성 메타데이터 변경 등의 작업을 실행할 수 있습니다.

해결책

스프링은 IoC 컨테이너의 모든 빈을 모델 MBean으로 익스포트하는 식으로 JMX를 지원합니다. MBeanExporter 인스턴스를 선언하기만 하면 됩니다. 스프링의 JMX 지원 기능을 활용하면 직접 JMX API를 다룰 필요도 없습니다. 또 스프링에서는 JSR-160(자바 관리 확장 원격 API) 커넥터를 선언해 (팩토리 빈을 써서) 특정 프로토콜을 거쳐 MBean에 액세스할 수 있습니다. 스프링은 서버/클라이언트 양쪽 모두 팩토리 빈을 제공합니다.

스프링 JMX는 MBean의 관리 인터페이스를 조합하는 다른 메커니즘도 기본 지원합니다. 이를테면 메서드명, 인터페이스, 애너테이션을 사용해 빈을 익스포트할 수도 있습니다. 이밖에도 스프링은 IoC 컨테이너에 선언된 빈 중 스프링 JMX 전용 애너테이션이 달린 빈을 MBean으로 자동 감지해 익스포트하는 기능까지 지원합니다.

풀이

파일을 한 디렉터리에서 다른 디렉터리로 복사하는 유틸리티를 개발하려고 합니다. 구현할 기능을 인터페이스에 정리하면 이렇습니다.

```
package com.apress.springrecipes.replicator;
...
public interface FileReplicator {

    public String getSrcDir();
    public void setSrcDir(String srcDir);

    public String getDestDir();
    public void setDestDir(String destDir);

    public FileCopier getFileCopier();
    public void setFileCopier(FileCopier fileCopier);

    public void replicate() throws IOException;
}
```

소스source/목적destination 디렉터리를 메서드 인수가 아닌 복제기replicator 객체의 프로퍼티로 설계했습니다. 다시 말해 파일 복제기 인스턴스마다 파일을 복사하는 소스/목적 디렉터리가 고정되어 있습니다. 물론 애플리케이션 내에서 복제기 인스턴스를 여러 개 생성할 수 있습니다.

복제기 인터페이스를 구현하기 전에 한 파일을 소스 디렉터리에서 목적 디렉터리로 복사하는 인터페이스도 추가로 선언합니다.

```
public interface FileCopier {
    public void copyFile(String srcDir, String destDir, String filename)
        throws IOException;
}
```

이 파일 복사기copier 인터페이스는 여러 방법으로 구현할 수 있는데요, 필자는 스프링에 내장된 FileCopyUtils 클래스를 이용하겠습니다.

```
public class FileCopierJMXImpl implements FileCopier {

    @Override
    public void copyFile(String srcDir, String destDir, String filename)
        throws IOException {
        File srcFile = new File(srcDir, filename);
        File destFile = new File(destDir, filename);
        FileCopyUtils.copy(srcFile, destFile);
    }
}
```

다음은 파일 복사기를 이용해 파일 복제기를 구현한 코드입니다.

```
public class FileReplicatorJMXImpl implements FileReplicator {

    private String srcDir;
    private String destDir;
    private FileCopier fileCopier;

    // 게터는 지면상 생략

    @Override
    public void setSrcDir(String srcDir) {
        this.srcDir = srcDir;
    }

    @Override
    public void setDestDir(String destDir) {
        this.destDir = destDir;
    }

    @Override
    public void setFileCopier(FileCopier fileCopier) {
        this.fileCopier = fileCopier;
    }

    @Override
    public synchronized void replicate() throws IOException {
        File[] files = new File(srcDir).listFiles();
        for (File file : files) {
            if (file.isFile()) {
```

```
            fileCopier.copyFile(srcDir, destDir, file.getName());
        }
    }
  }
}
```

replicate() 메서드를 호출할 때마다 소스 디렉터리에 위치한 파일은 모두 목적 디렉터리로 복제됩니다. 멀티스레드로 복제하면 오류가 날지 모르니 메서드 앞에 synchronized를 붙였습니다.

이제 하나 이상의 파일 복제기 인스턴스를 자바 구성 클래스에 구성합시다. document Replicator 인스턴스에는 읽을 파일이 위치한 소스 디렉터리와 파일을 복사할 목적 디렉터리를 각각 가리키는 레퍼런스가 필요합니다. 예제에서는 유저 홈 디렉터리의 docs 디렉터리에서 파일을 읽어 같은 디렉터리의 docs_backup이라는 디렉터리로 복제한다고 가정합니다.

두 디렉터리는 실제로 존재하지 않아도 빈을 실행하면 자동 생성됩니다.

> **TIP_** '홈 디렉터리'는 운영체제마다 제각각이지만 유닉스 계열은 보통 ~로 나타냅니다. 리눅스는 /home/user, macOS는 /User/user, 윈도우는 C:\Documents and Settings\user입니다.

```
package com.apress.springrecipes.replicator.config;
...
@Configuration
public class FileReplicatorConfig {

    @Value("#{systemProperties['user.home']}/docs")
    private String srcDir;

    @Value("#{systemProperties['user.home']}/docs_backup")
    private String destDir;

    @Bean
    public FileCopier fileCopier() {
        FileCopier fCop = new FileCopierJMXImpl();
        return fCop;
    }
```

```
    @Bean
    public FileReplicator documentReplicator() {
        FileReplicator fRep = new FileReplicatorJMXImpl();
        fRep.setSrcDir(srcDir);
        fRep.setDestDir(destDir);
        fRep.setFileCopier(fileCopier());
        return fRep;
    }

    @PostConstruct
    public void verifyDirectoriesExist() {
        File src = new File(srcDir);
        File dest = new File(destDir);
        if (!src.exists())
            src.mkdirs();
        if (!dest.exists())
            dest.mkdirs();
    }
}
```

srcDir, destDir 두 필드의 @Value값으로 유저 홈 디렉터리 밑에 소스/목적 디렉터리를 각각 지정하고 @Bean 인스턴스 2개를 생성합니다. 소스/목적 디렉터리가 없을 경우 복제 전에 미리 생성하고자 verifyDirectoriesExist() 메서드에 @PostConstruct를 붙여 로직을 구현했습니다.

이제 이렇게 애플리케이션 핵심 로직이 구현된 빈을 MBean으로 등록해 액세스하는 방법을 살펴보겠습니다.

스프링 없이 MBean 등록하기

먼저 JMX API를 직접 호출해 MBean을 등록하는 방법입니다. 다음 Main 클래스를 보면 IoC 컨테이너에서 FileReplicator 빈을 가져와 관리/모니터링용 MBean으로 등록합니다. 모든 프로퍼티와 메서드는 MBean의 관리 인터페이스에 담겨 있습니다.

```
public class Main {

    public static void main(String[] args) throws IOException {
```

```
ApplicationContext context =
    new AnnotationConfigApplicationContext(
        "com.apress.springrecipes.replicator.config");


FileReplicator documentReplicator = context.getBean(FileReplicator.class);


try {
    MBeanServer mbeanServer = ManagementFactory.getPlatformMBeanServer();
    ObjectName objectName = new ObjectName("bean:name=documentReplicator");

    RequiredModelMBean mbean = new RequiredModelMBean();
    mbean.setManagedResource(documentReplicator, "objectReference");

    Descriptor srcDirDescriptor = new DescriptorSupport(new String[] {
        "name=SrcDir", "descriptorType=attribute",
        "getMethod=getSrcDir", "setMethod=setSrcDir" });
    ModelMBeanAttributeInfo srcDirInfo = new ModelMBeanAttributeInfo(
        "SrcDir", "java.lang.String", "Source directory",
        true, true, false, srcDirDescriptor);
    Descriptor destDirDescriptor = new DescriptorSupport(new String[] {
        "name=DestDir", "descriptorType=attribute",
        "getMethod=getDestDir", "setMethod=setDestDir" });
    ModelMBeanAttributeInfo destDirInfo = new ModelMBeanAttributeInfo(
        "DestDir", "java.lang.String", "Destination directory",
        true, true, false, destDirDescriptor);

    ModelMBeanOperationInfo getSrcDirInfo = new ModelMBeanOperationInfo(
        "Get source directory",
        FileReplicator.class.getMethod("getSrcDir"));
    ModelMBeanOperationInfo setSrcDirInfo = new ModelMBeanOperationInfo(
        "Set source directory",
        FileReplicator.class.getMethod("setSrcDir", String.class));
    ModelMBeanOperationInfo getDestDirInfo = new ModelMBeanOperationInfo(
        "Get destination directory",
        FileReplicator.class.getMethod("getDestDir"));
    ModelMBeanOperationInfo setDestDirInfo = new ModelMBeanOperationInfo(
        "Set destination directory",
        FileReplicator.class.getMethod("setDestDir", String.class));
    ModelMBeanOperationInfo replicateInfo = new ModelMBeanOperationInfo(
        "Replicate files",
        FileReplicator.class.getMethod("replicate"));

    ModelMBeanInfo mbeanInfo = new ModelMBeanInfoSupport(
        "FileReplicator", "File replicator",
```

```
            new ModelMBeanAttributeInfo[] { srcDirInfo, destDirInfo },
            null,
            new ModelMBeanOperationInfo[] { getSrcDirInfo, setSrcDirInfo,
                getDestDirInfo, setDestDirInfo, replicateInfo },
            null);
        mbean.setModelMBeanInfo(mbeanInfo);

        mbeanServer.registerMBean(mbean, objectName);
    } catch (JMException e) {
        ...
    } catch (InvalidTargetObjectTypeException e) {
        ...
    } catch (NoSuchMethodException e) {
        ...
    }

    System.in.read();
    }
}
```

MBean을 등록하려면 `javax.managment.MBeanServer` 인터페이스 타입의 인스턴스가 필요합니다. 플랫폼 MBean 서버는 정적 메서드 `ManagementFactory.getPlatformMBeanServer()`를 호출해서 얻습니다. 기존 MBean 서버가 없으면 하나 만들어 그 인스턴스를 나중에 사용할 수 있도록 등록합니다. 각 MBean은 도메인이 포함된 MBean 객체명이 필요합니다. 위 예제에서는 documentReplicator라는 도메인 빈 밑에 MBean을 등록했습니다.

예제를 보면 각 MBean의 속성 및 작업마다 `ModelMBeanAttributeInfo`, `ModelMBeanOperationInfo` 객체를 만들어 내용을 기술했습니다. 이 정보를 한데 모아 `ModelMBeanInfo`형 객체로 MBean의 관리 인터페이스를 정의합니다(상세 클래스 정보는 자바 문서를 참고하세요). JMX API를 호출할 때 JMX에 특정한 예외(체크 예외라서 선택의 여지는 없습니다)도 반드시 처리해야 합니다. 무슨 일이 있어도 JMX 클라이언트 툴로 그 내부를 들여다 보기도 전에 애플리케이션이 종료되는 불상사는 막아야죠. 예제처럼 `System.in.read()`로 콘솔에서 키 입력을 받는 것도 좋은 방법입니다.

그리고 VM 인수 `-Dcom.sun.management.jmxremote`를 추가해야 로컬에서 애플리케이션을 모니터링할 수 있습니다.

```
java -Dcom.sun.management.jmxremote -jar Recipe_13_1_i-4.0.0.jar
```

이제 여러분이 원하는 JMX 클라이언트 툴로 MBean을 로컬에서 모니터링할 수 있습니다. JConsole은 JDK에 내장된 가장 단순한 기본 툴입니다. JDK를 설치한 경로의 bin 디렉터리에서 jconsole 파일을 찾아 실행하세요.

JConsole이 시작되면 JMX가 적용된 애플리케이션 목록이 접속 창의 Local 탭에 죽 나열됩니다. 실행 중인 스프링 앱에 해당하는 프로세스(즉, Recipe_13_1_i-1.0-SNAPSHOT.jar)를 선택하세요(그림 13-1).

그림 13-1 JConsole 시작 창

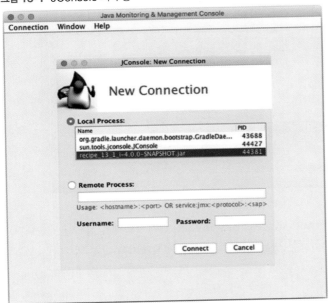

복제기 애플리케이션에 접속해 MBeans 탭으로 이동하고 좌측 트리에서 bean 폴더를 클릭해서 하위 Operations 섹션을 펼쳐보세요. 화면(그림 13-2)을 보면 빈의 여러 작업을 실행하는 버튼들이 나열되어 있는데요, 가령 replicate()를 호출하려면 replicate 버튼을 누르면 됩니다.

그림 13-2 JConsole에서 스프링 빈 작업 시뮬레이션

replicate 버튼을 클릭하면 "Method successfully invoked(메서드가 정상 호출됐습니다)"라는 메시지가 팝업 창에 표시되고 소스 폴더 안의 모든 파일이 목적지 폴더로 복사됩니다.

스프링을 이용해 MBean 등록하기

JMX API를 직접 호출하는 Main 클래스 코드는 대체로 작성/관리하기 어렵고 눈에 잘 들어오지도 않습니다. IoC 컨테이너에서 MBeanExporter 인스턴스를 생성하고 MBean 객체명을 키로 익스포트할 빈을 지정하면 간단히 MBean을 구성해서 익스포트할 수 있습니다. 다음 구성 클래스를 하나 더 추가하면 되지요. beansToExport 맵의 키는 해당 키값으로 참조할 빈의 ObjectName으로 쓰입니다.

```
@Configuration
public class JmxConfig {

    @Autowired
    private FileReplicator fileReplicator;

    @Bean
    public MBeanExporter mbeanExporter() {
        MBeanExporter mbeanExporter = new MBeanExporter();
        mbeanExporter.setBeans(beansToExport());
        return mbeanExporter;
    }

    private Map<String, Object> beansToExport() {
        Map<String, Object> beansToExport = new HashMap<>();
        beansToExport.put("bean:name=documentReplicator", fileReplicator);
        return beansToExport;
    }
}
```

FileReplicator 빈을 documentReplicator라는 도메인 빈 하위의 MBean으로 익스포트하는 구성 클래스입니다. 기본적으로 모든 public 프로퍼티는 속성으로, (java.lang.Object의 public 메서드를 제외한) 모든 public 메서드는 MBean의 관리 인터페이스 내부 작업으로 각각 편입됩니다. 덕분에 스프링 MBeanExporter를 쓰면 메인 클래스가 다음 몇 줄로 압축됩니다.

```
public class Main {

    public static void main(String[] args) throws IOException {
        new AnnotationConfigApplicationContext(
            "com.apress.springrecipes.replicator.config");
        System.in.read();
    }
}
```

여러 MBean 서버 인스턴스 다루기

스프링 MBeanExporter는 MBean 서버 인스턴스를 가져와 MBean을 암시적으로 등록하는 용도로도 쓰입니다. MBean 서버 인스턴스를 제일 처음 가져올 때 JDK가 알아서 MBean 서버를 생성하므로 굳이 직접 생성하려고 애쓸 필요가 없습니다. MBean 서버를 제공하는 환경 (즉, 자바 애플리케이션 서버)에서 애플리케이션을 실행하는 경우도 마찬가지입니다.

그런데 MBean 서버가 여러 개 실행 중이라면 어느 서버에 바인딩할지 mbeanServer 빈에게 알려줘야 하기 때문에 서버마다 agentId값을 지정합니다. 해당 서버의 agentId값은 JConsole 에서 MBeans 탭 좌측 트리 JMImplementation → MBeanServerDelegate → Attributes → MBeanServerId에서 알아낼 수 있습니다. 필자의 PC에선 workstation_1253860476443 라고 표시되네요. 이 값을 MBeanServer의 agentId 프로퍼티에 설정합니다.

```
@Bean
public MBeanServerFactoryBean mbeanServer() {
    MBeanServerFactoryBean mbeanServer = new MBeanServerFactoryBean();
    mbeanServer.setLocateExistingServerIfPossible(true);
    mbeanServer.setAgentId("workstation_1253860476443");
    return mbeanServer;
}
```

MBean 서버 인스턴스가 컨텍스트에 여럿 있을 경우에는 MBean을 익스포트할 MBean 서버를 MBeanExporter로 지정합니다. 이렇게 하면 MBeanExporter는 MBean 서버를 찾지 않고 지정한 서버 인스턴스를 사용합니다. 실행 중인 MBean 서버가 여러 개일 때 원하는 서버를 특정하는 수단이지요.

```
@Bean
public MBeanExporter mbeanExporter() {
    MBeanExporter mbeanExporter = new MBeanExporter();
    mbeanExporter.setBeans(beansToExport());
    mbeanExporter.setServer(mbeanServer().getObject());
    return mbeanExporter;
}

@Bean
public MBeanServerFactoryBean mbeanServer() {
```

```
MBeanServerFactoryBean mbeanServer = new MBeanServerFactoryBean();
mbeanServer.setLocateExistingServerIfPossible(true);
return mbeanServer;
}
```

RMI로 원격 액세스할 MBean 등록하기

MBean을 원격 액세스하려면 원격 JMX 프로토콜을 활성화해야 합니다. JMX 커넥터를 사용해 JMX 원격 작업을 수행하는 기술은 표준 명세 JSR-160에 규정되어 있습니다. 스프링에서는 ConnectorServerFactoryBean을 이용해 JMX 커넥터를 생성합니다. ConnectorServerFactoryBean은 기본적으로 JMXMP^{JMX Messaging Protocol}(JMX 메시징 프로토콜)로 JMX 커넥터를 표출하는 service:jmx:jmxmp://localhost:9875라는 서비스 URL로 JMX 커넥터 서버를 바인딩한 다음 생성 및 시동합니다. 하지만 JMX 구현체는 대개 JMXMP를 지원하지 않으므로 RMI처럼 지원 범위가 넓은 프로토콜을 써야 합니다. 이렇게 특정한 프로토콜을 사용해 서비스 URL만 제공하면 JMX 커넥터를 표출할 수 있습니다.

```
@Bean
public FactoryBean<Registry> rmiRegistry() {
    return new RmiRegistryFactoryBean();
}

@Bean
@DependsOn("rmiRegistry")
public FactoryBean<JMXConnectorServer> connectorServer() {
    ConnectorServerFactoryBean connectorServerFactoryBean =
        new ConnectorServerFactoryBean();
    connectorServerFactoryBean.setServiceUrl(
        "service:jmx:rmi://localhost/jndi/rmi://localhost:1099/replicator");
    return connectorServerFactoryBean;
}
```

이 예제는 localhost의 1099번 포트를 리스닝하는 RMI 레지스트리에 JMX 커넥터를 바인딩했습니다. RMI 레지스트리가 외부에 없으면 RmiRegistryFactoryBean을 이용해 새로 만듭니다. 이 레지스트리는 기본 포트가 1099번이지만 다른 포트를 port 프로퍼티에 지정할 수도 있습니다. RMI 레지스트리가 다 준비되면 @DependsOn의 속성값에 지정한 상태로 ConnectorServerFactoryBean을 이용해 커넥터 서버를 생성합니다.

이제 RMI를 사용해 MBean에 원격 액세스할 수 있으므로 앞 예제처럼 JMX -Dcom.sun.management.jmxremote 플래그로 RMI 기능을 일부러 켜서 시동할 필요는 없습니다. JConsole을 시동할 때 Connection 창, Remote Processes 섹션의 서비스 URL 란에 service:jmx:rmi://localhost/jndi/rmi://localhost:1099/replicator를 입력합니다 (그림 13-3).

그림 13-3 JConsole에서 RMI를 사용해 MBean에 접속

접속 후에는 이전처럼 빈 메서드를 호출하면 됩니다.

MBean의 관리 인터페이스 조립하기

기본적으로 스프링 MBeanExporter는 빈의 public 프로퍼티를 모두 MBean 속성으로, public 메서드를 모두 MBean 작업으로 익스포트합니다. 여기서 MBean 조립기assembler를 이용하면 MBean의 관리 인터페이스를 조립할 수 있습니다. 익스포트할 메서드명을 지정하는 MethodNameBasedMBeanInfoAssembler는 스프링에서 가장 단순한 MBean 조립기입니다.

```
@Configuration
public class JmxConfig {
    ...
    @Bean
    public MBeanExporter mbeanExporter() {
        MBeanExporter mbeanExporter = new MBeanExporter();
        mbeanExporter.setBeans(beansToExport());
        mbeanExporter.setAssembler(assembler());
        return mbeanExporter;
    }

    @Bean
    public MBeanInfoAssembler assembler() {
        MethodNameBasedMBeanInfoAssembler assembler =
            new MethodNameBasedMBeanInfoAssembler();
        assembler.setManagedMethods(new String[] {
            "getSrcDir","setSrcDir","getDestDir","setDestDir","replicate"});
        return assembler;
    }
}
```

InterfaceBasedMBeanInfoAssembler는 또 다른 MBean 조립기로, 주어진 인터페이스에 정의된 메서드를 모두 익스포트합니다.

```
@Bean
public MBeanInfoAssembler assembler() {
    InterfaceBasedMBeanInfoAssembler assembler = new InterfaceBasedMBeanInfoAssembler();
    assembler.setManagedInterfaces(new Class[] {FileReplicator.class});
    return assembler;
}
```

MetadataMBeanInfoAssembler는 빈 클래스에 정의된 메타데이터에 따라 MBean의 관리 인터페이스를 조립합니다. 메타데이터는 JDK 애너테이션과 (내부적으로 JmxAttributeSource 라는 전략 인터페이스를 사용하는) 아파치 커먼스 속성, 두 가지 타입 모두 지원합니다. JDK 애너테이션을 붙인 빈 클래스에 대해서는 AnnotationJmxAttributeSource 인스턴스를 MetadataMBeanInfoAssembler의 attributeSource로 지정합니다.

```
@Bean
public MBeanInfoAssembler assembler() {
    MetadataMBeanInfoAssembler assembler = new MetadataMBeanInfoAssembler();
    assembler.setAttributeSource(new AnnotationJmxAttributeSource());
    return assembler;
}
```

그런 다음 빈 클래스와 메서드에 @ManagedResource, @ManagedAttribute, @Managed
Operation을 붙여 해당 빈의 관리 인터페이스를 조립합니다. 이들 애너테이션에는 대상 엘
리먼트가 표출되어 있어서 아주 직관적입니다. 자바빈 형식을 따르는 프로퍼티를 JMX에서는
속성^{attribute}이라고 부릅니다. 클래스 자체는 하나의 리소스로 참조되며 JMX에서 메서드는 작
업^{operation}이라고 부릅니다. 이 정도 지식을 바탕으로 다음 코드를 읽어보면 작동 원리를 쉽게
간파할 수 있을 겁니다.

```
@ManagedResource(description = "File replicator")
public class FileReplicatorJMXImpl implements FileReplicator {
    ...
    @ManagedAttribute(description = "Get source directory")
    public String getSrcDir() {
        ...
    }

    @ManagedAttribute(description = "Set source directory")
    public void setSrcDir(String srcDir) {
        ...
    }

    @ManagedAttribute(description = "Get destination directory")
    public String getDestDir() {
        ...
    }

    @ManagedAttribute(description = "Set destination directory")
    public void setDestDir(String destDir) {
        ...
    }
    ...
    @ManagedOperation(description = "Replicate files")
```

```
    public synchronized void replicate() throws IOException {
        ...
    }
}
```

애너테이션을 붙여 MBean 등록하기

MBeanExporter로 명시적으로 빈을 익스포트하는 방법 외에도 그 하위 클래스 Annotation
MBeanExporter를 구성해 IoC 컨테이너 안에 선언된 빈 중 MBean을 자동 감지하게 하는 방
법도 있습니다. 기본적으로 AnnotationMBeanExporter는 AnnotationJmxAttributeSource
에 MetadataMBeanInfoAssembler를 사용하므로 이 익스포터에 맞게 MBean 조립기를 따로
구성할 필요는 없습니다. 따라서 앞 예제에서 등록할 때 사용했던 assembler 프로퍼티 및 빈
은 모두 지우고 다음 코드만 남기면 됩니다.

```
@Configuration
public class JmxConfig {

    @Bean
    public MBeanExporter mbeanExporter() {
        AnnotationMBeanExporter mbeanExporter = new AnnotationMBeanExporter();
        return mbeanExporter;
    }
}
```

AnnotationMBeanExporter는 IoC 컨테이너에서 @ManagedResource 빈을 모두 찾아 MBean
으로 익스포트하는 역할을 합니다. 기본적으로 패키지명과 동일한 명칭의 도메인으로 빈을 익
스포트합니다. 또 컨테이너 빈 이름은 MBean명으로, 빈의 단축 클래스명은 타입으로 사용합
니다. 예를 들어 documentReplicator 빈의 MBean 객체는 com.apress.springrecipes.re
plicator:**name=documentReplicator,type=FileReplicatorJMXImpl**이라는 이름으로
익스포트됩니다.

도메인명을 패키지명 아닌 다른 걸로 쓰고 싶다면 defaultDomain 프로퍼티에 기본 도메인을
설정합니다.

```
@Bean
public MBeanExporter mbeanExporter() {
    AnnotationMBeanExporter mbeanExporter = new AnnotationMBeanExporter();
    mbeanExporter.setDefaultDomain("bean");
    return mbeanExporter;
}
```

기본 도메인을 빈으로 바꾸면 documentReplicator 빈의 MBean 객체명도 다음과 같이 바뀝니다.

```
bean:name=documentReplicator,type=FileReplicatorJMXImpl
```

빈의 MBean 객체명을 @ManagedResource의 objectName 속성에 지정할 수도 있습니다. 예컨대 파일 복사기는 다음 코드처럼 애너테이션을 붙여 MBean으로 익스포트할 수 있습니다.

```
@ManagedResource(
    objectName = "bean:name=fileCopier,type=FileCopierJMXImpl",
    description = "File Copier")
public class FileCopierImpl implements FileCopier {

    @ManagedOperation(
        description = "Copy file from source directory to destination directory")
    @ManagedOperationParameters( {
        @ManagedOperationParameter(
            name = "srcDir", description = "Source directory"),
        @ManagedOperationParameter(
            name = "destDir", description = "Destination directory"),
        @ManagedOperationParameter(
            name = "filename", description = "File to copy") })
    public void copyFile(String srcDir, String destDir, String filename)
        throws IOException {
        ...
    }
}
```

그러나 이렇게 객체명을 지정하면 IoC 컨테이너에 여러 인스턴스(파일 복제기)가 아닌 인스턴스(파일 복사기) 하나만 생성하는 클래스로 사용 범위가 국한됩니다. 클래스에는 오직 객체명 하나만 지정할 수 있으니까요. 결과적으로 이름을 바꾸지 않은 상태에서는 같은 서버를 여러 번 실행하면 안 됩니다.

마지막으로 스프링이 클래스를 스캐닝하여 @ManagedResource를 붙인 MBean을 찾아 익스포트하는 방법입니다. 빈을 자바 구성 클래스에서 초기화할 경우, 구성 클래스에 @EnableMBeanExport를 붙여 스프링으로 하여금 @Bean 빈 중 @ManagedResource를 붙인 모든 빈을 익스포트하도록 지시하는 겁니다.

```
@Configuration
@EnableMBeanExport
public class FileReplicatorConfig {
    ....
    @Bean
    public FileReplicatorJMXImpl documentReplicator() {
        FileReplicatorJMXImpl fRep = new FileReplicatorJMXImpl();
        fRep.setSrcDir(srcDir);
        fRep.setDestDir(destDir);
        fRep.setFileCopier(fileCopier());
        return fRep;
    }
    ...
}
```

FileReplicatorJMXImpl형 documentReplicatior 빈은 소스 클래스에 @ManagedResource가 달려 있으므로 MBean으로 익스포트됩니다.

> **CAUTION_** @EnableMBeanExport는 이전 예제와 달리 실제 클래스로 구현한 @Bean 인스턴스에서만 적용되며 인터페이스에는 작동하지 않습니다. 인터페이스 타입의 빈은 대상 클래스 및 JMX 관리 리소스 애너테이션 모두 '가려지므로' MBean으로 익스포트할 수 없습니다.

레시피 13-2 JMX 알림 주고받기

과제

MBean에서 JMX 알림을 보내고 JMX 알림 리스너로 알림을 받으세요.

해결책

스프링 빈은 NotificationPublisher 인터페이스를 사용해 JMX 알림을 보낼 수 있습니다. 표준 JMX 알림 리스너를 IoC 컨테이너에 등록하면 MBean이 전송한 JMX 알림을 받아볼 수 있습니다.

풀이

이벤트를 보내려면 NotificationPublisherAware 인터페이스를 구현하고 스프링을 사용해 접근 가능한 NotificationPublisher를 가져옵니다. 한편 이벤트를 받으려면 Notification Listener 인터페이스의 기본 구현체를 생성하고 JMX에 이 구현체를 등록합니다.

JMX 알림 발행하기

스프링 IoC 컨테이너는 빈을 MBean으로 익스포트해서 JMX 알림을 보낼 수 있게 지원합니다. 해당 빈은 반드시 NotificationPublisherAware 인터페이스를 구현해서 NotificationPublisher를 가져와야 알림을 보낼 수 있습니다.

```
@ManagedResource(description = "File replicator")
public class FileReplicatorImpl implements FileReplicator, NotificationPublisherAware {
    ...
    private int sequenceNumber;
    private NotificationPublisher notificationPublisher;

    public void setNotificationPublisher(
        NotificationPublisher notificationPublisher) {
        this.notificationPublisher = notificationPublisher;
    }
}
```

```
@ManagedOperation(description = "Replicate files")
public void replicate() throws IOException {
    notificationPublisher.sendNotification(
        new Notification("replication.start", this, sequenceNumber));
    ...
    notificationPublisher.sendNotification(
        new Notification("replication.complete", this, sequenceNumber));
    sequenceNumber++;
    }
}
```

파일 복제기에서 복사가 시작 및 완료될 때마다 한 번씩 JMX 알림을 보내는 겁니다. 알림은 표준 콘솔 출력, 또는 JConsole에서 Mbeans 탭의 Notifications 메뉴에 표시됩니다(그림 13-4).

그림 13-4 JConsole에 표시된 MBean 이벤트

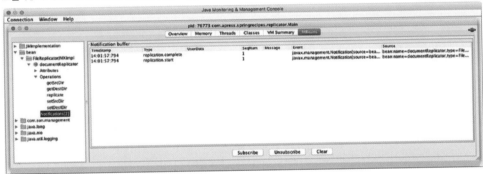

Jconsole에서 알림을 확인하려면 먼저 밑부분 Subscribe^{구독} 버튼을 클릭합니다. 그다음 [그림 13-4]처럼 좌측 Operations 섹션에서 replicate() 메서드를 호출하면 알림 2개가 도착했음을 확인할 수 있습니다. Notification 생성자의 첫 번째 인수는 알림 타입, 두 번째 인수는 알림 출처입니다.

JMX 알림 리스닝하기

JMX 알림을 리스닝하는 리스너는 여러 가지 알림을 받기 때문에 javax.management.
AttributeChangeNotification처럼 MBean의 속성이 변경될 때마다 처리 대상 알림을 필터링해야 합니다.

```
public class ReplicationNotificationListener implements NotificationListener {

    @Override
    public void handleNotification(Notification notification, Object handback) {
        if (notification.getType().startsWith("replication")) {
            System.out.println(
                notification.getSource() + " " +
                notification.getType() + " #" +
                notification.getSequenceNumber());
        }
    }
}
```

이제 알림 리스너를 MBean 익스포터에 등록하면 특정 MBean에서 보낸 알림만 리스닝할 수
있습니다.

```
@Bean
public AnnotationMBeanExporter mbeanExporter() {
    AnnotationMBeanExporter mbeanExporter = new AnnotationMBeanExporter();
    mbeanExporter.setDefaultDomain("bean");
    mbeanExporter.setNotificationListenerMappings(notificationMappings());
    return mbeanExporter;
}

public Map<String, NotificationListener> notificationMappings() {
    Map<String, NotificationListener> mappings = new HashMap<>();
    mappings.put("bean:name=documentReplicator,type=FileReplicatorJMXImpl",
        new ReplicationNotificationListener());
    return mappings;
}
```

레시피 13-3 스프링에서 원격 JMX MBean 액세스하기

과제

JMX 커넥터를 사용해 원격 MBean 서버에서 실행 중인 JMX MBean에 액세스하세요. JMX API
를 직접 호출해 액세스하려면 JMX 코드가 꽤 복잡해질 겁니다.

해결책

스프링은 원격 MBean에 간단히 액세스할 수 있는 두 가지 방법을 제공합니다. 첫째, 선언
적으로 MBean 서버 접속을 생성하는 팩토리 빈입니다. 일단 이 팩토리 빈으로 서버에 접속
하면 MBean의 속성을 쿼리 및 수정할 수 있고 원하는 작업을 실행할 수 있습니다. 둘째, 원
격 MBean에 대한 프록시를 생성하는 또 다른 팩토리 빈입니다. 이 프록시를 경유하면 원격
MBean이 마치 로컬 빈인 양 주무를 수 있습니다.

풀이

MBean 서버에 접속해 원격 MBean 액세스하기

JMX 클라이언트는 일단 원격 MBean 서버에 접속하여 이 서버에서 실행 중인 MBean
에 액세스합니다. 스프링에서는 org.springframework.jmx.support.MBeanServer
ConnectionFactoryBean을 이용해 선언적으로 JSR-160 규격의 원격 MBean 서버에 접속할
수 있습니다. MBean 서버의 위치를 가리키는 서비스 URL만 제공하면 되죠. 그럼, 이 팩토리
빈을 클라이언트 빈 구성 클래스에 선언합시다.

```
@Configuration
public class JmxClientConfiguration {

    @Bean
    public FactoryBean<MBeanServerConnection> mbeanServerConnection()
    throws MalformedURLException {
        MBeanServerConnectionFactoryBean mBeanServerConnectionFactoryBean =
            new MBeanServerConnectionFactoryBean();
        mBeanServerConnectionFactoryBean.setServiceUrl(
```

```
            "service:jmx:rmi://localhost/jndi/rmi://localhost:1099/replicator");
        return mBeanServerConnectionFactoryBean;
    }
}
```

이 팩토리 빈으로 생성한 MBean 서버 접속을 이용하면 1099번 포트에서 실행 중인 RMI 서버의 MBean을 가져와 원하는 작업을 실행할 수 있습니다.

> **TIP_** [레시피 13-1]에서 예시한 RMI 서버를 써도 됩니다. 이 서버도 MBean을 표출하니까요. 그레이들로 애플리케이션 빌드 후 `java -jar Recipe_14_1_iii-1.0-SNAPSHOT.jar`하면 서버를 시동할 수 있습니다.

두 지점이 연결되면 각각 getAttribute(), setAttribute() 메서드를 호출해 MBean의 속성을 쿼리/ 수정할 수 있습니다. MBean의 작업을 호출하려면 invoke() 메서드를 이용합니다.

```
public class Client {

    public static void main(String[] args) throws Exception {
        ApplicationContext context =
            new AnnotationConfigApplicationContext(
                "com.apress.springrecipes.replicator.config");

        MBeanServerConnection mbeanServerConnection =
            context.getBean(MBeanServerConnection.class);

        ObjectName mbeanName = new ObjectName("bean:name=documentReplicator");

        String srcDir = (String) mbeanServerConnection.getAttribute(mbeanName, "SrcDir");

        mbeanServerConnection.setAttribute(mbeanName, new Attribute("DestDir", srcDir +
            "_backup"));

        mbeanServerConnection.invoke(mbeanName, "replicate", new Object[] {},
            new String[] {});
    }
}
```

아울러 파일 복제 알림을 수신하는 JMX 알림 리스너를 작성합시다.

```java
public class ReplicationNotificationListener implements NotificationListener {

    @Override
    public void handleNotification(Notification notification, Object handback) {
        if (notification.getType().startsWith("replication")) {
            System.out.println(
                notification.getSource() + " " +
                notification.getType() + " #" +
                notification.getSequenceNumber());
        }
    }
}
```

이 알림 리스너를 MBean 서버 접속에 등록하면 MBean 서버가 보낸 알림을 리스닝할 수 있습니다.

```java
public class Client {

    public static void main(String[] args) throws Exception {
        ...
        MBeanServerConnection mbeanServerConnection =
            (MBeanServerConnection) context.getBean("mbeanServerConnection");

        ObjectName mbeanName = new ObjectName(
            "bean:name=documentReplicator");

        mbeanServerConnection.addNotificationListener(
            mbeanName, new ReplicationNotificationListener(), null, null);
        ...
    }
}
```

클라이언트 애플리케이션을 실행하고 JConsole의 Remote Process는 `service:jmx:rmi://localhost/jndi/rmi://localhost:1099/replicator`로 설정한 상태에서 RMI 서버 애플리케이션을 확인하세요. MBeans 탭의 Notifications 메뉴를 보면 `jmx.attribute.change`형 새 알림이 도착해 있을 겁니다(그림 13-5).

그림 13-5 RMI를 사용해 호출한 JConsole 알림 이벤트

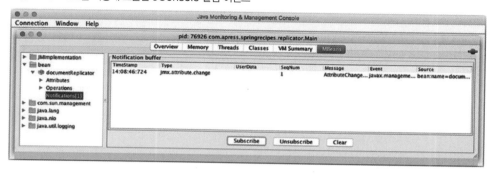

그림 13-5 RMI를 사용해 호출한 JConsole 알림 이벤트

MBean 프록시를 사용해 원격 MBean 액세스하기

원격 MBean에 액세스하는 다른 방법은 MBeanProxyFactoryBean으로 생성한 MBeanProxy를 경유하는 겁니다.

```
@Configuration
public class JmxClientConfiguration {
...
    @Bean
    public MBeanProxyFactoryBean fileReplicatorProxy() throws Exception {
        MBeanProxyFactoryBean fileReplicatorProxy = new MBeanProxyFactoryBean();
        fileReplicatorProxy.setServer(mbeanServerConnection().getObject());
        fileReplicatorProxy.setObjectName("bean:name=documentReplicator");
        fileReplicatorProxy.setProxyInterface(FileReplicator.class);
        return fileReplicatorProxy;
    }
}
```

프록시 대상 MBean의 객체명, 서버 접속 정보를 지정합니다. 내부에서 로컬 메서드 호출을 원격 MBean 호출로 바꾸어주는 프록시 인터페이스가 가장 중요합니다. 프록시를 사용해 원격 MBean을 마치 로컬 빈인 것처럼 작동시키는 거죠. 이 방법으로 다시 고치면 앞서 MBean 서버에 직접 접속해 MBean 작업을 했던 코드가 한결 깔끔해집니다.

```
public class Client {

    public static void main(String[] args) throws Exception {
        ...
        FileReplicator fileReplicatorProxy = context.getBean(FileReplicator.class);
        String srcDir = fileReplicatorProxy.getSrcDir();
        fileReplicatorProxy.setDestDir(srcDir + "_backup");
        fileReplicatorProxy.replicate();
    }
}
```

레시피 13-4 스프링에서 이메일 보내기

과제

애플리케이션에서 이메일 전송은 흔한 일입니다. 자바로 만든 애플리케이션은 보통 JavaMail API로 이메일을 보내지만 이 API만 사용하면 결국 특정 API에 구속되어 다른 이메일 API로 전환하기가 어렵습니다.

해결책

스프링 이메일 지원 기능은 구현체와 상관없이 추상화한 API를 제공하므로 이메일을 쉽게 보낼 수 있습니다. MailSender는 핵심 인터페이스로, 하위 인터페이스인 JavaMailSender에는 MIME^Multipurpose Internet Mail Extensions (다용도 인터넷 메일 확장) 메시지 지원 같은 구체적인 JavaMail 기능이 구현되어 있습니다. HTML 콘텐트, 내장 이미지, 첨부 파일이 포함된 이메일을 보낼 때 MIME 메시지는 필수지요.

풀이

파일 복제기에서 에러가 발생하면 관리자에게 이메일로 알려주는 기능을 구현하려고 합니다. 먼저 다음 ErrorNotifier 인터페이스에 파일 복사 에러를 알리는 메서드를 선언합니다.

```
public interface ErrorNotifier {
    public void notifyCopyError(String srcDir, String destDir, String filename);
}
```

> **NOTE_** 에러 발생 시 notifyCopyError 메서드를 호출하는 코드는 여러분이 직접 구현하세요. 에러 처리
> 는 일종의 공통 관심사이므로 AOP로 구현하면 좋겠죠? After Throwing 어드바이스를 적용해 이 메서드를
> 호출하면 됩니다.

이 인터페이스를 구현해서 원하는 방법으로 에러를 알리면 됩니다. 가장 평범한 방법은 그냥
이메일을 보내는 겁니다. 그러려면 SMTP^{Simple Mail Transfer Protocol}를 지원하는 테스트용 로컬 이메
일 서버가 필요한데요, 설치/구성이 간편한 아파치 제임스 서버^{Apache James Server}(http://james.
apache.org/server/index.html)를 추천합니다.

> **NOTE_** 아파치 제임스 서버는 배포 파일을 내려받아 원하는 디렉터리에 압축을 풀면 설치가 끝납니다. bin
> 디렉터리에 있는 run 스크립트를 실행하면 시동됩니다.

이메일 서버에 유저 계정을 2개 생성합시다. 제임스 서버의 원격 관리자 서비스는 기본 포트가
4555번입니다. 콘솔에서 텔넷으로 이 포트에 접속해서 다음 명령어로 system, admin 유저를
12345 패스워드로 추가합니다.

```
> telnet 127.0.0.1 4555
JAMES Remote Administration Tool 2.3.2
Please enter your login and password
Login id:
root
Password:
itroot
Welcome root. HELP for a list of commands
adduser system 12345
User system added
adduser admin 12345
User admin added
listusers
Existing accounts 2
```

```
user: admin
user: system
quit
Bye
```

JavaMail API로 이메일 보내기

JavaMail API로 이메일을 보내는 방법입니다. ErrorNotifier 인터페이스를 구현해서 에러가 나면 이메일을 보내 알리는 기능을 작성합니다.

```java
public class EmailErrorNotifier implements ErrorNotifier {

    @Override
    public void notifyCopyError(String srcDir, String destDir, String filename) {
        Properties props = new Properties();
        props.put("mail.smtp.host", "localhost");
        props.put("mail.smtp.port", "25");
        props.put("mail.smtp.username", "system");
        props.put("mail.smtp.password", "12345");
        Session session = Session.getDefaultInstance(props, null);
        try {
            Message message = new MimeMessage(session);
            message.setFrom(new InternetAddress("system@localhost"));
            message.setRecipients(Message.RecipientType.TO,
                    InternetAddress.parse("admin@localhost"));
            message.setSubject("File Copy Error");
            message.setText(
                "Dear Administrator,\n\n" +
                "An error occurred when copying the following file :\n" +
                "Source directory : " + srcDir + "\n" +
                "Destination directory : " + destDir + "\n" +
                "Filename : " + filename);
            Transport.send(message);
        } catch (MessagingException e) {
            throw new RuntimeException(e);
        }
    }
}
```

SMTP 서버 접속에 필요한 프로퍼티값을 지정하여 메일 세션을 열고 이 세션에서 이메일에 넣을 메시지를 가져와 작성합니다. 다 됐으면 마지막에 Transport.send()로 이메일을 보냅니다. JavaMail API를 직접 사용할 경우 체크 예외 MessagingException을 반드시 처리해야 합니다. 모든 클래스, 인터페이스, 예외는 JavaMail에 정의되어 있습니다.

다음으로 에러 발생 시 이메일을 보낼 EmailErrorNotifier 인스턴스를 IoC 컨테이너에 선언합니다.

```
@Configuration
public class MailConfiguration {

    @Bean
    public ErrorNotifier errorNotifier() {
        return new EmailErrorNotifier();
    }
}
```

EmailErrorNotifier가 잘 작동하는지 Main 클래스를 작성해 테스트합시다. 이 클래스를 실행한 후, 이메일 애플리케이션이 제임스 서버로부터 POP3 프로토콜을 사용해 이메일을 받도록 구성하면 됩니다.

```
public class Main {

    public static void main(String[] args) {
        ApplicationContext context =
            new AnnotationConfigApplicationContext(
                "com.apress.springrecipes.replicator.config");

        ErrorNotifier errorNotifier = context.getBean(ErrorNotifier.class);
        errorNotifier.notifyCopyError("c:/documents", "d:/documents", "spring.doc");
    }
}
```

제임스 서버 안에 포함된 POP 서버에 로그인해서 이메일이 진짜 전송됐는지 확인합시다. 콘솔에서 텔넷 110번 포트에 접속한 뒤 다음 명령어로 admin 유저에게 어떤 이메일이 왔는지 살펴보세요(패스워드는 계정 생성 시 입력했던 12345입니다).

```
> telnet 127.0.0.1 110
OK workstation POP3 server <JAMES POP3 Server 2.3.2> ready
USER admin
+OK
PASS 12345
+OK Welcome admin
LIST
+ OK 1 698
RETR 1
+OK Message follows
...
```

스프링 MailSender로 이메일 보내기

스프링 MailSender 인터페이스를 이용하면 send() 메서드로 SimpleMailMessage를 보낼 수 있습니다. JavaMail에 종속되지 않은 코드를 작성할 수 있고 테스트하기도 쉽습니다.

```java
public class EmailErrorNotifier implements ErrorNotifier {

    private MailSender mailSender;

    public void setMailSender(MailSender mailSender) {
        this.mailSender = mailSender;
    }

    @Override
    public void notifyCopyError(String srcDir, String destDir, String filename) {
        SimpleMailMessage message = new SimpleMailMessage();
        message.setFrom("system@localhost");
        message.setTo("admin@localhost");
        message.setSubject("File Copy Error");
        message.setText(
            "Dear Administrator,\n\n" +
            "An error occurred when copying the following file :\n" +
            "Source directory : " + srcDir + "\n" +
            "Destination directory : " + destDir + "\n" +
            "Filename : " + filename);
        mailSender.send(message);
    }
}
```

구성 파일에 `MailSender` 구현체를 구성해서 `EmailErrorNotifier`에 주입합니다. `JavaMailSenderImpl`은 스프링에서 `MailSender` 인터페이스를 구현한 유일한 클래스로 JavaMail을 이용해 이메일을 보냅니다.

```java
@Configuration
public class MailConfiguration {

    @Bean
    public ErrorNotifier errorNotifier() {
        EmailErrorNotifier errorNotifier = new EmailErrorNotifier();
        errorNotifier.setMailSender(mailSender());
        return errorNotifier;
    }

    @Bean
    public JavaMailSenderImpl mailSender() {
        JavaMailSenderImpl mailSender = new JavaMailSenderImpl();
        mailSender.setHost("localhost");
        mailSender.setPort(25);
        mailSender.setUsername("system");
        mailSender.setPassword("12345");
        return mailSender;
    }
}
```

`JavaMailSenderImpl`은 SMTP 표준 포트 25번을 기본 포트로 사용하므로 이미 이메일 서버가 이 포트로 리스닝하고 있다면 그냥 넘어가도 됩니다. 또 SMTP 서버 접속 시 유저 인증이 필요 없다면 유저명/패스워드도 굳이 설정할 필요가 없습니다.

JavaMail 세션이 자바 애플리케이션 서버에 구성되어 있으면 일단 `JndiLocatorDelegate`를 이용해 세션을 찾습니다.

```java
@Bean
public Session mailSession() throws NamingException {
    return JndiLocatorDelegate
        .createDefaultResourceRefLocator()
        .lookup("mail/Session", Session.class);
}
```

JavaMail 세션을 JavaMailSenderImpl 안에 넣으면 호스트, 포트, 유저명/패스워드 같은 정보는 더 이상 설정할 필요가 없습니다.

```java
@Bean
public JavaMailSenderImpl mailSender() {
    JavaMailSenderImpl mailSender = new JavaMailSenderImpl();
    mailSender.setSession(mailSession());
    return mailSender;
}
```

이메일 템플릿 정의하기

메서드 본문에서 일일이 이메일 프로퍼티를 하드 코딩하며 메시지를 작성하는 건 그다지 효율적이지 않을뿐더러, 이메일 텍스트를 자바 문자열로 작성하는 것 역시 불편합니다. 그러므로 구성 파일에 이메일 메시지 템플릿을 정의하고 이 템플릿에 맞게 이메일을 작성하는 게 효율적입니다.

```java
@Configuration
public class MailConfiguration {
...
    @Bean
    public ErrorNotifier errorNotifier() {
        EmailErrorNotifier errorNotifier = new EmailErrorNotifier();
        errorNotifier.setMailSender(mailSender());
        errorNotifier.setCopyErrorMailMessage(copyErrorMailMessage());
        return errorNotifier;
    }

    @Bean
    public SimpleMailMessage copyErrorMailMessage() {
        SimpleMailMessage message = new SimpleMailMessage();
        message.setFrom("system@localhost");
        message.setTo("admin@localhost");
        message.setSubject("File Copy Error");
        message.setText("Dear Administrator,\n" +
            "\n" +
            "            An error occurred when copying the following file :\n" +
            "\t\t      Source directory : %s\n" +
```

```
            "\t\t    Destination directory : %s\n" +
            "\t\t    Filename : %s");
    return message;
    }
}
```

메시지 텍스트 안에 자리끼우개 %s를 심어둔 다음, 나중에 String.format() 메서드로 실제 메시지 매개변수값으로 치환하는 겁니다. 물론 Velocity(벨라시티)나 FreeMarker(프리마커) 같은 강력한 템플릿 언어를 응용하여 템플릿에 맞게 메시지 텍스트를 생성해도 됩니다. 이메일 메시지 템플릿은 빈 구성 파일과 분리하는 편이 좋습니다.

매번 이메일을 보낼 때 템플릿이 주입된 SimpleMailMessage 인스턴스가 생성되고 %s 자리끼우개로 표시한 부분을 String.format()으로 치환하면 메시지 텍스트가 완성됩니다.

```
public class EmailErrorNotifier implements ErrorNotifier {
    ...
    private SimpleMailMessage copyErrorMailMessage;

    public void setCopyErrorMailMessage(SimpleMailMessage copyErrorMailMessage) {
        this.copyErrorMailMessage = copyErrorMailMessage;
    }

    @Override
    public void notifyCopyError(String srcDir, String destDir, String filename) {
        SimpleMailMessage message = new SimpleMailMessage(copyErrorMailMessage);
        message.setText(String.format(
            copyErrorMailMessage.getText(), srcDir, destDir, filename));
        mailSender.send(message);
    }
}
```

파일이 첨부된 이메일 보내기(MIME 메시지)

앞서 SimpleMailMessage 클래스는 단순 평문 텍스트만 포함된 이메일을 보냈습니다. HTML 콘텐트, 내장 이미지, 첨부파일까지 넣어 이메일을 전송하려면 MIME 메시지를 보내야 합니다. MIME은 JavaMail Javax.mail.internet.MimeMessage 클래스가 지원합니다.

먼저 MailSender 대신 하위 인터페이스 JavaMailSender를 사용해야 합니다. 앞서 주입한 JavaMailSenderImpl이 이미 이 인터페이스를 구현한 인스턴스라서 따로 빈 구성을 고칠 필요는 없습니다. 다음은 스프링 빈 구성 파일을 이메일에 첨부해서 관리자에게 발송하도록 EmailErrorNotifier를 수정한 코드입니다.

```java
public class EmailErrorNotifier implements ErrorNotifier {

    private JavaMailSender mailSender;
    private SimpleMailMessage copyErrorMailMessage;

    public void setMailSender(JavaMailSender mailSender) {
        this.mailSender = mailSender;
    }

    public void setCopyErrorMailMessage(SimpleMailMessage copyErrorMailMessage) {
        this.copyErrorMailMessage = copyErrorMailMessage;
    }

    @Override
    public void notifyCopyError(String srcDir, String destDir, String filename) {
        MimeMessage message = mailSender.createMimeMessage();
        try {
            MimeMessageHelper helper = new MimeMessageHelper(message, true);
            helper.setFrom(copyErrorMailMessage.getFrom());
            helper.setTo(copyErrorMailMessage.getTo());

            helper.setSubject(copyErrorMailMessage.getSubject());
            helper.setText(String.format(
                copyErrorMailMessage.getText(), srcDir, destDir, filename));

            ClassPathResource config = new ClassPathResource("beans.xml");
            helper.addAttachment("beans.xml", config);
        } catch (MessagingException e) {
            throw new MailParseException(e);
        }
        mailSender.send(message);
    }
}
```

MimeMessage는 SimpleMailMessage와 달리 JavaMail에 정의된 클래스라서 그냥

mailSender.createMimeMessage() 메서드를 호출하면 인스턴스를 생성할 수 있습니다. 스프링은 MimeMessageHelper라는 도우미 클래스를 제공하므로 MimeMessage 관련 작업을 간소화할 수 있습니다. MimeMessageHelper를 이용하면 스프링 Resource 객체를 첨부할 수 있지만 그 과정에서도 JavaMail MessagingException이 날 가능성이 있습니다. 일관되게 예외 처리를 하려면 이 예외를 스프링 메일의 런타임 예외로 바꾸어야 합니다. MIME 메시지를 생성하는 또 다른 방법은 스프링 MimeMessagePreparator 인터페이스를 구현하는 겁니다.

```
public class EmailErrorNotifier implements ErrorNotifier {
    ...
    @Override
    public void notifyCopyError(
        final String srcDir, final String destDir, final String filename) {
        MimeMessagePreparator preparator = new MimeMessagePreparator() {

            @Override
            public void prepare(MimeMessage mimeMessage) throws Exception {
                MimeMessageHelper helper =
                    new MimeMessageHelper(mimeMessage, true);
                helper.setFrom(copyErrorMailMessage.getFrom());
                helper.setTo(copyErrorMailMessage.getTo());
                helper.setSubject(copyErrorMailMessage.getSubject());
                helper.setText(String.format(
                    copyErrorMailMessage.getText(), srcDir, destDir, filename));

                ClassPathResource config = new ClassPathResource("beans.xml");
                helper.addAttachment("beans.xml", config);
            }
        };
        mailSender.send(preparator);
    }
}
```

JavaMailSender에 보낼 MimeMessage 객체는 prepare() 메서드에서 미리 준비합니다. 도중 예외가 발생하면 스프링 메일 런타임 예외로 자동 변환됩니다.

레시피 13-5 스프링 쿼츠로 작업 스케줄링하기

과제

쿼츠 스케줄러를 응용해서 고급 스케줄링 기능을 애플리케이션에 장착하세요. 실행 시각 및 주기를 임의로 정할 수 있는(예 : "격주 목요일, 오전 10시부터 오후 2시까지") 겉보기에 복잡한 기능까지 넣고 싶습니다. 아울러 선언적인 방식으로 잡 스케줄링을 구성할 수 있으면 좋겠습니다.

해결책

스프링이 제공하는 쿼츠 유틸리티 클래스를 이용하면 쿼츠 API를 직접 프로그래밍하지 않고도 잡을 스케줄링할 수 있습니다.

풀이

스프링 유틸리티 클래스 없이 쿼츠를 사용하는 기본적인 방법을 먼저 살펴보고 유틸리티 클래스를 사용하는 방법을 설명하겠습니다.

스프링 없이 쿼츠 직접 사용하기

쿼츠로 스케줄링을 하려면 우선 Job 인터페이스를 구현한 잡을 생성합니다. 다음 코드는 앞 레시피에서 작성한 파일 복제기의 replicate() 메서드를 실행하는 잡입니다. 이때 JobExecutionContext 객체를 사용해 잡 데이터 맵(잡을 정의하는 쿼츠만의 독특한 개념)을 가져옵니다.

```
public class FileReplicationJob implements Job {

    @Override
    public void execute(JobExecutionContext context) throws JobExecutionException {
        Map dataMap = context.getJobDetail().getJobDataMap();
        FileReplicator fileReplicator =
            (FileReplicator) dataMap.get("fileReplicator");
        try {
            fileReplicator.replicate();
        } catch (IOException e) {
```

```
            throw new JobExecutionException(e);
        }
    }
}
```

잡을 생성한 다음엔 쿼츠 API로 잡을 구성하고 스케줄링합니다. 다음은 60초마다 한번씩, 처음 한 번은 5초 있다가 파일 복제 잡을 실행하는 스케줄러입니다.

```
public class Main {

    public static void main(String[] args) throws Exception {
        ApplicationContext context =
            new AnnotationConfigApplicationContext(
                "com.apress.springrecipes.replicator.config");

        FileReplicator documentReplicator = context.getBean(FileReplicator.class);

        JobDataMap jobDataMap = new JobDataMap();
        jobDataMap.put("fileReplicator", documentReplicator);

        JobDetail job = JobBuilder.newJob(FileReplicationJob.class)
                            .withIdentity("documentReplicationJob")
                            .storeDurably()
                            .usingJobData(jobDataMap)
                            .build();

        Trigger trigger = TriggerBuilder.newTrigger()
            .withIdentity("documentReplicationTrigger")
            .startAt(new Date(System.currentTimeMillis() + 5000))
            .forJob(job)
            .withSchedule(SimpleScheduleBuilder.simpleSchedule()
            .withIntervalInSeconds(60)
            .repeatForever())
            .build();

        Scheduler scheduler = new StdSchedulerFactory().getScheduler();
        scheduler.start();
        scheduler.scheduleJob(job, trigger);
    }
}
```

먼저 JobDataMap을 생성하고 이 맵에 파일 복제 잡 하나를 추가합니다(키는 잡을 나타내는 서술적인 명칭, 값은 잡의 객체 레퍼런스입니다). 그리고 파일 복제 잡의 세부를 JobDetail 객체에 담고 잡 데이터는 이 객체의 jobDataMap 프로퍼티에 설정합니다. 그런 다음 SimpleTrigger 객체를 만들어 스케줄링 프로퍼티를 구성하고 마지막에 이 트리거로 잡을 실행할 스케줄러를 생성합니다.

쿼츠는 상이한 주기로 잡을 실행할 수 있도록 다양한 스케줄을 지원하며 스케줄은 트리거의 일부로 정의됩니다. SimpleScheduleBuilder, CronScheduleBuilder, CalendarIntervalScheduleBuilder, DailyTimeIntervalScheduleBuilder는 쿼츠 최신 버전에 합류한 스케줄러입니다. SimpleScheduleBuilder는 시작 시각, 종료 시각, 반복 주기, 반복 횟수 등 각종 스케줄링 프로퍼티를 설정할 수 있고 CronScheduleBuilder는 잡 실행 시각을 유닉스 크론 표현식으로 지정할 수 있습니다. 예를 들어 .withSchedule(CronScheduleBuilder.cronSchedule("0 30 17 * * ?"))는 매일 17시 30분에 잡을 실행하도록 CronScheduleBuilder를 이용해 설정한 겁니다. 크론 표현식은 7개 필드(마지막 필드는 옵션)로 구성되며 필드마다 한 칸씩 띄어 구분합니다. 각 필드에 대해서는 [표 13-1]을 참고하세요.

표 13-1 크론 표현식 필드

위치	필드명	범위
1	초	0-59
2	분	0-59
3	시	0-23
4	일	1-31
5	월	1-12 또는 JAN-DEC
6	요일	1-7 또는 SUN-SAT
7	년도 (옵션)	1970-2099

크론 표현식 각 필드는 어떤 값(예 : 3)이나 범위(예 : 1-5), 리스트(예 : 1,3,5), 와일드카드(*는 모든 값을 가리킴), 또는 물음표(?는 "일"과 "요일" 필드 중 어느 한쪽에만 지정 가능하며 동시에 둘 다 쓸 수는 없습니다)로 값을 지정합니다. CalendarIntervalScheduleBuilder를 쓰면 달력 시각(일, 주, 월, 년)을 기준으로 잡을 스케줄링할 수 있습니다. DailyTimeIntervalScheduleBuilder는 잡 종료 시각을 설정하는 유틸리티 메서드(예 : endingDailyAt() 및

endingDailyAfterCount())를 제공합니다.

스프링을 이용해 퀴츠 사용하기

퀴츠에서 잡은 Job 인터페이스를 구현해 생성하고 잡 데이터는 JobExecutionContext에서 JobDataMap를 가져와 얻을 수 있습니다. 잡 클래스를 퀴츠 API와 분리하려면 스프링이 제공하는 추상 클래스 QuartzJobBean을 상속해 세터 메서드로 잡 데이터를 조회합니다. QuartzJobBean은 JobDataMap을 프로퍼티로 바꾸고 세터 메서드를 사용해 프로퍼티를 주입합니다.

```java
public class FileReplicationJob extends QuartzJobBean {

    private FileReplicator fileReplicator;

    public void setFileReplicator(FileReplicator fileReplicator) {
        this.fileReplicator = fileReplicator;
    }

    @Override
    protected void executeInternal(JobExecutionContext context)
        throws JobExecutionException {
        try {
            fileReplicator.replicate();
        } catch (IOException e) {
            throw new JobExecutionException(e);
        }
    }
}
```

퀴츠 JobDetail 객체는 JobDetailBean을 사용해 스프링 빈 구성 파일에 구성합니다. 기본적으로 스프링은 빈 이름을 잡 이름으로 사용합니다. name 프로퍼티에 원하는 잡 이름을 설정해도 됩니다.

```java
@Bean
@Autowired
public JobDetailFactoryBean documentReplicationJob(FileReplicator fileReplicator) {
    JobDetailFactoryBean documentReplicationJob = new JobDetailFactoryBean();
```

```
    documentReplicationJob.setJobClass(FileReplicationJob.class);
    documentReplicationJob.setDurability(true);
    documentReplicationJob.setJobDataAsMap(
        Collections.singletonMap("fileReplicator", fileReplicator));
    return documentReplicationJob;
}
```

스프링의 `MethodInvokingJobDetailFactoryBean`을 이용하면 특정 객체의 단일 메서드를 실행하는 잡을 정의할 수 있습니다. 덕분에 잡 클래스를 작성하는 수고를 덜 수 있지요. 앞서 작성한 `JobDetail`은 다음과 같이 대체할 수 있습니다.

```
@Bean
@Autowired
public MethodInvokingJobDetailFactoryBean documentReplicationJob(FileReplicator
    fileReplicator) {
    MethodInvokingJobDetailFactoryBean documentReplicationJob =
        new MethodInvokingJobDetailFactoryBean();
    documentReplicationJob.setTargetObject(fileReplicator);
    documentReplicationJob.setTargetMethod("replicatie");
    return documentReplicationJob;
}
```

잡을 정의했으니 다음은 쿼츠 트리거를 구성할 차례입니다. 스프링이 지원하는 트리거는 `SimpleTriggerFactoryBean` 및 `CronTriggerFactoryBean` 두 종류입니다. `SimpleTrigger FactoryBean`은 `JobDetail` 객체 레퍼런스를 필요로 하며 시작 시각이나 반복 횟수처럼 자주 쓰이는 스케줄 프로퍼티값을 설정할 수 있습니다.

```
@Bean
@Autowired
public SimpleTriggerFactoryBean documentReplicationTrigger(JobDetail
    documentReplicationJob) {
    SimpleTriggerFactoryBean documentReplicationTrigger = new SimpleTriggerFactoryBean();
    documentReplicationTrigger.setJobDetail(documentReplicationJob);
    documentReplicationTrigger.setStartDelay(5000);
    documentReplicationTrigger.setRepeatInterval(60000);
    return documentReplicationTrigger;
}
```

크론을 쓰려면 CronTriggerFactoryBean을 이용해 스케줄링합니다.

```
@Bean
@Autowired
public CronTriggerFactoryBean documentReplicationTrigger(JobDetail documentReplicationJob) {
    CronTriggerFactoryBean documentReplicationTrigger = new CronTriggerFactoryBean();
    documentReplicationTrigger.setJobDetail(documentReplicationJob);
    documentReplicationTrigger.setStartDelay(5000);
    documentReplicationTrigger.setCronExpression("0/59 * * * * ?");
    return documentReplicationTrigger;
}
```

쿼츠 잡과 트리거 모두가 구성됐으므로 이제 SchedulerFactoryBean 인스턴스를 만들어 트리거를 실행할 Scheduler 객체를 생성합니다. 트리거를 여러 개 지정할 수도 있습니다.

```
@Bean
@Autowired
public SchedulerFactoryBean scheduler(Trigger[] triggers) {
    SchedulerFactoryBean scheduler = new SchedulerFactoryBean();
    scheduler.setTriggers(triggers);
    return scheduler;
}
```

Main 클래스를 시작하면 스케줄러도 함께 시동됩니다. 이런 식으로 잡 스케줄링 코드는 한 줄도 필요 없습니다.

```
public class Main {

    public static void main(String[] args) throws Exception {
        new AnnotationConfigApplicationContext(
            "com.apress.springrecipes.replicator.config");
    }
}
```

레시피 13-6 스프링으로 작업 스케줄링하기

과제

쿼츠를 쓰지 않고 크론 표현식으로 주기나 빈도를 설정하여 일관된 방향으로 메서드가 실행되도록 스케줄링하고 싶습니다.

해결책

스프링은 TaskExecutor와 TaskScheduler를 구성할 수 있게 지원합니다. 덕분에 @Scheduled를 붙여 최소한의 수고만으로도 메서드가 실행되도록 스케줄링할 수 있지요. 메서드에 애너테이션을 붙이고 스프링이 스캐닝할 수 있게 장치하면 됩니다.

풀이

앞 레시피 예제로 다시 돌아갑니다. 크론 표현식으로 파일 복제 메서드 호출을 스케줄링하려면 구성 클래스에 다음과 같이 설정합니다.

```
@Configuration
@EnableScheduling
public class SchedulingConfiguration implements SchedulingConfigurer {

    @Override
    public void configureTasks(ScheduledTaskRegistrar taskRegistrar) {
        taskRegistrar.setScheduler(scheduler());
    }

    @Bean
    public Executor scheduler() {
        return Executors.newScheduledThreadPool(10);
    }
}
```

@EnableScheduling을 붙여 애너테이션 기반의 스케줄링 기능을 활성화하면 애플리케이션 컨텍스트에서 @Scheduled 빈을 스캐닝하는 빈이 등록됩니다. 스케줄러에 구성을 추가하고자

SchedulingConfigurer 인터페이스를 구현했군요. 스케줄러가 스케줄링된 작업을 스레드 10개로 구성된 풀을 이용해 실행하게끔 설정한 코드입니다.

```java
public class FileReplicatorImpl implements FileReplicator {

    @Override
    @Scheduled(fixedDelay = 60 * 1000)
    public synchronized void replicate() throws IOException {

        File[] files = new File(srcDir).listFiles();

        for (File file : files) {
            if (file.isFile()) {
                fileCopier.copyFile(srcDir, destDir, file.getName());
            }
        }
    }
}
```

replicate() 메서드에 @Scheduled를 붙여 스케줄러가 60초마다 한 번씩 실행되도록 설정합니다. fixedDelay 대신 fixedRate값을 지정하면 시작 시간의 간격을 일정하게 조절할 수 있습니다[1].

```java
@Scheduled(fixedRate = 60 * 1000)
public synchronized void replicate() throws IOException {

    File[] files = new File(srcDir).listFiles();

    for (File file : files) {
        if (file.isFile()) {
            fileCopier.copyFile(srcDir, destDir, file.getName());
        }
    }
}
```

----

1 역주_ 수식으로 표현하면 fixedDelay는 '현재 실행의 시작 시각 – 이전 실행의 종료 시각', fixedRate는 '현재 실행의 시작 시각 – 이전 실행의 시작 시각'입니다. 따라서 fixedRate로 설정하면 이전 실행의 종료 여부는 따지지 않습니다.

좀 더 정교하게 메서드 실행 주기를 조정하고 싶다면 이전 쿼츠 예제처럼 크론 표현식을 사용합니다.

```
@Scheduled(cron = "0/59 * * * * ? ")
public synchronized void replicate() throws IOException {

    File[] files = new File(srcDir).listFiles();

    for (File file : files) {
        if (file.isFile()) {
            fileCopier.copyFile(srcDir, destDir, file.getName());
        }
    }
}
```

기존 빈 메서드에 애너테이션을 붙일 수 없거나, 또 그러고 싶지 않을 경우에는 자바로 구성합니다. 지금까지 애너테이션을 붙여 작성했던 예제를 스프링 ScheduledTaskRegistrar로 다시 작성하면 다음과 같습니다.

```
@Configuration
@EnableScheduling
public class SchedulingConfiguration implements SchedulingConfigurer {

    @Autowired
    private FileReplicator fileReplicator;

    @Override
    public void configureTasks(ScheduledTaskRegistrar taskRegistrar) {
        taskRegistrar.setScheduler(scheduler());
        taskRegistrar.addFixedDelayTask(() -> {
            try {
                fileReplicator.replicate();
            } catch (IOException e) {
                e.printStackTrace();
            }
        }, 60000);
    }

    @Bean
```

```
    public Executor scheduler() {
        return Executors.newScheduledThreadPool(10);
    }
        *
}
```

레시피 13-7 RMI로 서비스 표출/호출하기

과제

한 자바 애플리케이션의 서비스를 다른 자바 클라이언트에서 원격으로 호출할 수 있게 표출하세요. 양쪽 모두 자바 플랫폼 위에서 가동되므로 이식성 따위는 신경 쓰지 않고 순수 자바 기반의 솔루션을 골라 쓰면 됩니다.

해결책

RMI^{Remote Method Invocation}(원격 메서드 호출)는 서로 다른 JVM에서 실행 중인 두 자바 애플리케이션 간의 소통을 제공하는 자바 기반의 원격 기술입니다. RMI를 이용하면 한 객체가 원격지에 있는 다른 객체의 메서드를 호출할 수 있습니다. RMI는 객체 직렬화를 사용해 메서드 인수와 반환값을 마샬링/언마샬링합니다.

RMI로 서비스를 표출하려면 `java.rmi.Remote`를 상속한 서비스 인터페이스를 만들고(이 인터페이스의 메서드 시그니처 끝에는 모두 `throws java.rmi.RemoteException`이 붙습니다) 이 인터페이스를 구현한 클래스에 실제 서비스 로직을 작성합니다. 그런 다음 RMI 레지스트리를 시동하고 작성한 서비스를 레지스트리에 등록합니다. 간단한 서비스 하나를 표출하는 데도 여러모로 손이 많이 가는 편입니다.

RMI로 서비스를 호출하려면 먼저 레지스트리에서 원격 서비스의 레퍼런스를 찾아 여기에 표출된 메서드를 호출합니다. 단, 원격 서비스의 메서드를 호출할 경우 어떤 예외라도 처리할 수 있도록 반드시 java.rmi.RemoteException을 처리해야 합니다[2].

스프링의 원격 유틸리티를 빌려 쓰면 서버/클라이언트 양쪽 모두 아주 간편하게 RMI를 사용할 수 있습니다. 서버 측에서는 RmiServiceExporter를 사용해 스프링 빈을 RMI 서비스로 익스포트할 수 있습니다. 이렇게 익스포트한 빈은 더 이상 java.rmi.Remote를 구현하거나 java.rmi.RemoteException을 던지도록 강제할 필요가 없고 빈에 속한 메서드를 원격 호출할 수 있습니다. 클라이언트 측에서는 RmiProxyFactoryBean을 이용해 원격 서비스에 대한 프록시를 만들어 원격 서비스가 마치 로컬 빈이라도 되는 것처럼 마음껏 불러 쓸 수 있습니다. 물론 프로그램을 더 추가할 일도 없습니다.

풀이

다양한 플랫폼 기반의 클라이언트들을 상대로 날씨 정보를 제공하는 웹 서비스를 구축하려고 합니다. 여러 날짜에 걸쳐 측정한 도시 기온 정보를 쿼리하는 기능도 제공합니다. 먼저 특정 도시 및 날짜에 측정한 최저, 최고, 평균 기온을 나타내는 TemperatureInfo 클래스를 작성합니다.

```
package com.apress.springrecipes.weather;
...
public class TemperatureInfo implements Serializable {

    private String city;
    private Date date;
    private double min;
    private double max;
    private double average;

    // 생성자, 게터 및 세터
    ...
}
```

여러 날짜에 측정된 도시 기온 정보를 반환하는 getTemperatures() 메서드를 지닌 서비스 인터페이스도 필요합니다.

---

2 역주_ RemoteException은 체크 예외입니다.

```java
public interface WeatherService {
    List<TemperatureInfo> getTemperatures(String city, List<Date> dates);
}
```

이 인터페이스를 클래스로 구현합시다. 실제로는 DB를 쿼리하는 코드가 들어가겠지만 예제 편의상 테스트용 데이터를 하드코딩했습니다.

```java
public class WeatherServiceImpl implements WeatherService {

    @Override
    public List<TemperatureInfo> getTemperatures(String city, List<Date> dates) {
        List<TemperatureInfo> temperatures = new ArrayList<TemperatureInfo>();
        for (Date date : dates) {
            temperatures.add(new TemperatureInfo(city, date, 5.0, 10.0, 8.0));
        }
        return temperatures;
    }
}
```

RMI 서비스 표출하기

날씨 서비스를 RMI 서비스로 표출해봅시다. 스프링 원격 유틸리티를 이용할 수 있게 자바 구성 클래스에서 필요한 빈들을 생성한 다음, RmiServiceExporter를 사용해 날씨 서비스를 RMI 서비스로 표출합니다.

```java
package com.apress.springrecipes.weather.config;
...

@Configuration
public class WeatherConfig {

    @Bean
    public WeatherService weatherService() {
        return new WeatherServiceImpl();
    }
```

```
@Bean
public RmiServiceExporter rmiService() {
    RmiServiceExporter rmiService = new RmiServiceExporter();
    rmiService.setServiceName("WeatherService");
    rmiService.setServiceInterface(
        com.apress.springrecipes.weather.WeatherService.class);
    rmiService.setService(weatherService());
    return rmiService;
}
}
```

RmiServiceExporter 인스턴스에는 익스포트할 서비스명, 서비스 인터페이스, 서비스 객체 등 여러 필수 프로퍼티를 설정해야 합니다. IoC 컨테이너 안에 선언된 빈이라면 어느 것이든 RMI 서비스로 익스포트할 수 있으며 RmiServiceExporter는 RMI 프록시를 만들어 이 빈을 감싸 RMI 레지스트리에 바인딩합니다. RMI 레지스트리가 프록시에게 요청하면 프록시는 해당 빈 메서드를 호출합니다. RmiServiceExporter는 일단 localhost 1099번 포트에서 RMI 레지스트리를 찾아보고 없으면 새로운 레지스트리를 시작합니다. 실행 중인 또 다른 RMI 레지스트리에 서비스를 등록할 경우엔 registryHost, registryPort 프로퍼티에 각각 호스트와 포트 값을 지정합니다. 단, 이렇게 레지스트리 호스트를 직접 지정한 이후에는 설령 그 레지스트리가 존재하지 않더라도 RmiServiceExporter는 새 레지스트리를 시작하지 않습니다. 다음 RmiServer 클래스를 실행하여 애플리케이션 컨텍스트를 생성합시다.

```
public class RmiServer {

    public static void main(String[] args) {
        new AnnotationConfigApplicationContext(WeatherConfigServer.class);
    }
}
```

아직은 서버가 시동되고 '기존 RMI 레지스트리를 찾을 수 없다'는 메시지가 콘솔에 출력될 겁니다.

RMI 서비스 호출하기

스프링 원격 유틸리티를 이용하면 원격 서비스를 로컬 빈처럼 호출할 수 있습니다. 다음은 인터페이스를 사용해 날씨 서비스를 참조하는 클라이언트 코드입니다.

```java
public class WeatherServiceClient {

    private final WeatherService weatherService;

    public WeatherServiceClient(WeatherService weatherService) {
        this.weatherService = weatherService;
    }

    public TemperatureInfo getTodayTemperature(String city) {
        List<Date> dates = Arrays.asList(new Date());
        List<TemperatureInfo> temperatures =
            weatherService.getTemperatures(city, dates);
        return temperatures.get(0);
    }
}
```

weatherService 필드는 생성자를 사용해 연결되므로 이 빈 인스턴스는 꼭 만들어야 합니다. weatherService가 RmiProxyFactoryBean을 이용해 원격 서비스에 대한 프록시를 생성하면 이후로는 이 서비스를 마치 로컬 빈처럼 이용할 수 있습니다. 다음 자바 구성 클래스를 보면 RMI 클라이언트에 어떤 빈이 필요한지 알 수 있습니다.

```java
@Configuration
public class WeatherConfigClient {

    @Bean
    public RmiProxyFactoryBean weatherService() {
        RmiProxyFactoryBean rmiProxy = new RmiProxyFactoryBean();
        rmiProxy.setServiceUrl("rmi://localhost:1099/WeatherService");
        rmiProxy.setServiceInterface(WeatherService.class);
        return rmiProxy;
    }

    @Bean
    public WeatherServiceClient weatherClient(WeatherService weatherService) {
        return new WeatherServiceClient(weatherService);
```

```
    }
}
```

RmiProxyFactoryBean 인스턴스의 구성 프로퍼티 두 가지는 반드시 설정해야 합니다.
serviceUrl 프로퍼티에는 RMI 레지스트리의 호스트와 포트, 서비스명을 지정합니다. 그러면
서비스 인터페이스는 이 팩토리 빈이 이미 알려진 공유된 자바 인터페이스를 상대로 원격 서
비스에 대한 프록시를 생성할 수 있게 합니다. 그렇게 만들어진 프록시는 호출 요청을 받아 원
격 서비스에 그대로 넘깁니다. RmiProxyFactoryBean 인스턴스와 더불어 weatherClient라는
WeatherServiceClient 인스턴스도 함께 생성합니다.

이제 RmiClient 메인 클래스를 돌려봅시다.

```java
public class RmiClient {

    public static void main(String[] args) {
        ApplicationContext context =
            new AnnotationConfigApplicationContext(WeatherConfigClient.class);

        WeatherServiceClient client = context.getBean(WeatherServiceClient.class);

        TemperatureInfo temperature = client.getTodayTemperature("Houston");
        System.out.println("Min temperature : " + temperature.getMin());
        System.out.println("Max temperature : " + temperature.getMax());
        System.out.println("Average temperature : " + temperature.getAverage());
    }
}
```

레시피 13-8 HTTP로 서비스 표출/호출하기

과제

자체 프로토콜로 통신하는 RMI는 방화벽에서 차단될 가능성이 있습니다. HTTP로 통신하면 그럴 일은
없겠죠.

해결책

헤시안은 카우쵸 테크놀로지^{Caucho Technology}(www.caucho.com/)에서 개발된 단순 경량급 원격 기술입니다. 고유 메시지를 이용해 HTTP로 통신하며 자체 직렬화 메커니즘을 사용하지만 RMI보다 구조는 훨씬 더 단순합니다. 헤시안 메시지 포맷은 PHP, 파이썬, C#, 루비 등 자바 아닌 환경에서도 잘 작동하므로 자바 애플리케이션에서 이종 플랫폼의 애플리케이션과 통신하는 것도 가능합니다.

스프링 프레임워크는 HTTP 인보커^{invoker}(호출기, 실행기)라는 원격 기술을 제공합니다. HTTP 통신을 하는 건 같지만 자바 객체 직렬화 메커니즘으로 객체를 직렬화하므로 헤시안과 달리 통신하는 양쪽 서비스 모두 자바 기반으로 스프링 위에서 실행되어야 합니다. 하지만 헤시안의 자체 직렬화 메커니즘으로 직렬화할 수 없는 자바 객체도 HTTP 인보커로는 직렬화할 수 있습니다.

스프링 원격 지원 기능은 헤시안, HTTP 인보커 같은 기술로 개발한 원격 서비스를 일관성 있게 표출/호출하는 기능을 제공합니다. 서버 측에서는 `HessianServiceExporter`, `HttpInvokerServiceExporter` 같은 서비스 익스포터를 이용해 스프링 빈을 원격에서 호출 가능한 원격 서비스로 익스포트합니다. 클라이언트 측에서는 `HessianProxyFactoryBean`, `HttpInvokerProxyFactoryBean` 같은 팩토리 빈을 구성해 원격 서비스에 대한 프록시를 생성하며 원격 서비스를 마치 로컬 빈처럼 사용할 수 있습니다. 양쪽 모두 별다른 프로그램 없이 구성 코드 몇 줄만 추가하면 됩니다.

풀이

`HessianServiceExporter`, `HttpInvokerServiceExporter`를 이용해 서비스를 익스포트하고 이렇게 표출된 서비스를 `HessianProxyFactoryBean`, `HttpInvokerProxyFactorybean` 같은 편의성 클래스로 사용하는 방법을 살펴보겠습니다.

헤시안 서비스 표출하기

앞 레시피에서 작성한 날씨 서비스를 헤시안 서비스로 표출하려고 합니다. 먼저 스프링 MVC로 간단한 웹 애플리케이션을 만들어 서비스를 배포합시다. 다음은 웹 애플리케이션 및 스프링 애플리케이션 컨텍스트를 시동하는 `WeatherServiceInitializer` 클래스입니다.

```
public class WeatherServiceInitializer extends AbstractAnnotationConfigDispatcherServletIn
itializer {

    @Override
    protected String[] getServletMappings() {
        return new String[] {"/*"};
    }

    @Override
    protected Class<?>[] getRootConfigClasses() {
        return null;
    }

    @Override
    protected Class<?>[] getServletConfigClasses() {
        return new Class[] {WeatherConfigHessianServer.class};
    }
}
```

DispatcherServlet 서블릿을 만들어 루트 경로(/*) 이하 전체 경로를 매핑하고 다음
WeatherConfigHessianServer를 구성 클래스로 사용하는 설정입니다.

```
@Configuration
public class WeatherConfigHessianServer {

    @Bean
    public WeatherService weatherService() {
        WeatherService wService = new WeatherServiceImpl();
        return wService;
    }

    @Bean(name = "/weather")
    public HessianServiceExporter exporter() {
        HessianServiceExporter exporter = new HessianServiceExporter();
        exporter.setService(weatherService());
        exporter.setServiceInterface(WeatherService.class);
        return exporter;
    }
}
```

앞 레시피에서 사용한 것과 동일한 weatherService 빈을 생성하고 HessianServiceExporter 인스턴스를 사용해 필요한 작업을 표출합니다.

HessianServiceExporter 인스턴스에는 익스포트할 서비스 객체와 그 서비스 인터페이스를 설정합니다. 스프링 빈은 전부 다 헤시안 서비스로 익스포트할 수 있습니다. HessianServiceExporter는 이 빈을 감싼 프록시를 생성합니다.

프록시는 실행 요청을 받고 해당 빈 메서드를 호출합니다. BeanNameUrlHandlerMapping은 스프링 MVC 애플리케이션에 기본 구성되어 있으므로 빈 이름과 동일한 URL 패턴으로 매핑합니다. 위 구성 파일에서는 /weather라는 URL 패턴을 HessianServiceExporter에 매핑했습니다. 자, 이제 웹 애플리케이션을 톰캣 컨테이너에 배포합시다. 톰캣의 기본 리스닝 포트는 8080번이므로 헤시안 컨텍스트 경로에 애플리케이션을 배포하면 날씨 서비스는 http://localhost:8080/hessian/weather로 액세스할 수 있습니다.

헤시안 서비스 호출하기

스프링 원격 지원 기능을 이용하면 원격 서비스도 로컬 빈처럼 호출할 수 있습니다. 클라이언트 애플리케이션에서는 자바 구성 클래스에 HessianProxyFactoryBean 인스턴스를 생성하고 원격 헤시안 서비스용 프록시를 만듭니다. 그리고 이 서비스를 로컬 빈처럼 호출하면 됩니다.

```
@Bean
public HessianProxyFactoryBean weatherService() {
    HessianProxyFactoryBean factory = new HessianProxyFactoryBean();
    factory.setServiceUrl("http://localhost:8080/hessian/weather");
    factory.setServiceInterface(WeatherService.class);
    return factory;
}
```

HessianProxyFactoryBean 인스턴스에는 대상 서비스를 가리키는 serviceURL과 원격 서비스에 대한 로컬 프록시를 생성하는 데 필요한 serviceInterface 프로퍼티를 반드시 설정해야 합니다. 프록시는 실행 요청을 원격 서비스에 그대로 넘깁니다.

HTTP 인보커 서비스 표출하기

HTTP 인보커를 이용해 서비스를 표출하는 방법은 HttpInvokerServiceExporter를 대신 사용하는 점을 제외하면 헤시안과 비슷합니다.

```java
@Bean(name = "/weather")
public HttpInvokerServiceExporter exporter() {
    HttpInvokerServiceExporter exporter = new HttpInvokerServiceExporter();
    exporter.setService(weatherService());
    exporter.setServiceInterface(WeatherService.class);
    return exporter;
}
```

HTTP 인보커 서비스 호출하기

HTTP 인보커로 표출한 서비스를 호출하는 방법 역시 HttpInvokerProxyFactoryBean을 사용한다는 점을 제외하면 헤시안과 별 다를 바 없습니다.

```java
@Bean
public HttpInvokerProxyFactoryBean weatherService() {
    HttpInvokerProxyFactoryBean factory = new HttpInvokerProxyFactoryBean();
    factory.setServiceUrl("http://localhost:8080/httpinvoker/weather");
    factory.setServiceInterface(WeatherService.class);
    return factory;
}
```

레시피 13-9 JAX-WS로 SOAP 웹 서비스 표출/호출하기

과제

SOAP은 상이한 플랫폼 간의 통신을 위한 엔터프라이즈 표준 기술입니다. 아주 중요한 원격 작업을 수행하는 현대 소프트웨어는 대부분 SOAP을 사용합니다. 여러분이 개발한 자바 애플리케이션에서 서드파티 SOAP 웹 서비스를 호출하려고 합니다. 또, 반대로 실행 플랫폼이 다른 서드파티 애플리케이션에서 여러분의 자바 애플리케이션에 있는 웹 서비스를 SOAP을 사용해 호출할 수 있게 표출하려고 합니다.

해결책

JAX-WS @WebService, @WebMethod 및 스프링 SimpleJaxWsServiceExporter를 이용해서 SOAP을 사용해 빈에 구현된 비즈니스 로직에 액세스합니다. 아파치 CXF를 스프링과 함께 사용하면 톰캣 같은 자바 서버에 SOAP 서비스를 표출할 수 있습니다. 스프링에서 아파치 CXF를 이용하거나 스프링 JaxWsPortProxyFactoryBean을 활용하면 SOAP 서비스에 액세스할 수 있습니다.

풀이

JAX-WS 2.0의 전신은 JAX-RPC 1.1(XML 기반 웹 서비스용 자바 API)입니다. 자바로 SOAP을 다룬다면 자바 EE 및 표준 JDK 모두 기꺼이 지원하는 JAX-WS가 가장 최신 표준입니다.

JDK의 JAX-WS 엔드포인트 지원 기능을 이용해 웹 서비스 표출하기

자바 JDK에 내장된 JAX-WS 런타임을 이용해 JAX-WS 서비스를 표출하는 방법입니다. 따라서 굳이 JAX-WS 서비스를 자바 웹 애플리케이션의 일부로 배포할 필요가 없습니다. 다른 런타임이 없으면 JDK가 제공하는 JAX-WS 지원 기능이 사용됩니다. 지금부터 앞 레시피에서 작성한 날씨 애플리케이션을 JAX-WS로 구현하겠습니다. 클라이언트에 표시할 날씨 서비스는 애너테이션을 붙여 표시하고 WeatherServiceImpl 클래스에는 @WebService, @WebMethod를 붙입니다. Main 클래스에는 @WebService를, 표출되는 서비스 메서드에는 @WebMethod를 각각 적용합니다.

```
@WebService(serviceName = "weather",
    endpointInterface = " com.apress.springrecipes.weather.WeatherService")
public class WeatherServiceImpl implements WeatherService {

    @WebMethod(operationName = "getTemperatures")
    public List<TemperatureInfo> getTemperatures(String city, List<Date> dates) {
        List<TemperatureInfo> temperatures = new ArrayList<>();
        for (Date date : dates) {
```

```
        temperatures.add(new TemperatureInfo(city, date, 5.0, 10.0, 8.0));
    }

    return temperatures;
    }
}
```

@WebService에서 endpointInterface, serviceName 같은 속성값을 꼭 지정할 필요는 없지만 SOAP 규약의 가독성은 좋아집니다. @WebMethod의 operationName도 필수 속성은 아니지만 향후 자바 코드를 리팩토링하더라도 SOAP 엔드포인트를 사용하는 클라이언트를 보호하는 효과가 있어 이렇게 하는 편이 좋습니다.

스프링이 @WebService 빈을 감지하려면 자바 구성 클래스에 SimpleHttpServerJaxWsServiceExporter 빈을 선언해야 합니다.

```
@Bean
public SimpleHttpServerJaxWsServiceExporter jaxWsService() {
    SimpleHttpServerJaxWsServiceExporter simpleJaxWs =
        new SimpleHttpServerJaxWsServiceExporter();
    simpleJaxWs.setPort(8888);
    simpleJaxWs.setBasePath("/jaxws/");
    return simpleJaxWs;
}
```

SimpleHttpServerJaxWsServiceExporter 객체의 setPort(), setBasePath() 메서드를 이용해 포트와 기본 경로를 각각 8888번과 /jaxws/로 설정합니다. 이것이 바로 애플리케이션의 JAX-WS 서비스 엔드포인트로, @WebService 빈은 모두 이 주소(즉, JDK 기반의 단독형 서버) 밑으로 집결됩니다. 예를 들어 weather라는 @WebService 빈의 액세스 경로는 http://localhost:8888/jaxws/weather입니다.

> **NOTE**_ 웹으로 배포할 때는 SimpleHttpServerJaxWsServiceExporter 대신 SimpleJaxWsServiceExporter를 사용합니다. SimpleHttpServerJaxWsServiceExporter가 시동한 임베디드 HTTP 서버는 웹을 배포하는 용도로는 부적합하니까요.

브라우저에서 http://localhost:8888/jaxws/weather?wsdl에 접속하면 SOAP WSDL 규약이 다음과 같이 생성되어 반환됩니다.

```xml
<?xml version="1.0" encoding="UTF-8"?>
<!--
Published by JAX-WS RI (http://jax-ws.java.net). RI's version is JAX-WS RI 2.2.9-b130926.1035
svn-revision#5f6196f2b90e9460065a4c2f4e30e065b245e51e.
-->
<!--
Generated by JAX-WS RI (http://jax-ws.java.net). RI's version is JAX-WS RI 2.2.9-b130926.1035
svn-revision#5f6196f2b90e9460065a4c2f4e30e065b245e51e.
-->
<definitions xmlns="http://schemas.xmlsoap.org/wsdl/" xmlns:soap="http://schemas.xmlsoap.
org/wsdl/soap/" xmlns:tns="http://weather.springrecipes.apress.com/" xmlns:wsam="http://
www.w3.org/2007/05/addressing/metadata" xmlns:wsp="http://www.w3.org/ns/ws-policy" xmlns:
wsp1_2="http://schemas.xmlsoap.org/ws/2004/09/policy" xmlns:wsu="http://docs.oasis-open.org/
wss/2004/01/oasis-200401-wss-wssecurity-utility-1.0.xsd" xmlns:xsd="http://www.w3.org/2001/
XMLSchema" targetNamespace="http://weather.springrecipes.apress.com/" name="weather">
    <types>
        <xsd:schema>
            <xsd:import namespace="http://weather.springrecipes.apress.com/"
                schemaLocation="http://localhost:8888/jaxws/weather?xsd=1" />
        </xsd:schema>
    </types>
    <message name="getTemperatures">
        <part name="parameters" element="tns:getTemperatures" />
    </message>
    <message name="getTemperaturesResponse">
        <part name="parameters" element="tns:getTemperaturesResponse" />
    </message>
    <portType name="WeatherService">
        <operation name="getTemperatures">
            <input wsam:Action="http://weather.springrecipes.apress.com/WeatherService/
getTemperaturesRequest" message="tns:getTemperatures" />
            <output wsam:Action="http://weather.springrecipes.apress.com/WeatherService/
getTemperaturesResponse" message="tns:getTemperaturesResponse" />
        </operation>
    </portType>
    <binding name="WeatherServiceImplPortBinding" type="tns:WeatherService">
        <soap:binding transport="http://schemas.xmlsoap.org/soap/http" style="document" />
        <operation name="getTemperatures">
            <soap:operation soapAction="" />
```

```
    <input>
        <soap:body use="literal" />
    </input>
    <output>
    <soap:body use="literal" />
    </output>
    </operation>
  </binding>
  <service name="weather">
    <port name="WeatherServiceImplPort" binding="tns:WeatherServiceImplPortBinding">
        <soap:address location="http://localhost:8888/jaxws/weather" />
    </port>
  </service>
</definitions>
```

SOAP WSDL은 클라이언트가 서비스에 액세스하는 데 사용하는 규약입니다. 생성된 WSDL을 보면 날씨 서비스 메서드를 아주 기본적으로 서술하고 있지만 프로그래밍 언어에 구애받지 않고 작동한다는 사실이 중요합니다. 이러한 중립성이야말로 SOAP의 존재 가치입니다. SOAP를 해석할 수 있는 플랫폼이면 어느 것이라도 서비스를 액세스할 수 있게 하자는 사상이지요.

CXF를 이용해 웹 서비스 표출하기

JAX-WS 서비스 익스포터 및 JDK JAX-WS 지원 기능을 이용하면 간단히 단독형 SOAP 엔드포인트를 익스포트할 수 있지만 실제로 많은 자바 애플리케이션이 톰캣 같은 전용 런타임에서 작동되므로 사실 실효성은 떨어집니다. 톰캣 자체는 JAX-WS를 지원하지 않으므로 애플리케이션에 장착할 JAX-WS 런타임이 필요합니다.

여러 가지 선택지가 있지만 그중 가장 널리 쓰이는 런타임은 아파치 CXF입니다. CXF는 확실하게 검증된, 빈틈없는 라이브러리입니다. 또 REST형 엔드포인트 API로 쓰이는 JAX-RS 같은 주요 표준을 효과적으로 지원합니다.

먼저 서블릿 3.1 규격 서버(예 : 아파치 톰캣 8.5)에서 애플리케이션을 시동하는 Initializer 클래스를 봅시다.

```
public class Initializer implements WebApplicationInitializer {

    @Override
    public void onStartup(ServletContext container) throws ServletException {
        XmlWebApplicationContext context = new XmlWebApplicationContext();
        context.setConfigLocation("/WEB-INF/appContext.xml");

        container.addListener(new ContextLoaderListener(context));

        ServletRegistration.Dynamic cxf = container.addServlet("cxf", new CXFServlet());
        cxf.setLoadOnStartup(1);
        cxf.addMapping("/*");
    }
}
```

Initializer 클래스는 스프링 MVC 애플리케이션과 생김새가 비슷합니다. 서비스를 표출하려면 해야 할 번거로운 일들을 CXFServlet에 맡기는 게 유일한 차이점입니다.

```
@Configuration
@ImportResource("classpath:META-INF/cxf/cxf.xml")
public class WeatherConfig {

    @Bean
    public WeatherService weatherService() {
        return new WeatherServiceImpl();
    }

    @Bean(initMethod = "publish")
    public EndpointImpl endpoint(Bus bus) {
        EndpointImpl endpoint = new EndpointImpl(bus, weatherService());
        endpoint.setAddress("/weather");
        return endpoint;
    }
}
```

엔드포인트는 EndpointImp 객체를 이용해 등록합니다. 이 객체는 (아파치 CXF가 제공한) cxf.xml 파일을 임포트해 구성하는 CXF Bus를 필요로 하며, 스프링 빈인 weatherService를 구현체로 사용합니다. 서비스 주소는 address 프로퍼티에 지정합니다. 좀 전에 Initializer

클래스에서 CXF 서블릿을 루트 디렉터리(/)에 마운트했기 때문에 CXF weatherService 엔드포인트는 (애플리케이션 컨텍스트 루트가 /cxf이므로) /cxf/weather 이하의 경로로 액세스할 수 있습니다.

initMethod 속성에 publish() 메서드를 지정했습니다. 그냥 endpoint.publish("/weather") 한 줄을 넣고 이 속성과 setAddress() 메서드 호출부를 지워도 되지만 예제처럼 하면 엔드포인트가 발행되기 전 콜백을 받아 실제 EndpointImpl 기능을 강화하거나 추가 구성을 할 여지가 생깁니다. 예를 들면 SSL을 적용할 엔드포인트가 여럿 있을 때 요긴하겠죠.

weatherServiceImpl 코드는 @WebService, @WebMethod 위치를 비롯해 이전과 같습니다. 애플리케이션을 빌드해서 cxf.war 파일을 만든 뒤 /cxf를 컨텍스트 루트로 WAR 파일을 배포합니다. 애플리케이션과 웹 컨테이너를 시동한 다음, 브라우저를 열고 http://localhost:8080/cxf/weather에 접속하면 SOAP WSDL 규약이 표시됩니다. http://localhost:8080/cxf 페이지에 접속하면 사용 가능한 서비스 디렉터리와 개별 작업 목록이 나열됩니다. 서비스 WSDL 링크를 클릭하면 (또는 서비스 엔드포인트 주소 뒤에 ?WSDL을 붙여 접속하면) 서비스 WSDL이 나옵니다. WSDL 규약은 CXF를 이용해서 만든 WSDL 규약이라는 점만 빼고 앞 섹션에서 JAX-WS JDK 지원 모듈을 이용할 때 봤던 내용과 거의 같습니다.

스프링 JaxWsPortProxyFactoryBean을 이용해 웹 서비스 호출하기

스프링은 SOAP WSDL 규약을 가져와 그 하부 서비스를 일반 스프링 빈처럼 다룰 수 있게 지원합니다. JaxWsPortProxyFactoryBean 덕분에 가능한 일입니다. 다음은 JaxWsPortProxyFactoryBean을 이용해 weather라는 SOAP 서비스에 액세스하는 빈 코드입니다.

```
@Bean
public JaxWsPortProxyFactoryBean weatherService() throws MalformedURLException {
    JaxWsPortProxyFactoryBean weatherService = new JaxWsPortProxyFactoryBean();
    weatherService.setServiceInterface(WeatherService.class);
    weatherService.setWsdlDocumentUrl(new URL("http://localhost:8080/cxf/weather?WSDL"));
    weatherService.setNamespaceUri("http://weather.springrecipes.apress.com/");
    weatherService.setServiceName("weather");
    weatherService.setPortName("WeatherServiceImplPort");
    return weatherService;
}
```

weatherService라는 이름의 빈 인스턴스를 만들고 이를 사용해 그 하부 SOAP 서비스 메서드를 로컬에 있는 빈처럼 (weatherService.getTemperatures(city, dates) 식으로) 호출하는 겁니다. JaxWsPortProxyFactoryBean은 지금부터 설명할 몇 가지 필수 프로퍼티를 설정해야 합니다.

serviceInterface는 SOAP 호출할 서비스 인터페이스입니다. 날씨 서비스라면 서버 측 구현 코드를 이용하게 될 테니 결국 같은 코드입니다. 서버 측 코드를 알 수 없는 SOAP 서비스라면 java2wsdl 같은 툴로 WSDL 규약에서 자바 인터페이스를 추출한 다음 액세스해야 합니다. 클라이언트가 사용하는 serviceInterface에도 서버 측 구현체에 적용한 것과 같은 JAX-WS 애너테이션을 붙입니다.

wsdlDocumentUrl은 WSDL 규약의 위치를 나타내는 프로퍼티입니다. 예제에서는 CXF SOAP 엔드포인트를 가리키고 있는데요, JAX-WS JDK 엔드포인트든, WSDL 규약이든 어느 것이라도 이 프로퍼티에 지정하면 똑같이 액세스할 수 있습니다.

namesapceUrl, serviceName, portName은 WSDL 규약 자체에 관한 프로퍼티입니다. WSDL 규약에서 네임스페이스, 서비스, 포트는 천차만별이기 때문에 스프링이 어떤 값을 이용해 서비스에 액세스하면 좋을지 귀띔해줘야 합니다. 날씨 WSDL 규약을 하나씩 잘 살펴보면 쉽게 그 값을 확인할 수 있습니다.

CXF를 이용해 웹 서비스 호출하기

이제 CXF를 이용해 웹 서비스 클라이언트를 작성합시다. 사실 클라이언트는 앞 레시피와 동일하며 달리 자바 구성이나 코드를 추가할 필요는 없습니다. 서비스 인터페이스를 클래스패스에 잘 놓아두기만 하면 CXF 네임스페이스 지원 기능을 이용해 클라이언트를 생성할 수 있습니다.

```
@Configuration
@ImportResource("classpath:META-INF/cxf/cxf.xml")
public class WeatherConfigCxfClient {

    @Bean
    public WeatherServiceClient weatherClient(WeatherService weatherService) {
        return new WeatherServiceClient(weatherService);
    }
}
```

```
    @Bean
    public WeatherService weatherServiceProxy() {
        JaxWsProxyFactoryBean factory = new JaxWsProxyFactoryBean();
        factory.setServiceClass(WeatherService.class);
        factory.setAddress("http://localhost:8080/cxf/weather");
        return (WeatherService) factory.create();
    }
}
```

@ImportResource("classpath:META-INF/cxf/cxf.xml")를 붙여 아파치 CXF가 제공한 인프라 빈을 임포트합니다.

클라이언트를 생성하려면 일단 JaxWsProxyFactoryBean을 만들고 이 빈을 이용할 서비스 클래스 및 접속할 주소에 넘깁니다. 그러고 나서 create() 메서드를 호출해 여느 WeatherService처럼 작동할 프록시를 생성합니다. 여기까집니다. 이제 앞 레시피 예제처럼 클라이언트를 WeatherServiceClient에 주입한 뒤 weatherService 레퍼런스를 이용해 (weatherService.getTemperatures(city, dates) 식으로) 호출하면 됩니다.

레시피 13-10 규약우선 SOAP 웹 서비스

과제

앞 레시피에서 보았던 코드우선(code-first) 방식 대신, 규약우선(contract-first) 방식으로 SOAP 웹 서비스를 개발하세요.

해결책

SOAP 웹 서비스를 개발하는 방식은 두 가지입니다. 하나는 '자바 클래스 → WSDL 규약' 방향으로 개발하는 코드우선(코드를 먼저 개발하는) 방식이고 다른 하나는 '(WSDL보다 단순한) XML 데이터 규약 → 자바 클래스 방향'으로 서비스를 구현하는 규약우선(규약을 먼저 정해놓고 개발하는) 방식입니다. 후자 방식으로 XML 데이터 규약을 작성하려면 서비스가 제공하는 기능과 정보가 XSD 또는 XML 스키마 파일에 먼저 기술되어 있어야 합니다. XSD 파일이 필요한 이유는, 이 파일에 정의된 XML 각본에 따라 SOAP 서비스의 서버와 클라이언트 간의 내부적인 통신이 이루어지기 때문입니다. 하지만 사람이 한 치의 오차도 없이 XSD 파일을 작성하기는 매우 어렵기 때문에 대략 만들어놓은 샘플 XML 메시지를 이용해 XSD 파일을 이끌어내는 방법을 많이 씁니다. 이렇게 XSD 파일이 준비되면 스프링 웹 서비스로 SOAP 웹 서비스를 구축할 수 있습니다.

풀이

규약우선 방식으로 웹 서비스를 개발하기 가장 쉬운 방법은 샘플 XML 메시지를 작성하고 툴을 이용해 XSD 파일을 추출하는 겁니다. XSD 파일이 만들어진 다음엔 다른 툴을 써서 웹 서비스 클라이언트를 구축합니다.

샘플 XML 메시지 작성하기

앞 레시피에서 작성한 날씨 서비스를 이번에는 규약우선 SOAP 방식으로 작성해보겠습니다. 도시 및 날짜별로 날씨 정보를 요청하면 최저, 최고, 평균 기온을 반환하는 SOAP 서비스를 개발하려고 합니다. 코드부터 작성하는 기존 방식 대신, 다음과 같이 XML 메시지를 이용한 규약우선 방식으로 주어진 도시, 날짜의 기온 정보를 나타냅니다.

```
<TemperatureInfo city="Houston" date="2013-12-01">
    <min>5.0</min>
    <max>10.0</max>
    <average>8.0</average>
</TemperatureInfo>
```

이 샘플 XML 메시지는 날씨 서비스의 데이터 규약을 규약우선 SOAP 방식으로 정의하는 첫 단추입니다. 이제 기능을 정의할 차례입니다. 이 서비스를 이용하는 클라이언트는 특정 도시의 날짜별 기온 정보를 알고 싶을 겁니다. 따라서 각 요청은 city 엘리먼트 하나와 여러 date 엘리먼트로 구성됩니다. 다른 XML 문서와 이름이 충돌되면 안 되니 네임스페이스를 명시합니다. 이 XML 메시지를 request.xml 파일로 저장합시다.

```
<GetTemperaturesRequest
    xmlns="http://springrecipes.apress.com/weather/schemas">
    <city>Houston</city>
    <date>2013-12-01</date>
    <date>2013-12-08</date>
    <date>2013-12-15</date>
</GetTemperaturesRequest>
```

응답 XML은 여러 TemperatureInfo 엘리먼트로 구성되며 TemperatureInfo 엘리먼트 하나
는 특정 도시, 특정 날짜에 해당하는 기온 정보를 표시합니다. 이 XML 메시지는 response.
xml 파일로 저장합시다.

```
<GetTemperaturesResponse
    xmlns="http://springrecipes.apress.com/weather/schemas">
    <TemperatureInfo city="Houston" date="2013-12-01">
        <min>5.0</min>
        <max>10.0</max>
        <average>8.0</average>
    </TemperatureInfo>
    <TemperatureInfo city="Houston" date="2007-12-08">
        <min>4.0</min>
        <max>13.0</max>
        <average>7.0</average>
    </TemperatureInfo>
    <TemperatureInfo city="Houston" date="2007-12-15">
        <min>10.0</min>
        <max>18.0</max>
        <average>15.0</average>
    </TemperatureInfo>
</GetTemperaturesResponse>
```

샘플 XML 메시지 → XSD 파일 생성하기

이제 방금 전 작성한 샘플 XML 메시지 두 개를 이용해 XSD 파일을 만듭시다. 대부분의 XML 툴
과 엔터프라이즈 자바 IDE는 복수의 XML 파일에서 XSD 파일을 생성하는 기능을 제공합니다.
필자는 아파치 XMLBeans(http://xmlbeans.apache.org/) 툴로 XSD 파일을 만들겠습니다.

아파치 XMLBeans에는 XML 파일을 입력받아 XSD 파일을 출력하는 inst2xsd라는 툴이 있습니다. inst2xsd는 XSD 파일 생성에 관한 몇 가지 설계 타입을 지원하는데, 그중 제일 간단한 러시아 인형 패턴Russian doll pattern으로 실행하면 로컬 엘리먼트와 로컬 타입이 대상 XSD 파일에 생성됩니다. XML 메시지에는 열거형enumeration이 없으므로 -enumerations never 옵션을 지정해 열거형 생성 기능을 해제합니다. 이제 다음 명령으로 XML 파일에서 XSD 파일을 추출합시다.

```
inst2xsd -design rd -enumerations never request.xml response.xml
```

XSD는 기본 파일명 schema0.xsd로 명령을 실행한 디렉터리에 생성됩니다. 파일명을 temperature.xsd로 바꾸세요.

```xml
<?xml version="1.0" encoding="UTF-8"?>
<xs:schema attributeFormDefault="unqualified"
    elementFormDefault="qualified"
    targetNamespace="http://springrecipes.apress.com/weather/schemas"
    xmlns:xs="http://www.w3.org/2001/XMLSchema">

    <xs:element name="GetTemperaturesRequest">
        <xs:complexType>
            <xs:sequence>
                <xs:element type="xs:string" name="city" />
                <xs:element type="xs:date" name="date"
                    maxOccurs="unbounded" minOccurs="0" />
            </xs:sequence>
        </xs:complexType>
    </xs:element>

    <xs:element name="GetTemperaturesResponse">
        <xs:complexType>
            <xs:sequence>
                <xs:element name="TemperatureInfo"
                    maxOccurs="unbounded" minOccurs="0">
                    <xs:complexType>
```

```
        <xs:sequence>
            <xs:element type="xs:float" name="min" />
            <xs:element type="xs:float" name="max" />
            <xs:element type="xs:float" name="average" />
        </xs:sequence>
        <xs:attribute type="xs:string" name="city"
            use="optional" />
        <xs:attribute type="xs:date" name="date"
            use="optional" />
      </xs:complexType>
    </xs:element>
  </xs:sequence>
  </xs:complexType>
  </xs:element>
</xs:schema>
```

생성된 XSD 파일 최적화하기

XSD 파일을 보면 클라이언트가 날짜를 무제한 지정해서 쿼리할 수 있게 만들어져 있습니다. 쿼리 가능한 최대/최소 날짜 범위 조건을 추가하려면 다음과 같이 maxOccurs, minOccurs 속성을 추가합니다.

```
<?xml version="1.0" encoding="UTF-8"?>
<xs:schema attributeFormDefault="unqualified"
    elementFormDefault="qualified"
    targetNamespace="http://springrecipes.apress.com/weather/schemas"
    xmlns:xs="http://www.w3.org/2001/XMLSchema">

    <xs:element name="GetTemperaturesRequest">
        <xs:complexType>
            <xs:sequence>
                <xs:element type="xs:string" name="city" />
                <xs:element type="xs:date" name="date"
                    maxOccurs="5" minOccurs="1" />
            </xs:sequence>
        </xs:complexType>
    </xs:element>

    <xs:element name="GetTemperaturesResponse">
```

```
        <xs:complexType>
           <xs:sequence>
              <xs:element name="TemperatureInfo"
                    maxOccurs="5" minOccurs="1">
                 ...
              </xs:element>
           </xs:sequence>
        </xs:complexType>
     </xs:element>
  </xs:schema>
```

생성된 WSDL 파일 미리보기

잠시 후 자세히 살펴보겠지만 스프링 웹 서비스에는 XSD 파일에서 WSDL 규약을 자동 생성하는 기능이 장착되어 있습니다. 다음 코드는 그럴 의도로 구성한 스프링 빈입니다. 나중에 스프링 웹 서비스로 SOAP 웹 서비스를 구축하는 방법을 설명하는 부분에서 이 코드가 어떻게 쓰이는지 알게 될 겁니다.

```
<sws:dynamic-wsdl id="temperature" portTypeName="Weather" locationUri="/">
   <sws:xsd location="/WEB-INF/temperature.xsd"/>
</sws:dynamic-wsdl>
```

생성된 WSDL 파일을 미리보면 서비스 규약을 더 확실히 이해할 수 있습니다. 지면상 중요한 부분만 나타냈습니다.

```
<?xml version="1.0" encoding="UTF-8" ?>
<wsdl:definitions ...
   targetNamespace="http://springrecipes.apress.com/weather/schemas">
   <wsdl:types>
      <!-- XSD 파일에서 복사한 코드 -->
      ...
   </wsdl:types>
   <wsdl:message name="GetTemperaturesResponse">
      <wsdl:part element="schema:GetTemperaturesResponse"
         name="GetTemperaturesResponse">
      </wsdl:part>
```

```
   </wsdl:message>
   <wsdl:message name="GetTemperaturesRequest">
       <wsdl:part element="schema:GetTemperaturesRequest"
           name="GetTemperaturesRequest">
       </wsdl:part>
   </wsdl:message>
   <wsdl:portType name="Weather">
       <wsdl:operation name="GetTemperatures">
           <wsdl:input message="schema:GetTemperaturesRequest"
               name="GetTemperaturesRequest">
           </wsdl:input>
           <wsdl:output message="schema:GetTemperaturesResponse"
               name="GetTemperaturesResponse">
           </wsdl:output>
       </wsdl:operation>
   </wsdl:portType>
   ...
   <wsdl:service name="WeatherService">
       <wsdl:port binding="schema:WeatherBinding" name="WeatherPort">
           <soap:address
               location="http://localhost:8080/weather/services" />
       </wsdl:port>
   </wsdl:service>
</wsdl:definitions>
```

`<wsdl:portType name="Weather">...</wsdl>`에 GetTemperatures 작업이 정의되어 있는데요, 이 명칭은 입출력 메시지(즉, `<GetTemperaturesRequest>` 및 `<GetTemperaturesResponse>`)의 접두어에 대응됩니다. 이 두 엘리먼트를 정의한 코드는 데이터 규약에 정의되어 있는 대로 `<wsdl:types>...</wsdl>`에 있습니다.

WSDL 규약을 생성했으니 이제 필요한 자바 인터페이스를 만들고 XML 메시지로 시작하는 각 작업에 해당하는 코드를 구현할 수 있습니다. 다음 레시피에서 계속 살펴보겠습니다.

레시피 13-11 스프링 웹 서비스로 SOAP 웹 서비스 표출/호출 하기

과제

규약우선 SOAP 웹 서비스 개발의 첫 단계로 XSD 파일을 작성했지만 정작 서비스를 어떻게, 무엇을 이용해서 구현해야 할까요?

처음부터 규약우선 SOAP 웹 서비스 지원 용도로 설계된 스프링 웹 서비스가 자바 SOAP 웹 서비스를 제작하는 유일한 방법은 아닙니다. CXF 같은 JAX-WS 구현체도 같은 기능을 지원하지요. 하지만 스프링 웹 서비스를 이용하면 규약우선 SOAP 웹 서비스를 좀 더 스프링답게 자연스럽고 완성도 높은 방법으로 개발할 수 있습니다. 그밖의 다른 기법들은 스프링 프레임워크 범위를 벗어나므로 이 책에서는 다루지 않습니다.

해결책

스프링 웹 서비스는 규약우선 SOAP 웹 서비스 개발에 필요한 편의 기능을 제공합니다. 스프링 웹 서비스 구축에 꼭 필요한 작업들을 나열하면 다음과 같습니다.

1 스프링 MVC 애플리케이션을 설정 및 구성합니다.
2 웹 서비스 요청을 엔드포인트에 매핑합니다.
3 요청 메시지를 처리하고 응답 메시지를 반환할 서비스 엔드포인트를 작성합니다.
4 웹 서비스 WSDL 파일을 발행합니다.

스프링 웹 서비스 애플리케이션 설정하기

먼저 SOAP 웹 서비스와 더불어 웹 애플리케이션을 시동할 WebApplicationInitializer가 필요합니다. 스프링 웹 서비스의 일부인 MessageDispatcherServlet도 구성해야 합니다. 이 서블릿은 웹 서비스 메시지를 적절한 엔드포인트로 디스패치하고 스프링 웹 서비스의 각종 지원 기능을 감지합니다.

```
public class Initializer extends AbstractAnnotationConfigMessageDispatcherServletInitializer {

    @Override
```

```
    protected Class<?>[] getRootConfigClasses() {
        return null;
    }

    @Override
    protected Class<?>[] getServletConfigClasses() {
        return new Class<?>[] {SpringWsConfiguration.class};
    }

}
```

보다시피 이름은 매우 길지만 AbstractAnnotationConfigMessageDispatcherServletInit
ializer 클래스를 상속하면 간단히 rootConfig, servletConfig 자리에 구성 클래스만 지정
하면 됩니다. rootConfig는 null을 할당할 수 있지만 servletConfig는 필수입니다.

예제처럼 구성하면 SpringWsConfiguration 클래스로 MessageDispatcherServlet을 시동
하며 /services/*, *.wsdl 패턴의 URL에 이 서블릿을 등록합니다.

```
@Configuration
@EnableWs
@ComponentScan("com.apress.springrecipes.weather")
public class SpringWsConfiguration {

    ...

}
```

SpringWsConfiguration 클래스에 @EnableWs를 붙여 MessageDispatcherServlet 작동에
필요한 빈들을 등록합니다. 그다음 줄의 @ComponentScan은 @Service, @Endpoint가 달린 빈
을 찾습니다.

서비스 엔드포인트 작성하기

스프링 웹 서비스는 아무 클래스나 @Endpoint만 붙이면 서비스 엔드포인트로 액세스할 수 있
게 둔갑시킵니다. @PayloadRoot를 붙여 서비스 요청을 매핑하며 메서드별로 오고가는 서비스
데이터를 처리하려면 이와 별도로 핸들러 메서드에도 @ResponsePayload, @RequestPayload
를 적용해야 합니다.

```java
@Endpoint
public class TemperatureEndpoint {

    private static final String namespaceUri =
        "http://springrecipes.apress.com/weather/schemas";
    private XPath cityPath;
    private XPath datePath;

    private final WeatherService weatherService;

    public TemperatureEndpoint(WeatherService weatherService) {
        this.weatherService = weatherService;
        // 네임스페이스까지 포함한 XPath 객체를 생성합니다.
        Map<String, String> namespaceUris = new HashMap<String, String>();
        namespaceUris.put("weather", namespaceUri);
        cityPath = new DefaultXPath("/weather:GetTemperaturesRequest/weather:city");
        cityPath.setNamespaceURIs(namespaceUris);
        datePath = new DefaultXPath("/weather:GetTemperaturesRequest/weather:date");
        datePath.setNamespaceURIs(namespaceUris);
    }

    @PayloadRoot(localPart = "GetTemperaturesRequest", namespace = namespaceUri)
    @ResponsePayload
    public Element getTemperature(@RequestPayload Element requestElement) throws Exception {
        DateFormat dateFormat = new SimpleDateFormat("yyyy-MM-dd");
        // 요청 메시지에서 서비스 매개변수를 추출합니다.
        String city = cityPath.valueOf(requestElement);
        List<Date> dates = new ArrayList<Date>();
        for (Object node : datePath.selectNodes(requestElement)) {
            Element element = (Element) node;
            dates.add(dateFormat.parse(element.getText()));
        }

        // 백엔드 서비스를 호출해 요청을 처리합니다.
        List<TemperatureInfo> temperatures =
            weatherService.getTemperatures(city, dates);

        // 백엔드 서비스에서 결과를 받아 응답 메시지를 만듭니다.
        Document responseDocument = DocumentHelper.createDocument();
        Element responseElement = responseDocument.addElement(
            "GetTemperaturesResponse", namespaceUri);
        for (TemperatureInfo temperature : temperatures) {
            Element temperatureElement = responseElement.addElement(
```

```
        "TemperatureInfo");
      temperatureElement.addAttribute("city", temperature.getCity());
      temperatureElement.addAttribute(
        "date", dateFormat.format(temperature.getDate()));
      temperatureElement.addElement("min").setText(
        Double.toString(temperature.getMin()));
      temperatureElement.addElement("max").setText(
        Double.toString(temperature.getMax()));
      temperatureElement.addElement("average").setText(
        Double.toString(temperature.getAverage()));
    }
    return responseElement;
  }
}
```

@PayloadRoot에는 로컬명(GetTemperaturesRequest)과 처리할 페이로드 루트 엘리먼트의 네임스페이스(http://springrecipes.apress.com/weather/schemas)를 지정합니다. 핸들러 메서드 위에 붙인 @ResponsePayload는 반환값이 서비스 응답 데이터라는 의미입니다. 메서드 입력 매개변수에 붙인 @RequestPayload는 서비스 입력값을 해당 인수로 받겠다는 의미입니다.

핸들러 메서드는 일단 요청 메시지에서 서비스 매개변수를 가져옵니다. 예제에서는 XPath를 이용해 엘리먼트 위치를 찾고 있습니다. XPath 객체는 이 클래스의 생성자가 생성하기 때문에 다음 요청을 처리할 때 재사용할 수 있습니다. XPath 표현식에 네임스페이스가 누락되면 엘리먼트를 찾을 수 없으니 유의하세요. 서비스 매개변수를 추출한 다음, 요청을 처리할 백엔드 서비스를 호출합니다. 엔드포인트는 IoC 컨테이너에 구성되어 있어서 의존성 주입 형태로 다른 빈을 쉽게 참조할 수 있습니다. 마지막으로 백엔드 서비스 결과를 받아 응답 메시지를 만듭니다. 위 예제는 XML 메시지 생성 API가 다채로운 dom4j 라이브러리를 썼지만 여러분이 선호하는 다른 XML 처리 API 또는 자바 파서(즉, DOM)를 사용해도 좋습니다.

SpringWsConfiguration 클래스에 붙인 @ComponentScan 덕분에 스프링은 웹 서비스 애너테이션을 자동 감지해 엔드포인트를 서블릿에 배포합니다.

WSDL 파일 발행하기

SOAP 웹 서비스 개발의 최종 단계는 WSDL 파일을 발행하는 일입니다. 스프링 웹 서비스를 이용하면 WSDL 파일을 직접 작성할 필요 없이 SpringWsConfiguration 클래스에 빈을 추가하면 됩니다.

```java
@Bean
public DefaultWsdl11Definition temperature() {
    DefaultWsdl11Definition temperature = new DefaultWsdl11Definition();
    temperature.setPortTypeName("Weather");
    temperature.setLocationUri("/");
    temperature.setSchema(temperatureSchema());
    return temperature;
}

@Bean
public XsdSchema temperatureSchema() {
    return new SimpleXsdSchema(new ClassPathResource("/META-INF/xsd/temperature.xsd"));
}
```

DefaultWsdl11Definition 객체의 서비스 portTypeName과 최종 WSDL 파일이 배포된 위치를 가리키는 locationUri는 필수 프로퍼티입니다. WSDL 파일의 근거에 해당하는 XSD 파일의 위치도 명시해야 합니다(XSD 파일 생성에 관한 세부 내용은 앞 레시피를 참고하세요). 예제에서는 XSD 파일을 애플리케이션 META-INF 디렉터리에 넣었습니다. XSD 파일에 <GetTemperaturesRequest>, <GetTemperaturesResponse> 엘리먼트가 정의되어 있고 portTypeName이 Weather라고 지정돼 있기 때문에 WSDL 빌더는 다음 정보가 포함된 WSDL 파일을 출력합니다. 지면상 전체 WSDL 파일의 일부만 보겠습니다.

```xml
<wsdl:portType name="Weather">
    <wsdl:operation name="GetTemperatures">
        <wsdl:input message="schema:GetTemperaturesRequest"
            name="GetTemperaturesRequest" />
        <wsdl:output message="schema:GetTemperaturesResponse"
            name="GetTemperaturesResponse" />
    </wsdl:operation>
</wsdl:portType>
```

자, 이로써 빈 이름 뒤에 .wsdl 접미어를 붙여 WSDL 파일에 액세스할 수 있습니다. 웹 애플리케이션을 springws라는 WAR 파일에 패키징했다면 서비스는 http://localhost:8080/springws/에 배포되며 (초기자의 스프링 웹 서비스 서블릿이 /services에 배포되므로 WSDL에 지정한 빈 이름이 temperature라면) WSDL 파일 URL은 http://localhost:8080/springws/services/weather/temperature.wsdl입니다.

스프링 웹 서비스를 이용해 SOAL 웹 서비스 호출하기

이제 날씨 서비스를 발행한 규약에 따라 요청/응답 XML 메시지를 파싱하는 스프링 웹 서비스 클라이언트를 만들어 호출해봅시다. dom4j를 빌려 써도 좋고 여러분이 선호하는 다른 XML 파싱 API를 사용해도 좋습니다.

SOAP 웹 서비스를 호출하는 로컬 프록시를 생성해서 저수준의 호출 세부 내용이 클라이언트에 노출되지 않게 합니다. 이 프록시는 WeatherService 인터페이스를 구현하며 로컬 메서드 호출을 원격 SOAP 웹 서비스 호출로 바꿔줍니다.

```java
public class WeatherServiceProxy implements WeatherService {

    private static final String namespaceUri =
        "http://springrecipes.apress.com/weather/schemas";
    private final WebServiceTemplate webServiceTemplate;

    public WeatherServiceProxy(WebServiceTemplate webServiceTemplate) throws Exception {
        this.webServiceTemplate = webServiceTemplate;
    }

    @Override
    public List<TemperatureInfo> getTemperatures(String city, List<Date> dates) {

        private DateFormat dateFormat = new SimpleDateFormat("yyyy-MM-dd");

        Document requestDocument = DocumentHelper.createDocument();
        Element requestElement = requestDocument.addElement(
                "GetTemperaturesRequest", namespaceUri);
        requestElement.addElement("city").setText(city);
        for (Date date : dates) {
            requestElement.addElement("date").setText(dateFormat.format(date));
        }
```

```
        DocumentSource source = new DocumentSource(requestDocument);
        DocumentResult result = new DocumentResult();
        webServiceTemplate.sendSourceAndReceiveToResult(source, result);
        Document responsetDocument = result.getDocument();
        Element responseElement = responsetDocument.getRootElement();
        List<TemperatureInfo> temperatures = new ArrayList<TemperatureInfo>();
        for (Object node : responseElement.elements("TemperatureInfo")) {
            Element element = (Element) node;
            try {
                Date date = dateFormat.parse(element.attributeValue("date"));
                double min = Double.parseDouble(element.elementText("min"));
                double max = Double.parseDouble(element.elementText("max"));
                double average = Double.parseDouble(
                    element.elementText("average"));
                temperatures.add(
                    new TemperatureInfo(city, date, min, max, average));
            } catch (ParseException e) {
                throw new RuntimeException(e);
            }
        }
        return temperatures;
    }
}
```

먼저 getTemperatures() 메서드에서 dom4j API를 사용해 요청 메시지를 만듭니다.
WebServiceTemplate의 sendSourceAndReceiveToResult() 메서드는 java.xml.transform.
Source, java.xml.transform.Result 두 객체를 인수로 받습니다. 요청 문서(request
Document)는 dom4j의 DocumentSource 객체로 만들어 감싸고 응답 문서(responseDocument)
는 dom4j의 DocumentResult 객체를 만들어 출력합니다. 마지막으로 응답 메시지를 받아 결
과 데이터를 추출합니다.

이렇게 작성한 서비스 프록시를 구성 클래스에 선언합시다.

```
@Configuration
public class SpringWsClientConfiguration {

    @Bean
    public WeatherServiceClient weatherServiceClient(WeatherService weatherService)
```

```
        throws Exception {
        return new WeatherServiceClient(weatherService);
    }


    @Bean
    public WeatherServiceProxy weatherServiceProxy(WebServiceTemplate webServiceTemplate)
        throws Exception {
        return new WeatherServiceProxy(webServiceTemplate);
    }


    @Bean
    public WebServiceTemplate webServiceTemplate() {
        WebServiceTemplate webServiceTemplate = new WebServiceTemplate();
        webServiceTemplate.setDefaultUri("http://localhost:8080/springws/services");
        return webServiceTemplate;
    }
}
```

webServiceTemplate에서 defaultUri값은 앞 섹션에서 스프링 웹 서비스 엔드포인트로 정의
한 바로 그 엔드포인트입니다. 애플리케이션 구성이 다 로드되면 Main 클래스에서 SOAP 서비
스를 호출해보세요.

```
public class SpringWSInvokerClient {

    public static void main(String[] args) {
        ApplicationContext context =
            new AnnotationConfigApplicationContext(
                "com.apress.springrecipes.weather.config");

        WeatherServiceClient client = context.getBean(WeatherServiceClient.class);
        TemperatureInfo temperature = client.getTodayTemperature("Houston");
        System.out.println("Min temperature : " + temperature.getMin());
        System.out.println("Max temperature : " + temperature.getMax());
        System.out.println("Average temperature : " + temperature.getAverage());
    }
}
```

레시피 13-12 스프링 웹 서비스와 XML 마샬링을 이용해 SOAP 웹 서비스 개발하기

과제

규약우선 방식으로 웹 서비스를 개발하려면 요청/응답 XML 메시지를 처리하지 않을 수 없습니다. 직접 XML 파싱 API를 호출해가며 XML 메시지를 파싱하려면 XML 엘리먼트를 하나하나 훑어가며 저수준 API를 처리해야 하니 꽤 번거롭고 효율이 떨어지겠죠.

해결책

스프링 웹 서비스는 객체 ↔ XML 문서의 마샬링/언마샬링을 지원하므로 XML 엘리먼트 대신 객체 프로퍼티를 처리하면 됩니다. 이처럼 객체와 XML 문서를 상호 매핑하는 기술을 OXM^{Object/XML Mapping}(객체/XML 매핑)이라고 합니다. XML을 마샬링하는 방법으로 엔드포인트를 구현하려면 그에 맞는 XML 마샬러를 구성하면 됩니다. [표 13-2]는 다양한 XML 마샬링 API를 지원하는 스프링 마샬러들입니다.

표 13-2 다양한 XML 마샬링 API별 스프링 마샬러

API	Marshaller(마샬러)
JAXB 2.0	org.springframework.oxm.jaxb.Jaxb2Marshaller
캐스터	org.springframework.oxm.castor.CastorMarshaller
XMLBeans	org.springframework.oxm.xmlbeans.XmlBeansMarshaller
JiBX	org.springframework.oxm.jibx.JibxMarshaller
XStream	org.springframework.oxm.xstream.XStreamMarshaller

스프링 웹 서비스 클라이언트도 동일한 마샬링/언마샬링 기술을 사용해 XML 데이터를 간단하게 처리할 수 있습니다.

풀이

엔드포인트 및 클라이언트 양쪽 다 마샬링/언마샬링이 가능합니다. 먼저 엔드포인트를 어떻게 생성하는지 살펴보고 스프링 OXM 마샬러의 사용법을 알아봅니다. 이어서 같은 기술을 클라

이언트에도 적용해보겠습니다.

XML 마샬링을 이용해 서비스 엔드포인트 작성하기

스프링 웹 서비스는 JAXB 2.0, 캐스터, XMLBeans, JiBX, XStream 등 여러 가지 XML 마샬링 API를 지원합니다. 필자는 이 중 캐스터(www.castor.org)를 마샬러로 사용해 서비스 엔드포인트를 작성하겠습니다. 다른 API도 사용법은 비슷합니다. XML 마샬링의 첫 단계는 XML 메시지 형식에 따라 객체 모델을 생성하는 일입니다. 보통 객체 모델은 마샬링 API로 생성하는데요, 일부 마샬링 API는 마샬링에 관한 정보를 객체 모델에 삽입할 수 있도록 반드시 API로 생성할 것을 강제하기도 합니다. 캐스터는 XML 메시지와 일반 자바 객체 간 마샬링을 지원하므로 클래스 코드를 바로 작성하면 됩니다.

```java
public class GetTemperaturesRequest {

    private String city;
    private List<Date> dates;

    // 생성자, 게터 및 세터
    ...
}
```

```java
public class GetTemperaturesResponse {

    private List<TemperatureInfo> temperatures;

    // 생성자, 게터 및 세터
    ...
}
```

일단 객체 모델을 생성한 이후엔 어느 엔드포인트든 쉽게 마샬링 기능을 넣을 수 있습니다. 앞 레시피의 엔드포인트에 한번 적용해봅시다.

```java
@Endpoint
public class TemperatureMarshallingEndpoint {
```

```
    private static final String namespaceUri =
        "http://springrecipes.apress.com/weather/schemas";

    private final WeatherService weatherService;

    public TemperatureMarshallingEndpoint(WeatherService weatherService) {
        this.weatherService = weatherService;
    }

    @PayloadRoot(localPart = "GetTemperaturesRequest", namespace = namespaceUri)
    public @ResponsePayload GetTemperaturesResponse getTemperature(@RequestPayload
        GetTemperaturesRequest request) {
        List<TemperatureInfo> temperatures =
            weatherService.getTemperatures(request.getCity(), request.getDates());
        return new GetTemperaturesResponse(temperatures);
    }
}
```

이 엔드포인트는 요청 객체를 처리하고 응답 객체를 돌려주는 일이 전부입니다. 응답 객체는 결국 응답 XML 메시지로 마샬링되겠죠. 이와 더불어 마샬링할 양쪽 엔드포인트에 marshaller/unmarshaller 프로퍼티를 설정해야 합니다. 대부분 두 프로퍼티에 하나의 마샬러를 지정하는데요. 캐스터를 이용할 경우 CastorMarshaller 빈을 마샬러로 선언합니다. 그다음, 실제로 메서드 인수와 반환형을 마샬링할 MethodArgumentResolver와 MethodReturnValueHandler를 등록합니다. WsConfigurerAdapter를 상속해 addArgumentResolvers(), addReturnValueHandlers() 메서드를 오버라이드한 다음, MarshallingPayloadMethodProcessor를 양쪽 모두 추가하면 됩니다.

```
@Configuration
@EnableWs
@ComponentScan("com.apress.springrecipes.weather")
public class SpringWsConfiguration extends WsConfigurerAdapter {

    @Bean
    public MarshallingPayloadMethodProcessor marshallingPayloadMethodProcessor() {
        return new MarshallingPayloadMethodProcessor(marshaller());
    }

    @Bean
```

```
    public Marshaller marshaller() {
        CastorMarshaller marshaller = new CastorMarshaller();
        marshaller.setMappingLocation(new ClassPathResource("/mapping.xml"));
        return marshaller;
    }

    @Override
    public void addArgumentResolvers(List<MethodArgumentResolver> argumentResolvers) {
        argumentResolvers.add(marshallingPayloadMethodProcessor());
    }

    @Override
    public void addReturnValueHandlers(List<MethodReturnValueHandler> returnValueHandlers) {
        returnValueHandlers.add(marshallingPayloadMethodProcessor());
    }
}
```

캐스터를 쓸 때는 객체 ↔ XML 문서 매핑 정보가 기술된 구성 파일이 필요합니다. 이 파일을 클래스패스 루트에 두고 mappingLocation 프로퍼티에 경로를 (mapping.xml 형식으로) 지정합니다. 다음은 GetTemperaturesRequest, GetTemperaturesResponse, TemperatureInfo 클래스 간 매핑 정보가 정의된 캐스터 매핑 파일입니다.

```
<!DOCTYPE mapping PUBLIC "-//EXOLAB/Castor Mapping DTD Version 1.0//EN"
    "http://castor.org/mapping.dtd">

<mapping>
    <class name="com.apress.springrecipes.weather.GetTemperaturesRequest">
        <map-to xml="GetTemperaturesRequest"
            ns-uri="http://springrecipes.apress.com/weather/schemas" />
        <field name="city" type="string">
            <bind-xml name="city" node="element" />
        </field>
        <field name="dates" collection="arraylist" type="string"
            handler="com.apress.springrecipes.weather.DateFieldHandler">
            <bind-xml name="date" node="element" />
        </field>
    </class>

    <class name="com.apress.springrecipes.weather.GetTemperaturesResponse">
        <map-to xml="GetTemperaturesResponse"
```

```
            ns-uri="http://springrecipes.apress.com/weather/schemas" />
        <field name="temperatures" collection="arraylist"
            type="com.apress.springrecipes.weather.TemperatureInfo">
            <bind-xml name="TemperatureInfo" node="element" />
        </field>
    </class>

    <class name="com.apress.springrecipes.weather.TemperatureInfo">
        <map-to xml="TemperatureInfo"
            ns-uri="http://springrecipes.apress.com/weather/schemas" />
        <field name="city" type="string">
            <bind-xml name="city" node="attribute" />
        </field>
        <field name="date" type="string"
            handler="com.apress.springrecipes.weather.DateFieldHandler">
            <bind-xml name="date" node="attribute" />
        </field>
        <field name="min" type="double">
            <bind-xml name="min" node="element" />
        </field>
        <field name="max" type="double">
            <bind-xml name="max" node="element" />
        </field>
        <field name="average" type="double">
            <bind-xml name="average" node="element" />
        </field>
    </class>
</mapping>
```

모든 날짜 필드에는 주어진 형식으로 날짜를 변환하는 핸들러를 명시합니다.

```
public class DateFieldHandler extends GeneralizedFieldHandler {

    private DateFormat format = new SimpleDateFormat("yyyy-MM-dd");

    public Object convertUponGet(Object value) {
        return format.format((Date) value);
    }

    public Object convertUponSet(Object value) {
        try {
            return format.parse((String) value);
```

```
        } catch (ParseException e) {
            throw new RuntimeException(e);
        }
    }

    public Class getFieldType() {
        return Date.class;
    }
}
```

XML 마샬링을 이용해 웹 서비스 호출하기

스프링 웹 서비스 클라이언트 역시 요청/응답 객체 ↔ XML 메시지로 마샬링/언마샬링할 수 있습니다. 마샬러로 캐스터를 사용하는 클라이언트를 생성하면 서비스 엔드포인트의 GetTemperaturesRequest, GetTemperaturesResponse, TemperatureInfo 객체 모델뿐만 아니라 매핑 설정 파일 mapping.xml까지 재사용할 수 있습니다. XML 마샬링을 이용해 서비스 프록시를 구현합시다. WebServiceTemplate의 marshalSendAndReceive() 메서드는 요청 객체를 인수로 받아 요청 메시지로 마샬링합니다. 이 메서드는 응답 메시지로부터 언마샬링될 응답 객체를 반환합니다.

```
public class WeatherServiceProxy implements WeatherService {

    private WebServiceTemplate webServiceTemplate;

    public WeatherServiceProxy(WebServiceTemplate webServiceTemplate) throws Exception {
        this.webServiceTemplate = webServiceTemplate;
    }

    @Override
    public List<TemperatureInfo> getTemperatures(String city, List<Date> dates) {

        GetTemperaturesRequest request = new GetTemperaturesRequest(city, dates);
        GetTemperaturesResponse response = (GetTemperaturesResponse)
            this.webServiceTemplate.marshalSendAndReceive(request);
        return response.getTemperatures();

    }
}
```

XML 마샬링을 사용하면 WebServiceTemplate의 marshaller/unmarshaller 프로퍼티를 반드시 설정해야 합니다. 보통 두 프로퍼티 모두 똑같은 마샬러를 지정하며 캐스터는 CastorMarshaller 빈을 마샬러로 선언합니다[3].

```java
@Configuration
public class SpringWsClientConfiguration {

    @Bean
    public WeatherServiceClient weatherServiceClient(WeatherService weatherService)
        throws Exception {
        return new WeatherServiceClient(weatherService);
    }

    @Bean
    public WeatherServiceProxy weatherServiceProxy(WebServiceTemplate webServiceTemplate)
        throws Exception {
        return new WeatherServiceProxy(webServiceTemplate);
    }

    @Bean
    public WebServiceTemplate webServiceTemplate() {
        WebServiceTemplate webServiceTemplate = new WebServiceTemplate(marshaller(),
            marshaller());
        webServiceTemplate.setDefaultUri("http://localhost:8080/springws/services");
        return webServiceTemplate;
    }

    @Bean
    public CastorMarshaller marshaller() {
        CastorMarshaller marshaller = new CastorMarshaller();
        marshaller.setMappingLocation(new ClassPathResource("/mapping.xml"));
        return marshaller;
    }
}
```

----

3 역주_ 마샬러, 언마샬러 객체를 WebServiceTemplate 생성자의 첫 번째 인수와 두 번째 인수로 각각 전달하여 marshaller/unmarshaller 프로퍼티를 설정합니다.

마치며

JMX 및 이와 관련된 명세 이야기를 화두로, 스프링 빈을 JMX MBean으로 익스포트하고 스프링 프록시를 이용해 로컬 및 원격 클라이언트에서 MBean을 가져와 사용하는 방법을 배웠습니다. 실제로 스프링에서 JMX 서버에 알림 이벤트를 보내고 리스닝하는 예제를 살펴보았습니다.

스프링에서 이메일 템플릿을 생성하고 파일이 첨부된 이메일(MIME 메시지)을 전송하는 방법을 배웠습니다. 또 쿼츠 스케줄러 및 스프링의 작업 네임스페이스를 응용해 작업을 스케줄링하는 방법도 배웠습니다.

스프링이 지원하는 여러 가지 원격 기술을 소개했습니다. RMI 서비스를 어떻게 발행/소비하는지 예시했고 헤시안, HTTP 인보커 두 가지 기술/프로토콜을 이용하여 원격에서 HTTP를 사용해 서비스를 호출하는 방법을 공부했습니다.

SOAP 웹 서비스란 무엇인지, 그리고 이런 종류의 서비스를 JAX-WS와 아파치 CXF 프레임워크에서 어떻게 구축하고 소비하는지 알아보았습니다. 끝으로 규약우선 SOAP 웹 서비스와 스프링 웹 서비스를 활용해 이런 유형의 서비스를 만들고 소비하는 코드를 살펴봤습니다.

CHAPTER 14

스프링 메시징

이 장의 주제는 스프링 메시징입니다. 메시징은 애플리케이션을 확장시키는 아주 강력한 기법입니다. 메시징이 없다면 서비스가 큐에 적체되어 옴짝달싹 못하는 상황이 자주 연출될지도 모릅니다. 메시징은 결합도가 낮은 아키텍처를 지향하므로 자바 Map 형태의 키-값을 이용해 소비기가 메시지를 소비하는 일도 가능합니다. 이처럼 느슨한 규약 덕분에 여러 이종 시스템이 소통 가능한 허브를 구축할 수 있습니다.

이 장에서는 토픽과 큐라는 용어가 자주 등장합니다. 메시징 솔루션은 보통 두 가지 아키텍처 요건에 맞게 설계합니다. 첫째, 애플리케이션의 한 지점에서 또 다른 지점으로 메시지를 보낼 수 있어야 하고 둘째, 여러 지점으로 무작정 메시지를 퍼뜨릴 수 있어야 합니다. 어떤 사람과 얼굴을 맞대고 이야기를 나누는 것과 방 안에 모인 사람들에게 확성기로 알리는 것에 비유할 수 있지요.

메시지를 메시지 큐에 보내 '리스닝'하는 모든 클라이언트에 (확성기로 외치듯) 브로드캐스트broadcast(방송)하고 싶다면 토픽topic에 메시지를 보냅니다. 한편, 메시지를 특정 클라이언트에게만 보내고 싶다면 큐queue에 보냅니다.

이 장을 다 읽으면 여러분은 스프링으로 메시지 기반의 미들웨어를 생성하고 액세스할 수 있을 겁니다. 또 다음 장에서 스프링 인티그레이션을 공부할 때 유용한, 메시징에 관한 전반적인 작동 원리를 습득할 수 있습니다.

메시징 추상화에 대해 먼저 소개한 다음 JMS, AMQP, 아파치 카프카에서 메시징을 연동하는 방법을 설명하겠습니다. 스프링은 각 기술마다 템플릿 기반으로 메시지를 쉽게 주고받을 수 있게 간소한 사용법을 제공합니다. 또 메시지를 리스닝하고 메시지에 반응하는 빈을 IoC 컨테이너에 선언할 수 있는데요, 기술만 다를 뿐 처리하는 방법은 같습니다.

> **NOTE_** ActiveMQ, RabbitMQ, 아파치 카프카 등 다양한 메시징 공급자의 도커 컨테이너를 시동하는 스크립트가 ch14/bin 디렉터리에 들어 있으니 잘 활용하시기 바랍니다.

레시피 14-1 스프링에서 JMS 메시지 주고받기

과제

JMS 메시지를 주고받는 순서는 다음과 같습니다.

1 메시지 중개기에 JMS 연결 팩토리(connection factory)를 생성합니다.
2 큐, 토픽 중 하나로 JMS 목적지를 생성합니다.
3 연결 팩토리에서 JMS 서버에 연결합니다.
4 JMS 연결로부터 JMS 세션을 얻습니다.
5 메시지 생산기/소비기로 JMS 메시지를 송수신합니다.
6 JMSException은 체크 예외이므로 반드시 처리합니다.
7 JMS 세션 및 연결을 닫습니다.

보다시피 단순한 JMS 메시지를 하나 주고받는 데도 적잖은 코드가 필요합니다. 대부분 JMS를 처리할 때마다 반복되는 판박이 코드입니다.

해결책

스프링은 템플릿 기반으로 JMS 코드를 단순화하는 솔루션을 제공합니다. JMS 템플릿 클래스 JmsTemplate을 이용하면 소량의 코드만으로도 JMS 메시지를 주고받을 수 있습니다. 틀에 박힌 반복 작업을 이 템플릿이 모두 처리하면서 JMS API JMSException 계열의 예외를 org.springframework.jms.JmsException 계열의 런타임 예외로 알아서 바꿔주니까요.

풀이

우체국 시스템을 개발하려고 합니다. 이 시스템에는 프론트 데스크와 백 오피스, 두 하위 시스템이 있고 프론트 데스크는 우편물을 받아 백 오피스^{back-office}에 넘겨 분류 및 배송을 하는 구조입니다. 아울러 프론트 데스크는 백 오피스에 JMS 메시지를 보내 새 우편물이 도착했음을 알립니다. 다음은 우편물 클래스입니다.

```
package com.apress.springrecipes.post;

public class Mail {

    private String mailId;
    private String country;
    private double weight;

    // 생성자, 게터 및 세터
    ...
}
```

우편물 정보를 주고받는 메서드는 FrontDesk, BackOffice 인터페이스에 각각 정의합니다.

```
package com.apress.springrecipes.post;

public interface FrontDesk {
    public void sendMail(Mail mail);
}
```

```
package com.apress.springrecipes.post;

public interface BackOffice {
    public Mail receiveMail();
}
```

스프링 JMS 템플릿 없이 메시지 주고받기

먼저, 스프링 JMS 템플릿을 쓰지 않고 그냥 JMS 메시지를 주고받는 방법입니다. 다음 FrontDeskImpl 클래스는 JMS API를 직접 호출해 JMS 메시지를 보냅니다.

```java
public class FrontDeskImpl implements FrontDesk {

    @Override
    public void sendMail(Mail mail) {
        ConnectionFactory cf =
            new ActiveMQConnectionFactory("tcp://localhost:61616");
        Destination destination = new ActiveMQQueue("mail.queue");

        Connection conn = null;
        try {
            conn = cf.createConnection();
            Session session =
                conn.createSession(false, Session.AUTO_ACKNOWLEDGE);
            MessageProducer producer = session.createProducer(destination);

            MapMessage message = session.createMapMessage();
            message.setString("mailId", mail.getMailId());
            message.setString("country", mail.getCountry());
            message.setDouble("weight", mail.getWeight());

            producer.send(message);

            session.close();
        } catch (JMSException e) {
            throw new RuntimeException(e);
        } finally {
            if (conn != null) {
                try {
                    conn.close();
                } catch (JMSException e) {}
            }
        }
    }
}
```

먼저 sendMail() 메서드에서 ActiveMQ의 JMS 전용 ConnectionFactory, Destination 객

체를 생성합니다. localhost에서 실행할 경우 ActiveMQ의 메시지 중개기 URL은 기본 정의되어 있습니다. JMS에서 목적지는 큐와 토픽, 둘 중 하나입니다.

이 장 처음에 언급했듯이 큐는 점대점point-to-point, 토픽은 발행–구독publish–subscribe 방식의 통신 모델입니다. 여기서 예로 든 우체국 시스템에서는 JMS 메시지를 (프론트 데스크에서 백 오피스로) 점대점 통신하려는 것이므로 메시지 큐를 사용합니다. ActiveMQTopic 클래스를 이용하면 토픽도 쉽게 만들 수 있습니다.

그리고 메시지를 보내기 전에 연결, 세션, 메시지 생산기를 만듭니다. JMS API에는 TextMessage, MapMessage, BytesMessage, ObjectMessage, StreamMessage 등 여러 타입의 메시지가 Message 하위 인터페이스로 정의돼 있습니다. MapMessage는 맵 비슷한 키–값 형태의 메시지 콘텐트를 담습니다. JMS API가 던질 가능성 있는 JMSException을 처리하고 마지막에 반드시 세션 및 연결을 닫아 시스템 리소스를 반납하는 걸 잊지 마세요. JMS 연결이 닫히면 그때마다 기존 세션도 모두 함께 닫히기 때문에 finally 블록에서 JMS 연결만 제대로 닫아주면 됩니다.

이번에는 JMS API를 직접 호출해 JMS 메시지를 받는 BackOfficeImpl 클래스입니다.

```java
public class BackOfficeImpl implements BackOffice {

    @Override
    public Mail receiveMail() {
        ConnectionFactory cf =
            new ActiveMQConnectionFactory("tcp://localhost:61616");
        Destination destination = new ActiveMQQueue("mail.queue");

        Connection conn = null;
        try {
            conn = cf.createConnection();
            Session session =
                conn.createSession(false, Session.AUTO_ACKNOWLEDGE);
            MessageConsumer consumer = session.createConsumer(destination);

            conn.start();
            MapMessage message = (MapMessage) consumer.receive();
            Mail mail = new Mail();
            mail.setMailId(message.getString("mailId"));
            mail.setCountry(message.getString("country"));
```

```
            mail.setWeight(message.getDouble("weight"));

            session.close();
            return mail;
        } catch (JMSException e) {
            throw new RuntimeException(e);
        } finally {
            if (conn != null) {
                try {
                    conn.close();
                } catch (JMSException e) {}
            }
        }
    }
}
```

메시지 소비기를 생성해 JMS 메시지를 수신하는 걸 제외하면 생산기와 거의 같은 코드입니다. FrontDeskImpl과 가장 다른 점은 연결 객체의 start() 메서드를 호출하는 부분입니다.

연결을 사용해 메시지가 들어오면 그 시점에 호출할 리스너를 연결에 추가하거나 동기적으로 블로킹해서 메시지가 도착할 때까지 기다리게 할 수 있습니다. 컨테이너는 개발자가 어떤 식으로 접근할지 알 수 없기 때문에 명시적으로 start() 메서드를 호출하기 전에는 메시지를 가져오지 않습니다. 리스너를 추가하거나 다른 설정을 추가하면 start()를 호출하기 전에 메시지를 가져올 수 있습니다.

자, 그럼 프론트 데스크 하위 시스템(FrontOfficeConfiguration)과 백 오피스 하위 시스템 (BackOfficeConfiguration)을 구성하는 클래스를 각각 작성합시다.

```
package com.apress.springrecipes.post.config;
...

@Configuration
public class FrontOfficeConfiguration {

    @Bean
    public FrontDeskImpl frontDesk() {
        return new FrontDeskImpl();
    }
}
```

```
package com.apress.springrecipes.post.config;
...

@Configuration
public class BackOfficeConfiguration {

    @Bean
    public BackOfficeImpl backOffice() {
        return new BackOfficeImpl();
    }
}
```

프론트 데스크/백 오피스가 서로 JMS 메시지를 주고받을 준비가 거의 끝나갑니다. 마지막 단
계로 넘어가기 전에 ActiveMQ 메시지 중개기를 (아직 시동 전이라면) 시동하세요.

ActiveMQ 메시지 중개기의 작동 상태는 쉽게 모니터링할 수 있습니다. 기본 옵션으로 설치했
다면 http://localhost:8161/admin/queueGraph.jsp에 접속해보세요. 예제에서 사용 중인
mail.queue 큐에서 어떤 일이 벌어지는지 관찰할 수 있습니다. ActiveMQ는 아주 유용한 빈
정보 및 JMX로부터 받은 통계치를 보여줍니다. jconsole을 실행한 화면의 MBeans 탭에서
org.apache.activemq를 따라 내려가면 보일 겁니다.

드디어 메시지 시스템을 실행할 두 메인 클래스(FrontDeskMain, BackOfficeMain) 차례입
니다.

```
public class FrontDeskMain {

    public static void main(String[] args) {

        ApplicationContext context =
            new AnnotationConfigApplicationContext(FrontOfficeConfiguration.class);

        FrontDesk frontDesk = context.getBean(FrontDesk.class);
        frontDesk.sendMail(new Mail("1234", "US", 1.5));
    }
}
```

```
public class BackOfficeMain {
    public static void main(String[] args) {
        ApplicationContext context =
            new AnnotationConfigApplicationContext(BackOfficeConfiguration.class);

        BackOffice backOffice = context.getBean(BackOffice.class);
        Mail mail = backOffice.receiveMail();
        System.out.println("Mail #" + mail.getMailId() + " received");
    }
}
```

프론트 데스크 애플리케이션(FrontDeskMain 클래스)을 실행할 때마다 메시지가 중개기로 전달되고 백 오피스 애플리케이션(BackOfficeMain 클래스)을 실행할 때마다 중개기에서 메시지를 가져오는 모습을 볼 수 있습니다.

스프링 JMS 템플릿으로 메시지 주고받기

스프링 JMS 템플릿을 쓰면 JMS 코드를 간결하게 구현할 수 있습니다. JMS 템플릿으로 메시지를 보내려면 목적지와 전송할 JMS 메시지를 생성하는 MessageCreator 객체를 send() 메서드의 인수로 지정해 호출하면 됩니다. 이때 MessageCreator 객체는 보통 익명 내부 클래스로 구현합니다.

```
public class FrontDeskImpl implements FrontDesk {

    private JmsTemplate jmsTemplate;
    private Destination destination;

    public void setJmsTemplate(JmsTemplate jmsTemplate) {
        this.jmsTemplate = jmsTemplate;
    }

    public void setDestination(Destination destination) {
        this.destination = destination;
    }

    @Override
    public void sendMail(final Mail mail) {
```

```
    jmsTemplate.send(destination, new MessageCreator() {
        public Message createMessage(Session session) throws JMSException {
            MapMessage message = session.createMapMessage();
            message.setString("mailId", mail.getMailId());
            message.setString("country", mail.getCountry());
            message.setDouble("weight", mail.getWeight());
            return message;
        }
    });
    }
}
```

내부 클래스는 자신을 감싸는 인수나 변수 중에서 final로 선언된 것만 액세스할 수 있습니다. MessageCreator 인터페이스에서 구현할 메서드는 주어진 JMS 세션에서 JMS 메시지를 생성, 반환하는 createMessage()뿐입니다.

JMS 템플릿은 JMS 연결, 세션을 얻고 해제하는 일을 도와주며 MessageCreator 객체로 만든 JMS 메시지를 전송합니다. 덤으로 JMS API JMSException 계열의 예외를 스프링 JMS 런타임 계열의 예외로 바꿔주는 일까지 대행합니다. 덕분에 send() 및 다른 오버로드된 메서드가 던진 JmsException을 모두 붙잡아 catch 블록에서 적절히 처리할 수 있습니다.

프론트 데스크 빈 구성 파일에서는 JMS 연결 팩토리를 참조해 연결을 맺는 JMS 템플릿을 선언하고 이 템플릿과 메시지 목적지를 프론트 데스크 빈에 주입합니다.

```
@Configuration
public class FrontOfficeConfiguration {

    @Bean
    public ConnectionFactory connectionFactory() {
        return new ActiveMQConnectionFactory("tcp://localhost:61616");
    }

    @Bean
    public Queue destination() {
        return new ActiveMQQueue("mail.queue");
    }

    @Bean
```

```
    public JmsTemplate jmsTemplate() {
        JmsTemplate jmsTemplate = new JmsTemplate();
        jmsTemplate.setConnectionFactory(connectionFactory());
        return jmsTemplate;
    }

    @Bean
    public FrontDeskImpl frontDesk() {
        FrontDeskImpl frontDesk = new FrontDeskImpl();
        frontDesk.setJmsTemplate(jmsTemplate());
        frontDesk.setDestination(destination());
        return frontDesk;
    }
}
```

JMS 템플릿에서 메시지를 받으려면 메시지 목적지를 receive() 메서드에 넣고 호출합니다.
이 메서드는 javax.jms.Message형 JMS 메시지를 반환하므로 후속 처리를 위해 적절한 타입
으로 캐스팅합니다.

```
public class BackOfficeImpl implements BackOffice {

    private JmsTemplate jmsTemplate;
    private Destination destination;

    public void setJmsTemplate(JmsTemplate jmsTemplate) {
        this.jmsTemplate = jmsTemplate;
    }

    public void setDestination(Destination destination) {
        this.destination = destination;
    }

    public Mail receiveMail() {
        MapMessage message = (MapMessage) jmsTemplate.receive(destination);
        try {
            if (message == null) {
                return null;
            }
            Mail mail = new Mail();
            mail.setMailId(message.getString("mailId"));
```

```
            mail.setCountry(message.getString("country"));
            mail.setWeight(message.getDouble("weight"));
            return mail;
        } catch (JMSException e) {
            throw JmsUtils.convertJmsAccessException(e);
        }
    }
}
```

MapMessage 객체를 받아 정보를 추출할 때도 JMS API에 있는 JMSException은 반드시 처리해야 하는데요, 이는 JmsTemplate 메서드 호출로 유발된 예외를 자동 매핑하자는 프레임워크의 기본 사상과 정면으로 배치됩니다. 따라서 이 메서드가 던진 예외를 일관성 있게 처리하려면 JmsUtils.convertJmsAccessException() 메서드를 호출해 JMS API JMSException을 스프링 JmsException으로 변환해야 합니다.

백 오피스 빈 구성 파일에는 JMS 템플릿을 선언하고 이 템플릿과 메시지 목적지를 백 오피스 빈에 주입합니다.

```
@Configuration
public class BackOfficeConfiguration {

    @Bean
    public ConnectionFactory connectionFactory() {
        return new ActiveMQConnectionFactory("tcp://localhost:61616");
    }

    @Bean
    public Queue destination() {
        return new ActiveMQQueue("mail.queue");
    }

    @Bean
    public JmsTemplate jmsTemplate() {
        JmsTemplate jmsTemplate = new JmsTemplate();
        jmsTemplate.setConnectionFactory(connectionFactory());
        jmsTemplate.setReceiveTimeout(10000);
        return jmsTemplate;
    }
}
```

```
    @Bean
    public BackOfficeImpl backOffice() {
        BackOfficeImpl backOffice = new BackOfficeImpl();
        backOffice.setDestination(destination());
        backOffice.setJmsTemplate(jmsTemplate());
        return backOffice;
    }
}
```

JMS 템플릿의 receiveTimeout 프로퍼티에 타임아웃 시간을 밀리 초 단위로 지정한 부분을 보세요. 다른 설정이 없다면 이 템플릿은 목적지에서 JMS 메시지를 무한정 기다리며 호출 스레드를 블로킹합니다. 이처럼 메시지를 마냥 기다리지 않게 하려면 템플릿의 수신 타임아웃을 명시해야 합니다. 이 시간이 지나도 목적지에 도달한 메시지가 없으면 JMS 템플릿의 receive() 메서드는 null을 반환합니다.

대개 일정 주기로 메시지를 체크해서 처리 후 응답 메시지를 반환한다고 보고 애플리케이션을 작성합니다. 만약 일종의 서비스 형태로 메시지를 받고 응답을 주고자 한다면 이 장의 후반부에서 설명할 메시지 주도 빈을 활용하세요. 이 방식은 메시지를 줄곧 기다리고 있다가 도착하는 즉시 애플리케이션에 콜백으로 전달하여 처리합니다.

기본 목적지를 정해 놓고 메시지 주고받기

기본 JMS 템플릿 목적지를 지정하면 send(), receive() 메서드를 호출할 때마다 메시지 목적지를 지정하지 않아도 됩니다. 더 이상 반복적으로 메시지 발송기/수신기 빈에 목적지를 주입할 필요가 없겠죠.

```
@Configuration
public class FrontOfficeConfiguration {
...
    @Bean
    public JmsTemplate jmsTemplate() {
        JmsTemplate jmsTemplate = new JmsTemplate();
        jmsTemplate.setConnectionFactory(connectionFactory());
        jmsTemplate.setDefaultDestination(mailDestination());
        return jmsTemplate;
    }
```

```
    @Bean
    public FrontDeskImpl frontDesk() {
        FrontDeskImpl frontDesk = new FrontDeskImpl();
        frontDesk.setJmsTemplate(jmsTemplate());
        return frontDesk;
    }
}
```

백 오피스는 이렇게 구성합니다.

```
@Configuration
public class BackOfficeConfiguration {
...
    @Bean
    public JmsTemplate jmsTemplate() {
        JmsTemplate jmsTemplate = new JmsTemplate();
        jmsTemplate.setConnectionFactory(connectionFactory());
        jmsTemplate.setDefaultDestination(mailDestination());
        jmsTemplate.setReceiveTimeout(10000);
        return jmsTemplate;
    }

    @Bean
    public BackOfficeImpl backOffice() {
        BackOfficeImpl backOffice = new BackOfficeImpl();
        backOffice.setJmsTemplate(jmsTemplate());
        return backOffice;
    }
}
```

기본 목적지를 JMS 템플릿에 지정했으니 메시지 발송기/수신기 클래스에서 메시지 목적지를
지정하는 세터 메서드는 삭제해도 됩니다.

```
public class FrontDeskImpl implements FrontDesk {
    ..
    public void sendMail(final Mail mail) {
        jmsTemplate.send(new MessageCreator() {
            ...
```

```
        });
    }
}
```

```
public class BackOfficeImpl implements BackOffice {
    ...
    public Mail receiveMail() {
        MapMessage message = (MapMessage) jmsTemplate.receive();
        ...
    }
}
```

JMS 템플릿에 Destination 인터페이스 인스턴스를 지정하는 대신 defaultDestinationName 프로퍼티로 목적지명을 지정하면 JMS 템플릿이 알아서 목적지를 해석합니다. 이로써 두 빈 구성 클래스에서 destination 프로퍼티 선언부는 들어낼 수 있습니다.

```
@Bean
public JmsTemplate jmsTemplate() {
    JmsTemplate jmsTemplate = new JmsTemplate();
    ...
    jmsTemplate.setDefaultDestinationName("mail.queue");
    return jmsTemplate;
}
```

JmsGatewaySupport 클래스 상속하기

JMS 발송기/수신기 클래스에서 JmsGatewaySupport를 상속해 JMS 템플릿을 얻어오는 방법은 두 가지로 요약할 수 있습니다.

- JmsGatewaySupport용 JMS 연결 팩토리를 주입해서 JMS 템플릿을 자동 생성합니다. 그러나 이 방법은 JMS 템플릿을 세세히 구성할 수 없는 단점이 있습니다.
- JmsGatewaySupport용 JMS 템플릿을 직접 생성하고 구성한 다음 주입합니다.

JMS 템플릿을 직접 구성할 경우 두 번째 방법이 더 적합합니다. 발송기/수신기 두 클래스에서

jmsTemplate 필드와 그 세터 메서드는 삭제해도 됩니다. JMS 템플릿은 getJmsTemplate()
메서드를 호출해 가져옵니다.

```java
public class FrontDeskImpl extends JmsGatewaySupport implements FrontDesk {
    ...
    @Override
    public void sendMail(final Mail mail) {
        getJmsTemplate().send(new MessageCreator() {
            ...
        });
    }
}
```

```java
public class BackOfficeImpl extends JmsGatewaySupport implements BackOffice {

    @Override
    public Mail receiveMail() {
        MapMessage message = (MapMessage) getJmsTemplate().receive();
        ...
    }
}
```

레시피 14-2 JMS 메시지 변환하기

과제

메시지 큐에서 가져온 메시지를 JMS 전용 타입에서 비즈니스에 특정한 타입으로 변환하세요.

해결책

스프링은 JMS 메시지 ↔ 비즈니스 객체 간 변환을 처리하는 SimpleMessageConverter를 제
공합니다. 기본 설정 그대로 사용해도 되고 원하는 로직을 만들어 써도 됩니다.

풀이

앞서 JMS 메시지는 직접 코딩해서 처리했지만 스프링 JMS 템플릿에 내장된 메시지 변환기를 이용하면 JMS 메시지와 비즈니스 객체 사이의 변환 기능을 간단히 구현할 수 있습니다. JMS 템플릿은 기본적으로 SimpleMessageConverter를 이용해 TextMessage ↔ 문자열, BytesMessage ↔ 바이트 배열, MapMessage ↔ 맵, ObjectMessage ↔ 직렬화 가능 객체 간 변환을 처리합니다.

프론트 데스크/백 오피스 클래스에서는 Map ↔ MapMessage 변환을 처리하는 convertAndSend(), receiveAndConvert() 메서드를 호출해 맵을 주고받습니다.

```java
public class FrontDeskImpl extends JmsGatewaySupport implements FrontDesk {
    public void sendMail(Mail mail) {
        Map<String, Object> map = new HashMap<String, Object>();
        map.put("mailId", mail.getMailId());
        map.put("country", mail.getCountry());
        map.put("weight", mail.getWeight());
        getJmsTemplate().convertAndSend(map);
    }
}
```

```java
public class BackOfficeImpl extends JmsGatewaySupport implements BackOffice {
    public Mail receiveMail() {
        Map map = (Map) getJmsTemplate().receiveAndConvert();
        Mail mail = new Mail();
        mail.setMailId((String) map.get("mailId"));
        mail.setCountry((String) map.get("country"));
        mail.setWeight((Double) map.get("weight"));
        return mail;
    }
}
```

MessageConverter 인터페이스를 구현한 커스텀 메시지 변환기를 작성해 Mail 객체를 변환하는 방법도 있습니다.

```
public class MailMessageConverter implements MessageConverter {

    @Override
    public Object fromMessage(Message message) throws JMSException,
        MessageConversionException {
        MapMessage mapMessage = (MapMessage) message;
        Mail mail = new Mail();
        mail.setMailId(mapMessage.getString("mailId"));
        mail.setCountry(mapMessage.getString("country"));
        mail.setWeight(mapMessage.getDouble("weight"));
        return mail;
    }

    @Override
    public Message toMessage(Object object, Session session) throws JMSException,
        MessageConversionException {
        Mail mail = (Mail) object;
        MapMessage message = session.createMapMessage();
        message.setString("mailId", mail.getMailId());
        message.setString("country", mail.getCountry());
        message.setDouble("weight", mail.getWeight());
        return message;
    }
}
```

커스텀 메시지 변환기를 적용하려면 두 빈 구성 클래스에 선언하고 JMS 템플릿에 주입합니다.

```
@Configuration
public class BackOfficeConfiguration {

    ...
    @Bean
    public JmsTemplate jmsTemplate() {
        JmsTemplate jmsTemplate = new JmsTemplate();
        jmsTemplate.setMessageConverter(mailMessageConverter());

        ...
        return jmsTemplate;
    }

    @Bean
    public MailMessageConverter mailMessageConverter() {
```

```
        return new MailMessageConverter();
    }
}
```

JMS 템플릿에 메시지 변환기를 따로 명시하면 기본 SimpleMessageConverter를 무시합니다. 이제 JMS 템플릿의 convertAndSend(), receiveAndConvert() 메서드를 호출해 Mail 객체를 주고받으면 됩니다.

```
public class FrontDeskImpl extends JmsGatewaySupport implements FrontDesk {
    public void sendMail(Mail mail) {
        getJmsTemplate().convertAndSend(mail);
    }
}
```

```
public class BackOfficeImpl extends JmsGatewaySupport implements BackOffice {
    public Mail receiveMail() {
        return (Mail) getJmsTemplate().receiveAndConvert();
    }
}
```

레시피 14-3 JMS 트랜잭션 관리하기

과제

JMS 메시지를 주고받을 때 트랜잭션을 적용하세요.

해결책

다른 스프링 컴포넌트와 마찬가지로 JMS에서도 TransactionManager 구현체를 이용해 트랜잭션을 걸고 필요한 처리를 할 수 있습니다.

풀이

어느 한 메서드에서 JMS 메시지를 여러 개 생산/소비하다가 에러가 나면 목적지에서 생산/소비된 JMS 메시지의 무결성이 위협받겠죠. 메서드를 트랜잭션으로 감싸면 간단히 해결됩니다.

JMS 트랜잭션 관리도 스프링의 다른 데이터 액세스 전략과 비슷합니다. 트랜잭션을 걸 메서드에 @Transactional만 붙이고, 두 자바 구성 클래스에 @EnableTransactionManagement를 붙여 트랜잭션 관리 기능을 켭니다.

```
public class FrontDeskImpl extends JmsGatewaySupport implements FrontDesk {

    @Transactional
    public void sendMail(Mail mail) {

        ...
    }
}
```

```
public class BackOfficeImpl extends JmsGatewaySupport implements BackOffice {

    @Transactional
    public Mail receiveMail() {

        ...
    }
}
```

여기서 로컬 JMS 트랜잭션을 담당하는 JmsTransactionManager는 JMS 연결 팩토리를 참조합니다.

```
@Configuration
@EnableTransactionManagement
public class BackOfficeConfiguration {

    @Bean
    public ConnectionFactory connectionFactory() { ... }

    @Bean
    public PlatformTransactionManager transactionManager() {
```

```
        return new JmsTransactionManager(connectionFactory());
    }
}
```

트랜잭션을 관리할 리소스(예 : 데이터 소스, ORM 리소스 팩토리)가 여럿이거나 분산 트랜잭션 관리가 필요한 경우에는 애플리케이션 서버에 JTA 트랜잭션을 설정하고 JtaTransactionManager를 사용합니다. 이처럼 여러 리소스에 걸쳐 트랜잭션을 지원하려면 JMS 연결 팩토리가 반드시 XA 프로토콜과 호환되어야(즉, 분산 트랜잭션 지원이 가능해야) 합니다.

레시피 14-4 스프링에서 메시지 주도 POJO 생성하기

과제

JMS 메시지 소비기에서 `receive()` 메서드를 호출해 메시지를 수신하면 이 메서드를 호출한 스레드는 메시지가 도착할 때까지 블로킹됩니다. 아무것도 못하고 마냥 기다리기만 해야 하죠. 메시지가 도착한 다음에야 다음 일을 계속할 수 있기 때문에 이런 방식을 동기 수신(synchronous reception)이라고 합니다. `@MessageDriven`를 붙여 메시지 주도 POJO(MDP)로 만들면 JMS 메시지를 비동기 수신 (asynchronous reception)할 수 있습니다.

> **NOTE_** MDP는 특정 런타임에 종속되지 않고 JMS 메시지를 리스닝할 수 있는 POJO를 말하며, EJB 컨테이너가 필수인 메시지 주도 빈(MDB)이 아닙니다.

해결책

스프링에서는 EJB 명세에 기반한 MDB와 동일한 방식으로 IoC 컨테이너에 빈을 선언해서 JMS 메시지를 리스닝할 수 있습니다. POJO에 메시지 리스닝 기능이 가미되어 메시지 주도 POJO(MDP)라고 부릅니다.

풀이

우체국 프론트 데스크에 도착한 우편물 정보를 실시간으로 보여주는 전자 게시판을 백 오피스에 추가합시다. 프론트 데스크가 우편물을 JMS 메시지에 실어 보내면 이를 리스닝하고 있던 백 오피스가 전자 게시판에 메시지를 보여주는 거죠. 시스템 성능을 높이려면 JMS 메시지를 비동기 수신해서 스레드가 블로킹되지 않도록 구현해야 합니다.

메시지 리스너로 **JMS** 메시지 리스닝하기

JMS 메시지 리스너는 앞 레시피에서 JmsTemplate을 이용해 BackOfficeImpl을 구현한 접근 방식의 대안으로, 메시지 중개기가 전달한 메시지를 소비할 수도 있습니다. 예를 들어 다음 MailListener는 우편물 정보가 담긴 JMS 메시지를 리스닝합니다.

```java
public class MailListener implements MessageListener {

    @Override
    public void onMessage(Message message) {
        MapMessage mapMessage = (MapMessage) message;
        try {
            Mail mail = new Mail();
            mail.setMailId(mapMessage.getString("mailId"));
            mail.setCountry(mapMessage.getString("country"));
            mail.setWeight(mapMessage.getDouble("weight"));
            displayMail(mail);
        } catch (JMSException e) {
            throw JmsUtils.convertJmsAccessException(e);
        }
    }

    private void displayMail(Mail mail) {
        System.out.println("Mail #" + mail.getMailId() + " received");
    }
}
```

메시지 리스너는 javax.jms.MessageListener 인터페이스를 구현하며 JMS 메시지 도착 시 onMessage() 메서드의 인수로 넣고 호출합니다. 예제에서는 그냥 우편물 정보를 콘솔에 표시하고 있습니다. MapMessage 객체에서 메시지 정보를 추출할 때 JMS API의 JMSException

예외는 꼭 처리해야 합니다. `JmsUtils.convertJmsAccessException()` 메서드를 이용하면 JMSException을 스프링 런타임 예외인 JmsException으로 바꿀 수 있습니다.

이어서 백 오피스에 리스너를 구성합니다. 리스너를 선언만 해서는 메시지를 리스닝할 수 없습니다. 목적지에 JMS 메시지가 도착했는지 모니터링하고 있다가 리스너를 트리거하는 메시지 리스너 컨테이너가 필요합니다.

```java
@Configuration
public class BackOfficeConfiguration {

    @Bean
    public ConnectionFactory connectionFactory() { ... }

    @Bean
    public MailListener mailListener() {
        return new MailListener();
    }

    @Bean
    public Object container() {
        SimpleMessageListenerContainer smlc = new SimpleMessageListenerContainer();
        smlc.setConnectionFactory(connectionFactory());
        smlc.setDestinationName("mail.queue");
        smlc.setMessageListener(mailListener());
        return smlc;
    }
}
```

스프링 org.springframework.jms.listener 패키지에는 다양한 메시지 리스너 컨테이너가 준비되어 있습니다. 이 중 SimpleMessageListenerContainer, DefaultMessageListenerContainer를 제일 많이 씁니다. SimpleMessageListenerContainer는 트랜잭션을 지원하지 않는 가장 단순한 컨테이너로, 메시지를 수신하는 과정에서 트랜잭션을 걸려면 DefaultMessageListenerContainer를 씁니다.

이제 메시지 리스너를 실행합시다. 메시지 소비를 트리거할 빈은 (리스너가 이 일을 대신 해주니까) 호출할 필요가 없으니 메인 클래스에서 IoC 컨테이너를 시동하기만 하면 됩니다.

```
public class BackOfficeMain {

    public static void main(String[] args) {
        new AnnotationConfigApplicationContext(BackOfficeConfiguration.class);
    }
}
```

이렇게 백 오피스를 실행하면 메시지 중개기(즉, ActiveMQ)의 메시지를 리스닝하고 있다가 프론트 데스크가 중개기로 메시지를 보내는 즉시 백 오피스가 콘솔에 메시지를 출력하며 화답합니다.

POJO 형태의 JMS 메시지 리스닝하기

IoC 컨테이너에 선언한 빈은 MessageListener 인터페이스를 구현한 빈이라면 어떤 것이라도 메시지를 리스닝하는 리스너가 될 수 있습니다. 이는 빈을 스프링 프레임워크 인터페이스뿐만 아니라 JMS MessageListener 인터페이스와도 분리한다는 의미입니다. 메시지가 도착하면 리스너 빈은 다음 중 하나를 인수로 받아 트리거됩니다.

- 기본 JMS 메시지형 : TextMessage, MapMessage, BytesMessage, ObjectMessage
- String : TextMessage
- Map : MapMessage
- byte[] : BytesMessage
- Serializable : ObjectMessage

예를 들어 MapMessage를 리스닝하고 싶다면 MessageListener 인터페이스를 구현할 필요 없이 Map을 인수로 받는 메서드에 @JmsListener를 붙여 선언하면 됩니다.

```
public class MailListener {

    @JmsListener(destination = "mail.queue")
    public void displayMail(Map map) {
        Mail mail = new Mail();
        mail.setMailId((String) map.get("mailId"));
        mail.setCountry((String) map.get("country"));
        mail.setWeight((Double) map.get("weight"));
```

```
        System.out.println("Mail #" + mail.getMailId() + " received");
   }
}
```

@JmsListener를 감지하려면 구성 클래스에 @EnableJms를 붙이고 JmsListener
ContainerFactory를 등록합니다. 이 팩토리는 jmsListenerContainerFactory라는 기본 명
칭으로 감지됩니다.

POJO는 JmsListenerContainerFactory를 사용해 리스너 컨테이너에 등록됩니다. 이 팩
토리는 MessageListenerContainer를 생성 및 구성하고 애너테이션이 달린 메서드를
MessageListenerContainer의 메시지 리스너로 등록합니다. 직접 JmsListenerContainer
Factory를 구현해도 되지만 대개 스프링에 있는 클래스만으로도 충분합니다. SimpleJmsList
enerContainerFactory는 SimpleMessageListenerContainer 인스턴스를, DefaultJmsLis
tenerContainerFactory는 DefaultMessageListenerContainer 인스턴스를 생성합니다.

필자는 SimpleJmsListenerContainerFactory를 사용하겠습니다. 나중에 트
랜잭션을 관리해야 하거나 TaskExecutor로 비동기 처리를 하는 등 요건에 따라
DefaultMessageListenerContainer로 간단히 바꿔쓰면 됩니다.

```
@Configuration
@EnableJms
public class BackOfficeConfiguration {

    @Bean
    public ConnectionFactory connectionFactory() {
        return new ActiveMQConnectionFactory("tcp://localhost:61616");
    }

    @Bean
    public MailListener mailListener() {
        return new MailListener();
    }

    @Bean
    public SimpleJmsListenerContainerFactory jmsListenerContainerFactory() {
        SimpleJmsListenerContainerFactory listenerContainerFactory =
            new SimpleJmsListenerContainerFactory();
```

```
        listenerContainerFactory.setConnectionFactory(connectionFactory());
        return listenerContainerFactory;
    }
}
```

JMS 메시지 변환하기

우편물 정보가 담긴 JMS 메시지를 Mail 객체로 변환하는 메시지 변환기를 따로 작성할 수 있습니다. 메시지 리스너는 메시지만 수신하기 때문에 toMessage() 메서드는 호출되지 않으므로 그냥 null을 반환하면 됩니다. 하지만 메시지 변환기로 메시지를 보내려면 toMessage() 메서드도 구현해야 합니다. 이에 맞게 MailMessageConvertor 클래스를 고쳐쓰면 다음과 같습니다.

```
public class MailMessageConverter implements MessageConverter {

    @Override
    public Object fromMessage(Message message) throws JMSException,
        MessageConversionException {
        MapMessage mapMessage = (MapMessage) message;
        Mail mail = new Mail();
        mail.setMailId(mapMessage.getString("mailId"));
        mail.setCountry(mapMessage.getString("country"));
        mail.setWeight(mapMessage.getDouble("weight"));
        return mail;
    }

    @Override
    public Message toMessage(Object object, Session session) throws JMSException,
        MessageConversionException {
        ...
    }
}
```

POJO 메서드를 호출하기 전에 메시지 변환기가 메시지를 객체로 변환하려면 리스너 컨테이너 팩토리에 메시지 변환기를 적용해야 합니다.

```
@Configuration
@EnableJms
public class BackOfficeConfiguration {

    @Bean
    public ConnectionFactory connectionFactory() {
        return new ActiveMQConnectionFactory("tcp://localhost:61616");
    }

    @Bean
    public MailListener mailListener() {
        return new MailListener();
    }

    @Bean
    public MailMessageConverter mailMessageConverter() {
        return new MailMessageConverter();
    }

    @Bean
    public SimpleJmsListenerContainerFactory jmsListenerContainerFactory() {
        SimpleJmsListenerContainerFactory listenerContainerFactory =
            new SimpleJmsListenerContainerFactory();
        listenerContainerFactory.setConnectionFactory(connectionFactory());
        listenerContainerFactory.setMessageConverter(mailMessageConverter());
        return listenerContainerFactory;
    }
}
```

이제 POJO의 리스너 메서드는 메시지 변환기를 이용해 Mail 객체를 인수로 받을 수 있습니다.

```
public class MailListener {

    @JmsListener(destination = "mail.queue")
    public void displayMail(Mail mail) {
        System.out.println("Mail #" + mail.getMailId() + " received");
    }
}
```

JMS 트랜잭션 관리하기

이미 일렀듯이 SimpleMessageListenerContainer는 트랜잭션을 지원하지 않으므로 메시지 리스너 메서드에 트랜잭션을 걸 때는 DefaultMessageListenerContainer를 대신 씁니다. 로컬 JMS 트랜잭션은 간단히 sessionTransacted 프로퍼티를 켜서 리스너 메서드에 (XA 트랜잭션이 아닌) 로컬 JMS 트랜잭션을 적용합니다. DefaultMessageListenerContainer는 SimpleJmsListenerContainerFactory를 DefaultJmsListenerContainerFactory로 바꾸고 sessionTransacted 프로퍼티값을 true로 설정해 사용합니다.

```
@Bean
public DefaultJmsListenerContainerFactory jmsListenerContainerFactory() {
    DefaultJmsListenerContainerFactory listenerContainerFactory =
        new DefaultJmsListenerContainerFactory();
    listenerContainerFactory.setConnectionFactory(cachingConnectionFactory());
    listenerContainerFactory.setMessageConverter(mailMessageConverter());
    listenerContainerFactory.setSessionTransacted(true);
    return listenerContainerFactory;
}
```

리스너를 JTA 트랜잭션에 태우려면 JtaTransactionManager 인스턴스를 선언하고 이를 리스너 컨테이너 팩토리에 주입합니다.

레시피 14-5 JMS 커넥션 캐싱/풀링하기

과제

지금까지 예제는 편의상 아주 단순한 org.apache.activemq.ActiveMQConnectionFactory 인스턴스를 커넥션 팩토리로 구성했는데요, 실제로는 성능이 좋지 않아 바람직한 선택이라고 보긴 어렵습니다.

JmsTemplate은 호출할 때마다 세션과 소비기를 닫아 객체를 정리하고 메모리 자원을 돌려주기 때문에 '안전'해서 좋지만 성능은 좋지 않습니다. 소비기처럼 생성된 객체 일부는 오랫동안 살아남으니까요. 이런 일은 애플리케이션 서버 환경에서 JmsTemplate을 사용하기 때문에 벌어지는데요, 그래서 커넥션 풀링 기능을 제공하는 애플리케이션 서버의 내부 커넥션 팩토리를 사용하는 게 보통입니다. 이렇게 하면 모든 객체를 그냥 풀로 반납하기 때문에 성능상 유리합니다.

해결책

성능 문제에 있어서 '만병통치약'은 없습니다. 추구하는 성능 및 품질 사이에서 적절히 균형을 맞추는 게 최선이지요.

풀이

JmsTemplate으로 메시지를 보낼 때는 캐싱 및 풀링을 지원하는 커넥션 팩토리를 쓰는 게 좋습니다. 대부분 애플리케이션 서버는 그러한 커넥션 팩토리를 지원하지만 일단 여러분이 사용 중인 애플리케이션 서버가 풀링 가능한 커넥션 팩토리를 지원하는지 확인해보세요.

이번 장 예제는 ActiveMQ를 단독 구성하여 사용하겠습니다. ActiveMQ는 다른 제품과 마찬가지로 풀링을 지원하는 커넥션 팩토리 클래스를 제공합니다. ActiveMQ는 JCA 커넥터를 이용해 메시지를 소비하는 방식과 JCA 컨테이너 외부에서 사용하는 방식 둘 다 제공하며 메시지를 보낼 때 이 두 팩토리를 써서 생산기와 세션을 캐싱합니다. 다음은 커넥션 팩토리 풀링을 단독 구성한 빈으로, 좀 전 예제의 메시지를 보내는 부분을 이 코드로 대체할 수 있습니다.

```
@Bean(destroyMethod = "stop")
public ConnectionFactory connectionFactory() {
    ActiveMQConnectionFactory connectionFactoryToUse =
        new ActiveMQConnectionFactory("tcp://localhost:61616");
    PooledConnectionFactory connectionFactory = new PooledConnectionFactory();
    connectionFactory.setConnectionFactory(connectionFactoryToUse);
    return connectionFactory;
}
```

메시지를 받는 곳 또한 JmsTemplate이 매번 MessageConsumer를 새로 만들기 때문에 성능 문제가 대두됩니다. 스프링이 제공하는 다양한 *MessageListenerContainer 구현체(MDP)로 소비기를 캐싱하거나 스프링 ConnectionFactory 구현체를 이용하는 방안을 강구해야 합니다. org.springframework.jms.connection.SingleConnectionFactory는 매번 동일한 하부 JMS 커넥션을 반환하며(JMS API를 사용하므로 스레드-안전합니다) close() 메서드는 호출해도 무시합니다.

이 구현체는 일반적으로 JMS API와 잘 연동됩니다. 더 나중에 나온 구현체 org.
springframework.jms.connection.CachingConnectionFactory는 세션, 메시지 생산기/소
비기 및 다중 인스턴스를 캐싱하고 JMS 커넥션 팩토리 구현체와 독립적으로 작동하는 장점이
있습니다.

```
@Bean
public ConnectionFactory cachingConnectionFactory() {
    return new CachingConnectionFactory(connectionFactory());
}
```

레시피 14-6 스프링에서 AMQP 메시지 주고받기

과제

RabbitMQ를 이용해 메시지를 주고받으세요.

해결책

스프링 AMQP를 이용하면 AMQP 프로토콜을 쉽게 다룰 수 있습니다. 스프링 JMS와 구조가
비슷하고 기본 제공되는 RabbitTemplate을 이용하면 기본 송수신이 가능합니다. 스프링 JMS
를 모방한 MessageListenerContainer 옵션도 있습니다.

풀이

RabbitTemplate으로 메시지를 보내는 방법을 알아보겠습니다. RabbitTemplate에 액
세스하려면 RabbitGatewaySupport를 상속하는 편이 제일 쉽습니다. FrontDeskImpl이
RabbitTemplate을 사용하도록 고쳐봅시다.

스프링 템플릿 없이 메시지 주고받기

스프링 템플릿 없이 메시지를 주고받는 방법부터 살펴보겠습니다. 다음 `FrontDeskImpl` 클래스는 RabbitMQ API를 사용해 메시지를 보냅니다.

```java
public class FrontDeskImpl implements FrontDesk {

    private static final String QUEUE_NAME = "mail.queue";

    public void sendMail(final Mail mail) {
        ConnectionFactory connectionFactory = new ConnectionFactory();
        connectionFactory.setHost("localhost");
        connectionFactory.setUsername("guest");
        connectionFactory.setPassword("guest");
        connectionFactory.setPort(5672);

        Connection connection = null;
        Channel channel = null;

        try {
            connection = connectionFactory.newConnection();
            channel = connection.createChannel();
            channel.queueDeclare(QUEUE_NAME, true, false, false, null);
            String message = new ObjectMapper().writeValueAsString(mail);
            channel.basicPublish("", QUEUE_NAME, null, message.getBytes("UTF-8"));

        } catch (IOException | TimeoutException e) {
            throw new RuntimeException(e);
        } finally {
            if (channel != null) {
                try {
                    channel.close();
                } catch (IOException | TimeoutException e) {}
            }

            if (connection != null) {
                try {
                    connection.close();
                } catch (IOException e) {}
            }
        }
    }
}
```

RabbitMQ에 연결하기 위해 ConnectionFactory를 생성하고 localhost 및 유저명/패스워드를 직접 설정합니다. 그리고 큐 생성에 필요한 Channel 객체를 얻고 잭슨 ObjectMapper로 전달된 Mail 메시지를 JSON으로 바꾼 뒤 큐로 보냅니다. 연결을 맺고 메시지를 보내는 도중 발생할지 모를 여러 가지 예외는 반드시 붙잡아 처리해야 합니다. 또 전송을 마친 후에는 반드시 Connection을 닫아야 하는데요, 여기도 예외가 날 수 있으니 널 체크를 잊어선 안 됩니다.

AMQP 메시지를 주고받으려면 AMQP 메시지 중개기를 설치해야 합니다.

> **NOTE_** bin/rabbitmq.sh 파일을 실행하면 RabbitMQ를 내려받아 도커 컨테이너에 중개기를 시동합니다.

다음 BackOfficeImpl 클래스는 RabbitMQ API를 사용해 메시지를 받습니다.

```java
@Service
public class BackOfficeImpl implements BackOffice {

    private static final String QUEUE_NAME = "mail.queue";

    private MailListener mailListener = new MailListener();
    private Connection connection;

    @Override
    public Mail receiveMail() {

        ConnectionFactory connectionFactory = new ConnectionFactory();
        connectionFactory.setHost("localhost");
        connectionFactory.setUsername("guest");
        connectionFactory.setPassword("guest");
        connectionFactory.setPort(5672);

        Channel channel = null;

        try {
            connection = connectionFactory.newConnection();
            channel = connection.createChannel();
            channel.queueDeclare(QUEUE_NAME, true, false, false, null);
            Consumer consumer = new DefaultConsumer(channel) {
                @Override
                public void handleDelivery(String consumerTag, Envelope envelope,
```

```
                AMQP.BasicProperties properties, byte[] body) throws IOException {
            Mail mail = new ObjectMapper().readValue(body, Mail.class);
            mailListener.displayMail(mail);
        }
    };

    channel.basicConsume(QUEUE_NAME, true, consumer);

    } catch (IOException | TimeoutException e) {
        throw new RuntimeException(e);
    }

    return null;
}

@PreDestroy
public void destroy() {
    if (this.connection != null) {
        try {
            this.connection.close();
        } catch (IOException e) {}
    }
}
}
```

Consumer를 등록해 메시지를 받는 걸 제외하면 FrontDeskImpl과 거의 같은 코드입니다. 소비기는 잭슨 ObjectMapper로 메시지를 Mail 객체로 매핑한 뒤 MailListener에 전달하고 결국 이렇게 변환된 메시지는 콘솔에 출력됩니다. 채널을 사용하면 메시지를 받을 때 호출될 소비기를 추가할 수 있습니다. 메시지를 소비할 소비기는 basicConsume() 메서드로 등록하자마자 준비가 끝납니다.

FrontDeskImpl을 실행 중이면 수신된 메시지가 바로 콘솔에 출력될 겁니다.

스프링 템플릿으로 메시지 보내기

RabbitTemplate을 구성하는 RabbitGatewaySupport 클래스를 상속해서 FrontDeskImpl 클래스를 구성하는 방법입니다. 메시지를 보내려면 getRabbitOperations() 메서드로 템플릿을 가져와 convertAndSend() 메서드로 메시지를 변환 후 전송합니다. convertAndSend()

메서드는 일단 MessageConverter를 사용해 메시지를 JSON으로 변환한 뒤 앞서 구성한 큐로
보냅니다.

```java
public class FrontDeskImpl extends RabbitGatewaySupport implements FrontDesk {

    public void sendMail(final Mail mail) {
        getRabbitOperations().convertAndSend(mail);
    }
}
```

다음은 구성 클래스입니다.

```java
@Configuration
public class FrontOfficeConfiguration {

    @Bean
    public ConnectionFactory connectionFactory() {
        CachingConnectionFactory connectionFactory =
            new CachingConnectionFactory("127.0.0.1");
        connectionFactory.setUsername("guest");
        connectionFactory.setPassword("guest");
        connectionFactory.setPort(5672);
        return connectionFactory;
    }

    @Bean
    public RabbitTemplate rabbitTemplate() {
        RabbitTemplate rabbitTemplate = new RabbitTemplate();
        rabbitTemplate.setConnectionFactory(connectionFactory());
        rabbitTemplate.setMessageConverter(new Jackson2JsonMessageConverter());
        rabbitTemplate.setRoutingKey("mail.queue");
        return rabbitTemplate;
    }

    @Bean
    public FrontDeskImpl frontDesk() {
        FrontDeskImpl frontDesk = new FrontDeskImpl();
        frontDesk.setRabbitOperations(rabbitTemplate());
        return frontDesk;
    }
}
```

JMS와 아주 비슷한 구성입니다. RabbitMQ 중개기에 접속하려면 `ConnectionFactory`가 필요한데요, 예제에서는 연결을 재사용하고자 `CachingConnectionFactory`를 썼습니다. `RabbitTemplate`은 이 연결 팩토리를 설정하고 `MessageConverter`(예제는 `Jackson2JsonMessageConverter`)를 이용해 메시지를 JSON 변환합니다. 마지막으로 `RabbitTemplate`을 `FrontDeskImpl`이 사용할 수 있게 설정합니다.

```java
public class FrontDeskMain {

    public static void main(String[] args) throws Exception {
        ConfigurableApplicationContext context =
            new AnnotationConfigApplicationContext(FrontOfficeConfiguration.class);

        FrontDesk frontDesk = context.getBean(FrontDesk.class);
        frontDesk.sendMail(new Mail("1234", "US", 1.5));

        System.in.read();
        context.close();
    }
}
```

메시지 리스너로 AMQP 메시지 리스닝하기

스프링 AMQP가 제공하는 `MessageListenerContainer`를 이용하면 스프링 JMS에서도 그랬듯이 메시지를 조회할 수 있습니다. 스프링에서는 AMQP 기반의 메시지 리스너임을 `@RabbitListener`를 붙여 표시합니다. 다음은 `MessageListener` 클래스입니다.

```java
public class MailListener {

    @RabbitListener(queues = "mail.queue")
    public void displayMail(Mail mail) {
        System.out.println("Received: " + mail);
    }
}
```

[레시피 14-4]에서 JMS 메시지를 조회하는 리스너와 구성만 다를뿐 꼭 같습니다.

```
@Configuration
@EnableRabbit
public class BackOfficeConfiguration {

    @Bean
    public RabbitListenerContainerFactory rabbitListenerContainerFactory() {
        SimpleRabbitListenerContainerFactory containerFactory =
            new SimpleRabbitListenerContainerFactory();
        containerFactory.setConnectionFactory(connectionFactory());
        containerFactory.setMessageConverter(new Jackson2JsonMessageConverter());
        return containerFactory;
    }

    @Bean
    public ConnectionFactory connectionFactory() {
        CachingConnectionFactory connectionFactory =
            new CachingConnectionFactory("127.0.0.1");
        connectionFactory.setUsername("guest");
        connectionFactory.setPassword("guest");
        connectionFactory.setPort(5672);
        return connectionFactory;
    }

    @Bean
    public MailListener mailListener() {
        return new MailListener();
    }
}
```

구성 클래스에 @EnableRabbit을 붙여 AMQP 애너테이션을 붙인 리스너를 활성화합니다. 모든 리스너는 MessageListenerContainer를 필요로 하므로 컨테이너 생성을 책임지는 RabbitListenerContainerFactory를 구성합니다. @EnableRabbit의 기본 로직은 이름이 rabbitListenerContainerFactory인 빈을 찾는 겁니다.

RabbitListenerContainerFactory는 ConnectionFactory 객체가 필요한데요, 예제에서는 CachingConnectionFactory를 사용했습니다. MessageListenerContainer가 MailListener.displayMail() 메서드를 호출하기 전에 JSON 형식의 메시지 페이로드는 Jackon2JsonMessageConverter를 이용해 Mail 객체로 바꾸어야 합니다.

이제 Main 메서드에서 애플리케이션 컨텍스트를 생성하면 곧바로 메시지를 리스닝할 수 있습니다.

```
package com.apress.springrecipes.post;

import com.apress.springrecipes.post.config.BackOfficeConfiguration;
import org.springframework.context.annotation.AnnotationConfigApplicationContext;

public class BackOfficeMain {

    public static void main(String[] args) {
        new AnnotationConfigApplicationContext(BackOfficeConfiguration.class);
    }
}
```

레시피 14-7 스프링 카프카로 메시지 주고받기

과제

아파치 카프카(Apache Kafka)를 이용해 메시지를 주고받으세요.

해결책

스프링 카프카^{Spring Kafka}를 이용하면 아파치 카프카를 쉽게 다룰 수 있습니다. 스프링 JMS와 구조가 비슷하고 기본 제공되는 KafkaTemplate을 이용하면 기본 송수신이 가능합니다. 스프링 JMS를 모방한 MessageListenerContainer도 지원하며 @EnableKafka를 붙여 활성화합니다.

풀이

KafkaTemplate으로 메시지를 보내고 KafkaListener로 메시지를 리스닝하는 방법을 알아보겠습니다. MessageConverter를 이용해 객체를 메시지 페이로드로 변환하는 방법도 설명합니다.

스프링 템플릿으로 메시지 보내기

다음은 KafkaTemplate으로 메시지를 보내는 FrontOfficeImpl 클래스입니다. 카프카로 메시지를 보내려면 KafkaOperations 인터페이스를 구현한 객체가 필요한데요, KafkaTemplate이 바로 이 인터페이스를 구현한 클래스입니다.

```java
public class FrontDeskImpl implements FrontDesk {

    private final KafkaOperations<Integer, String> kafkaOperations;

    public FrontDeskImpl(KafkaOperations<Integer, String> kafkaOperations) {
        this.kafkaOperations = kafkaOperations;
    }

    @Override
    public void sendMail(final Mail mail) {

        ListenableFuture<SendResult<Integer, String>> future =
            kafkaOperations.send("mails", convertToJson(mail));
        future.addCallback(new ListenableFutureCallback<SendResult<Integer, String>>() {

            @Override
            public void onFailure(Throwable ex) {
                ex.printStackTrace();
            }

            @Override
            public void onSuccess(SendResult<Integer, String> result) {
                System.out.println("Result (success): " + result.getRecordMetadata());
            }
        });
    }

    private String convertToJson(Mail mail) {
        try {
            return new ObjectMapper().writeValueAsString(mail);
        } catch (JsonProcessingException e) {
            throw new IllegalArgumentException(e);
        }
    }
}
```

kafkaOperations 필드는 KafkaOperations<Integer, String>형입니다. 이는 (메시지를 보낼 때 생성된) Integer형 키와 String형 메시지를 보낸다는 뜻이므로 Mail 인스턴스를 String형으로 변환해야 합니다. 이 일은 convertToJson() 메서드가 객슨 ObjectMapper를 이용해 수행합니다. 메시지를 보내는 send() 메서드는 토픽(mails)을 첫 번째 인수로, 전송할 페이로드(변환된 Mail 메시지)를 두 번째 인수로 받습니다.

KafkaOperations.send() 메서드의 반환형이 ListenableFuture라는 사실에서 알 수 있듯이 카프카는 대부분 메시지를 비동기 전송합니다. ListenableFuture는 평범한 Future라서 get()을 호출해 다른 작업을 블로킹하거나 ListenableFutureCallback을 등록해서 작업의 성공/실패 여부를 알림받습니다.

FrontDeskImpl이 사용할 KafkaTemplate은 다음 구성 클래스에서 생성합니다.

```java
@Configuration
public class FrontOfficeConfiguration {

    @Bean
    public KafkaTemplate<Integer, String> kafkaTemplate() {
        KafkaTemplate<Integer, String> kafkaTemplate =
            new KafkaTemplate<>(producerFactory());
        return kafkaTemplate;
    }

    @Bean
    public ProducerFactory<Integer, String> producerFactory() {
        DefaultKafkaProducerFactory<Integer, String> producerFactory =
            new DefaultKafkaProducerFactory<>(producerFactoryProperties());
        return producerFactory;
    }

    @Bean
    public Map<String, Object> producerFactoryProperties() {
        Map<String, Object> properties = new HashMap<>();
        properties.put(ProducerConfig.BOOTSTRAP_SERVERS_CONFIG, "localhost:9092");
        properties.put(ProducerConfig.KEY_SERIALIZER_CLASS_CONFIG,
            IntegerSerializer.class);
        properties.put(ProducerConfig.VALUE_SERIALIZER_CLASS_CONFIG,
            StringSerializer.class);
        return properties;
```

```
    }

    @Bean
    public FrontDeskImpl frontDesk() {
        return new FrontDeskImpl(kafkaTemplate());
    }
}
```

이 구성 클래스는 최소한의 설정만 담긴 KafkaTemplate을 생성합니다. KafkaTemplate
이 사용하는 ProducerFactory는 반드시 구성해야 하며 접속 URL을 비롯해 어떤 키/값 타
입으로 메시지를 직렬화할지 알려주어야 합니다. URL은 ProducerConfig.BOOTSTRAP_
SERVERS_CONFIG 프로퍼티에 하나 이상의 접속 서버 정보를 적습니다. ProducerConfig.KEY_
SERIALIZER_CLASS_CONFIG 및 ProducerConfig.VALUE_SERIALIZER_CLASS_CONFIG에는 직
렬기에서 사용할 키, 값 타입을 넣습니다. 여기서는 Integer형 키와 String형 값을 사용하고
자 각각 IntegerSerializer와 StringSerializer 클래스를 지정했습니다.

마지막으로 생성된 KafkaTemplate을 FrontDeskImpl에 전달합니다. Main 클래스에서 프론트
데스크 애플리케이션을 실행합시다.

```
public class FrontDeskMain {

    public static void main(String[] args) throws Exception {
        ConfigurableApplicationContext context =
            new AnnotationConfigApplicationContext(FrontOfficeConfiguration.class);
        context.registerShutdownHook();

        FrontDesk frontDesk = context.getBean(FrontDesk.class);
        frontDesk.sendMail(new Mail("1234", "US", 1.5));

        System.in.read();
    }
}
```

애플리케이션이 시동하면 카프카로 메시지를 보낼 수 있습니다.

스프링 카프카를 이용해 메시지 리스닝하기

스프링 카프카에도 스프링 JMS/AMQP처럼 토픽에 도착한 메시지를 리스닝하는 메시지 리스너 컨테이너가 있습니다. 구성 클래스에 @EnableKafka를 붙이고 카프카 소비기에 @KafkaListener를 붙이면 메시지 리스너 컨테이너를 활성화할 수 있습니다.

리스너는 쉽습니다. 인수 하나짜리 메서드에 @KafkaListener만 붙이면 됩니다.

```java
public class MailListener {

    @KafkaListener(topics = "mails")
    public void displayMail(String mail) {
        System.out.println(" Received: " + mail);
    }
}
```

예제에서는 문자열 페이로드를 가공하지 않은 채 그대로 전송한다고 가정합니다.

리스너 컨테이너를 설정합니다.

```java
@Configuration
@EnableKafka
public class BackOfficeConfiguration {

    @Bean
    KafkaListenerContainerFactory<ConcurrentMessageListenerContainer<Integer, String>>
    kafkaListenerContainerFactory() {
        ConcurrentKafkaListenerContainerFactory factory =
            new ConcurrentKafkaListenerContainerFactory();
        factory.setConsumerFactory(consumerFactory());
        return factory;
    }

    @Bean
    public ConsumerFactory<Integer, String> consumerFactory() {
        return new DefaultKafkaConsumerFactory<>(consumerConfiguration());
    }

    @Bean
    public Map<String, Object> consumerConfiguration() {
        Map<String, Object> properties = new HashMap<>();
```

```
        properties.put(ConsumerConfig.BOOTSTRAP_SERVERS_CONFIG, "localhost:9092");
        properties.put(ConsumerConfig.KEY_DESERIALIZER_CLASS_CONFIG,
            IntegerDeserializer.class);
        properties.put(ConsumerConfig.VALUE_DESERIALIZER_CLASS_CONFIG,
            StringDeserializer.class);
        properties.put(ConsumerConfig.GROUP_ID_CONFIG, "group1");
        return properties;
    }


    @Bean
    public MailListener mailListener() {
        return new MailListener();
    }
}
```

클라이언트와 비슷한 구성입니다. 아파치 카프카 접속 URL(들)을 지정한 다음, 메시지를 역직렬화하기 위해 키/값 역직렬기를 각각 지정합니다. URL은 ConsumerConfig. BOOTSTRAP_SERVERS_CONFIG 프로퍼티에 적고 ConsumerConfig.KEY_DESERIALIZER_ CLASS_CONFIG 및 ConsumerConfig.VALUE_DESERIALIZER_CLASS_CONFIG에는 역직렬기에서 사용할 키, 값 타입을 넣습니다. 여기서는 Integer형 키와 String형 값을 사용하고자 각각 IntegerDeserializer와 StringDeserializer 클래스를 지정했습니다. 끝으로 ConsumerConfig.GROUP_ID_CONFIG 프로퍼티에 그룹 ID를 지정하지 않으면 카프카에 접속할 수 없으니 주의하세요.

이렇게 설정한 프로퍼티를 바탕으로 카프카 기반의 MessageListenerContainer를 생성할 KafkaListenerContainerFactory를 구성합니다. @EnableKafka를 추가하면 내부적으로 이 컨테이너를 사용하게 되고 @KafkaListener를 붙인 메서드마다 MessageListenerContainer가 생성됩니다.

지금까지 설정한 내용을 로드하여 리스닝해서 백 오피스 애플리케이션을 실행해봅시다.

```
public class BackOfficeMain {

    public static void main(String[] args) {
        new AnnotationConfigApplicationContext(BackOfficeConfiguration.class);
    }
}
```

프론트 오피스 애플리케이션이 시동되면 Mail 메시지가 String으로 바뀌고 카프카를 사용해 백 오피스로 보내져 콘솔에 다음 텍스트가 출력될 겁니다.

```
Received: {"mailId":"1234","country":"US","weight":1.5}
```

MessageConverter로 페이로드를 객체로 변환하기

리스너가 받는 String을 Mail 객체로 자동 변환할 순 없을까요? 구성을 약간 고치면 간단히 해결됩니다. 좀 전의 KafkaListenerContainerFactory는 MessageConverter형 객체를 받으므로 StringJsonMessageConverter를 넘기면 String을 원하는 객체로 자동 변환할 수 있습니다. @KafkaListener를 붙인 메서드가 String을 받아 주어진 객체로 변환하는 거죠.

구성 클래스를 다음과 같이 수정합니다.

```
@Configuration
@EnableKafka
public class BackOfficeConfiguration {

    @Bean
    KafkaListenerContainerFactory<ConcurrentMessageListenerContainer<Integer, String>>
    kafkaListenerContainerFactory() {
        ConcurrentKafkaListenerContainerFactory factory =
            new ConcurrentKafkaListenerContainerFactory();
        factory.setMessageConverter(new StringJsonMessageConverter());
        factory.setConsumerFactory(consumerFactory());
        return factory;
    }
    ...
}
```

MailListener가 String 대신 Mail 객체를 사용하도록 고칩니다.

```
public class MailListener {

    @KafkaListener(topics = "mails")
    public void displayMail(Mail mail) {
        System.out.println("Mail #" + mail.getMailId() + " received");
```

```
      }
}
```

프론트/백 오피스를 다시 실행하면 예전과 다름없이 메시지 송수신이 잘 됩니다.

객체를 페이로드로 변환하기

프론트 오피스는 Mail 인스턴스를 직접 JSON 문자열로 변환합니다. 그리 힘든 일은 아니지만 이 작업을 프레임워크가 도맡아 처리하게 만들고 싶습니다. StringSerializer 대신 JsonSerializer를 설정하면 됩니다.

```
@Configuration
public class FrontOfficeConfiguration {

    @Bean
    public KafkaTemplate<Integer, Object> kafkaTemplate() {
        return new KafkaTemplate<>(producerFactory());
    }

    @Bean
    public ProducerFactory<Integer, Object> producerFactory() {
        return new DefaultKafkaProducerFactory<>(producerFactoryProperties());
    }

    @Bean
    public Map<String, Object> producerFactoryProperties() {
        Map<String, Object> properties = new HashMap<>();
        properties.put(ProducerConfig.BOOTSTRAP_SERVERS_CONFIG, "localhost:9092");
        properties.put(ProducerConfig.KEY_SERIALIZER_CLASS_CONFIG,
            IntegerSerializer.class);
        properties.put(ProducerConfig.VALUE_SERIALIZER_CLASS_CONFIG, JsonSerializer.class);
        return properties;
    }

    @Bean
    public FrontDeskImpl frontDesk() {
        return new FrontDeskImpl(kafkaTemplate());
    }
}
```

이렇게 고치면 String으로 직렬화한 객체를 카프카로 보낼 수 있으므로 KafkaTemplate ⟨Integer, **String**⟩ → KafkaTemplate⟨Integer, **Object**⟩로 변경합니다.

KafkaTemplate이 JSON 변환까지 처리해주기 때문에 FrontOfficeImpl 코드도 깔끔해졌습니다.

```java
public class FrontDeskImpl implements FrontDesk {

    private final KafkaOperations<Integer, Object> kafkaOperations;

    public FrontDeskImpl(KafkaOperations<Integer, Object> kafkaOperations) {
        this.kafkaOperations = kafkaOperations;
    }

    public void sendMail(final Mail mail) {

        ListenableFuture<SendResult<Integer, Object>> future =
            kafkaOperations.send("mails", mail);
        future.addCallback(new ListenableFutureCallback<SendResult<Integer, Object>>() {

            @Override
            public void onFailure(Throwable ex) {
                ex.printStackTrace();
            }

            @Override
            public void onSuccess(SendResult<Integer, Object> result) {
                System.out.println("Result (success): " + result.getRecordMetadata());
            }
        });
    }
}
```

마치며

스프링의 메시징 지원 기능과 이를 바탕으로 메시지 지향 아키텍처를 구축하는 방법을 살펴보았습니다. 다양한 메시징 솔루션을 응용해 메시지를 생산, 소비하는 방법과 `MessageListenerContainer`로 메시지 주도 POJO를 작성하는 방법을 설명했습니다.

검증된 오픈 소스 메시지 큐인 ActiveMQ로 JMS, AMQP 메시징을 해보았고 아파치 카프카도 간략히 소개했습니다.

다음 장의 주제는 ESB와 비슷한 프레임워크인 스프링 인티그레이션입니다. 스프링 인티그레이션은 Mule ESB, ServiceMix처럼 애플리케이션을 연계하는 솔루션입니다. 이 장에서 배운 지식을 토대로 메시지 지향 애플리케이션을 스프링 인티그레이션으로 통합하면 더 진보된 애플리케이션을 구축할 수 있습니다.

CHAPTER 15

스프링 인티그레이션

이 장에서는 근래 많은 애플리케이션에서 컴포넌트 간의 결합도를 낮추는 데 사용하는 EAI^Enterprise Application Integration (엔터프라이즈 애플리케이션 연계)의 기본 원리를 공부합니다. 스프링 프레임워크는 스프링 인티그레이션^Spring Integration이라는 강력하고 확장성이 뛰어난 프레임워크를 제공합니다. 스프링 인티그레이션은 스프링 프레임워크 코어에서 애플리케이션 내부의 컴포넌트 간 결합도를 낮추는 것과 비슷한 수준으로 분산된 시스템과 데이터 사이의 의존도를 줄입니다. 이 장의 목표는 EAI 관련 패턴과 ESB를 이해하고 궁극적으로 스프링 인티그레이션을 응용하여 솔루션을 구축하는 겁니다. 이미 과거에 EAI 서버나 ESB를 사용해본 적 있는 독자는 기존에 경험한 그 어떤 기술보다도 스프링 인티그레이션이 쉽다고 느낄 겁니다.

이 장을 다 읽고 나면 스프링 인티그레이션으로 서비스와 데이터를 공유하기 위해 애플리케이션을 연계하는, 아주 정교한 솔루션을 개발할 수 있습니다. 또 스프링 인티그레이션 특유의 다양한 구성 옵션도 배우게 됩니다. 스프링 인티그레이션은 표준 XML 네임스페이스만으로도 전부 설정할 수 있지만 애너테이션과 XML을 혼용하는 편이 훨씬 더 자연스럽다는 사실과, 기존 EAI 경험자들에게 스프링 인티그레이션이 매력적인 대안이라는 사실을 금세 이해하게 될 겁니다. 뮬^Mule이나 서비스믹스^ServiceMix 같은 ESB, 또는 액스웨이^Axway의 인테그레이터^Integrator, TIBCO의 액티브매트릭스^ActiveMatrix 같은 정통 EAI 서버 제품을 사용해본 독자라면 이 장에서 설명하는 용어와 설정 방법이 아주 친근하게 느껴질 겁니다.

레시피 15-1 서로 다른 두 시스템 연계하기

과제

두 애플리케이션이 외부 인터페이스를 사용해 서로 소통하려고 합니다. 서비스와 데이터를 서로 주고받으려면 당연히 연결고리를 맺어주어야 하겠죠?

해결책

EAI는 잘 알려진 패턴들을 활용해 애플리케이션과 데이터를 연계하는 규범입니다. 그레고 호프Gregor Hohpe 씨와 바비 울프Bobby Woolf 씨가 공저한 『Enterprise Integration Patterns엔터프라이즈 연계 패턴』[1]라는 기념비적인 책에는 패턴별로 찾아보기 쉽게 잘 정리되어 있습니다. 최근에는 사실상 표준으로 자리잡아 현대 ESB에서도 공용어처럼 쓰이고 있습니다.

풀이

연계 방식은 파일시스템, DB, 메시징, 원격 프로시저 호출 등 다양합니다. 각각의 연계 방식을 어떻게 구현하는지 하나씩 살펴보고 스프링 인티그레이션에 버금가는 대안은 무엇인지 알아보겠습니다.

연계 방식 고르기

애플리케이션 유형 및 요건에 따라 연계 방식은 천차만별이지만 기본 원칙은 간단합니다. 어떤 애플리케이션이 자신이 속한 시스템의 자체 메커니즘만으로 다른 시스템과 통신하는 건 불가능합니다. 뭔가 호출하는 시스템에 유리한 방향으로 다른 시스템의 특징을 상위에서 추상화하거나 우회하여 소통할 수 있는 연결고리가 필요하죠. 추상화할 대상은 애플리케이션마다 달라서 때로는 위치가 될 수도 있고 때로는 호출 자체의 동기/비동기적 성격일 수도 있고 때로는 메시징 프로토콜이 될 수도 있습니다. 애플리케이션의 결합 수준, 서버 유사성server affinity, 메시징 형식 요건 등 어떤 목표를 갖고 접근하느냐에 따라 연계 방식을 선택하는 기준은 다양합니다. TCP/IP는 이 모든 연계 기법 중 가장 많이 쓰이는 기술인데요, 이유는 여러분도 알다시피 한

---

1 역주_ 한글판 역서는 『기업 통합 패턴』(에이콘출판사, 2014)입니다.

애플리케이션을 다른 애플리케이션 서버와 쉽게 분리할 수 있기 때문입니다.

연계 방식은 다음과 같이 크게 네 가지로 정리할 수 있습니다. 이 중 (당연히 스프링을 사용해서) 일부 또는 전부 다 적용해서 애플리케이션을 개발하면 됩니다. 예를 들어 공유 DB에는 스프링 JDBC 지원 기능을, 원격 프로시저 호출은 스프링의 익스포터 기능을 빌려 쓰면 손쉽게 구축할 수 있습니다.

- **파일 전송(file transfer)** : 각 애플리케이션은 공유할 데이터를 다른 애플리케이션이 소비할 수 있는 파일로 생산하고 다른 애플리케이션이 생산한 공유 데이터 파일을 소비합니다.
- **공유 DB(shared database)** : 애플리케이션 간에 공유할 데이터를 공통 DB에 둡니다. 여러 종류의 다른 애플리케이션이 액세스할 수 있는 DB라는 형식을 차용한 겁니다. 하지만 공유 DB로 데이터를 노출하는 건 내가 정한 (하지만 문서화하지 않은) 제약조건을 그들이 어길지 모르는 일이므로 별로 권장할 만한 방법은 아닙니다. 뷰나 저장 프로시저를 동원하면 어느 정도 해결은 되겠지만 최선의 방법이라고 볼 수는 없죠. DB 자체와 곧바로 소통할 방법은 없지만 쿼리로 조회한 결과를 메시지 페이로드로 다루는 엔드포인트를 만들 수는 있습니다. DB 연계는 아무래도 메시지 지향적이지 않고 세밀하게 조정할 수 없기 때문에 배치 형태로 많이 사용됩니다. 사실 수백만 개 로우를 DB에 추가하는 행위는 마땅히 이벤트가 아닌, 배치라고 봐야 옳겠죠! 스프링 배치(11장)가 JDBC 중심으로 입출력을 훌륭하게 지원하게 된 것도 이런 관점에서 별로 놀라운 일은 아닙니다.
- **원격 프로시저 호출(remote procedure invocation)** : 각 애플리케이션이 외부에서 원격 실행할 수 있게 프로시저를 표출하고 이 프로시저를 호출하여 원하는 작업을 수행하거나 데이터를 교환하는 기술입니다. 스프링 인티그레이션은 RPC 교환(SOAP, RMI, HTTP 인보커 같은 원격 프로시저 호출)에 최적화된 지원 기능을 제공합니다.
- **메시징** : 각 애플리케이션이 공통 메시징 시스템에 접속해서 데이터를 교환하고 메서드를 호출합니다. 자바 EE의 JMS가 주로 사용하는 이 방식은 비동기 또는 멀티캐스트(multicast) 발행-구독 아키텍처의 근간을 형성합니다. 스프링 인티그레이션 같은 ESB나 EAI 컨테이너를 이용하면 다른 연계 방식도 마치 메시지 큐를 다루듯 처리할 수 있습니다(이를테면 큐에 들어온 요청을 처리해 응답을 주거나 다른 큐로 보낼 수 있습니다).

ESB 솔루션 기반으로 구축하기

연계 방식을 결정했으면 이제 관건은 구현입니다. 요즘은 선택의 폭이 무척 넓어져서 웬만한 미들웨어나 프레임워크는 공통 요건을 제법 잘 지원합니다. 실제로 자바 EE, 닷넷 등의 플랫폼에서 SOAP, XML-RPM, EJB의 바이너리 레이어, 바이너리 원격, JMS, MQ 추상화 같은 공통 관심사는 능숙능란하게 처리합니다. 하지만 설정할 내용이 방대하고 요건이 다소 특이할 때는 ESB를 써야 할 수도 있습니다. ESB는 EAI에서 제시한 패턴 정신을 살려 고수준의 연계 설계 방식을 제공하는 미들웨어입니다. ESB는 관리하기 편한 설정 방식을 제공해서 단순한 고수준 형태로 다른 여러 요소를 매끄럽게 묶습니다.

스프링소스 포트폴리오 API인 스프링 인티그레이션은 이처럼 스프링에서 잘 작동하는 수많은 연계 시나리오를 설계하는 데 필요한 빈틈없는 메커니즘을 제공합니다. 다른 ESB 제품들에 비해 장점이 많은 스프링 인티그레이션은 특히 스프링 프레임워크 자체의 가벼움을 중요한 강점으로 내세웁니다. 초창기 ESB 시장은 그야말로 춘추전국 시대였습니다. 구형 EAI 서버가 ESB 중심 아키텍처로 재탄생한 경우도 있고 오직 ESB에만 집중해 개발한 순수 ESB 제품도 있었죠. 심지어 어댑터를 부착한 메시지 큐에 지나지 않는 것들도 난립해 있었습니다.

타의 추종을 불허할 만큼 강력한 (자바 EE 플랫폼에서 거의 모든 연계가 가능하나 가격이 매우 비싼) EAI^{Enterprise Application Integration} 서버를 원한다면 액스웨이 인티그레이터^{Axway Integrator}가 정답입니다. 이 제품은 거의 만능입니다. 팁코^{TIBCO}나 웹메서드^{WebMethods} 같은 업체 (나중에는 결국 합병되었지만)도 엔터프라이즈 연계를 다루는 우수한 툴을 족적으로 남겼지만 이들은 대체로 가격이 너무 비싼데다 연계 시스템이 미들웨어에 배포되는 미들웨어에 치우친 제품입니다.

이후 JBI^{Java Business Integration} (자바 비즈니스 연계) 같은 표준화 시도가 어느 정도 성과를 거두면서 이 표준에 기반을 둔 ESB 제품들 (예 : OpenESB, ServiceMix)이 출시됐습니다. 시장을 선도한 뮬 ESB는 무료/오픈소스인데다 커뮤니티도 활성화되어 있고 무엇보다 제품이 가벼워서 평판이 아주 좋았습니다. 이러한 특성은 스프링 인티그레이션을 한층 더 부각시켰죠. 다른 오픈 시스템과 간단히 소통 정도만 하면 될 텐데, 군이 집 한 채 값보다 비싼 미들웨어를 사달라고 구매팀에 사정하지 않아도 되니까요.

스프링 인티그레이션 애플리케이션은 완전히 내장된 형태라서 서버 인프라도 필요 없습니다. 실제로 다른 애플리케이션 내부에 배포할 수 있고, 웹 애플리케이션 엔드포인트로도 배포할 수 있습니다. 스프링 인티그레이션은 ESB 배포 패러다임을 처음부터 뒤엎는 것으로, 애플리케이션을 스프링 인티그레이션에 배포하는 게 아니라 스프링 인티그레이션을 애플리케이션에 배포하는 겁니다. 시작/종료 스크립트도 없고 감시할 포트 따위도 없지요. 다음은 자바 `public static void main()` 메서드로 스프링 컨텍스트를 띄우는 아주 간단한 스프링 인티그레이션 애플리케이션입니다.

```
package com.apress.springrecipes.springintegration;
...
```

```
public class Main {
    public static void main(String [] args) {
        ApplicationContext applicationContext =
            new AnnotationConfigApplicationContext(IntegrationConfiguration.class);
    }
}
```

표준 스프링 애플리케이션 컨텍스트를 작성한 코드입니다. 스프링 애플리케이션 컨텍스트는 다음 레시피에서 계속 살펴보겠지만 그 내용이 참으로 단순합니다. 웹 애플리케이션, EJB 컨테이너, 아니면 다른 어떤 것에서도 이 컨텍스트를 끄집어낼 수 있습니다. 실제로 스프링 인티그레이션을 이용하면 스윙/자바FX 애플리케이션에서 이메일을 수신하는 것도 가능합니다! 여러분이 원하는 만큼 얼마든지 가볍게 가져갈 수 있지요.

레시피 15-2 JMS를 이용해 두 시스템 연계하기

과제

미들웨어상에서 시간적, 공간적으로 결합도를 낮추기 위해 두 애플리케이션을 JMS으로 연계하려고 합니다. 그리고 코드가 JMS 큐나 토픽 같은 메시지에 종속되지 않도록 좀 더 정교한 방식으로 라우팅을 적용하고 싶습니다.

해결책

평범한 JMS 코드나 EJB의 메시지 주도 빈[MDB] 지원 기능, 또는 스프링의 메시지 주도 POJO[MDP] 지원 기능을 이용해서 연계해도 되지만 JMS 메시지에 한하여 처리할 수밖에 없는 한계가 있습니다. 코드가 JMS에 종속되어 버리는 셈이지요. ESB를 이용하면 메시지를 다루는 코드에서 원본 메시지는 드러나지 않습니다. 스프링 인티그레이션으로 얼마나 쉽게 솔루션을 제작할 수 있는지 여러분도 이제 곧 알게 될 겁니다. 스프링 인티그레이션을 이용하면 스프링 컨테이너에서 MDP를 사용하듯 JMS도 쉽게 다룰 수 있습니다. JMS 미들웨어를 이메일로 교체할 수 있고 메시지에 반응하는 코드는 그대로 놔둘 수 있습니다.

풀이

스프링에서는 MDP를 사용해 EJB의 MDB 기능을 대체할 수 있습니다(14장 참고). 스프링에는 EJB의 MDB 기능을 대체할 수 있는 MDP가 있습니다(14장 참고). 메시지 큐에 있는 메시지를 처리하는 애플리케이션 개발자에게 아주 강력한 솔루션이지요. 지금부터 스프링 인티그레이션 특유의 간결한 설정을 사용해 MDP를 하나 구축해볼 텐데요, 개념을 이해하는 기초 예제로는 적당합니다. (페이로드가 Map<String,Object>형인) JMS 메시지를 전달받아 로그에 출력하는 일이 전부입니다.

ConnectionFactory 객체를 얻는 구성은 표준 MDP와 크게 다르지 않습니다. 다음 구성 클래스를 (앞 레시피 Main 클래스에서 했던 것처럼) 스프링 ApplicationContext 인스턴스 생성 시 인수로 전달합니다.

```
@Configuration
@EnableIntegration
@ComponentScan
public class IntegrationConfiguration {

    @Bean
    public CachingConnectionFactory connectionFactory() {
        ActiveMQConnectionFactory connectionFactory =
            new ActiveMQConnectionFactory("tcp://localhost:61616");
        return new CachingConnectionFactory(connectionFactory);
    }

    @Bean
    public JmsTemplate jmsTemplate(ConnectionFactory connectionFactory) {
        return new JmsTemplate(connectionFactory);
    }

    @Bean
    public InboundHelloWorldJMSMessageProcessor messageProcessor() {
        return new InboundHelloWorldJMSMessageProcessor();
    }

    @Bean
    public IntegrationFlow jmsInbound(ConnectionFactory connectionFactory) {
        return return IntegrationFlows
            .from(Jms.messageDrivenChannelAdapter(connectionFactory)
            .extractPayload(true)
```

```
        .destination("recipe-15-2"))
        .handle(messageProcessor())
        .get();
    }
}
```

보다시피 스키마를 임포트하는 코드가 대부분을 차지하며 나머지는 표준에 따른 판박이 코드입니다. connectionFactory는 표준 MDP를 구성하는 것과 꼭 같습니다.

그리고 나서 솔루션에 필요한 빈(여기서는 메시지 큐에서 버스로 들어온 메시지에 응답하는 messageProcessor)을 정의합니다. 서비스 액티베이터service activator (활성기)는 스프링 인티그레이션에서 어떤 기능(서비스 자체 작업, POJO 코드 등)을 수행하여 입력 채널로 전송된 메시지에 응답하는 평범한 엔드포인트입니다. (나중에 자세히 살펴보겠지만) 메시지에 응답용으로 이런 엔드포인트를 쓰는 것만으로도 흥미롭습니다. 함께 쓰이는 빈들은 이 솔루션에 필요한 협력자 역할을 하며 이 예제만 보아도 대부분의 연계가 어떤 모양새인지 잘 알 수 있습니다. 협력 관계에 있는 컴포넌트를 정의한 다음 솔루션 자체를 구성하는 스프링 인티그레이션 자바 DSL을 이용해 워크플로를 정의합니다.

> **TIP_** 스프링 인티그레이션 그루비 DSL도 있습니다.

구성 작업의 첫 단추는 IntegrationFlows입니다. IntegrationFlows는 메시지가 시스템을 어떻게 흘러가는지 정의한 클래스입니다. 워크플로는 messageDrivenChannelAdapter를 정의하는 것으로 시작되며 목적지 recipe-15-2로부터 메시지를 건네받아 스프링 인티그레이션 채널에 전달합니다. messageDrivenChannelAdapter는 그 이름처럼 어댑터(조정기)입니다. 어댑터란 어떤 종류의 하위 시스템과 어떤 방법으로 소통할지, 그리고 이 시스템에서 스프링 인티그레이션 버스가 사용할 수 있는 형태로 메시지를 바꾸려면 어떻게 해야 할지 알고 있는 컴포넌트입니다. 반대로 스프링 인티그레이션 버스에 도착한 메시지를 특정 하위 시스템이 이해할 수 있는 형태로 바꿔주는 역할도 하지요. 이처럼 어댑터는 버스와 외부 엔드포인트 간의 일반적인 연결을 다룬다는 점에서 (다음에 설명할) 서비스 액티베이터와 다릅니다. 서비스 액티베이터는 메시지를 받아 애플리케이션의 비즈니스 로직을 호출하는 기능만 할뿐입니다. 비즈니스 로직으로 무슨 일을 할지, 다른 시스템에 연결할지 여부는 개발자가 판단할 몫입니다.

서비스 액티베이터는 채널로 들어온 메시지를 리스닝하고 있다가 handle() 메서드를 사용해 참조한 빈(예제에서는 앞서 정의한 messageProcessor)을 호출합니다. 컴포넌트 메서드에 @ServiceActivator를 붙였기 때문에 스프링 인티그레이션은 이를 호출 대상 메서드로 간주합니다.

```
public class InboundHelloWorldJMSMessageProcessor {

    private final Logger logger =
        LoggerFactory.getLogger(InboundHelloWorldJMSMessageProcessor.class);

    @ServiceActivator
    public void handleIncomingJmsMessage(Message<Map<String, Object>> inboundJmsMessage)
        throws Throwable {
        Map<String, Object> msg = inboundJmsMessage.getPayload();
        logger.info("firstName: {}, lastName: {}, id: {}", msg.get("firstName"),
                                            msg.get("lastName"),
                                            msg.get("id"));
    }
}
```

@ServiceActivator는 자신을 붙인 컴포넌트를 스프링이 구성하도록 지시하고 채널에서 들어온 메시지 페이로드를 받아 이 메서드에 Message<Map<String, Object>> inboundJmsMessage 형태의 인수를 전달합니다. 이미 extractPayload(true)로 설정했으므로 JMS 큐에서 들어온 메시지 페이로드(예제는 Map<String,Object>)를 받아 그 내용을 추출하고 org.springframework.messaging.Message<T> 형태로 스프링 인티그레이션 채널을 사용해 넘어가도록 스프링 인티그레이션에 알립니다. 스프링 Message 인터페이스와 JMS Message 인터페이스는 언뜻 보기에 비슷하지만 혼동해선 안 됩니다. extractPayload 옵션을 지정하지 않으면 스프링 Message 인터페이스는 javax.jms.Message형입니다. 메시지 페이로드 추출은 개발자의 몫이지만 이 중 일부 정보는 유용하게 쓰입니다. javax.jms.Message형 페이로드를 직접 추출하는 예제를 재작성하면 다음과 같이 조금 달라집니다.

```
public class InboundHelloWorldJMSMessageProcessor {

    private final Logger logger =
        LoggerFactory.getLogger(InboundHelloWorldJMSMessageProcessor.class);
```

```
@ServiceActivator
public void handleIncomingJmsMessageWithPayloadNotExtracted(
    Message<javax.jms.Message> msgWithJmsMessageAsPayload) throws Throwable {
    javax.jms.MapMessage jmsMessage =
        (MapMessage) msgWithJmsMessageAsPayload.getPayload();
    logger.debug("firstName: {}, lastName: {}, id: {}",
        jmsMessage.getString("firstName"), jmsMessage.getString("lastName"),
        jmsMessage.getLong("id"));
    }
}
```

메시지 페이로드의 타입을 메서드에 전달하는 인수형으로 지정할 수도 있습니다. 가령, JMS에서 들어온 메시지 페이로드가 Cat형이면 메서드 시그니처는 public void handleIncomingJmsMessageWithPayloadNotExtracted(Cat inboundJmsMessage) throws Throwable이 되겠죠. 나머지는 스프링 인티그레이션이 알아서 잘 처리합니다. 여기서는 스프링 Message<T>에 액세스하는 편이 좋습니다. 쓸 만한 정보가 헤더에 들어 있으니까요.

throws Throwable은 굳이 지정할 필요는 없습니다. 스프링 인티그레이션에서 에러 처리는 일반적인 방식으로 처리해도 되고 여러분이 원하는 만큼 구체적으로 처리해도 됩니다.

예제에서는 연계가 끝나는 지점에서 서비스 액티베이터 기능을 호출하기 위해 @ServiceActivator를 붙였습니다. 따라서 메서드의 반환값을 서비스 액티베이터의 응답으로 다음 채널에 넘겨줄 수 있습니다. 반환형은 그다음에 전송되는 메시지를 결정합니다. 가령, 반환형이 Message<T>이면 바로 전송되지만 다른 타입이면 일단 값을 Message<T>형 페이로드로 감싼 뒤, 언젠가는 처리 파이프라인의 다음 컴포넌트로 전송될 다음 메시지로 만듭니다. 이 Message<T> 객체는 서비스 액티베이터에 설정된 출력 채널로 전송됩니다. 입력 채널에 들어온 메시지와 동일한 타입의 메시지를 출력 채널에 전송하면 별 문제가 없고 메시지 타입 변환 시 아주 효과적입니다. 서비스 액티베이터는 시스템에 연결해서 연계의 틀을 잡을 때 유용한, 아주 유연한 컴포넌트입니다.

이 솔루션은 정말 직관적이지만 JMS 큐를 구성하는 측면에서 간접화 레벨을 덧씌우는 한계를 극복해야 하므로 직관적인 MDP를 완전히 능가한다고 보기는 어렵습니다. 스프링 인티그레이션은 산재된 구성을 한 곳에 둘 수 있어서 복잡한 시스템 연계를 스프링 코어나 EJB3보다 쉽게 풀어갈 수 있습니다. 처리 경로와 프로세스를 중앙화함으로써 전체적인 시야에서 연계를 바라볼 수 있고 연계 컴포넌트를 재배치하기도 더 쉽습니다. 스프링 인티그레이션은 스프링 코어나 EJB의 경쟁 상대가 아니라, 이들만 갖고는 자연스레 구현하기 힘들었던 부분을 해결해주는 해결사입니다.

레시피 15-3 스프링 인티그레이션 메시지에서 컨텍스트 정보 얻기

과제

스프링 인티그레이션 처리 파이프라인으로 들어온 메시지로부터 암시적으로 알 수 있는 메시지 타입 이외의 추가 정보를 얻고 싶습니다.

해결책

스프링 인티그레이션 Message<T> 인터페이스를 이용하면 구체적인 메시지 헤더 정보를 얻을 수 있습니다. (Map<String,Object>형) 맵에 포함된 헤더값들을 읽으면 됩니다.

풀이

스프링 Message<T> 인터페이스는 실제 메시지 페이로드 및 컨텍스트 관련 메타데이터를 포함한 헤더의 포인터를 지닌 제네릭 래퍼입니다. 이 메타데이터를 조작/보완하면 후속 컴포넌트의 기능을 활성화/강화할 수 있습니다(예 : 이메일로 메시지를 보낼 때 TO/FROM 헤더 명시).

어떤 요건(이를테면 서비스 액티베이터나 변환기 컴포넌트를 제공하는 로직)을 처리하는 클래스를 프레임워크에 표출할 때마다 Message<T>를 가져와 메시지 헤더를 꺼내볼 수 있습니다. 스프링 인티그레이션은 처리 파이프라인을 사용해 Message<T> 인스턴스를 푸시한다는 사실을 기억하세요. Message<T> 인스턴스와 맞닿은 각 컴포넌트는 이 인스턴스에 어떤 영향을 미치거나, 이 인스턴스로 어떤 일을 수행하거나, 아니면 그냥 흘려보냅니다. 이들 컴포넌트에 필요한 정보를 제공하거나 어떤 시점까지 무슨 일들을 겪었는지 알아보려면 MessageHeaders를 꺼내보면 됩니다.

스프링 인티그레이션을 다룰 때에는 [표 15-1], [표 15-2]에 정리한 값들의 의미를 잘 알고 있어야 합니다. 이들 상수값은 org.springframework.messaging.MessageHeaders 인터페이스와 org.springframework.integration.IntegrationMessageHeaderAccessor 클래스에 선언되어 있습니다.

표 15-1 스프링 메시징 코어에서 자주 쓰이는 헤더값

상수	설명
ID	스프링 인티그레이션 엔진이 메시지별로 할당한 유일한 값입니다.
TIMESTAMP	메시지에 할당한 타임스탬프입니다.
REPLY_CHANNEL	현재 컴포넌트를 전송할 채널의 String 이름입니다. 오버라이드 가능합니다.
ERROR_CHANNEL	런타임 예외 발생 시 현재 컴포넌트를 전송할 채널의 String 이름입니다. 오버라이드 가능합니다.
CONTENT_TYPE	메시지의 콘텐트 타입(MIME 타입)입니다. 주로 웹 소켓 메시지에서 사용합니다.

스프링 메시징에 정의된 헤더 이외에도 스프링 인티그레이션에서 자주 쓰는 헤더들은 org.springframework.integration.IntegrationMessageHeaderAccessor 클래스에 정의되어 있습니다(표 15-2).

표 15-2 스프링 인티그레이션에서 자주 쓰이는 헤더값

상수	설명
CORRELATION_ID	(옵션) 처리 파이프라인에서 (애그리게이터 같은) 컴포넌트가 메시지를 묶을 때 사용합니다.
EXPIRATION_DATE	컴포넌트가 더 이상 처리를 미룰 수 없는 한계점을 설정합니다.
PRIORITY	메시지 우선순위, 숫자가 클수록 우선순위가 높습니다.
SEQUENCE_NUMBER	메시지를 나열(시퀀스)하는 순서로, 보통 시퀀서에서 사용됩니다.
SEQUENCE_SIZE	시퀀스 크기. 애그리게이터가 추가 메시지를 그만 대기하고 진행하는 시점을 정의합니다. 조인 기능 구현 시 유용합니다.
ROUTING_SLIP	라우팅 슬립Routing Slip 패턴 사용 시 관련 정보가 포함된 헤더입니다.
CLOSEABLE_RESOURCE	(옵션) 컴포넌트가 메시지 페이로드를 닫을 수 있는지/닫아야 하는지 결정할 때 사용합니다.

일부 헤더값은 소스 메시지의 페이로드 타입에 종속됩니다. 예를 들어 파일시스템의 파일에

서 비롯된 페이로드는 JMS 큐에서 들어온 페이로드나 이메일 시스템에서 유입된 메시지와는 사뭇 다릅니다. 이들 컴포넌트는 각자 JAR 파일에 모여있고 대개 헤더 접근에 필요한 상수값을 제공하는 클래스가 별도로 들어 있습니다. org.springframework.integration.file.FileHeaders에 정의된 파일 전용 상수 FILENAME와 PREFIX가 컴포넌트에 종속된 헤더의 좋은 예입니다. 헤더는 java.util.Map 인스턴스라서 의심스러울 땐 직접 값들을 열거하면 됩니다.

```java
public class InboundFileMessageServiceActivator {
    private final Logger logger =
        LoggerFactory.getLogger(InboundFileMessageServiceActivator.class);

    @ServiceActivator
    public void interrogateMessage(Message<File> message) {
        MessageHeaders headers = message.getHeaders();
        for (Map.Entry<String, Object> header : headers.entrySet()) {
            logger.debug("{} : {}", header.getKey(), header.getValue());
        }
    }
}
```

메시지를 구체적으로 뜯어보지 않아도 헤더값을 사용해 원하는 특성을 찾아볼 수 있습니다. 또 헤더는 후속 컴포넌트에 커스텀 메타데이터를 지정해 전달하는 등 처리 과정에서도 요긴하게 쓰입니다. 이처럼 후속 컴포넌트에서 사용하기 위해 부가 데이터를 덧붙이는 행위를 메시지 강화message enrichment라고 합니다. 주어진 메시지의 헤더를 열어보고 처리 파이프라인의 다음 컴포넌트에 유용한 정보를 추가하는 거죠. 서드파티 웹 사이트를 호출해 신용 등급을 매기는 CRM 시스템에서 고객 정보를 추가한 다음 메시지를 처리하는 장면을 떠올려보세요. 신용 등급을 헤더에 추가하면 고객 가입/탈퇴를 담당하는 후속 컴포넌트가 이 값을 보고 결정을 내릴 수 있겠죠.

헤더 메타데이터를 가져오는 다른 방법은 그냥 컴포넌트 메서드에 매개변수로 전달하는 겁니다. 매개변수에 간단히 @Header를 붙이면 나머지는 스프링 인티그레이션이 알아서 처리합니다.

```java
public class InboundFileMessageServiceActivator {

    private final Logger logger = LoggerFactory.getLogger(
```

```
    InboundFileMessageServiceActivator.class);

    @ServiceActivator
    public void interrogateMessage(
        @Header(MessageHeaders.ID) String uuid,
        @Header(FileHeaders.FILENAME) String fileName, File file) {
        logger.debug("the id of the message is {}, and name of the file payload is {}",
            uuid, fileName);
    }
}
```

그냥 스프링 인티그레이션이 Map<String,Object>을 넘기게 하는 방법도 있습니다.

```
public class InboundFileMessageServiceActivator {

    private final Logger logger = LoggerFactory.getLogger(
    InboundFileMessageServiceActivator.class);

    @ServiceActivator
    public void interrogateMessage(
        @Header(MessageHeaders.ID) Map<String, Object> headers, File file) {
        logger.debug("the id of the message is {}, and name of the file payload is {}",
            headers.get(MessageHeaders.ID), headers.get(FileHeaders.FILENAME));
    }
}
```

레시피 15-4 파일시스템을 사용해 시스템 연계하기

과제

공유 파일시스템에 있는 파일을 매개로 다른 시스템과 연계하려고 합니다. 이를테면 매 시간 전체 고객 정보를 CSV 덤프 파일로 생성하는 애플리케이션이 있다고 합시다. 서드파티 재무 시스템이 네트워크 파일시스템에 마운팅된 공유 폴더를 계속 체크하고 CSV 파일이 발견되면 그 안에 포함된 레코드를 처리하겠죠. 여기서 새 파일이 만들어진 사실을 버스에 이벤트로 전달하는 방법이 관건입니다.

해결책

표준 기술로도 구현할 수는 있지만 뭔가 세련된 방법으로 처리하면 좋겠습니다. 스프링 인티그 레이션은 파일시스템의 이벤트 주도적인 특성을 활용해 개발자가 파일 입출력 요건을 신경 쓰지 않고도 `java.io.File` 페이로드 자체를 다루는 일에만 집중할 수 있게 합니다. 이런 방식으로 개발하면 고객 정보가 재무 시스템에 추가되는 시점에 이벤트를 입력받아 결과를 응답하는 코드를 단위 테스트 가능한 형태로 작성할 수 있습니다. 기능 구현을 마친 후 스프링 인티그레이션 파이프라인에 설정하고 파일시스템에서 새 파일이 발견될 때마다 스프링 인티그레이션이 필요한 기능을 호출하게끔 설정합니다. 이는 EDA^{Event-Driven Architecture}(이벤트 주도 아키텍처)의 좋은 예입니다. 이벤트가 어떻게 발생했는지 알 필요 없이 이벤트에 반응해 처리하는 일에만 전념하게 하자는 거죠. 비슷한 개념으로 이벤트 기반 GUI에서도 유저 액션에 대해 이벤트를 통제하는 코드 대신 실제 동작을 호출하는 일에만 집중하게 합니다. 이처럼 스프링 인티그레이션은 특정 솔루션에 얽매이지 않는 방향으로 자연스럽게 유도합니다. JMS 큐 솔루션 역시 사용하는 인수형(스프링 인티그레이션 `Message<T>`와 메시지 페이로드의 인수형)만 다를 뿐 사실상 코드는 비슷합니다.

풀이

JMS로 통신하는 건 조금 낡은 방식이므로 공유 파일시스템을 경유한 연계 솔루션을 구축해보겠습니다. ESB 솔루션 없이 개발하려면 주기적으로 파일시스템을 폴링해서 새 파일을 찾는 쿼츠나 캐시 같은 메커니즘이 필요합니다. 공유 파일을 재빨리 읽어 페이로드를 효율적으로 처리 로직에 전달해야 하죠. 결국 시스템은 이 페이로드를 받아 어떤 일을 하게 될 겁니다.

스프링 인티그레이션을 이용하면 인프라 코드를 직접 작성할 필요 없이 설정만 잘하면 됩니다. 파일시스템상에서 발생할 수 있는 제반 문제들은 어디까지나 개발자가 직접 해결해야 합니다. 스프링 인티그레이션은 묵묵히 파일시스템을 폴링하면서 새 파일을 찾습니다. 애플리케이션은 어떤 파일이 다 작성된 것인지 스스로 판단할 길이 없으므로 그 기준은 개발자가 정해야 합니다.

방법은 여러 가지입니다. 파일을 다 쓴 다음 용량이 0바이트인 파일을 하나 더 만들 수도 있겠죠. 0바이트 파일이 있으면 진짜 페이로드가 담긴 파일이 준비 완료된 걸로 보고 스프링 인티그레이션을 이용해 찾아보는 식으로 설정할 수 있습니다. 0바이트 파일이 발견되면 (파일명은 같고 확장자만 달리 하는 식으로) 실제 파일을 읽고 처리를 시작합니다. 또 다른 방법은, 클라이언트(생산기)가 스프링 인티그레이션이 폴링하지 않는 디렉터리에 파일을 쓰게 해서 발견되지 않도록 하고 작성이 끝나면 mv 명령어로 스프링 인티그레이션이 폴링하는 디렉터리로 파일을 옮기는 겁니다.

그럼, 처음 작성했던 솔루션을 파일 기반 어댑터로 재작성해봅시다. 어댑터를 사용하는 부분만 바뀌었을 뿐 전반적인 개념과 내용은 이전과 거의 같고 연결 팩토리 같은 JMS 어댑터 설정은 대부분 삭제됐습니다. 대신 앞으로는 스프링 인티그레이션이 파일시스템에서 메시지를 가져오도록 설정해야겠죠.

```
@Configuration
@EnableIntegration
@ComponentScan
public class IntegrationConfiguration {

    @Bean
    public InboundHelloWorldFileMessageProcessor messageProcessor() {
        return new InboundHelloWorldFileMessageProcessor();
    }


    @Bean
    public IntegrationFlow inboundFileFlow(@Value("${user.home}/inboundFiles/new/") File
        directory) {
        return IntegrationFlows
            .from(
                Files.inboundAdapter(directory).patternFilter("*.csv"),
                c -> c.poller(Pollers.fixedRate(10, TimeUnit.SECONDS)))
            .handle(messageProcessor())
            .get();
    }
}
```

Files.inboundAdapter만 빼고 이미 보았던 코드입니다. @ServiceActivator 코드는 Message<java.io.File>형 메시지를 가져오도록 변경합니다.

```
public class InboundHelloWorldFileMessageProcessor {
    private final Logger logger =
        LoggerFactory.getLogger(InboundHelloWorldFileMessageProcessor.class);
```

```
@ServiceActivator
public void handleIncomingFileMessage(Message<File> inboundJmsMessage)
    throws Throwable {
    File filePayload = inboundJmsMessage.getPayload();
    logger.debug("absolute path: {}, size: {}", filePayload.getAbsolutePath(),
        filePayload.length());
    }
}
```

레시피 15-5 메시지 형변환하기

과제

메시지를 버스로 보내 추가 작업을 수행하기 전에 메시지를 형변환하려고 합니다. 대개 하류 컴포넌트downstream component의 요건에 맞게 메시지를 조정하거나 강화(하류 컴포넌트가 처리 시 쓸모있게 활용할 수 있도록 헤더를 추가하거나 페이로드를 보강)할 때 이렇게 처리합니다.

해결책

변환기 컴포넌트를 이용해 Message<T>를 얻고 타입이 다른 페이로드를 담은 Message<T>를 보냅니다. 이런 식으로 필요 시 헤더를 추가하거나 기존 헤더값을 수정하면 됩니다.

풀이

스프링 인티그레이션에서는 변환기 메시지 엔드포인트를 사용해 메시지 헤더를 보충하거나 메시지 자체를 바꿀 수 있습니다. 스프링 인티그레이션에서 컴포넌트들은 서로 연결돼 있으므로 한 컴포넌트의 결과를 그 컴포넌트의 메서드를 호출해 반환할 수 있습니다. 메서드 반환값은 '응답 채널'을 거쳐 한 컴포넌트에서 다음 컴포넌트의 입력 매개변수로 전달되지요. 변환기 컴포넌트를 잘 활용하면 반환형을 바꾸거나 헤더를 추가할 수 있고 이렇게 변경된 객체를 그다음에 연결된 컴포넌트로 보낼 수 있습니다.

메시지 페이로드 수정하기

변환기 컴포넌트 구성도 지금까지 배운 내용과 크게 다르지 않습니다.

```java
public class InboundJMSMessageToCustomerTransformer {

    @Transformer
    public Customer transformJMSMapToCustomer(
        Message<Map<String, Object>> inboundSprignIntegrationMessage) {
        Map<String, Object> jmsMessagePayload =
            inboundSprignIntegrationMessage.getPayload();
        Customer customer = new Customer();
        customer.setFirstName((String) jmsMessagePayload.get("firstName"));
        customer.setLastName((String) jmsMessagePayload.get("lastName"));
        customer.setId((Long) jmsMessagePayload.get("id"));
        return customer;
    }
}
```

어려운 부분은 하나도 없습니다. Map<String,Object>형 Message<T>를 전달하면 직접 값을 추출해서 Customer형 객체를 만듭니다. Customer 객체가 반환되면 이 컴포넌트의 응답 채널로 보내지고 그다음 컴포넌트가 이 객체를 Message<T>형 입력값으로 받습니다.

변환기를 새로 추가했을 뿐 앞서 보았던 솔루션과 거의 같습니다.

```java
@Configuration
@EnableIntegration
@ComponentScan
public class IntegrationConfiguration {

    @Bean
    public CachingConnectionFactory connectionFactory() {
        ActiveMQConnectionFactory connectionFactory =
            new ActiveMQConnectionFactory("tcp://localhost:61616");
        return new CachingConnectionFactory(connectionFactory);
    }

    @Bean
    public JmsTemplate jmsTemplate(ConnectionFactory connectionFactory) {
        return new JmsTemplate(connectionFactory);
```

```
    }

    @Bean
    public InboundJMSMessageToCustomerTransformer customerTransformer() {
        return new InboundJMSMessageToCustomerTransformer();
    }

    @Bean
    public InboundCustomerServiceActivator customerServiceActivator() {
        return new InboundCustomerServiceActivator();
    }

    @Bean
    public IntegrationFlow jmsInbound(ConnectionFactory connectionFactory) {
        return IntegrationFlows
            .from(Jms.messageDrivenChannelAdapter(connectionFactory).extractPayload(true)
                .destination("recipe-15-5"))
            .transform(customerTransformer())
            .handle(customerServiceActivator())
            .get();
    }
}
```

messageDrivenChannelAdapter 컴포넌트가 유입된 콘텐트를 InboundJMSMessageT
oCustomerTransformer로 보내면 변환기가 이어받아 Customer형으로 변환하고 다시
InboundCustomerServiceActivator로 흘려보냅니다.

이제 다음 컴포넌트 코드는 Customer 인터페이스에 대한 의존 관계를 선언할 수 있습니다. 변
환기를 달아놓았으니 어디서든 메시지를 받아 Customer로 변환한 다음 InboundCustomerSer
viceActivator 인스턴스를 재사용하면 됩니다.

```
public class InboundCustomerServiceActivator {

    private static final Logger logger =
        LoggerFactory.getLogger(InboundCustomerServiceActivator.class);

    @ServiceActivator
    public void doSomethingWithCustomer(Message<Customer> customerMessage) {
        Customer customer = customerMessage.getPayload();
```

```
        logger.debug("id={}, firstName: {}, lastName: {}",
            customer.getId(), customer.getFirstName(), customer.getLastName());
    }
}
```

메시지 헤더 수정하기

메시지 페이로드뿐만 아니라 헤더까지 바꿔야 할 경우도 있습니다. MessageBuilder<T> 클래스를 이용하면 주어진 페이로드와 헤더 데이터로 Message<T> 객체를 생성할 수 있습니다.

```
public class InboundJMSMessageToCustomerTransformer {

    @Transformer
    public Message<Customer> transformJMSMapToCustomer(
        Message<Map<String, Object>> inboundSpringIntegrationMessage) {
        Map<String, Object> jmsMessagePayload =
            inboundSpringIntegrationMessage.getPayload();
        Customer customer = new Customer();
        customer.setFirstName((String) jmsMessagePayload.get("firstName"));
        customer.setLastName((String) jmsMessagePayload.get("lastName"));
        customer.setId((Long) jmsMessagePayload.get("id"));
        return MessageBuilder.withPayload(customer)
            .copyHeadersIfAbsent( inboundSpringIntegrationMessage.getHeaders())
            .setHeaderIfAbsent("randomlySelectedForSurvey", Math.random() > .5)
            .build();
    }
}
```

이 메서드 역시 입출력은 간단합니다. 출력은 MessageBuilder<T>를 이용해 동적으로 생성합니다. 기존 헤더에 randomlySelectedForSurvey 헤더가 추가된 상태에서 기존 메시지와 동일한 새 메시지가 만들어져 페이로드에 실리겠죠.

레시피 15-6 스프링 인티그레이션을 이용해 에러 처리하기

과제

스프링 인티그레이션은 상이한 노드, 컴퓨터, 서비스, 프로토콜, 언어 스택 등으로 흩어진 시스템을 서로 연결합니다. 실제로 스프링 인티그레이션 솔루션에서 원격으로 실행하면 시작부터 종료까지 걸린 시간이 항상 같을 수 없으므로 비동기로 움직이는 컴포넌트에서 발생한 예외를 처리하는 일은 언어 레벨에서 싱글 스레드로 처리하는 **try/catch** 블록처럼 그리 간단한 문제가 아닙니다. 따라서 어떤 종류의 채널과 큐를 사용해 솔루션을 구축하든지 에러를 일으킨 컴포넌트에 대해 자연스럽게 에러를 분산시켜 통지할 방법이 필요합니다. 따라서 에러는 JMS 큐를 거쳐 다른 스레드의 프로세스나 큐로 전송할 수 있어야 합니다.

해결책

스프링 인티그레이션은 직/간접적인 코드를 사용해 에러 채널을 지원합니다.

풀이

스프링 인티그레이션을 이용하면 예외를 붙잡아 원하는 에러 채널로 보낼 수 있습니다. 기본적으로 스프링 인티그레이션은 errorChannel이라는 전역 에러 채널을 사용하며 이 채널에 LoggingHandler라는 핸들러를 등록해 예외 및 스택트레이스를 로깅합니다. 다음 코드처럼 errorChannel 속성값을 설정하여 발생한 에러를 모두 errorChannel에 보내겠다는 의지를 메시지 주도 채널 어댑터에 밝히면 됩니다.

```
@Bean
public IntegrationFlow jmsInbound(ConnectionFactory connectionFactory) {
    return IntegrationFlows
        .from(Jms.messageDrivenChannelAdapter(connectionFactory).extractPayload(true)
            .destination("recipe-15-6").errorChannel("errorChannel"))
        .transform(customerTransformer())
        .handle(customerServiceActivator())
        .get();
}
```

커스텀 핸들러로 예외 처리하기

채널에서 나오는 메시지를 컴포넌트로 구독해서 예외 처리 로직을 오버라이드할 수도 있습니다. 메시지가 errorChannel로 들어올 때마다 호출할 클래스를 만드는 겁니다.

```
@Bean
public IntegrationFlow errorFlow() {
    return IntegrationFlows
        .from("errorChannel")
        .handle(errorHandlingServiceActivator())
        .get();
}
```

여러분이 예상했던 자바 코드일 겁니다. 예제는 편의상 액티베이터를 썼지만 errorChannel에서 에러 메시지를 받는 컴포넌트가 꼭 서비스 액티베이터라는 법은 없습니다. 다음 서비스 액티베이터 코드를 보면 errorChannel 핸들러로 에러를 처리하는 전략을 엿볼 수 있습니다.

```
public class DefaultErrorHandlingServiceActivator {

    private static final Logger logger =
        LoggerFactory.getLogger(DefaultErrorHandlingServiceActivator.class);

    @ServiceActivator
    public void handleThrowable(Message<Throwable> errorMessage)
        throws Throwable {
        Throwable throwable = errorMessage.getPayload();
        logger.debug("Message: {}", throwable.getMessage(), throwable);

        if (throwable instanceof MessagingException) {
            Message<?> failedMessage = ((MessagingException) throwable).getFailedMessage();

            if (failedMessage != null) {
                // 원본 메시지에 필요한 작업 수행
            }
        } else {
            // 작성한 컴포넌트의 실행 코드에서 발생 가능한 예외
        }
    }
}
```

스프링 인티그레이션 컴포넌트에서 발생한 모든 에러는 MessagingException의 하위 클래스로 컨텍스트 정보를 추가로 꺼내볼 수 있습니다(에러를 유발한 원본 Message를 가리키는 포인터가 들어 있기 때문입니다). 예제에서는 단순히 instanceof를 썼습니다. 예외형에 따라 커스텀 예외 핸들러에게 뒷처리를 넘기는 편이 낫겠죠?

예외형에 따라 커스텀 핸들러에 보내기

더 구체적인 에러 처리를 요하는 경우도 있습니다. 다음은 errorChannel을 리스닝하는 예외형 라우터를 구성한 코드로, 예외형을 보고 어느 채널에서 결과를 받아올지 결정합니다.

```
@Bean
public ErrorMessageExceptionTypeRouter exceptionTypeRouter() {
    ErrorMessageExceptionTypeRouter router = new ErrorMessageExceptionTypeRouter();
    router.setChannelMapping(MyCustomException.class.getName(), "customExceptionChannel");
    router.setChannelMapping(RuntimeException.class.getName(), "runtimeExceptionChannel");
    router.setChannelMapping(MessageHandlingException.class.getName(),
        "messageHandlingExceptionChannel");
    return router;
}

@Bean
public IntegrationFlow errorFlow() {
    return IntegrationFlows
        .from("errorChannel")
        .route(exceptionTypeRouter())
        .get();
}
```

다중 에러 채널 구현하기

간단한 경우는 지금까지 본 예제로도 충분하지만 상이한 연계마다 에러 처리 방식을 달리해야 하는 상황도 있습니다. 모든 에러를 하나의 채널로 보내면 스위치가 너무 복잡하게 얽혀버려 처치 곤란한 큰 클래스가 될 가능성이 높기 때문이죠. 따라서 연계마다 가장 적합한 에러 채널로 에러 메시지를 선택적으로 보내는 편이 좋고 또 그래야 모든 에러가 한곳에 집중되지 않습니다. 연계 도중 발생한 에러를 어느 채널로 보내야 할지 명확하게 지정하면 됩니다. 다음은 메시지를 받아 헤더에 에러 채널명을 지정하는 서비스 액티베이터 컴포넌트 코드입니다. 스프링 인티그레이션은 이 헤더를 열어보고 메시지 처리 도중 발생한 에러를 주어진 채널로 보냅니다.

```java
public class ServiceActivatorThatSpecifiesErrorChannel {

    private static final Logger logger = Logger.getLogger(
        ServiceActivatorThatSpecifiesErrorChannel.class);

    @ServiceActivator
    public Message<?> startIntegrationFlow(Message<?> firstMessage)
        throws Throwable {
        return MessageBuilder.fromMessage(firstMessage).
            setHeaderIfAbsent(MessageHeaders.ERROR_CHANNEL,
                "errorChannelForMySolution").build();
    }
}
```

이 컴포넌트로 연계하는 도중 발생한 에러는 모두 customErrorChannel로 전달되고 원하는 컴포넌트를 사용해 이 채널을 구독하면 됩니다.

레시피 15-7 스필리터와 애그리게이터로 연계 분기 처리하기

과제

한 컴포넌트에서 여러 컴포넌트로 프로세스가 흘러가는 도중, 어떤 조건에 따라 전체 또는 일부 컴포넌트를 분기 처리하고 싶습니다.

해결책

스플리터 splitter (분산기) 컴포넌트(및 그의 동료인 애그리게이터 컴포넌트)를 이용하면 처리 과정을 분기 fork/합류 join시킬 수 있습니다.

풀이

라우팅은 ESB의 가장 근본적인 요소 중 하나입니다. 지금까지는 컴포넌트들을 거의 선형적인 흐름으로 순서대로 연결하는 방법을 배웠는데요, 메시지 하나를 여러 개의 구성 요소로 쪼개야 하는 경우도 있습니다. 예를 들어 서로 의존 관계가 없기 때문에 병렬 처리하는 게 더 나을 때 가 있겠죠. 이럴 경우에는 가능한 한 병렬 처리하는 것이 효과적입니다.

스플리터

덩치 큰 페이로드는 여러 메시지로 나누어 개별적으로 처리하는 편이 낫습니다. 스프링 인티 그레이션의 스플리터 컴포넌트는 입력 메시지를 받아 컴포넌트 유저(즉, 여러분)가 정한 기준 에 따라 Message<T>를 찢습니다. 스프링 인티그레이션은 개발자가 정한 Message<T> 분할 기 준에 따라 컴포넌트를 분할한 결과를 스플리터 컴포넌트의 출력 채널로 전달합니다. 스프링 인 티그레이션은 별도 수정 없이 바로 쓸 수 있는 제법 괜찮은 몇 가지 스플리터를 제공합니다. XML 페이로드를 XPath 쿼리로 쪼개는 일이 주특기인 XPathMessageSplitter 스플리터도 그중 하나입니다.

처리할 데이터가 한 로우씩 여러 개 담긴 텍스트 파일은 스플리터로 처리하기에 제격입니다. 실제로 데이터를 처리할 서비스에 로우를 하나씩 보내는 일이 관건이죠. 로우를 하나씩 꺼내 Message<T>로 만들어 전달할 방법이 필요한데요, 다음과 같이 설정합니다.

```java
@Configuration
@EnableIntegration
public class IntegrationConfiguration {

    @Bean
    public CustomerBatchFileSplitter splitter() {
        return new CustomerBatchFileSplitter();
    }

    @Bean
    public CustomerDeletionServiceActivator customerDeletionServiceActivator() {
        return new CustomerDeletionServiceActivator();
    }

    @Bean
    public IntegrationFlow fileSplitAndDelete(@Value("file:${user.home}/customerstoremove/new/")
```

```
        File inputDirectory) throws Exception {

        return IntegrationFlows.from(
            Files.inboundAdapter(inputDirectory).patternFilter("customerstoremove-*.txt"), c ->
    c.poller(Pollers.fixedRate(1, TimeUnit.SECONDS)))
                .split(splitter())
                .handle(customerDeletionServiceActivator())
                .get();
    }
}
```

앞서 보았던 구성과 크게 다르지 않습니다. 다음 스플리터는 @Splitter 메서드의 반환형이 java.util.Collection인 점을 제외하면 거의 같은 코드입니다.

```
public class CustomerBatchFileSplitter {

    @Splitter
    public Collection<String> splitAFile(File file) throws IOException {
        System.out.printf("Reading %s....%n", file.getAbsolutePath());
        return Files.readAllLines(file.toPath());
    }
}
```

메시지 페이로드가 java.io.File형으로 들어오면 내용을 읽고 처리한 결과(컬렉션이나 배열, 예제에서는 Collection<String>)를 반환합니다. 스프링 인티그레이션은 foreach로 결과를 순회하면서 컬렉션의 각 값을 스플리터에 설정된 출력 채널로 보냅니다. 더러는 개별 조각을 더 집중해서 처리할 수 있게 메시지를 나누어 보내기도 하는데요, 이렇게 하면 메시지를 관리하기 수월하고 처리 요건도 완화할 수 있습니다. 실제로 많은 아키텍처에서 입증된 사실입니다. 맵/리듀스 솔루션은 작업을 잘게 나누어 병렬 처리하고 BPM 시스템은 포크/조인 설정을 해서 제어 흐름을 병렬로 처리하는 방법으로 전체 작업 시간을 단축시킵니다.

애그리게이터

스플리터와 반대로, 여러 메시지를 하나로 합쳐 단일 결과를 출력 채널에 보내야 할 경우도 있습니다. 애그리게이터aggregator(종합기)는 일련의 메시지를 (스프링 인티그레이션이 개발자가 정한 기준에 따라 메시지 간 연결고리를 찾아) 취합해 하나의 메시지로 만들어 하류 컴포넌트에 흘려보냅니다. 예를 들어 어떤 시스템에서 액터 22개로부터 각기 다른 메시지 22개가 들어오지만 그 정확한 시점은 알 수 없다고 합시다. 경매를 사용해 여러 업체로부터 입찰을 받아 최종 낙찰자를 선정하는 광경을 떠올리면 됩니다. 모든 업체로부터 입찰을 받기 전에는 어느 업체와 계약하는 것이 회사의 이익을 극대화할지 알 수 없으므로 섣불리 낙찰시킬 수는 없습니다. 애그리게이터는 이러한 로직에 잘 맞습니다.

스프링 인티그레이션은 여러 가지 방법으로 유입된 메시지 간에 연관성을 맺습니다. 메시지를 읽어들일 개수는 SequenceSizeCompletionStrategy 클래스로 정합니다. 이 클래스는 잘 알려진 헤더값을 읽습니다(애그리게이터는 보통 스플리터 다음에 나오므로 기본 헤더값은 스플리터가 제공하겠지만 헤더값을 직접 만들지 말라는 법도 없습니다). SequenceSizeCompletionStrategy는 읽을 메시지 개수를 계산하고 전체 예상 건수에 대한 메시지 인덱스를 기록합니다(예 : 3/22).

전체 메시지 크기는 알 수 없지만 공통 헤더값을 지닌 메시지가 어느 시점 이내에 들어오리라 예상되는 경우라면 HeaderAttributeCorrelationStrategy 클래스를 씁니다. 마치 성씨를 보고 어느 가문 출신인지 아는 것처럼 특정값이 포함된 메시지는 같은 그룹에 속한다고 보는 것이죠.

방금 전 예제로 다시 돌아가, 신규 고객 정보가 한 로우씩 담긴 파일이 다 처리됐다고 합시다. 이제 고객 정보를 다시 합쳐 전체 고객 정보에 대해 어떤 정리 작업을 수행하려고 합니다. 이 예제에서는 기본 완료^{default completion} 전략 및 상관^{correlation} 전략을 구사해서 기본 aggregate()를 연계 워크플로에 적용할 수 있습니다. 다른 서비스 액티베이터에 결과를 보내면 짤막한 요약 정보가 출력될 겁니다.

```
@Configuration
@EnableIntegration
public class IntegrationConfiguration {

    @Bean
    public CustomerBatchFileSplitter splitter() {
        return new CustomerBatchFileSplitter();
    }
```

```
@Bean
public CustomerDeletionServiceActivator customerDeletionServiceActivator() {
    return new CustomerDeletionServiceActivator();
}

@Bean
public SummaryServiceActivator summaryServiceActivator() {
    return new SummaryServiceActivator();
}

@Bean
public IntegrationFlow fileSplitAndDelete(
    @Value("file:${user.home}/customerstoremove/new/") File inputDirectory)
    throws Exception {

    return IntegrationFlows.from(
        Files.inboundAdapter(inputDirectory).patternFilter("customerstoremove-*.txt"), c ->
c.poller(Pollers.fixedRate(1, TimeUnit.SECONDS)))
            .split(splitter())
            .handle(customerDeletionServiceActivator())
            .aggregate()
            .handle(summaryServiceActivator())
            .get();
    }
}
```

SummaryServiceActivator 코드는 간단합니다.

```
public class SummaryServiceActivator {

    @ServiceActivator
    public void summary(Collection<Customer> customers) {
        System.out.printf("Removed %s customers.%n", customers.size());
    }
}
```

레시피 15-8 라우터를 이용해 조건부 라우팅하기

과제

메시지를 특정 기준에 따라 조건부로 나누어 처리하세요. 사실상 `if/else` 분기의 EAI 버전이라고 볼 수 있습니다.

해결책

라우터 컴포넌트를 이용하면 어떤 기준에 따라 처리 흐름을 바꿀 수 있고 여러 구독자에게 (스플리터로 했듯이) 메시지를 멀티캐스트할 수 있습니다.

풀이

라우터를 이용하면 수신된 Message 객체를 어느 채널로 보낼지 정할 수 있습니다. 이는 상당히 강력한 기능입니다. 처리 흐름을 어떤 조건에 따라 마음대로 바꿀 수 있고 여러 채널에 Message를 보낼 수 있으니까요. 페이로드 타입에 따라 라우팅(PayloadTypeRouter), 여러 채널 또는 그룹에 라우팅(RecipientListRouter)하는 공통 라우터는 기본 제공됩니다.

신용 등급이 높은 고객과 낮은 고객을 각각 다른 서비스/프로세스에 보내는 과정에서 담당 직원이 직접 육안으로 확인/심사하는 데 필요한 정보가 큐에 대기한다고 합시다. 다음은 라우팅 로직을 클래스에 위임하는 CustomerCreditScoreRouter 라우터를 구성한 코드입니다.

```
@Bean
public IntegrationFlow fileSplitAndDelete(@Value("file:${user.home}/customerstoimport/new/")
File inputDirectory) throws Exception {

    return IntegrationFlows.from(
        Files.inboundAdapter(inputDirectory).patternFilter("customers-*.txt"),
            c -> c.poller(Pollers.fixedRate(1, TimeUnit.SECONDS)))
        .split(splitter())
        .transform(transformer())
        .<Customer, Boolean>route(c -> c.getCreditScore() > 770,
            m -> m
                .channelMapping(Boolean.TRUE, "safeCustomerChannel")
                .channelMapping(Boolean.FALSE, "riskyCustomerChannel").applySequence(false)
```

```
    ).get();
}
```

다음 코드처럼 @Router 메서드가 포함된 클래스를 대신 쓸 수도 있습니다. 워크플로 엔진의 조건부 엘리먼트나 JSF 지원 빈^{backing bean} 메서드 역시 코드에서 라우팅 로직을 떼어내 XML 파일에 몰아넣고 런타임에 라우팅을 결정한다는 점에서 아주 비슷합니다. 반환되는 문자열은 Message를 전달할 채널명입니다.

```
public class CustomerCreditScoreRouter {

    @Router
    public String routeByCustomerCreditScore(Customer customer) {
        if (customer.getCreditScore() > 770) {
            return "safeCustomerChannel";
        } else {
            return "riskyCustomerChannel";
        }
    }
}
```

null을 반환하면 Message<T>를 전달하지 않고 처리를 중단합니다.

레시피 15-9 스프링 배치를 응용해 이벤트 스테이징하기

과제

레코드가 백만 개인 파일이 있습니다. 이 파일은 이벤트 한번으로 처리하기엔 너무 큽니다. 각 로우를 하나의 이벤트로 보고 이에 반응하는 식으로 접근하는 게 맞습니다.

해결책

이런 일은 스프링 배치가 전문입니다. 스프링 배치를 이용하면 입력 파일 또는 페이로드를 받아 ESB에서 다룰 수 있는 명확하고 체계적인 이벤트 형태로 나눌 수 있습니다.

풀이

스프링 인티그레이션은 파일을 버스로 읽어들일 수 있고 스프링 배치는 데이터를 처리하는 특정한 커스텀 엔드포인트를 제공합니다. 하지만 어떤 일이 가능하다고 항상 다 그렇게 해야 하는 건 아니겠죠. 두 시스템의 기능이 여러 면에서 중첩돼 보여도 잘 살펴보면 (아주 미세하나마) 분명히 차이점이 있습니다. 두 시스템 모두 파일이나 메시지 큐로 처리할 수 있고 어떻게든 서로 소통할 수 있게 코드를 작성할 수 있지만 스프링 인티그레이션으로 대규모 페이로드를 다루는 건 무리이고 로우가 백만 개 정도인 큰 파일을 이벤트로 받아 처리하려면 몇 시간이 걸릴지 모릅니다. ESB 입장에서 너무 버거운 일이고 이벤트라는 말 자체의 의미도 흐려집니다. 백만 개 레코드가 담긴 CSV 파일도 버스에서는 이벤트로 사용할 수 없고 각 레코드 단위로 이벤트로 구분하여 처리하는 게 맞겠죠.

로우가 백만 개인 파일은 더 작은 단위의 이벤트로 쪼개야 하는데요, 체계적으로 레코드를 읽고 유효성을 검증한 뒤 잘못된 레코드를 건너뛰거나 재시도하는 건 스프링 배치가 잘하는 일이라서 적잖이 도움이 됩니다. 이런 처리는 스프링 인티그레이션 같은 ESB에서도 할 수 있고 스프링 배치를 함께 곁들이면 정말 확장성이 우수하고 결합도가 낮은 시스템을 구축할 수 있습니다.

SEDA^{Staged event-driven architecture} (스테이징된 이벤트 주도 아키텍처)는 바로 이러한 방식으로 대용량 데이터를 처리하는 아키텍처입니다. SEDA는 큐로 스테이지를 나누어 하류 컴포넌트가 감당할 수 있을 정도만 진행함으로써 아키텍처 컴포넌트의 부하를 줄입니다. 유튜브처럼 엄청나게 많은 유저가 동영상을 업로드하는 사이트가 있다고 합시다. 유저가 동영상을 업로드할 때 파일 형식 변환 작업을 10대 정도의 서버로 소화하려고 하면 시스템은 얼마 못 가 멈춰버리겠죠. 동영상 인코딩은 시간도 많이 걸리고 CPU 리소스를 많이 점유하는 작업이므로 업로드가 끝난 동영상 파일은 어딘가 잠시 저장해두었다가 상황이 허락하는 대로 하나씩 처리하는 편이 효율적입니다. 이렇게 하면 변환 처리를 담당하는 노드별로 부하를 관리할 수 있고 장비를 적정 한도 내에서 꾸준하게 운용할 수 있습니다.

이와 마찬가지로 ESB 같은 시스템에서 레코드 백만 개를 한 번에 효율적으로 처리하기란 사실 불가능에 가깝습니다. 어떻게든 덩치 큰 이벤트나 메시지를 잘게 나누어야 합니다. 예를 들어 판매 완료된 내역을 매 시간 배치 파일로 내려받아 약속된 어떤 장소로 옮겨주면 스프링 인티그레이션이 모니터링하고 있다가 새 파일이 발견되는 즉시 처리한다고 합시다. 스프링 인티그레이션은 배치 파일을 스프링 배치에게 넘기고 비동기로 스프링 배치 잡을 호출합니다.

스프링 배치는 파일을 읽어들여 레코드를 객체로 변환하고 원본 배치와 관련된 키를 가진 JMS 메시지를 생성해 JMS 토픽으로 출력합니다. 이런 작업은 반나절 이상 걸리는 게 보통이지만 언젠가는 끝나기 마련입니다. 스프링 인티그레이션은 자신이 반나절 전에 시작한 잡이 이제 완료되었다는 사실을 전혀 모른 채 토픽에서 메시지를 하나씩 뽑아냅니다. 그리고 본격적으로 레코드를 처리하기 시작하겠죠. 단순한 처리를 하더라도 ESB에서는 여러 컴포넌트가 개입됩니다.

많은 액터가 긴 시간에 걸쳐 서로 소통하면서 처리를 완료한 각 레코드는 BPM 엔진에 전달됩니다. 스프링 인티그레이션에 더 적합한, 짧은 밀리 초 단위의 시간 프레임 대신, BPM 엔진은 여러 액터들에 작업 리스트를 보내고 며칠이고 작업을 시킵니다. 이 예제에서는 스프링 배치가 하류 컴포넌트의 부하를 경감하는 일종의 출발점이라고 했습니다. 하류 컴포넌트는 다시 스프링 인티그레이션 프로세스가 되어 작업을 넘겨받고 BPM 엔진으로 흘려보내 최종 처리를 마칩니다. 스프링 인티그레이션은 디렉터리 폴링을 트리거 삼아 배치 잡을 개시하고 처리 대상 파일명을 알릴 수 있습니다. 스프링 배치는 JobLaunchingMessageHandler를 이용해 스프링 인티그레이션에서 잡을 띄웁니다. 이 클래스는 어느 잡을 어떤 매개변수로 시작할지 알려주는 JobLaunchRequest를 받습니다. 수신된 Message⟨File⟩을 JobLaunchRequest 인스턴스로 바꿔주는 변환기를 다음과 같이 작성합시다.

```java
public class FileToJobLaunchRequestTransformer {

    private final Job job;
    private final String fileParameterName;

    public FileToJobLaunchRequestTransformer(Job job, String fileParameterName) {
        this.job = job;
        this.fileParameterName = fileParameterName;
    }

    @Transformer
    public JobLaunchRequest transform(File file) throws Exception {
        JobParametersBuilder builder = new JobParametersBuilder();
        builder.addString(fileParameterName, file.getAbsolutePath());
        return new JobLaunchRequest(job, builder.toJobParameters());
    }
}
```

스프링 배치가 어느 파일을 로드할지 Job 객체와 filename 매개변수로 알립니다. 유입된 메시지는 전체 파일명을 JobLaunchRequest의 인수로 넣어 변환합니다. 이런 식으로 배치 잡을 띄우는 요청을 작성할 수 있습니다.

준비는 다 끝났고 이제 설정만 남았습니다(스프링 배치를 설정하는 방법은 11장을 참고하세요).

```java
public class IntegrationConfiguration {

    @Bean
    public FileToJobLaunchRequestTransformer transformer(Job job) {
        return new FileToJobLaunchRequestTransformer(job, "filename");
    }

    @Bean
    public JobLaunchingMessageHandler jobLaunchingMessageHandler(JobLauncher jobLauncher) {
        return new JobLaunchingMessageHandler(jobLauncher);
    }

    @Bean
    public IntegrationFlow fileToBatchFlow(@Value("file:${user.home}/customerstoimport/new/")
        File directory, FileToJobLaunchRequestTransformer transformer,
        JobLaunchingMessageHandler handler) {
        return IntegrationFlows
            .from(Files.inboundAdapter(directory).patternFilter("customers-*.txt"),
                c -> c.poller(Pollers.fixedRate(10, TimeUnit.SECONDS)))
            .transform(transformer)
                .handle(handler)
            .get();
    }
}
```

FileToJobLaunchRequestTransformer와 JobLaunchingMessageHandler를 구성하고 파일을 폴링해야 하므로 파일 인바운드 채널 어댑터를 사용했습니다. 파일이 감지되면 이 채널에 메시지를 넣습니다. 이 채널을 리스닝할 체인도 구성합니다. 메시지를 받으면 일단 변환한 다음 JobLaunchingMessageHandler로 보내겠죠.

배치 잡이 뜨고 파일이 처리될 겁니다. 대부분 잡은 FlatFileItemReader를 이용해 실제로 filename이 가리키는 파일을 읽습니다. JmsItemWriter는 토픽에서 읽은 로우마다 메시지를 쓰입니다. 스프링 인티그레이션에서 JMS-인바운드 채널 어댑터는 메시지를 받아 처리하는 용도로 쓰입니다.

레시피 15-10 게이트웨이 활용하기

과제

서비스를 메시징 미들웨어 형식으로 구현했다는 사실은 드러내지 않은 채 서비스 인터페이스를 클라이언트에 표출하세요.

해결책

앞서 소개한 EIP 책에 나오는 게이트웨이 패턴을 이용하면 스프링 인티그레이션의 풍성한 기능을 누릴 수 있습니다.

풀이

게이트웨이는 다른 패턴과 비슷하면서도 자신만의 사상이 잘 반영된, 독특한 패턴입니다. 앞서 필자는 두 시스템이 어댑터를 이용해 느슨하게 결합된, 외부의 미들웨어 컴포넌트(예 : 파일시스템, JMS 큐/토픽, 트위터 등)를 사용해 소통하는 예제를 제시했습니다.

퍼사드는 여러분도 한 번쯤은 들어봤겠지만 다른 컴포넌트의 세세한 기능을 간략한 인터페이스로 추상화한 겁니다. 예를 들면 여행사 사이트에서 여름 휴가 스케줄 인터페이스를 구축할 때 렌터카, 호텔 예약, 항공 예약 시스템에 관한 세세한 부분을 퍼사드로 추상화하는 거죠.

반면, 게이트웨이는 미들웨어나 메시징 컴포넌트가 JMS 또는 스프링 인티그레이션 API 등에 종속되지 않도록 클라이언트와 분리하는 인터페이스를 제공합니다. 게이트웨이를 이용하면 시스템 입출력에도 컴파일 타임의 제약 조건을 나타낼 수 있습니다.

게이트웨이를 쓰는 이유는 다양합니다. 무엇보다 깔끔하죠. 또 클라이언트가 어떤 인터페이스를 지키도록 요구할 수 있다면 그런 인터페이스를 제공하는 편이 좋습니다. 미들웨어를 세부 구현에 사용할 수도 있습니다. 메시징 미들웨어 아키텍처에서 메시징을 비동기로 처리하면 성능을 높일 수는 있겠지만 성능 향상을 대가로 정교하고 명시적인 외부 인터페이스에 종속시키고 싶지는 않겠죠.

이처럼 POJO 인터페이스 속에 메시징을 감추는 기능은 그간 여러 프로젝트의 흥미로운 관심사였습니다. Codehaus.org (코드하우스) 프로젝트 중 하나였던 링고^{Lingo}는 JMS와 JCA^{Java EE Connector Architecture} (자바 EE 커넥터 아키텍처)[2]라는 특정 기술에 종속된 탓에 개발 지원이 중단됐고 개발자들은 자연스럽게 아파치 카멜^{Apache Camel}로 갈아탔습니다.

이 레시피에서는 메시징 게이트웨이 및 메시지 교환 패턴에 관한 스프링 인티그레이션의 핵심적인 지원 기능을 살펴봅니다. 또 클라이언트와 맞닿은 인터페이스에서 구현 세부를 완전히 제거하는 방법을 설명합니다.

SimpleMessagingGateway

SimpleMessagingGateway 클래스는 스프링 인티그레이션이 제공하는 가장 기본적인 게이트웨이 기능을 지원합니다. 이 클래스를 이용하면 요청을 어느 채널로 보내고 응답은 어느 채널에서 받을지 지정할 수 있습니다. 덕분에 기존 메시징 시스템 위에 입출력^{in-out}, 입력전용^{in-only} 패턴을 얹어 쓸 수 있고 송수신 메시지의 잡다한 세부와 상관없이 페이로드를 처리할 수 있습니다. 한 레벨 더 추상화한 거죠. SimpleMessagingGateway와 스프링 인티그레이션 채널을 함께 응용하면 파일시스템, JMS, 이메일, 기타 시스템과 페이로드와 채널만으로도 간편히 소통할 수 있습니다. 또 웹 서비스, JMS처럼 자주 쓰이는 엔드포인트는 기본 구현체가 제공됩니다.

다음은 아주 전형적인 메시징 게이트웨이입니다. 메시지를 서비스 액티베이터에게 전달 후 응답을 받는 코드입니다. SimpleMessageGateway를 한 번 써보면 얼마나 편리한지 금세 알 수 있습니다.

```
public class Main {

    public static void main(String[] args) {

        ConfigurableApplicationContext ctx =
            new AnnotationConfigApplicationContext(AdditionConfiguration.class);
```

---

2 주석_ 원래는 Java Cryptography Architecture(자바 암호화 아키텍처)를 가리키는 용어였지만 지금은 자바 EE 커넥터 아키텍처라는 의미로 더 많이 쓰입니다

```
        MessageChannel request = ctx.getBean("request", MessageChannel.class);
        MessageChannel response = ctx.getBean("response", MessageChannel.class);

        SimpleMessagingGateway msgGateway = new SimpleMessagingGateway();
        msgGateway.setRequestChannel(request);
        msgGateway.setReplyChannel(response);
        msgGateway.setBeanFactory(ctx);
        msgGateway.afterPropertiesSet();
        msgGateway.start();

        Number result = msgGateway.convertSendAndReceive(new Operands(22, 4));

        System.out.printf("Result: %f%n", result.floatValue());

        ctx.close();
    }
}
```

인터페이스도 매우 간단합니다. SimpleMessagingGateway는 요청/응답 채널을 필요로 하고 나머지는 알아서 설정합니다. 이 예제가 하는 일은 요청을 있는 그대로 서비스 액티베이터에 보내 피연산자^{operand}를 추가한 뒤 응답 채널로 보내는 겁니다. 자바 코드 다섯 줄이면 되니 구성할 내용도 별로 없습니다.

```
@Con figuration
@EnableIntegration
public class AdditionConfiguration {

    @Bean
    public AdditionService additionService() {
        return new AdditionService();
    }

    @Bean
    public IntegrationFlow additionFlow() {
        return IntegrationFlows
            .from("request")
            .handle(additionService(), "add")
            .channel("response")
            .get();
```

```
    }
}
```

인터페이스 의존 관계 허물기

개발자는 스프링 인티그레이션의 인터페이스만 취급하므로 엔드포인트마다 조금씩 다른 미묘한 의미는 신경 쓸 필요가 없습니다. 하지만 아직도 클라이언트가 쉽게 따르기 어려운 내부적인 제약 조건이 존재합니다. 가장 단순한 해결 방법은 인터페이스 안으로 메시징을 감추는 겁니다. 자, 가상의 호텔 예약 검색 엔진을 구축하려고 합니다. 호텔 검색은 시간이 많이 걸리는 작업이니 여러 서버에 분산 처리해서 부하를 줄이는 편이 좋습니다. 이런 일은 JMS가 제격이죠. 고객의 공격적인 접속 패턴을 감안해 그냥 소비기를 추가해 확장하면 되니까요. 물론 그래도 클라이언트는 결과를 기다리며 블로킹되겠지만 서버(들)에 과부하가 걸리거나 중단되는 사고는 없을 겁니다.

지금부터 (게이트웨이가 포함된) 클라이언트용 스프링 인티그레이션 솔루션과 (이미 알려진 메시지 큐를 사용해 클라이언트에 연결된, 별도의 호스트에 위치한) 서비스용 스프링 인티그레이션 솔루션을 작성하겠습니다.

먼저 클라이언트 구성입니다. 무엇보다 `ConnectionFactory`를 선언한 다음, `VacationService` 인터페이스용 게이트웨이에서 출발하는 워크플로를 선언합니다. 여기서 게이트웨이는 그저 프록시를 캐스팅하고 클라이언트가 사용 가능한 컴포넌트와 인터페이스를 식별하는 일만 합니다. 실질적인 거의 모든 일은 `jms-outbound-gateway` 컴포넌트가 수행하죠. 이 컴포넌트는 생성된 메시지를 받아 요청 JMS 목적지로 보내고 응답 헤더를 설정합니다. 끝으로 거의 모든 요술을 부리는 주체인, 제네릭 게이트웨이 엘리먼트를 선언합니다.

```
@Configuration
@EnableIntegration
public class ClientIntegrationContext {

    @Bean
    public CachingConnectionFactory connectionFactory() {
        ActiveMQConnectionFactory connectionFactory =
            new ActiveMQConnectionFactory("tcp://localhost:61616");
```

```
        connectionFactory.setTrustAllPackages(true);
        return new CachingConnectionFactory(connectionFactory);
    }

    @Bean
    public IntegrationFlow vacationGatewayFlow() {
        return IntegrationFlows
            .from(VacationService.class)
            .handle(
                Jms.outboundGateway(connectionFactory())
                    .requestDestination("inboundHotelReservationSearchDestination")
                    .replyDestination("outboundHotelReservationSearchResultsDestination"))
            .get();
    }
}
```

VacationService를 게이트웨이로 쓰려면 인터페이스에 @MessagingGateway를 붙이고 진입
점에 해당하는 메서드에 @Gateway를 붙입니다.

```
package com.apress.springrecipes.springintegration.myholiday;
...
@MessagingGateway
public interface VacationService {

    @Gateway
    List<HotelReservation> findHotels(HotelReservationSearch hotelReservationSearch);
}
```

이 인터페이스는 클라이언트와 맞닿아 있습니다. 게이트웨이 컴포넌트로 표출되어 클라이언트
를 상대하는 인터페이스와 실제로 메시지 처리를 담당하는 서비스 인터페이스는 서로 연관 관
계가 없습니다. 무슨 일이 일어나고 있는지 이해하는 데 필요한 이름을 단순화하기 위해 서비
스와 클라이언트에 대한 인터페이스를 사용합니다. 이는 서비스 인터페이스와 클라이언트 인
터페이스를 매치하는 기존 동기 원격 호출과는 다른 방식입니다.

예제 편의상 사용한 HotelReservationSearch, HotelReservation은 아주 단순한 객체입니
다. Serializable 인터페이스를 구현하고 예제 도메인을 구체화하는 접근자/변형자가 포함된
단순 POJO에 지나지 않으므로 이렇다 할 특징은 없습니다.

지금까지 등장한 조각들을 한데 맞추면 다음 클라이언트 코드가 완성됩니다.

```java
public class Main {
    public static void main(String[] args) throws Throwable {

        // 서버 시동
        ConfigurableApplicationContext serverCtx =
            new AnnotationConfigApplicationContext(ServerIntegrationContext.class);

        // 클라이언트 시동 및 검색
        ConfigurableApplicationContext clientCtx =
            new AnnotationConfigApplicationContext(ClientIntegrationContext.class);

        VacationService vacationService = clientCtx.getBean(VacationService.class);
        LocalDate now = LocalDate.now();
        Date start = Date.from(now.plusDays(1).atStartOfDay(ZoneId.systemDefault())
            .toInstant());
        Date stop = Date.from(now.plusDays(8).atStartOfDay(ZoneId.systemDefault())
            .toInstant());
        HotelReservationSearch hotelReservationSearch = new HotelReservationSearch(200f,
            2, start, stop);
        List<HotelReservation> results = vacationService.findHotels(
            hotelReservationSearch);

        System.out.printf("Found %s results.%n", results.size());
        results.forEach(r -> System.out.printf("\t%s%n", r));

        serverCtx.close();
        clientCtx.close();
    }
}
```

스프링 인티그레이션 인터페이스가 아니면 절대 불가능한, 정말 깔끔한 코드입니다! 요청을 하고 검색이 완료되면 결과를 돌려받습니다. 이 서비스 구현체를 구성한 부분은 뭔가 추가돼서가 아니라, 외려 아무것도 추가한 게 없기 때문에 주목할 만합니다.

```java
@Configuration
@EnableIntegration
public class ServerIntegrationContext {
```

```
@Bean
public CachingConnectionFactory connectionFactory() {
    ActiveMQConnectionFactory connectionFactory =
        new ActiveMQConnectionFactory("tcp://localhost:61616");
    connectionFactory.setTrustAllPackages(true);
    return new CachingConnectionFactory(connectionFactory);
}

@Bean
public VacationServiceImpl vacationService() {
    return new VacationServiceImpl();
}

@Bean
public IntegrationFlow serverIntegrationFlow() {
    return IntegrationFlows.from(
        Jms.inboundGateway(connectionFactory()).destination(
            "inboundHotelReservationSearchDestination"))
        .handle(vacationService())
        .get();
}
}
```

먼저 인바운드 JMS 게이트웨이를 정의합니다. 예상대로 인바운드 JMS 게이트웨이로 들어온 메시지는 채널로 들어가 결국 실제로 메시지를 처리할 서비스 액티베이터로 보내집니다. 여기서 서비스 액티베이터나 인바운드 JMS 게이트웨이 모두 아무런 응답 채널도 지정하지 않은 부분을 잘 보세요. 서비스 액티베이터가 응답 채널을 찾지 못하면 인바운드 JMS 게이트웨이 컴포넌트가 생성한 응답 채널을 사용하며, 이 응답 채널은 인바운드 JMS 메시지 내부의 헤더 메타데이터를 바탕으로 생성됩니다. 어쨌든 따로 뭔가 지정하지 않아도 이런 과정들이 척척 잘 맞물려 돌아갑니다.

구현 코드는 단순히 인터페이스를 구현할 뿐 하는 일은 없습니다.

```
public class VacationServiceImpl implements VacationService {

    private List<HotelReservation> hotelReservations;

    @PostConstruct
    public void afterPropertiesSet() throws Exception {
```

```
        hotelReservations = Arrays.asList(
                new HotelReservation("Bilton", 243.200F),
                new HotelReservation("East Western", 75.0F),
                new HotelReservation("Thairfield Inn", 70F),
                new HotelReservation("Park In The Inn", 200.00F));
    }

    @ServiceActivator
    @Override
    public List<HotelReservation> findHotels(HotelReservationSearch searchMsg) {
        try {
            Thread.sleep(1000);
        } catch (Throwable th) {}

        return this.hotelReservations;
    }
}
```

마치며

스프링 인티그레이션을 이용해 스프링 프레임워크를 토대로 유사 ESB 프레임워크 같은 연계 솔루션을 어떻게 구축하는지 살펴보았습니다. EAI 핵심 개념을 소개하고 JMS, 파일 폴링 등 몇 가지 연계 시나리오를 알아보았습니다.

다음 장에서는 스프링의 테스트 지원 기능에 대해 공부하겠습니다.

CHAPTER 16

스프링 테스트

이 장에서는 자바 애플리케이션을 테스트하는 기본 기술과 스프링 프레임워크의 테스트 지원 기능을 살펴보겠습니다. 테스트 지원 기능을 잘 활용하면 한결 수월하게 단위 테스트를 할 수 있고 더 나은 방향으로 애플리케이션을 설계할 수 있습니다. 스프링 프레임워크에서 의존체 주입 패턴으로 개발한 애플리케이션은 일반적으로 테스트하기가 쉽습니다.

테스트는 소프트웨어 개발 품질을 보장하는 핵심 활동으로 단위 테스트^{unit test}, 통합 테스트^{integration test}, 기능 테스트^{functional test}, 시스템 테스트^{system test}, 성능 테스트^{performance test}, 인수 테스트^{acceptance test} 등이 있습니다. 스프링 테스트 지원 기능은 단위, 통합 테스트에 중점을 두고 있지만 다른 유형의 테스트에도 도움이 됩니다. 테스트는 수동으로도 할 수 있지만 자동화하면 반복 실행이 가능하고 개발 단계별로 테스트를 연속적으로 수행할 수 있습니다. 이러한 테스트 자동화는 특히 애자일 개발 방법론에서 적극 권장하며 스프링도 이런 처리에 알맞은 애자일 프레임워크입니다.

JUnit과 TestNG는 가장 유명한 자바 테스트 프레임워크입니다. JUnit은 오랜 역사와 두터운 유저층을 자랑하며 TestNG 역시 인기 있는 자바 테스트 프레임워크입니다. TestNG는 JUnit이 지원하지 않는 테스트 그룹핑^{test grouping}, 의존적 테스트 메서드^{dependent test method}, 데이터 주도 테스트^{data-driven tests} 같은 강력한 부가 기능을 제공합니다.

스프링 테스트 컨텍스트 프레임워크에 구현된 스프링 테스트 지원 기능은 하부 테스트 프레임워크를 다음과 같은 개념으로 추상화합니다.

- **테스트 컨텍스트(test context)** : 애플리케이션 컨텍스트, 테스트 클래스를 비롯해 현재 테스트의 인스턴스, 메서드, 실행 등 테스트의 실행 컨텍스트를 캡슐화합니다.
- **테스트 컨텍스트 관리자(test context manager)** : 테스트 컨텍스트를 관리하는 주체입니다. 테스트 인스턴스를 준비하는 시점, 테스트 메서드 실행 이전(프레임워크 관련 초기화 메서드를 실행하기 전), 테스트 메서드 실행 이후(프레임워크 관련 초기화 메서드를 실행한 후) 등의 테스트 실행 시점에 미리 테스트 실행 리스너를 트리거합니다.
- **테스트 실행 리스너(test execution listener)** : 리스너 인터페이스를 정의합니다. 이 인터페이스를 구현하면 테스트 실행 이벤트를 리스닝할 수 있습니다. 테스트 컨텍스트 프레임워크는 자주 쓰는 테스트 기능에 맞춰 테스트 실행 리스너를 제공하지만 필요 시 직접 작성해도 됩니다.

스프링은 테스트 실행 리스너가 이미 등록된, 편리한 JUnit/TestNG용 테스트 컨텍스트 지원 클래스를 제공합니다. 덕분에 프레임워크를 잘 몰라도 스프링 지원 클래스를 그냥 상속하면 테스트 컨텍스트 프레임워크를 사용할 수 있습니다.

이 장을 마치고 나면 테스트의 기본 개념을 깨우치고 JUnit과 TestNG 같은 유명 테스트 프레임워크에서 테스트하는 방법을 배우게 됩니다. 스프링 테스트 컨텍스트 프레임워크를 이용해 단위/통합 테스트를 작성하는 방법을 살펴보겠습니다.

레시피 16-1 JUnit과 TestNG로 단위 테스트 작성하기

과제

자동화한 테스트를 작성해서 자바 애플리케이션이 제대로 작동하는지 반복적으로 검증하세요.

해결책

JUnit과 TestNG는 자바 플랫폼에서 가장 유명한 테스트 프레임워크 형제입니다. 두 프레임워크 모두 테스트할 메서드에 @Test를 붙여 public 메서드를 테스트 케이스로 실행하는 건 똑같습니다.

풀이

은행 시스템을 개발합니다. 시스템 품질을 보장하려면 구석구석 다 테스트해야겠죠. 먼저, 다음과 같이 이자 계산기 인터페이스를 정의합니다.

```
package com.apress.springrecipes.bank;

public interface InterestCalculator {
    void setRate(double rate);
    double calculate(double amount, double year);
}
```

이자 계산기마다 이율은 고정입니다. 아주 단순한 계산 공식으로 이자 계산기를 구현합시다.

```
public class SimpleInterestCalculator implements InterestCalculator {

    private double rate;

    @Override
    public void setRate(double rate) {
        this.rate = rate;
    }

    @Override
    public double calculate(double amount, double year) {
        if (amount < 0 || year < 0) {
            throw new IllegalArgumentException("Amount or year must be positive");
        }
        return amount * year * rate;
    }
}
```

지금부터 이 단순 이자 계산기를 JUnit, TestNG (5 버전) 두 테스트 프레임워크를 이용해 테스트하겠습니다.

> **TIP_** 테스트 클래스와 테스트 대상 클래스의 패키지는 동일하지만 다른 클래스의 소스 파일 디렉터리(예 : src)와 구분짓기 위해 별도 디렉터리(예 : test)에 두는 게 일반적입니다.

JUnit 테스트 작성하기

테스트 케이스^{test case}는 여느 public 메서드에 @Test를 붙인 메서드입니다. 테스트 데이터는 @Before 메서드에 설정하고 테스트가 끝나면 @After 메서드에서 리소스를 해제합니다. 모든 테스트 케이스 전후에 꼭 한번만 실행할 로직은 @BeforeClass/@AfterClass를 붙인 public static 메서드에 구현합니다.

org.junit.Assert 클래스에 선언된 정적 어설션^{assertion}(단언) 메서드는 직접 호출할 수도 있지만 보통 static import 문으로 모든 assert 메서드를 한 번에 임포트해 사용합니다. 다음은 방금 전 작성한 단순 이자 계산기를 테스트하는 JUnit 테스트 케이스입니다.

NOTE_ JUnit 테스트 케이스를 컴파일, 실행하려면 클래스패스에 JUnit 라이브러리를 추가해야 합니다. 메이븐 프로젝트는 pom.xml 파일에 다음 코드를 추가합니다.

```xml
<dependency>
    <groupId>junit</groupId>
    <artifactId>junit</artifactId>
    <version>4.12</version>
</dependency>
```

그레이들 프로젝트는 build.gradle 파일에 다음 코드를 추가합니다.

```gradle
dependencies {
    testCompile "junit:junit:4.12"
}
```

```java
public class SimpleInterestCalculatorJUnit4Tests {

    private InterestCalculator interestCalculator;

    @Before
    public void init() {
        interestCalculator = new SimpleInterestCalculator();
        interestCalculator.setRate(0.05);
    }

    @Test
    public void calculate() {
```

```
        double interest = interestCalculator.calculate(10000, 2);
        assertEquals(interest, 1000.0, 0);
    }

    @Test(expected = IllegalArgumentException.class)
    public void illegalCalculate() {
        interestCalculator.calculate(-10000, 2);
    }
}
```

JUnit 테스트 케이스에서는 @Test의 expected 속성에 예외형을 적어 이 예외가 던져지길 기대합니다.

TestNG 테스트 작성하기

TestNG 테스트는 전용 클래스와 애너테이션 타입을 사용하는 차이점만 있을뿐 JUnit 테스트와 별반 다르지 않습니다.

NOTE_ TestNG 테스트 케이스를 컴파일/실행하려면 클래스패스에 TestNG 라이브러리를 추가해야 합니다. 메이븐 프로젝트는 pom.xml 파일에 다음 코드를 추가합니다.

```
<dependency>
    <groupId>org.testng</groupId>
    <artifactId>testng</artifactId>
    <version>6.11</version>
</dependency>
```

그레이들 프로젝트는 build.gradle 파일에 다음 코드를 추가합니다.

```
dependencies {
    testCompile "org.testng:testng:6.11"
}
```

```
public class SimpleInterestCalculatorTestNGTests {

    private InterestCalculator interestCalculator;
```

```
@BeforeMethod
public void init() {
    interestCalculator = new SimpleInterestCalculator();
    interestCalculator.setRate(0.05);
}


@Test
public void calculate() {
    double interest = interestCalculator.calculate(10000, 2);
    assertEquals(interest, 1000.0);
}


@Test(expectedExceptions = IllegalArgumentException.class)
public void illegalCalculate() {
    interestCalculator.calculate(-10000, 2);
}
}
```

> **TIP_** 이클립스가 편한 독자는 http://testng.org/doc/eclipse.html에서 TestNG 이클립스 플러그
> 인을 내려받아 설치하세요. 테스트가 전부 성공하면 녹색 막대가, 실패하면 빨간 막대가 표시되는 건 JUnit과
> 같습니다.

TestNG의 특장점은 데이터 주도 테스트를 기본 지원하는 겁니다. TestNG는 테스트 데이터
와 테스트 로직을 깔끔하게 분리하므로 데이터 세트만 바꿔가면서 테스트 메서드를 여러 번 실
행할 수 있습니다. 데이터 세트는 @DataProvider를 붙인 데이터 공급자 메서드가 제공합니다.

```
public class SimpleInterestCalculatorTestNGTests {

    private InterestCalculator interestCalculator;

    @BeforeMethod
    public void init() {
        interestCalculator = new SimpleInterestCalculator();
        interestCalculator.setRate(0.05);
    }

    @DataProvider(name = "legal")
```

```
public Object[][] createLegalInterestParameters() {
    return new Object[][] {new Object[] {10000, 2, 1000.0}};
}

@DataProvider(name = "illegal")
public Object[][] createIllegalInterestParameters() {
    return new Object[][] {
        new Object[] {-10000, 2},
        new Object[] {10000, -2},
        new Object[] {-10000, -2}
    };
}

@Test(dataProvider = "legal")
public void calculate(double amount, double year, double result) {
    double interest = interestCalculator.calculate(amount, year);
    assertEquals(interest, result);
}

@Test(
    dataProvider = "illegal",
    expectedExceptions = IllegalArgumentException.class)
public void illegalCalculate(double amount, double year) {
    interestCalculator.calculate(amount, year);
}

}
```

테스트를 실행하면 calculate() 메서드는 1회, illegalCalculate() 메서드는 3회 실행되고 데이터 공급자 illegal은 세 데이터 세트를 반환합니다.

레시피 16-2 단위/통합 테스트 작성하기

과제

애플리케이션 모듈을 따로 분리해 테스트한 후 다시 조합해서 테스트하는 것이 가장 흔한 테스트 방식입니다. 이 레시피에서는 이런 식으로 자바 애플리케이션을 테스트하겠습니다.

해결책

단위 테스트의 쓰임새는 하나의 프로그램 단위를 테스트하는 겁니다. 객체 지향 언어에서 단위란 보통 클래스나 메서드를 가리킵니다. 단위 테스트의 범위는 하나의 단위 하나로 국한되지만 실제로 단위가 홀로 움직이는 일은 거의 없고 다른 단위와 함께 작동되는 경우가 대부분입니다. 다른 단위와 의존 관계를 지닌 단위를 테스트할 때에는 보통 스텁이나 목 객체로 단위 간 의존 관계를 모방해서 단위 테스트의 복잡도를 낮춥니다.

스텁stub은 테스트에 필요한 최소한의 메서드만으로 의존 객체를 시뮬레이션한 객체로, 보통 메서드는 사전에 정해진 로직으로 하드 코딩한 데이터를 이용해 구현합니다. 스텁은 테스트 코드가 그 내부 상태를 확인할 수 있도록 어떤 메서드를 표출합니다. 스텁과 대조적으로, **목 객체**mock object는 자신의 메서드를 테스트 코드가 어떤 식으로 호출할 거라 기대합니다. 따라서 실제로 호출된 메서드와 호출되리라 기대했던 메서드를 비교 검증할 수 있습니다. 모키토Mockito, 이지목EasyMock, 제이목jMock 등 목 객체를 간편하게 생성하게 해주는 자바 라이브러리는 여럿 있습니다. 스텁은 대개 상태를 검증할 때 쓰이며 목 객체는 수행 로직을 검증할 때 쓰인다는 점에서 차이가 있습니다.

한편, 단위를 몇 개 통째로 묶어 테스트하는 통합 테스트를 수행하면 단위 사이의 연계 및 상호 작용이 올바른지 확인할 수 있습니다. 일반적으로 통합 테스트는 각 단위를 단위 테스트로 검증한 다음에 실시합니다.

구현 코드와 인터페이스를 분리해야 한다는 원칙과 의존체 주입 패턴에 따라 개발하면 애플리케이션의 여러 단위 간의 결합도를 줄일 수 있으므로 단위 테스트와 통합 테스트 모두 쉬워집니다.

풀이

단일 클래스를 대상으로 단위 테스트를 어떻게 작성하는지 살펴보고 목이나 스텁을 이용해 테스트하는 방법을 알아보겠습니다. 끝으로 통합 테스트 작성 방법을 설명합니다.

단일 클래스에 대한 단위 테스트 작성하기

은행 시스템의 핵심은 대부분 고객 계정 관리에 관한 기능입니다. 다음과 같이 도메인 클래스 Account를 작성하고 equals(), hashCode() 두 메서드를 오버라이드합시다.

```
public class Account {

    private String accountNo;
    private double balance;

    // 생성자, 게터 및 세터
    ...

    @Override
    public boolean equals(Object o) {
        if (this == o) return true;
        if (o == null || getClass() != o.getClass()) return false;
        Account account = (Account) o;
        return Objects.equals(this.accountNo, account.accountNo);
    }

    @Override
    public int hashCode() {
        return Objects.hash(this.accountNo);
    }
}
```

다음은 은행 시스템의 퍼시스턴스 레이어에서 계정 객체를 처리할 DAO 인터페이스입니다.

```
public interface AccountDao {
    public void createAccount(Account account);
    public void updateAccount(Account account);
    public void removeAccount(Account account);
    public Account findAccount(String accountNo);
}
```

단위 테스트 개념을 설명하기 위해 계정 객체를 맵에 저장하는 방식으로 AccountDao 인터페이스를 구현하겠습니다. RuntimeException 하위 클래스인 AccountNotFoundException과 DuplicateAccountException은 여러분이 직접 작성해야 합니다.

```
public class InMemoryAccountDao implements AccountDao {

    private Map<String, Account> accounts;
```

```java
    public InMemoryAccountDao() {
        accounts = Collections.synchronizedMap(new HashMap<>());
    }

    public boolean accountExists(String accountNo) {
        return accounts.containsKey(accountNo);
    }

    @Override
    public void createAccount(Account account) {
        if (accountExists(account.getAccountNo())) {
            throw new DuplicateAccountException();
        }
        accounts.put(account.getAccountNo(), account);
    }

    @Override
    public void updateAccount(Account account) {
        if (!accountExists(account.getAccountNo())) {
            throw new AccountNotFoundException();
        }
        accounts.put(account.getAccountNo(), account);
    }

    @Override
    public void removeAccount(Account account) {
        if (!accountExists(account.getAccountNo())) {
            throw new AccountNotFoundException();
        }
        accounts.remove(account.getAccountNo());
    }

    @Override
    public Account findAccount(String accountNo) {
        Account account = accounts.get(accountNo);
        if (account == null) {
            throw new AccountNotFoundException();
        }
        return account;
    }
}
```

간단히 구현한 코드라서 트랜잭션 관리는 지원되지 않지만 계정이 저장된 맵을 동기 맵synchronized map으로 감싸 순서대로 접근하게 만들면 스레드-안전하게 구현할 수 있습니다.

자, 그럼 JUnit으로 InMemoryAccountDao 클래스의 단위 테스트를 작성합시다. 의존 클래스가 전혀 없으므로 테스트하기는 쉽습니다. 정상 케이스는 물론 예외 케이스도 함께 검증하므로 예외 테스트 케이스도 함께 작성합니다. 예외 테스트 케이스란 특정 예외가 발생하리라 기대하는 테스트 케이스죠.

```java
public class InMemoryAccountDaoTests {

    private static final String EXISTING_ACCOUNT_NO = "1234";
    private static final String NEW_ACCOUNT_NO = "5678";

    private Account existingAccount;
    private Account newAccount;
    private InMemoryAccountDao accountDao;

    @Before
    public void init() {
        existingAccount = new Account(EXISTING_ACCOUNT_NO, 100);
        newAccount = new Account(NEW_ACCOUNT_NO, 200);
        accountDao = new InMemoryAccountDao();
        accountDao.createAccount(existingAccount);
    }

    @Test
    public void accountExists() {
        assertTrue(accountDao.accountExists(EXISTING_ACCOUNT_NO));
        assertFalse(accountDao.accountExists(NEW_ACCOUNT_NO));
    }

    @Test
    public void createNewAccount() {
        accountDao.createAccount(newAccount);
        assertEquals(accountDao.findAccount(NEW_ACCOUNT_NO), newAccount);
    }

    @Test(expected = DuplicateAccountException.class)
    public void createDuplicateAccount() {
        accountDao.createAccount(existingAccount);
    }
```

```
@Test
public void updateExistedAccount() {
    existingAccount.setBalance(150);
    accountDao.updateAccount(existingAccount);
    assertEquals(accountDao.findAccount(EXISTING_ACCOUNT_NO), existingAccount);
}

@Test(expected = AccountNotFoundException.class)
public void updateNotExistedAccount() {
    accountDao.updateAccount(newAccount);
}

@Test
public void removeExistedAccount() {
    accountDao.removeAccount(existingAccount);
    assertFalse(accountDao.accountExists(EXISTING_ACCOUNT_NO));
}

@Test(expected = AccountNotFoundException.class)
public void removeNotExistedAccount() {
    accountDao.removeAccount(newAccount);
}

@Test
public void findExistedAccount() {
    Account account = accountDao.findAccount(EXISTING_ACCOUNT_NO);
    assertEquals(account, existingAccount);
}

@Test(expected = AccountNotFoundException.class)
public void findNotExistedAccount() {
    accountDao.findAccount(NEW_ACCOUNT_NO);
}
}
```

스텁, 목 객체를 써서 의존 관계가 있는 클래스에 대한 단위 테스트 작성하기

혼자 떨어진 클래스는 의존체의 작동 로직, 설정 방법 등을 신경 쓸 필요가 없어 테스트하기 쉽지만 다른 클래스나 서비스(예 : DB 서비스와 네트워크 서비스)의 결과에 의존하는 클래스는

조금 까다롭습니다. 예를 들어 서비스 레이어에 다음 AccountService 인터페이스가 있다고
합시다.

```java
public interface AccountService {
    void createAccount(String accountNo);
    void removeAccount(String accountNo);
    void deposit(String accountNo, double amount);
    void withdraw(String accountNo, double amount);
    double getBalance(String accountNo);
}
```

이 인터페이스의 구현 클래스는 퍼시스턴스 레이어에서 계정 객체를 저장하는 AccountDao
객체에 의존할 수밖에 없습니다. RuntimeException 하위 예외인 InsufficientBalance
Exception은 여러분이 작성해야 합니다.

```java
public class AccountServiceImpl implements AccountService {

    private AccountDao accountDao;

    public AccountServiceImpl(AccountDao accountDao) {
        this.accountDao = accountDao;
    }

    @Override
    public void createAccount(String accountNo) {
        accountDao.createAccount(new Account(accountNo, 0));
    }

    @Override
    public void removeAccount(String accountNo) {
        Account account = accountDao.findAccount(accountNo);
        accountDao.removeAccount(account);
    }

    @Override
    public void deposit(String accountNo, double amount) {
        Account account = accountDao.findAccount(accountNo);
        account.setBalance(account.getBalance() + amount);
        accountDao.updateAccount(account);
    }
```

```
    @Override
    public void withdraw(String accountNo, double amount) {
        Account account = accountDao.findAccount(accountNo);
        if (account.getBalance() < amount) {
            throw new InsufficientBalanceException();
        }
        account.setBalance(account.getBalance() - amount);
        accountDao.updateAccount(account);
    }

    @Override
    public double getBalance(String accountNo) {
        return accountDao.findAccount(accountNo).getBalance();
    }
}
```

스텁은 단위 테스트에서 의존 관계로 빚어진 복잡도를 줄이는 가장 일반적인 기법입니다. 여기서 스텁은 반드시 대상 객체와 같은 인터페이스를 구현해야 합니다. 그래야 대상 객체의 대리자를 자처할 수 있겠죠. 예컨대 단일 고객 계정을 보관하는 AccountDao 스텁을 만든다면 deposit(), withdraw() 메서드에서 꼭 필요한 findAccount(), updateAccount() 메서드만 구현하면 됩니다.

```
public class AccountServiceImplStubTests {

    private static final String TEST_ACCOUNT_NO = "1234";

    private AccountDaoStub accountDaoStub;
    private AccountService accountService;

    private class AccountDaoStub implements AccountDao {

        private String accountNo;
        private double balance;

        @Override
        public void createAccount(Account account) {}

        @Override
```

```java
    public void removeAccount(Account account) {}

    @Override
    public Account findAccount(String accountNo) {
        return new Account(this.accountNo, this.balance);
    }

    @Override
    public void updateAccount(Account account) {
        this.accountNo = account.getAccountNo();
        this.balance = account.getBalance();
    }
}


@Before
public void init() {
    accountDaoStub = new AccountDaoStub();
    accountDaoStub.accountNo = TEST_ACCOUNT_NO;
    accountDaoStub.balance = 100;
    accountService = new AccountServiceImpl(accountDaoStub);
}


@Test
public void deposit() {
    accountService.deposit(TEST_ACCOUNT_NO, 50);
    assertEquals(accountDaoStub.accountNo, TEST_ACCOUNT_NO);
    assertEquals(accountDaoStub.balance, 150, 0);
}


@Test
public void withdrawWithSufficientBalance() {
    accountService.withdraw(TEST_ACCOUNT_NO, 50);
    assertEquals(accountDaoStub.accountNo, TEST_ACCOUNT_NO);
    assertEquals(accountDaoStub.balance, 50, 0);
}

@Test(expected = InsufficientBalanceException.class)
public void withdrawWithInsufficientBalance() {
    accountService.withdraw(TEST_ACCOUNT_NO, 150);
}
}
```

그런데 스텁을 직접 작성하면 코딩양이 적지 않습니다. 목 객체를 이용하는 편이 확실히 효율적이죠. 모키토 라이브러리를 쓰면 녹음^{record}/재생^{playback} 메커니즘으로 작동되는 목 객체를 동적으로 만들어 쓸 수 있습니다.

> **NOTE_** 모키토로 테스트하려면 클래스패스에 라이브러리를 추가해야 합니다. 메이븐 프로젝트는 pom.xml 파일에 다음 코드를 추가합니다.
>
> ```
> <dependency>
>     <groupId>org.mockito</groupId>
>     <artifactId>mockito-core</artifactId>
>     <version>2.7.20</version>
>     <scope>test</scope>
> </dependency>
> ```
>
> 그레이들 프로젝트는 build.gradle 파일에 다음 코드를 추가합니다.
>
> ```
> dependencies {
>     testCompile "org.mockito:mockito-core:2.7.20"
> }
> ```

```java
public class AccountServiceImplMockTests {

    private static final String TEST_ACCOUNT_NO = "1234";

    private AccountDao accountDao;
    private AccountService accountService;

    @Before
    public void init() {
        accountDao = mock(AccountDao.class);
        accountService = new AccountServiceImpl(accountDao);
    }

    @Test
    public void deposit() {
        // 설정
        Account account = new Account(TEST_ACCOUNT_NO, 100);
        when(accountDao.findAccount(TEST_ACCOUNT_NO)).thenReturn(account);

        // 실행
```

```
        accountService.deposit(TEST_ACCOUNT_NO, 50);

        // 확인
        verify(accountDao, times(1)).findAccount(any(String.class));
        verify(accountDao, times(1)).updateAccount(account);

    }

    @Test
    public void withdrawWithSufficientBalance() {
        // 설정
        Account account = new Account(TEST_ACCOUNT_NO, 100);
        when(accountDao.findAccount(TEST_ACCOUNT_NO)).thenReturn(account);

        // 실행
        accountService.withdraw(TEST_ACCOUNT_NO, 50);

        // 확인
        verify(accountDao, times(1)).findAccount(any(String.class));
        verify(accountDao, times(1)).updateAccount(account);

    }

    @Test(expected = InsufficientBalanceException.class)
    public void testWithdrawWithInsufficientBalance() {
        // 설정
        Account account = new Account(TEST_ACCOUNT_NO, 100);
        when(accountDao.findAccount(TEST_ACCOUNT_NO)).thenReturn(account);

        // 실행
        accountService.withdraw(TEST_ACCOUNT_NO, 150);
    }
}
```

모키토는 어떤 인터페이스/클래스라도 목 객체를 동적으로 생성할 수 있습니다. 목 객체를 이용해 어떤 메서드를 어떻게 호출해야 할지 지시하고 어떤 일이 일어났는지 확인할 수 있지요. 예제에서도 Mockito.when() 메서드로 findAccount() 메서드가 특정 Account 객체를 반환하도록 설정합니다. 이 메서드가 어떤 값을 반환하든지 예외를 던지게 하거나 다른 정교한 로직을 org.mockito.stubbing.Answer 객체에 코딩할 수 있습니다. 목의 기본 로직은 null을 반환하는 겁니다. 어떤 일을 실제로 했는지는 Mockito.verify() 메서드로 확인합니다. 가령, findAccount() 메서드가 정말 호출됐는지, 계정 데이터가 진짜 수정됐는지 검증할 수 있지요.

통합 테스트 작성하기

통합 테스트는 여러 단위 테스트를 한데 묶어 각 단위가 서로 잘 연계되는지, 상호 작용이 정확하게 이루어졌는지 확인하는 용도로 수행합니다. 예를 들어 InMemoryAccountDao를 DAO 구현체로 사용하는 AccountServiceImpl은 다음과 같이 통합 테스트할 수 있습니다.

```
public class AccountServiceTests {

    private static final String TEST_ACCOUNT_NO = "1234";
    private AccountService accountService;

    @Before
    public void init() {
        accountService = new AccountServiceImpl(new InMemoryAccountDao());
        accountService.createAccount(TEST_ACCOUNT_NO);
        accountService.deposit(TEST_ACCOUNT_NO, 100);
    }

    @Test
    public void deposit() {
        accountService.deposit(TEST_ACCOUNT_NO, 50);
        assertEquals(accountService.getBalance(TEST_ACCOUNT_NO), 150, 0);
    }

    @Test
    public void withDraw() {
        accountService.withdraw(TEST_ACCOUNT_NO, 50);
        assertEquals(accountService.getBalance(TEST_ACCOUNT_NO), 50, 0);
    }

    @After
    public void cleanup() {
        accountService.removeAccount(TEST_ACCOUNT_NO);
    }
}
```

레시피 16-3 스프링 MVC 컨트롤러에 대한 단위 테스트 작성하기

과제

스프링 MVC 프레임워크로 개발한 웹 애플리케이션의 컨트롤러를 테스트하세요.

해결책

DispatcherServlet은 스프링 MVC 컨트롤러에 HTTP 요청/응답 객체를 전달하고 컨트롤러는 요청을 처리 후 뷰를 렌더링하기 위해 다시 DispatcherServlet에 요청 객체를 반환합니다. 스프링 MVC 컨트롤러(다른 웹 애플리케이션 프레임워크의 컨트롤러도 사정은 비슷하지만)를 단위 테스트할 때 가장 신경 쓰이는 부분이 바로 단위 테스트 환경에서 HTTP 요청/응답 객체를 모방하는 겁니다. 스프링은 서블릿 API용 목 객체 세트(MockHttpServletRequest, MockHttpServletResponse, MockHttpSession 등)를 제공하여 웹 컨트롤러의 단위 테스트를 지원합니다.

스프링 MVC 컨트롤러를 테스트하려면 DispatcherServlet에 올바른 객체가 반환됐는지 확인해야 합니다. 스프링에서 기본 제공되는 각종 어설션 유틸리티를 이용하면 객체의 콘텐트를 조사할 수 있습니다.

풀이

은행 직원이 계정 번호와 예금액을 입력하는 웹 인터페이스를 개발하려고 합니다. 앞서 배운 스프링 MVC 지식을 복습할겸 다음 DepositController 클래스를 작성합니다.

```
package com.apress.springrecipes.bank.web;

...

@Controller
public class DepositController {

    private AccountService accountService;

    @Autowired
    public DepositController(AccountService accountService) {
```

```
        this.accountService = accountService;
    }

    @RequestMapping("/deposit.do")
    public String deposit(
        @RequestParam("accountNo") String accountNo,
        @RequestParam("amount") double amount,
        ModelMap model
    ) {
        accountService.deposit(accountNo, amount);
        model.addAttribute("accountNo", accountNo);
        model.addAttribute("balance", accountService.getBalance(accountNo));
        return "success";
    }
}
```

이 컨트롤러는 서블릿 API를 직접 다루지 않으므로 단순 자바 클래스처럼 테스트하면 됩니다.
정말 쉽죠?

```
public class DepositControllerTests {

    private static final String TEST_ACCOUNT_NO = "1234";
    private static final double TEST_AMOUNT = 50;
    private AccountService accountService;
    private DepositController depositController;

    @Before
    public void init() {
        accountService = Mockito.mock(AccountService.class);
        depositController = new DepositController(accountService);
    }

    @Test
    public void deposit() {
        // 설정
        Mockito.when(accountService.getBalance(TEST_ACCOUNT_NO)).thenReturn(150.0);
        ModelMap model = new ModelMap();

        // 실행
        String viewName =
            depositController.deposit(TEST_ACCOUNT_NO, TEST_AMOUNT, model);
```

```
        assertEquals(viewName, "success");
        assertEquals(model.get("accountNo"), TEST_ACCOUNT_NO);
        assertEquals(model.get("balance"), 150.0);
    }
}
```

레시피 16-4 통합 테스트 시 애플리케이션 컨텍스트 관리하기

과제

스프링 애플리케이션을 통합 테스트하려면 애플리케이션 컨텍스트에 선언된 빈을 가져와야 합니다. 스프링 테스트 지원 기능 없이 작성하면 (JUnit @Before나 @BeforeClass를 붙인) 테스트 초기화 메서드에서 애플리케이션 컨텍스트를 직접 수동으로 로드해야 합니다. 하지만 각 테스트 메서드/클래스마다 실행 이전에 초기화 메서드를 호출하면 동일한 애플리케이션 컨텍스트가 여러 번 로드되겠죠. 빈 개수가 많은 대규모 애플리케이션은 컨텍스트를 로드하는 데도 많은 시간이 소요됩니다. 테스트를 하다가 밤을 지새울 수도 있겠죠.

해결책

스프링 테스트 지원 기능을 활용하면 여러 빈 구성 파일로부터 애플리케이션 컨텍스트를 가져오거나, 여러 테스트에 걸쳐 컨텍스트를 캐시하는 등 테스트용 애플리케이션 컨텍스트를 관리하는 데 여러모로 유용합니다. 또 애플리케이션 컨텍스트는 단일 JVM 안의 모든 테스트에 걸쳐 구성 파일 위치를 키로 하여 두루 캐시됩니다. 따라서 같은 애플리케이션 컨텍스트는 한번만 로드하면 되므로 테스트 실행 속도가 현저히 빨라집니다.

일부 테스트 실행 리스너는 테스트 컨텍스트 프레임워크에 기본 등록되어 있습니다(표 16-1).

표 16-1 기본 테스트 실행 리스너

테스트 실행 리스너	설명
DependencyInjectionTestExecutionListener	애플리케이션 컨텍스트를 비롯한 모든 의존체를 테스트에 주입합니다.
DirtiesContextTestExecutionListener, DirtiesContextBeforeModesTestExecutionListener	@DirtiesContext 처리를 담당하며 필요 시 애플리케이션 컨텍스트를 다시 로드합니다.
TransactionalTestExecutionListener	테스트 케이스의 @Transactional을 처리하며 테스트 끝부분에서 롤백을 수행합니다.
SqlScriptsTestExecutionListener	@Sql을 붙인 테스트를 감지해서 테스트를 시작하기 전에 주어진 SQL을 실행합니다.
ServletTestExecutionListener	@WebAppConfiguration이 발견되면 웹 애플리케이션 컨텍스트를 로드합니다.

테스트 컨텍스트 프레임워크에서 애플리케이션 컨텍스트를 관리하려면 내부적으로 테스트 클래스와 테스트 컨텍스트 관리자를 연계해야 합니다. 이런 용도로 테스트 컨텍스트 프레임워크에는 몇 가지 지원 클래스가 있습니다. [표 16-2]의 두 클래스는 ApplicationContextAware 인터페이스를 구현하며 테스트 컨텍스트 관리자와 연계되므로 protected 필드인 applicationContext를 사용해 애플리케이션 컨텍스트를 가져올 수 있습니다.

표 16-2 컨텍스트 관리용 테스트 컨텍스트 지원 클래스

테스트 프레임워크	테스트 컨텍스트 지원 클래스
JUnit	AbstractJUnit4SpringContextTests
TestNG	AbstractTestNGSpringContextTests

테스트 프레임워크에 맞는 테스트 컨텍스트 지원 클래스를 상속해 테스트 클래스를 작성하면 됩니다.

테스트 컨텍스트 지원 클래스는 DependencyInjectionTestExecutionListener, DirtiesContextTestExecutionListener, ServletTestExecutionListener 세 TestExecutionListener 구현체를 활성화합니다.

JUnit과 TestNG를 사용하면 테스트 컨텍스트 지원 클래스를 상속하지 않고도 테스트 클래스를 테스트 컨텍스트 관리자에 연계하고 직접 ApplicationContextAware 인터페이스를 구현

할 수 있습니다. 테스트 클래스가 테스트 컨텍스트 프레임워크 체계에 종속되지 않으므로 여러 분이 작성한 클래스를 상속할 수도 있지요. JUnit에서는 SpringRunner라는 테스트 실행기로 테스트 컨텍스트 관리자를 연계하여 테스트를 실행하면 그만이지만 TestNG에서는 테스트 컨텍스트 관리자를 직접 수동으로 연계해야 합니다.

풀이

구성 클래스에 AccountService, AccountDao 인스턴스를 선언 후 통합 테스트를 작성합시다.

```
package com.apress.springrecipes.bank.config;
...

@Configuration
public class BankConfiguration {

    @Bean
    public InMemoryAccountDao accountDao() {
        return new InMemoryAccountDao();
    }

    @Bean
    public AccountServiceImpl accountService() {
        return new AccountServiceImpl(accountDao());
    }
}
```

JUnit에서 테스트 컨텍스트 프레임워크의 컨텍스트 가져오기

JUnit으로 테스트 컨텍스트 프레임워크를 이용해 테스트를 작성할 때 애플리케이션 컨텍스트에 액세스하는 방법은 두 가지입니다. 첫째, ApplicationContextAware 인터페이스를 구현하거나 ApplicationContext형 필드에 @Autowired를 붙여 자동연결합니다. 이렇게 하려면 테스트 SpringRunner를 실행할 스프링 전용 테스트 실행기를 지정해야 하는데요, 클래스 레벨 애너테이션 @RunWith를 사용해 지정합니다.

```java
@RunWith(SpringRunner.class)
@ContextConfiguration(classes = BankConfiguration.class)
public class AccountServiceJUnit4ContextTests implements ApplicationContextAware {

    private static final String TEST_ACCOUNT_NO = "1234";
    private ApplicationContext applicationContext;
    private AccountService accountService;

    @Override
    public void setApplicationContext(ApplicationContext applicationContext)
        throws BeansException {
        this.applicationContext=applicationContext;
    }

    @Before
    public void init() {
        accountService = applicationContext.getBean(AccountService.class);
        accountService.createAccount(TEST_ACCOUNT_NO);
        accountService.deposit(TEST_ACCOUNT_NO, 100);
    }

    @Test
    public void deposit() {
        accountService.deposit(TEST_ACCOUNT_NO, 50);
        assertEquals(accountService.getBalance(TEST_ACCOUNT_NO), 150, 0);
    }

    @Test
    public void withDraw() {
        accountService.withdraw(TEST_ACCOUNT_NO, 50);
        assertEquals(accountService.getBalance(TEST_ACCOUNT_NO), 50, 0);
    }

    @After
    public void cleanup() {
        accountService.removeAccount(TEST_ACCOUNT_NO);
    }
}
```

구성 클래스는 클래스 레벨에 붙인 @ContextConfiguration의 classes 속성값으로 지정합니다. XML 구성 파일에서는 locations 속성을 대신 씁니다. 따로 설정하지 않으면 테스트 컨텍스트가 알아서 찾습니다. 먼저 테스트 클래스명 뒤에 접미어 -context.xml을 붙인 이름(즉, AccountServiceJUnit4Tests-context.xml)의 파일이 테스트 클래스와 동일한 패키지에 있으면 그 파일을 로드합니다. 없으면 @Configuration을 붙인 모든 public static 내부 클래스의 테스트 클래스를 샅샅이 뒤져보고 파일이나 클래스가 발견되면 그 내용으로 테스트 구성을 로드합니다.

기본적으로 애플리케이션 컨텍스트는 각 테스트 메서드에서 캐싱되어 재사용됩니다. 하지만 어떤 테스트 메서드에 @DirtiesContext를 붙이면 이 테스트 메서드가 끝나고 그다음 테스트 메서드에서 컨텍스트를 재로드합니다.

둘째, JUnit에 종속된 테스트 컨텍스트 지원 클래스 AbstractJUnit4SpringContextTests를 상속해 애플리케이션 컨텍스트를 가져옵니다. ApplicationContextAware 인터페이스를 구현한 이 클래스를 상속하면 protected 필드인 applicationContext를 사용해 애플리케이션 컨텍스트를 가져올 수 있습니다. 하지만 그 전에 private 필드 applicationContext와 그 세터 메서드를 삭제해야 합니다. AbstractJUnit4SpringContextTests 클래스를 상속하면 @RunWith(SpringRunner.class)는 이미 이 클래스에 선언되어 있어서 하위 클래스에 따로 붙일 필요가 없습니다.

```java
@ContextConfiguration(classes = BankConfiguration.class)
public class AccountServiceJUnit4ContextTests extends AbstractJUnit4SpringContextTests {

    private static final String TEST_ACCOUNT_NO = "1234";
    private AccountService accountService;

    @Before
    public void init() {
        accountService = applicationContext.getBean(AccountService.class);
        accountService.createAccount(TEST_ACCOUNT_NO);
        accountService.deposit(TEST_ACCOUNT_NO, 100);
    }
    ...
}
```

TestNG에서 테스트 컨텍스트 프레임워크의 컨텍스트 가져오기

TestNG로 테스트 컨텍스트 프레임워크를 이용해 테스트를 작성할 경우, ApplicationContextAware 인터페이스를 구현한 지원 클래스 AbstractTestNGSpringContextTests를 상속해 애플리케이션 컨텍스트를 가져올 수 있습니다[1].

```
@ContextConfiguration(classes = BankConfiguration.class)
public class AccountServiceTestNGContextTests extends AbstractTestNGSpringContextTests {

    private static final String TEST_ACCOUNT_NO = "1234";
    private AccountService accountService;

    @BeforeMethod
    public void init() {
        accountService = applicationContext.getBean(AccountService.class);
        accountService.createAccount(TEST_ACCOUNT_NO);
        accountService.deposit(TEST_ACCOUNT_NO, 100);
    }

    @Test
    public void deposit() {
        accountService.deposit(TEST_ACCOUNT_NO, 50);
        assertEquals(accountService.getBalance(TEST_ACCOUNT_NO), 150, 0);
    }

    @Test
    public void withDraw() {
        accountService.withdraw(TEST_ACCOUNT_NO, 50);
        assertEquals(accountService.getBalance(TEST_ACCOUNT_NO), 50, 0);
    }

    @AfterMethod
    public void cleanup() {
        accountService.removeAccount(TEST_ACCOUNT_NO);
    }
}
```

TestNG 클래스가 테스트 컨텍스트 지원 클래스를 상속하는 모양새가 마음에 들지 않으면

---

1 역주_ AbstractTestNGSpringContextTests 클래스에 ApplicationContext형 필드가 이미 선언되어 있기 때문에 다음 클래스에서 따로 선언할 필요가 없습니다.

JUnit처럼 직접 ApplicationContextAware 인터페이스를 구현해 테스트 컨텍스트 관리자를
연계하면 됩니다. 더 자세한 정보는 AbstractTestNGSpringContextTests 소스 코드를 참고
하세요.

레시피 16-5 통합 테스트에 테스트 픽스처 주입하기

과제

스프링 애플리케이션에서 통합 테스트의 테스트 픽스처(test fixture, 테스트 붙박이)는 대부분 애플리케
이션 컨텍스트에 선언한 빈입니다. 스프링의 의존체 주입 장치를 사용해 자동으로 테스트 픽스처를 주입
받을 수 있다면 일일이 애플리케이션 컨텍스트에서 가져오는 수고를 덜 수 있겠죠?

해결책

스프링에서는 애플리케이션 컨텍스트에서 자동으로 빈을 가져와 테스트 픽스처를 테스트에 주
입할 수 있습니다. 테스트의 세터 메서드 또는 필드에 그냥 @Autowired나 @Resource를 붙이
면 됩니다. @Autowired는 타입에 따라, @Resource는 이름에 따라 픽스처를 주입합니다.

풀이

JUnit과 TestNG에서 테스트 픽스처를 주입합시다.

JUnit에서 테스트 컨텍스트 프레임워크의 테스트 픽스처 주입하기

테스트 컨텍스트 프레임워크를 이용해 작성한 테스트의 필드나 세터 메서드에 @Autowired 또
는 @Resource를 붙이면 애플리케이션 컨텍스트에서 테스트 픽스처를 가져올 수 있습니다.
JUnit에서는 지원 클래스를 상속하지 않아도 SpringRunner를 테스트 실행기로 지정할 수 있
습니다.

```
@RunWith(SpringRunner.class)
@ContextConfiguration(classes = BankConfiguration.class)
```

```
public class AccountServiceJUnit4ContextTests {

    private static final String TEST_ACCOUNT_NO = "1234";

    @Autowired
    private AccountService accountService;

    @Before
    public void init() {
        accountService.createAccount(TEST_ACCOUNT_NO);
        accountService.deposit(TEST_ACCOUNT_NO, 100);
    }
    ...
}
```

테스트의 필드나 세터 메서드에 **@Autowired**를 붙이면 타입을 기준으로 해당 빈을 자동연결해 주입합니다. @Qualifier에 이름을 적어 자동연결 후보 빈을 구체적으로 명시해도 되고 @Resource를 붙여 이름으로 빈을 찾아 자동연결할 수도 있습니다.

테스트 컨텍스트 지원 클래스 AbstractJUnit4SpringContextTests를 상속해 애플리케이션 컨텍스트에서 테스트 픽스처를 가져와 주입할 수도 있습니다. 이렇게 하면 SpringRunner는 상위 클래스에서 상속받기 때문에 따로 지정할 필요가 없습니다.

```
@ContextConfiguration(classes = BankConfiguration.class)
public class AccountServiceJUnit4ContextTests extends AbstractJUnit4SpringContextTests {

    private static final String TEST_ACCOUNT_NO = "1234";

    @Autowired
    private AccountService accountService;
    ...
}
```

TestNG에서 테스트 컨텍스트 프레임워크의 테스트 픽스처 주입하기

TestNG에서 테스트 컨텍스트 지원 클래스 AbstractTestNGSpringContextTests를 상속하면 애플리케이션 컨텍스트에서 테스트 픽스처를 가져와 주입할 수 있습니다.

```
@ContextConfiguration(classes = BankConfiguration.class)
public class AccountServiceTestNGContextTests extends AbstractTestNGSpringContextTests {

    private static final String TEST_ACCOUNT_NO = "1234";

    @Autowired
    private AccountService accountService;

    @BeforeMethod
    public void init() {
        accountService.createAccount(TEST_ACCOUNT_NO);
        accountService.deposit(TEST_ACCOUNT_NO, 100);
    }
    ...
}
```

레시피 16-6 통합 테스트에서 트랜잭션 관리하기

과제

DB에 접속하는 통합 테스트는 보통 초기화 메서드에서 테스트 데이터를 준비합니다. 테스트 메서드가 하나씩 실행되면 그때마다 DB 데이터가 수정되므로 그다음 테스트 메서드를 일관성 있게 실행하려면 부득이 DB를 정리해야 합니다.

해결책

스프링에서는 테스트 메서드마다 트랜잭션을 생성 및 롤백할 수 있어서 어느 테스트 메서드가 변경한 데이터가 그다음 테스트 메서드에 아무런 영향도 끼치지 않습니다. 개발자가 DB 정리 코드를 직접 작성해야 할 부담도 덜 수 있지요.

테스트 컨텍스트 프레임워크는 트랜잭션 관리와 연관된 테스트 실행 리스너인 Transactional TestExecutionListener를 제공합니다. 다른 리스너를 지정하지 않는 한 이 실행 리스너는 테스트 컨텍스트 관리자에 기본 등록됩니다.

TransactionalTestExecutionListener는 클래스/메서드 레벨에 적용한 @Transactional을 감지해 자동으로 메서드에 트랜잭션을 겁니다.

[표 16-3]은 테스트 클래스 메서드에 트랜잭션을 걸려고 상속하는 테스트 컨텍스트 지원 클래스입니다. 이들은 테스트 컨텍스트 관리자와 함께 작동하며 클래스 레벨에 @Transactional 기능을 활성화합니다. 트랜잭션 관리자도 당연히 빈 구성 파일에 등록해야 합니다.

표 16-3 트랜잭션 관리용 테스트 컨텍스트 지원 클래스

테스트 프레임워크	테스트 컨텍스트 지원 클래스
JUnit	AbstractTransactionalJUnit4SpringContextTests
TestNG	AbstractTransactionalTestNGSpringContextTests

이들 테스트 컨텍스트 지원 클래스는 DependencyInjectionTestExecutionListener, DirtiesContextTestExecutionListener와 더불어 TransactionalTestExecutionListener, SqlScriptsTestExecutionListener를 활성화합니다.

JUnit과 TestNG에서는 클래스/메서드 레벨에 @Transactional을 붙여 테스트 컨텍스트 지원 클래스를 상속하지 않고도 테스트 메서드에 트랜잭션을 걸 수 있습니다. 그러나 테스트 컨텍스트 관리자와 연동하려면 JUnit 테스트는 SpringRunner 테스트 실행기로, TestNG 테스트는 수동으로 실행해야 합니다.

풀이

RDBMS를 사용하는 은행 시스템에서 계정 정보를 저장하려고 합니다. 트랜잭션이 지원되고 JDBC와 호환되는 DB 엔진을 선택한 후 다음 DDL문으로 ACCOUNT 테이블을 생성합니다. 필자는 편의상 인메모리 DB인 H2를 사용하겠습니다.

```
CREATE TABLE ACCOUNT (
    ACCOUNT_NO    VARCHAR(10)    NOT NULL,
    BALANCE       DOUBLE         NOT NULL,
    PRIMARY KEY (ACCOUNT_NO)
);
```

그리고 JDBC를 사용해 DB에 액세스하는 DAO 구현체를 작성합니다. JdbcTemplate을 잘 활용하면 코딩 작업을 줄일 수 있습니다.

```java
public class JdbcAccountDao extends JdbcDaoSupport implements AccountDao {

    @Override
    public void createAccount(Account account) {
        String sql = "INSERT INTO ACCOUNT (ACCOUNT_NO, BALANCE) VALUES (?, ?)";
        getJdbcTemplate().update(
            sql, account.getAccountNo(), account.getBalance());
    }

    @Override
    public void updateAccount(Account account) {
        String sql = "UPDATE ACCOUNT SET BALANCE = ? WHERE ACCOUNT_NO = ?";
        getJdbcTemplate().update(
            sql, account.getBalance(), account.getAccountNo());
    }

    @Override
    public void removeAccount(Account account) {
        String sql = "DELETE FROM ACCOUNT WHERE ACCOUNT_NO = ?";
        getJdbcTemplate().update(sql, account.getAccountNo());
    }

    @Override
    public Account findAccount(String accountNo) {
        String sql = "SELECT BALANCE FROM ACCOUNT WHERE ACCOUNT_NO = ?";
        double balance =
            getJdbcTemplate().queryForObject(sql, Double.class, accountNo);
        return new Account(accountNo, balance);
    }
}
```

DAO 구현체를 호출해 계정 정보를 저장하는 AccountService의 통합 테스트를 작성하기 전, 빈 구성 파일에서 InMemoryAccountDao를 JdbcAccountDao로 바꾸고 대상 데이터 소스를 설정합니다.

```java
@Configuration
public class BankConfiguration {

    @Bean
    public DataSource dataSource() {
        DriverManagerDataSource dataSource = new DriverManagerDataSource();
        dataSource.setUrl("jdbc:h2:mem:bank-testing");
        dataSource.setUsername("sa");
        dataSource.setPassword("");
        return dataSource;
    }

    @Bean
    public AccountDao accountDao() {
        JdbcAccountDao accountDao = new JdbcAccountDao();
        accountDao.setDataSource(dataSource());
        return accountDao;
    }

    @Bean
    public AccountService accountService() {
        return new AccountServiceImpl(accountDao());
    }
}
```

JUnit에서 테스트 컨텍스트 프레임워크의 트랜잭션 관리하기

테스트 컨텍스트 프레임워크에서 작성한 테스트의 클래스/메서드 레벨에 @Transactional을 붙이면 테스트 메서드에 트랜잭션이 적용됩니다. JUnit에서는 지원 클래스를 상속하지 않아도 SpringRunner를 테스트 실행기로 지정할 수 있습니다.

```java
@RunWith(SpringRunner.class)
@ContextConfiguration(classes = BankConfiguration.class)
@Transactional
public class AccountServiceJUnit4ContextTests {

    private static final String TEST_ACCOUNT_NO = "1234";

    @Autowired
    private AccountService accountService;

    @Before
    public void init() {
        accountService.createAccount(TEST_ACCOUNT_NO);
        accountService.deposit(TEST_ACCOUNT_NO, 100);
    }

    // 더 이상 cleanup() 메서드는 필요 없습니다.
    ...
}
```

테스트 클래스에 @Transactional을 붙이면 그 클래스의 모든 테스트 메서드에 트랜잭션이 적용됩니다. 메서드마다 개별적으로 붙일 수도 있습니다.

기본적으로 테스트 메서드에 적용된 트랜잭션은 메서드 실행이 끝나면 무조건 롤백됩니다. 이 로직을 변경하고 싶다면 클래스 레벨에만 붙이는 @TransactionConfiguration의 defaultRollback 속성을 false로 설정합니다. 클래스 레벨의 롤백 로직을 메서드별로 오버라이드하려면 해당 메서드에 @Rollback(false)를 선언합니다.

> **NOTE_** @Before/@After를 붙인 메서드는 테스트 메서드와 같은 트랜잭션 내에서 실행됩니다. 트랜잭션 전후에 각각 초기화 및 정리 작업이 필요한 경우 @BeforeTransaction/@AfterTransaction을 붙입니다.

끝으로 빈 구성 파일에 트랜잭션 관리자를 구성합니다. 기본적으로 PlatformTransaction Manager형 빈을 사용합니다.

```
@Bean
public DataSourceTransactionManager transactionManager(DataSource dataSource) {
    return new DataSourceTransactionManager(dataSource);
}
```

JUnit에서 테스트 메서드의 트랜잭션을 관리하는 또 다른 방법은, 테스트 컨텍스트 프레임워크의 지원 클래스인 AbstractTransactionalJUnit4SpringContextTests를 상속하는 겁니다. 이 클래스는 이미 클래스 레벨에 @Transactional이 달려 있고 SpringRunner도 상위 클래스에서 상속받기 때문에 별도로 지정할 필요가 없습니다.

```
@ContextConfiguration(classes = BankConfiguration.class)
public class AccountServiceJUnit4ContextTests
    extends AbstractTransactionalJUnit4SpringContextTests {
    ...
}
```

TestNG에서 테스트 컨텍스트 프레임워크의 트랜잭션 관리하기

TestNG 테스트 클래스가 AbstractTransactionalTestNGSpringContextTests를 상속하면 내부 모든 메서드에 트랜잭션이 걸립니다.

```
@ContextConfiguration(classes = BankConfiguration.class)
public class AccountServiceTestNGContextTests
    extends AbstractTransactionalTestNGSpringContextTests {

    private static final String TEST_ACCOUNT_NO = "1234";

    @Autowired
    private AccountService accountService;

    @BeforeMethod
    public void init() {
```

```
        accountService.createAccount(TEST_ACCOUNT_NO);
        accountService.deposit(TEST_ACCOUNT_NO, 100);
    }

    // 더 이상 cleanup() 메서드는 필요 없습니다.
    ...
}
```

레시피 16-7 통합 테스트에서 DB 액세스하기

과제

DB에 접속하는 애플리케이션, 특히 ORM 프레임워크로 개발된 애플리케이션을 통합 테스트할 때 테스트 데이터를 미리 준비하고 테스트 메서드 실행 이후 데이터를 검증할 수 있게 DB에 직접 액세스하세요.

해결책

스프링 테스트 지원 기능을 이용하면 테스트에서 각종 DB 작업 시 JDBC 템플릿을 사용할 수 있습니다. 테스트 컨텍스트 프레임워크의 지원 클래스를 상속하면 미리 준비된 JdbcTemplate 인스턴스를 가져올 수 있습니다. 물론 데이터 소스와 트랜잭션 관리자는 빈 구성 파일에 선언해야 합니다.

풀이

테스트 컨텍스트 프레임워크에서 지원되는 클래스를 상속하여 테스트 클래스를 작성하면 protected 필드로 JdbcTemplate 인스턴스를 참조할 수 있습니다. JUnit을 사용하면 AbstractTransactionalJUnit4SpringContextTests 클래스를 상속합니다. 이 클래스는 테이블 로우 개수를 세거나 테이블에서 로우를 삭제하고 SQL 스크립트를 실행하는 등 정형화된 작업을 수행하는 편의성 메서드를 제공합니다.

```java
@ContextConfiguration(classes = BankConfiguration.class)
public class AccountServiceJUnit4ContextTests
    extends AbstractTransactionalJUnit4SpringContextTests {
    ...
    @Before
    public void init() {
        executeSqlScript("classpath:/bank.sql",true);
        jdbcTemplate.update(
            "INSERT INTO ACCOUNT (ACCOUNT_NO, BALANCE) VALUES (?, ?)",
            TEST_ACCOUNT_NO, 100);
    }

    @Test
    public void deposit() {
        accountService.deposit(TEST_ACCOUNT_NO, 50);
        double balance = jdbcTemplate.queryForObject(
            "SELECT BALANCE FROM ACCOUNT WHERE ACCOUNT_NO = ?",
            Double.class, TEST_ACCOUNT_NO);
        assertEquals(balance, 150.0, 0);
    }

    @Test
    public void withDraw() {
        accountService.withdraw(TEST_ACCOUNT_NO, 50);
        double balance = jdbcTemplate.queryForObject(
            "SELECT BALANCE FROM ACCOUNT WHERE ACCOUNT_NO = ?",
            Double.class, TEST_ACCOUNT_NO);
        assertEquals(balance, 50.0, 0);
    }
}
```

executeSqlScript() 메서드 대신 클래스/메서드 레벨에 @Sql을 붙이면 원하는 SQL이나 스크립트를 실행할 수 있습니다.

```java
@ContextConfiguration(classes = BankConfiguration.class)
@Sql(scripts="classpath:/bank.sql")
public class AccountServiceJUnit4ContextTests
    extends AbstractTransactionalJUnit4SpringContextTests {

    private static final String TEST_ACCOUNT_NO = "1234";
```

```
    @Autowired
    private AccountService accountService;

    @Before
    public void init() {
        jdbcTemplate.update(
            "INSERT INTO ACCOUNT (ACCOUNT_NO, BALANCE) VALUES (?, ?)",
            TEST_ACCOUNT_NO, 100);
    }
}
```

@Sql의 scripts 속성에 실행 스크립트를 지정할 수도 있고 statements 속성에 SQL문을 직접 써넣을 수도 있습니다. 또 executionPhase 속성에는 테스트 메서드 이전에 실행할지 (ExecutionPhase.BEFORE_TEST_METHOD), 이후에 실행할지(ExecutionPhase.AFTER_TEST_METHOD) 설정할 수 있습니다. 클래스/메서드에 @Sql을 여러 개 붙여 테스트 전후에 특정 SQL 문을 실행시킬 수도 있습니다.

TestNG에서는 AbstractTransactionalTestNGSpringContextTests를 상속해 JdbcTemplate 인스턴스를 가져옵니다.

```
@ContextConfiguration(classes = BankConfiguration.class)
public class AccountServiceTestNGContextTests
    extends AbstractTransactionalTestNGSpringContextTests {
    ...
    @BeforeMethod
    public void init() {
        executeSqlScript("classpath:/bank.sql",true);
        jdbcTemplate.update(
            "INSERT INTO ACCOUNT (ACCOUNT_NO, BALANCE) VALUES (?, ?)",
            TEST_ACCOUNT_NO, 100);
    }

    @Test
    public void deposit() {
        accountService.deposit(TEST_ACCOUNT_NO, 50);
        double balance = jdbcTemplate.queryForObject(
            "SELECT BALANCE FROM ACCOUNT WHERE ACCOUNT_NO = ?",
            Double.class, TEST_ACCOUNT_NO);
```

```
        assertEquals(balance, 150, 0);
    }

    @Test
    public void withDraw() {
        accountService.withdraw(TEST_ACCOUNT_NO, 50);
        double balance = jdbcTemplate.queryForObject(
            "SELECT BALANCE FROM ACCOUNT WHERE ACCOUNT_NO = ?",
            Double.class, TEST_ACCOUNT_NO);
        assertEquals(balance, 50, 0);
    }
}
```

레시피 16-8 스프링 공통 테스트 애너테이션 활용하기

과제

어떤 예외가 던져지길 기대하고, 테스트 메서드를 여러 번 반복 실행하고, 테스트 메서드가 특정 시간 이내에 완료되는지 확인하고... 이런 일반적인 테스트 작업을 일일이 손으로 다 구현할 필요는 없겠죠?

해결책

스프링이 지원하는 공통 테스트 애너테이션을 활용하면 테스트를 간결하게 작성할 수 있습니다. 이들은 스프링 전용 애너테이션이지만 하부 테스트 프레임워크와는 별개로 작동합니다. [표 16-4]는 그중 일반 테스트 작업에 가장 많이 쓰이는 애너테이션들을 정리한 겁니다. 하지만 이들은 JUnit에서만 쓸 수 있습니다.

표 16-4 스프링의 테스트 애너테이션

애너테이션	설명
@Repeat	여러 번 실행할 테스트 메서드에 붙입니다. 반복 횟수는 애너테이션값에 지정합니다.
@Timed	테스트 메서드는 주어진 시간(밀리 초) 내에 끝나야 합니다. 이 시간을 초과하면 테스트는 실패합니다. 테스트 메서드의 반복 실행 시간, 초기화/정리 메서드의 실행 시간을 합산해서 지정합니다.

| @IfProfileValue | 특정 테스트 환경에서만 실행할 테스트 메서드에 붙입니다. 실제 프로파일 값이 주어진 값과 일치할 경우만 실행됩니다. 여러 값을 지정해 그중 하나만 해당돼도 실행시킬 수도 있습니다. 기본적으로 SystemProfileValueSource를 이용해 시스템 프로퍼티를 프로파일 값으로 가져오지만 ProfileValueSource를 직접 구현해 @ProfileValueSourceConfiguration에 지정할 수도 있습니다. |

[표 16-4]의 애너테이션은 스프링 테스트 컨텍스트 지원 클래스 중 하나를 상속해서 사용합니다. 지원 클래스를 상속하지 않고 SpringRunner 테스트 실행기로 JUnit 테스트를 실행해도 사용 가능합니다.

풀이

JUnit에서 테스트 컨텍스트 프레임워크를 이용해 테스트를 작성할 경우, SpringRunner로 테스트를 실행하거나 스프링 테스트 컨텍스트 지원 클래스를 상속하면 스프링이 제공하는 테스트 애너테이션을 쓸 수 있습니다.

```java
@ContextConfiguration(locations = "/beans.xml")
public class AccountServiceJUnit4ContextTests
    extends AbstractTransactionalJUnit4SpringContextTests {
    ...
    @Test
    @Timed(millis = 1000)
    public void deposit() {
        ...
    }

    @Test
    @Repeat(5)
    public void withDraw() {
        ...
    }
}
```

레시피 16-9 스프링 MVC 컨트롤러에 대한 통합 테스트 작성하기

과제

스프링 MVC 프레임워크로 개발한 웹 컨트롤러를 통합 테스트하세요.

해결책

DispatcherServlet은 스프링 MVC 컨트롤러에 HTTP 요청/응답 객체를 건네줍니다. MVC 컨트롤러는 비즈니스 처리를 마친 다음 뷰를 렌더링하기 위해 HTTP 요청/응답 객체를 다시 DispatcherServlet에 돌려줍니다. 다른 웹 애플리케이션 프레임워크도 비슷하지만 HTTP 요청/응답 객체를 시뮬레이션하고 목 환경을 설정하는 일이 스프링 MVC 컨트롤러의 통합 테스트에서 가장 까다로운 부분입니다. 다행히 스프링은 목 MVC 테스트를 지원하므로 목 서블릿 환경을 쉽게 구성할 수 있습니다.

스프링 테스트 목 MVC를 이용해 WebApplicationContext를 구성하면 목 MVC API를 이용해 HTTP 요청을 시뮬레이션하고 그 결과를 확인할 수 있습니다.

풀이

은행 시스템 애플리케이션에서 DepositController를 통합 테스트하려고 합니다. 테스트를 시작하기 전, 웹 관련 빈들을 구성 클래스에 먼저 설정합니다.

```
@Configuration
@EnableWebMvc
@ComponentScan(basePackages = "com.apress.springrecipes.bank.web")
public class BankWebConfiguration {

    @Bean
    public ViewResolver viewResolver() {
        InternalResourceViewResolver viewResolver = new InternalResourceViewResolver();
        viewResolver.setPrefix("/WEB-INF/views/");
        viewResolver.setSuffix(".jsp");
        return viewResolver;
    }
}
```

@EnableWebMvc를 적용해 애너테이션 기반의 컨트롤러를 활성화한 다음, @ComponentScan으로 @Controller 빈을 자동 등록합니다. InternalResourceViewResolver가 뷰 이름을 URL로 바꿔주면 브라우저는 해당 페이지를 렌더링하겠죠.

웹 설정은 이 정도면 됐고 이제 통합 테스트를 작성합시다. BankWebConfiguration 클래스에 설정한 내용을 로드하고 클래스 레벨에 @WebAppConfiguration을 붙여 일반 ApplicationContext가 아닌, WebApplicationContext를 가져오도록 테스트 컨텍스트 프레임워크에 알려야 합니다.

JUnit에서 스프링 MVC 컨트롤러 통합 테스트하기

이 예제에서는 테스트가 끝나면 등록했던 테스트 데이터를 롤백해야 하므로 JUnit을 쓸 경우라면 AbstractTransactionalJUnit4SpringContextTests를 상속하는 게 가장 쉽습니다.

```
@ContextConfiguration(classes= { BankWebConfiguration.class, BankConfiguration.class})
@WebAppConfiguration
public class DepositControllerJUnit4ContextTests
    extends AbstractTransactionalJUnit4SpringContextTests {

    private static final String ACCOUNT_PARAM = "accountNo";
    private static final String AMOUNT_PARAM = "amount";

    private static final String TEST_ACCOUNT_NO = "1234";
    private static final String TEST_AMOUNT = "50.0";

    @Autowired
    private WebApplicationContext webApplicationContext;

    private MockMvc mockMvc;

    @Before
    public void init() {
        executeSqlScript("classpath:/bank.sql", true);
        jdbcTemplate.update(
            "INSERT INTO ACCOUNT (ACCOUNT_NO, BALANCE) VALUES (?, ?)",
            TEST_ACCOUNT_NO, 100);
        mockMvc = MockMvcBuilders.webAppContextSetup(webApplicationContext).build();
    }
```

```
    @Test
    public void deposit() throws Exception {
        mockMvc.perform(
            get("/deposit.do")
                .param(ACCOUNT_PARAM, TEST_ACCOUNT_NO)
                .param(AMOUNT_PARAM, TEST_AMOUNT))
            .andDo(print())
            .andExpect(forwardedUrl("/WEB-INF/views/success.jsp"))
            .andExpect(status().isOk());
    }
}
```

MockMvc 객체는 init() 메서드에서 간편히 MockMvcBuilders로 생성합니다. 팩토리 메서드 webAppContextSetup()을 호출해 이미 불러들인 WebApplicationContext로 MockMvc 객체를 초기화하는 겁니다. MockMvc 객체는 스프링 MVC 애플리케이션의 DispatcherServlet을 흉내내어 WebApplicationContext로 핸들러 매핑 및 뷰 해석 전략을 설정하고 인터셉터가 구성되어 있으면 모두 찾아내 적용합니다.

테스트할 계정은 init() 메서드에서 SQL문으로 미리 설정합니다.

deposit() 테스트 메서드는 앞서 초기화한 MockMvc 객체를 이용해 매개변수가 2개 (accountNo, amount)인 GET /deposit.do 요청이 들어오는 장면을 시뮬레이션합니다. MockMvcRequestBuilders.get() 팩토리 메서드가 반환한 RequestBuilder 인스턴스는 MockMvc.perform() 메서드의 인수로 전달됩니다.

최종적으로 perform() 메서드가 ResultActions 객체를 반환하면 그 결과에 대해 어떤 액션을 취하거나 어설션을 수행할 수 있습니다. andDo(print()) 메서드는 테스트 코드를 디버깅할 때 요긴한 요청과 응답 정보를 출력합니다. 예상대로 다 잘 작동됐는지 제일 끝의 어설션 2개로 검증합니다. DepositController가 success를 viewname으로 반환하면 ViewResolver 설정에 따라 /WEB-INF/views/success.jsp로 포워딩됩니다. 그리고 status().isOk() 또는 status().is(200)으로 반환 코드가 200(OK)인지 확인합니다.

TestNG에서 스프링 MVC 컨트롤러 통합 테스트하기

TestNG에서는 AbstractTransactionalTestNGSpringContextTests 클래스를 상속하고

@WebAppConfiguration을 붙여 스프링 목 MVC를 사용합니다.

```
@ContextConfiguration(classes= { BankWebConfiguration.class, BankConfiguration.class})
@WebAppConfiguration
public class DepositControllerTestNGContextTests
    extends AbstractTransactionalTestNGSpringContextTests {

    @BeforeMethod
    public void init() {
        executeSqlScript("classpath:/bank.sql", true);
        jdbcTemplate.update(
            "INSERT INTO ACCOUNT (ACCOUNT_NO, BALANCE) VALUES (?, ?)",
            TEST_ACCOUNT_NO, 100);
        mockMvc = MockMvcBuilders.webAppContextSetup(webApplicationContext).build();
    }

}
```

레시피 16-10 REST 클라이언트에 대한 통합 테스트 작성하기

과제

RestTemplate 클라이언트를 통합 테스트하세요.

해결책

외부 서비스를 사용할 수 있는지 여부와 상관없이 REST 기반의 클라이언트를 통합 테스트하려고 합니다. 목 서버에서 예상 결과를 반환하도록 장치하면 실제 엔드포인트를 호출하지 않아도 통합 테스트할 수 있습니다.

풀이

고객들이 입력한 계좌 번호가 정확한지 검증하려고 합니다. 검증 로직을 직접 구현해도 되지만 필자는 IBAN 검증 서비스(http://openiban.com)를 빌려 구현하겠습니다[2].

먼저, 규약을 정의한 인터페이스를 작성합니다.

```
public interface IBANValidationClient {
    IBANValidationResult validate(String iban);
}
```

검증 엔드포인트를 호출한 결과는 IBANValidationResult 객체에 담습니다.

```
public class IBANValidationResult {

    private boolean valid;
    private List<String> messages = new ArrayList<>();
    private String iban;

    private Map<String, String> bankData = new HashMap<>();

    public boolean isValid() {
        return valid;
    }

    public void setValid(boolean valid) {
        this.valid = valid;
    }

    public List<String> getMessages() {
        return messages;
    }

    public void setMessages(List<String> messages) {
        this.messages = messages;
    }

    public String getIban() {
        return iban;
    }
}
```

---

2 역주_ IBAN(International Bank Account Number, 국제 은행 계좌 번호)는 주로 유럽 지역에서 통용되는 계좌 번호 통합 체계입니다.
   참고로 국내 은행은 대부분 8자리 SWIFT 코드를 사용합니다.

```
    public void setIban(String iban) {
        this.iban = iban;
    }

    public Map<String, String> getBankData() {
        return bankData;
    }

    public void setBankData(Map<String, String> bankData) {
        this.bankData = bankData;
    }

    @Override
    public String toString() {
        return "IBANValidationResult [" +
                "valid=" + valid +
                ", messages=" + messages +
                ", iban='" + iban + '\'' +
                ", bankData=" + bankData +
                ']';
    }
}
```

이어서 RestTemplate 인스턴스를 사용해 API와 통신하는 OpenIBANValidationClient 클래스를 작성합니다. RestGatewaySupport를 상속하면 RestTemplate을 가져오기 쉽습니다.

```
@Service
public class OpenIBANValidationClient extends RestGatewaySupport
    implements IBANValidationClient {

    private static final String URL_TEMPLATE =
        "https://openiban.com/validate/{IBAN_NUMBER}?getBIC=true&validateBankCode=true";

    @Override
    public IBANValidationResult validate(String iban) {
        return getRestTemplate().getForObject(URL_TEMPLATE, IBANValidationResult.class, iban);
    }
}
```

이제 OpenIBANValidationClient 클래스용 MockRestServiceServer를 구축하는 테스트를
생성하고 이 서버가 정해진 요청을 받아 특정 결과를 JSON 형식으로 반환하도록 구성합니다.

```
@RunWith(SpringRunner.class)
@ContextConfiguration(classes = {BankConfiguration.class})
public class OpenIBANValidationClientTest {

    @Autowired
    private OpenIBANValidationClient client;

    private MockRestServiceServer mockRestServiceServer;

    @Before
    public void init() {
        mockRestServiceServer = MockRestServiceServer.createServer(client);
    }

    @Test
    public void validIban() {

        mockRestServiceServer
            .expect(requestTo("https://openiban.com/validate/NL87TRIO0396451440" +
                "?getBIC=true&validateBankCode=true"))
            .andRespond(withSuccess(
                new ClassPathResource("NL87TRIO0396451440-result.json"),
                    MediaType.APPLICATION_JSON));

        IBANValidationResult result = client.validate("NL87TRIO0396451440");
        assertTrue(result.isValid());
    }

    @Test
    public void invalidIban() {

        mockRestServiceServer
            .expect(requestTo("https://openiban.com/validate/NL28XXXX389242218" +
                "?getBIC=true&validateBankCode=true"))
            .andRespond(withSuccess(
                new ClassPathResource("NL28XXXX389242218-result.json"),
                    MediaType.APPLICATION_JSON));

        IBANValidationResult result = client.validate("NL28XXXX389242218");
        assertFalse(result.isValid());
```

```
    }
}
```

두 테스트 메서드가 비슷한 모양새입니다. `init()` 메서드는 `OpenIBANValidationClient` 객체를 인수로 받아 `MockRestServiceServer`를 만듭니다(이런 일이 가능한 건 `RestGateway Support`를 상속했기 때문입니다. 안 그러면 `RestTemplate` 클래스를 이용해 목 서버를 직접 만들어야 합니다). 테스트 메서드에는 호출되리라 예상되는 URL을 적고 실제로 그 URL이 호출될 경우 반환할 JSON 응답의 클래스패스 경로를 지정합니다.

실제 운영 중인 시스템의 결과 데이터를 이용해서 테스트하면 좀 더 정확한 결과를 얻을 수 있습니다.

마치며

자바 애플리케이션을 테스트하는 기본 개념과 기법을 공부했습니다. JUnit과 TestNG는 자바 플랫폼에서 쌍벽을 이루는 테스트 프레임워크입니다. 단위 테스트는 하나의 프로그래밍 단위 (객체 지향 언어에서는 대부분 클래스나 메서드)를 수행하는 테스트입니다. 다른 단위와 의존 관계가 맺어진 단위는 스텁과 목 객체를 이용해 의존 관계를 시뮬레이션하면 좀 더 쉽게 테스트할 수 있습니다. 반면 통합 테스트는 여러 단위를 하나의 단위로 바라보고 수행하는 테스트 입니다.

웹 레이어에 있는 컨트롤러는 대부분 테스트하기가 어렵습니다. 스프링이 제공하는 서블릿 API용 목 객체를 이용하면 웹 요청/응답 객체를 시뮬레이션해서 웹 컨트롤러를 쉽게 테스트할 수 있습니다. 여러 컨트롤러를 연계하여 테스트할 때 스프링 목 MVC를 쓰면 편합니다. REST 기반의 클라이언트도 마찬가지입니다. 스프링의 `MockRestServiceServer`를 이용해 외부 시스템을 모방하면 REST 클라이언트를 테스트하는 데 큰 도움이 됩니다.

스프링 테스트 지원 기능을 활용하면 빈 구성 파일에서 애플리케이션 컨텍스트를 가져와 여러 테스트를 실행하는 동안 테스트 코드에서 캐싱 등 여러 가지 방법으로 애플리케이션 컨텍스트를 관리할 수 있습니다. 이뿐만 아니라 이렇게 액세스한 애플리케이션 컨텍스트에서 받아온 테스트 픽스처를 자동으로 테스트에 주입할 수 있습니다. DB를 수정하는 테스트에서는 한 테스트 메서드가 일으킨 변경 사항을 롤백시켜 다음 테스트 메서드가 영향을 받지 않도록 스프링이 알아서 트랜잭션을 관리합니다. 또한 스프링이 제공하는 JDBC 템플릿을 이용하면 테스트 데이터를 DB에 간편하게 준비하고 검증할 수 있습니다.

스프링은 테스트 작성에 유용한 공통 애너테이션을 지원합니다. 대부분 스프링 전용 애너테이션이고 일부는 JUnit에서만 사용 가능하지만 하부 테스트 프레임워크와는 독립적으로 작동합니다.

CHAPTER 17

그레일즈

자바 애플리케이션을 제작하기까지 다양한 자바 클래스를 구현하고, 구성 파일을 작성하고, 레이아웃을 구성하는 등 많은 작업이 뒤따르지만 정작 애플리케이션으로 해결하려는 문제와는 별 상관이 없는 것들이 태반입니다. 이를 가리켜 스캐폴딩 코드scaffolding code, 가설 코드 내지는 스캐폴딩 단계scaffolding steps라고 합니다. 어떤 목적지로 가는 수단에 불과할 뿐이라서 이런 이름이 붙었습니다.[1]

자바 가상 머신과 호환되는 그루비Groovy 언어에 기반한 그레일즈Grails는 자바 애플리케이션을 개발하는 과정에서 불필요한 스캐폴딩 단계를 관례conventions에 따라 줄이거나 자동화하는 것을 지향하는 프레임워크입니다.

예를 들어 애플리케이션 컨트롤러를 생성하려면 뷰(예 : JSP 페이지)가 여러 개 동원되고 컨트롤러를 작동시키는 구성 파일이 수반됩니다. 하지만 그레일즈를 이용하면 컨트롤러 생성에 필요한 잡다한 단계를 관례에 따라(예 : 뷰와 구성 파일을 생성한다) 자동화할 수 있습니다. 그레일즈로 생성한 결과물은 무엇이든 나중에 얼마든지 상황에 맞게 수정할 수 있으므로 개발 시간이 놀랄만큼 단축됩니다. 굳이 처음부터 맨 바닥에서 시작(예 : XML 구성 파일을 작성하고, 프로젝트 디렉터리 구조를 잡고...)할 이유는 없겠죠? 그레일즈는 스프링과 완전히 한 몸처럼 움직이므로 곧바로 스프링 애플리케이션을 그레일즈로 개발할 수 있습니다. 그만큼 개발 수고도 절감할 수 있지요.

---

1 역주_ 스캐폴딩(비계)은 원래 건설 분야에서 쓰이는 용어입니다. 비계는 건설, 건축 등 산업현장에서 쓰이는 가설 발판이나 시설물 유지 관리를 위해 사람이나 장비, 자재 등을 올려 작업할 수 있도록 임시로 설치한 가시설물을 말합니다. 자바 코드에서 애플리케이션의 비즈니스 로직과는 거의 무관하게 반복되는 판박이 코드를 이에 빗대어 표현한 겁니다.

레시피 17-1 그레일즈 설치하기

과제

그레일즈로 애플리케이션 개발을 하고 싶지만 도대체 어디서부터 시작해야 할지, 설정은 어떻게 하는건지 모르겠습니다.

해결책

그레일즈 사이트(www.grails.org/)에서 3.2 버전 이상의 설치 파일을 내려받습니다[2]. 그레일 즈는 자바 애플리케이션을 자동 생성하는 다양한 스크립트가 탑재된 자체 실행self-contained 프레 임워크입니다. 따라서 내려받은 압축 파일을 풀고 몇 가지 설치 단계만 거치면 PC에서 곧장 자바 애플리케이션을 작성할 수 있습니다.

풀이

배포 파일을 적당한 위치에 압축 풀고 다음과 같이 GRAILS_HOME 및 PATH 환경 변수를 설정하면 PC 어느 곳에서나 그레일즈 명령을 실행할 수 있습니다. 리눅스에서는 전역 파일 /etc/bashrc 또는 유저 홈 디렉터리의 ~/.bashrc 파일을 수정합니다[3]. 리눅스는 배포판마다 파일명이 조금씩 다릅니다(예 : bash.bashrc). 모든 유저에 적용되는 변수인지, 특정 유저에만 적용되는 변수인지만 다를 뿐 환경 변숫값을 설정하는 구문은 두 파일 모두 같습니다.

```
GRAILS_HOME=/<설치디렉터리>/grails
export GRAILS_HOME
export PATH=$PATH:$GRAILS_HOME/bin
```

윈도우에서는 제어판, 시스템 아이콘을 클릭하고 팝업 창에서 고급 탭을 선택한 후 '환경 변수' 박스를 클릭하면 환경 변수 편집기가 뜹니다. 여기서 다음 순서에 따라 전체/개인 유저에 대한 환경 변수를 추가/수정합니다.

---

2 역주_ 이 책을 옮기는 현재 최신 버전은 3.3.5이고 이 장의 캡처 화면이 실제 페이지와 다를 수 있으나 그레일즈로 애플리케이션 개발을 실습하는 데는 문제가 없습니다.
3 역주_ 이후부터는 유닉스 계열 운영체제의 표기법에 따라 '유저 홈 디렉터리'를 ~로 간단히 줄여 나타냅니다.

1 '새로 만들기' 상자를 클릭합니다.

2 GRAILS_HOME 환경 변수를 만들고 그레일즈를 설치한 디렉터리(예 : /<설치디렉터리>/grails)를 지정합니다.

3 PATH 환경 변수를 선택하고 '편집 상자'를 클릭합니다.

4 PATH 환경 변수 끝에 ;%GRAILS_HOME%\bin를 덧붙입니다.

> **CAUTION_** 기존에 잘 작동하던 애플리케이션이 멈출 수 있으니 기존 PATH 환경 변숫값은 그대로 두어야 합니다.

지금까지 안내한 대로 윈도우/리눅스 환경에서 설정하면 그레일즈 애플리케이션을 개발할 준비는 끝난 셈입니다. 명령줄에서 grails help 해서 그레일즈의 명령어 목록이 출력되는지 확인하세요.

레시피 17-2 그레일즈 애플리케이션 만들기

과제

그레일즈 애플리케이션을 작성하세요.

해결책

명령줄에서 grails create-app <애플리케이션명>하면 프레임워크 설계에 맞는 디렉터리 구조가 포함된 그레일즈 프로젝트가 생성됩니다. 이 명령이 잘 실행되지 않으면 앞 레시피를 다시 보세요. 그레일즈를 제대로 설치했다면 grails 명령은 콘솔, 터미널 어디서든 실행 가능합니다.

풀이

grails create-app court 명령은 다음과 같이 프로젝트 구조가 초기화된 court라는 그레일즈 애플리케이션을 생성합니다. 보다시피 일련의 파일 및 디렉터리가 관례에 따라 알아서 만들어집니다(그림 17-1).

그림 17-1 그레일즈 애플리케이션의 프로젝트 구조

목록에서 보다시피 그레일즈는 일반적인 자바 애플리케이션에서 필요한 디렉터리 및 파일을 자동 생성합니다. src\main\groovy에는 소스 코드 파일을, src\main\web-app에는 자바 웹 애플리케이션에서 많이 쓰이는 레이아웃(예 : /WEB-INF/, /META-INF/, css, images, js)을 담습니다. 이처럼 흔한 자바 애플리케이션 구성을 명령어 하나로 그레일즈가 준비해주는 덕분에 개발 시간이 절약됩니다.

> **NOTE_** 이 레이아웃과 별도로 (개발자가 직접 수정할 일은 없지만) 작업 디렉터리/파일은 ~/.grails/<그레일즈버전>/에 생성됩니다.

그레일즈 애플리케이션의 파일/디렉터리 구조

그레일즈에 특정한 디렉터리 및 파일도 있습니다. 하나씩 그 용도를 살펴보겠습니다.

- gradle.properties : 그레일즈 버전, 서블릿 버전, 애플리케이션명 등 애플리케이션 빌드 프로퍼티가 정의된 파일입니다.
- grails-app : 애플리케이션 코어 디렉터리로 다음과 같은 하위 디렉터리가 있습니다.
  - #.assets : 정적 리소스(예 : .css, .js 파일)
  - conf : 구성 파일
  - controllers : 컨트롤러 파일
  - domain : 도메인 파일
  - i18n : 다국어(i18n) 파일
  - services : 서비스 파일

- taglib : 태그 라이브러리
- utils : 유틸리티 파일
- views : 뷰 파일
- src\main : 소스 파일 디렉터리. 그루비 소스 파일은 이 디렉터리 밑의 groovy 디렉터리에 위치합니다(자바 소스는 java 디렉터리에 위치).
- src\test : 단위 테스트 디렉터리
- src\integration-test : 통합 테스트 디렉터리
- web-app : 애플리케이션 배포 구조가 담긴 디렉터리. 표준 웹 아카이브(WAR) 파일 및 디렉터리 구조가 여기에 담깁니다(예 : /WEB-INF/, /META-INF/, css, images, js).

애플리케이션 실행하기

그레일즈 애플리케이션은 이미 아파치 톰캣 컨테이너에서 실행할 수 있게 구성돼 있습니다. 실행 절차 역시 그레일즈 애플리케이션을 생성하는 것처럼 자동화되어 있습니다.

그레일즈 애플리케이션 루트에서 grails run-app 하면 애플리케이션 빌드 프로세스가 트리거돼서 아파치 톰캣 웹 컨테이너가 뜨고 애플리케이션 배포까지 이루어집니다.

그레일즈는 관례에 따라 동작하므로 프로젝트명과 동일한 애플리케이션 컨텍스트가 배포됩니다(예 : 이름이 court인 애플리케이션은 http://localhost:8080/court/ URL로 배포됩니다). [그림 17-2]는 그레일즈 애플리케이션의 기본 메인 화면입니다.

그림 17-2 court 그레일즈 애플리케이션의 기본 메인 화면

기본 설정이 그대로 적용된 모습입니다. 지금부터 그레일즈 구조에 맞게 개발하면서 얼마나 개발 시간이 줄어드는지 잘 느껴보세요.

그레일즈 애플리케이션 구조 길들이기

그레일즈로 자바 애플리케이션의 여러 개발 단계를 자동화하는 방법을 살펴보겠습니다.

애플리케이션 루트에서 grails create-controller welcome 하면 다음 작업들이 수행됩니다.

1 grails-app/controllers/WelcomeController.groovy 컨트롤러를 만듭니다.

2 grails-app/views/welcome 디렉터리를 생성합니다.

3 테스트 클래스 src/u/WelcomeControllerSpec.groovy를 만듭니다.

다음은 그레일즈가 생성한 컨트롤러 WelcomeController.groovy의 코드입니다.

```
class WelcomeController {
    def index {}
}
```

그루비가 처음인 독자는 생소한 구문이지만 대략 보아도 index란 메서드를 지닌 WelcomeController 클래스입니다. 3장에서 배운 스프링 MVC 컨트롤러와 쓰임새는 같습니다. WelcomeController는 컨트롤러 클래스, index는 핸들러 메서드입니다. 단, 이 컨트롤러는 아무 일도 하지 않습니다. 무슨 일이라도 하게끔 고쳐볼까요?

```
class WelcomeController {
    Date now = new Date()
    def index = {[today:now]}
}
```

Date 객체를 만들어 now 클래스 필드에 할당한 다음 시스템 날짜를 표시합니다. def index {}는 핸들러 메서드를 나타내며 [today:now]는 이 메서드의 반환값입니다. 즉, now 필드를 지닌 today 변수가 반환값이고 이 값은 핸들러 메서드에 매핑된 뷰에 전달됩니다.

현재 날짜를 보여줄 뷰를 만듭시다. grails-app/views/welcome에는 아직 뷰가 없지만 그레일즈는 WelcomeController 컨트롤러의 핸들러 메서드명과 같은 이름의 뷰를 이 디렉터리에서 찾습니다. 이 역시 그레일즈의 많은 관례 중 하나를 따른 겁니다.

index.gsp라는 GSP 페이지를 작성하고 grails-app/views/welcome에 넣습니다.

```
<!DOCTYPE html>
<html>
<head>
    <title>Welcome</title>
</head>

<body>
<h2>Welcome to Court Reservation System</h2>
Today is <g:formatDate format="yyyy-MM-dd" date="${today}"/>
</body>
</html>
```

표현식과 태그 라이브러리를 쓴 표준 GSP 파일입니다. GSP의 기본 태그 라이브러리는 g 태그를 사용합니다. 컨트롤러의 핸들러 메서드 index가 반환한 변수명과 일치하는 ${today} 변수를 formatDate 태그로 렌더링합니다.

애플리케이션 루트에서 grails run-app 하면 컨트롤러 클래스가 컴파일된 다음 필요한 위치에 복사됩니다. 그리고 아파치 톰캣 웹 컨테이너를 시동 후 애플리케이션을 배포하는 일련의 작업들이 척척 수행됩니다.

그레일즈 관례에 따라 WelcomeController와 그 핸들러 메서드, 뷰는 컨텍스트 경로 http://localhost:8080/welcome/를 사용해 접속할 수 있습니다. index는 컨텍스트 경로의 기본 페이지이기 때문에 브라우저에서 http://localhost:8080/welcome/, 또는 더 구체적으로 http://localhost:8080/welcome/index에 접속하면 컨트롤러가 반환한 오늘 날짜가 화면에 나타납니다. 그레일즈는 기본적으로 뷰 기술을 감춥니다. 그 이유는 앞으로 그레일즈를 배우면서 차츰 알게 될 겁니다.

자, 지금까지 간단히 애플리케이션 컨트롤러와 뷰를 작성하면서 구성 파일을 생성/수정하거나 수동으로 파일을 다른 위치로 복사한다든지, 또는 애플리케이션을 구동할 웹 컨테이너를 설정하는 등의 작업은 일체 하지 않았습니다. 자바 웹 애플리케이션 개발에서 지겹게 반복되는 스캐폴딩 단계를 줄이면 이처럼 개발 시간을 크게 단축시킬 수 있습니다.

그레일즈 애플리케이션을 WAR 파일로 내보내기

지금까지 배운 내용은 모두 그레일즈 환경에서만 가능합니다. 웹 컨테이너를 시동하고 애플리케이션을 실행하는 일은 그레일즈가 도맡아 처리했지요. 하지만 그레일즈 애플리케이션을 운영 환경에 배포하려면 마땅히 외부 웹 컨테이너에 배포 가능한 형식이 필요합니다. 네, 자바 애플리케이션은 WAR 파일이 정답이죠.

애플리케이션 루트에서 grails war 하면 루트 디렉터리에 〈애플리케이션명〉-〈애플리케이션버전〉.war 형식의 WAR 파일이 생깁니다. 표준 자바 웹 컨테이너에서 그레일즈 애플리케이션을 실행하는 데 필요한 모든 요소가 완비된, 자체 실행 가능한 WAR 파일이지요. court 애플리케이션의 경우 court-0.1.war 파일이 루트 디렉터리에 생성됩니다. 애플리케이션 버전은 application.properties 파일에 정의된 app.version 프로퍼티에서 가져옵니다.

아파치 톰캣 배포 관례에 따라 court-0.1.war 파일은 http://localhost:8080/court-0.1/ 로 접속할 수 있습니다. 자바 웹 컨테이너(예 : 제티, 오라클 웹로직)마다 접속 URL 규칙은 조금씩 다릅니다.

레시피 17-3 그레일즈 플러그인

과제

그레일즈 기법을 십분 활용해 스캐폴딩을 줄이는 한편, 그레일즈 애플리케이션에서 자바 프레임워크나 자바 API에 있는 기능을 불러쓰고 싶을 때가 있습니다. 그냥 꺼내 쓰면 될 것 같지만 외부 JAR 파일을 lib 디렉터리에 넣어야 하므로 그리 간단한 문제가 아닙니다. 그래서 자바 프레임워크/자바 API를 그레일즈 안에 직접 넣지 않고 플러그인 형태로 제공합니다.

덕분에 단축 명령어(grails 〈플러그인작업〉)로 원하는 자바 프레임워크/자바 API 기능을 불러쓰거나 스캐폴딩 단계를 거치지 않고도 애플리케이션 클래스 또는 구성 파일 내부의 기능을 이용할 수 있습니다.

해결책

그레일즈의 기본 기능에 만족한다면 그냥 지나칠 수 있겠지만 그레일즈에는 이미 몇 가지 플러그인이 기본 설치되어 있습니다. 이 중에는 그레일즈 코어 못지않게 자바 프레임워크/자바 API를 활용할 수 있게 도와주는 쓸 만한 플러그인이 많습니다.

- 앱 엔진 : 구글 앱 엔진 SDK와 그레일즈 툴을 연동합니다.
- 쿼츠 : 쿼츠 엔터프라이즈 잡 스케줄러와 연동해 잡을 스케줄링하고 지정된 주기 또는 크론 표현식에 따라 작업을 실행합니다.
- 스프링 웹 서비스 : 스프링 웹 서비스 프로젝트를 기반으로 웹 서비스를 프로비저닝^{provisioning}하고 연계하는 작업을 지원합니다.
- 클로저 : 그레일즈에서 클로저 코드를 실행합니다.

grails list-plugins 하면 그레일즈 플러그인 저장소에 접속해 사용 가능한 전체 그레일즈 플러그인 목록을 표시합니다. 특정 플러그인의 상세 정보는 grails plugin-info <플러그인명>으로 참조합니다. http://grails.org/plugin/home에서도 플러그인 정보를 열람할 수 있습니다.

그레일즈 플러그인은 build.gradle 파일에 의존체를 추가하면 간단히 설치됩니다. 반대로 의존체를 삭제하면 플러그인이 제거됩니다.

풀이

그레일즈 플러그인은 특정 자바 프레임워크/API를 그레일즈와 연계할 때에도 사전에 정의된 관례를 따릅니다. 아파치 톰캣, 하이버네이트 플러그인은 그레일즈에 이미 설치돼 있습니다.

기본 플러그인 이외의 다른 플러그인은 애플리케이션 단위로 설치할 수 있습니다. 예를 들어 클로저 플러그인은 다음과 같이 의존체를 build.gradle 파일에 추가해서 설치합니다.

```
dependencies {
    compile "org.grails.plugins:clojure:2.0.0.RC4"
}
```

레시피 17-4 그레일즈의 개발, 테스트, 운영 환경

과제

실행 환경(예 : 개발, 테스트, 운영)에 따라 매개변수를 달리하여 애플리케이션을 배포하세요.

해결책

그레일즈에서는 개발, 테스트, 운영 단계를 환경environment이라고 합니다. 자바 애플리케이션에서 실행 환경별로 사용하는 매개변수는 달라지기 마련입니다.

저장소가 개발, 테스트, 운영 환경별로 따로 있는 경우를 떠올리면 알기 쉽습니다. 저장소마다접속 매개변수는 당연히 다르므로 여러 가지 환경 매개변수를 별도로 구성해서 그레일즈가 이중 적절한 것을 골라쓰게 하면 간편합니다.

데이터 소스뿐 아니라 접속 URL처럼 환경별로 달라질 수 있는 매개변수도 마찬가지입니다.

그레일즈 애플리케이션의 환경 설정 매개변수는 /grails-app/conf/에 파일로 지정합니다.

풀이

그레일즈는 수행 중인 작업에 따라 (개발, 테스트, 운영 중) 가장 적합한 환경을 선택합니다.예를 들어 grails run-app 하면 아직 로컬에서 애플리케이션을 개발 중이라고 보고 개발 환경을 선택합니다. 실제로 이 명령을 실행하면 로그에 다음 한 줄이 나타납니다.

```
Environment set to development
```

애플리케이션을 빌드, 구성, 실행할 때 개발 환경용 매개변수를 가져와 사용하겠죠. 또 다른 예로 grails war 하면 (그레일즈 애플리케이션을 단독형 WAR 파일로 익스포트하는 건 외부웹 컨테이너에 올려 실행하겠다는 뜻이므로) 그레일즈는 운영 환경으로 간주합니다. 출력된 로그도 다음과 같이 바뀝니다.

```
Environment set to production
```

마찬가지 원리로 grails test-app 하면 그레일즈는 테스트 환경으로 보고 여기에 맞게 설정된 매개변수를 가져와 애플리케이션을 빌드, 구성, 실행합니다.

```
Environment set to test
```

/grails-app/conf/application.yml 파일에는 다음과 같은 코드가 있습니다.

```
environments:
    development:
        dataSource:
            dbCreate: create-drop
            url: jdbc:h2:mem:devDb;MVCC=TRUE;LOCK_TIMEOUT=10000;DB_CLOSE_ON_EXIT=FALSE
    test:
        dataSource:
            dbCreate: update
            url: jdbc:h2:mem:testDb;MVCC=TRUE;LOCK_TIMEOUT=10000;DB_CLOSE_ON_EXIT=FALSE
    production:
        dataSource:
            dbCreate: none
            url: jdbc:h2:./prodDb;MVCC=TRUE;LOCK_TIMEOUT=10000;DB_CLOSE_ON_EXIT=FALSE
```

애플리케이션이 영구 저장소에 접속하는 데 필요한 매개변수가 환경별로 보기 좋게 잘 정리되어 있군요. 덕분에 같은 애플리케이션을 여러 데이터 세트를 상대로 실행해볼 수 있어서 소스 코드를 수정하지 않고도 운영 환경과 동일한 데이터를 가지고 개발/테스트를 진행할 수 있습니다. 필자가 예로 든 매개변수뿐 아니라 환경마다 달라지는 매개변수는 전부 이런 식으로 environments 내부에 기술해서 쓰면 됩니다.

프로그램 로직(즉, 클래스 또는 스크립트 내부 코드) 역시 grails.util.Environment 클래스를 이용하면 환경에 따라 분기 처리할 수 있습니다.

```
import grails.util.Environment
...
...
switch(Environment.current) {
    case Environment.DEVELOPMENT:
        // 개발 단계 로직 수행
```

```
    break
    case Environment.PRODUCTION:
        // 운영 단계 로직 수행
    break
}
```

애플리케이션이 실행 중인 환경을 가리키는 Environment.current값에 따라 switch문으로 조건 분기합니다.

이메일 전송 또는 GPS 같은 분야에서도 이런 상황이 자주 연출됩니다. 개발 단계에서는 개발 팀의 위치 따윈 아무 의미가 없고 이메일 알림을 굳이 받을 이유가 없으니 개발 환경에서는 건너뛰는 게 옳겠죠.

모든 그레일즈 명령에 사용하는 기본 환경값은 오버라이드할 수 있습니다.

예를 들어 grails run-app은 기본적으로 개발 환경용 매개변수를 사용하라는 명령이지만 어떤 이유에서든 이 명령으로 운영 환경 매개변수를 사용하고 싶다면 grails prod run-app 합니다. 마찬가지로 테스트 환경 매개변수를 사용하려면 grails test run-app 하면 됩니다.

레시피 17-5 애플리케이션 도메인 클래스 작성하기

과제

애플리케이션의 도메인 클래스를 작성하세요.

해결책

도메인 클래스는 애플리케이션의 주요 요소 및 특성을 나타냅니다. 예를 들어 예약 애플리케이션이라면 예약 정보를 담는 도메인 클래스가 있을 테고 사람과 관련된 예약이라면 사람 정보를 담는 도메인 클래스가 있겠죠.

도메인 클래스는 웹 애플리케이션에서 영구 저장할 데이터를 나타내므로 가장 먼저 정의합니다. 또 컨트롤러와 상호 작용하며 뷰에서 데이터를 나타내는 용도로도 쓰입니다.

그레일즈의 도메인 클래스는 /grails-app/domain/ 밑에 위치합니다. 다른 그레일즈 작업들처럼 도메인 클래스를 생성하는 명령도 간단합니다.

```
grails create-domain-class <도메인클래스명>
```

이 명령을 실행하면 /grails-app/domain/<도메인클래스명>.groovy라는 (기본 골격만 갖춘) 스켈레톤^{skeleton} 도메인 클래스가 생성됩니다.

풀이

그레일즈가 스켈레톤 클래스는 만들어주지만 애플리케이션 요건을 반영하려면 코드를 직접 수정해야 합니다.

4장에서 스프링 MVC를 설명하며 예를 들었던 시스템과 비슷한 예약 시스템을 구축해봅시다. 먼저 다음 명령으로 Reservation, Player 도메인 클래스를 작성합니다.

```
grails create-domain-class Player
grails create-domain-class Reservation
```

실행하면 /grails-app/domain/에 Player.groovy, Reservation.groovy 클래스 파일 2개가 생성됩니다. 또 각 단위 테스트 파일도 src/test/groovy 디렉터리에 생깁니다(테스트는 [레시피 17-10]에서 다룹니다). Player.groovy 파일을 열어 다음 코드를 넣습니다.

```
class Player {
    static hasMany = [ reservations : Reservation ]
    String name
    String phone
    static constraints = {
        name(blank:false)
        phone(blank:false)
    }
}
```

static hasMany = [reservations : Reservation]는 도메인 클래스 간 관계를 나타낸 구문

으로, Player 도메인 클래스에 여러 Reservation을 가진(hasMany) reservations 필드가 있음을 의미합니다. Player에는 name, phone 두 개의 String 필드가 있습니다.

static constraints = { }는 도메인 클래스의 제약 조건을 정의하는 구문입니다. 여기서 name(blank:false)와 phone(blank:false)는 name과 phone 두 필드값이 공백일 수 없고 Player 객체 생성 시 필숫값임을 의미합니다. 이제 Reservation.groovy 파일을 열어 다음과 같이 편집합니다.

```groovy
package court

import java.time.DayOfWeek
import java.time.LocalDateTime

class Reservation {

    static belongsTo = Player
    String courtName;
    LocalDateTime date;
    Player player;
    String sportType;
    static constraints = {
        sportType(inList: ["Tennis", "Soccer"])
        date(validator: { val, obj ->
         if (val.getDayOfWeek() == DayOfWeek.SUNDAY && (val.getHour() < 8 ||
             val.getHour() > 22)) {
             return ['invalid.holidayHour']
           } else if (val.getHour() < 9 || val.getHour() > 21) {
             return ['invalid.weekdayHour']
           }
        })
    }
}
```

static belongsTo = Player는 Reservation 객체가 항상 Player 객체에 소속된다(belongs to)는 사실을 나타냅니다. 이 클래스에는 String형 courtName 필드, LocalDateTime형 date 필드, Player형 player 필드, String형 sportType 필드가 있습니다.

제약 조건은 Player 클래스보다 조금 더 정교하게 선언돼 있습니다. 첫 번째 제약 조건

sportType(inList:["Tennis", "Soccer"])는 sportType 필드의 문자열값이 Tennis 아니면 Soccer 둘 중 하나여야 한다는 뜻이고 두 번째 제약 조건은 커스텀 검증기를 이용해 Reservation 객체의 date 필드가 요일별로 특정 시간대에 속해야 한다는 뜻입니다.

이제 뷰와 컨트롤러 차례입니다.

더 설명하기 전에 이쯤에서 그레일즈 도메인 클래스에 대해 하나만 짚고 넘어가겠습니다. 이 레시피에 등장한 도메인 클래스는 그레일즈로 도메인 클래스를 정의하는 데 필요한 기본적인 구문을 설명하고자 예시한 것으로, 그레일즈 도메인 클래스에서 사용 가능한 여러 가지 특성 중 극히 일부에 불과합니다.

도메인 클래스 사이의 관계가 점점 복잡해질수록 도메인 클래스를 더 정교하게 정의해야 합니다. 그레일즈로 애플리케이션의 다양한 기능을 구현하려면 도메인 클래스에 더욱 의존할 수밖에 없으니까요.

예를 들어 영구 저장소에서 도메인 객체를 수정/삭제하는 애플리케이션이라면 도메인 클래스 사이의 관계를 아주 확실하게 명시해야 합니다. 그렇지 않으면 자칫 데이터 무결성이 깨질 수 있으니까요(예 : 사람 객체를 삭제했다면 마땅히 이 사람이 예약한 정보까지 함께 지워야 합니다).

도메인 클래스 구조를 강제하는 제약 조건은 다양합니다. 경우에 따라서 제약 조건이 너무 복잡해질 경우, 도메인 객체를 생성하기 전에 애플리케이션 컨트롤러 내부에서 제약 조건을 처리하는 로직을 둘 수도 있습니다. 필자는 그레일즈 도메인 클래스를 설계하는 기본 개념을 설명하는 데 간단한 모델 제약 조건을 사용했습니다.

레시피 17-6 애플리케이션 도메인 클래스에 대한 CRUD 컨트롤러 및 뷰 작성하기

과제

애플리케이션 도메인 클래스에 대한 CRUD 컨트롤러 및 뷰를 작성하세요.

해결책

애플리케이션 도메인 클래스 그 자체는 별 소용이 없습니다. 여기에 매핑된 데이터를 유저에게 보여주고 나서 나중에 다시 꺼내쓰려면 영구 저장소에 저장해야 쓸모가 있지요.

영구 저장소에 접속하는 웹 애플리케이션에서 도메인 클래스에 대해 수행하는 작업을 흔히 CRUD라고 합니다. 대다수 웹 프레임워크에서 CRUD 컨트롤러와 뷰를 생성하려면 제법 많은 일이 필요합니다. 도메인 객체를 생성, 조회, 수정, 삭제하는 컨트롤러도 있어야 하고 이런 객체를 유저가 CRUD할 수 있는 뷰(즉, JSP 페이지)도 작성해야 합니다.

그레일즈는 관례 기반으로 동작하므로 애플리케이션 도메인 클래스에 대한 CRUD 컨트롤러 및 뷰를 생성하기가 쉽습니다. 다음 명령만 내리면 알아서 다 만들어주니까요.

```
grails generate-all <도메인클래스명>
```

풀이

그레일즈는 애플리케이션 도메인 클래스를 하나씩 뜯어보고 해당 인스턴스를 CRUD하는 컨트롤러와 뷰를 대신 생성합니다.

애플리케이션 루트에서 다음 명령을 실행하면 좀 전에 작성한 Player 도메인 클래스의 CRUD 컨트롤러 및 뷰가 생성됩니다.

```
grails generate-all court.Player
```

Reservation 클래스도 마찬가지로 다음 명령만 하달하면 컨트롤러와 뷰가 만들집니다.

```
grails generate-all court.Reservation
```

그럼 실제로 무슨 일이 벌어지는 걸까요? 명령을 실행하고 출력된 내용을 보면 알 수 있지만 순서대로 정리하면 다음과 같습니다.

1 애플리케이션 클래스를 컴파일합니다.

2 grails-app/i18n/ 밑에 다국어를 지원하는 12개 프로퍼티 파일(messages_<언어>.properties)을

생성합니다.

3 RDBMS용 CRUD 작업이 구현된 〈도메인클래스〉Controller.groovy라는 컨트롤러를 grails-app/controllers에 만듭니다.

4 컨트롤러 클래스의 CRUD 작업명을 따서 create.gsp, edit.gsp, index.gsp, show.gsp까지 4개 뷰 파일을 grails-app/views/〈도메인클래스〉에 생성합니다. 확장자 .gsp는 "그루비 서버 페이지 (Grooby Server Page)"의 약자로, 자바 대신 그루비 언어로 작성되었다는 점만 다를뿐 자바 서버 페이지 (JSP)와 비슷합니다.

작업이 다 끝났으면 grails run-app으로 그레일즈 애플리케이션을 실행합시다. 네, 관례에 따라 작동하는 그레일즈에서는 이렇게 스캐폴링 코드를 작성하는 번거로운 과정을 명령어 한 줄로 간소화할 수 있고 명령어 하나만 실행해도 유저에게 서비스 가능한 애플리케이션이 가동됩니다. 이제 다음 URL로 Player 도메인 클래스에 대한 CRUD 작업을 수행할 수 있습니다.

- 생성 : http://localhost:8080/player/create
- 조회 : http://localhost:8080/player/list (전체 유저) 또는 http://localhost:8080/court/player/show/〈참가자ID〉
- 수정 : http://localhost:8080/player/edit/〈참가자ID〉
- 삭제 : http://localhost:8080/player/delete/〈참가자ID〉

뷰 사이의 페이지 이동은 URL보다는 잠시 후 캡처 화면을 직접 보면서 설명하겠습니다. 일단 여기서 중요한 건 〈도메인〉/〈애플리케이션명〉/〈도메인클래스〉/〈CRUD액션〉/〈객체ID〉 패턴으로 URL을 사용하는 관례입니다(〈객체ID〉는 옵션입니다).

이런 관례는 비단 URL 패턴 정의뿐만 아니라 애플리케이션에 두루 쓰입니다. 예를 들어 PlayerController.groovy 코드를 보면 여러 〈CRUD액션〉 값으로 핸들러 메서드를 명명했습니다. 이 애플리케이션이 사용하는 RDBMS도 가만 보면 URL에 쓰인 것처럼 〈참가자ID〉를 이용해 도메인 클래스를 저장합니다.

그럼 http://localhost:8080/player/create로 Player 객체를 생성해볼까요? 이 페이지에 접속하면 Player 도메인 클래스에 정의된 필드값이 표시된 HTML 폼이 나타납니다.

name, phone 필드에 아무 값이나 넣고 폼을 전송하면 Player 객체가 RDBMS에 저장됩니다. 그레일즈는 기본적으로 인메모리 RDBMS인 HSQLDB를 사용하도록 구성합니다. 다른 RDBMS로 바꾸는 방법은 잠시 후 설명하고 일단 지금은 HSQLDB를 사용하겠습니다.

이번엔 아무 값도 넣지 않고 폼을 전송합시다. 그레일즈는 Player 객체를 저장하지 않고 name, phone 필드값이 필숫값이라는 경고 메시지를 표시합니다(그림 17-3).

그림 17-3 뷰(HTML 폼)에 도메인 클래스 검증 결과 표시

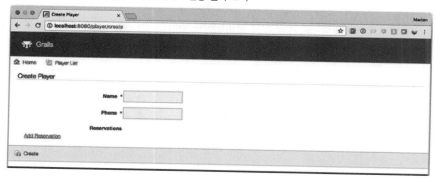

앞서 도메인 클래스에 name(blank:false), phone(blank:false)로 제약 조건을 걸었기 때문에 검증 프로세스가 강제 적용된 겁니다. 애플리케이션 컨트롤러나 뷰 코드는 전혀 건드릴 필요가 없고 심지어 에러 메시지를 프로퍼티 파일로 작성할 필요도 없습니다. 모든 뒷처리는 그레일즈가 관례 기반 접근 방식으로 알아서 처리하니까요.

> **NOTE_** HTML5 지원 브라우저에서는 폼 전송 자체가 허용되지 않습니다. 두 입력 엘리먼트가 필숫값으로 표시되고 폼 전송이 차단되지요. 이 규칙 역시 앞서 설명한 두 문에 의해 적용된 겁니다.

Player 도메인 클래스를 사용하는 나머지 뷰도 한번씩 테스트해보세요. 웹 브라우저에서 객체를 CRUD하면서 그레일즈의 작업 처리 방식을 이해하기 바랍니다.

Reservation 도메인 클래스 역시 다음 URL로 CRUD할 수 있습니다.

- 생성 : http://localhost:8080/reservation/create
- 조회 : http://localhost:8080/reservation/list (전체 예약 목록) 또는 http://localhost:8080/court/reservation/show/<예약ID>
- 수정 : http://localhost:8080/reservation/edit/<예약ID>
- 삭제 : http://localhost:8080/reservation/delete/<예약ID>

Player 도메인 클래스의 URL과 쓰임새는 같습니다. Reservation 객체를 웹 인터페이스로 하여 CRUD 하는 거죠. [그림 17-4]는 Reservation 객체를 생성하는 HTML 폼입니다

(http://localhost:8080/reservation/create).

그림 17-4 개별 클래스의 도메인 객체로 채워진 그레일즈 도메인 클래스 HTML 폼

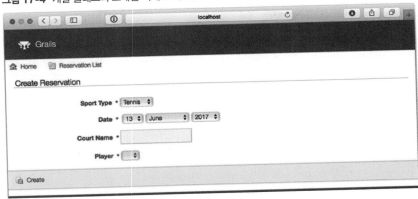

그런데 [그림 17-4]의 HTML 폼은 Player 경우와는 달리 Reservation 객체로 채워진 기본 필드 이외에 데이터로 채워진 셀렉트 박스가 여럿 달려 있습니다.

첫 번째 셀렉트 박스는 sportType 필드에 대응하며 그 값은 Soccer, Tennis 중 하나여야 한다고 제약 조건을 걸었기 때문에 공백 문자열 대신 이 두 옵션을 유저에게 표시하도록 화면이 구성됩니다.

두 번째 셀렉트 박스는 date 필드에 속합니다. 그레일즈는 유저가 날짜를 선택하기 쉽게 년, 월, 일별로 셀렉트 박스를 따로 만들어 보입니다.

세 번째 셀렉트 박스는 player 필드에 대응됩니다. 여기 옵션값들은 애플리케이션이 직접 만든 객체에서 가져오기 때문에 다른 것과는 차이가 있습니다. 다시 말해 RDBMS를 쿼리해 받은 값들로 채우는 거죠. 따라서 Player 객체를 추가하면 이 셀렉트 박스에도 자동 반영됩니다.

date 필드는 유효성을 검증해야 합니다. 유저가 선택한 날짜가 특정 범위 내에 속하지 않으면 Reservation 객체를 저장할 수 없으니 폼에 경고 메시지를 보입니다.

지금 date 필드는 날짜만 받고 시각은 받지 않으므로 아예 올바른 Reservation 객체를 전송할 수 없습니다. views/reservation/create.gsp 파일(그리고 edit.gsp 파일)을 열어 이 문제를 해결해봅시다. `<f:all bean="reservation" />` 태그가 보이죠? HTML 폼 생성을 담당하는 이 태그는 필드 타입에 따라 HTML 입력 엘리먼트를 렌더링합니다. 시각까지 입력하려면

기본 폼에 〈g:datePicker /〉 태그를 넣고 date 필드는 지웁니다.

```
<fieldset class="form">
    <f:all bean="reservation" except="date" />
    <div class="fieldcontain required">
        <label for="date">Date</label>
        <g:datePicker name="date" value="${reservation?.date}" precision="minute"/>
    </div>
</fieldset>
```

〈g:datePicker /〉 태그의 precision 속성값을 minute으로 설정하면 날짜에 이어 시간과 분 단위까지 입력받을 수 있습니다. 이제 Reservation 객체를 문제없이 저장할 수 있겠군요.

웹 브라우저에서 직접 Reservation 객체를 CRUD하면서 연관된 뷰들이 잘 작동하는지 확인하세요.

RDBMS에서 객체를 CRUD하고, 입력값을 검증하고, RDBMS에서 조회한 데이터로 HTML 폼을 채우고, 다국어를 지원하는 등 갖가지 작업이 단 두세 단계만으로 애플리케이션에서 구현되는 모습이 정말 신기하지 않나요? 그 와중에 구성 파일은 손도 대지 않았고 따로 HTML 파일을 작성한 적도 없습니다. 또 쿼리 문을 직접 짜넣거나 객체 관계형 매퍼(ORM)를 쓰지도 않았습니다.

레시피 17-7 다국어(I18n) 메시지 프로퍼티 구현하기

과제

다국어를 지원하는 그레일즈 애플리케이션을 제작하세요.

해결책

그레일즈 애플리케이션은 다국어를 기본 지원합니다. /grails-app/i18n/ 디렉터리에는 12개 언어로 메시지가 정의된 *.properties 파일들이 있습니다. 그레일즈는 유저가 지정한 언어 또는 애플리케이션 기본 언어에 따라 이 프로퍼티 파일에 들어 있는 값을 이용해 메시지를 표시합니다. *.properties 파일에 선언된 값들은 뷰(JSP/GSP) 또는 애플리케이션 컨텍스트에서 가져올 수 있습니다.

풀이

그레일즈는 다음 두 기준에 따라 어떤 로케일을 사용할지 결정합니다.

- /grails-app/conf/spring/resource.groovy 파일에 명시한 설정
- 유저 브라우저의 언어 설정

유저 브라우저에 설정된 언어보다 명시적으로 구성한 애플리케이션 로케일을 우선하기 때문에 resource.groovy 파일에 기본 구성은 따로 없습니다. 따라서 브라우저 언어가 스페인어(es), 독일어(de)인 유저라면 일단 스페인어/독일어 프로퍼티 파일(messages_es.properties 또는 messages_de.properties)의 메시지로 서비스되겠지만 만약 resource.groovy 파일에 이탈리아어(it)를 쓰겠다고 지정되어 있으면 무조건 이탈리아어 프로퍼티 파일(messages_it.properties)의 메시지로 서비스됩니다.

언어 로케일을 강제 적용할 경우에만 /grails-app/conf/spring/resource.groovy 파일에 명시하세요. 다국어 프로퍼티 파일을 여러 개 수정하기가 힘들거나 모든 유저가 같은 메시지를 보는 게 더 중요한 상황도 있겠죠.

그레일즈 다국어는 스프링의 로케일 리졸버를 바탕으로 하므로 /grails-app/conf/spring/resource.groovy 파일에 다음과 같이 특정 언어를 강제할 수 있습니다.

```
import org.springframework.web.servlet.i18n.SessionLocaleResolver
beans = {
    localeResolver(SessionLocaleResolver) {
        defaultLocale = Locale.ENGLISH
        Locale.setDefault(Locale.ENGLISH)
    }
}
```

이렇게 설정하면 사이트 방문자의 브라우저 언어 설정과 상관없이 무조건 영어(즉, messages_en.properties)로 메시지가 표시됩니다. 설정한 로케일에 해당하는 프로퍼티 파일이 없다면

영어로 기재된 기본 messages.properties 파일을 대신 씁니다. 유저 브라우저 언어 설정도 마찬가지입니다(다시 말해 브라우저 언어가 중국어로 설정되어 있으나 중국어 프로퍼티 파일이 없는 경우에도 기본 메시지 파일 messages.properties를 사용합니다)

그레일즈 *.properties 파일의 구문은 다음과 같습니다.

```
default.paginate.next=Next
typeMismatch.java.net.URL=Property {0} must be a valid URL
default.blank.message=Property [{0}] of class [{1}] cannot be blank
default.invalid.email.message=Property [{0}] of class [{1}] with value [{2}] is not a valid
e-mail address
default.invalid.range.message=Property [{0}] of class [{1}] with value [{2}] does not fall
within the valid range from [{3}] to [{4}]
```

그레일즈는 첫 번째 줄 default.paginate.next를 발견하면 Next로 할당하거나 유저 로케일로 정해진 프로퍼티 파일에서 이름이 같은 프로퍼티를 찾아 그 값으로 교체합니다.

때로는 메시지를 호출하는 위치에 따라 가장 알맞는 메시지를 구체적으로 표시해야 할 경우도 있습니다. 바로 이럴 때 {0}, {1}, {2}, {3}, {4} 같은 키를 씁니다. 다국어 프로퍼티와 맞물려 쓰이는 일종의 자리끼우개들이죠. [그림 17-5]는 코드 예약 시스템에서 유저 브라우저 언어 설정에 따라 매개변수화한 다국어 메시지를 나타낸 화면입니다.

그림 17-5 유저 브라우저 언어 설정에 따라 매개변수화한 다국어 메시지

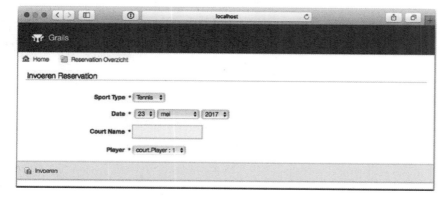

이제 message.properties 파일에 다음 프로퍼티를 정의합시다.

```
invalid.holidayHour=Invalid holiday hour
invalid.weekdayHour=Invalid weekday hour
welcome.title=Welcome to Grails
welcome.message=Welcome to Court Reservation System
```

지금부터 그레일즈 애플리케이션에서 프로퍼티 자리끼우개가 어떻게 정의되는지 살펴보겠습니다.

여러분은 [레시피 17-5]에서 미처 못 보고 그냥 지나쳤겠지만 사실 Reservation 도메인 클래스에도 이미 다국어 프로퍼티가 선언돼 있었습니다. 제약 조건을 명시한 부분(static constraints = { })에서 다음과 같은 형태의 코드가 나왔지요.

```
return ['invalid.weekdayHour']
```

그레일즈는 이 문을 보고 프로퍼티 파일 안에서 invalid.weekdayHour 프로퍼티를 찾아 그 값을 유저 로케일에 따라 치환합니다. 애플리케이션 뷰 속으로 다국어 프로퍼티를 집어넣을 수도 있습니다. 이를테면 [레시피 17-2]에서 작성한 /court/grails-app/views/welcome/index.gsp 페이지는 이렇게 고칠 수 있습니다.

```
<html>
<!DOCTYPE html>
<html>
<head>
    <title><g:message code="welcome.title"/></title>
</head>

<body>
<h2><g:message code="welcome.message"/></h2>
Today is <g:formatDate format="yyyy-MM-dd" date="${today}"/>
</body>
</html>
```

<g:message/> 태그의 code 속성에 welcome.title, welcome.messsage 프로퍼티를 넣어 이 페이지 렌더링 시 둘 다 다국어 메시지로 바꾼 겁니다.

레시피 17-8 영구 저장소 바꾸기

과제

그레일즈 애플리케이션의 영구 저장소를 다른 RDBMS로 바꾸세요.

해결책

그레일즈에서는 RDBMS를 영구 저장소로 사용할 수 있습니다. HSQLDB는 처음부터 사용 가능한 기본 저장소이므로 (grails run-app로) 그레일즈 애플리케이션을 배포하면 자동으로 시작됩니다.

하지만 HSQLDB는 너무 단순한 DB라서 실용성이 떨어지고 데이터가 메모리에 저장되므로 개발/테스트 환경에서 애플리케이션을 재시작하면 모든 데이터가 사라집니다. 운영 환경에서는 데이터를 파일 형태로 저장하게끔 HSQLDB를 구성할 수는 있지만 다양한 애플리케이션 요건을 충족시키기엔 지나치게 제한적입니다.

RDBMS를 바꾸려면 grails-app/conf/application.yml 파일을 수정합니다. 이 한 파일 안에서 환경별(개발, 테스트, 운영)로 상이한 RDBMS를 설정할 수도 있습니다. 그레일즈 애플리케이션의 환경 설정은 [레시피 17-4]를 참고하세요.

풀이

그레일즈에서는 여느 자바 JDBC 표기법에 따라 RDBMS의 접속 매개변수를 설정할 수 있고 DB 개발사가 제공한 JDBC 드라이버를 사용해 CRUD할 수 있습니다.

RDBMS를 변경할 때 한 가지 명심해야 할 점은, 그레일즈는 GROM^{Groovy Object Relational} ^{Mapper}(그루비 객체 관계형 매퍼)을 이용해 RDBMS와 상호 작용한다는 사실입니다. 취지는 다른 ORM 솔루션과 같습니다. 개발자가 RDBMS 구현 세부, 즉 데이터 타입이 불일치하는 문제를 해결하고 SQL문을 직접 구사하는 등 잡다한 로직을 신경 쓰지 않고 비즈니스 로직에만 집중할 수 있게 하자는 거죠. GROM을 이용하면 애플리케이션의 도메인 클래스를 설계하고 RDBMS에 매핑할 때 요긴합니다.

RDBMS 드라이버 설정하기

우선, 애플리케이션이 RDBMS에 접속해서 CRUD할 수 있게 JDBC 드라이버를 gradle.
build 파일에 추가합니다.

RDBMS 인스턴스 구성하기

다음으로 grails-app/conf/application.yml 파일을 수정합니다. 이 파일에는 RDBMS 인
스턴스가 세 부분으로 정의되어 있습니다.

각 RDBMS 인스턴스는 특정 애플리케이션 환경(개발, 테스트, 운영)을 가리킵니다. 그레일즈
는 이 중 하나를 골라 영구 저장소 작업을 수행합니다.

RDBMS를 선언하는 구문은 모두 같습니다. [표 17-1]은 dataSource의 설정 프로퍼티들을
정리한 겁니다.

표 17-1 RDBMS를 구성하는 dataSource 프로퍼티

프로퍼티	설명
driverClassName	JDBC 드라이버 클래스명
username	RDBMS 접속에 필요한 유저명
password	RDBMS 접속에 필요한 패스워드
url	RDBMS의 URL 접속 매개변수
pooled	RDBMS에 접속 시 풀 사용 여부. 기본값은 true
jndiName	데이터 소스 접속 시 필요한 JNDI 문자열(그레일즈에서 driverClassName, username, password, url을 직접 설정하지 않고, 웹 컨테이너에 데이터 소스를 구성해 쓰는 방법)
logSql	SQL 로깅 여부
dialect	RDBMS 방언
properties	RDBMS 작업 시 필요한 추가 매개변수
dbCreate	RDBMS DDL의 자동 생성 모드

dbCreate 값	설명
create-drop	테이블 모두 지우고 다시 생성합니다(주의 : 기존 데이터도 전부 삭제됩니다).
create	테이블이 없으면 새로 만들고 기존 테이블은 수정하지 않습니다 (주의 : 기존 데이터는 전부 삭제됩니다).
update	테이블이 없으면 새로 만들고 기존 테이블도 수정합니다.

위 매개변수는 하이버네이트나 이클립스링크^{EclipseLink} 같은 자바 ORM을 써본 독자라면 익숙할 겁니다. 다음은 MySQL DB dataSource 예입니다.

```
dataSource:
    dbCreate: update
    pooled: true
    jmxExport: true
    driverClassName: com.mysql.jdbc.Driver
    username: grails
    password: groovy
```

가장 눈여겨봐야 할 프로퍼티는 dbCreate입니다. 자칫 RDBMS 데이터를 몽땅 날릴 수 있으니까요. [표 17-1]에도 나와있듯이 가장 안전한 값은 update입니다.

운영 환경이라면 기존 데이터를 건드리지 않는 dbCreate="update"가 가장 적절합니다. 한편, 테스트 환경에서는 테스트할 때마다 DB를 다 지우는 게 낫기 때문에 dbCreate="create" 또는 dbCreate="create-drop"을 더 많이 씁니다. 개발 환경은 개발 진척 상황에 따라 가장 나은 전략을 선택하면 됩니다.

그레일즈에서는 RDBMS를 웹 컨테이너에도 구성할 수 있습니다. 아파치 톰캣 같은 웹 컨테이너에 접속할 RDBMS 매개변수를 설정하면 JNDI를 사용해 접속할 수 있습니다. 다음은 JNDI로 RDBMS에 접속하는 dataSource 설정 예입니다.

```
dataSource:
    jndiName: java:comp/env/grailsDataSource
```

애플리케이션 환경별로 상세 프로퍼티를 추가해서 설정할 수도 있습니다.

```
dataSource:
    driverClassName: com.mysql.jdbc.Driver
    username: grails

environments:
    production:
        dataSource:
            url: jdbc:mysql://localhost/grailsDBPro
```

```
        password: production
development:
    dataSource:
        url: jdbc:mysql://localhost/grailsDBDev
        password: development
```

전역 프로퍼티 driverClassName과 username은 전체 환경에 적용되지만 밑부분 dataSource 프로퍼티에 설정한 내용은 해당 환경에만 적용됩니다.

레시피 17-9 로그 출력 커스터마이징하기

과제

그레일즈 애플리케이션의 로그 출력 형식을 커스터마이징하세요.

해결책

그레일즈는 로그백^{Logback}을 이용해 로깅하며 모든 매개변수는 /grails-app/conf/logback. groovy 파일에 설정합니다. XML 구성이 더 익숙한 독자는 logback.xml 파일을 사용해도 됩니다.

로그백의 다양한 설정 방법을 응용하면 입맛에 맞게 로깅을 설정할 수 있습니다. 어펜더, 로깅 레벨, 콘솔 출력, 아티팩트 로깅, 로깅 레이아웃 등 원하는 대로 조정하면 됩니다.

풀이

기본 매개변수는 /grails-app/conf/logback.groovy 파일에 이미 설정되어 있습니다.

```
import grails.util.BuildSettings
import grails.util.Environment
import org.springframework.boot.logging.logback.ColorConverter
import org.springframework.boot.logging.logback.WhitespaceThrowableProxyConverter
```

```
import java.nio.charset.Charset

conversionRule 'clr', ColorConverter
conversionRule 'wex', WhitespaceThrowableProxyConverter

// 자세한 설정 방법은 http://logback.qos.ch/manual/groovy.html을 참조하세요.
appender('STDOUT', ConsoleAppender) {
    encoder(PatternLayoutEncoder) {
        charset = Charset.forName('UTF-8')

        pattern =
            '%clr(%d{yyyy-MM-dd HH:mm:ss.SSS}){faint} ' + // 날짜
                '%clr(%5p) ' + // 로그 레벨
                '%clr(—){faint} %clr([%15.15t]){faint} ' + // 스레드
                '%clr(%-40.40logger{39}){cyan} %clr(:){faint} ' + // 로거
                '%m%n%wex' // 메시지
    }
}

def targetDir = BuildSettings.TARGET_DIR
if (Environment.isDevelopmentMode() && targetDir != null) {
    appender("FULL_STACKTRACE", FileAppender) {
        file = "${targetDir}/stacktrace.log"
        append = true
        encoder(PatternLayoutEncoder) {
            pattern = "%level %logger - %msg%n"
        }
    }
    logger("StackTrace", ERROR, ['FULL_STACKTRACE'], false)
}
root(ERROR, ['STDOUT'])
```

로깅 용어로는 각 패키지를 로거[logger]라고 합니다. 로그백은 모두 다섯 가지 로그 레벨(error, warn, info, debug, trace)을 지원합니다. 이 중 가장 심각한 레벨은 error입니다. 그레일즈는 보수적인 기본 로깅 정책에 따라 전 패키지에 error 레벨의 로깅을 적용합니다. 로깅 중요도를 하향 조정하면(예 : debug) 평상시에는 별로 쓸모없는 로그들이 엄청나게 많이 쌓입니다.

기본적으로 모든 로깅 메시지는 애플리케이션 루트의 stacktrace.log 파일과 (가능한 경우) 실행 중인 애플리케이션의 표준 출력으로 전송됩니다. 그레일즈 명령어를 실행하면 로깅 메시지가 표준 출력에 전송되어 표시됩니다.

커스텀 어펜더 및 로거 구성하기

로그백에서 어펜더와 로거를 조합하면 다양한 로깅 기능을 구사할 수 있습니다. 어펜더는 로깅 정보를 보낼 위치(예 : 파일 또는 표준 출력)를, 로거는 로깅 정보가 생성되는 위치(예 : 클래스 또는 패키지)를 가리킵니다.

루트 로거는 그레일즈에 기본 구성되며 다른 하위 로거들은 루트 로거의 기능을 상속합니다. Logback.groovy 파일에 다음과 같이 기술하면 기본 로거를 커스터마이징할 수 있습니다.

```
root(ERROR, ['STDOUT'])
```

이렇게 정의하면 error 레벨 이상의 메시지는 표준 출력에 로그가 남습니다. 따라서 다른 (클래스나 패키지 같은) 로거에서 온 메시지도 표준 출력으로 받아볼 수 있습니다. 이런 식으로 루트 로거의 로직을 상속해 자신만의 로그 레벨을 지정할 수 있습니다. 한편, 어펜더를 이용하면 로깅 메시지를 여러 장소에 보낼 수 있습니다. 다음은 네 가지 기본 어펜더입니다.

- jdbc : JDBC 연결에 로깅하는 어펜더
- console : 표준 출력에 로깅하는 어펜더
- file : 파일에 로깅하는 어펜더
- rollingFile : 파일 단위로 순환시키며 로깅하는 어펜더

그레일즈 애플리케이션의 로그 어펜더는 Logback.groovy 파일에 선언합니다.

```groovy
def USER_HOME = System.getProperty("user.home")

appender('customlogfile', FileAppender) {
    encoder(PatternLayoutEncoder) {
        Pattern = "%d %level %thread %mdc %logger - %m%n"
    }
    file = '${USER_HOME}/logs/grails.log'
}

appender('rollinglogfile', RollingFileAppender) {
    encoder(PatternLayoutEncoder) {
        Pattern = "%d %level %thread %mdc %logger - %m%n"
    }

    rollingPolicy(TimeBasedRollingPolicy) {
```

```
        FileNamePattern = "${USER_HOME}/logs/rolling-grails-%d{yyyy-MM}.log"
    }
}
```

어펜더를 쓰려면 그냥 입력받을 해당 로거에 어펜더를 추가합니다.

어펜더, 로거, 로깅 레벨을 함께 적용할 수도 있습니다.

```
root(DEBUG, ['STDOUT','customlogfile'])
```

이렇게 기본 루트 로거를 오버라이드하면 debug 레벨 이상의 로그는 모두 STDOUT 어펜더(표준 출력 또는 콘솔) 및 customlogfile 어펜더(appender 영역에 정의한 마지막 파일)에 메시지가 전송됩니다. debug로 로그 레벨을 낮추면 로그가 어마무시하게 쌓일 수 있으니 조심하세요.

레시피 17-10 단위/통합 테스트 실행하기

과제

그레일즈로 작성한 클래스가 제대로 작동하는지 단위/통합 테스트하세요.

해결책

그레일즈는 애플리케이션 단위/통합 테스트를 기본 지원합니다. 앞서 생성한 도메인 클래스 등의 그레일즈 아티팩트처럼 테스트 클래스 역시 자동으로 생성됩니다.

그레일즈 애플리케이션의 테스트 코드는 src/test 또는 src/integration-test에 위치합니다. 그레일즈의 다른 기능처럼 테스트 코드를 설정하는 지겨운 작업은 모두 그레일즈가 대신합니다. 여러분은 그저 테스트를 설계하는 일에만 집중하면 되죠.

애플리케이션 루트에서 test-app 명령어를 입력하면 테스트가 실행됩니다.

풀이

그레일즈는 애플리케이션 테스트 실행에 필요한 환경을 시작합니다. 라이브러리(JAR), 영구 저장소(RDBMS)를 비롯해 단위/통합 테스트를 수행하는 데 필수적인 아티팩트가 전부 이 환경 안에 들어 있습니다.

다음은 grails test-app 명령을 실행한 결과입니다(그림 17-6).

그림 17-6 테스트 결과

첫 번째 섹션은 src/test/groovy에 위치한 테스트 코드를 실행한 결과입니다. 전체 단위 테스트 중 4개만 성공, 13개는 실패했군요. 이들은 대부분 애플리케이션 도메인 클래스와 함께 생성된 스켈레톤 테스트 클래스로, 지금은 테스트 틀만 있으니 당연히 실패합니다.

두 번째 섹션은 성공/실패 여부입니다. 이 예제는 실패했습니다. 화면에서 표시된 링크(build/reports/tests/test 디렉터리)를 따라가면 HTML 형식의 결과를 확인할 수 있습니다.

이제 뼈대만 있는 단위 테스트 클래스에 도메인 클래스 로직을 넣어봅시다. 그레일즈 테스트는 JUnit 테스트 프레임워크(www.junit.org/)에 기반합니다. JUnit이 익숙하지 않은 독자는 공식 문서를 차근차근 읽어보며 구문 및 접근 방식을 숙지하기 바랍니다. 필자는 여러분이 JUnit 의 기본기는 갖추고 있다고 보고 설명하겠습니다(16장 참고).

다음 메서드(단위 테스트)를 src/test/groovy/PlayerSpec.groovy 클래스에 추가하고 'test something' 메서드를 제거합니다.

```groovy
void "A valid player is constructed"() {
    given:
        def player = new Player(name: 'James', phone: '120-1111')
    when: "validate is called"
        def result = player.validate();
    then: "it should be valid"
        result
}

void "A player without a name is constructed"() {
    given:
        def player = new Player(name: '', phone: '120-1111')
    when: "validate is called"
        def result = player.validate();
    then: "The name should be rejected"
        !result
        player.errors['name'].codes.contains('nullable')
}

void "A player without a phone is constructed"() {
    given:
        def player = new Player(name: 'James', phone: '')
    when: "validate is called"
        def result = player.validate()
    then: "The phone number should be rejected."
        !result
        player.errors['phone'].codes.contains('nullable')
}
```

첫 번째 단위 테스트는 name, phone 필드를 지닌 Player 객체를 생성합니다. Player 도메인 클래스의 제약 조건에 따라 이 타입의 인스턴스는 항상 유효해야 하므로 객체 유효성을 검사하는 assertTrue player.validate()의 결과는 무조건 true입니다.

두 번째, 세 번째 단위 테스트 역시 Player 객체를 생성하지만 두 번째 테스트는 name 필드값 없이, 세 번째 테스트는 phone 필드값 없이 Player 객체를 만듭니다. 따라서 Player 도메인 클래스의 제약 조건에 따라 then: 블록의 !result 결괏값은 항상 false입니다. player.errors['phone'].codes.contains('nullable')은 예외 코드에 특정 문자열이 포함되어 있는지 여부입니다.

다음 메서드(단위 테스트)를 src/test/groovy/ReservationSpec.groovy 클래스에 추가합니다.

```
void testReservation() {
    given:
    def calendar = LocalDateTime.of(2017, 10, 13, 15, 00)
        .toInstant(ZoneOffset.UTC)

    def validDateReservation = Date.from(calendar)
    def reservation = new Reservation(
        sportType:'Tennis', courtName:'Main',
        date:validDateReservation,player:new Player(name:'James', phone:'120-1111'))

    expect:
        reservation.validate()
}

void testOutOfRangeDateReservation() {
    given:
    def calendar = LocalDateTime.of(2017, 10, 13, 23, 00)
        .toInstant(ZoneOffset.UTC)

    def invalidDateReservation = Date.from(calendar)
    def reservation = new Reservation(
        sportType:'Tennis',courtName:'Main',
        date:invalidDateReservation,player:new Player(name:'James', phone:'120-1111'))

    expect:
        !reservation.validate()
        reservation.errors['date'].code == 'invalid.weekdayHour'
}

void testOutOfRangeSportTypeReservation() {
    given:
```

```
    def calendar = LocalDateTime.of(2017, 10, 13, 15, 00)
        .toInstant(ZoneOffset.UTC)
    def validDateReservation = Date.from(calendar)
    def reservation = new Reservation(
        sportType:'Baseball',courtName:'Main',
        date:validDateReservation,player:new Player(name:'James', phone:'120-1111'))

    expect:
        !reservation.validate()
        reservation.errors['sportType'].codes.contains('not.inList')
}
```

Reservation 객체의 유효성을 검증하는 단위 테스트가 3개 있습니다. 첫 번째 테스트는 Reservation 객체 인스턴스를 생성하고 이 객체의 프로퍼티값이 Reservation 도메인 클래스의 제약 조건에 맞는지 확인합니다. 두 번째 테스트는 Reservation 도메인 클래스의 date 제약 조건을 위반한 객체를 만들고 정말 잘못된 객체로 판명되는지 확인합니다. 세 번째 테스트는 Reservation 도메인 클래스의 sportType 제약 조건을 위반한 객체를 만들고 정말 잘못된 객체로 판명되는지 확인합니다.

grails test-app 하면 모든 테스트의 실행 결과를 애플리케이션의 build 디렉터리에 저장합니다.

아직도 PlayerControllerSpec, ReservationControllerSpec 테스트는 실패한 걸로 표시됩니다. 파일을 열어보면 populateValidParams() 메서드에 @TODO가 있습니다.

```
def populateValidParams(params) {
    assert params != null

    // TODO: Populate valid properties like...
    // params["name"] = 'someValidName'

    assert false, "TODO: Provide a populateValidParams() implementation for this generated
test suite"
}
```

적절한 값을 컨트롤러에 보내도록 고치면 됩니다. PlayerControllerSpec이 params["name"], params["phone"]을 포함하도록 populateValidParams() 메서드를 수정합니다.

```
def populateValidParams(params) {
    assert params != null

    params["name"] = 'J. Doe'
    params["phone"] = '555-123-4567'
}
```

ReservationControllerSpec도 마찬가집니다.

```
def populateValidParams(params) {
    assert params != null

    def calendar = LocalDateTime.of(2017, 10, 13, 12, 00)
        .toInstant(ZoneOffset.UTC)

    params["courtName"] = 'Tennis Court #1'
    params["sportType"] = "Tennis"
    params["date"] = Date.from(calendar)
    params["player"] = new Player(name: "J. Doe", phone: "555-432-1234")
}
```

이제 실패한 테스트는 WelcomeControllerSpec 하나뿐입니다. 빌드를 성공 처리하고 싶다면 간단히 제거하세요.

단위 테스트는 이 정도로 됐고 이번에는 통합 테스트 차례입니다.

단위 테스트와 달리 통합 테스트는 한층 더 복잡하고 정교한 로직을 검증합니다. 다양한 도메인 클래스 간 상호 작용이나 RDBMS에 대한 작업 수행이 통합 테스트의 주 관심사겠죠. 그레일즈는 통합 테스트에 필요한 애플리케이션 프로퍼티 및 RDBMS를 자동으로 초기화하는 방식으로 통합 테스트를 지원합니다.

단위 테스트의 목표는 한 도메인 클래스에 구현된 로직을 검증하는 겁니다. 이런 이유로 그레일즈는 단위 테스트를 자동 실행하는 것 이외에 테스트를 수행하는 데 필요한 프로퍼티를 초기화하는 기능을 일절 제공하지 않습니다.

통합 테스트의 목표는 여러 애플리케이션 클래스에 걸쳐 있는 정교한 로직을 검증하는 겁니다. 따라서 그레일즈는 영구 저장소에 대해 테스트를 수행할 수 있도록 RDBMS뿐만 아니라 도메인 클래스의 동적 메서드를 초기화함으로써 테스트를 간소화합니다. 물론, 이렇게 하다 보니 아무래도 단위 테스트에 비해 오버헤드는 높습니다.

그레일즈가 단위/통합 테스트 용도로 자동 생성한 스켈레톤 테스트 클래스를 자세히 보면 사실 거의 차이가 없습니다. 유일한 차이점이라면 integration 디렉터리의 통합 테스트는 앞서 언급한 일련의 초기화 과정을 거치는데 반해, unit 디렉터리의 단위 테스트는 그렇지 않다는 점입니다. 물론 integration 디렉터리 속에 단위 테스트를 둘 수도 있지만 이는 편익이 먼저냐, 오버헤드가 먼저냐 하는 선택의 문제입니다.

자, grails create-integration-test CourtIntegrationTest 해서 src/integration-test/groovy에 통합 테스트 클래스를 생성합시다.

이 클래스에 다음 메서드(통합 테스트)를 추가하면 애플리케이션이 수행하는 RDBMS 작업을 검증할 수 있습니다.

```
void testQueries() {
    given: "2 Existing Players"
        // 참가자를 정의 및 저장합니다.
        def players = [ new Player(name:'James',phone:'120-1111'),
                        new Player(name:'Martha',phone:'999-9999')]
        players*.save()

        // DB에 참가자 두 명이 저장되었음을 확인합니다.
        Player.list().size() == 2
    when: "Player James is retrieved"
        // 이름으로 DB에서 참가자 정보를 조회합니다.
        def testPlayer = Player.findByName('James')
    then:  "The phone number should match"
        // 전화번호를 확인합니다.
        testPlayer.phone == '120-1111'
    when: "Player James is Updated"
        // 참가자 이름을 수정합니다.
        testPlayer.name = 'Marcus'
        testPlayer.save()

    then: "The name should be updated in the DB"
        // 이번에는 전화번호로 DB에서 참가자 정보를 조회합니다.
        def updatedPlayer = Player.findByPhone('120-1111')

        // 이름을 확인합니다.
```

```
        updatedPlayer.name == 'Marcus'

    when: "The updated player is deleted"
        // 참가자를 삭제합니다.
        updatedPlayer.delete()

    then: "The player should be removed from the DB."
        // DB에 저장된 참가자는 한 명밖에 없음을 확인합니다.
        Player.list().size() == 1

        // 수정한 참가자가 삭제된 사실을 확인합니다.
        def nonexistantPlayer = Player.findByPhone('120-1111')
        nonexistantPlayer == null
}
```

Player 객체의 생성부터 조회, 수정, 삭제까지 RDBMS 작업을 차례로 수행하면서 각 작업이 올바르게 실행됐는지 검증하고 PlayerController 컨트롤러 클래스에 정의된 로직이 제대로 (이를테면 컨트롤러 list() 메서드가 RDBMS에 적재된 레코드와 정확히 같은 개수의 객체를 반환하는지) 수행됐는지 확인합니다.

그레일즈는 기본적으로 HSQLDB에 대해 RDBMS 작업을 테스트하지만 원하는 RDBMS로 변경해 테스트할 수 있습니다. RDBMS 변경은 [레시피 17-8]를 참고하세요.

단위 테스트와 통합 테스트 중 어느 한 가지 유형으로만 테스트하려면 명령 옵션에 -unit 또는 -integration 플래그를 추가합니다. grails test-app -unit는 단위 테스트만, grails test-app -integration은 통합 테스트만 실행하는 명령입니다. 단위/통합 테스트 분량이 상당히 많을 경우 이 옵션을 활용하면 전체 테스트 수행 시간을 절약할 수 있습니다.

레시피 17-11 커스텀 레이아웃 및 템플릿

과제

애플리케이션 콘텐트를 표시하는 레이아웃 및 템플릿을 커스터마이징하세요.

해결책

기본적으로 그레일즈는 전역 레이아웃을 적용하여 애플리케이션 콘텐트를 표시합니다. 덕분에 뷰에서는 최소한의 구성 요소(HTML, CSS, 자바스크립트)만으로도 화면에 데이터를 표시할 수 있고 다른 위치에서도 레이아웃 특성을 상속받아 사용할 수 있습니다.

이러한 뷰 상속 메커니즘 덕분에 애플리케이션 설계자와 웹 디자이너는 각자의 업무를 병행할 수 있습니다. 애플리케이션 설계자는 데이터를 채워넣을 뷰 생성에, 웹 디자이너는 데이터를 멋지게 보여줄 레이아웃에 집중하는 거죠.

CSS, 자바스크립트 라이브러리는 물론, 훨씬 정교한 HTML 화면을 구성하기 위해 레이아웃을 커스터마이징할 수도 있습니다. 그레일즈가 지원하는 템플릿 기능은 레이아웃과 같지만 더 세세한 수준까지 조정할 수 있습니다. 대부분의 컨트롤러에서 뷰 대신 템플릿을 사용해 결과를 렌더링할 수도 있습니다.

풀이

애플리케이션에서 사용 가능한 레이아웃 파일은 /grails-app/view/layouts에 있습니다. 다음은 기본 생성된 main.gsp 파일 코드입니다.

```
<!doctype html>
<html lang="en" class="no-js">
<head>
    <meta http-equiv="Content-Type" content="text/html; charset=UTF-8"/>
    <meta http-equiv="X-UA-Compatible" content="IE=edge"/>
    <title>
        <g:layoutTitle default="Grails"/>
    </title>

    <meta name="viewport" content="width=device-width, initial-scale=1"/>

    <asset:stylesheet src="application.css"/>

    <g:layoutHead/>
</head>
<body>

    <div class="navbar navbar-default navbar-static-top" role="navigation">
```

```
<div class="container">
    <div class="navbar-header">
        <button type="button" class="navbar-toggle" data-toggle="collapse"
            data-target=".navbar-collapse">
            <span class="sr-only">Toggle navigation</span>
            <span class="icon-bar"></span>
            <span class="icon-bar"></span>
            <span class="icon-bar"></span>
        </button>
        <a class="navbar-brand" href="/#">
            <i class="fa grails-icon">
                <asset:image src="grails-cupsonly-logo-white.svg"/>
            </i> Grails
        </a>
    </div>
    <div class="navbar-collapse collapse" aria-expanded="false"
        style="height: 0.8px;">
        <ul class="nav navbar-nav navbar-right">
            <g:pageProperty name="page.nav" />
        </ul>
    </div>
    </div>
</div>

<g:layoutBody/>

<div class="footer" role="contentinfo"></div>

<div id="spinner" class="spinner" style="display:none;">
    <g:message code="spinner.alt" default="Loading&hellip;"/>
</div>

<asset:javascript src="application.js"/>

</body>
</html>
```

단순한 HTML 파일처럼 보이지만 공통 레이아웃을 상속하는 애플리케이션 뷰(예 : JSP, GSP)
에서 쓰이는 다양한 자리끼우개 엘리먼트가 있습니다.

〈g:*〉 네임스페이스를 사용하는 그루비 태그들을 잘 보세요. 〈g:layoutTitle〉 태그는 레이아웃의 title을 정의합니다. 그레일즈는 이 레이아웃을 상속받은 뷰에서 title에 해당하는 값이 있으면 그대로 화면에 표시하고 반대로 없으면 default 속성에 지정한 값을 표시합니다.

`<g:layoutHead>` 태그는 레이아웃의 head 영역 콘텐트를 정의합니다. 이 레이아웃을 상속받은 뷰의 head에 선언된 값은 렌더링 시 이 위치에 표시됩니다.

`<asset:javascript src="application">` 태그를 이용하면 이 레이아웃을 상속한 뷰가 자바스크립트 라이브러리를 가져올 수 있습니다. 이 엘리먼트가 렌더링되면 `<script type="text/javascript" src="/court/assets/application.js"></script>`로 바뀝니다. 자바스크립트 라이브러리는 반드시 /<애플리케이션명>/web-app/assets/javascripts 디렉터리에 있어야 합니다. 이 예제는 <애플리케이션명>이 court입니다.

그레일즈 레이아웃 구조를 대략 살펴보았으니 뷰가 레이아웃의 로직을 어떻게 상속받는지 알아봅시다. 앞서 작성한 애플리케이션 컨트롤러가 생성한 뷰(/views/player, reservation, welcome) 중 아무거나 열어보면 다음 문으로 그레일즈 레이아웃의 로직을 상속했음을 알 수 있습니다.

```
<meta name="layout" content="main"/>
```

`<meta>`는 페이지에 아무것도 표시하지 않는 표준 HTML 태그지만 그레일즈는 이 태그에 주어진 레이아웃의 로직을 상속합니다. 예제에서는 main이라는 레이아웃으로 뷰를 렌더링했는데요, 여기서 main은 일찍이 설명한 바로 그 템플릿입니다.

뷰 구조를 조금 더 자세히 살펴보면 생성된 뷰 모두 레이아웃 템플릿처럼 `<html>`, `<body>` 등의 태그가 포함된 단독형 HTML 페이지로 이루어져 있습니다. 그렇다고 페이지 렌더링 시 HTML 태그가 중복되는 건 아닙니다. 그레일즈는 뷰의 `<title>` 콘텐트를 `<g:layoutTitle>` 태그에 넣고 뷰의 `<body>` 콘텐트를 `<g:layoutBody />` 태그에 넣는 식의 치환 작업을 알아서 처리합니다.

그레일즈 뷰에서 `<meta>` 태그를 제거하면 어떻게 될까요? 정답은 뻔하죠. 뷰에 레이아웃이 전혀 입혀지지 않은 채 렌더링될 테니 (이미지, 메뉴, CSS 경계선 등) 시각적인 요소가 전부 빠질 겁니다. 하지만 그레일즈는 관례 기반으로 작동하므로 컨트롤러명을 기준으로 레이아웃 적용을 시도합니다.

예를 들어 reservation 컨트롤러에 매핑된 뷰에 `<meta name="layout">` 태그가 없어도 reservation.gsp라는 이름의 레이아웃 파일이 layout 디렉터리에 있으면 이 컨트롤러와 연관된 모든 뷰에 적용됩니다.

이렇듯 레이아웃은 애플리케이션 뷰를 모듈화하는 훌륭한 역할을 수행하지만 뷰의 전체 페이지만 적용 가능한 한계가 있습니다. 하지만 좀 더 세세하게 뷰를 액세스하는 템플릿을 사용하면 뷰 페이지의 특정 부위를 재사용할 수 있습니다.

예약 현황을 표시하는 HTML 영역을 보겠습니다. 유저가 예약 현황을 항상 확인할 수 있도록 예약 컨트롤러에 매핑된 모든 뷰에 관련 정보를 보여주고자 합니다. 이 HTML 영역을 모든 뷰에 일일이 추가하려면 초기 작업량도 꽤 부담스럽지만 나중에 이 부분이 변경되면 그때마다 추가 작업을 해주어야 합니다. 그래서 템플릿이 필요한 거죠. 다음은 _reservationList.gsp 템플릿 내용입니다.

```
<table>
    <g:each in="${reservationInstanceList}" status="i" var="reservationInstance">
        <tr class="${(i % 2) == 0 ? 'odd' : 'even'}">
            <td><g:link action="show" id="${reservationInstance.id}">
                ${fieldValue(bean:reservationInstance, field:'id')}</g:link></td>
            <td>${fieldValue(bean:reservationInstance, field:'sportType')}</td>
            <td>${fieldValue(bean:reservationInstance, field:'date')}</td>
            <td>${fieldValue(bean:reservationInstance, field:'courtName')}</td>
            <td>${fieldValue(bean:reservationInstance, field:'player')}</td>
        </tr>
    </g:each>
</table>
```

그루비 `<g:each>` 태그로 HTML 테이블을 만들어 예약 목록을 표시하는 코드입니다. 파일명 앞에 언더스코어(_)를 붙인 건 그레일즈에서 템플릿과 단독형 뷰를 분간하는 표기법입니다. 템플릿 파일명은 항상 언더스코어로 시작합니다.

이 템플릿을 사용하려면 뷰 안에서 `<g:render>` 태그로 명시합니다.

```
<g:render template="reservationList" model="[reservationList:reservationInstanceList]" />
```

〈g:render〉 태그의 template 속성은 템플릿명, model 속성은 템플릿에서 필요한 데이터를 가리키는 레퍼런스입니다. 템플릿의 상대/절대 경로를 〈g:render〉 태그에 넣는 방법도 있습니다. template="reservationList"라고 선언하면 그레일즈는 이 뷰와 동일한 디렉터리에서 템플릿을 찾습니다. 재사용을 쉽게 하려면 절대 경로를 사용하는 어떤 공통 디렉터리에 템플릿을 로드하는 게 좋습니다. 예를 들어 뷰에서 template="/common/reservationList"라고 선언하면 그레일즈는 grails-app/views/common/_reservationList.gsp 템플릿 파일을 찾습니다.

끝으로, 템플릿은 결과를 렌더링하는 용도로도 쓰입니다. 가령 대부분의 컨트롤러는 다음 구문으로 뷰에 제어권을 넘깁니다.

```
render view:'reservations', model:[reservationList:reservationList]
```

하지만 다음과 같이 템플릿에 제어권을 넘겨줄 수도 있습니다. 이렇게 하면 그레일즈는 _reservationList.gsp 템플릿을 찾습니다.

```
render template:'reservationList', model:[reservationList:reservationList]
```

레시피 17-12 GORM 쿼리

과제

애플리케이션의 RDBMS에 쿼리문을 실행하세요.

해결책

그레일즈는 GORM(http://gorm.grails.org/latest/)으로 RDBMS 작업을 수행합니다. GORM은 널리 알려진 자바 ORM 프레임워크, 하이버네이트에 바탕을 두고 있기 때문에 그레일즈 애플리케이션에서도 하이버네이트 쿼리 언어(HQL)로 쿼리를 실행할 수 있습니다. HQL 뿐만 아니라 GORM에는 RDBMS 쿼리 작업을 아주 쉽게 해주는 내장 기능이 많습니다.

풀이

그레일즈에서 RDBMS 쿼리는 보통 컨트롤러 내부에서 수행합니다. 코트 예약 애플리케이션도 이미 다음과 같이 주어진 ID로 Player 객체를 찾는 아주 간단한 쿼리를 사용했습니다.

```
Player.get(id)
```

경우에 따라 조회 기준은 달라질 수 있겠죠. name, phone 필드를 지닌 Player 도메인 클래스를 예로 들면 GORM은 도메인 클래스의 필드명에 따라 객체를 쿼리할 수 있도록 findBy<필드명> 형식의 메서드를 지원합니다.

```
Player.findByName('Henry')
Player.findByPhone('120-1111')
```

각각 name 및 phone 필드를 기준으로 Player 객체를 쿼리하는 겁니다. 이와 같이 GORM에서 도메인 클래스 필드에 따라 생성된 메서드를 동적 파인더dynamic finder라고 합니다.

마찬가지로 Reservation 도메인 클래스에도 findByPlayer(), findByCourtName(), findByDate() 같은 동적 파인더가 있겠죠. 이런 기능 덕분에 애플리케이션에서 간편하게 RDBMS 쿼리를 할 수 있습니다.

이뿐만 아니라 동적 파인더가 쿼리한 결과는 비교기comparator를 이용해 거를 수 있습니다. 예를 들어 다음 코드는 Reservation 객체 중 특정 날짜 범위 안에 있는 것만 비교기로 추출한 겁니다.

```
def now = new Date()
def tomorrow = now + 1
def reservations = Reservation.findByDateBetween(now, tomorrow)
```

Between 말고 Like 같은 비교기도 쓸 수 있습니다. 다음은 이름이 A로 시작하는 Player 객체만 추려내는 Like 비교기의 용례입니다.

```
def letterAPlayers = Player.findByNameLike('A%')
```

[표 17-2]는 동적 파인더에서 쓸 수 있는 다양한 비교기를 정리한 겁니다.

표 17-2 GORM 동적 파인더 비교기

GORM 비교기	쿼리(비교 기준)
InList	주어진 값 리스트에 포함되어 있는가?
LessThan	주어진 값보다 작은가?
LessThanEquals	주어진 값보다 작거나 같은가?
GreaterThan	주어진 값보다 큰가?
GreaterThanEquals	주어진 값보다 크거나 같은가?
Like	주어진 값과 유사한 객체(들)인가?
Ilike	주어진 값과 대소문자 구분 없이 유사한 객체(들)인가?
NotEqual	주어진 값과 다른가?
Between	주어진 두 값 사이의 값인가?
IsNotNull	null이 아닌가? (인수 없음)
IsNull	null인가? (인수 없음)

GORM은 동적 파인더의 논리 연산(and/or)도 지원합니다. 가령, 코트명과 예약 일자 모두 만족하는 쿼리는 다음과 같습니다.

```
def reservations =
    Reservation.findAllByCourtNameLikeAndDateGreaterThan("%main%", new Date()+7)
```

둘 중 하나만 만족해도 좋다면 And 대신 Or를 사용합니다.

끝으로, 동적 파인더에 맵을 덧붙이면 쿼리 결과를 페이징 및 정렬할 수 있습니다. 다음은 세 예약 객체를 날짜 내림차순으로 정렬하는 코드입니다.

```
def reservations =
    Reservation.findAllByCourtName("%main%", [ max: 3, sort: "date", order: "desc"] )
```

GORM은 HQL을 이용해 RDBMS 쿼리를 수행합니다. 앞서 살펴본 예제보다 훨씬 장황하고 에러가 나기 쉬운 단점은 있지만 다음과 같이 HQL을 실행해도 결과는 같습니다.

```
def letterAPlayers = Player.findAll("from Player as p where p.name like 'A%'")
def reservations = Reservation.findAll("from Reservation as r where r.courtName like
'%main%' order by r.date desc", [max: 3])
```

레시피 17-13 커스텀 태그 생성하기

과제

뷰에 직접 코드를 추가하지 않고 기본 GSP/JSTL 태그로는 불가능한 커스텀 로직을 실행하세요.

해결책

그레일즈 뷰는 화면 표시 요소(HTML 태그), 비즈니스 로직 요소(GSP/JSTL 태그), 또는 그루비/
자바 코드를 직접 구현할 수 있습니다. 커스텀 태그는 애플리케이션에 특정한 화면 표시 요소와 비
즈니스 로직을 결합시킨 것으로 여러 뷰에서 재사용 가능한 컴포넌트입니다. 예를 들어 어떤 고객
의 예약 정보를 월 단위로 표시하는 경우 커스텀 태그를 이용하면 간편히 구현할 수 있습니다.

풀이

`grails create-taglib <태그라이브러리명>` 하면 커스텀 태그가 생성되며 그 결과
`/grails-app/tag-lib/`에 커스텀 태그 라이브러리용 스켈레톤 클래스가 생성됩니다.

코트 예약 애플리케이션에서 특별 예약 패키지를 보여주는 태그 라이브러리를 작성하려고 합
니다. 첫 번째 커스텀 태그는 오늘 날짜를 기준으로 특별 예약 패키지를 보여주는 기능입니다.
뷰나 컨트롤러 안에 지저분하게 인라인 코드를 짜 넣지 않고 뷰 페이지에 `<g:promoDailyAd/>`
태그를 넣어 우아하게 구현할 겁니다.

`grails create-taglib DailyNotice` 하면 커스텀 태그 라이브러리 클래스가 생성됩니다.
`/grails-app/taglib/DailyNoticeTagLib.groovy` 파일을 열고 다음 메서드(커스텀 태그)를
추가합니다.

```
def promoDailyAd = { attrs, body ->
    def dayoftheweek = Calendar.getInstance().get(Calendar.DAY_OF_WEEK)
    out << body() << (dayoftheweek == 7 ?
        "We have special reservation offers for Sunday!": "No special offers")
}
```

메서드명이 곧 커스텀 태그명입니다. 첫 부분 (attrs, body)은 커스텀 태그의 입력값(속성과 바디)을 나타냅니다. 요일 정보는 Calendar 인스턴스에서 가져옵니다.

그다음에 요일을 보고 분기하는 조건문이 나옵니다. 요일값이 7(일요일)이면, "We have special reservation offers for Saturday!(토요일은 특별 예약 행사를 합니다!)"를, 그 외에는 "No special offers(특별 행사 없음)"로 문자열이 결정됩니다.

<<를 사용해 출력된 문자열은 커스텀 태그의 바디를 나타내는 body() 메서드에 전달되고 다시 커스텀 태그의 출력을 나타내는 out에 들어갑니다. 이와 같이 다음 구문으로 뷰에서 커스텀 태그를 선언합니다.

```
<h3><g:promoDailyAd /></h3>
```

그레일즈는 커스텀 태그 <g:promoDailyAd>가 포함된 뷰를 렌더링할 때 이 태그의 지원 클래스의 메서드를 실행한 결괏값으로 태그를 대체합니다. 이렇듯 간단한 선언만으로도 세세한 로직의 수행 결과를 화면에 나타낼 수 있습니다.

> **CAUTION_** 이런 종류의 태그는 GSP 페이지에서 바로 사용할 수 있지만 JSP 페이지는 그렇지 않기 때문에 grails.tld라는 TLD(Tag Library Definition, 태그 라이브러리 정의) 파일을 /web-app/WEB-INF/tld/ 에 추가해야 합니다.

커스텀 태그는 태그 속성을 사용해 건네받은 입력 매개변수에 따라 지원 클래스의 로직을 수행할 수 있습니다. 다음은 offerdate라는 속성값을 받아 결과를 내는 커스텀 태그 코드입니다.

```
def upcomingPromos  = { attrs, body ->
    def dayoftheweek = attrs['offerdate']
    out << body() << (dayoftheweek == 7 ?
```

```
        "We have special reservation offers for Saturday!": "No special offers")
}
```

앞서 Calendar 인스턴스로 가져왔던 요일 정보를 이 코드는 처음부터 attrs['offerdate']로 받습니다. attrs는 클래스 메서드(즉, 뷰에 선언된 메서드)의 입력 매개변수로 전달받은 속성입니다. 사용 방법은 다음과 같습니다.

```
<h3><g:upcomingPromos offerdate='saturday'/></h3>
```

뷰에 제공된 데이터를 기준으로 로직을 수행한다는 점에서 조금 더 유연한 커스텀 뷰라고 할 수 있습니다. 다음과 같이 컨트롤러가 뷰로 전달한 데이터를 가리키는 변수를 사용해도 됩니다.

```
<h3><g:upcomingPromos offerdate='${promoDay}'/></h3>
```

마지막으로 그레일즈 커스텀 태그의 네임스페이스에 대해 잠깐 언급하겠습니다. 기본적으로 그레일즈는 커스텀 태그에 <g:> 네임스페이스를 할당합니다. 네임스페이스를 임의로 바꾸려면 커스텀 태그 라이브러리 클래스 상단에 namespace 필드를 선언합니다.

```
class DailyNoticeTagLib {
    static namespace = 'court'
    def promoDailyAd = { attrs, body ->
    ...
    }
    def upcomingPromos  = { attrs, body ->
    ...
    }
}
```

이 커스텀 태그에는 court라는 커스텀 네임스페이스가 할당됐습니다. 당연히 뷰에서도 네임스페이스를 함께 사용하도록 고쳐야 합니다.

```
<h3><court:promoDailyAd/></h3>
<h3><court:upcomingPromos offerdate='${promoDay}'/></h3>
```

레시피 17-14 보안 기능 추가하기

과제

스프링 시큐리티를 이용해 애플리케이션을 보안하세요.

해결책

그레일즈 스프링 시큐리티 플러그인(플러그인에 관한 전반적인 내용은 [레시피 17-3] 참고)으로 애플리케이션에 보안 기능을 적용합니다.

풀이

애플리케이션을 보안하기 위해 다음과 같이 build.gradle 파일에 spring-security-core 그레일즈 플러그인을 추가합니다.

```
dependencies {
    compile "org.grails.plugins:spring-security-core:3.1.2"
}
```

grails compile하면 추가한 플러그인이 설치됩니다.

플러그인 설치 후 s2-quickstart 명령으로 보안을 설정합니다. 이 명령은 유저 및 권한을 나타내는 패키지와 클래스명을 인수로 받습니다.

```
grails s2-quickstart court SecUser SecRole
```

위와 같이 실행하면 SecUser, SecRole이라는 도메인 객체가 생성되고 grails-app/conf/application.groovy 파일이 수정(또는 생성)됩니다. 파일을 열어보면 다음과 같이 보안 영역이 추가되어 있습니다.

```
// Added by the Spring Security Core plugin:
grails.plugin.springsecurity.userLookup.userDomainClassName = 'court.SecUser'
grails.plugin.springsecurity.userLookup.authorityJoinClassName = 'court.SecUserSecRole'
```

```
grails.plugin.springsecurity.authority.className = 'court.SecRole'
grails.plugin.springsecurity.controllerAnnotations.staticRules = [
    [pattern: '/',              access: ['permitAll']],
    [pattern: '/error',         access: ['permitAll']],
    [pattern: '/index',         access: ['permitAll']],
    [pattern: '/index.gsp',     access: ['permitAll']],
    [pattern: '/shutdown',      access: ['permitAll']],
    [pattern: '/assets/**',     access: ['permitAll']],
    [pattern: '/**/js/**',      access: ['permitAll']],
    [pattern: '/**/css/**',     access: ['permitAll']],
    [pattern: '/**/images/**',  access: ['permitAll']],
    [pattern: '/**/favicon.ico', access: ['permitAll']]
]
grails.plugin.springsecurity.filterChain.chainMap = [
    [pattern: '/assets/**',     filters: 'none'],
    [pattern: '/**/js/**',      filters: 'none'],
    [pattern: '/**/css/**',     filters: 'none'],
    [pattern: '/**/images/**',  filters: 'none'],
    [pattern: '/**/favicon.ico', filters: 'none'],
    [pattern: '/**',            filters: 'JOINED_FILTERS']
]
```

애플리케이션을 실행(grails run-app)하면 시동과 함께 보안이 적용됩니다. 화면에 접속하면 전에 없던 로그인 창이 표시되며 유저명/패스워드를 묻습니다(그림 17-7).

그림 17-7 보안 기능 추가 후 표시된 로그인 화면

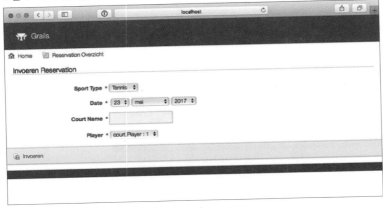

당장은 유저와 롤은 전혀 정의되어 있지 않으니 시스템에 로그인할 수 없습니다.

보안 적용하기

시스템을 사용하려면 실제 애플리케이션에서 패스워드와 롤을 지닌 유저가 필요합니다. DB,
LDAP 디렉터리, 파일 등 출처는 다양하겠지만 여기서는 간단히 애플리케이션 시동 스크립트
에 유저를 추가하겠습니다. 다음과 같이 grails-app/init/BootStrap.groovy 파일에 유저와
롤을 두 개씩 추가합니다.

```groovy
class BootStrap {
    def init = { servletContext ->
        def adminRole = new court.SecRole(authority: 'ROLE_ADMIN').save(flush: true)
        def userRole = new court.SecRole(authority: 'ROLE_USER').save(flush: true)
        def testUser = new  court.SecUser(username: 'user', password: 'password')
        testUser.save(flush: true)
        def testAdmin = new  court.SecUser(username: 'admin', password: 'secret')
        testAdmin.save(flush: true)
        court.SecUserSecRole.create testUser, userRole, true
        court.SecUserSecRole.create testAdmin, adminRole, true
    }
    ...
}
```

롤(ROLE_ADMIN, ROLE_USER)과 유저명/패스워드(user/password, admin/secret)를 두 벌씩
추가했습니다. 그리고 유저와 롤 사이의 관계를 매핑했습니다.

그럼, 애플리케이션 재시동 후 시스템에 로그인해봅시다(그림 17-8).

그림 17-8 로그인 이후 화면

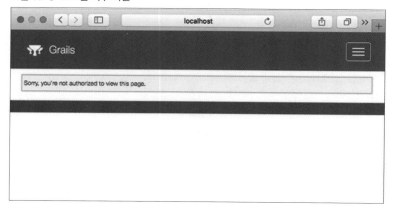

로그인은 할 수 있지만 요청한 페이지에 액세스할 권한이 없음을 알리는 페이지가 나오네요. 유저를 시스템에 추가했지만 아직 이 유저가 요청 페이지에 액세스할 권한이 있는지 없는지 시스템은 알 수가 없겠죠. 따라서 액세스 가능한 URL을 분명히 구성해야 합니다.

URL 보안하기

보안을 설정해도 일부 기본 URL을 제외한 대다수 애플리케이션 URL은 보안 규칙 목록에 추가되지 않습니다. grails-app/conf/application.groovy 파일을 열어보세요.

```
grails.plugin.springsecurity.controllerAnnotations.staticRules = [
    [pattern: '/',           access: ['permitAll']],
    [pattern: '/error',      access: ['permitAll']],
    [pattern: '/index',      access: ['permitAll']],
    [pattern: '/index.gsp',  access: ['permitAll']],
    [pattern: '/shutdown',   access: ['permitAll']],
    [pattern: '/assets/**',  access: ['permitAll']],
    [pattern: '/**/js/**',   access: ['permitAll']],
    [pattern: '/**/css/**',  access: ['permitAll']],
    [pattern: '/**/images/**', access: ['permitAll']],
    [pattern: '/**/favicon.ico', access: ['permitAll']],
    [pattern: '/player/**',      access: ['isAuthenticated()']],
    [pattern: '/reservation/**', access: ['isAuthenticated()']]
]
```

맨 밑 두 줄을 추가해서 player와 reservation 영역에 대한 보안 규칙을 설정했습니다. /player/** 같은 표현식을 앤트 스타일 패턴Ant-style pattern이라 합니다. /player로 시작하는 모든 것을 매치한다는 의미이고 permitAll은 유저 로그인 없이도 자유롭게 액세스 가능함을 뜻합니다(정적, 공개 콘텐트에 쓰면 유용하죠). isAuthenticated()는 인증된 유저만 액세스 가능한 URL이라는 뜻입니다. 기타 표현식은 7장 스프링 시큐리티 레시피를 참고하세요.

애플리케이션 재빌드 후 시동하면 이제 예약 화면이 정상 출력될 겁니다.

애너테이션을 붙여 보안하기

URL뿐만 아니라 @Secured를 이용해 메서드 단위로도 보안할 수 있습니다. 다음은 시스템 관리자만 참가자 정보를 생성할 수 있게 create() 메서드에 보안을 적용한 예입니다.

```
import grails.plugin.springsecurity.annotation.Secured

class PlayerController {
...
    @Secured(['ROLE_ADMIN'])
    def create() {
        respond new Player(params)
    }
}
```

create() 메서드에 붙인 @Secured는 액세스가 허용된 롤을 배열 형태로 받습니다. 예제에서는 ROLE_ADMIN 하나만 지정해서 관리자만 접속 가능하도록 설정했군요. 클래스 레벨에 붙이면 모든 메서드에 적용됩니다. 일반 유저로 로그인(user/password) 후 참가자 정보를 생성하려고 하면 (그림 17-8과 똑같은) 액세스 거부 페이지가 표시됩니다. 물론, 관리자로 다시 로그인(admin/secret)하면 정상적으로 생성됩니다.

마치며

그레일즈 프레임워크를 사용해 자바 웹 애플리케이션을 개발하는 방법을 배웠습니다. 그레일즈 애플리케이션의 구조부터 시작해 웹 애플리케이션 개발에 필요한 각종 작업을 자동화하는 예제를 살펴보았습니다. 그레일즈에서는 관례에 따라 애플리케이션의 뷰, 컨트롤러, 모델, 구성 파일을 생성하고 자동화할 수 있습니다. 아울러, 자바 API 또는 프레임워크 작업을 자동화하는 그레일즈 플러그인에 대해서도 이야기했습니다. 그레일즈를 이용하면 애플리케이션 개발, 테스트, 운영 환경에 맞게 구성 매개변수를 따로 만들어 적용할 수 있습니다.

이어서 애플리케이션의 도메인 클래스를 이용해 관련 컨트롤러와 뷰를 작성하고 RDBMS에 CRUD 작업을 수행하는 원리를 공부했습니다. 그레일즈로 다국어를 처리하고 로깅, 테스트 코드를 구현하는 방법까지 알아보았습니다. 그레일즈 레이아웃, 템플릿을 잘 활용하면 애플리케이션의 화면 표시 기능을 모듈화할 수 있습니다. GORM과 커스텀 태그를 적용하는 방법도 설명했습니다. 마지막으로 스프링 시큐리티로 그레일즈 애플리케이션을 보안하는 방법을 소개했습니다. 보안은 URL 및 메서드 단위로 적용할 수 있습니다.

클라우드에 배포하기

지난 몇 년 간 클라우드는 괄목할 만한 성장을 거듭했고 이제는 많은 기업이 클라우드 솔루션을 운용하고 있습니다. 클라우드 솔루션은 크게 세 종류입니다.

- PaaS(Platform as a service) : 서비스로서의 플랫폼
- IaaS(Infrastructure as a service) : 서비스로서의 인프라
- SaaS(Software as a service) : 서비스로서의 소프트웨어

PaaS는 이름 그대로 애플리케이션을 실행하는 종합 플랫폼으로, 애플리케이션에 사용할 서비스(DB, 메시징, 로깅 등)를 선택할 수 있습니다. 구글, 피보탈, 아마존 등이 PaaS 서비스를 제공합니다(예 : GCP^{Google Cloud Platform, 구글 클라우드 플랫폼}, 클라우드파운드리^{CloudFoundry}, AWS^{Amazon Web Services, 아마존 웹 서비스}).

IaaS는 자체 배포 플랫폼을 구축하는 데 필요한 가상 머신 등의 인프라를 제공합니다. 브이엠웨어^{VMware} 사의 ESX, 오라클 사의 버추얼박스^{VirtualBox}가 대표적인 제품입니다.

SaaS는 마이크로소프트 오피스 365나 기업용 구글 앱스[1]처럼 클라우드 서비스를 사용해 받아보는 소프트웨어 조각(들)을 말합니다.

이 장에서는 피보탈 사의 클라우드파운드리로 PaaS 클라우드 솔루션을 구축하는 방법을 살펴보겠습니다.

---

1 역주_ Google Apps for Work. 지금은 G 스위트(G Suite)로 업그레이드되었습니다. 자세한 내용은 https://gsuite.google.co.kr/intl/ko/를 참고하세요.

레시피 A-1 클라우드파운드리 가입하기

과제

클라우드파운드리로 애플리케이션을 배포하세요.

해결책

클라우드파운드리에 가입합니다(http://run.pivotal.io).

풀이

애플리케이션을 클라우드파운드리에 배포하려면 개인 계정이 필요합니다. http://run.pivotal.io에 접속해 Sign Up For Free(무료가입) 버튼을 누릅니다(그림 A-1).

그림 **A-1** 클라우드파운드리 가입 화면

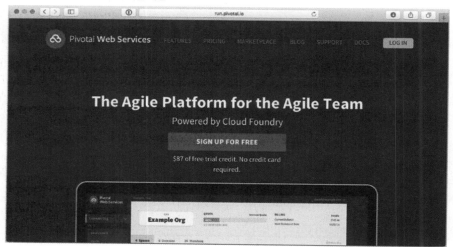

성명, 이메일 주소, 패스워드 입력 후 Sign Up(가입하기) 버튼을 클릭하면 바로 가입됩니다 (그림 A-2).

그림 A-2 클라우드파운드리 가입 폼

조금 있다가 본인 확인용 이메일이 도착하고 여기에 포함된 보안 링크를 클릭하면 가입 확정 페이지(그림 A-3)로 이동합니다.

그림 A-3 클라우드파운드리 가입 확정 페이지

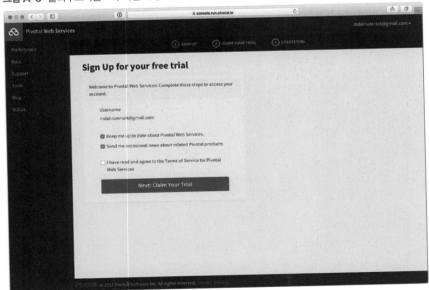

서비스 이용 약관 동의 후 'Next: Claim Your Trial^{다음: 시험 사용 요청}'을 클릭하면 계정 확인 페이지(그림 A-4)로 이동합니다. 여기서 여러분의 휴대폰 번호를 입력해야 합니다.

그림 A-4 클라우드파운드리 계정 확인 페이지

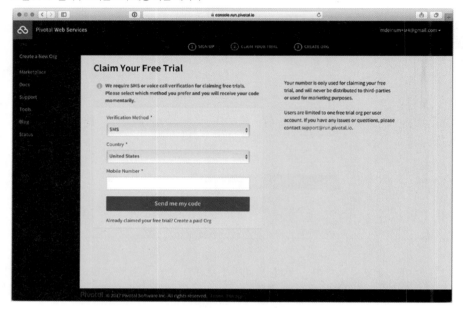

'Send me my code^{내 코드를 보내주세요}' 버튼을 클릭하면 잠시 후 휴대폰으로 문자 메시지가 하나 도착합니다. 메시지로 받은 확인 코드를 다음 확인 페이지(그림 A-5)에서 입력하세요.

그림 A-5 확인 코드 입력

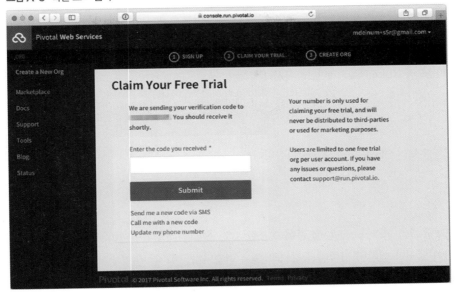

확인 코드를 입력 후, 조직을 생성합니다(그림 A-6). 프로젝트명도 좋고 실제 여러분이 일하는 조직명도 좋습니다. 단, 조직명은 유일해야 하며 기존 것을 입력하면 에러가 납니다.

그림 A-6 조직명 입력

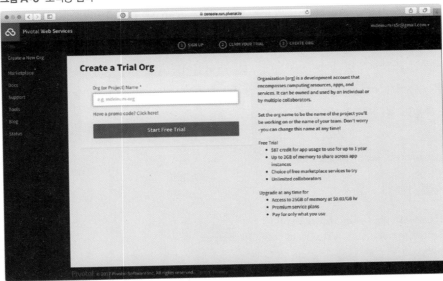

레시피 A-2 클라우드파운드리 CLI 설치/사용하기

과제

클라우드파운드리 CLI로 애플리케이션을 푸시하세요.

해결책

클라우드파운드리 CLI를 내려받아 설치합니다.

풀이

클라우드파운드리 인스턴스를 다룰 툴이 필요합니다. 스프링 STS나 인텔리제이 등의 IDE에도 플러그인이 있지만 역시 명령줄만큼 강력한 툴은 없습니다. 여러분 운영체제 운영체제에 맞는 설치 파일을 https://github.com/cloudfoundry/cli/releases에서 내려받거나 패키지 관리자를 이용해 클라우드파운드리 CLI를 설치하세요. 설치가 끝나면 바로 명령줄에서 사용 가능합니다.

처음 한 번은 명령줄에서 설정을 해야 하므로 cf login 입력 후 API, 이메일, 패스워드를 입력합니다. 여기서 API URL은 여러분이 사용할 클라우드파운드리 인스턴스의 URL입니다. 필자는 공개 API를 사용할 거라서 URL은 https://api.run.pivotal.io입니다. 이메일 주소, 패스워드는 가입 시 기재한 정보를 적습니다.

다음은 사용할 조직^{org}과 공간^{space}을 묻는데, 그냥 건너뛰어도 좋습니다. 스무 고개하며 구성한 된 내용은 ~/.cf/config.json 파일에 저장됩니다. 간단한 헬로 월드 애플리케이션을 작성해 클라우드파운드리에 배포합시다.

```
package com.apress.springrecipes.cloud;

public class Main {

    public static void main(String[] args) {
        System.out.println("Hello World from CloudFoundry.");
    }
}
```

콘솔에 메시지를 출력하는 일이 전부인 단순 자바 클래스입니다. 컴파일 후 JAR 파일을 생성하고 명령줄에서 cf push 〈애플리케이션명〉 -p Recipe_a_2_i-4.0.0.jar하여 배포합니다. 〈애플리케이션명〉 자리에 멋진 이름을 넣어보세요. [그림 A-7]은 배포 과정에서 출력된 로그입니다.

그림 A-7 애플리케이션 배포 로그

그런데 애플리케이션 시동이 실패(FAILED)했다고 나오네요. 사실 애플리케이션은 아무 문제 없이 잘 시작됐지만 콘솔에는 이렇게 표시되면서 바로 종료됩니다. 클라우드파운드리 툴 입장에선 시동된 애플리케이션을 미처 알아차리기도 전에 끝나버려서 실패한 것처럼 보이는거죠.

로그 첫 부분은 클라우드파운드리에 애플리케이션을 생성하는 장면입니다. 일정 저장 공간을 잡고 메모리(기본 1GB)를 할당한 후, 공개 애플리케이션의 경로 〈애플리케이션명〉. cfapps.io를 생성합니다. 이 경로는 웹 접속이 가능한 애플리케이션의 진입점이지만 이 예제에서는 쓸모가 없습니다(cf push 명령 뒤에 --no-route 옵션을 붙이면 이 경로를 생성하지 않습니다)

애플리케이션을 생성하고 JAR 파일을 업로드합니다. 업로드가 끝나면 클라우드파운드리는 어떤 종류의 애플리케이션이 올라왔는지 감지해 그에 빌드팩buildpack을 내려받고 추가합니다. 이 예제라면 자바 빌드팩이 설치되겠죠. 그리고 애플리케이션 시동 후 툴을 이용해 정상 시동 여부를 확인하는데요, 바로 여기서 실패한 걸로 간주되는 겁니다.

cf logs <애플리케이션명> --recent 하면 애플리케이션의 최근 로그를 볼 수 있습니다.

그림 A-8 애플리케이션 출력 로그

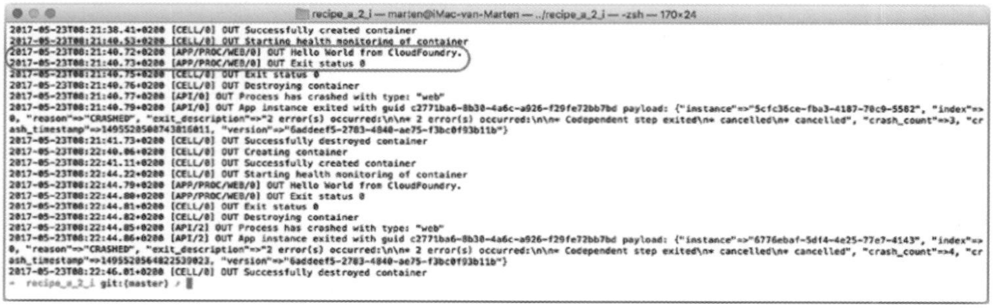

```
2017-05-23T08:21:38.41+0200 [CELL/0] OUT Successfully created container
2017-05-23T08:21:40.53+0200 [CELL/0] OUT Starting health monitoring of container
2017-05-23T08:21:40.72+0200 [APP/PROC/WEB/0] OUT Hello World from CloudFoundry.
2017-05-23T08:21:40.73+0200 [APP/PROC/WEB/0] OUT Exit status 0
2017-05-23T08:21:40.75+0200 [CELL/0] OUT Exit status 0
2017-05-23T08:21:40.76+0200 [CELL/0] OUT Destroying container
2017-05-23T08:21:40.77+0200 [API/0] OUT Process has crashed with type: "web"
2017-05-23T08:21:40.79+0200 [API/0] OUT App instance exited with guid c2771ba6-8b30-4a6c-a926-f29fe72bb7bd payload: {"instance"=>"5cfc36ce-fba3-4187-70c9-5582", "index"=>0, "reason"=>"CRASHED", "exit_description"=>"2 error(s) occurred:\n\n* 2 error(s) occurred:\n\n* Codependent step exited\n* cancelled\n* cancelled", "crash_count"=>3, "crash_timestamp"=>1495520500743816011, "version"=>"6addeef5-2783-4840-ae75-f3bc0f93b11b"}
2017-05-23T08:21:41.73+0200 [CELL/0] OUT Successfully destroyed container
2017-05-23T08:22:40.06+0200 [CELL/0] OUT Creating container
2017-05-23T08:22:41.11+0200 [CELL/0] OUT Successfully created container
2017-05-23T08:22:44.22+0200 [CELL/0] OUT Starting health monitoring of container
2017-05-23T08:22:44.79+0200 [APP/PROC/WEB/0] OUT Hello World from CloudFoundry.
2017-05-23T08:22:44.80+0200 [APP/PROC/WEB/0] OUT Exit status 0
2017-05-23T08:22:44.81+0200 [CELL/0] OUT Exit status 0
2017-05-23T08:22:44.82+0200 [CELL/0] OUT Destroying container
2017-05-23T08:22:44.85+0200 [API/2] OUT Process has crashed with type: "web"
2017-05-23T08:22:44.86+0200 [API/2] OUT App instance exited with guid c2771ba6-8b30-4a6c-a926-f29fe72bb7bd payload: {"instance"=>"6776ebaf-5df4-4e25-77e7-4143", "index"=>0, "reason"=>"CRASHED", "exit_description"=>"2 error(s) occurred:\n\n* 2 error(s) occurred:\n\n* Codependent step exited\n* cancelled\n* cancelled", "crash_count"=>4, "crash_timestamp"=>1495520564822539023, "version"=>"6addeef5-2783-4840-ae75-f3bc0f93b11b"}
2017-05-23T08:22:46.01+0200 [CELL/0] OUT Successfully destroyed container
→ recipe_a_2_i git:(master) ✗
```

로그를 보니 System.out으로 찍은 문자열이 있습니다. 실제로 시작은 되었지만 곧바로 종료돼 버려서 헬스 체크를 할 겨를도 없이 실패한 걸로 처리된 겁니다.

클라우드파운드리는 애플리케이션을 빌드 및 실행할 때 (선택적으로) 빌드팩을 이용합니다. 지원 가능한 빌드팩은 다양합니다. 명령줄에서 cf buildpacks 하면 기본 빌드팩 목록을 볼 수 있습니다(그림 A-9).

그림 A-9 기본 제공되는 빌드팩

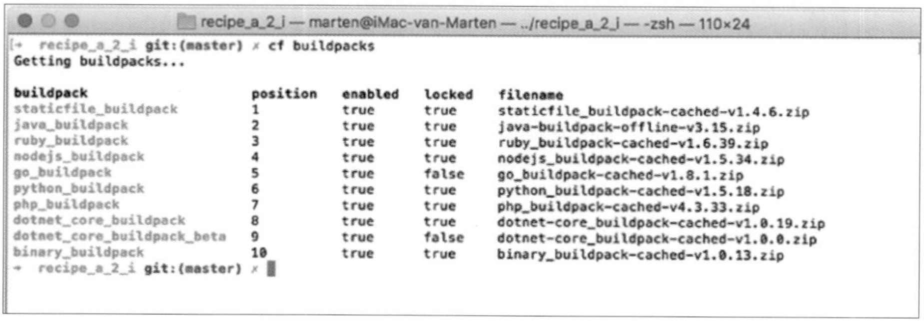

```
→ recipe_a_2_i git:(master) ✗ cf buildpacks
Getting buildpacks...

buildpack                    position   enabled   locked   filename
staticfile_buildpack         1          true      true     staticfile_buildpack-cached-v1.4.6.zip
java_buildpack               2          true      true     java-buildpack-offline-v3.15.zip
ruby_buildpack               3          true      true     ruby_buildpack-cached-v1.6.39.zip
nodejs_buildpack             4          true      true     nodejs_buildpack-cached-v1.5.34.zip
go_buildpack                 5          true      false    go_buildpack-cached-v1.8.1.zip
python_buildpack             6          true      true     python_buildpack-cached-v1.5.18.zip
php_buildpack                7          true      true     php_buildpack-cached-v4.3.33.zip
dotnet_core_buildpack        8          true      true     dotnet-core_buildpack-cached-v1.0.19.zip
dotnet_core_buildpack_beta   9          true      false    dotnet-core_buildpack-cached-v1.0.0.zip
binary_buildpack             10         true      true     binary_buildpack-cached-v1.0.13.zip
→ recipe_a_2_i git:(master) ✗
```

보다시피 루비, 파이썬, 고go, 자바, 심지어 닷넷까지 각종 언어를 지원하므로 클라우드파운드리의 이용 범위는 자바 애플리케이션으로 국한되지 않습니다.

레시피 A-3 스프링 MVC 애플리케이션 배포하기

과제

스프링 MVC 애플리케이션을 클라우드파운드리에 배포하세요.

해결책

WAR 파일을 클라우드파운드리에 푸시합니다(cf push).

풀이

클라우드파운드리에 배포할 웹 애플리케이션을 먼저 작성합니다. 배포 전에 클라우드에 특정한 구성을 추가하고 서비스에 바인딩한 다음, 다 준비됐으면 cf push 해서 클라우드파운드리에 애플리케이션을 밀어넣습니다.

애플리케이션 작성하기

간단한 스프링 MVC 웹 애플리케이션을 작성합시다. 다음은 ContactRepository 인터페이스입니다.

```
public interface ContactRepository {

    List<Contact> findAll();
    void save(Contact c);
}
```

그리고 이 인터페이스를 Map 기반으로 구현합니다.

```
@Repository
public class MapBasedContactRepository implements ContactRepository {

    private final AtomicLong SEQUENCE = new AtomicLong();
    private Map<Long, Contact> contacts = new HashMap<>();

    @Override
    public List<Contact> findAll() {
        return new ArrayList<>(contacts.values());
    }

    @Override
    public void save(Contact c) {
        if (c.getId() <= 0) {
            c.setId(SEQUENCE.incrementAndGet());
        }
        contacts.put(c.getId(), c);
    }
}
```

Contact 클래스도 필요합니다. 프로퍼티는 3개만 넣겠습니다.

```
public class Contact {

    private long id;
    private String name;
    private String email;

    public long getId() {
        return id;
    }

    public void setId(long id) {
        this.id = id;
    }

    public String getName() {
        return name;
    }

    public void setName(String name) {
```

```
        this.name = name;
    }

    public String getEmail() {
        return email;
    }

    public void setEmail(String email) {
        this.email = email;
    }
}
```

명색이 웹 애플리케이션이니 당연히 컨트롤러는 필수입니다.

```
package com.apress.springrecipes.cloud.web;
...

@Controller
@RequestMapping("/contact")
public class ContactController {

    private final ContactRepository contactRepository;

    @Autowired
    public ContactController(ContactRepository contactRepository) {
        this.contactRepository = contactRepository;
    }

    @GetMapping
    public String list(Model model) {
        model.addAttribute("contacts", contactRepository.findAll());
        return "list";
    }

    @GetMapping("/new")
    public String newContact(Model model) {
        model.addAttribute(new Contact());
        return "contact";
    }

    @PostMapping("/new")
    public String newContact(@ModelAttribute Contact contact) {
```

```
        contactRepository.save(contact);
        return "redirect:/contact";
    }
}
```

현재 연락처 목록을 보이고 새 연락처를 추가하는 기능이 전부인 단순 컨트롤러입니다. /WEB-INF/views 디렉터리에 뷰 2개를 작성합니다. 먼저 list.jsp 파일입니다.

```
<%@ taglib prefix="c" uri="http://java.sun.com/jsp/jstl/core" %>
<!doctype HTML>
<html>
<head>
    <title>Spring Recipes - Contact Sample</title>
</head>
<body>
<h1>Contacts</h1>
<table>
    <tr><th>Name</th><th>Email</th></tr>
    <c:forEach items="${contacts}" var="contact">
        <tr><td>${contact.name}</td><td>${contact.email}</td></tr>
    </c:forEach>
</table>
<a href="<c:url value="/contact/new"/>">New Contact</a>
</body>
</html>
```

다음은 새 연락처를 추가하는 contact.jsp 파일입니다.

```
<%@ taglib prefix="c" uri="http://java.sun.com/jsp/jstl/core" %>
<%@ taglib prefix="form" uri="http://www.springframework.org/tags/form" %>
<!doctype HTML>
<html>
<head>
    <title>Spring Recipes - Contact Sample</title>
</head>
<body>
<h1>Contact</h1>
<form:form method="post" modelAttribute="contact">
    <fieldset>
```

```
        <legend>Contact Information</legend>
        <div>
            <div><form:label path="name">Name</form:label></div>
            <div><form:input path="name"/></div>
        </div>
        <div>
            <div><form:label path="email">Email Address</form:label></div>
            <div><form:input path="email" type="email"/></div>
        </div>
        <div><button>Save</button></div>
    </fieldset>
    <form
</form:form>
</html>
```

여기까지가 애플리케이션 코드입니다. 애플리케이션을 구성하고 시동할 클래스만 작성하면 됩니다. 다음은 구성 클래스입니다.

```
package com.apress.springrecipes.cloud.config;
...

@ComponentScan(basePackages = {"com.apress.springrecipes.cloud"})
@Configuration
public class ContactConfiguration {
}
```

서비스와 컨트롤러를 스캐닝하는 @ComponentScan만 붙였을 뿐 내용은 하나도 없습니다. 웹도 설정해야 합니다.

```
@Configuration
@EnableWebMvc
public class ContactWebConfiguration implements WebMvcConfigurer {

    @Override
    public void configureDefaultServletHandling(DefaultServletHandlerConfigurer
        configurer) {
        configurer.enable();
    }
```

```
        @Override
        public void addViewControllers(ViewControllerRegistry registry) {
            registry.addViewController("/").setViewName("redirect:/contact");
        }

        @Bean
        public InternalResourceViewResolver internalResourceViewResolver() {
            InternalResourceViewResolver viewResolver = new InternalResourceViewResolver();
            viewResolver.setPrefix("/WEB-INF/views/");
            viewResolver.setSuffix(".jsp");
            return viewResolver;
        }
}
```

마지막으로 애플리케이션 초기자입니다.

```
public class ContactWebApplicationInitializer
        extends AbstractAnnotationConfigDispatcher ServletInitializer {

    @Override
    protected Class<?>[] getRootConfigClasses() {
        return null;
    }

    @Override
    protected Class<?>[] getServletConfigClasses() {
        return new Class[] {ContactConfiguration.class, ContactWebConfiguration.class};
    }

    @Override
    protected String[] getServletMappings() {
        return new String[] {"/"} ;
    }
}
```

다 끝났습니다. WAR 파일을 빌드한 다음 명령줄에서 cf push <애플리케이션명> -p
contact.war하여 클라우드파운드리에 푸시합니다. 업로드하고, 빌드팩을 설치하고, 톰캣을
설치하는 과정이 진행될 겁니다. 배포 후 애플리케이션은 <애플리케이션명>.cfapps.io로
접속합니다(그림 A-10).

그림 A-10 클라우드파운드리에 배포된 연락처 애플리케이션

데이터 소스

이 애플리케이션은 연락처 정보를 HashMap에 저장합니다. 테스트 용도로는 충분하지만 실제 애플리케이션이라면 DB에 저장하겠죠. JDBC를 사용해 데이터를 저장하는 ContactRepository 구현체를 작성합시다.

```
@Service
public class JdbcContactRepository extends JdbcDaoSupport implements ContactRepository {

    @Autowired
    public JdbcContactRepository(DataSource dataSource) {
        super.setDataSource(dataSource);
    }

    @Override
    public List<Contact> findAll() {
        return getJdbcTemplate().query("select id, name, email from contact",
            (rs, rowNum) -> {
                Contact contact = new Contact();
                contact.setId(rs.getLong(1));
                contact.setName(rs.getString(2));
                contact.setEmail(rs.getString(3));
                return contact;
            });
    }

    @Override
```

```
    public void save(Contact c) {
        getJdbcTemplate().update("insert into contact (name, email) values (?, ?)",
            c.getName(), c.getEmail());
    }
}
```

구성 클래스에는 DataSource, DataSourceInitializer 클래스를 추가합니다.

```
@ComponentScan(basePackages = {"com.apress.springrecipes.cloud"})
@Configuration
public class ContactConfiguration {

    @Bean
    public DataSource dataSource() {
        return new EmbeddedDatabaseBuilder().setType(EmbeddedDatabaseType.H2).build();
    }

    @Bean
    public DataSourceInitializer dataSourceInitializer(DataSource dataSource) {
        ResourceDatabasePopulator populator = new ResourceDatabasePopulator();
        populator.addScript(new ClassPathResource("/sql/schema.sql"));
        populator.setContinueOnError(true);

        DataSourceInitializer initializer = new DataSourceInitializer();
        initializer.setDataSource(dataSource);
        initializer.setDatabasePopulator(populator);
        return initializer;
    }
}
```

테스트 + 로컬 배포용이라서 인메모리 H2 DB로 데이터 소스를 구성했습니다. 데이터 소스 인
스턴스는 EmbeddedDatabaseBuilder로 생성하고 생성 스크립트는 DataSourceInitializer
로 실행합니다.

한 번 더 WAR 파일을 빌드 후 클라우드파운드리에 배포합니다. 애플리케이션은 인메모리 DB
에 접속해 잘 돌아갈 겁니다. 그러나 데이터가 언제 사라질지 모르는 인메모리 DB보다는 애플
리케이션을 재배포/중단해도 내용이 안 지워지는 진짜 DB가 현실적이죠.

이런 서비스는 클라우드파운드리 마켓플레이스^{marketplace}(장터)에 있습니다. 전체 목록은 명령
줄에서 cf marketplace(또는 cf m) 해서 볼 수 있습니다.

그림 A-11 클라우드파운드리 서비스 목록

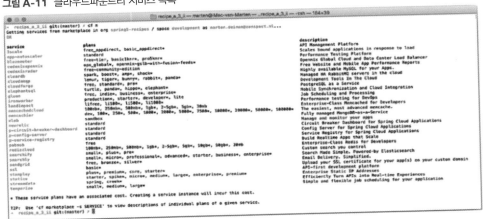

DB 구현체, 메시징, 이메일 등 각종 서비스가 구비돼 있군요. 이 레시피는 DB 인스턴스
가 필요하므로 MySQL, PostgreSQL 중 택일해 생성합니다. 기본 MySQL 인스턴스는 cf
create-service cleardb spark contacts-db 명령으로 생성합니다. 생성한 DB는 (애플리
케이션에서 DB에 접속할 수 있도록) 애플리케이션에 바인딩합니다(bind-service 〈애플리
케이션명〉 contacts-db).

DB를 사용할 준비가 끝났고 이제 애플리케이션을 재시동/재배포합시다.

클라우드파운드리에서는 자동 재구성^{autoreconfiguration} 기능이 기본으로 켜져 있어서 특정 타입 빈
(예제는 DataSource)을 알아서 찾아내 여러분이 구성한 서비스가 제공하는 빈으로 대체합니
다. 그러나 서비스가 하나밖에 없고 해당 타입 빈도 하나밖에 없을 경우에만 그렇고 데이터 소
스가 여러 개일 경우는 자동 재구성 기능이 작동하지 않습니다. AMQP 연결 팩토리, 몽고디비
인스턴스 등 클라우드파운드리가 제공하는 서비스에서는 모두 잘 작동합니다.

클라우드 서비스 액세스하기

자동 재구성 기능은 모든 경우에 고루 작동하진 않지만 클라우드파운드리 배포 시 사용할 서비
스를 쉽게 명시할 수 있는 방법이 있습니다. 클라우드파운드리의 강점 중의 하나인 cloud 프

로파일을 활성화하는 겁니다. 이 프로파일을 이용하면 애플리케이션이 클라우드파운드리에 배포되는지 아닌지 알 수 있어 클라우드파운드리에 배포될 때에만 액세스 가능한 빈을 정의할 수 있습니다.

클라우드파운드리 인스턴스 및 관련 서비스를 쉽게 연동하려면 이를 도와주는 의존체 2개를 추가해야 합니다.

```xml
<dependency>
    <groupId>org.springframework.cloud</groupId>
    <artifactId>spring-cloud-cloudfoundry-connector</artifactId>
    <version>1.2.4.RELEASE</version>
</dependency>
<dependency>
    <groupId>org.springframework.cloud</groupId>
    <artifactId>spring-cloud-spring-service-connector</artifactId>
    <version>1.2.4.RELEASE</version>
</dependency>
```

여기까지 끝났으면 다시 구성하는 일만 남았습니다.

```java
@Configuration
@ComponentScan(basePackages = {"com.apress.springrecipes.cloud"})
public class ContactConfiguration {

    @Configuration
    @Profile("default")
    public static class LocalDatasourceConfiguration {
        @Bean
        public DataSource dataSource() {
            return new EmbeddedDatabaseBuilder().setType(EmbeddedDatabaseType.H2).build();
        }
    }

    @Configuration
    @Profile("cloud")
    public static class CloudDatasourceConfiguration extends AbstractCloudConfig {
        @Bean
        public DataSource dataSource() {
            return connectionFactory().dataSource("contacts-db");
```

```
        }
    }
}
```

@Profile을 붙인 두 내부 구성 클래스가 있습니다. LocalDataSourceConfiguration은 클라우드 배포가 아닐 경우, CloudDataSourceConfiguration은 클라우드 배포일 경우 각각 적용됩니다. CloudDataSourceConfiguration이 상속한 AbstractCloudConfig 클래스에는 서비스를 간편하게 불러 쓰는 메서드가 있습니다. 데이터 소스의 레퍼런스는 connectionFactory() 메서드로 가져온 연결 팩토리의 dataSource() 메서드를 호출해 찾습니다. 몇 가지 기본적인 서비스(데이터 소스, 몽고디비, 레디스 등)는 편의성 액세스 메서드를 제공합니다. 커스텀 서비스를 개발, 배포한 경우에는 일반 service() 메서드로 액세스하면 됩니다.

WAR 파일을 다시 빌드해 클라우드파운드리에 푸시하면 잘 작동할 겁니다.

레시피 A-4 애플리케이션 삭제하기

과제

클라우드파운드리에서 애플리케이션을 지우세요.

해결책

클라우드파운드리 툴을 이용해 애플리케이션을 삭제합니다.

풀이

push 대신 delete 명령으로 cf delete 〈애플리케이션명〉 하면 애플리케이션이 삭제됩니다. 정말 삭제할 것인지 최종 확인 후 삭제가 진행됩니다.

```
recipe_a_3_iii git:(master) x cf delete s5r-contacts

Really delete the app s5r-contacts?> y
Deleting app s5r-contacts in org spring5-recipes / space development as marten.deinum@conspect.nl...
OK
recipe_a_3_iii git:(master) x
```

마치며

피보탈 사의 클라우드파운드리가 제공하는 클라우드 플랫폼에 애플리케이션을 배포/삭제하는 방법을 배웠습니다. 외부 연결이 전혀 없는 기본 웹 애플리케이션을 배포해본 다음, 데이터 소스를 넣어보고 애플리케이션에 서비스를 엮는 방법을 설명했습니다. 서비스가 잘 시동되는 장면을 목격한 뒤 클라우드파운드리가 자랑하는 자동 재구성 기능을 사용해보았습니다.

끝으로 자동 재구성 기능에 의존하지 않고 애플리케이션 내부에서 클라우드와 상호 작용하는 방법을 살펴보았습니다.

캐싱

계산량이 아주 많은 프로그램을 실행하거나 거의 바뀔 일이 없는 데이터를 조회할 때 캐싱을 적용하면 큰 효과를 볼 수 있습니다. 캐싱caching은 클라이언트에게 조금이라도 더 빨리 응답하기 위해 데이터를 투명하게 조회하고 보관하는 기법입니다.

자바 세상에는 단순 Map부터 완전한 분산 캐시 솔루션(예 : 오라클 코히어런스Oracle Coherence)에 이르기까지 다양한 캐시 구현체가 있습니다. 그중 Ehcache는 가장 잘 알려진 믿을 만한 라이브러리입니다.

자바 EE 진영에서도 7 버전부터 제이캐시JCache라는 일반 캐시 API(JSR-107)가 등장했습니다. 이 명세를 기반으로 몇 가지 구현체가 개발된 상태입니다(예 : JCache와 호환되는 Apache JCS, 헤이즐캐스트Hazelcast, 오라클 코히어런스).

스프링은 이런 캐시 구현체를 추상화하여 쉽게 연동할 수 있게 해놓았습니다. 그래서 애플리케이션에 캐싱을 추가하기가 아주 쉽습니다. 덕분에 테스트 환경의 캐시는 단순 Map 기반 구현체로, 운영 환경의 캐시는 오라클 코히어런스 클러스터로 나누어 구현하는 일도 가능합니다.

이 장에서는 스프링의 캐싱 추상화를 설명하고 애플리케이션에 캐싱을 적용하는 다양한 전략을 소개합니다.

레시피 B-1 Ehcache로 캐싱 구현하기

과제

계산량이 많은 애플리케이션에서 계산 결과를 캐싱하여 재사용하세요.

해결책

Ehcache로 계산 결과를 보관하고(캐싱하고) 이후 계산을 할 때마다 앞서 계산된 결과가 있는지 확인합니다. 만약 있으면 캐싱된 값을 반환하고 없으면 계산을 해서 그 결과를 캐시에 보관합니다.

풀이

다음은 오래 걸리는 계산을 시뮬레이션한 CalculationService 서비스 구현 클래스입니다.

```
package com.apress.springrecipes.caching;
...
public class PlainCalculationService implements CalculationService {

    @Override
    public BigDecimal heavyCalculation(BigDecimal base, int power) {
        try {
            Thread.sleep(500);
        } catch (InterruptedException e) {}
        return base.pow(power);
    }
}
```

여러분도 알다시피 거듭제곱 연산은 계산량이 많습니다. 이 서비스를 10회 반복 실행하는 Main 클래스를 작성합시다.

```
public class Main {

    public static final void main(String[] args) throws Exception {
```

```
        CalculationService calculationService = new PlainCalculationService();
        for (int i = 0; i < 10; i++) {
            long start = System.currentTimeMillis();
            System.out.println(calculationService.heavyCalculation(BigDecimal.valueOf(2L),
                16));
            long duration = System.currentTimeMillis() - start;
            System.out.println("Took: " + duration);
        }
    }
}
```

10번 계산할 때마다 소요 시간을 출력합니다. `Thread.sleep(500)` 코드 때문에 계산할 때마다 500 밀리초 이상 걸리겠지요.

스프링 없이 Ehcache 사용하기

이제 캐싱을 적용해서 성능을 올려봅시다. 먼저 스프링 없이 Ehcache만 쓰는 방법입니다. 서비스 코드를 다음과 같이 수정합니다.

```
public class PlainCachingCalculationService implements CalculationService {

    private final Ehcache cache;

    public PlainCachingCalculationService(Ehcache cache) {
        this.cache = cache;
    }

    @Override
    public BigDecimal heavyCalculation(BigDecimal base, int power) {
        String key = base + "^" + power;
        Element result = cache.get(key);
        if (result != null) {
            return (BigDecimal) result.getObjectValue();
        }
        try {
            Thread.sleep(500);
        } catch (InterruptedException e) {}
        BigDecimal calculatedResult = base.pow(power);
```

```
        cache.putIfAbsent(new Element(key, calculatedResult));
        return calculatedResult;
    }
}
```

못 보던 cache 변수가 등장했군요. 이 변수는 생성자를 사용해 주입됩니다.
heavyCalculation() 메서드 코드도 달라졌습니다. 메서드로 들어온 인숫값을 기준으로 유일
키를 생성하고 이 키에 해당하는 결괏값을 캐시에서 찾습니다. 이전에 캐싱된 값이 있으면 바
로 반환하고 없으면 계산을 한 다음 캐시에 결괏값을 추가한 후 반환합니다.

Ehcache를 구성하려면 Main 클래스도 조금 고쳐야 합니다.

```
public class Main {

    public static final void main(String[] args) throws Exception {
        CacheManager cacheManager = CacheManager.getInstance();
        Ehcache cache = cacheManager.getEhcache("calculations");
        CalculationService calculationService = new PlainCachingCalculationService(cache);
        ...
        cacheManager.shutdown();
    }
}
```

먼저, CacheManager.getInstance() 메서드로 CacheManager 인스턴스를 생성합니
다. CacheManager 클래스는 클래스패스 루트에서 ehcache.xml 파일을 찾아 캐시를 구
성한 후 calculations라는 캐시 인스턴스를 요청합니다. 그러면 그 결과 획득한 캐시가
PlainCachingCalculationService 인스턴스에 주입됩니다.

다음 ehcache.xml는 Ehcache 구성 파일입니다.

```
<ehcache>
    <diskStore path="java.io.tmpdir"/>

    <defaultCache
        maxElementsInMemory="1000"
        eternal="false"
        timeToIdleSeconds="120"
```

```
        timeToLiveSeconds="120"
        overflowToDisk="true"
    />

    <cache name="calculations"
        maxElementsInMemory="100"
        eternal="false"
        timeToIdleSeconds="600"
        timeToLiveSeconds="3600"
        overflowToDisk="true"
    />

</ehcache>
```

Ehcache 기본 캐시와 추가 캐시를 별도 구성했습니다. 결괏값을 메모리에 최대 1시간 동안 (timeToLiveSeconds) 100개(maxElementsInMemory) 보관하고 이를 초과한 엘리먼트는 디스크에 저장(overflowToDisk)하도록 설정했군요.

Main 클래스를 실행하면 최초 계산은 500밀리초 걸리지만 그 이후로는 0 ~ 1밀리초로 엄청나게 빨라집니다.

스프링에서 Ehcache 사용하기

스프링은 CacheManager 구성, 서비스 생성 등의 작업을 대행합니다. 다음과 같이 스프링 구성을 몇 가지 추가하고 ApplicationContext 객체로 전부 로드하면 됩니다.

```
package com.apress.springrecipes.caching.config;

...

@Configuration
public class CalculationConfiguration {

    @Bean
    public CacheManager cacheManager() {
        return CacheManager.getInstance();
    }

    @Bean
```

```
    public CalculationService calculationService() {
        Ehcache cache = cacheManager().getCache("calculations");
        return new PlainCachingCalculationService(cache);
    }
}
```

구성 내용을 로드하고 컨텍스트에서 CalculationService를 가져오게끔 Main 클래스 코드를
수정합니다.

```
public class Main {

    public static final void main(String[] args) throws Exception {

        ApplicationContext context =
            new AnnotationConfigApplicationContext(CalculationConfiguration.class);
        CalculationService calculationService = context.getBean(CalculationService.class);

        for (int i = 0; i < 10 ;i++) {
            long start = System.currentTimeMillis();
            System.out.println(calculationService.heavyCalculation(BigDecimal.valueOf(2L),
                16));
            long duration = System.currentTimeMillis() - start;
            System.out.println("Took: " + duration);
        }

        ((AbstractApplicationContext) context).close();
    }
}
```

시동 코드에서 Ehcache를 직접 참조할 일은 줄었지만 아직 CalculationService 구현체에
는 Ehcache 레퍼런스가 널려 있습니다. 이렇게 수동으로 캐싱하면 번거롭기도 하거니와 어쩔
수 없이 코드가 지저분해집니다. 트랜잭션처럼 캐싱도 AOP로 자연스럽게 적용할 수는 없을
까요?

스프링으로 Ehcache 구성하기

스프링은 아주 쉽게 Ehcache를 구성하고 캐시 인스턴스를 가져오도록 지원합니다. 스프링

EhCacheManagerFactoryBean으로 Ehcache CacheManager를 구성하고 Cache 인스턴스는 EhCacheFactoryBean을 사용해 얻습니다.

EhCacheManagerFactoryBean를 이용하면 스프링의 주특기인 리소스 로딩 메커니즘을 이용해 Ehcache 구성 파일을 로드할 수 있습니다. 또 기존에 구성한 CacheManager를 쉽게 재사용하고 원하는 이름으로 등록할 수 있어 좋습니다.

지금까지는 명시적으로 캐시를 정의했지만 EhCacheFactoryBean을 쓰면 이미 구성된 캐시가 있는지 찾아보고 없으면 ehcache.xml 파일의 defaultCache 엘리먼트를 이용해 캐시를 새로 만듭니다.

구성 클래스는 다음과 같이 수정합니다.

```
@Configuration
public class CalculationConfiguration {

    @Bean
    public EhCacheManagerFactoryBean cacheManager() {
        EhCacheManagerFactoryBean factory = new EhCacheManagerFactoryBean();
        factory.setConfigLocation(new ClassPathResource("ehcache.xml"));
        return factory;
    }

    @Bean
    public EhCacheFactoryBean calculationsCache() {
        EhCacheFactoryBean factory = new EhCacheFactoryBean();
        factory.setCacheManager(cacheManager().getObject());
        factory.setCacheName("calculations");
        return factory;
    }

    @Bean
    public CalculationService calculationService() {
        return new PlainCachingCalculationService(calculationsCache().getObject());
    }
}
```

레시피 B-2 스프링 캐시 추상화를 이용해 캐시 적용하기

과제

계산량이 많은 애플리케이션에서 특정 캐시 구현체에 얽매이지 않고 결괏값을 캐시해 재사용하세요.

해결책

스프링의 캐시 추상화를 이용해 계산 결괏값을 Ehcache에 저장합니다. 계산할 때마다 캐시된 결괏값이 있는지 찾아보고 있으면 그 값을 그냥 반환합니다. 없으면 계산을 수행하고 그 결괏값을 캐시에 보관합니다.

풀이

먼저, 스프링 Cache 클래스로 애플리케이션에 캐싱 기능을 장착한 다음 get() 메서드를 호출해 기존 결괏값이 캐시에 존재하는지 체크합니다. 캐시된 값이 있으면 return; 없으면 계속 진행합니다. 계산이 끝나면 그 결괏값을 캐시에 추가합니다.

```java
public class PlainCachingCalculationService implements CalculationService {

    private final Cache cache;

    public PlainCachingCalculationService(Cache cache) {
        this.cache = cache;
    }

    @Override
    public BigDecimal heavyCalculation(BigDecimal base, int power) {
        String key = base + "^" + power;
        BigDecimal result = cache.get(key, BigDecimal.class);
        if (result != null) {
            return result;
        }
        try {
            Thread.sleep(500);
        } catch (InterruptedException e) {}
```

```
        BigDecimal calculatedResult = base.pow(power);
        cache.put(key, calculatedResult);
        return calculatedResult;
    }
}
```

다음, CacheManager 클래스를 구성합니다. 그 전에 ConcurrentMapCacheManager로 단순 Map 기반의 캐시를 구성합니다. ConcurrentMapCacheManager는 그 이름처럼 ConcurrentMap을 이용해 캐시합니다.

```
@Configuration
public class CalculationConfiguration {

    @Bean
    public CacheManager cacheManager() {
        return new ConcurrentMapCacheManager();
    }

    @Bean
    public CalculationService calculationService() {
        return new PlainCachingCalculationService(cacheManager().getCache("calculations"));
    }
}
```

Main 클래스는 고칠 코드가 없습니다.

Ehcache를 스프링 캐시 추상화에서 사용하기

ConcurrentMapCacheManager는 잘 작동하는 것처럼 보일뿐 사실 완전한 캐시 구현체가 아닙니다. 캐시에 추가하는 기능만 있고 캐시 방출cache eviction, 캐시 오버워크플로cache overflow 같은 기능은 없으니까요. 이와 달리 Ehcache(또는 JCS나 헤이즐캐스트)는 모든 기능을 다 갖춘 캐시 구현체라서 설정만 잘 하면 됩니다.

먼저 EhCacheManagerFactoryBean으로 Ehcache를 구성하고 EhCacheCacheManager를 이용해 스프링 캐시 추상화와 연결합니다. PlainCachingCalculationService는 이미 스프링 캐시 추상화로 캐싱하기 때문에 고칠 필요가 없습니다.

```
@Configuration
public class CalculationConfiguration {

    @Bean
    public CacheManager cacheManager() {
        EhCacheCacheManager cacheManager = new EhCacheCacheManager();
        cacheManager.setCacheManager(ehCacheManagerFactoryBean().getObject());
        return cacheManager;
    }

    @Bean
    public EhCacheManagerFactoryBean ehCacheManagerFactoryBean() {
        EhCacheManagerFactoryBean factory = new EhCacheManagerFactoryBean();
        factory.setConfigLocation(new ClassPathResource("ehcache.xml"));
        return factory;
    }

    @Bean
    public CalculationService calculationService() {
        return new PlainCachingCalculationService(cacheManager().getCache("calculations"));
    }
}
```

레시피 B-3 AOP를 이용해 선언적으로 캐싱 구현하기

과제

캐싱은 공통 관심사입니다. 수동으로 적용하면 번거롭기도 하지만 에러가 날 소지가 있습니다.
원하는 기능을 선언적으로 밝히되 실제 그 기능을 구현하는 방법은 비워두면 간단해집니다.

해결책

스프링은 (3.1 버전부터) 캐시 어드바이스를 활성화하는 @EnableCaching을 지원합니다.

풀이

구성 클래스에 @EnableCaching을 붙이면 선언적 캐싱 기능이 켜집니다. @EnableCaching은 (모드에 따라) CacheInterceptor 또는 AnnotationCacheAspect 클래스를 등록합니다. 두 클래스는 @Cacheable 애너테이션을 감지합니다.

```java
public BigDecimal heavyCalculation(BigDecimal base, int power) {
    String key = base + "^" + power;
    Element result = cache.get(key);
    if (result != null) {
        return (BigDecimal) result.getObjectValue();
    }
    try {
        Thread.sleep(500);
    } catch (InterruptedException e) {}
    BigDecimal calculatedResult = base.pow(power);
    cache.putIfAbsent(new Element(key, calculatedResult));
    return calculatedResult;
}
```

여기서 캐싱이 필요한 메서드마다 반복되는 판박이 코드(굵게 표시한 코드)를 어드바이스로 대체하려고 합니다. 이 부분을 들어내면 다음 코드만 남습니다.

```java
@Override
public BigDecimal heavyCalculation(BigDecimal base, int power) {
    try {
        Thread.sleep(500);
    } catch (InterruptedException e) {}
    return base.pow(power);
}
```

메서드 앞에 @Cacheable을 붙여 캐싱을 적용합니다. 캐시명은 애너테이션의 value 속성으로 지정합니다.

```java
@Override
@Cacheable("calculations")
public BigDecimal heavyCalculation(BigDecimal base, int power) { ... }
```

@Cacheable에는 key, condition, unless 속성이 있고 런타임에 평가될 SpEL 표현식을 값으로 지정할 수 있습니다. key 속성은 캐시 키를 계산하는 데 쓰일 메서드 인수를 가리킵니다. 기본적으로는 전체 메서드 인수를 사용합니다. condition 속성은 캐시를 적용할 조건으로, 항상 캐시하면서 실제 메서드를 호출하기 직전에 적용되는 게 기본입니다. unless는 실제 메서드를 호출한 직후에 적용된다는 점만 다르고 condition과 같습니다.

스프링 AOP 응용하기

@EnableCaching의 기본 작동 모드는 스프링 AOP를 사용하는 겁니다. 즉, Calculation Service에 대한 프록시가 생성됩니다. 다음은 구성 파일입니다.

```java
@Configuration
@EnableCaching
public class CalculationConfiguration {

    @Bean
    public CacheManager cacheManager() {
        EhCacheCacheManager cacheManager = new EhCacheCacheManager();
        cacheManager.setCacheManager(ehCacheManagerFactoryBean().getObject());
        return cacheManager;
    }

    @Bean
    public EhCacheManagerFactoryBean ehCacheManagerFactoryBean() {
        EhCacheManagerFactoryBean factory = new EhCacheManagerFactoryBean();
        factory.setConfigLocation(new ClassPathResource("ehcache.xml"));
        return factory;
    }

    @Bean
    public CalculationService calculationService() {
        return new PlainCalculationService();
    }
}
```

구성 클래스에 @EnableCaching을 붙였고 CalculationService에는 @Cacheable만 붙였습니다. 따라서 이제 더 이상 캐싱 프레임워크와 의존 관계가 없습니다.

AspectJ 응용하기

AspectJ 모드로 캐싱하려면 @EnableCaching의 mode 속성을 ASPECTJ로 설정합니다. 로드 타임 위빙을 하려면 @EnableLoadTimeWeaving도 추가합니다.

```
@Configuration
@EnableLoadTimeWeaving
@EnableCaching(mode = AdviceMode.ASPECTJ)
public class CalculationConfiguration { ... }
```

로드 타임 위빙은 [레시피 3-19]를 참조하세요. 메인 애플리케이션 시동 시 자바 에이전트를 걸어주어야 합니다. (이 레시피 build/libs 디렉터리에서) java -javaagent:./lib/spring-instrument-5.0.0.RELEASE.jar -jar Recipe_19_3_ii-4.0.0.jar 명령으로 로드 타임 위빙을 이용해 프로그램을 실행하세요.

레시피 B-4 커스텀 키 생성기 구성하기

과제

기본 KeyGenerator는 메서드 매개변수를 이용해 키를 생성합니다. 이 로직을 변경하세요.

해결책

커스텀 KeyGenerator를 작성하고 관련 구성을 추가해 사용합니다.

풀이

캐싱 추상화에서 KeyGenerator 인터페이스는 키 생성에 관한 콜백 장치로 쓰입니다. 다른 설정이 없으면 전체 메서드 인수를 받아 해시 코드를 계산하는 SimpleKeyGenerator로 키를 생성합니다.

키 생성 로직을 직접 구현해 생성할 수도 있습니다. KeyGenerator 인터페이스의 generate()

메서드를 구현하면 됩니다.

```
public class CustomKeyGenerator implements KeyGenerator {

    @Override
    public Object generate(Object target, Method method, Object... params) {
        return params[0] + "^" + params[1];
    }
}
```

CustomKeyGenerator는 첫 번째, 두 번째 매개변수 사이에 ^를 끼워넣은 형식의 키를 만듭니다(여러분이 직접 캐시 키를 만들어 사용한 예제와 방식은 같습니다).

CachingConfigurer 인터페이스로 스프링 캐싱 지원 기능을 추가 구성하고 커스텀 KeyGenerator를 연결합니다. 이제 CachingConfigurerSupport 클래스를 상속해 필요한 부분만 오버라이드합니다. 다음은 keyGenerator와 cacheMananger를 오버라이드한 코드입니다.

NOTE_ 오버라이드한 메서드에는 꼭 @Bean을 붙여야 합니다. 안 그러면 기껏 생성한 인스턴스를 스프링 컨테이너가 무시하고 지나칠 테니까요.

```
@Configuration
@EnableCaching
public class CalculationConfiguration extends CachingConfigurerSupport {

    @Bean
    @Override
    public CacheManager cacheManager() {
        EhCacheCacheManager cacheManager = new EhCacheCacheManager();
        cacheManager.setCacheManager(ehCacheManagerFactoryBean().getObject());
        return cacheManager;
    }

    @Bean
    @Override
    public KeyGenerator keyGenerator() {
        return new CustomKeyGenerator();
    }
```

```
    @Bean
    public EhCacheManagerFactoryBean ehCacheManagerFactoryBean() {
        EhCacheManagerFactoryBean factory = new EhCacheManagerFactoryBean();
        factory.setConfigLocation(new ClassPathResource("ehcache.xml"));
        return factory;
    }

    @Bean
    public CalculationService calculationService() {
        return new PlainCalculationService();
    }
}
```

이제 CustomKeyGenerator를 빈으로 추가해 사용할 수 있습니다.

레시피 B-5 캐시 객체 추가/삭제하기

과제

객체를 생성, 수정, 삭제할 때 캐시에 추가하거나 캐시에서 방출하세요.

해결책

메서드에 @CachePut와 @CacheEvict를 붙여 캐시된 객체를 업데이트하거나 무효화invalidation합니다.

풀이

스프링에서는 @Cacheable 외에도 @CachePut, @CacheEvict를 붙여 캐시에 객체를 추가하거나 캐시에 있는 객체를 삭제(또는 전체 캐시를 무효화)할 수 있습니다.

사용 중인 캐시가 객체로 꽉 차면 곤란하겠죠. 또 객체를 수정, 삭제하는 등 애플리케이션 안에서 벌어지는 일들과 캐시는 동기화하는 게 좋습니다. 어떤 메서드의 실행 결과로 캐시를 수정할 경우는 @CachePut, 캐시 내부의 객체를 무효화하고 싶은 경우는 @CacheEvict를 각각 해당 메서드에 붙입니다.

다음 CustomerRepository 인터페이스에서 고객 정보를 조회하는 find() 메서드는 실행 시간이 길기 때문에 캐시 기능을 추가하려고 합니다.

```java
public interface CustomerRepository {
    Customer find(long customerId);
    Customer create(String name);
    void update(Customer customer);
    void remove(long customerId);
}
```

다음은 Customer 클래스입니다.

```java
public class Customer implements Serializable {

    private final long id;
    private String name;

    public Customer(long id) {
        this.id = id;
    }

    public long getId() {
        return id;
    }

    public String getName() {
        return name;
    }

    public void setName(String name) {
        this.name = name;
    }

    @Override
    public String toString() {
        return String.format("Customer [id=%d, name=%s]", this.id, this.name);
    }
}
```

CustomerRepository 인터페이스는 편의상 HashMap 기반으로 구현하고 시간이 소요되는 로직은 Thread.sleep() 호출로 흉내 내겠습니다.

```java
public class MapBasedCustomerRepository implements CustomerRepository {

    private final Map<Long, Customer> repository = new HashMap<>();

    @Override
    @Cacheable(value = "customers")
    public Customer find(long customerId) {
        try {
            Thread.sleep(500);
        } catch (InterruptedException e) {}
        return repository.get(customerId);
    }

    @Override
    public Customer create(String name) {
        long id = UUID.randomUUID().getMostSignificantBits();
        Customer customer = new Customer(id);
        customer.setName(name);
        repository.put(id, customer);
        return customer;
    }

    @Override
    public void update(Customer customer) {
        repository.put(customer.getId(), customer);
    }

    @Override
    public void remove(long customerId) {
        repository.remove(customerId);
    }
}
```

모든 내용은 구성 클래스에 빠짐없이 설정합니다.

```java
@Configuration
@EnableCaching
```

```
public class CustomerConfiguration {

    @Bean
    public CacheManager cacheManager() {
        EhCacheCacheManager cacheManager = new EhCacheCacheManager();
        cacheManager.setCacheManager(ehCacheManagerFactoryBean().getObject());
        return cacheManager;
    }

    @Bean
    public EhCacheManagerFactoryBean ehCacheManagerFactoryBean() {
        EhCacheManagerFactoryBean factory = new EhCacheManagerFactoryBean();
        factory.setConfigLocation(new ClassPathResource("ehcache.xml"));
        return factory;
    }

    @Bean
    public CustomerRepository customerRepository() {
        return new MapBasedCustomerRepository();
    }
}
```

프로그램을 실행하려면 Main 클래스가 필요합니다.

```
public class Main {

    public static final void main(String[] args) throws Exception {

        ApplicationContext context =
            new AnnotationConfigApplicationContext(CustomerConfiguration.class);
        CustomerRepository customerRepository = context.getBean(CustomerRepository.class);
        StopWatch sw = new StopWatch("Cache Evict and Put");

        sw.start("Get 'Unknown Customer'");
        Customer customer = customerRepository.find(1L);
        System.out.println("Get 'Unknown Customer' (result) : " + customer);
        sw.stop();

        sw.start("Create New Customer");
        customer = customerRepository.create("Marten Deinum");
        System.out.println("Create new Customer (result) : " + customer);
        sw.stop();
```

```
long customerId = customer.getId();

sw.start("Get 'New Customer 1'");
customer = customerRepository.find(customerId);
System.out.println("Get 'New Customer 1' (result) : " + customer);
sw.stop();

sw.start("Get 'New Customer 2'");
customer = customerRepository.find(customerId);
System.out.println("Get 'New Customer 2' (result) : " + customer);
sw.stop();

sw.start("Update Customer");
customer.setName("Josh Long");
customerRepository.update(customer);
sw.stop();

sw.start("Get 'Updated Customer 1'");
customer = customerRepository.find(customerId);
System.out.println("Get 'Updated Customer 1' (result) : " + customer);
sw.stop();

sw.start("Get 'Updated Customer 2'");
customer = customerRepository.find(customerId);
System.out.println("Get 'Updated Customer 2' (result) : " + customer);
sw.stop();

sw.start("Remove Customer");
customerRepository.remove(customer.getId());
sw.stop();

sw.start("Get 'Deleted Customer 1'");
customer = customerRepository.find(customerId);
System.out.println("Get 'Deleted Customer 1' (result) : " + customer);
sw.stop();

sw.start("Get 'Deleted Customer 2'");
customer = customerRepository.find(customerId);
System.out.println("Get 'Deleted Customer 2' (result) : " + customer);
sw.stop();

System.out.println();
System.out.println(sw.prettyPrint());
```

```
        ((AbstractApplicationContext) context).close();
    }
}
```

프로그램 실행 중 벌어지는 일들을 곳곳에서 StopWatch로 로깅하고 있습니다. Main 클래스를
실행하면 콘솔에 로깅이 죽 표시될 겁니다(그림 B-1).

그림 **B-1** Main 클래스의 초기 실행 결과

출력된 결과를 보면 세 가지 사실을 알 수 있습니다. 첫째, 고객 정보를 삭제한 후에도 삭제된
해당 정보를 다시 조회하면 결과가 반환됩니다. 저장소에서는 객체가 삭제됐지만 정작 캐시에
는 살아있기 때문입니다. 둘째, 고객 정보 생성 직후 처음 조회할 때 시간이 오래 걸립니다. 생
성된 고객 정보는 곧바로 캐시에 추가하는 것이 효율적입니다. 셋째, 로그만으로는 분명하게
드러나지 않지만 객체가 수정된 이후 처음 조회하는 시간이 너무 빠릅니다. 객체를 수정하면
먼저 캐시한 인스턴스를 지워야 합니다.

> **NOTE_** 이 예제는 캐시에 추가된 바로 그 Customer 인스턴스를 수정하므로 별 문제 없는 것처럼 보이지만
> 실제 JDBC를 사용해 DB를 수정하면 수정한 데이터가 캐시에 곧바로 반영되지 않습니다!

@CacheEvict로 쓸모없는 객체 제거하기

저장소에서 객체를 삭제하면 마땅히 캐시에서도 삭제(아니면 전체 캐시를 무효화)해야 합니다. remove() 메서드에 @CacheEvict를 붙이면 저장소에서 객체 삭제 시 캐시에서도 지웁니다.

```
public class MapBasedCustomerRepository implements CustomerRepository {
...
    @Override
    @CacheEvict(value = "customers")
    public void remove(long customerId) {
        repository.remove(customerId);
    }
}
```

@CacheEvict을 붙일 때에는 삭제 처리를 수행할 캐시명(여기선 customers)을 지정합니다. 그 밖의 속성은 [표 B-1]을 참조하세요.

표 **B-1** @CacheEvict 속성

속성	설명
key	키 계산용 SpEL 표현식. 기본은 메서드 인수를 다 사용하는 겁니다.
condition	캐시 무효화 여부를 판단하는 조건
allEntries	전체 캐시 삭제 여부. 기본값은 false입니다.
beforeInvocation	메서드를 호출하기 전에 캐시를 무효화할지, 아니면 호출한 다음(기본값)에 무효화할지 지정합니다. 이전에 무효화하면 메서드 결과와 무관하게 캐시는 무조건 무효화됩니다.

Main 프로그램을 다시 실행하면 결과가 조금 달라집니다(그림 B-2).

그림 B-2 remove( ) 메서드에 @CacheEvict를 적용 후 실행한 결과

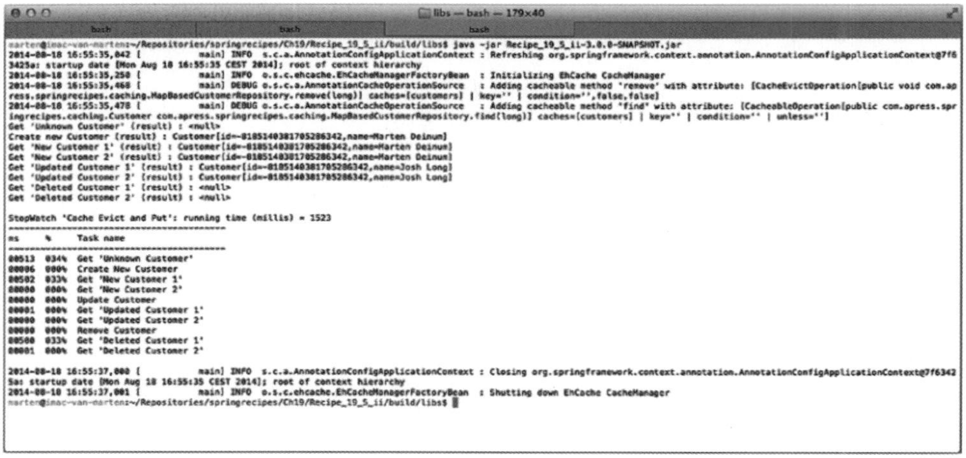

잘 보면 고객 정보를 삭제할 때 아무 결과도 안 남았습니다. 이제 삭제된 고객 정보를 재조회하면 캐시된 인스턴스 대신 null이 반환됩니다. 이번에는 수정 직후 데이터 소스에서 객체를 다시 가져오도록 update( ) 메서드에 @CacheEvict를 붙여볼까요? 네, 메서드 인수는 Customer 객체지만 캐시 키는 고객 ID라서 바로 문제가 됩니다(기본 캐시 키 생성 전략은 메서드 인수를 다 사용하는 거라고 했습니다. 하지만 find( ), remove( ) 메서드의 인수는 long형이지요?).

이 문제는 key 속성에 SpEL 표현식을 지정하여 해결합니다. #customer.id는 customer라는 이름의 메서드 인수 중 id 프로퍼티를 키로 사용한다는 표현식입니다. 이렇게 해야 올바르게 작동합니다.

update( ) 메서드를 다음과 같이 수정합시다.

```
public class MapBasedCustomerRepository implements CustomerRepository {
...
    @Override
    @CacheEvict(value = "customers", key = "#customer.id")
    public void update(Customer customer) {
        repository.put(customer.getId(), customer);
    }
}
```

다시 실행하면 수정된 고객 정보를 최초로 조회하는 시간이 조금 더 길어졌습니다(그림 B-3).

그림 B-3 update() 메서드에 @CacheEvict를 적용 후 실행 결과

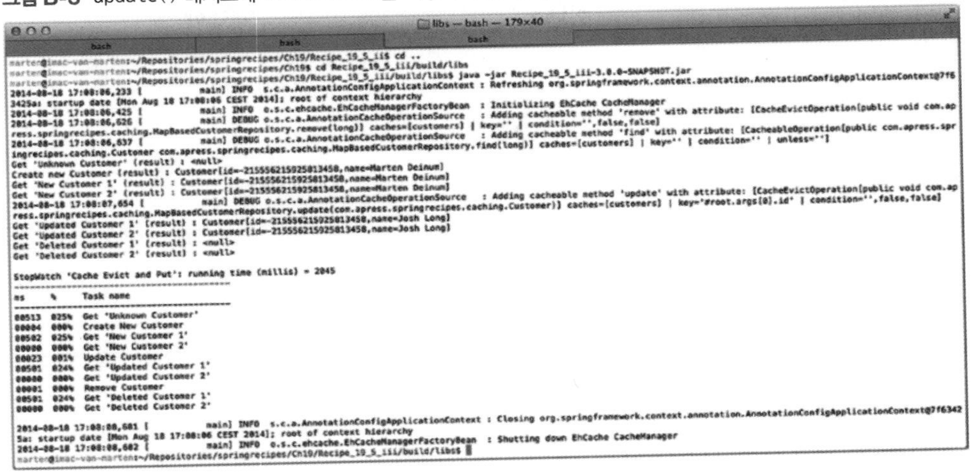

@CachePut으로 객체를 캐시에 추가하기

create()는 Customer 객체를 생성하는 메서드입니다. 생성 직후 최초로 find() 메서드를 호출해 Customer 객체를 조회하면 제법 시간이 걸립니다. 작동상 문제는 없지만 create() 메서드가 생성한 객체를 곧바로 캐시에 넣으면 시간을 더 줄일 수 있습니다.

create() 메서드에 @CachePut을 붙여 캐시에 값을 추가하도록 명시하면 됩니다(객체를 추가할 캐시명은 value 속성으로 지정합니다). 다른 캐시 애너테이션처럼 key, condition, unless 같은 속성도 사용할 수 있습니다.

```java
public class MapBasedCustomerRepository implements CustomerRepository {

    @Override
    @CachePut(value = "customers", key = "#result.id")
    public Customer create(String name) { ... }
}
```

create() 메서드에 @CachePut을 붙이고 캐시명 customers를 value 속성에 지정했습니다.

객체를 생성하는 메서드는 일반적으로 캐시할 실제 객체를 반환하기 때문에 key 속성이 필요하며 객체 자체를 키로 하는 경우는 드문 편이고 보통 SpEL 표현식을 할당합니다. 반환된 객체는 #result 자리끼우개를 사용해 접근할 수 있습니다. Customer 객체의 id가 키이므로 #result.id로 지정합니다.

Main 프로그램을 실행한 결과는 [그림 B-4]와 같습니다.

그림 B-4 update( ) 메서드에 @CachePut를 적용 후 실행 결과

새로 만든 고객 정보를 제일 처음 조회해도 이제는 저장소 대신 캐시에서 객체를 찾아 반환하므로 속도가 훨씬 빠릅니다.

@Cacheable로 캐시 제외 설정하기

find( ) 메서드는 null값을 반환할 때에도 무조건 전체 결과를 캐시합니다. 그렇다고 캐시를 아예 끌 수는 없는 노릇입니다. 이럴 때 @Cacheable의 unless 속성에 캐싱 대상에서 제외할 조건을 지정하면 이 조건(SpEL 표현식)에 맞는 결과 객체는 캐싱하지 않습니다.

```
public class MapBasedCustomerRepository implements CustomerRepository {

    @Override
    @Cacheable(value = "customers", unless = "#result == null")
```

```
public Customer find(long customerId) { ... }
...
}
```

unless 속성에 지정한 표현식에 따라 결괏값이 null이면 캐시 대상에서 제외합니다. 호출부 메서드가 반환한 객체는 #result 자리끼우개로 참조해서 표현식을 작성합니다. 예제에서는 그냥 null 체크만 하고 있습니다.

[그림 B-5]는 캐시 대상에서 null을 제외한 결과 화면입니다. 삭제된 고객 정보를 검색하는 시간은 둘 다 비슷합니다.

그림 B-5 캐시 대상에서 null을 제외한 실행 결과

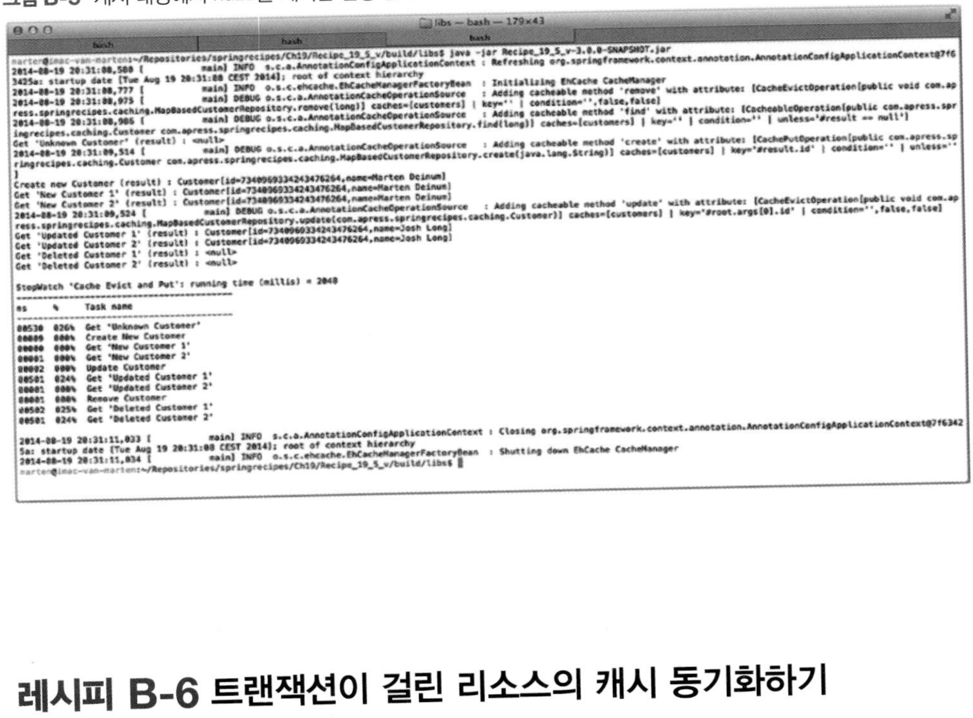

레시피 B-6 트랜잭션이 걸린 리소스의 캐시 동기화하기

과제

트랜잭션을 인지하는 캐시를 구현하세요.

해결책

스프링이 제공하는 CacheManager 구현체 중 EhCacheCacheManager 같은 것들은 자신이 트랜잭션이 걸린 컨텍스트에서 실행 중이라는 사실을 알고 있습니다. 트랜잭션 인지 기능은 transactionAware 프로퍼티를 true로 설정하면 활성화됩니다.

풀이

JDBC를 사용하고 트랜잭션이 적용된 CustomerRepository 구현체를 작성하려고 합니다.

```java
@Repository
@Transactional
public class JdbcCustomerRepository implements CustomerRepository {

    private final JdbcTemplate jdbc;

    public JdbcCustomerRepository(DataSource dataSource) {
        this.jdbc = new JdbcTemplate(dataSource);
    }

    @Override
    @Cacheable(value = "customers")
    public Customer find(long customerId) {
        final String sql = "SELECT id, name FROM customer WHERE id=?";
        return jdbc.query(sql, (rs, rowNum) -> {
            Customer customer = new Customer(rs.getLong(1));
            customer.setName(rs.getString(2));
            return customer;
        }, customerId).stream().findFirst().orElse(null);
    }

    @Override
    @CachePut(value="customers", key = "#result.id")
    public Customer create(String name) {

        final String sql = "INSERT INTO customer (name) VALUES (?);";
        KeyHolder keyHolder = new GeneratedKeyHolder();
        jdbc.update(con -> {
            PreparedStatement ps = con.prepareStatement(sql);
            ps.setString(1, name);
            return ps;
```

```
    }, keyHolder);

    Customer customer = new Customer(keyHolder.getKey().longValue());
    customer.setName(name);

    return customer;
}

@Override
@CacheEvict(value="customers", key="#customer.id")
public void update(Customer customer) {
    final String sql = "UPDATE customer SET name=? WHERE id=?";
    jdbc.update(sql, customer.getName(), customer.getId());
}

@Override
@CacheEvict(value="customers")
public void remove(long customerId) {
    final String sql = "DELETE FROM customer WHERE id=?";
    jdbc.update(sql, customerId);
}
}
```

DataSource 및 DataSourceTransactionManager를 구성 클래스와 JdbcCustomerRepository 에 추가합니다.

```
@Bean
public CustomerRepository customerRepository(DataSource dataSource) {
    return new JdbcCustomerRepository(dataSource);
}

@Bean
public DataSourceTransactionManager transactionManager(DataSource dataSource) {
    return new DataSourceTransactionManager(dataSource);
}

@Bean
public DataSource dataSource() {
    return new EmbeddedDatabaseBuilder()
        .setType(EmbeddedDatabaseType.H2)
        .setName("customers")
```

```
        .addScript("classpath:/schema.sql").build();
}
```

CUSTOMER 테이블의 스키마는 schema.sql 파일에 있습니다.

```
CREATE TABLE customer (
    id bigint AUTO_INCREMENT PRIMARY KEY,
    name VARCHAR(255) NOT NULL,
);
```

EhCacheCacheManager의 transactionAware 프로퍼티를 true로 설정하면 실제 Cache 인스
턴스를 TransactionAwareCacheDecorator로 감쌉니다. 이로써 모든 캐시 작업은 현재 걸려
있는 트랜잭션에 등록됩니다(진행 중인 트랜잭션이 없으면 그냥 실행합니다).

```
@Bean
public CacheManager cacheManager() {
    EhCacheCacheManager cacheManager = new EhCacheCacheManager();
    cacheManager.setCacheManager(ehCacheManagerFactoryBean().getObject());
    cacheManager.setTransactionAware(true);
    return cacheManager;
}
```

애플리케이션을 실행하면 별로 달라진 게 없는 것 같지만 실제로는 모든 캐시 작업에 트랜잭션
이 적용됩니다. 따라서 삭제 작업 중 예외가 발생하면 Customer는 캐시에 그대로 남습니다.

레시피 B-7 레디스를 캐시 공급자로 활용하기

과제

레디스를 캐시 공급자로 이용하세요.

해결책

스프링 데이터 레디스를 이용해 RedisCacheManager 객체를 구성하고 레디스 인스턴스에 접속합니다. 레디스 및 스프링 데이터 레디스는 12장을 참고하세요.

풀이

먼저 레디스가 실행 중인지 확인합니다.

> **NOTE_** bin/redis.sh 파일을 실행하면 레디스 도커 컨테이너가 시동됩니다.

RedisCacheManager 구성하기

레디스로 캐시하려면 우선 레디스에게 캐싱을 위임하는 RedisCacheManager를 구성합니다. RedisCacheManager는 실제 작업을 RedisTemplate에 떠넘깁니다.

```
@Configuration
@EnableCaching
public class CustomerConfiguration {

  @Bean
  public RedisCacheManager cacheManager(RedisConnectionFactory connectionFactory) {
    return RedisCacheManager.create(connectionFactory);
  }

  @Bean
  public RedisConnectionFactory redisConnectionFactory() {
    return new JedisConnectionFactory();
  }

  @Bean
  public CustomerRepository customerRepository() {
    return new MapBasedCustomerRepository();
  }
}
```

레디스에 접속하려면 RedisCacheManager 구성에 필요한 JedisConnectionFactory를 설정

합니다. RedisCacheManager 객체는 create() 메서드에 연결 팩토리를 인수로 넣어 생성하거나 캐시를 커스터마이징할 경우 builder() 메서드로 만들어 씁니다. 후자의 방법으로 생성하면 캐시명, 트랜잭션 인지 여부 등 상세 기능을 조정할 수 있습니다.

나머지 코드는 같습니다. 메인 프로그램을 실행하면 객체를 캐시에 넣고 빼는 장면을 감상할 수 있습니다.

마치며

애플리케이션에 캐시 기능을 추가해보았습니다. 코드 곳곳에 직접 캐싱을 적용하는 일은 대단히 번거로우므로 Ehcache API와 스프링의 캐시 추상화를 적절히 활용하면 큰 도움이 됩니다. 수동으로 캐시하는 방법부터 AOP로 캐시를 적용하는 방법을 설명했고 두 가지 모두 프록시를 쓰는 일반 스프링 AOP 및 로드 타임에 위빙하는 AspectJ로 구현해보았습니다.

@Cacheable, @CacheEvict, @CachePut 등 다양한 캐시 애너테이션의 사용법과 이들이 캐시 구현 로직에 어떤 영향을 미치는지 알아보았습니다. SpEL 표현식을 사용해 올바른 캐시 키를 조회하거나 캐시를 무효화하는 방법, @Cacheable이 적용된 캐시 로직을 어떻게 조정하는지 공부했습니다.

예제 소스 실습 안내

이 장에서는 개발 툴 사용법이 익숙지 않은 독자 여러분을 위해 이 책의 예제 소스를 실습하는 과정을 간략히 안내합니다. macOS와 이클립스 IDE 환경을 기준으로 설명하므로 자신의 PC 환경과 조금 다를 수는 있지만 자바 계열의 툴 사용법은 어느 것이나 크게 다르지 않으므로 큰 어려움은 없을 겁니다.

선행 조건

① JDK 1.8 이상의 버전을 설치합니다.

- http://www.oracle.com/technetwork/java/javase/downloads/jdk8-downloads-2133151.html

② 스프링 개발에 최적화된 STS를 내려받아 설치합니다.

- https://spring.io/tools/sts/legacy

③ Buildship Gradle Integration 2.0 플러그인을 설치합니다. 설치 방법은 본문에도 나와 있듯이 'Help → Eclipse Marketplace..'. 메뉴에서 Gradle 키워드로 검색하여 플러그인을 찾아 Install 버튼을 누르면 됩니다.

실습 과정

① 다음 과정을 사용해 깃허브에서 예제 소스를 임포트합니다.

그림 C-1 Package Explorer에서 Import

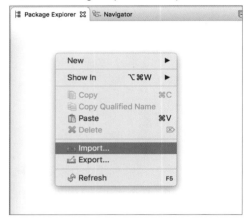

먼저, STS Package Explorer에서 마우스 우측 버튼 클릭하면 표시되는 컨텍스트 메뉴에서 Import를 선택합니다(그림 C-1)

그리고 Import 창에서 Project from Git을 선택합니다(그림 C-2).

그림 C-2 Projects from Git 선택

다음 창에서 리포지터리 소스를 Clone URI로 선택합니다(그림 C-3).

그림 C-3 Clone URI 선택

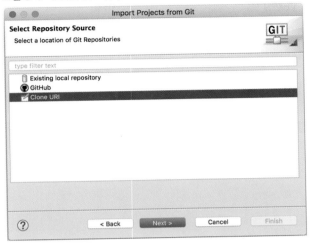

소스 깃 리포지터리 정보를 입력합니다. 여기서는 역자가 정리한 개인 깃허브 URI를 사용하겠습니다(그림 C-4).

그림 C-4 소스 깃 리포지터리 정보 입력

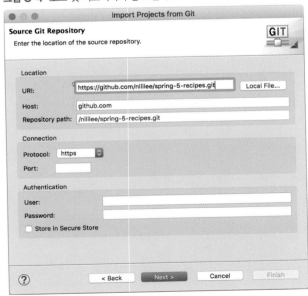

도중에 나오는 과정은 기본 설정값 그대로 Next 버튼을 클릭하세요. [그림 C-5]와 같이 초기 브랜치를 master, 원격 이름은 origin으로 설정한 기본값으로 gitPull 하면 [그림 C-6]과 같이 로컬 PC에 보기 좋게 임포트됩니다.

그림 C-5 깃 초기 브랜치와 원격 이름 선택

그림 C-6 성공적으로 임포트된 결과

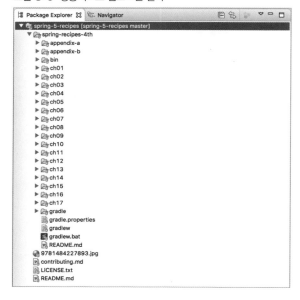

② [레시피 2-1]의 첫 번째 예제 소스(recipes_2_1_i)를 실습해보겠습니다. 우선, 1번의 첫 단계와 동일한 방법으로, 이번에는 'Existing Gradle Project(기존 그레이들 프로젝트)'를 임포트합니다(그림 C-7).

그림 C-7 Existing Gradle Project 임포트

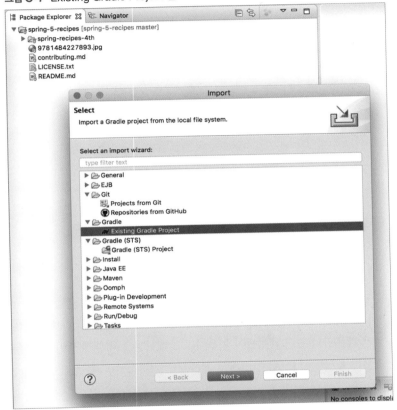

임포트할 대상 프로젝트의 루트 디렉터리를 지정합니다. 실제 디렉터리는 여러분의 PC 환경마다 다릅니다(그림 C-8).

그림 C-8 프로젝트의 루트 디렉터리를 지정

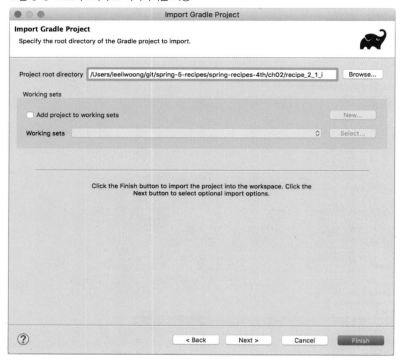

③ [그림 C–9]에서 보다시피 해당 레시피의 프로젝트가 성공적으로 임포트되면 콘솔 창에 필요한 의존체 라이브러리를 자동으로 내려받습니다. 이는 역자가 이미 build.gradle 파일에 관련 설정을 해놓았기 때문입니다. 그레이들이 처음이라도 메이븐을 써본 경험이 있는 독자라면 자바 1.8 + 스프링 5.0.5.RELEASE 버전을 기준으로 컴파일하며 프로젝트명 뒤에 0.0.1-SNAPSHOT이라는 버전 정보를 덧붙인 JAR 파일을 생성한다는 사실을 짐작할 수 있습니다(그림 C–9).

그림 C-9 프로젝트 초기 임포트 결과

만약, `build.gradle` 파일에 다른 의존체를 추가하는 등 의존체를 새로고침할 경우에는 해당 프로젝트 컨텍스트 메뉴에서 'Gradle → Refresh Gradle Project'를 실행합니다. 원격 저장 소에서 의존체를 내려받는 도중 어떤 이유에서건 파일이 깨지거나 로컬 환경의 캐시를 재생성 해야 할 경우, 이 방법으로 업데이트할 수 있습니다(그림 C-10).

그림 C-10 그레이들 프로젝트 새로고침

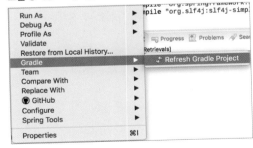

④ [그림 C-11] 우측 상하부를 보면 각각 Gradle Tasks, Gradle Executions 탭이 있습니다(역자는 이런 배치가 보기 편해 선호하는 편입니다). Gradle Tasks 탭에서 'application → run'을 클릭하거나, 간단히 Main 클래스에서 자바 클래스를 실행(단축키 : 윈도우는 Alt + Shift + X 다음 J, macOS는 ⌘ + ⇧ + X 다음 C)하여 콘솔 창에서 결과를 확인하세요. Gradle Executions 탭에서는 어떤 절차로 애플리케이션이 배포되어 실행되었는지 상세한 내용을 확인할 수 있습니다.

그림 C-11 [레시피 2–1]의 첫 번째 예제 소스(recipes_2_1_i)를 그레이들 플러그인으로 실행한 결과

⑤ 가끔 [그림 C-12]처럼 소스 코드가 빌드되지 않고 컴파일 오류가 나는 경우가 있습니다. Problems 탭을 보면 해당 의존체를 정상적으로 로드하지 못했습니다.

그림 C-12 프로젝트 임포트 후 빌드 실패한 경우

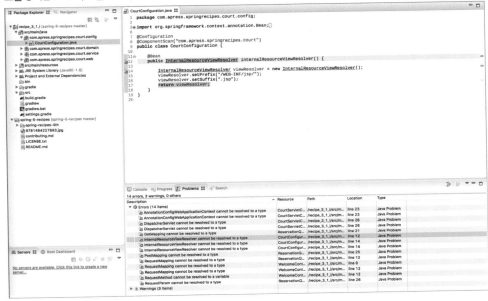

원인은 다양하지만 그레이들이 원격 저장소에서 가져온 의존체 파일(JAR)을 로컬 환경에 캐시하는 과정에서 문제가 생긴 겁니다. 따라서 그레이들 캐시 디렉터리(윈도우는 C:\Users\유저명\.gradle\cache\modules-2\file-2.1, macOS는 ~/.gradle/caches/modules-2/files-2.1)를 살펴보고 컴파일 오류를 유발한 JAR 파일이 정상적인 파일인지 확인해봐야 합니다.

만약 [그림 C-12]처럼 오류가 여러 개라서 일일이 확인하는 데 시간이 많이 걸린다면 그레이들 캐시 디렉터리를 모두 삭제(예 : ~/.gradle/caches/modules-2/files-2.1/rm -rf)한 후 프로젝트를 새로고침하는 것도 방법입니다.

⑥ [레시피 3-1]의 첫 번째 예제 소스(recipes_3_1_i)처럼 웹 애플리케이션 서버를 시동해야 하는 경우는 [그림 C-13]처럼 Gradle Tasks 탭에서 'gretty → appRun'을 클릭하여 네티 서버를 띄우고 브라우저 또는 curl 등으로 HTTP 테스트를 하면 됩니다(서버를 내리려면 콘솔 창에서 아무 키나 한 번 누르면 됩니다). 이는 gretty라는 그레이들 플러그인을 내려받아 톰캣 대신 경량급 서버인 네티를 이용해 실습하는 방법인데요, 역자 경험상 이 책에 나오는 예제 소스는 이 방법이 가장 편합니다. 물론, WAR 파일을 빌드해서 톰캣 등의 다른 서버의 배포

디렉터리에 옮겨 놓고 테스트를 해도 좋습니다.

그림 C-13 [레시피 2-1]의 첫 번째 예제 소스(recipes_2_1_i)를 gretty 플러그인으로 서버 시동한 결과

INDEX

INDEX

INDEX

INDEX

INDEX

INDEX

INDEX

INDEX

INDEX

INDEX

INDEX

INDEX

INDEX

INDEX

INDEX

INDEX

INDEX

INDEX

INDEX